Shari Thurer
Mythos Mutterschaft

Shari Thurer

Mythos Mutterschaft

Wie der Zeitgeist
das Bild der guten Mutter
immer wieder neu erfindet

Aus dem Amerikanischen
von Sabine Roth

Droemer Knaur

Titel der Originalausgabe: The Myths of Motherhood
Originalverlag: Houghton Mifflin, New York

Die Deutsche Bibliothek – CIP-Einheitsaufnahme
Thurer, Shari:
Mythos Mutterschaft: Wie der Zeitgeist das Bild
der guten Mutter immer wieder neu erfindet/Shari Thurer.
Aus dem Amerikan. von Sabine Roth. –
München: Droemer Knaur, 1995
Einheitssacht.: The Myths of Motherhood <dt.>
ISBN 3-426-26556-7

Die Folie des Schutzumschlages sowie die Einschweißfolie
sind PE-Folien und biologisch abbaubar.

© Copyright der deutschsprachigen Ausgabe
Droemersche Verlagsanstalt Th. Knaur Nachf., München 1995
© Copyright 1994 by Shari Thurer
Das Werk einschließlich aller seiner Teile ist urheberrechtlich
geschützt. Jede Verwertung außerhalb der engen Grenzen
des Urheberrechtsgesetzes ist ohne Zustimmung des Verlages
unzulässig und strafbar. Das gilt insbesondere für Vervielfältigungen,
Übersetzungen, Mikroverfilmungen und die Einspeicherung
und Verarbeitung in elektronischen Systemen.
Umschlaggestaltung: Agentur ZERO, München
Umschlagillustration: Amy Guip
Satz: Ventura Publisher im Verlag
Druck und Bindung: Franz Spiegel Buch GmbH, Ulm
Printed in Germany
ISBN 3-426-26556-7

2 4 5 3 1

Allen meinen guten Müttern
und meiner Tochter

»Manch edler Schoß trug schlechte Söhne schon.«

William Shakespeare, *Der Sturm*

Inhalt

Einleitung

So viele Mütter ich als Psychologin auch behandelt habe, ich kann mich an keine einzige erinnern, die nicht insgeheim glaubte, ihre Kinder auf irgendeine Weise geschädigt zu haben, sei es durch Worte und Taten oder auch nur durch Gefühle. Der Preis für den Mutterstolz ist hoch. Der populären Mutter-Kultur zufolge sind unsere Kinder unsagbar zerbrechliche Wesen, aufs äußerste verletzbar durch unsere Macken und Defizite und für ihr Gedeihen auf unermüdliche Einfühlung und Unterstützung angewiesen. Ein sentimental verklärtes Idealbild der perfekten Mutter wirft einen langen, Schuldgefühle schürenden Schatten über das Dasein der realen Mütter. Im wirklichen Leben auf unserem Planeten trifft man selten oder nie auf Vollkommenheit, auf perfekte Kinder, die auf perfekte Weise großgezogen werden. Der Dreijährige, der sich in quälender Langsamkeit in seine Kleider wurstelt, die Zehnjährige, die sich mit Chips und Schokolade vollstopft, um dann über ihr Aussehen todunglücklich zu sein und uns dafür verantwortlich zu machen, lösen heftige Emotionen in uns aus, Emotionen, die beim besten Willen nicht mit unserer Vorstellung von Mütterlichkeit harmonieren. Wir sind heutzutage sehr schnell bei der Hand mit schlechten Noten für Mütter, vor allem, wenn es sich bei diesen Müttern um uns selbst handelt. Elterliche Profilneurose geht um.

Haben Eltern schon immer so empfunden? Wurden die gesetzten Viktorianer, die uns ausdruckslos aus den Familienalben entgegenstarren, von ähnlichen Selbstzweifeln geplagt? Oder all diese Madonnen auf den Renaissance-Gemälden? Waren die Kinder im 17. Jahrhundert neurotischer als die Kinder

heute, weil ihnen ihr Quantum an psychologischer Ein- und
Abstimmung versagt blieb? Stellten Kinder zu allen Zeiten ein
solches Kleinod dar? Wenn ja, wie konnte meine Urgroßmutter
dann den Verlust dreier Kinder verkraften? Wollten Frauen
Kinder, wenn sie mit ihrem eigenen Tod bei der Geburt rechnen mußten? Liebten Väter ihren Nachwuchs, wenn ein Kind
für sie nur einen Esser mehr an einem ohnehin schon kärglich
gedeckten Tisch bedeutete? Was macht eine gute Mutter aus?
Bin ich eine gute Mutter? War Medea eine? Miss Ellie? Die
Sunkist-Mutter? Murphy Brown? Frau Beimer in der *Linden-
straße*? Spielen Mütter überhaupt eine so zentrale Rolle?

Das hier ist kein Wie-mache-ich-es-richtig-Buch. Ich wollte, es
wäre eins. Ich wollte, es gäbe ein solches Handbuch, narrensi-
chere Techniken zur Heranbildung glücklicher Kinder. Ich bin
selbst Mutter, und als Mutter wünschte ich mir nichts sehnli-
cher, als es hundertprozentig richtig zu machen. Aber als
Sozialwissenschaftlerin weiß ich, daß das utopisch ist. Die
ideale Elternfigur existiert nicht. Es gibt keine einfachen Antworten, keine Zauberlösungen, keine absoluten Werte. Wir
Mütter müssen ohne Patentrezept auskommen, trotz der Beteuerungen all dieser Bücher, unter denen sich in den Buch-
handlungen die Regale biegen.

Das gängige Idealbild der »guten« Mutter ist nicht nur verfehlt,
es setzt sich auch großzügig über die mütterlichen Bedürfnisse
und Grenzen hinweg, es ignoriert das Umfeld, und wenn etwas
schiefläuft, trägt immer die Mutter die Schuld. Das hat zu
einer Verunsicherung und Selbstbeobachtung geführt, wie sie
die Frauen früherer Zeiten nicht gekannt haben. Die Mutter
hat es bitter nötig, wieder wahrgenommen zu werden, und
zwar nicht nur als Bezugsperson für das Kind, sondern als ein
eigenständiges Individuum mit subjektiven Bedürfnissen und
Wünschen.

Schon ein flüchtiger Blick in die Vergangenheit würde mit der
Vorstellung aufräumen, daß es eine alleinseligmachende Form
der Kindererziehung gibt. Noch Ihre eigene Großmutter hat
Ihrem Vater vielleicht nach einem strikten Zeitplan sein

Fläschchen gegeben und ihn schon im zarten Alter von drei
Monaten auf den Topf gesetzt – Methoden, die heute als
absolut indiskutabel gelten würden. Dennoch hat er es irgendwie zum Manne gebracht. Kinder sind erstaunlich immun
gegen die stümperhaften Bemühungen ihrer Eltern. In diesem
Buch nun möchte ich das Patchwork wechselnder Erwartungen unter die Lupe nehmen, mit denen Mütter von jeher
konfrontiert werden – in der Psychologie, in Erziehungshandbüchern, in der Kulturgeschichte, der Kunst, in Anthropologie
und Religion. Eine solche Untersuchung wird zeigen, daß viele
unserer lang gehätschelten Vorstellungen von elterlicher Vollkommenheit so nutzlos und kurzlebig sind wie der tägliche
Löffel Lebertran. Mit etwas Glück kann sie die Eltern von
willkürlichen, vom kulturellen Umfeld auferlegten Zwängen
befreien. Die Mütter können aufhören, sich ständig darüber
Sorgen zu machen, wie sie irgendwelchen wechselhaften äußeren Anforderungen entsprechen sollen. Die elterlichen Zweifel
an der eigenen Kompetenz würden nachlassen, wenn normale
Leute sich darin ermutigt sähen, ihre Kinder auf ihre persönliche, ganz normale Weise großzuziehen.
Heutzutage wollen wir alle die Mami aus der Pampers-Rekla-
me sein. (Wer kennt sie nicht – diese unendlich hingebungsvolle, opferfreudige und durch nichts aus der Ruhe zu bringen-
de Mutter, die sich in jeder Einzelheit der Säuglingspflege aufs
leidenschaftlichste selbst verwirklicht?) Es ist nur natürlich.
Die extreme Verletzlichkeit von Kindern weckt in uns den
Drang, uns von unserer besten Seite zu zeigen, durchdrungen
von liebevollster Einfühlsamkeit und zärtlicher Besorgnis.
Und nicht nur das, das Leben unserer Kinder ist längst zu
einem Prüfstein für unser eigenes geworden. Selbst der Ruf
der englischen Königin leidet unter dem ehelichen Versagen
ihrer Kinder. Die Generation nach uns bestimmt das Urteil,
das die Geschichte über uns fällt.[1] Das ist eine entmutigende
Aussicht. Wir wollen unsere Sache gut machen. Eine einzige
falsche Bewegung, und unser kleiner Wonneproppen verwandelt sich in einen Axtmörder. Aber je mehr wir uns ins Zeug

legen, desto unsicherer werden wir, desto weniger scheinen wir zu wissen, was für unsere Kinder das Richtige ist. Wenn wir sie zu einer Tagesmutter geben, haben wir Angst, sie der persönlichen elterlichen Zuwendung zu berauben; aber wenn wir sie zu Hause isolieren, werden sie am Ende untersozialisiert. Wir machen uns Sorgen, daß wir unsere Sprößlinge unter Druck setzen, aber noch mehr fürchten wir, sie nicht ausreichend zu stimulieren. Wir zermartern uns das Hirn über Kreativität, Wertvorstellungen, Bleivergiftung, Gewalt im Fernsehen, die richtigen Windeln und natürlich über die »Qualität« der Beziehung. Und das sind nur ein paar unserer offen zutage tretenden Kümmernisse.

Gleich darunter lauern Ängste von größerer Tragweite, denn Hand in Hand mit unserer Liebe zu unseren Kindern geht der zutiefst beunruhigende Verdacht, daß wir dem Ganzen nicht gewachsen sind. Wir sind zu ungeduldig. Uns verfolgt das Kulturideal der Mutter, deren Kinderliebe keine Bedingungen stellt. Zwar sind wir alle selbst mit Müttern aufgewachsen, aber trotzdem – oder wie manche argumentieren würden, vielleicht gerade deshalb – kommen wir nicht los von dem romantischen Idealbild, das uns auf beunruhigende Weise unsere eigene Unzulänglichkeit vor Augen führt.

Aber deshalb anzunehmen, das Muttersein mache automatisch unglücklich, wäre ein grober Fehler. Geburt und Mutterschaft haben in mir Gefühle geweckt, von deren Existenz ich keine Ahnung hatte – manische Hochstimmungen, überschwengliches Entzücken, fassungsloses Staunen, süßeste Zärtlichkeit. In einer kalten und rauhen Welt ist die Beziehung zwischen Mutter und Kind vielleicht die wahrhaftigste, natürlichste, spontanste und kostbarste Liebe, die es gibt. Kleine Kinder sind eine Antwort auf die existentiellen Fragen. Schon der Geruch von Babykleidern und Babyhaut reicht aus, um beinahe jeden Menschen, der einmal ein Kind umsorgt hat, in eine Art Proustsches Schwelgen verfallen zu lassen. Mit ihrer Fürsorge für ein Kind schafft eine Frau sich ein Wesen, das sie leidenschaftlich und ausschließlich liebt, das sie mehr braucht als jemals ein Erwachsener. Und sie wird für ihre Mühen belohnt, durch die Gemeinschaft mit anderen Müttern, in der sie Resonanz und Selbstbestätigung findet, oft auch durch die Dankbarkeit und den Stolz der Großeltern und durch die Liebe und Anerkennung des Partners. Wenn die Kinder gut gedeihen, geht es auch den Müttern meistens gut.[2]

Aber nicht jedes Kind gedeiht zu jeder Zeit. Auch unter den besten Voraussetzungen können Kinder krank, einsam, bösartig, selbstsüchtig, schlampig oder faul werden. Und Mütter fallen schlimmen Berufskrankheiten zum Opfer – Gluckenhaftigkeit, Verbohrtheit, Überängstlichkeit, Interesselosigkeit, Selbstgerechtigkeit und einer Ordnungswut, die sie oft selbst erschreckt. Manchmal lassen sie ihren Frust an ihren Kindern aus, auch wenn diese völlig unschuldig sind. Eine Mutter kann ihre Sprößlinge wahnsinnig machen und sich selbst kaputt.[3]

Seien wir ehrlich: Viele von uns haben es doch zuweilen gründlich satt, diese endlose Sysiphos-Arbeit, die einem die Sozialisation eines kleinen Menschen abverlangt, das ständige, allumfassende Sich-Anpassen an den Lebensrhythmus des Kindes. Mütterlicher Altruismus läßt sich nicht leicht aufrechterhalten. Während unsere Kinder uns so glücklich machen wie sonst nichts auf der Welt, während wir sie verteidigen würden wie eine Löwin ihre Jungen, rufen sie in uns von Zeit zu Zeit eine solche Wut, eine solche Frustration wach, daß wir uns schwertun, diese Aggressionen wirklich als unsere eigenen zu akzeptieren. Wenn die Mutter-Kind-Beziehung eine so traumhafte ist, wie oft behauptet wird, dann muß dieser auflodernde Haß etwas Unnatürliches sein, Verrat, ein destruktiver Impuls, der alles zersetzt, was normal, gut und anständig ist. Über die daraus resultierenden Selbstzweifel wird nicht viel gesprochen. Als Mutter reißt man vielleicht einmal einen Witz darüber, aber man befaßt sich nicht ernsthaft damit. Hier herrscht gesellschaftlich verordnetes Stillschweigen.

Selbst die Töchter von Betty Friedans »mystifizierten Frauen« – dieser Fünfziger-Jahre-Hausfrauen, die schließlich doch zugaben, daß ein Leben hinter dem Elektrolux eine ziemlich

verstaubte Angelegenheit war – bekennen sich nur sehr zö-
gernd zu ihrer Zwiepältigkeit. Die Frauen von heute haben
vielleicht weniger Hemmungen als ihre Mütter, sich über ihre
Haushaltspflichten zu beklagen, aber in puncto Mutterschaft
herrscht nach wie vor Schweigen: Sie ist die letzte Bastion von
Friedans »Problem ohne Namen«. Unsere Gesellschaft will
einfach nicht wahrhaben, was es für eine Mutter heißt, tagaus,
tagein an ein Kleinkind gefesselt zu sein. Wer laut sagt, daß
die Mutterschaft kein Honigschlecken ist, gibt sich als schlechter Mensch zu erkennen; ein solches Eingeständnis verletzt
nicht nur ein geheiligtes Tabu, viel schlimmer, es stellt einen
Verrat am eigenen Kind dar. In einem Zeitalter, das alle
negativen Gefühle der Mutter – sogar die unterbewußten – als
möglicherweise schädlich für das Kind ansieht, ist es zur
Pflicht geworden, die Mutterschaft zu genießen.[4]
Also bemühen wir uns nach Kräften, sie zu genießen. Wir
arbeiten eifrig daran, unsere Einstellung zu verbessern, inak-
zeptable Gefühle zu begraben oder wenigstens zu kaschieren,
sogar vor uns selbst – eines so sinnlos wie das andere. Dieser
zermürbende innere Krieg ist nicht nur nicht zu gewinnen, ihm
fallen ironischerweise auch genau die zum Opfer, um deretwil-
len er geführt wird. Kinder merken es sehr wohl, wenn sie uns
verärgert haben; ihnen können wir nichts vormachen. Konflikte lassen sich nicht durch Bemäntelung lösen; im Gegenteil,
dann schwelen sie meistens weiter und werden nur noch
größer. Darüber hinaus wird den Kindern suggeriert, daß Wut
etwas ist, dessen man sich schämen muß (warum versteckt
man sie sonst?); daß sie ihre eigenen feindseligen Gefühle
verleugnen sollten (Mami tut das ja schließlich auch); daß an
Gewalt denken, und sei es nur unterbewußt, dasselbe ist wie
Gewalt verüben; daß negative Gefühle positive aufheben, so
als wären Emotionen Zahlen.
Mit Ehrlichkeit fährt die Mutter da wesentlich besser. Schließlich ist Kritik an der Mutterrolle nicht gleichbedeutend mit
Vorbehalten gegen Kinder als solche oder fehlende Liebe zu
einem bestimmten Kind.

Mutterschaft ist kulturell bedingt. Jede Gesellschaft hat ihre eigene Mythologie mit all den dazugehörigen Ritualen, Überzeugungen, Erwartungen, Normen und Symbolen. Unsere geltenden Leitlinien sind nicht unbedingt besser oder schlechter als viele andere. Wie Kinder großzuziehen sind, steht nicht in den Sternen geschrieben, nicht in der Ursuppe, im kollektiven Unbewußten oder in unseren Genen. Unsere Vorfahren hielten sich an ein Schema, das völlig anders war als das unsere, und das unserer Nachkommen wird womöglich ebenso anders sein.[5] Unsere Vorstellung von dem, was eine gute Mutter ausmacht, ist eben dies: eine Vorstellung und keine ewige Wahrheit. Die gute Mutter wird fortwährend neu erfunden. Jede Epoche und Gesellschaft erschafft sich ihre eigene Version, nach ihren eigenen Maßstäben, entsprechend ihrer eigenen Mythologie.

Nach Art der meisten Mythen ist die moderne abendländische Variante so fest verankert und allgegenwärtig, daß wir sie ebensowenig wahrnehmen wie die Luft, die wir atmen. Und doch prägt sie unsere Familienstrukturen, unsere Ansichten darüber, was für unsere Kinder das beste ist, wie sie aufzuwachsen haben und wer die Verantwortung dafür trägt. Weil wir uns dem Sog unserer eigenen Kultur nicht entziehen können, kommen wir gar nicht erst auf die Idee, unsere Glaubenssätze zu hinterfragen. So empfinden wir es heutzutage beispielsweise als eine Selbstverständlichkeit, daß kleine Kinder Gelegenheit haben, sich und ihre Umgebung nach Lust und Laune zu erforschen. Dabei wurden Kleinkinder zweitausend Jahre hindurch gewickelt und trugen trotzdem keine nennenswerten Schäden davon. Nach unserer heutigen Auffassung hat eine gute Mutter ihrem Kind pflichtschuldigst seine »Schmusedecke« hinterherzuschleppen. Wer fragt schon danach, daß die Oma das Ding als unhygienisch betrachtet und zu ihrer Zeit kurzen Prozeß damit gemacht hätte? Ihre Kinder haben den Verlust überlebt, so wie unsere die Bazillen überleben.

Aber die gegenwärtigen Anforderungen an eine gute Mutter

sind so übermächtig, so abgehoben, wechselhaft und widersprüchlich, sie setzen soviel Selbstverleugnung voraus, daß
ihnen niemand entsprechen kann. Unser heutiger Mythos
überhäuft die Mutter mit so vielen Pflichten und Erwartungen,
daß sie ihn nicht zum Maßstab nehmen kann, ohne Gefahr zu
laufen, darüber den Verstand zu verlieren.
Die Mutterliebe hat bei uns den Status eines moralischen
Imperativs erreicht. Das Wohlergehen unserer Kinder, so der
Mythos, hängt fast ausschließlich von der Qualität ihrer Erziehung ab (sprich ihrer Mutter, da es für gewöhnlich ihr
überlassen bleibt, sich um die Kinder zu kümmern). Ein inten-
sives und dauerhaftes Band zwischen Mutter und Kind ist
dabei absolut unentbehrlich. Obwohl nicht unbedingt darauf
bestanden wird, daß die Mutter die leibliche Mutter oder auch
nur weiblichen Geschlechts sein muß, gilt es als eine unumstößliche Tatsache, daß Kinder die fortwährende und ausschließliche Zuwendung wenigstens eines ganz auf sie einge-
stellten Erwachsenen brauchen und daß alles, was sich zwischen sie und ihren liebenden Betreuer schiebt, destruktiv ist
und psychische Schäden verursacht.
Mutterliebe hat's in sich. Selbst noch die Unsentimentalsten
unter uns empfinden elterliche Zuneigung als das selbstver-
ständliche Geburtsrecht eines jeden Kindes, ein unabdingba-
res Symbol der Harmonie. Die mütterlichen Liebkosungen
legen das Fundament für ein Leben in seelischer Gesundheit,
aber – und das ist ein sehr schwerwiegendes »aber« – nur, wenn
man sie dem Kind auf angemessene Weise während der Säug-
lingszeit und der frühen Jahre angedeihen läßt. Wenn das
Kind älter wird, muß die Mutter ihre intensive Bindung
Schritt für Schritt lösen; ihre Aufgabe besteht nun darin, gute
Miene zum Abnabelungsprozeß zu machen. Dem Mythos zufolge ist Timing alles. Wird die Mutterliebe zu sparsam, zu
reichlich oder zum falschen Zeitpunkt zugeteilt, dann trägt das
Kind irreversible Schäden davon. Eine zweite Chance gibt es
nicht.[6] Mit der korrekten Dosierung und pünktlichen Verab-
reichung mütterlicher Zuwendung steht und fällt das Wohlbe-

finden der kommenden Generation und damit die gesamte Zukunft.

Dieses Postulat vor Augen, haben wir den gesunden Menschenverstand einer obsessiven Überbetonung der Mutter-Kind-Beziehung geopfert. Dabei entlarvt bereits eine flüchtige Untersuchung diesen Ansatz als ein Produkt eindimensionalen Denkens. In seiner schlimmsten Ausprägung macht er die Mutter zum Sündenbock für alles, und selbst in seiner besten Form noch führt er zu einer Überbewertung ihrer Handlungen auf Kosten eines weiter gefaßten Verständnisses kindlicher Entwicklung. Er verschleiert den Einfluß der Familiendynamik, des sozialen Umfelds und äußerer Ereignisse sowie den Stellenwert der Charaktereigenschaften und der Psychodynamik des Kindes selbst.

Hinter dieser Verabsolutierung der Mutterliebe steht eine überwältigende kollektive Sehnsucht nach der perfekten Mutter. Genährt wird sie durch eine Religion, die uns die Muttergottes beschert hat, durch Märchen, in denen die Taufpatinnen gute Feen sind, und eine Psychologie, die es versäumt hat, einige der herrschenden kulturellen Postulate in Frage zu stellen. Schützenhilfe leisten des weiteren eine Geschichtsschreibung, die die jahrhundertelange erfolgreiche Ammenwirtschaft außer acht läßt, eine Anthropologie, die die Erziehungsmethoden »primitiver« Kulturen wie der Einwohner Samoas und der Trobiand-Inseln romantisch verklärt hat, und der postfreudianische psychoanalytische Ansatz, der die Stimmungen der Mutter implizit für die psychischen Störungen ihrer Kinder verantwortlich macht. Dazu kommen moderne literarische Klassiker wie D. H. Lawrences *Söhne und Liebhaber* und Philip Roths *Portnoys Beschwerden* sowie Jahrzehnte populärer Kinofilme wie *Reise aus der Vergangenheit*, *Psycho* und *Meine liebe Rabenmutter*, die ausnahmslos düstere Schreckensbilder von psychischer Paralysierung durch die Mutter malen.

Kein Wunder also, daß die Mutter Angst vor ihrer eigenen Macht hat. Aber in eben dieser Allmacht hört sie auf zu existieren. Körperlich existiert sie natürlich nach wie vor, aber ihre Bedürfnisse als Individuum werden null und nichtig. Mit der Entbindung wird die Frau zum Faktotum, zu einer bloßen Lebenserhaltungsmaschine. Ihre persönlichen Wünsche lösen sich entweder gleich in Nichts auf oder werden identisch mit denen ihres Kindes. Hat eine Frau erst Mutterstatus erlangt, muß sie auf eine eigene Perspektive verzichten. Die Psychoanalyse der Jahrhundertmitte sah die Mutterschaft weitgehend als das Drama des *Kindes*, mit der Mama in einer der Nebenrollen. Der psychoanalytische Ansatz Lacans in seiner französischen Populärversion und sogar der feministische Revisionismus haben bei dieser Auslöschung mitgeholfen, ebenso wie unser literarischer Kanon »toter, weißer männlicher« Autoren, die Religion und, bis vor kurzem, indirekt auch der Feminismus. Kein Mensch sprach je mit der Stimme der Mutter. Offenbar kam niemandem der Gedanke, daß Portnoys Mutter selbst ein paar Beschwerden haben könnte.

Sogar die Säuglingsexperten haben sich hineinziehen lassen in diese allgemeine kulturelle Amnesie und beißen damit die Hand, die sie füttert, da Mütter schließlich ihre Hauptzielgruppe sind. Im Lauf der ersten Hälfte des 20. Jahrhunderts haben die Handbücher für die Kindererziehung – die in Wahrheit Traktate über die Erziehung von Müttern sind – die Anforderungen an die Mutter drastisch erhöht. Zu Beginn des Jahrhunderts fand man als Mutter in den Ratgebern unendlich viel Anteilnahme und eine Fülle arbeitserleichternder Tips. Aber um die Jahrhundertmitte wurde die gesamte Anteilnahme auf das Kind übertragen, namentlich in Dr. Benjamin Spocks *Säuglings- und Kinderpflege*, das in Amerika nach der Bibel zum meistverkauften Buch aller Zeiten wurde. Die Rolle der Mutter war nun ungleich komplizierter: Sie mußte immer da sein, tröstend und beruhigend, auf jedes Bedürfnis des Kindes eingehen, ein stimulierendes, exakt seiner jeweiligen Entwicklungsphase angepaßtes Umfeld herstellen, Toleranz gegenüber regressiven Verhaltensweisen zeigen und jegliches Konfliktpotential von ihm fernhalten.[7]

So hatte sie ihrem Kind nicht nur vitaminreiche Kost zu verabreichen, sondern sich dabei auch »an ihm zu freuen«, »sich nicht vor ihm zu fürchten« und immer daran zu denken, daß »Essen gleich Lernen« ist.[8] Spocks Buch erlegte der Mutter zusätzlich zu ihrer täglichen physischen Arbeit eine psychische auf. Seine Anforderungen setzen eine Familie mit zwei Elternteilen voraus, in der die Mutter ihre gesamte Zeit einem einzigen Kind widmet. Die Mutterrolle verschlingt nicht nur mehr Zeit als früher, sondern ist auch höchst unklar definiert. Wie stellt Mami es wohl an, sich an ihrem Herzchen zu freuen, wenn es sein Essen ausspuckt, alles in Reichweite damit vollschmiert und ihr den Rest ins Gesicht klatscht? Die Säuglingsexperten wollen das Selbstvertrauen der Mütter stärken, aber oft produzieren sie statt dessen nur quälende Gefühle von Desorientiertheit, Unzulänglichkeit und Schuld. Im Endeffekt haben wir ihnen ein Mutterbild zu verdanken, das die Erfahrung der Mutter unberücksichtigt läßt.[9]

Der Mythos räumt zwar ein, daß es Mütter gibt, die außer Haus arbeiten müssen, aber derlei Betriebsamkeit fällt unter die Kategorie der notwendigen Übel. Die wahrhaft gute Mutter bleibt daheim. Nur die Ganztagsmutter, so der hartnäckige Konsensus in Amerika, kann den Familienwerten wieder zu ihrem Recht verhelfen und unsere Bürgerschaft zur Moral zurückführen. Ein fast hörbarer Seufzer der Erleichterung ging durchs Land, als die kernige, familienorientierte Barbara Bush die zu dünne, zu modebewußte Nancy Reagan als First Lady ablöste. Mrs. Bush strahlte Mütterlichkeit aus, Mrs. Reagan Narzißmus. Ihre Sprödigkeit gab ihr den Anschein von Desinteresse gegenüber der Mutterrolle, eine Vermutung, die durch die Verlautbarungen ihrer Tochter erhärtet wurde. Das Urteil der Geschworenen über Hillary Rodham Clinton, der ersten First Lady, die kein Geheimnis aus ihren beruflichen Ambitionen macht, steht derzeit noch aus.

Die Öffentlichkeit sieht es nicht gern, wenn Mütter sich anderweitig engagieren, besonders dann nicht, wenn sie es ohne Not tun. Wir akzeptieren es widerwillig, wenn eine Frau arbeiten

»muß«, das heißt, wenn ihre Familie auf ihr Einkommen angewiesen ist, um sich über Wasser zu halten. Auf ihre Mütterlichkeit fällt nur dann ein Schatten, wenn sie aus freien
Stücken einem Beruf nachgeht. Was ist das schließlich auch
für eine Mutter, die ein rosiges Neugeborenes im Stich lassen
kann, ohne daß ihr Überleben davon abhinge? Mutterliebe, so
scheint es, konstituiert sich über die Finanzsituation. Der
vieldiskutierte Film *Die Hand an der Wiege* aus dem Jahre
1992 zeigt parabelhaft, was mit einer gutbürgerlichen Mutter
passiert, die ein Kindermädchen anstellt: Sie muß bestraft
werden. Niemand glaubt heutzutage noch an Mary Poppins.
Die Anstellung einer illegalen Einwanderin als Kindermädchen (»Nannygate«) war es denn auch, die Zoe Baird das Amt
der Justizministerin kostete, für das sie von Präsident Clinton
nominiert worden war. Dabei weiß jeder, daß legale Haushalts-
hilfen so gut wie nicht zu bekommen sind. Die Einstufung von
Hausarbeit auf der Lohnskala verrät den wahren Stellenwert
der Mutterschaft in unserem Lande, trotz aller Hochstilisie-
rung der »Hausfrau und Mutter«.[10] Die Baird-Affäre wirft eine
ganze Reihe von Fragen auf, die die gesamte Bandbreite des
Geschlechterkampfs abdecken, aber es führt kein Weg an der
Erkenntnis vorbei, daß diese hochbezahlte Karrierefrau auf
ihrem Weg ins Kabinett über eine durch ihre Mutterschaft
bedingte Formalität gestolpert ist – eine Formalität, aus der
niemand einem männlichen Kandidaten einen Strick gedreht
hätte. Das Fiasko hat gezeigt, wie grob, polarisierend und
unausgegoren unsere Vorstellungen von Mutterschaft und
Beruf sind.
Dabei tun berufstätige Mütter nur das, was die Mütter schon
immer getan haben. Während des größten Teils der Menschheitsgeschichte haben Mütter ihren Kindern weniger Zeit ge-
widmet als ihren anderen Pflichten und Bereiche der Kindererziehung an Dritte delegiert. Die einzige Ausnahme sind die
Jahre unmittelbar nach dem Zweiten Weltkrieg.[11] So kurz
diese Periode auch war, wurde sie doch in einer Reihe der
damals ganz neu in Mode gekommenen Familienserien ver-

ewigt, so daß wir noch heute gerne glauben, die damalige Rollenverteilung hätte schon seit Urzeiten bestanden und müsse deshalb gut und richtig sein. Aber die fünfziger Jahre stellten ein einzigartiges Zwischenspiel in der amerikanischen Geschichte dar, und die von der Aufteilung in Geldverdiener und Hausfrau geprägte Familienform war nicht von Dauer.[12] Was das Jahrzehnt selbst betraf, so war es nie das Familienparadies, als das es ausgegeben wurde, nicht einmal in den weißen, mittelständischen Vororten, wo die strahlende Meister-Proper-Maske des trauten Heims oft ein gut Teil stiller Verzweiflung kaschierte, besonders bei den Frauen.

Das soll nicht heißen, daß die Familienmütter allesamt Trübsal bliesen – die meisten Mütter zogen damals die Hausarbeit der Berufstätigkeit vor, wobei man freilich nicht vergessen darf, daß ihnen im Berufsleben wenig mehr offenstand als die Stelle einer Krankenschwester oder Sekretärin. Zumindest wurde den Vollzeit-Müttern in der Gesellschaft der fünfziger Jahre uneingeschränkte Anerkennung zuteil. Heutzutage finden sich solche Mütter einer Flut widersprüchlicher Signale ausgesetzt. Die Nur-Hausfrauen-und-Mütter aus meiner Bekanntschaft fürchten nichts so sehr wie die Frage: »Und was machen *Sie*?«, da sie nur zu gut wissen, daß Erwachsene, die den ganzen Tag mit Kindern zubringen, in manchen Kreisen zwar hochgelobt werden, in anderen jedoch auf Verwunderung und Unverständnis stoßen. Kinder großzuziehen mag für viele eine großartige Erfahrung sein, aber es verhilft weder zu Geld noch zu Status oder zu einer Machtposition in der Gesellschaft oder auch nur in der Familie. Täte es das, dann würden wahrscheinlich sehr viel mehr Männer daheim bei den Kindern bleiben.[13]

Denken Sie nur an die mißliche Lage von Schneewittchens Stiefmutter. Auch sie hat eine Geschichte zu erzählen. Aber wie fast alle Mütter war sie zum Schweigen verurteilt. Bis vor zwanzig Jahren sprach niemand je im Namen der Mutter. Kein Mensch schrieb über die Erfahrung des Mutterseins. Wir haben eine literarische Tradition, in der die Mutter ausschließ-

lich in Verbindung mit ihren Kindern vorkommt – sie ist
verharmlost, idealisiert oder verunglimpft worden, aber zu
Wort gekommen ist sie nie. Keine Mutter durfte je die Hauptrolle in ihrem eigenen Drama spielen.
»Schneewittchen« ist eine Tochter-Geschichte. Von Anfang bis
Ende wird aus Schneewittchens Sicht erzählt. Sie ist es, die
vor den Mordplänen einer eifersüchtigen Mutterfigur flüchten
muß. Die Tochter ist ein Engel, die Mutter eine Hexe. Aber
wenn wir die Situation mit den Augen der Stiefmutter betrachten, können wir ihr dann wirklich einen Vorwurf aus ihrer
Verzweiflung machen? Wie soll eine Frau in einem Königreich,
in dem ihr Spiegelbild über ihren Zugang zur Macht entschei-
det, einer Stieftochter, die jünger und schöner ist als sie, etwas
anderes als Groll entgegenbringen? Das Patriarchat macht es
den Frauen außerordentlich schwer, sich miteinander zu soli-
darisieren.[14] Was für Aussichten hatte die Stiefmutter denn?
Und wenn wir schon so fragen: Was wird Schneewittchen tun,
wenn sie ihren Prinzen heiratet, selber Kinder bekommt und
alt wird? Auf sie wartet dasselbe Dilemma, das ihre Stiefmutter so in Panik geraten ließ. Wie die meisten Geschichten in
der abendländischen Literatur hält auch diese keine akzepta-
blen Lösungen für die Mutter bereit. Schneewittchen kann
sterben wie ihre gute leibliche Mutter oder ihre Stellung verteidigen wie ihre böse Stiefmutter. Sich selbst auslöschen oder
sich verhaßt machen, das sind ihre Alternativen.
Denken wir auch an die Misere von Hamlets Mutter. Hamlet
kann seiner verwitweten Mutter nicht verzeihen, daß sie eine
vorschnelle und (in seinen Augen) zu glückliche Ehe mit dem
Bruder seines Vaters eingegangen ist, nachdem dieser ermordet wurde. Aber ist das Verhalten der Mutter denn wirklich so
unentschuldbar?[15] Warum sollte ihr ein neues Leben versagt
bleiben, nur weil ihre Lust dem Sohn schändlich erscheint? Die
Sexualität der Mutter wird von der Kernfamilie fast immer als
Bedrohung empfunden, das gehört zum Wesen der Conditio
humana. Aber wie lange sollte das Mißbehagen eines Sohnes
als Maßstab für die moralische Schuldhaftigkeit des mütterli-

chen Verhaltens gelten? Sex und Mutterschaft stehen miteinander auf Kriegsfuß, seit die Göttinnen-Religionen ausgestorben sind und die Männer begonnen haben, die Frauen in jedem Bereich in Madonnen und Huren einzuteilen. Eine gute Mutter verliert ihre Libido anscheinend im Augenblick der Empfängnis oder stößt sie bei der Geburt zusammen mit der Plazenta ab. Der Grad der Beunruhigung, den die Koppelung von Sexualität und Mutterschaft auslöst, läßt sich aus der Empörung ablesen, mit der die Öffentlichkeit auf ein bemerkenswertes Photo der sehr schwangeren und sehr nackten Schauspielerin Demi Moore auf der Titelseite von *Vanity Fair* im August 1991 reagierte. Die Erotisierung einer Mutterfigur stellte in den Augen vieler ganz offenbar eine nicht zu verwindende Tabuverletzung dar, und in einigen Städten sahen sich die Herausgeber gezwungen, Moores vorgewölbten Bauch mit einem weißen Papierstreifen abzudecken.

Mrs. Robinson, die von Anne Bancroft gespielte ehebrecherische Mutter aus dem Film *Die Reifeprüfung*, ist auch so eine Figur, die wir alle aus tiefstem Herzen hassen. Sie hat eine eindrucksvolle Ahnenreihe. Leidenschaftliche Mütter stehen im Mittelpunkt von Hawthornes *Der scharlachrote Buchstabe*, Tolstois *Anna Karenina*, Flauberts *Madame Bovary* und Kate Chopins *The Awakening*, Romanen, die zu den größten des 19. Jahrhunderts zählen. Trotz anfänglicher Sympathie für ihre Heldinnen erlegen die Autoren ihnen letztlich ausnahmslos schwere Strafen auf. Hätten diese Mütter nicht soviel sinnliche Leidenschaft gezeigt, so die implizite Botschaft, wären sie aufopfernder gewesen und überhaupt mütterlicher im althergebrachten Sinne, dann wäre ihnen ihr Schicksal erspart geblieben. Das Ende (vielleicht sogar das Ziel) ist jedenfalls Bestrafung oder, schlimmer noch, Selbstbestrafung: Hester Prynne kann sich nicht von dem gestickten scharlachroten A auf ihrer Brust trennen, mit dem sie für ihren Ehebruch büßt; die anderen begehen Selbstmord. Viel besser haben es Mütter mit Liebesaffären womöglich auch heute nicht. In ihrem kürzlich erschienenen Roman *Die gute Mutter* läßt die Autorin Sue

Miller Mutterrolle und Sexualität miteinander in Konflikt
geraten, und ihre Heldin verliert zuletzt beides.
Auch die Theorien der Psychologen, besonders die populäreren, verfahren nicht gerade gnädig mit den Müttern. Eine
Mutter, die eine zu starke Beziehung zu ihren Kindern hat,
was immer das heißt, gilt als überfürsorglich, erdrückend oder
ausbeutend. Wenn sie sich nicht genügend für ihre Kinder
engagiert, was immer das heißt, ist sie abweisend, kalt und
narzißtisch. Manche Psychotherapeuten sind so fest davon
überzeugt, daß mütterliches Fehlverhalten die alleinige Ursache späterer Störungen ist, daß sie es ausnahmslos bei jedem
Patienten herausfinden. Bei fast jedem »Opfer« väterlichen
Inzests wird die Mutter der stillschweigenden Beihilfe bezich-
tigt; bei jedem Patienten mit Eßstörungen wird eine gefühls-
arme Mutter hinter den Kulissen vermutet, die ihr Kind emotional verhungern läßt. Eine Therapeutin schrieb kürzlich, aus
den zwölf Jahren, während derer sie externe Patienten in einer
großen Universitätsklinik in Harvard behandelt habe, sei ihr
kein einziger Fall im Gedächtnis, bei dem ein Arzt der Mutter
eines Patienten ein wirklich gutes Zeugnis ausgestellt habe.[16]
Solcherart angestachelt durch die Experten, suchen auch die
Medien die Schuld automatisch bei den Müttern. Eine unlängst in der New York Times erschienene Reportage über den
kannibalistischen Serienmörder Jeffrey Dahmer ist ein gutes
Beispiel dafür. Der Artikel brachte eine große Porträtauf-
nahme von Dahmer[17] und gleich daneben eine ebenso große
von seiner Mutter. Damit wurde vermutlich der Neugier
der Öffentlichkeit Genüge getan, die offenbar darauf brannte,
das Geschöpf zu sehen, das solch ein Monster in die Welt
gesetzt hatte. Aber warum sollte sich die Öffentlichkeit für
Dahmers Mutter interessieren, wenn sie sie nicht schon von
vornherein irgendwie mit seinen Verbrechen in Verbindung
brachte?
Damit soll nicht geleugnet werden, daß die Beziehung zur
Mutter einen ungeheuren Einfluß auf die Entwicklung des
Kindes hat oder daß viele Mütter ihren Kindern gegenüber

versagen. Die Verteidigung der Mütter soll auch nicht zu
Lasten der Väter gehen. (Die Väter werden ja dieser Tage
ihrerseits angeklagt, wegen sexuellen Mißbrauchs, Gewalttä-
tigkeit, Alkoholismus, zu großer Distanz oder schlichter Abwesenheit.) In meiner psychotherapeutischen Praxis habe ich
Eltern von skrupelloser Bösartigkeit erlebt, groteske Mütter
und widerwärtige Väter. Aber die Vorwürfe gegen die Eltern
– in der Regel die Mütter – in der psychologischen Literatur
sind so mechanisch, so häßlich, so massiv, so undifferenziert
und setzen sich so völlig über die realen Grenzen des mütterlichen Einflusses hinweg, daß sie jede vernünftige Beurteilung
einer konkreten Situation unmöglich machen.[18] Die sozialen
Umstände der Mutter werden bei der Auswertung von Eltern-
Kind-Beziehungen kaum je angemessen berücksichtigt. Dabei
können Armut, sexuelle Diskriminierung, Rassismus oder
Krieg auch die wohlmeinendsten Bemühungen einer jeden
Mutter in ihr Gegenteil verkehren. Das Verhalten der Mutter
ist zum großen Teil durch die Gesellschaft bestimmt und in
manchen Fällen durch sozialpolitische Maßnahmen korrigier-
bar. Und die Bedeutung der kindlichen Psychodynamik darf
auch nicht unterschätzt werden.
Aber in unserer Mutter-Mythologie gelten Kinder als Wesen,
die man unbegrenzt vervollkommnen kann. Es gibt keine
bösen Kinder, nur böse Eltern. Der springende Punkt ist
wieder einmal die alte Frage nach den für die kindlichen
Verhaltensmuster entscheidenden Faktoren – Veranlagung
versus Erziehung –, wobei der Trend derzeit stark in Richtung
Erziehung geht. Das erklärt sich wohl aus dem Optimismus
und der Unvoreingenommenheit, die in dieser Auffassung
mitzuschwingen scheinen. Derlei gefällt in diesen unseren
multikulturellen Zeiten, es hat so etwas Hoffnungsvolles, De-
mokratisches, Pragmatisches. Den Möglichkeiten, ein Kind
umzuformen, scheinen keine Grenzen gesetzt, wenn nur die
Mutter es richtig anpackt. Gene, soziale Schicht, Lebensumstände – all das kann man vergessen. Biologische Unterschiede, eine Realität, die manchen ganz und gar nicht behagt,

spielen keine Rolle. Niemand glaubt mehr an die »schlechte
Saat«. Alle Kinder können errettet werden. Wo ein elterlicher
Wille ist, ist auch ein Weg.

Diese Wunschvorstellung, daß es einen Weg gibt, treibt die
Eltern in die Enge. Eltern-Sein ist eine höchst prekäre Angelegenheit. Wenn Sie es falsch anfangen, so die Handbücher und
Lebenshilfespalten, dann wird Ihr Kind eben verkorkst. Aber
wie man es »richtig« anfängt – darüber sind sich die Kinder-
spezialisten keineswegs einig. Sicher, seit es keine Großfami-
lien mehr gibt, sind die Eltern wahrscheinlich auf Ratgeber
irgendwelcher Art angewiesen, und sei es nur, um sich über
Keuchhusten oder das Zahnen zu informieren. Aber was die
Spocks und Brazeltons dieser Welt vermitteln, ist wohlmeinende Folklore, keine unumstößliche Wahrheit. Ihre Ratschläge stützen sich weniger auf wissenschaftliche Untersuchungen
als auf ihre eigenen Erfahrungen mit Kleinkindern oder auf
Entwicklungstheorien, die alles andere als abgeschlossen sind,
sowie auf Beobachtungen isolierter Verhaltensmuster, die keine umfassenden Verallgemeinerungen zulassen, all das ver-
setzt mit einem kräftigen Schuß privater Lebensphilosophie.
Sie haben fundierte Meinungen zu bieten, aber nicht das letzte
Wort zum Thema Kindererziehung. Um den weisen alten
Indianer aus dem Film *Little Big Man* zu zitieren: »Manchmal
wirkt der Zauber ... manchmal auch nicht.«

Heute gilt es als selbstverständlich, daß jedes einzelne Kind
etwas Kostbares ist. Wir sind uns weitgehend einig, daß wir
nur dann ein Kind in die Welt setzen sollten, wenn wir damit
rechnen können, ihm die langfristige und intensive Liebe und
Fürsorge zuteil werden zu lassen, die es unserer Meinung nach
braucht.[19] Unsere Gesellschaft ist hemmungslos babyfreund-
lich geworden. Elternschaft wird ganz groß geschrieben, vor
allem in älteren, gebildeten Kreisen, die dem Baby-Boom huldigen und als Verbraucher und Meinungsmacher einen Einfluß ausüben, der in keinem Verhältnis zu ihrer Zahl steht.
Eine Schwemme von Filmen der achtziger Jahre stellte die
Fortpflanzung ungeniert als Weg zum Heil dar, auch für Män-

ner – *Baby-Boom, Drei Männer und ein Baby, Mr. Mom, Kuck mal, wer da spricht, She's Having a Baby* und *Maybe Baby*. Noch nie waren die Babys so wonnig. Die Krankenhausverwaltungen schlagen Kapital aus diesem neu entdeckten Entzükken und kurbeln das Geschäft durch Gebärromantik in Form von postnatalen Feinschmeckerdiners und privaten Whirlpools an. Für alle möglichen Produkte wird inzwischen mit Babyphotos geworben, von The Gap über IBM und Tyson Chicken bis hin zu Calvin-Klein-Parfüms. Die Mutterschaft erhöht nachweislich die Beliebtheit weiblicher Nachrichtensprecherinnen im Fernsehen. In Frauenzeitschriften gehören Kinder zum Modezubehör. Politiker und Mitglieder des englischen Königshauses brauchen nur Zuneigung zu ihrem Nachwuchs zu demonstrieren, und schon gelten sie als warmherzig und liebenswert. Der Mutterstatus ist bis an die Grenzen des Möglichen sentimentalisiert.

Der Mutterschaftsmythos in seiner heutigen Form hat Dimensionen angenommen, die jedem gesunden Empfinden zuwiderlaufen. Nie zuvor war die Mutterschaft eine so tiefernste Angelegenheit. Nie zuvor hat dabei soviel auf dem Spiel gestanden – die seelisch-geistige Gesundheit der Kinder. Und nie zuvor war die Aufgabe so schwer, so arbeitsaufwendig, diffizil und unklar. Kaum haben die Frauen so weit zu sich selbst gefunden, daß sie mehr wollen als eine Windel in der einen Hand und ein Staubtuch in der anderen, da wird ihnen schon die Unterordnung ihrer persönlichen Zielsetzungen abverlangt – tun sie es nicht, warnt die Ideologie, dann schädigen sie ihre Kinder fürs Leben. Die von den Medien propagierten Bilder glücklicher, erfüllter Mutterschaft und die Flut von Expertenratschlägen bestärken die Mütter nur in ihren Schuldgefühlen und ihrer Angst vor dem Versagen. Die moderne Mutter ist mit einem Idealbild geschlagen, das unmöglich zu verwirklichen ist, sich aber ebensowenig abschütteln läßt.

Ich erinnere mich an eine Patientin, eine junge Mutter, deren Einsatz für ihre schwerkranke Tochter nur als heldenhaft

beschrieben werden kann. Sie berichtete mir von fast zwei
Jahren verzweifelter Angst, während derer sie Nacht für
Nacht aufblieb, um die Atmung ihres Kindes zu überwachen,
beängstigend komplizierte, schwierige Anwendungen vor-
nahm und gegen die medizinische Bürokratie ankämpfte, um
die optimale ärztliche Behandlung für ihre Tochter sicherzustellen. Sie war vom Krankenhauspersonal als eine »Pest« und
von einem Therapeuten als »hochgradig aufdringlich« betitelt
worden, dabei rettete die von ihr durchgesetzte Einweisung
ihres Kindes ins Krankenhaus, wie sich später herausstellte,
dem Mädchen das Leben.
Monate nach seiner Genesung entwickelte die Mutter eine
schwere Agoraphobie, weshalb sie zu mir in die Praxis kam.
Diese tapferste aller jungen Frauen wagte sich jetzt nicht mehr
auf die Straße. Ihre Angst erwies sich als Selbstbestrafung für
die jetzt erst hervorbrechenden ambivalenten Gefühle in bezug
auf ihre kleine Tochter und die traumatischen Ereignisse, die
hinter ihr lagen. Während der Krisenzeit hatte meine Patientin durch eine Art automatischer Steuerung funktioniert, aber
nun, da die Kleine außer Gefahr war, träumte sie plötzlich
davon, daß sie sie umbrächte. Es war alles völlig irrational:
Das kleine Mädchen war ihr so wichtig wie sonst nichts auf der
Welt. Eine »gute Mutter«, so empfand sie es, würde ihrem
Kind, das ja seine Krankheit schließlich nicht selbst verschuldet hatte, *niemals* etwas antun wollen. Nach und nach lernte
diese Mutter jedoch zu begreifen, daß ihre Aggressionen gegen
ihr Kind nur allzu verständlich waren, wenn man bedachte,
was sie bei der Pflege hatte durchmachen müssen, und daß sie
ihre Aufgabe trotz unterdrückter Haßgefühle vorbildlich erfüllt hatte. Die Akzeptanz ihrer eigenen Zwiespältigkeit half
ihr, die lähmende Platzangst zu überwinden. Leider gelangen
viele Frauen nie zu dieser Erkenntnis und schlagen sich bis
ans Ende ihrer Tage mit einem nicht zu verwirklichenden
Mutterschaftsideal herum.
Dieses Buch soll Müttern helfen, ihre eigenen Gefühle anzunehmen, und ein paar der Ängste aus dem Weg räumen, die

Müttern – und allen anderen Menschen, die Kinder großziehen
– das Leben schwermachen. Ich will damit keinen Freibrief
ausstellen für bösartige, gleichgültige, nachlässige oder egoistische Mütter (die meiner Meinung nach sowohl psychiatrische Behandlung als auch irgendeine Form der sozialen Intervention brauchten), sondern die angeschlagenen Nerven der
ganz normalen Durchschnittsmutter beruhigen, der Mutter,
die weder Hexe noch Heilige ist. Ich möchte all jenen Frauen
Trost zusprechen, die ihre Kinder die meiste Zeit über lieben,
sie manchmal zum Anbeißen finden und manchmal zum Kotzen, die sie als wunderbare und schwierige Wesen zu würdigen
wissen, aber dabei dennoch gerne ein eigenes Leben führen
würden. Ich möchte diese Mütter von ihrer kritiklosen Unterwerfung unter eine Ideologie der guten Mutterschaft befreien,
die bei näherer Betrachtung kurzlebig ist, von zweifelhaftem
Wert, ohne Verständnis für die Erziehenden, willkürlich und
von Menschen gemacht.

Unser derzeitiges Konzept der perfekten Mutter ist wie jede
Ideologie ein Kulturprodukt, zeitgebunden und hoffnungslos
der Mode unterworfen. Und Moden ändern sich. Wie wir sehen
werden, sind die diversen Rollen, die die Frauen bei der Aufzucht der Kinder spielen, nicht von irgendwelchen zeitlosen,
absoluten Wahrheiten diktiert, sondern von sehr viel prosai-
scheren Faktoren wie Existenzsicherung, Bevölkerungsdichte,
Biologie, Technologie, Wetter und Spekulationen über das
Wesen der Frau.

Wer weiß, ob Kinder als kostbares Gut empfunden wurden, als
sie ihren Eltern den begrenzten Vorrat an lebensnotwendigen
Gütern streitig machten oder einen sichtbaren Beweis für den
»unmoralischen« Lebenswandel ihrer Mütter darstellten? Wir
dürfen nicht vergessen, daß bis weit ins 19. Jahrhundert
hinein viele Kinder ungewollt zur Welt kamen; die meisten
verfügbaren Methoden zur Geburtenregelung waren alles andere als verläßlich. Oft verursachten sie den Tod ihrer Mütter
bei der Entbindung; ebenso oft starben sie selbst, bevor sie das
fünfte Lebensjahr erreicht hatten. Die Kindestötung war in

Westeuropa allem Anschein nach nichts Ungewöhnliches, bis die Frauen Ende des 19. Jahrhunderts endlich eine gewisse Kontrolle über ihre Fortpflanzungsfähigkeit erlangten.[20] In der Regel stecken hinter dem Kindesmord verzweifelte Armut oder Unehelichkeit, Phänomene, zwischen denen ihrerseits ein Zusammenhang besteht, aber manchmal ist das Motiv alles andere als klar. Sowohl im alten Athen als auch im Italien der Renaissance beispielsweise scheinen Eltern Babys, hauptsächlich Mädchen, aus weitaus banaleren Beweggründen als wirtschaftlicher Bedrängnis ausgesetzt zu haben. Eine mögliche Erklärung wäre hier die Frauenfeindlichkeit dieser Gesellschaften.[21]

Aber selbst wenn den Erziehungsgrundsätzen die besten elterlichen Absichten zugrunde liegen, erscheinen sie anderen Generationen oft fraglich. Was Ende des letzten Jahrhunderts als der Weisheit letzter Schluß galt – Vorrichtungen zur Verhinderung der Masturbation, kalte Bäder, die Teilnahme von Kindern an langwierigen Trauerritualen –, könnte in unseren Tagen sehr leicht als unsensibel oder gar als grausam angesehen werden. Wie das Urteil der Geschichte über die moderne Mutter ausfallen wird, die unverzüglich eine Bindung zu ihrem Neugeborenen herzustellen hat, Bildkarten hochhält, die unweigerliche durchsichtige Rassel schüttelt, rund um die Uhr Empathie ausstrahlt und nach Jahrzehnten des Flaschenfütterns wieder stillt, bleibt vorerst dahingestellt.

Eine der großen Ungereimtheiten in der Geschichte der Mutterschaft, denen dieses Buch nachgeht, ist das Ammenwesen. Michelangelo, Julia, Scarlett O'Hara und Winston Churchill wurden alle von Ammen genährt. Das war beileibe kein dunkles Unterfangen, es war zu allen möglichen Zeiten in allen möglichen europäischen Städten gang und gäbe,[22] und wir haben keinen Anlaß, anzunehmen, daß es sich zwangsläufig nachteilig ausgewirkt hat – was einige der Glaubenssätze in puncto Mutterliebe und Mutterbindung zu widerlegen scheint, die von modernen Psychologen, Kinderexperten, ja, im Grunde fast von jedermann vertreten werden.

Wie sich die Erziehungsmethoden mit den Sitten der verschiedenen Epochen gewandelt haben, so hat sich auch der Status der Mütter gewandelt. In der Urzeit war die Frau ein Wesen, das Ehrfurcht gebot, das nach eigenem Gesetz anschwoll und Kinder hervorbrachte. In diesen frühen Tagen, 2500 Jahre vor der Geburt Christi und anderer männlicher Gottheiten, brachte die Vorstellung der Frau als Mutter vielleicht allen Frauen Achtung ein. Aber als die Männer ihren Beitrag zur Fortpflanzung zu begreifen begannen, das Ruder übernahmen und im wahrsten Sinne des Wortes »Geschichte machten«, wurde die Mutter nach und nach entmenschlicht, das heißt, entweder hemmungslos idealisiert, so daß sie die Gefangene ihrer eigenen symbolischen Überhöhung wurde, oder degradiert, zur Zuchtstute abqualifiziert. In der männlichen Phantasie erschien die Mutter entweder als selbstlose Lebensspenderin oder als die böse Stiefmutter. Mit der männlichen Machtübernahme wurde die Sexualität der Mutter von ihrer Mutterschaft abgespalten und ihre Körperfunktionen – Menstruation, Geburt, Laktation – für unanständig erklärt. Erst dieses Jahr gestand der Staat Florida den Frauen beispielsweise das Recht zu, in der Öffentlichkeit zu stillen.

Dieses Buch zeichnet den Wandel des Mutterbildes von der Vorgeschichte bis zur Gegenwart nach. Allein das letzte halbe Jahrhundert hat uns mit einer unüberschaubaren Vielfalt an Mutteridealen konfrontiert; die gute Erziehung ist schlagartig umdefiniert worden, von Strenge und Disziplin zu Freiheit und Einfühlung. Und in der Psychoanalyse hat eine so tiefgreifende Umwälzung stattgefunden, daß die Psychoanalytiker, für die die Mutter zuvor überhaupt nicht existierte, die mütterlichen Verhaltensweisen während der ersten Wochen im Leben eines Kindes jetzt plötzlich einer minutiösen Prüfung unterziehen. Die Schlagwörter ändern sich – Bindung, Spiegelung, psychologische Ein- und Abstimmung, Empathie, Einfühlung –, aber der geforderte Modus operandi bleibt derselbe: selbstlose Liebe. »Die ideale Mutter«, so die Psychoanalytikerin Alice Balint, »hat keine Eigeninteressen.«[23]

Im Rückblick wird mir klar, daß ich meine Aufgabe als Mutter
und meinen Beruf als Psychotherapeutin zu einem Zeitpunkt
begonnen habe, als die psychologischen Theorien mit den
Müttern besonders unbarmherzig verfuhren. Ich arbeitete außer Haus, noch bevor die berufstätigen Mütter den Segen der
Erziehungsexperten erhalten hatten. Die Frauenbewegung
bestand darauf, daß ich alle meine Möglichkeiten realisierte,
aber die übrige Gesellschaft verurteilte mich deswegen als
selbstsüchtig. Ich versuchte, eine gute Mutter und gut in
meinem Beruf zu sein, zu einer Zeit, da es allgemein als
erwiesen galt, daß beides nicht unter einen Hut zu bringen sei.
Ich fühlte mich stark verunsichert. Und mein Eindruck ist, daß
die Mütter jetzt, mehr als ein Jahrzehnt später, sogar noch
weniger mit sich selbst im reinen und noch mehr von Schuldgefühlen geplagt sind.

In einer Zeit, in der die Gesellschaft die weibliche Selbstverwirklichung endlich gutheißt, herrscht ein Mutterschaftsethos
vor, das den Frauen genau diese Selbstverwirklichung verweigert. Gerade heute, wo sich zumindest ein paar von uns zu dem
Glauben haben verleiten lassen, wir hätten berufliche Chancen; wo es so aussah, als müßten wir die Last der Kindererziehung nicht mehr alleine tragen; wo uns die Wirtschaftslage
dazu zwingt, arbeiten zu gehen und ein politisches Konzept für
die Tagesbetreuung aus dem Boden zu stampfen – gerade
heute sind wir mit einer offiziellen Mythologie geschlagen, die
mit immer schrillerer Stimme auf Perfektion in der Kinderpflege und Kindererziehung dringt. Keine noch so gut organisierte Betreuung vermag dergleichen zu leisten – ebensowenig
übrigens eine Vollzeit-Mutter. Der Mythos Mutterschaft bedarf einer sehr kritischen Überprüfung, und eben das habe ich
in diesem Buch versucht.

1
Mutterschaft im
alten Stil

Der Stoff, aus dem die Legenden sind

Gott war einmal eine berufstätige Mutter. Tausende von Jahren – von der Altsteinzeit[1] bis zur Schließung des letzten Tempels einer Göttin etwa 500 n. Chr. – schmiß sie den ganzen Laden allein. Die Große Mutter, wie sie allgemein genannt wird, brachte Kinder zur Welt, durchlief Verwandlungen, Tod, Wiedergeburt und alles, was dazwischenlag, und sorgte dafür, daß die Menschen es ihr gleichtaten. Diese Muttergöttin war die älteste aller Gottheiten, der Ursprung der Göttlichkeit, und sie war allmächtig. Sie bestimmte die Regeln. Wir Mütter sind seitdem einen weiten Weg gegangen, und zwar bergab. Auch wenn die menschlichen Pendants der Großen Mutter möglicherweise nur blasse Schatten ihrer großmächtigen Göttin waren, könnten sie den »zivilisierten« Müttern doch zu denken geben.

Das heute zugängliche archäologische Material deutet darauf hin, daß die Rolle der ersten Mütter weniger eingeengt war als zu jeder anderen Zeit der Menschheitsgeschichte – daß sie sich freier entfalten konnten, ihre Beiträge zur Gemeinschaft höher geschätzt wurden, ihre Kreativität größeres Ansehen genoß und ihr kultureller Einfluß weiter reichte, als der moderne, besonders der abendländische, Beobachter meinen möchte. Eine Mutter dieser allerersten Gesellschaftsform hatte wenig gemein mit unserer heutigen Karikatur der Höhlenfrau, die von einem keulenschwingenden Mann an ihrem Pferdeschwanz herumgeschleift wird. Sie hatte im Gegenteil sehr oft bessere Aussichten auf Freiheit, Würde und Selbstbehauptung als eine Mutter unserer Tage. Nicht, daß in den letzten 35 000 Jahren keinerlei Fortschritt stattgefunden hätte. Aber zumindest waren diese Frauen nicht die Sklavinnen der diversen repressiven Erwartungen an die gute Mutter, die sich über die Jahrtausende hinweg in unserem Denken festgesetzt haben. Die Mütter der Altsteinzeit waren unbelastet von den modernen Fetischen der Keuschheit, Bescheidenheit und mütterlichen Selbstlosigkeit. Und das Höhlenbaby war deshalb vermutlich auch nicht schlechter dran. Sicher, die Frauen der Prähistorie kümmerten sich um ihre Kinder, aber nichts weist darauf hin, daß sie ihren Kindern hörig waren. Die Forderung, daß eine Mutter sich ausschließlich ihrem Kind widmen soll, wurde erst sehr viel später laut. Vielleicht war dieser Mangel an individueller mütterlicher Zuwendung dem vorgeschichtlichen Mann ein Dorn im Auge, so daß er, als er schließlich die Oberhand gewann, die Große Mutter langsam, aber sicher durch eine Vielfalt *männlicher* Himmelsgötter – und noch später durch einen einzigen männlichen Gott – ersetzte und eine patriarchale Weltordnung schuf.[2] Im Lauf der Zeit wurde eine auf sexueller Gleichberechtigung basierende Gesellschaft wirksam durch eine Gesellschaft ersetzt, in der die Männer die Frauen sozial, politisch, wirtschaftlich und geistig dominierten. Allerdings herrschten selbst zu den Zeiten der Muttergöttin die Frauen nicht über die Männer; die Frau und alles Weibliche genoß nur ein höheres Ansehen als jemals später.[3] Mit der Inthronisation des männlichen Gottes wurde die Große Mutter mitsamt den sterblichen Höhlenmüttern endgültig in das intellektuelle Ghetto der Women's Studies verbannt, wo kein Hahn mehr nach ihnen kräht, mit Ausnahme von ganz besonders unerschrockenen Historikern, Archäologen, Religionswissenschaftlern und Psychoanalytikern Jungscher Prägung.

Warum nun die Große Mutter oder ihre menschlichen Ebenbilder von den Toten auferwecken? Was für eine Relevanz haben diese ungeschlachten, schriftlosen Museumsrelikte für die gestreßte Mutter von heute, die ganz offenkundig ohne

übernatürlichen Beistand auskommen muß? Nun, die sich
herauskristallisierende Erfahrung der Ältesten unserer Gattung könnte uns zum Beispiel erkennen lassen, was an der
Mutter-Kind-Beziehung natürlich und was kulturell definiert
ist, was angeboren und was erlernt ist, was archaisch und was
abgeleitet ist. Wenn wir ein Grundmuster mütterlichen Verhaltens ermitteln, anhand dessen wir spätere Varianten cha-
rakterisieren können, gelingt es uns vielleicht, zu entscheiden,
was wichtig und gut ist – für Kinder, Mütter und für die
Gesellschaft. Die prähistorischen Mütter stellen unsere neu-
zeitlichen Modelle in Frage und rütteln uns auf aus unserer
selbstherrlichen Gewißheit, daß das Moderne automatisch das
Bessere sein muß. Sie führen uns vor Augen, daß unsere
gegenwärtigen Einstellungen keinen Ewigkeitswert besitzen,
sondern vielmehr zeitgebunden und denen unserer Vorfahren
nicht unbedingt überlegen sind. Sie entlarven die Institutionalisierung der Mutterschaft als einen Trick, mittels dessen die
Frauen auf eine bestimmte soziale Rolle hin konditioniert
werden, die im Interesse ihrer Kinder und ihrer selbst sein
kann, aber nicht sein muß, und die sie ver-lernen können,
wenn sie es wollen. Auf diese Weise eröffnen uns die Höhlenmütter und ihre Nachfolgerinnen durch die Jahrtausende Per-
spektiven und Möglichkeiten.

Außerdem können uns die prähistorischen Mütter die Herkunft einiger unserer instinktiven Assoziationen zum Thema
Mutterschaft verdeutlichen. Die Vorstellungen von Mütterlichkeit werden nicht in jedem Zeitalter neu erfunden, sie sind
historisch miteinander verknüpft. Man denke nur an die Höhle
als Symbol für den weiblichen Schoß, die Erde als Symbol für
die schwangere Frau und die Vorstellung eines fruchtbaren,
weiblichen Zauberwesens als Mutter aller Tiere. Diese Bildlichkeit scheint an die 10 000 Jahre Bestand gehabt zu haben,
von der Spätsteinzeit, der sie entstammt, bis in die Renaissance mit ihren vielen Darstellungen der Geburt Christi, auf
denen das Jesuskind in einem höhlenähnlichen Stall gezeigt
wird, umgeben von einigen wie von Zauberhand gezähmten

Tieren.[4] Und selbst 600 Jahre später findet sie sich noch, hier in Amerika, in all den Krippen, die zur Weihnachtszeit in den Vorstadtgärten aus dem Boden sprießen. Unser heutiges Verständnis von Mutterschaft ist Teil des Vermächtnisses der prähistorischen Mutter. Indem wir uns ihre Rolle und die ihrer Nachfolgerinnen durch die Jahrtausende vergegenwärtigen, können wir auch uns selbst als Eltern besser begreifen. Darüber hinaus geben die Höhlenmütter und ihre Erbinnen wunderbares Quellenmaterial für die feministische Spekulation ab. In ihnen sehen wir emanzipierte Mutterfiguren – Frauen als Mütter, die aktive und anerkannte Beiträge zu ihrer Kultur leisteten. Wenn Mütter einmal etwas zu sagen hatten, dann ist es nicht ganz abwegig, zu hoffen, daß sie es vielleicht irgendwann wieder tun werden. Wenn sie nicht immer untergeordnet waren, reduziert auf die Rolle des lebenslangen Kindermädchens, dann beweist das, daß sie nicht von Natur aus untergeordnete Wesen sind. Und die urzeitliche Vorstellung von der Gottheit als Mutterfigur bringt eine hochwillkommene frische Brise in die sexistisch geprägte Mythologie. Hier haben wir endlich ein Gegenmittel gegen die chauvinistisch-männliche religiöse Ideologie, eine Bestätigung weiblicher Macht, materiell wie spirituell. Die Große Mutter hatte nicht unter Diskriminierung am Arbeitsplatz zu leiden, wenn sie schwanger war – sie war selbst der Boß. Die Große Mutter machte kein Hehl aus ihrem dicken Bauch, sie trug ihn zur Schau (anders als viele von uns, die es während der Schwangerschaft nicht wagen würden, sich im Bikini an einem öffentlichen Strand zu zeigen). Die Mutterschaft war ein Attribut der Gottheit.

Die Altsteinzeit – die Zeit, in der sich *Femina erecta* und *Homo erectus*, nun *sapiens* geworden, in kleinen nomadischen Jäger- und Sammlerhorden zusammenschlossen, Werkzeuge erfanden und in Höhlen Zuflucht suchten – könnte also durchaus einen Höhepunkt für den Status der Mutter dargestellt haben.

Die Höhlenmutter: Mutterschaft in der Altsteinzeit

Aufgrund ihrer biologischen Schwächen (oder Vorzüge) waren es von Anfang an die Frauen, die sich um die Kinder kümmerten. Den Ausschlag gab dabei die Milch. Sie erklärt weitgehend die allerfrüheste Form der Arbeitsteilung, bei der die Männer jagten und die Frauen sammelten. Das Sammeln ließ sich wesentlich leichter mit dem Stillen vereinbaren, einer Tätigkeit, die eindeutig in das Ressort der Mutter fiel. Das Stillen ging dann in die Kinderbetreuung als solche über. Wenn sich zeitgenössische Feministinnen über die Starrheit altsteinzeitlicher Rollenverteilung ereifern, tun sie gut daran, sich klarzumachen, daß die Mütter zwei der lebenswichtigsten Aufgaben im Paläolithikum erfüllten: die Aufzucht der Kinder, die das Fortbestehen der Art sicherten, und das Sammeln von eßbaren Pflanzen, Eiern, Insekten und dergleichen mehr, die 80 Prozent der damaligen Ernährung ausmachten. Der Anteil der Kalorien, der durch die Jagd sichergestellt wurde, war geringer und weniger zuverlässig.[5]

Die Archäologie entdeckt erst allmählich, in welchem Maße die Kultur von den prähistorischen Frauen geprägt wurde. Die Mutterschaft in der Altsteinzeit war nichts für Schwächlinge. Menschenbabys waren schwer, und sie wurden um so schwerer, je größer das Gehirn und damit der Schädel wurde – und das, während der ebenfalls in der Evolution begriffene Körper der Mutter dem Säugling immer weniger Haare zum Festhalten bot. Die Mutter, nicht das Kind, mußte das Festhalten besorgen. Hilfe war weder von den abwesenden Männern zu erwarten noch von älteren, postklimakterischen Frauen, denn die wenigsten Steinzeitfrauen wurden älter als dreißig. Der schwarze Peter ließ sich nicht abschieben. Also war zweifelsohne selbst im Paläolithikum das Muttersein gewollt, eine bewußte Entscheidung; es passierte nicht einfach. Dazu kommt, daß Menschenbabys viel langsamer wachsen und später selbständig werden als ihre primitiven Vorfahren. Die Mutterschaft dauerte ihre Zeit. Sie war keine einmalige Angelegenheit nach dem Motto »Wenn ich keine Lust mehr habe, laß ich's eben wieder«. Kinder benötigen aufwendige, sensible Betreuung, und das über einen längeren Zeitraum; man kann ihnen nicht einfach die Brust entziehen und ihnen dafür eine Banane in den Mund schieben. Darüber hinaus muß der Mensch in ein sehr viel komplexeres soziales und geistiges Beziehungssystem eingeführt werden als jedes andere Lebewesen. Die Mutterschaft war eine schwere Aufgabe, eine intellektuelle Herausforderung, mühsam und langwierig, nicht zu vergleichen mit einem passiven Vorgang wie dem Eierlegen.[6] Warum halsten sich die Frauen aus freien Stücken so etwas auf? Keine paläolithische Polizei, kein Kinderschutzbund, keine Medienkampagnen verfügten, daß Mütter sich um ihren Nachwuchs zu kümmern hatten. Es gab überhaupt keine Institutionen – kein Eigentum, keine Erbschaft, keine Rechtsprechung, keine konkrete Vorstellung von Vaterschaft. Kinder stellten weder Stammhalter noch eine Lebensversicherung dar, sie waren weder der Apfel, der nicht weit vom Stamm fällt, noch ein Beweis für Manneskraft oder Weiblichkeit oder die Erfüllung einer Pflicht gegenüber dem Staat oder Gott. Nachwuchs hatte wenig oder keine symbolische Bedeutung. Im Gegenteil, aus ökologischer Sicht waren altsteinzeitliche Kinder ein Handicap. Jedes Baby bedeutete ein weiteres hungriges Maul, das es zu stopfen galt.[7] Dazu war es Müttern nicht gut möglich, mehr Kinder großzuziehen, als sie bei der Nahrungssuche tragen konnten. Warum also ließen sich Mütter im Paläolithikum überhaupt auf ein so heikles Unterfangen ein? Die kurze Antwort auf diese Frage lautet: Wir wissen es nicht. Ergiebiger ist vielleicht das breite Spektrum von Informationen und Spekulationen, das die Frage unter Wissenschaftlern aller möglichen Fachrichtungen hervorgebracht hat. Ich persönlich würde sagen, daß die Mütter in der Altsteinzeit Kinder aufzogen, weil sie es wollten. Auch auf die Gefahr hin, platt zu wirken: Mütterliche Kinderpflege hat mit mütterlicher Liebe zu tun – Bindung, Einfühlung, Empathie, wie immer man es nennen will. Im Zweifelsfall hat der Anblick eines Neugeborenen den prähistorischen Puls ebenso beschleunigt wie unseren eigenen. Selbst heute, trotz unserer ausgeklügelten medizinischen Technik, trotz aller wissenschaftlichen Erkenntnisse, ist eine Geburt immer noch etwas Überwältigendes. Sie vermittelt selbst abgestumpften Zeitgenossen eine Ahnung von dem großen Mysterium Leben und ruft uns zur Ehrfurcht vor der wunderbaren Ordnung der Dinge auf, in die wir gestellt wurden. Welch ein Wunder muß die Ankunft eines winzigen menschlichen Wesens dann erst für das unausgebildete prähistorische Denken gewesen sein! Dem Lächeln eines Babys haben sich die Menschen wohl zu keiner Zeit ganz entziehen können.

Das heißt nicht, daß Mutterliebe (oder Vaterliebe) automatisch einsetzt wie Wehen, daß sie eine allumfassende Sehnsucht wäre, die nach Erfüllung verlangt, oder ein »Instinkt« im strengen Sinne des Wortes. Während der Begriff »Mutterinstinkt« im allgemeinen Sprachgebrauch mittlerweile eine ganze Reihe von Bedeutungen hat, ist die wissenschaftliche Definition eine relativ enge: Instinkte sind angeborene und unveränderliche Verhaltensmuster, die bei »niederen« Lebewesen häufig zu finden sind, aber nur selten beim Menschen, den ein hochentwickeltes Nervensystem zur Anpassung an seine Umwelt befähigt, so daß jeglicher ursprüngliche Trieb sofort durch Lernprozesse überlagert oder sogar in sein Gegenteil verkehrt wird. Auch Mutterliebe existiert nicht ohne Mutterhaß. Kinder können uns die Wände hochtreiben, das war schon immer so. Und welche Mutter war nicht schon einmal drauf und dran, ihrem Kind den Hals umzudrehen (was nicht heißen soll, daß sie wirklich dazu in der Lage wäre)? Aber die Mutterliebe ist ein hartnäckiges, zählebiges Gefühl, das Männer ebenso empfinden können wie Frauen und das sich – zumindest in abgeschwächter Form – immer durchsetzen kann und wird. (Das gilt nicht für Extremsituationen wie lebensbedrohliche persönliche oder soziale Umstände, geistige Behinderung, krankhaftes soziales Fehlverhalten, Unwissenheit, oder in einer durch Frauenfeindlichkeit verbogenen Gesellschaft.) Mit anderen

Worten: Wenn die Umstände es zulassen, lieben die meisten Leute ihre Kinder. Jeder normale Mensch, der ein hilfloses Kleinkind vor sich hat, wird sich eher seiner annehmen, als es töten, auffressen oder ignorieren. Mutterliebe reagiert zwar empfindlich auf Umwelteinflüsse, aber sie ist allem Anschein nach eine unumstößliche Tatsache.

Kindesmißhandlung, Vernachlässigung, Inzest – alle diese Fälle, in denen etwas schiefgeht mit der elterlichen Zuneigung –, scheinen in direktem Zusammenhang mit der Frauenfeindlichkeit der jeweiligen Gesellschaft zu stehen. Klammern wir Katastrophen wie Krieg und Seuchen und individuelle psychische Störungen aus, dann läßt sich feststellen, daß die Fälle von Kindesmißhandlung sich überall da häufen, wo die gesellschaftliche Ungleichheit der Geschlechter besonders groß ist. Wenn Frauen als Person respektiert werden, sind sie in der Lage, ihre Kinder zu lieben. Daraus ergeben sich alle möglichen Folgesätze. Wenn Frauen nicht mit ihren Kindern um den gesellschaftlichen Status kämpfen müssen, fällt es ihnen leichter, sich auf eine gesunde Weise an sie zu binden. Wenn Frauen selbst entscheiden dürfen, ob sie ein Kind bekommen oder nicht, dann haben die Kinder es besser bei ihnen. Wenn die Väter hier und da einspringen, können die Mütter mehr leisten; je größer die Hilfe, desto größer die Leistung.

Das Paläolithikum, per definitionem die primitivste Epoche in der Menschheitsgeschichte, brachte also offenbar alle nötigen Voraussetzungen für die Elternliebe mit sich. Der schlagendste Beweis dafür ist unsere Existenz: Ohne mütterliche Zuwendung hätten Kinder nicht überleben können, und ihr Tod hätte das Aus für die Menschheit, wie wir sie kennen, bedeutet. Anders ausgedrückt, die Zivilisation hätte nicht bis heute fortbestehen können, wenn nicht die Mehrheit der Frauen einen Großteil ihres Erwachsenenlebens mit Kindergebären und Kinderpflege zugebracht hätten. Die Altsteinzeit ermöglichte es Müttern, ihrer Natur zu folgen und sich um ihre Kinder zu kümmern.

Wenn es, wie viele Feministinnen so glühend wünschen, irgendwann in grauer Vorzeit einmal ein Matriarchat gegeben hat, dann im Paläolithikum, obwohl es wahrscheinlicher ist, daß die soziale Strukur nicht auf einer weiblichen Vormachtstellung basierte, sondern auf Gleichheit zwischen den Geschlechtern.[8] Wie schon angedeutet, liegt der Grund dafür vermutlich darin, daß die Frauen bei Naturvölkern mehr Nahrung liefern als die Männer, dank ihrer Sammlertätigkeit über gleichrangige Geländekenntnisse verfügen und genausoviel mit anderen Menschen zusammenkommen. Man nimmt heute auch an, daß es die Mütter waren, die als die Hauptverantwortlichen für die Nahrungssuche die technischen und sozialen Voraussetzungen für eine Rationalisierung ihrer Arbeit schufen: Behälter,[9] die Tragschlinge, Stöcke zum Graben und vielleicht auch feste Rituale für ein gemeinschaftliches Essen ... die Urform der Dinnerparty. War die Frau schon immer die Gastgeberin? Vielleicht, vielleicht auch nicht, aber sie wurde doch als ein ebenso wichtiges Mitglied der Gesellschaft angesehen wie der Mann, und ihre Aufgaben, wenngleich andersgeartet, galten genausoviel wie die männliche Kunst des Jagens. Die Zeiten, in denen die Männer die Frauen herumzukommandieren begannen, lagen noch in ferner Zukunft.[10]

Wenn wir der heutigen Paläoanthropologie glauben dürfen, lebte es sich recht angenehm in der Altsteinzeit. Nahrung war reichlich vorhanden, und da niemand um seine Existenzgrundlagen fürchten mußte, gab es wahrscheinlich auch weniger Streß, kleinliche Rivalitäten, Habgier und Ausbeutung als bei uns. Analog zu heutigen Naturvölkern – Richard Lees und Irven DeVores Buschmännern oder Colin Turnbulls Mbuti-Pygmäen – können die Menschen in der Altsteinzeit durchaus Methoden zur Geburtenkontrolle gekannt haben (Abtreibung und Empfängnisverhütung), was heißt, daß die Kinder, die zur Welt kamen, auch gewollt waren. Und wenn sich die Analogie halten läßt, dann hatten sie auch Freizeit, eine Vielfalt an Zeremonien und lebten in relativem Frieden.[11]

Das Pflanzensammeln darf man sich vermutlich als eine recht

fröhliche, gesellige Tätigkeit vorstellen, der alle gesunden Frauen einer Stammesgruppe gemeinsam nachgingen. Die kleineren Kinder konnten um sie herum spielen, nahe genug, um im Auge behalten zu werden.[12] Es bestand kein Grund zur Strenge, so wie später, als die Kinder sich für ihren Unterhalt nützlich machen mußten. Wenn sie demnach ohne schwere Strafen aufwuchsen, wenn sie keinen Grund hatten, von ihren Mitmenschen etwas anderes als Freundlichkeit zu erwarten, entwickelten sie sich möglicherweise auch zu friedfertigen Erwachsenen, die liebevoll mit ihren eigenen Kindern umgehen konnten.

Rituelle Menschen- und Kinderopfer sowie Kannibalismus in Dürre- und anderen Notzeiten kamen zwar vor, aber wohl in wesentlich geringerem Maße als in späteren, »zivilisierteren« Epochen. Nach Knochenfunden zu urteilen, ließen diese frühen Menschen manchmal selbst noch schwerstbehinderte Kinder am Leben, eine Gruppe, die in vielen Gesellschaften gerne geopfert wurde, gelegentlich sogar in unserer eigenen. Alles in allem haben wir es also mit einer differenzierten, menschlichen Kultur zu tun, in der Kinder geachtet wurden. Vielleicht hatten die Mütter es nie wieder so gut.[13]

Als unsere Vorfahren sich zu erklären versuchten, woher die Menschen bei der Geburt kämen, bestätigten sie einfach das Offensichtliche – der Quell neuen Lebens ist die Mutter. Die früheste Form religiöser Verehrung galt demnach auch der Großen Mutter. In ihr wurde die Frau unmittelbar mit dem Mysterium Leben verbunden. Der Begriff Religion ist in einem prähistorischen Kontext natürlich mit Vorsicht zu gebrauchen; Lebensphilosophie trifft vielleicht eher zu. Für die Menschen der Altsteinzeit war die Religion keine vom Alltag abgelöste Erfahrungsdimension. Alles Leben war heilig, und die Große Mutter war der Ursprung allen Lebens.[14]

Die frühesten uns bekannten Kultobjekte waren kleine Statuen, die nackte, oft hochschwangere Frauen darstellten. Über sechzig dieser bemerkenswert einheitlichen Figurinen sind an allen möglichen europäischen Orten entdeckt worden, von Westfrankreich bis nach Sibirien. In Höhlen, auf Berggipfeln, Hausaltären und in den ältesten Schreinen stieß man auf diese fruchtbare Göttin, manchmal aus weichem Stein oder aus Mammutstoßzähnen geschnitzt, manchmal in Ton gebrannt. Diese weitverstreuten Statuetten sind der Beweis, daß man der Fähigkeit der Frau, Leben hervorzubringen, allerorts mit der gleichen Ehrfurcht begegnete.[15] Die Vorstellung, so scheint es, war universal: Sobald die Menschen überhaupt zu denken begannen, wurde das Fortpflanzungsvermögen der Frau nahezu überall als verehrungswürdig empfunden.

Obwohl keine zwei Statuetten völlig identisch sind, ist die Große Mutter fast immer gedrungen, in aufrechter Haltung, in sich selbst ruhend, manchmal ohne Gesicht und nur ein paar Zoll hoch, ein weiblicher Miniatur-Hydrant. Möglicherweise trug man sie in der Hand; da sie oft keine Füße hat und ihre untere Hälfte spitz zuläuft, ist es auch denkbar, daß sie in die Erde »gepflanzt« wurde. Ihre auffälligsten Merkmale sind die übergroßen Brüste und Hinterbacken, die eine frühere Archäologengeneration unglücklicherweise als »Arsch und Titten« interpretierte, so daß diese Statuen als »Venus«-Figuren eingestuft wurden, als Göttinnen sexueller Liebe. Die weitaus berühmteste unter ihnen ist die Venus von Willendorf, eine etwa knapp fünfzehn Zentimeter hohe Kalksteinfigur aus Österreich, ca. 30 000 bis 25 000 v. Chr., die vielfach reproduziert worden ist.

Aber diese Venus-Figuren sind keine Revue-Girls. Sie sind nicht erotisch im modernen Sinn – sie sind viel zu eigenständig, um als Projektionen männlichen Verlangens gewertet zu werden. Sehr viel näher liegt es, sie als Fruchtbarkeitssymbole zu verstehen. Was sie darstellen, ist Schwangerschaft – nicht Geburt, die Mutter-Kind-Beziehung oder Sinnlichkeit. Interessanterweise tauchen erst in der Mitte der Jungsteinzeit, des Neolithikums,[16] die ersten Abbildungen der Großen Mutter mit einem Kind im Arm auf.[17] Das spricht dafür, daß es vor allem die Gebärfähigkeit der Frau war, die in den frühesten

»denkenden« Menschen den Drang zur religiösen Verehrung
wachrief.

Im paläolithischen Weltbild wurde die Große Mutter mit der
Erde assoziiert, von der das Überleben der Menschen abhing.
Erst viel später verband sich die Vorstellung des Göttlichen
mit dem Himmel. Die Göttin war immanent, nicht transzen-
dent; sie befand sich in allen Menschen und allen Dingen, nicht
über ihnen. Die Männer und Frauen der Altsteinzeit beobach-
teten die natürlichen Funktionen des weiblichen Körpers –
Menstruation, Schwangerschaft, Geburt, Laktation –, und so
erklärten sie sich die Erde analog dazu als den großen Schoß,
aus dem alles Leben hervorging. Die Toten wurden in Embryo-
haltung begraben, die Arme über der Brust gekreuzt; ihre
Körper wurden mit rotem Ocker bestreut, vielleicht als Symbol
für das lebensspendende Fruchtwasser oder das Monatsblut.
So kehrten die Menschen im Tod in den Schoß der Erde zurück,
womöglich um wiedergeboren zu werden wie die Pflanzen im
großen Kreislauf der Jahreszeiten. Kürzliche Neudeutungen
von Höhlenmalereien und Gravierungen legen den Schluß
nahe, daß Formen, die bislang für Pfeile, Widerhaken und
andere männliche Jagdattribute gehalten wurden, in Wirklichkeit Pflanzen darstellen, Bäume und Schilfrohr, die Aus-
beute weiblicher Nahrungssuche. Die rätselhaften geschnitz-
ten Kerben auf einer Vielzahl von Höhlenbildern werden heute
als eine Abbildung des Menstruationszyklus und der Mondmo-
nate der Schwangerschaft verstanden. Ebenso repräsentieren
die diversen Darstellungen von Dreiecken und Blumen nach
der gegenwärtigen Lesart die Vulva. So löste der französische
Archäologe Leroi-Gourhan ein Rätsel, über das die Anthropologen sich jahrzehntelang erfolglos den Kopf zerbrochen hatten, als er das in frühen Höhlenmalereien regelmäßig wieder-
kehrende enigmatische »Doppelei« als ein Symbol für die Vagina deutete. Parallel dazu sind auf einem bemerkenswerten
skulptierten Fries von Tier- und Menschengestalten in Angles-
sur-l'Angline die weiblichen Figuren durch aus abstrakten
Dreiecken bestehende Frauenkörper dargestellt, bei denen das

Dreieck der Scham besonders hervorgehoben ist. Möglicherweise wurden Phallussymbole erst »phallisch«, also gleichbedeutend mit Macht, nachdem die Männer die Herrschaft an sich gebracht hatten. Die Phallussymbole des Paläolithikums waren vielleicht Vaginasymbole – eine schlechte Nachricht für die vielen *Eisenhans*-Männer, die sich von den Mythen vom Höhlenmenschen eine Aufwertung ihrer Männlichkeit erhoffen.[18]

Auch wenn zwischen dem Status der Frauen und der Verehrung einer Göttin nicht in allen Kulturen ein direkter Zusammenhang besteht – im heutigen Indien etwa existiert die weitverbreitete Unterdrückung der Frau Seite an Seite mit der Verehrung einer weiblichen Gottheit, der hinduistischen Devi –, hielten doch in vielen Kulturen, in denen eine Göttin regierte, auch die Frauen bis zu einem gewissen Grad das Zepter in der Hand.[19] Die offene Verehrung der weiblichen Zyklen steht in scharfem Gegensatz zu der verborgenen Schande, dem »Fluch«, zu dem sie später wurden. Wichtig ist dabei auch, daß die Muttergottheit in ihrer frühesten Form eine Doppelnatur hatte: Sie gab Leben, und sie forderte es wieder zurück. Diese frühen Kulturen wußten nur zu gut, daß das Mysterium des Todes untrennbar mit der weiblichen Gottheit verbunden war. Sie klammerten sich nicht, wie wir es tun, an das Stereotyp einer unendlich liebenden und verzeihenden Mutter. Von der Großen Mutter wurde nicht erwartet, daß sie ausschließlich gut war; sie lebte ihre psychische Realität vollständig aus. Ihr Kult war sinnlich und erotisch; er umfaßte alles Lebendige. Sex wurde mit lebensspendenden Kräften assoziiert, mit Erneuerung, Wiedergeburt und Verwandlung. Aber es gab auch eine dunkle Seite – irrational, ungeordnet und destruktiv –, die in ihrer Gesamtheit anerkannt wurde, als die Göttin noch unumschränkt herrschte. Die Große Mutter besaß eine Ganzheit, wie sie spätere weibliche Gottheiten und ihre menschlichen Pendants nicht mehr für sich beanspruchen durften.

Der göttliche Schoß:
Mutterschaft in der Jungsteinzeit

Im Lauf der Jahrhunderte erwärmte sich die Erdtemperatur, die Gletscher zogen sich zurück, und eine neue Zeit brach an, eine neue Weltordnung, in der der Lebensmittelpunkt nicht mehr die Höhle war, sondern der Bauernhof. Aber die Göttin herrschte immer noch, ja, ihre Erscheinungsformen vervielfachten sich sogar. Wenig weist darauf hin, daß die Männer in Politik, Wirtschaft, Religion oder in der Familie das Ruder in die Hand genommen hatten. Im Gegenteil, die Geschlechter scheinen nach wie vor weitgehend gleichberechtigt gewesen zu sein. Die Frauen wurden an heiligen Stätten beerdigt, in der Kunst gefeiert, und allem Anschein nach gingen sie zusammen mit den Männern auf die Jagd: Ihre Stellung in der Gesellschaft war keine untergeordnete. Die Abstammung wurde nach wie vor durch die Mutter bestimmt. Das Patriarchat war nichts weiter als ein Funkeln in Männeraugen und lag noch Jahrtausende entfernt. Wir schreiben das Neolithikum,[20] eine prähistorische Ära, die die Phantasie ganzer Schriftstellergenerationen in ihren Bann geschlagen hat, von den alten Griechen über die Spätviktorianer bis hin zu den New-Age-Heiden. Das Neolithikum steht dieser Tage hoch im Kurs und hat eine ganze Industrie von Büchern, Religionen, Führern, Kassetten und sonstigem Schnickschnack hervorgebracht, die die Göttinnen in den Himmel loben und diesen Abschnitt der Geschichte als demokratisch, friedlich, warmherzig, verspielt und naturverbunden besingen.[21] Für zahlreiche Feministinnen, für Ökologiebewegte, Utopisten und sogar eine Reihe von nüchternen Wissenschaftlern sind die Göttinnen nicht nur ein Quell künstlerischer und geistiger Inspiration, sondern auch Identifikationsfiguren. Die Beschreibungen dieses sogenannten Verlorenen Goldenen Zeitalters haben einen starken Hang zum Schwärmerischen.[22] Ihnen zufolge kann die zeitliche Übereinstimmung von Göttinnen-Verehrung und sozialer Harmonie kein Zufall sein; eine weibliche, mütterliche Sehweise, so ihre

Argumentation, geht naturgemäß mit Frieden und Ausgewogenheit, Natur und Sinnlichkeit einher. All das ist jedoch bloße Spekulation, wie im übrigen die offizielle akademische Interpretation der Jungsteinzeit auch. Unsere »unerschütterlichen« Beweise bestehen zu einem großen Teil aus archäologischem Material – ausgewählten körperlichen Überresten –, nicht aus schriftlichen Belegen. Und auf Bruchstücke ist nun einmal nicht allzu viel Verlaß. Oder aber die Beweise sind anthropologisch, abgeleitet von zeitgenössischen Kulturen mit ähnlichen Merkmalen. Auch hier sind die Schlußfolgerungen rein hypothetischer Natur. Das Gros der wissenschaftlichen Beiträge bewegt sich damit auf ähnlich schwankendem Boden wie die übertriebenen Ergüsse der Fanatiker. Aber während die tatsächlichen Erkenntnisse über das Neolithikum äußerst spärlich sind, schreit dieses Zeitalter geradezu nach guter, gewissenhafter Auslegungsarbeit. Es bietet eine einmalige Gelegenheit zum Studium einer Zeit, in der das zentrale religiöse Symbol eine lebensspendende Frau war, nicht wie bei uns heute ein grausam ermordeter Mann; in der das richtungweisende Bild der Mutter lustvoll und selbstbewußt war, nicht tugendhaft und aufopfernd wie das der Heiligen Jungfrau. Das Szenarium ist im wahrsten Sinne des Wortes bedeutungs-»schwanger«. Waren diese Mutter-Gottheiten symbolischer Ausdruck der Wirklichkeitserfahrung jungsteinzeitlicher Mütter? Oder gestaltete das Bild der Göttin die Realität? Vielleicht verkörperten die Gottheiten ja auch menschliches Wunschdenken und hatten nichts mit den real existierenden Müttern zu tun. Die Möglichkeiten sind faszinierend.

Die Unbeirrbarkeit, mit der das Neolithikum in der Populärkultur als weibliches Elysium dargestellt wird, ist auch als Phänomen an sich interessant. Geschichtsdeutung sagt immer viel über den Geschichtsschreiber selbst aus. Vielleicht haben wir alle Sehnsucht nach einer Zeit, in der wir vollkommene Mütter hätten haben oder sein können – der hartnäckige Wunsch nach einer Geschichte, auf die wir stolz sein dürfen, als Kontrast oder auch als Korrektiv für eine wenig glorreiche Gegenwart. Das Heimweh nach einem warmen, starken, zärtlich-beschützenden weiblichen Körper ist nur zu verständlich – schließlich haben die meisten von uns zumindest in ihrer frühesten Kindheit den bergenden Schutz einer Mutter erfahren. Angetrieben von verschütteten Erinnerungen an (oder dem Verlangen nach) Säuglingsseligkeit an der Mutterbrust, erschaffen wir uns unsere persönliche Vergangenheit neu, in Träumen, Mythen und sogenannter Geschichte. Aber es ist eine verbesserte Version, die wir erschaffen, eine idealisierte Mutter, die nie so gemein wäre, uns abzustillen, uns aus dem Paradies zu vertreiben! Aus einigen der glühenden Hymnen auf die Jungsteinzeit wird nur allzu deutlich, wie sehr der übermächtige Wunsch nach einer guten Mutter die Wahrnehmung beeinflussen kann. Aber selbst wenn wir die Temperatur um ein paar Grade hinunterdrehen, findet sich immer noch eine Fülle von Hinweisen darauf, daß die neolithischen Kulturen Mütter – und damit auch Kinder – in Ehren hielten.

Das Neolithikum: Die Fakten

Mit den drastischen geologischen Veränderungen verringerte sich der Wildbestand. Geschichten von zottigen Mammuts, an denen sich einige Dutzend Leute satt essen konnten, hätten sich für die Menschen der Jungsteinzeit vermutlich ebenso unglaubwürdig angehört wie für uns die Mär von einem billigen Seegrundstück. Die Jagd brachte immer seltener Erfolg, so daß unsere nomadischen Vorfahren sich gezwungen sahen, ihren alten Lebensstil aufzugeben und neue Methoden zur Deckung ihres Nahrungsbedarfs zu entwickeln. Nach und nach, mit zeitlichen Verschiebungen von Gegend zu Gegend, wurden aus den Jägern und Sammlern Gartenbauern[23] und noch später Ackerbauern[24] und Viehzüchter, die sich in Familienverbänden, Dörfern und Städten niederließen. Daß die Menschen nicht länger umherzogen, sondern seßhaft wurden, um ihre Gärten zu bestellen und ihr Vieh zu versorgen, war von einschneidender Bedeutung. Ein festes Zuhause hat eine stabilisierende Wirkung. Jetzt konnte sich die menschliche Energie und Phantasie mit anderen Dingen beschäftigen. So entstanden neue Techniken in Handwerk (Töpfern, Korbflechten, Weben, Leder- und Edelsteinarbeit) und Kunst (Malerei, Tonarbeiten, Bildhauerei). Die regelmäßige, manchmal sogar überreichliche Nahrungszufuhr führte zu ersten Ansätzen von Materialismus, zu Raffgier, einer ungleichen Verteilung von Besitz – kurz, zu den Anfängen jener komplexen Sozialdynamik, die wir – ironischerweise – die abendländische Kultur nennen.[25]

Das kulturelle Zentrum verlagerte sich von den Höhlen in West- und Südeuropa in die feuchten, fruchtbaren Täler des Nahen Ostens, wo der erste systematische Getreideanbau betrieben wurde. 7000 v. Chr. war der Ackerbau in Jordanien, im Iran und in Anatolien, der heutigen Türkei, fest eingeführt. Inzwischen wissen wir, daß Mesopotamien nicht die einzige »Wiege der Zivilisation« war und daß die ersten Städte mehrere Jahrtausende früher gegründet wurden, als noch vor dreißig Jahren angenommen.

Der Beitrag des Mannes zur Fortpflanzung, über den man in einer Gesellschaft von Jägern und Sammlern wahrscheinlich nicht ganz im Bilde gewesen war, wurde jetzt, da man Tiere hielt, vermutlich um einiges klarer. Wie hätte ein paläolithischer Mann auf den Gedanken kommen sollen, daß Sex und kleine Kinder etwas miteinander zu tun hatten, wo sie doch durch so viele Monate und alle möglichen anderen Vorkommnisse getrennt waren? Für einige Feministinnen[26] stellt diese Erkenntnis den Anfang vom Ende dar, den ersten Schritt zur Entwertung der Frauen, zum Niedergang der Gleichheit und zum Aufstieg des Phallus. Aber so einfach ist die Sache nicht. Denn selbst wenn sich der Mann jetzt völlig über seinen biologischen Beitrag zur Schwangerschaft im klaren war – was durchaus nicht gesagt ist –, hätte er sich schwergetan, seinen Anspruch auf irgendein bestimmtes Kind geltend zu machen

oder einen Erben für seine Besitztümer zu bestimmen. Die
strikte Monogamie war eine Erfindung, die noch weit in der
Zukunft lag (etwa 6000 Jahre!). In dieser frühen Zeit muß die
Vaterschaft, so sie überhaupt wahrgenommen wurde, ein sehr
schwaches Band gewesen sein. Außerdem war das Neolithikum, wie wir noch sehen werden, ein verhältnismäßig egalitä-
res Zeitalter.[27]

Die Erfindung des Ackerbaus bestätigte einmal mehr die
Macht der Großen Mutter, die seit dem Paläolithikum fest mit
der Erde assoziiert wurde. Schließlich verweist die Landwirt-
schaft die Menschen vielleicht noch direkter als ein Jäger- und
Sammlerdasein auf den biologischen Rhythmus der Pflanzen
und Tiere, von denen ihr Überleben abhängt, so daß es nur
logisch erscheint, daß man gewisse Parallelen zwischen diesen
Rhythmen und dem weiblichen Zyklus feststellte und diese Pa-
rallelität den übernatürlichen Kräften der Frau zuschrieb.[28]
Ähnelt nicht der weibliche Körper in seiner Periodizität dem
Mond und in seiner regenerativen Kraft der Erde? Die religiöse
Bildlichkeit der jungsteinzeitlichen Kulturen Palästinas, der
Türkei und Südosteuropas jedenfalls wurde in überwältigen-
dem Maße von Frauen beherrscht.

So scheint etwa in Çatal Hüyük,[29] einer neolithischen Gra-
bungsstätte in der Türkei, die sich als archäologische Wasser-
scheide erwiesen hat, die gesamte Stadt in Göttinnen-Kult und
religiösem Kunsthandwerk aufgegangen zu sein. Mindestens
40 Heiligtümer wurden hier entdeckt, womit auf 4 bis 5 Wohn-
stätten jeweils ein Heiligtum kommt, alle einer weiblichen
Gottheit geweiht, kein einziges einem Gott. Die Darstellungen
der schwangeren Göttin an den Wänden der Heiligtümer weisen eine auffallende Ähnlichkeit mit den paläolithischen »Venus«-Figuren auf. Dieselbe Göttin wird in anderen Wandma-
lereien als schlankes Mädchen gezeigt, laufend, tanzend oder
herumwirbelnd, mit wehendem Haar – möglicherweise eine
Vorwegnahme der späteren sinnenbetonten Göttinnen im mi-
noischen Kreta.[30] Vielleicht stellt sie das fehlende Bindeglied
zwischen den beiden Zeitaltern dar. Auf wieder anderen Ge-

mälden ist sie als bedrohliches altes Weib abgebildet, nicht selten in Begleitung eines Geiers. Zahlreiche Gemälde zeigen auch niederstürzende Geier – mit einer Flügelspannweite von weit über einem Meter –, die Menschen ohne Köpfe fressen. Wie ihre Vorgängerin, die Große Mutter, war diese Göttin offensichtlich eine Gottheit des Todes ebenso wie des Lebens. In dieser ihrer beängstigenden Inkarnation wird sie als eine Art Stalaktit mit einem Menschenhaupt dargestellt, in Hervorhebung ihrer chthonischen oder erdhaften Eigenschaften, die sie mit den Höhlen und der Unterwelt verbinden. Hier, 6000 v. Chr., haben wir eine greifbare Manifestation der Doppelnatur der Muttergöttin, Symbol menschlicher Ängste wie auch menschlicher Hoffnungen während und nach der Jungsteinzeit. Wie ihre Vorgängerin, aber anders als ihre wohlbekannten Nachfolgerinnen, die griechischen und römischen Göttinnen, verkörpert sie die (Mutter) Natur in ihrer Ganzheit – lebenschaffend und lebenzerstörend, zärtlich und grausam, gut und böse. Sie ist nicht unglaubhaft gütig, und ewig jung ist sie auch nicht. Im Gegenteil, sie gebietet auch als postklimakterische Frau noch Ehrfurcht.

In Çatal Hüyük und im nahegelegenen Hacilar finden wir zwei faszinierende Darstellungen einer Muttergottheit mit einem Kind in den Armen, eine der ältesten bisher entdeckten Varianten der »madonna cum bambinis«. Die Mutter-Kind-Konfiguration, die sich unserem Hirn inzwischen so unauslöschlich eingeprägt hat, hat als zentrales religiöses wie auch säkulares Bild offenbar die Jahrtausende überdauert. Die Figur in Çatal Hüyük, aus grau-grünem Schiefer geschnitten, zeigt die Göttin als zwei weibliche Gestalten, Rücken an Rücken, deren eine ein Kind stillt, während die andere einen Liebhaber umarmt (der kleiner ist als sie selbst, was auf Jugend und eine untergeordnete Stellung hindeutet). Die Tonstatuette in Hacilar zeigt ein männliches Kind an der Mutterbrust, dessen Genitalien sich nahe an der mütterlichen Vulva befinden. Hier sehen wir die Anfänge eines Begleitkults, in dem gemeinsam mit der Göttin ein Knabe verehrt wird, der sowohl ihr Sohn als auch

ihr Geliebter sein kann[31] – später ein verbreitetes Motiv.
Verkörpern diese Statuen jungsteinzeitliche Mutterliebe?
Suggerieren sie Inzest? Immerhin würde eine solche Nähe
zwischen den Geschlechtsorganen von Mutter und Kind bei
einer abendländischen Mutter des ausgehenden 20. Jahrhunderts mit Sicherheit nicht geduldet. Aber die Möglichkeiten,
menschliche Liebesbeziehungen körperlich auszudrücken,
sind nun einmal begrenzt, und gesellschaftliche Tabus gab es
nicht, so daß es gut sein kann, daß die steinzeitliche Mutterliebe ungeniert sexualisiert wurde, zumindest was die Göttinnen betraf.

Im Lauf der Zeit entstanden dann aus der neolithischen Mut-
tergottheit wohl die großen individualisierten Göttinnen – in
Babylon und Assyrien Ischtar, in Kanaan Astarte, in Ägypten
Isis, in Phrygien Kybele und im vorhellenischen Griechenland
Gaia –, eine bunte Schar, mächtig, launisch, abwechselnd
mütterlich und grausam, jede von ihnen berüchtigte Zielscheibe alttestamentlicher Verachtung. Noch später wurde die Persönlichkeit der Muttergottheit aufgesplittert. Die berühmten
Göttinnen der patriarchalen Kulturen Griechenlands und
Roms lassen sich wohl am besten als Reduktionen der neoli-
thischen Göttin verstehen. Im Gegensatz zu der älteren Gottheit sind sie eindimensional und definieren sich durch ihre
Beziehung zu Männern. Keine einzige verkörperte mehr die
Vollblutmutter mit vielen Facetten. Die Mutterschaft wurde
von allen anderen Attributen der Weiblichkeit abgespalten.

Was empfand die neolithische Mutter, das Vorbild ihrer rassi-
gen, dreidimensionalen Göttin vor Augen, für ihre Kinder? Die
Menschen der Jungsteinzeit in ihren gemütlichen Bauerndör-
fern vermehrten sich wie die Karnickel, das wissen wir. Um
10000 v. Chr. kam es zu einer regelrechten Bevölkerungsex-
plosion. Man geht davon aus, daß primitive Methoden der
Empfängnisverhütung bekannt waren, also waren die Kinder
vermutlich gewollt. Warum? Die Ethnologen beweisen uns
immer wieder – bis in die Gegenwart hinein, wie etwa in den
sechziger Jahren bei den !Kung-Buschmännern –, daß Noma-

denvölker sehr oft aufhören, Geburtenkontrolle zu praktizieren, wenn sie seßhaft werden. Kinder sind dann keine Last mehr, sondern eine Hilfe. In einer Agrargesellschaft bedeutet jedes Kind ein zusätzliches Paar Hände, das mit anpacken kann. Arbeiter sind hochwillkommen, und die Menschen in der Jungsteinzeit arbeiteten wie die Pferde. Ironischerweise haben Nomaden ein sehr viel leichteres Leben als Bauern. Ob unseren Vorfahren wohl klar war, was sie aufgegeben haben, als sie seßhaft wurden?[32]

In Agrargesellschaften helfen schon dreijährige Kinder mit, indem sie die Vögel von den Gemüsebeeten verjagen. Die älteren Kinder hüten das Vieh und halten es von den Anpflanzungen fern.[33] Damit markiert das Neolithikum vielleicht das wahre Ende kindlicher Unschuld. Die Kinder hatten jetzt ernstzunehmende Pflichten. Dies war vermutlich auch die Zeit, in der die Eltern begannen, ihre Kinder zu bestrafen. Schließlich sind Kinder auch nur Menschen, und aus eigenem Antrieb schuften sie nicht.

Die Frauen bewohnten nun mit ihren Kindern einzelne Hütten in Dörfern; der Lebensraum wurde dadurch enger. Nach und nach zogen auch die Männer in diese Behausungen, aber da der Ackerbau und die bescheidenen Viehherden zur Versorgung nicht ausreichten und sie deshalb nach wie vor auf die Jagd gehen mußten, hielten sie sich wohl nicht häufig dort auf. In dieser ungewohnten Enge muß die Situation der Mutter eine sehr andere gewesen sein im Vergleich zu früheren Zeiten, als Mütter und Kinder noch in einer Reihe von Höhlen lebten. Da Kinder die ersten zehn Jahre ihres Lebens mehr oder weniger im Gesichtskreis der Mutter verbringen, bedeutet räumliche Enge für beide Teile eine große Einschränkung. Mit der Vertraulichkeit stellt sich Geringschätzung ein, das wußte schon Shakespeare. Konflikte zwischen Müttern und Kindern konnten eigentlich gar nicht ausbleiben – auch das ein Argument für die Theorie, daß um diese Zeit Strafen erstmals Teil der Erziehung wurden. Aber Vertrautheit kann auch größeres Verständnis zur Folge haben. Die Mütter hatten nun vielleicht

mehr Gelegenheit, ihre Kinder beim Heranwachsen zu beobachten. Die Jungsteinzeit legte womöglich den Grundstein für
die Intimität der Kernfamilie – vorausgesetzt, die Frauen
beschränkten sich auf einen Partner. Nach Meinung vieler
Wissenschaftler[34] war diese Periode matrilokal und matriline-
ar, was heißt, daß »Ehe«-Paare bei der Familie der Frau
wohnten und die Genealogie durch die Mutter bestimmt wurde. Der Papa zog also in *ihre* Hütte und zeugte *ihre* Kinder,
was dem Familienleben ein sehr anderes Gepräge gegeben
haben muß, als wir es heute kennen.

So wie sich im Paläolithikum vereinzelte Hinweise auf Kinderopfer finden, gibt es auch im Neolithikum Spuren davon. Ein
Haufen von Säuglingsschädeln, der unter einem beckenarti-
gen Gebilde in der untersten Schicht von Jericho entdeckt
wurde, deutet mit einiger Sicherheit auf die Opferung von
Menschen hin. Aber derartige Funde sind äußerst selten – in
scharfem Gegensatz zu den grausigen Massenmorden an Kindern ein paar Jahrtausende später –, was dafür spricht, daß
es kein sehr weit verbreiteter Brauch war.[35]

Die Belege für mütterliche Zuneigung im Neolithikum sind
also recht eindrucksvoll: Die Frauen bekamen viele Kinder, sie
behielten sie in ihrer Nähe, sie gaben sich Mühe mit ihrer
Sozialisation, und Kinderopfer waren eher eine Ausnahmeer-
scheinung. Den eindringlichsten Beweis liefern jedoch die
Schilderungen von Ausgrabungen in Çatal Hüyük. Dort wurden die Toten unter den Schlafbänken im Hausinneren begraben. Die größte Schlafbank, die sich stets an der Ostwand
befand, gehörte der Hausherrin. Die kleine Eckschlafbank, die
dem Mann gehörte, wurde oft verschoben. Die Kinder wurden
bei der Mutter begraben. Manchmal begrub man sie auch
unter einer eigenen Schlafstätte, aber nie zusammen mit den
Männern[36] und niemals nachlässig, respektlos oder getrennt
von ihrer Familie, sondern *mit* der Familie, besonders mit der
Mutter. Enges Zusammensein im Leben wie im Tod – welchen
besseren Beweis gibt es für eine starke, ja, ewige Verbindung
zwischen der neolithischen Mutter und ihrem Kind?

Da sich die jungsteinzeitliche Gesellschaft auf Ackerbau, Tier-
haltung, Weben und Töpfern gründete – alles Tätigkeiten, die
bis zu einem gewissen Grade auf weiblicher Erfindung und
Kontrolle fußen – und da die religiöse Bildlichkeit überwiegend
weiblich war, geht der allgemeine Konsensus dahin, daß die
Frauen in diesen Kulturen eine sehr große Rolle spielten. In
der Jungsteinzeit wurden die Frauen geachtet, und so wie es
aussieht, achteten sie ihrerseits auch ihre Kinder. Lebensumstände und Stellung der Frau in einer Gesellschaft sind erfah-
rungsgemäß ein recht verläßlicher Indikator für Lebensumstände und Stellung der Kinder. Fügen wir dem noch hinzu,
daß die neolithische Gemeinde Çatal Hüyük 1500 Jahre bestand – siebenmal so lang wie die Geschichte der Vereinigten
Staaten –, allem Anschein nach frei von Blutbädern oder
Krieg. Vielleicht liegen die heutigen Jünger der Muttergottheit
gar nicht so schief.[37]

Das Neolithikum: Die Wunschträume

Die Jungsteinzeit stellt einen regelrechten Rorschachtest dar,
einen Tintenklecks, in den Generationen ihre Wünsche, Ängste, Wertvorstellungen und sonstige Psychodynamik hineinprojiziert haben. Jedes Zeitalter schafft sich sein eigenes Neolithikum, erfindet es neu nach unbewußten Blaupausen, die
von den eigenen frühen Bedürfnissen und Sehnsüchten nach
einer perfekten Vergangenheit, nach einer guten Mutter sozusagen, gezeichnet sind. Diese verschiedenen Versionen enthül-
len vor allem die Eigenheiten ihrer Urheber. Der griechische
Philosoph Plato sah in der Vorgeschichte ein Goldenes Zeitalter, frei und ungezwungen, ohne den Ballast von Privatbesitz
oder Familie; der sentimentale Viktorianer Bachofen begriff
sie als unendlich lebensspendend und altruistisch; für moderne feministische Verehrerinnen der Muttergottheit ist sie das
Paradies der Frau. Als eine Epoche ohne schriftliche Überlieferung, durch die sich die Spekulationen widerlegen ließen, ist

das Neolithikum wie geschaffen für immer wieder neue Deutungen. Es ist außerdem eine Goldgrube für Urbilder des Mütterlichen, ein »Mutter«-Gestein immer neuer Symbole, von denen viele so stark und dauerhaft sind, daß sie die Jahrtausende überlebt haben. Es ist die *Quelle* schlechthin – der Traum eines jeden Mythologen. Die Mutterschaft spielte eine tragende Rolle im Neolithikum, und das kommt in seinen Symbolen zum Ausdruck. Wer von der Landwirtschaft lebt, hat ein verständliches Interesse an dem natürlichen Zyklus von Schwangerschaft, Geburt und Tod. Mit völliger Sicherheit wissen wir das natürlich nicht. Im Bestandsverzeichnis neolithischer Symbole ist keine Legende inbegriffen, so daß die Bilder und Artefakte, wie ja auch das Zeitalter als ganzes, über die Jahre hinweg massiver Verzerrung und Umdeutung ausgesetzt waren. Wir sind in einer ähnlichen Lage wie der Buschmann in dem Film *Die Götter müssen verrückt sein*, der die vom Himmel gefallene Coca-Cola-Flasche zu deuten versucht. Jede seiner Erklärungen ist von seiner Warte aus völlig logisch, in unseren Augen jedoch absurd. So hat auch die Bedeutung, die wir einem bestimmten Steinzeitsymbol zuschreiben, unter Umständen wenig oder gar nichts mit seiner ursprünglichen Bedeutung zu tun. Behutsamkeit ist also angesagt, aber sehen wir uns ein paar dieser Symbole näher an.

Wie schon gesagt, erschien die wundersame Macht der Mutterschaft im Neolithikum nicht weniger rätselhaft und überwältigend als die Natur selbst, und die Gleichsetzung von Mutter und Natur, obwohl aus der Altsteinzeit übernommen, war das vorherrschende Symbol der Jungsteinzeit. Von dieser Gleichsetzung profitierten beide Teile, denn beiden wurden außerordentliche Kräfte zugeschrieben. Sie war allgegenwärtig. In Heiligtümern und Häusern, auf Wandgemälden, auf Vasen, in Rundplastiken, Tonfigurinen und Bas-Reliefs – überall stoßen wir auf Abbildungen der Muttergottheit, umrankt von Bildern aus der Natur. Die Mutter-Göttin wird zwischen Säulen oder Bäumen gezeigt, mit Ziegen, Schlangen und Vö-

geln an ihrer Seite. In Çatal Hüyük hat sie kraftvolle Tiere wie
Leoparden, Geier und Stiere zu Begleitern. Auf manchen der
Darstellungen ist sie halb Mensch, halb Tier. Manchmal gebiert sie einen Stier.[38] Am häufigsten wird sie denn auch
hockend, in Gebärstellung, gezeigt. Im »Alten Europa«[39] findet
man die Muttergöttin auch gern als Ei, Vogel oder Fisch
abgebildet. Oft wird sie mit dem lebenserhaltenden Wasser
assoziiert, das durch die in der Fachsprache als Mäander
bezeichneten Wellenlinien angedeutet wird, die auf vielen
Gegenständen zu erkennen sind. Als die Göttin der Vegetation
verkörpert sie die Fruchtbarkeit.

Auch jetzt noch spricht die Verbindung von Mutter und Natur
Gefühle an, die so elementar und universal sind, daß der
Betrachter einen unvergeßlichen Augenblick umfassenden Be-
greifens erlebt. Heute ist die Natur die Mutter selbst – Mutter
Natur. »Die Mutter ist die Wurzel«, begeisterte sich die frühe
Feministin Simone de Beauvoir, »die, in die Tiefen des Weltalls
gesenkt, seine Säfte emporsaugen kann; sie ist der Brunnquell,
aus dem das lebendige Wasser sprudelt, Wasser, das zugleich
die Milch ist, die uns nährt.« In *Das Unbehagen in der Kultur*
stellt Freud dieselbe Verbindung her. Unser kultureller
Sprach- und Metaphernschatz strotzt nur so von Vergleichen
weiblicher Körperteile mit Flora und Fauna – Pfirsichteint,
Rehaugen, Schwanenhals, perlweiße Zähne, Hymen wie eine
Kirsche, Brüste wie Melonen. Wann spricht man bei einem
Mann schon von Mandelaugen oder von einem Rosenmund?
Die Bilder, mit denen Männer beschrieben werden, sind fast
nie organisch, und wenn, dann bringen sie Verweichlichung
zum Ausdruck (so etwa das englische *fruit* als Bezeichnung für
Homosexuelle) – die Assoziation ist immer eine geringschätzi-
ge. Echte Männer haben einen eisernen Willen, Nerven wie
Drahtseile, ein Rückgrat so gerade wie ein Ladestock und
einen messerscharfen Verstand. Der »Super«-Mann ist schneller als eine Gewehrkugel, stärker als eine Lokomotive und
springt mit einem einzigen Satz auf ein Hochhaus. All diese
Metaphern sind mechanisch, urban, kriegerisch.

Aber während Mutter und Natur in unserem Denken nach wie vor zusammengehören, hat die Verbindung eine andere Bedeutung angenommen. Sie hat an Wert verloren, vermutlich analog zu dem zweifelhaften Status der Mutterschaft in unseren Tagen. Natur ist etwas, worüber sich jede Kultur erhaben fühlt.[40] Sicher, in gewissen Kreisen werden Natur und alles »Natürliche« als unschuldig, rein und herrlich besungen (man denke nur an den inflationären Gebrauch der Worte »natürlich« und »bio-dynamisch« und die Werbewirksamkeit der Farbe Grün), aber im großen und ganzen gilt die Natur als primitiv, unzivilisiert und unkontrollierbar, mit einer Neigung zum Barbarischen, als etwas, das der Verbesserung bedarf. Männer dagegen werden mit Kulturleistungen assoziiert (Technik, Rationalität etc.). Mutter und Natur, die gemeinsam einmal unschlagbar waren, entwerten sich nun gegenseitig.

Die feministische Autorin Dorothy Dinnerstein geht in ihrer Argumentation noch einen Schritt weiter. In unserer Unfähigkeit, zwischen Natur und Mutter zu unterscheiden, so Dinnerstein, schreiben wir jeder Eigenschaften der jeweils anderen zu: Wir wollen weder wahrhaben, wie unbewußt, willkürlich und gleichgültig – sprich unmütterlich – die Natur wirklich ist, noch wollen wir wahrhaben, wie verletzlich, bewußt und von persönlichen Bedürfnissen abhängig – sprich menschlich – Mütter wirklich sind. Wir personifizieren die Natur (die in Wahrheit völlig unpersönlich und ohne Empfindung ist), während wir die Mutter, die sehr wohl Empfindungen hat und alles andere als eine Naturgewalt ist, entpersönlichen.[41] Wenn wir uns nur von der Vorstellung freimachen könnten, daß die Mutter allmächtig ist, verantwortlich für all unser Wohl und Wehe, würde uns vielleicht klarer, was wir von ihr erwarten dürfen und was wir ihr als Individuum schulden.

Während die »Mutter als Natur« im Lauf der Jahrtausende einfach an Prestige verloren hat, sind andere neolithische Symbole regelrecht auf den Kopf gestellt worden. Stierhörner etwa verkörperten zwar immer Männlichkeit, aber sie waren ursprünglich ein positives Attribut der jungsteinzeitlichen

Göttin, in dem sich ihre Macht manifestierte. In Çatal Hüyük bilden Stierhörner ganze Altarreihen unter den Bildnissen der Gottheit. Für uns dagegen sind Hörner ein Symbol des Satans beziehungsweise des Bösen. Aber dieser Bedeutungswandel verblaßt neben dem erniedrigenden Schicksal der Schlange. Sie ist heute ein reines Phallussymbol, man braucht kein Freudianer zu sein, um das zu erkennen. Im Alten Testament war sie es, die Eva in Versuchung führte, und seither ist sie bei uns ein negatives Symbol, das für die männliche Sexualität, für ein zügelloses Triebleben, Bosheit und Verrat steht. Aber im Neolithikum versinnbildlichte sie das ewige Leben, da sie mit jeder Häutung neu geboren zu werden schien. Ironischerweise wurde sie allem Anschein nach in erster Linie als ein weibliches Wesen verehrt und allgemein mit Weisheit und prophetischem Rat assoziiert. Ihre größten Triumphe feierte die Schlange im bronzezeitlichen Kreta, wo sich eine Unzahl prachtvoller Statuen von schlangenumwundenen Priesterinnen finden und wo die zylindrischen Tongefäße, die zur Fütterung oder als Behälter für die heiligen Schlangen dienten, in den Heiligtümern der kretischen Göttinnen aufbewahrt wurden. Wie tief ist das arme Reptil seither gestürzt![42]

Wie sehr es mit der Reputation der Mutter bergab gegangen ist, zeigt vielleicht am deutlichsten die Assoziation mit dem inzwischen geringgeachteten Topf. Mit einem Kochgerät wird die Mutter von heute zwar kaum je verglichen, dafür aber werden Frauen als »alte Schachteln« oder als »hohlköpfig« und ihre Vagina als »Büchse« oder »Dose« bezeichnet, was jeweils das Bild eines leeren Behältnisses heraufbeschwört. Eine versöhnlichere Auslegung dieses Tatbestandes versucht der Psychoanalytiker Erik Erikson: Er assoziiert die Frau mit dem »inneren Raum« und erklärt so die weibliche Neigung – meiner Meinung nach eher eine Forderung von außen –, sich mit »Interieurs« wie etwa Haus oder Wohnung zu befassen.[43] Erikson war sich womöglich nicht bewußt, daß er damit lediglich altehrwürdige Ansichten wiederaufwärmte, so zum Beispiel die des Griechen Xenophon, demzufolge »der Gott die Natur

der Frau für die Arbeit im Haus und die des Mannes für die
Arbeit außer Haus eingerichtet hat«,[44] oder spätere, im Zuge
der Industrialisierung entstandene Theorien über die getrennten Wirkungsbereiche von Mann und Frau. Aber die »Binnen-
existenz« genießt nicht denselben Status wie die »Außen-
existenz«. Männer kommen herum, sie gehen auf Gralssuche,
sie erobern die Welt – das ist ausschließlich die Domäne
des Helden, und nicht der Heldin.[45] Schlimmer noch, der
Aspekt des Inneren bei der Mutter scheint manche Männer mit
Angst zu erfüllen. Beim Geschlechtsverkehr fungiert die Vagina als ein Gefäß, das den Penis in sich aufnimmt, was in
männlichen Schreckensphantasien mit einer »Einverleibung«
des Mannes durch die Frau gleichgesetzt wird. Daher die
Universalität von Legenden und Metaphern, die sich um die
Vagina dentata, die zahnbewehrte Vagina, ranken – die Mutter, die einen kastriert, die Hexe, die einen auffrißt, das Ungeheuer, in dessen Bauch sich der Held wagen muß (wie bei Jona
im Wal).[46]
Die Assoziation von Mutter und Topf wurde zweifellos von der
»Topfform« des Bauches, der Vagina oder auch der Brüste
angeregt. Hinzu kam, daß das Töpfern seit dem Neolithikum
eine der wichtigsten weiblichen Beschäftigungen war und
wohl auch in dieser Epoche von Frauen entwickelt wurde.
Erich Neumann geht der »Mutter-als-Gefäß«-Bildlichkeit in
seinem reichbebilderten Buch *Die Große Mutter* nach. Der Topf
war in der Jungsteinzeit freilich nicht einfach ein kleiner,
unwichtiger Hohlraum. In ihm transportierten die prähistorischen Frauen ihre Kinder, kochten ihr Essen, bewahrten leicht
verderbliche Nahrungsmittel auf – er war das Urbild einer
arbeitssparenden Einrichtung. Vor seiner Erfindung waren
die Menschen gezwungen gewesen, dahin zu gehen, wo die
Nahrung zu finden war; sie konnten nicht seßhaft werden und
keine Vorräte lagern. Laut Neumann hat der Topf, der das
Essen umwandelt, sprich kocht, ebenso »Wandlungscharakter« wie der weibliche Schoß, der Körperflüssigkeit in Leben
verwandelt. Die symbolhafte Darstellung der Mutter als Gefäß

war in prähistorischen Zeiten ein Beweis höchster Wertschätzung. Heute hat der Schoß – die Mutter – längst keine so magische Aura mehr (er gleicht eher einem Brutkasten). Für den Topf gilt naturgemäß das gleiche.[47]

Die Auslegungen neolithischer Mutterschaftssymbolik sind so unterschiedlich wie die Epochen, denen sie entstammen. Aber um die Jahrhundertwende wurde die Mutterschaft zu einem großen Thema unter den Intellektuellen. Diese Männer, großenteils Stubengelehrte aus Anthropologie, Politologie, Religionsgeschichte und Psychologie, waren alle beseelt von der abenteuerlichen Überzeugung, die Mutter sei ein durch und durch tugendhaftes Wesen und habe im Neolithikum eine unumschränkte Vormachtstellung genossen. Ihre Theorien gingen auf die Romantik mit ihrer wiederentdeckten Liebe zur Natur und ihrer Betonung der Imagination und des Gefühls zurück – auf eine Zeit, in der die Anthropologen den Schreibtisch nicht verließen, die Psychologie noch keine objektive Wissenschaft war und die Politologie ohne nachweisbare Fakten auskam. Die europäischen Sozialphilosophen bemühten universale Themen menschlicher Erfahrung und großartige Evolutionstheorien, um Licht in unsere nebelumwölkte Entwicklungsgeschichte zu bringen. Man verherrlichte das sogenannten Primitive, den Edlen Wilden.[48] Beeinflußt von den Vorurteilen ihrer eigenen Zeit, vermengten diese Gelehrten verschiedene aufgeblasene, sentimentale Theorien über Mutterschaft und Steinzeit, die zum Teil heute noch nicht ganz entwirrt sind.

Der wichtigste dieser Denker ist der Schweizer Johann Jakob Bachofen, der in seinem Buch *Das Mutterrecht* den Begriff eines mütterlichen Edlen Wilden einführte. Bachofen entwikkelte die These, daß alle Gesellschaften ein Stadium des Matriarchats durchlaufen mußten (in dem die Frauen die animalischen Triebe der Männer bändigten), bevor sie patriarchal und monogam wurden. Er stützte sich dabei hauptsächlich auf seine eigenen, recht eigenwilligen Auslegungen von Mythos,

Sprache und Bräuchen sowie auf die Werke alter Autoren, das
Ganze unterlegt mit seinen schmalzigen Ansichten über den
weiblichen Altruismus und mit seiner viktorianischen Prüderie. Auch wenn er heute allgemein in Verruf geraten ist,
beeinflußte er doch eine Generation von Anthropologen, die
alle akribisch Beweismaterial für das prähistorische Matriarchat und die entsprechende gesellschaftliche Evolution zusam-
mentrugen. Zu ihnen gehörten James Frazer, dessen inzwischen zum Klassiker gewordener *Goldener Zweig* zwölf Bände
umfaßte; Robert Briffault, der in seinem dreibändigen Werk
The Mothers noch über Bachofen hinausging, indem er die
Mutterliebe zum einzigen Weg zur Errettung der Zivilisation
erklärte, und der hartnäckig behauptete, daß die Erde einst
von Amazonen bevölkert wurde; und Helen Diner, die Bachofen in *Mothers and Amazons* neu interpretierte und deren
Thesen interessanterweise in der ersten amerikanischen Ausgabe des Buches von dem berühmten Populäranthropologen
Joseph Campbell abgesegnet wurden. *Mothers and Amazons*
wurde in den siebziger Jahren, auf dem Höhepunkt der Frauenbewegung, neu aufgelegt, ein gefundenes Fressen für die
weibliche Sehnsucht nach einer glorreichen Vergangenheit. In
Fortsetzung dieser alles andere als wissenschaftlichen Tradition ging Robert Graves in *Die Weiße Göttin* dem Ursprung der
europäischen Version der großen Göttin und ihrer Verbindung
mit universellen Mythen nach. Er wird mittlerweile mit einiger Skepsis betrachtet, sowohl von gewissen Feministinnen,
die ihm seine Beschreibung der Göttin als »Luder« verübeln,
als auch von der Gelehrtenwelt, die sich an seiner Behauptung
stößt, die Alphabete seien allesamt von Frauen erfunden worden.
Und schließlich gibt es da noch die Ex-Wissenschaftlerin
Elizabeth Gould Davis, die sich in ihrem 1971 erschienenen
Buch *Am Anfang war die Frau* in »kreativer« Geschichtsschreibung versucht. Sie plädiert nicht nur für die Existenz eines
neolithischen Matriarchats, sondern auch für die Überlegenheit der Frauen in jeder Hinsicht – biologisch, moralisch,

künstlerisch. Ohne jede Hemmung verkündet sie:»Die ersten Männer waren Mutanten, Mißgeburten, hervorgerufen durch einen Genschaden ...«[49] Ihr mag es an der nötigen Unvoreingenommenheit fehlen, aber sie verdient Anerkennung für die Zusammenstellung einer überwältigenden Fülle von Material über die Einflüsse von Frauen auf die Zivilisation, selbst wenn sie mit diesem Material etwas unsystematisch umgeht. Schon allein ihre Bibliographie leistet einen wertvollen Beitrag zu unserem Verständnis frühzeitlicher Mutterschaft.[50]

Alle diese Autoren entwarfen das Bild einer neolithischen Zivilisation, in deren Zentrum die Mutter stand, sowohl als Familienoberhaupt als auch als Gottheit. Aber leider deuteten sie das relative Fehlen weiblicher *Unterordnung* und *Unterlegenheit* als Beweis für die *Vorherrschaft* und *Überlegenheit* der Frau, eine Annahme, die jeder faktischen Grundlage entbehrt. Ein wirkliches Matriarchat hat es nie gegeben − Gleichheit vielleicht, aber nicht die Herrschaft der Frau über den Mann, die Umkehrung des Patriarchats. Die Behauptung dieser Forscher, die Frauen seien den Männern überlegen, sie seien tugendhafter und aufgrund des sogenannten Mutterinstinkts altruistischer, stellt eine grobe Verzerrung der biologisch begründeten Unterschiede zwischen den Geschlechtern dar. Sie ist wissenschaftlich unhaltbar. Ihr Argument, Frauen eigneten sich aufgrund ihrer Mutterschaft *mehr* als Männer dazu, die Gesellschaft zu verbessern, ist eine reine Idealisierung. Es überbewertet die mütterliche Selbstlosigkeit und unterbewertet ihre Menschlichkeit. Derlei Vorstellungen waren die Krux des 19. Jahrhunderts, und bis zu einem gewissen Grade sind sie es auch noch in unserem. Während sie nach außen hin der Mutter den Rücken zu stärken scheinen, untergraben sie in Wahrheit ihre Stellung, indem sie ihre wirkliche Identität verkennen. Sie oktroyieren ihr unerreichbare Zielsetzungen auf und wecken unnötige Schuldgefühle in ihr. Vielleicht wird man diesen Autoren am ehesten gerecht, wenn man sie nicht als Verkünder absoluter Wahrheiten oder als Urfeministen versteht, sondern als Geschichtenerzähler, als Mythenerfin-

der, die unserer Phantasie neue Nahrung geben und Männer
wie Frauen dazu aufrufen, sich mit alternativen Daseinsfor-
men auseinanderzusetzen.

Bachofen hatte ein paar seltsame Verbündete – Friedrich
Engels und die auf ihn folgenden Generationen von Marxisten
zum Beispiel. In Engels' Klassiker *Der Ursprung der Familie,
des Privateigentums und des Staats* stellten die prähistorischen Matriarchate die Wiege des Kommunismus dar – was
damals ein Kompliment war! Schließlich schrieb Engels hundert Jahre vor dem Fall der Mauer. Seine Argumentation ist
in etwa folgende: Der Gemeinbesitz befand sich ursprünglich
in der Hand der Mütter, aber als der Ackerbau eingeführt
wurde – in der Jungsteinzeit –, war es der Mann, der mit den
landwirtschaftlichen Hilfsmitteln, namentlich Pflügen und
Zugtieren, arbeitete und sie dadurch auch kontrollierte. Die
Männer besaßen damit als erste *Privateigentum*. Zu diesem
Zeitpunkt war sich der Mann natürlich auch schon über seinen
biologischen Beitrag zur Fortpflanzung im klaren. Und um
sein Eigentum an seine Kinder weiterzugeben, mußte er si-
cherstellen, daß es auch wirklich seine eigenen waren, also
führte er die Monogamie ein, um sich seiner Vaterschaft ver-
gewissern zu können. Die Folge war die wirtschaftliche Unterwerfung der Frau und die Einschränkung ihrer sexuellen
Unabhängigkeit. Nach Engels' Logik müßte die Abschaffung
des Privateigentums die Frauen befreien, aber das hat sie
natürlich nicht getan. Wir müssen uns nur die katastrophale
Lage der Frauen im heutigen China vor Augen halten, um zu
begreifen, daß nicht der Kapitalismus allein verantwortlich ist
für die Unterdrückung der Frau. Auch in seiner Auffassung
der Jungsteinzeit als prähistorisches Matriarchat irrte Engels.
Sehr zutreffend dagegen waren seine Aussagen über den Zusammenhang von wirtschaftlicher Dominanz und der Kontrolle über die weibliche Sexualität. Wirtschaftliche Faktoren
hatten und haben einen enormen Einfluß auf Mutterschaft,
Muttergefühle und den gesellschaftlichen Status von Müttern.
Mehr als ein Kind ist gezeugt worden, um einen Erben zu

stellen; mehr als ein Kind wurde getötet, um der Armut abzuhelfen.

Mit Methoden, die nicht weniger suggestiv und spekulativ
waren als die Bachofens und seiner Anhänger, versuchten
etliche Psychoanalytiker der Jungschen Schule, vornehmlich
der bereits erwähnte Erich Neumann, aus Kunst und Mythologie des Neolithikums wie auch anderer frühzeitlicher Kulturen allgemeine Erkenntnisse über menschliches Verhalten
abzuleiten. Wie Bachofen bewegten sie sich dabei außerhalb
der strikten historischen Wahrheit. Ihre Ziele waren ebensowenig am rein Faktischen orientiert wie die seinen – es ging
ihnen um psychologische Wahrheiten. Im Bild der Großen
Mutter beispielsweise sah Neumann einen Archetyp, eine Art
ewiges Symbol für alles, was jeder von uns mit der Mutter
assoziiert. In Neumanns Deutung urzeitlicher Artefakte sind
die Muttergottheiten sowohl »gut« als auch »furchtbar«, haben
sowohl »Elementarcharakter« (enthaltend, festhaltend) als
auch »Wandlungscharakter«. Auf die von Neumann hergestell-
te Verbindung zwischen der Mutter und dem Topf, dem
»Bauch-Gefäß par excellence«, wurde ja bereits eingegangen.
Ob die Menschen der Jungsteinzeit ihre Mütter so erlebt
haben, ist alles andere als sicher. Dennoch haben seine Interpretationen eine gewisse psychologische Gültigkeit – wem
wäre sie schließlich ganz fremd, diese Neigung, die eigene
Mutter oder die eigenen Kinder als ausschließlich gut oder
ausschließlich böse zu sehen? Ebenso ist Neumanns Deutung
der Großen Mutter als elementar und/oder umwandelnd relevant für jenes allzu menschliche Dilemma, das Eltern und
Kinder gleichermaßen betrifft: Sollen wir unsere Kinder an
uns binden oder loslassen, sollen wir nach Geborgenheit streben oder nach Unabhängigkeit? Laut Neumann erzählen diese
neolithischen Statuetten der Göttinnen unsere eigene Geschichte.

Vielleicht, denke ich manchmal, versuchen wir in unseren
Mutmaßungen über die Mutterschaft in der Jungsteinzeit das

Bild Evas wiedererstehen zu lassen, so wie sie war, bevor sie
von dem Apfel kostete. Wie haben wir sie uns vorzustellen,
unschuldig und frei, am Busen der Natur? Was hätte sie wohl
für ihre Kinder empfunden, bevor Gott sie dazu verurteilte,
unter Schmerzen zu gebären? War das Gras grüner? War ihre
Milch süßer? Wir werden es niemals wissen. Das Neolithikum
hat uns keine schriftlichen Aufzeichnungen hinterlassen. Als
die Geschichtsschreibung einsetzte, waren wir schon längst
aus dem Paradies vertrieben worden. Das Idyll, so es je existiert hat, gehörte bereits der Vergangenheit an.

2
Der Anfang vom Ende

Verfall und Untergang der Großen Mutter

Es geschah nicht von einem Tag auf den anderen. Das neolithische Idyll – das mutmaßliche Zeitalter des Friedens und der Gleichheit zwischen den Geschlechtern – löste sich ganz allmählich auf, über eine Zeitspanne von 2500 Jahren, von ungefähr 3100 bis 600 v. Chr.[1] Anfangs hätten wir vielleicht noch eine Mutter im Nahen Osten ein sumerisches Schlummerlied singen hören können, während sie ihr Baby in den Schlaf wiegte, aber gegen Ende, als die Menschheit aus dem angeblichen Dunkel der Vorgeschichte auftauchte, hätte sich uns ein anderer Anblick geboten: verängstigte Kinder – die meisten von ihnen unter zwei, aber manche auch schon zwölf Jahre alt – die als Menschenopfer in die mechanischen Arme einer fleischfressenden Gottheit gelegt wurden. Allein in Karthago haben sich Tausende von Urnen mit den eingeäscherten Überresten von Säuglingen und Kleinkindern gefunden.[2] Was dazwischenlag, war die Etablierung des Patriarchats – der vollständigen Herrschaft des Mannes über die Frau, die mit nur geringfügigen Änderungen bis heute fortbesteht. Das soll nicht heißen, daß das Patriarchat die alleinige Schuld an dem tiefgreifenden Wandel trüge, den die Einstellung zur Mutterschaft durchlaufen hat, oder daß diese Einstellung sich weltweit in ihr Gegenteil verkehrt hätte. Aber es soll heißen, daß historische Ereignisse und gesellschaftliche Kräfte in einer Weise aufeinanderprallten, die eine Unzahl kaleidoskopischer Verschiebungen in den Machtverhältnissen zwischen Männern und Frauen zur Folge hatte und die zwischenmenschlichen Beziehungen für immer veränderte.

Das Patriarchat entwickelte sich in den einzelnen Gesellschaften, selbst in denen des damaligen Nahen Ostens, zu verschiedenen Zeiten und mit unterschiedlicher Geschwindigkeit. Es
fand auch kein Wandel auf der ganzen Linie statt. Der Status
der Frau variierte allem Anschein nach in den verschiedenen
Lebensbereichen sehr stark. So standen etwa den babylonischen Frauen zu Beginn der Übergangsperiode zwar unum-
strittene Machtpositionen in der Gesellschaft offen, aber gemäß dem Kodex Hammurabi (einer Gesetzessammlung) drohte ihnen bei Ehebruch die Todesstrafe, während ihren
Männern bei nämlichem Tatbestand kein Haar gekrümmt
wurde.[3] Doch mit der Ankunft des Einen Gottes (ob Buddha,
Jahwe, Christus oder Allah) wurde der Status der Frau auf
allen Ebenen gleichermaßen dem des Mannes untergeordnet.
Politik, Gesellschaft, Philosophie, Religion und Wirtschaft
wurden zur reinen Männersache. Man beachte, daß die neuen
Gottheiten allesamt männlich waren.

Um 600 v. Chr. hatte sich das Patriarchat in weiten Teilen von
Europa, Asien und Afrika durchgesetzt. Das äußerte sich zunächst darin, daß Jungfrauen und Mütter zu Handelsgütern
wurden – ganz so, wie Engels mutmaßte –, wobei der Wert
ersterer in ihrem Zuchtpotential bestand (Kinder wurden nach
wie vor als Arbeitskräfte gebraucht) und der letzterer in ihrer
Fürsorge für den Nachwuchs. Wenn eine Frau das Pech hatte,
in keine der beiden Kategorien zu fallen, wenn sie zum Beispiel
von einem anderen als dem ihr zugedachten Ehemann vergewaltigt wurde oder unfruchtbar war, dann bedeutete das oft
ihren Tod. Sie konnte gesteinigt, ertränkt oder ausgestoßen
werden. Besitz ging vom Vater auf den Sohn über, und alle
Erträge aus der Arbeit von Frauen und Kindern fielen dem
Vater zu. Daher war es von größter Wichtigkeit, die Vaterschaft genauestens festzustellen, damit keine Besitztümer an
den Falschen vererbt wurden. Es war also eine wirtschaftliche
Notwendigkeit für die Männer, die sexuelle Zugänglichkeit
ihrer Frauen einzuschränken – das erklärt den Fetischcharak-
ter, den Jungfräulichkeit, Keuschheit und sexuelle Exklusivi-

tät annahmen. Die Gesetze, die im Altertum zur Reglementierung der weiblichen Sexualität ins Leben gerufen wurden, lassen sich insofern als Schutzmaßnahmen für geschäftliche Transaktionen zwischen Vätern und Ehemännern verstehen. Nachdem sich der patriarchale Gedanke einmal in unserem Bewußtsein eingenistet hatte, veränderte er unsere Weltsicht und erlangte so Absolutheit. Die Unterdrückung der Frau wurde unsere Realität, so daß uns keine andere Wirklichkeit mehr denkbar schien. Jedes Zeitalter erfand sie automatisch neu und mit ihr sein eigenes Arsenal von Rechtfertigungen. Wie die Historikerin Rosalind Miles hervorhebt, hat die männliche Vorherrschaft sich über die Zeiten hinweg als so hartnäckig erwiesen, daß sie alle Revolutionen, alle demokratischen Experimente überdauert hat: »Alle Forderungen nach Gleichheit sind bislang immer vor der sexuellen Gleichstellung stehengeblieben.«[4] Noch in den sechziger und siebziger Jahren, während der Studentenunruhen, waren es die Frauen, die tippten, und die Männer, die in die Schlagzeilen kamen. In den Kommunen, die allerorts als Vorbilder für eine demokratische Lebensweise bejubelt wurden, kochten die Frauen, während die Männer die Befehle erteilten. Die Männer waren die Stars, die Frauen, wie immer, Statisten. Das Patriarchat erschien natürlich, gottgegeben.

Dazu kommt, daß die Männer das Zepter übernahmen, bevor die Schrift erfunden wurde. Jedes geschriebene Wort wurde demnach durch das Patriarchat gefiltert. Alle Botschaften, die uns schriftlich übermittelt werden und jemals übermittelt worden sind, ob explizit oder implizit, erreichen uns durch das Prisma eines von Männern beherrschten Bewußtseins. Die Geschichte ist damit durch und durch subjektiv. Sie wurde von den Siegern im Geschlechterkampf diktiert. Und weil das Patriarchat so allgegenwärtig ist, ein so fundamentaler Bestandteil der Sprache und allen Schrifttums, ist es auch so schwer greifbar. Vielleicht haben die Frauen deshalb 3500 Jahre gebraucht, um sich ihrer Lage bewußt zu werden.

Und nicht zuletzt – daran führt kein Weg vorbei – haben die

Frauen selbst zu ihrer Unterjochung beigetragen. In gewisser
Weise hatten sie, nachdem das System erst einmal Fuß gefaßt
hatte, natürlich keine andere Wahl. Als Kinder schon von
einem Mann, ihrem Vater, an einen anderen, ihren Ehemann,
übergeben, befanden sie sich Tausende von Jahren rechtlich,
finanziell und physisch in der Macht von Männern.[5] Aber
bezeichnenderweise mußten die Männer kaum je offene körperliche Gewalt anwenden, um die Frauen niederzuhalten;
jahrhundertelang – von Aristoteles bis hin zu Freud – galt es
als erwiesen, daß die Frauen von Natur aus unterlegen sind,
daß Anatomie Schicksal ist.
Heute jedoch verdrängen andere Ansätze die biologische Be-
gründung für die Unterordnung der Frau: soziale Konditionierung, die Flut von psychosozialen Signalen – in Ritual, Tradition, Sprache, Brauchtum, Etikette und Erziehung –, die alle
dazu dienen, die Frau männlichen Erwartungen gemäß zu
prägen. Einige feministische Psychoanalytikerinnen und
Theoretikerinnen[6] suchen die Erklärung für die unausgegli-
chenen Machtverhältnisse zwischen Männern und Frauen in
der frühkindlichen Umgebung, in der Geschlechterkonstella-
tion an der Wiege. Die ausschlaggebenden Variablen sind das
Erbe des Patriarchats: die sozial isolierte Einheit Mutter-Kind
und der, relativ gesehen, abwesende Vater. Weil ihre Bezugsperson das gleiche Geschlecht hat wie sie selbst und sie sich
deshalb mit ihr identifizieren, lernen es Mädchen von klein
auf, fürsorglich, einfühlsam und selbstlos zu sein. Jungen
dagegen müssen, um als Männer wahrgenommen zu werden,
ihre Identität von der Mutter lösen und ihre eigene »Weiblichkeit« in Abrede stellen. Das führt dann dazu, daß die Männer
allgemein autonomer und ehrgeiziger sind und Frauen gern
mit defensiver Geringschätzung behandeln. Das wäre eine
mögliche Erklärung für die merkwürdige Komplizenschaft der
Frau mit ihrer eigenen Unterjochung. Natürlich ist sie subjektiv und vereinfachend, aber ganz von der Hand weisen läßt sie
sich nicht. Theorien können derzeit offenbar nur »work in
progress« sein.

Am Beginn der überlieferten Geschichte steht also der letzte Akt des großen Spektakels Vorgeschichte, in dem ein Baby ausschließlich das Kind seiner Mutter war und die wundersame Fähigkeit, sich fortzupflanzen, allein der Frau zugeschrieben wurde. Kopernikus' Entdeckung, daß die Erde nicht der Mittelpunkt des Universums ist, dürfte eine Banalität gewesen sein im Vergleich zu dem, was in den Männern vorgegangen sein muß, als ihnen klar wurde, daß die Mütter nicht der Mittelpunkt des Universums sind. Und doch wird die daraus folgende revolutionäre Machtverschiebung in den Lehrplänen der Schulen auch heute noch übergangen, aller gegenwärtigen Forschungsarbeit zum Trotz. Jede andere Vorgehensweise würde vermutlich bedeuten, die Geschichte vom Blickpunkt der Frau zu interpretieren, und das gilt nach wie vor als verschroben. Dazu kommt natürlich, daß sich der Wandel nicht als ein einziger, gewaltiger Umsturz vollzogen hat, was es schwierig macht, ihn begrifflich zu erfassen.

Der grundlegende Wandel, aus dem sich alle anderen Umwälzungen ergaben, fand in den Köpfen der Menschen statt. Was dabei gewonnen wurde, war eine neue Art der Erkenntnis – Logik –, die Verknüpfung von Ursache und Wirkung (wie bei dem Zusammenhang zwischen Männern und Babys), eine Betonung des rationalen Denkens, eine allmähliche Entfernung von der Natur, eine Abkehr vom Magischen zugunsten der Wissenschaft. Kein geringer Fortschritt! Was jedoch verlorenging, war die Dominanz der Mutter-Metapher und mit ihr eine sanftere Art des Umgangs mit der Wirklichkeit. Als Gott noch eine Mutter war, genoß alles Mütterliche im engeren und weiteren Sinn ein höheres Ansehen. Alle bildende Kunst drückte sich durch tanzende Göttinnen, Vegetation und gebärende Frauen aus, sie kannte keine Kriegsmetaphorik. Alle Naturerscheinungen konnten Heiligkeit erlangen, weil die Natur regenerativ und dadurch wunderbar war. Und die Mutterschaft selbst war als Quell der Fortpflanzungskraft der Nabel der Welt.

Während der zweitausendfünfhundertjährigen Übergangsphase, in der das patriarchale Denken die Oberhand gewann, rechnete man der Frau ihre Gebärfähigkeit immer noch hoch an. Ihr Fruchtbarkeitspotential entschied, wie bereits ausgeführt, über ihren Marktwert. Aber jetzt wurde sie nur noch als Mutter geschätzt. Sie hatte an Einfluß und Würde verloren und war zu einem Reproduktionsinstrument reduziert worden. Und nicht einmal diese Fähigkeit gehörte mehr ihr allein. Die Mutter stellte nur noch eine Station an einem Fließband für Babyherstellung dar, ein Mittel zum Zweck. Der patriarchale Mann schwängert »seine« Frau und erwartet von ihr, daß sie »sein« Kind zur Welt bringt; ihre elementare Kraft wird als eine Dienstleistung empfunden, als eine bloße Funktion.[7] Ihr einziger Wert besteht im Gebären und Großziehen von Kindern.

Es kann nicht überraschen, daß anstelle des Schoßes nun der Phallus ins Zentrum von Magie, Ritual und Metaphorik rückte. Die Zahl der weiblichen Figurinen nahm im Verhältnis zu den männlichen ab. Der Penis verdrängte den Schoß als das Hauptsymbol der Fortpflanzung und damit der Macht. Als solches hat er Eingang in unsere Träume gefunden und färbt unsere gesamte Weltsicht. Freud wußte das ebenso wie der einflußreiche französische Psychoanalytiker Jacques Lacan, auch wenn beide wohl kaum geahnt haben, daß zu einem früheren geschichtlichen Zeitpunkt ein sehr anderes Organ seinen Platz innegehabt hatte. Paradoxerweise waren es die Frauen, die den Phallus als erstes anbeteten. Für sie stellte er allerdings keinen Wert an sich dar, sondern vielmehr ein Attribut der Göttin. Er stand im Dienst der weiblichen Sexualität, und, so könnte ich mir vorstellen, auch im Dienst der Lust. In der ägyptischen Mythologie war es die oberste Gottheit, Isis selbst, die verfügte, daß in ihrem Tempel in Theben ein hölzernes Lingam des Osiris aufgestellt würde. In der Folgezeit trugen die Frauen Ägyptens bei ihren Prozessionen Bilder des männlichen Gottes Osiris, ein jedes mit einem überdimensionalen beweglichen Penis versehen. In Griechenland machten es die Frauen später nicht viel anders. Phallus-

standbilder schossen wie Pilze aus dem Boden. Im dritten
Jahrhundert v. Chr. konnte das alte Delos schon mit einer
Allee von Riesenpenissen aufwarten, die, gestützt von prallen
Hoden, in den Himmel aufragten. Noch später sollen die Römerinnen sich auf den erigierten Penis der Priapus-Statue
gesetzt haben, um fruchtbar zu werden.[8]
Mit der Beförderung des Mannes vom Statisten zum Protagonisten des Urdramas eroberte der Penis die Bühne. Er wurde
zum Leitthema, ja, zur Obsession für die Männer, die ihn als
Symbol von Männlichkeit und individueller Vaterschaft feierten. Von nun an bündelte sich männliche Überlegenheit in
diesem einen Organ, das zum allgegenwärtigen, alleinigen
Ausdruck männlicher Macht wurde. Selbst heute noch prahlt
der Mann mit seinem Glied. Die Welt ist voll von Phallussym-
bolen. Kirchtürme, das Washington-Denkmal, Schwert, Ge-
wehr, Marschallstab, Polizeiknüppel, Raketen auf dem Weg
zum Mond und unsere oberste Gebärde der Verachtung, der
»Stinkefinger«, sie alle haben Teil an der Macht des Penis. Der
Phallus hat den Schoß als den Ausgangspunkt aller Schöpfer-
kraft verdrängt und ist zum Symbol männlicher Vorherrschaft
über Frauen, Kinder, Mutter Erde und andere Männer geworden.
All diese Machtzuweisungen an irgendwelche Körperteile sind
natürlich vollkommen willkürlich; der Penis ist um kein Haar
würdiger als die Vagina oder meinetwegen auch die Bauch-
speicheldrüse. Und trotz aller Symbolhaftigkeit des Penis,
trotz seiner angeblichen Bedeutung als Quell weiblichen
Neids, hat er sich als Motiv der Dichterinnen und Malerinnen
nie besonderer Beliebtheit erfreut. Dieser so heißbegehrte
Gegenstand kommt kaum je in den bildenden Künsten oder in
der Literatur vor, es sei denn, der Künstler ist selbst ein Mann.
(Eine Ausnahme bildete vor nicht allzu langer Zeit Sylvia
Plaths *Die Glasglocke*, wo das männliche Geschlechtsorgan
mit »Truthahnhals und Truthahnmagen« verglichen wird.)
Und das, während die Männer seit ewigen Zeiten die Reize der
Frauen besingen, ihren alabasterweißen Busen, ihren ge-

schwungenen Nacken, ihre schlanke Taille, die dunkel locken-
de Scham und so fort.[9] Da fragt man sich doch, wer wen um
welchen Körperteil beneidet.
Es ist faszinierend, zu beobachten, mit welcher Konsequenz
die Machtverschiebung in praktisch allen alten Mythologien
nachvollzogen wurde. Eine nach der anderen wurden die Muttergottheiten gestürzt. Diese Entmachtung fand nach der tatsächlichen Unterjochung der Frau statt und lief in etwa immer
nach demselben Schema ab. Am Anfang hatte eine der Erde
verbundene Muttergöttin das Sagen. Sie erschuf die Welt und
bekam Kinder, wie es ihr gefiel, durch Parthenogenese sozusagen – Männer wurden dazu nicht benötigt. Als nächstes
avancierte eines ihrer männlichen Kinder zum Liebhaber/Ge-
mahl, mit dem sie ihre Macht nach einer Weile teilte. Seine
Identität fiel mit der eines himmlischen Schöpfergottes zusammen. Es folgte ein Machtkampf zwischen ihm und der Göttin.
Er siegte und herrschte, zunächst gemeinsam mit einer ganzen
Galaxie von Göttern. Die Göttin wurde abgesetzt. Später übernahm er die Alleinherrschaft und regierte als ein Despot vom
Himmel aus. Damit war die Übertragung der Schöpfermacht
von einer Göttin auf den Gott komplett.[10]
Im Lauf der Zeit entstanden in den verschiedenen Mythologien
zahlreiche Variationen dieses Themas, aber das Ergebnis war
immer das gleiche: die Maskulinisierung der Gottheit. So
ersetzte in Sumer Dumuzi Inanna; in Babylon war es Marduk,
der Ti'amat, die Große Mutter, besiegte; die hittitische Gottheit Arinna, Königin des Himmels und der Erde, wechselte
sogar das Geschlecht und wurde selbst ein Mann. Ganz rei-
bungslos vollzog sich die Ablösung der weiblichen Muttergottheit durch männliche Götter jedoch nicht. In der historischen
Entwicklung dieser Mythen scheint es eine Phase gegeben zu
haben, in der die Göttin, ganz ähnlich wie die Schwarze Witwe,
mit ihrem männlichen Gefährten kopulierte, woraufhin dieser
starb. In manchen Überlieferungen kehrt er später wieder
zurück. Historiker und Anthropologen nennen dies das Ritual
der »Heiligen Hochzeit«. Es taucht in zahlreichen Versionen

der Geschichte von der Entmachtung der Göttin auf und dient in der Regel der Förderung der landwirtschaftlichen Fruchtbarkeit. In allen diesen Mythen nimmt eine unsterbliche Mutter (immer eine ältere weibliche Göttin) einen schönen, aber entbehrlichen Jüngling zum Liebhaber, der manchmal ihr Sohn ist. So vereinigt sich die Göttin Ischtar mit Tammuz, Venus mit Adonis, Kybele mit Artis und Isis mit Osiris. Nach der Vereinigung stirbt der Geliebte, obwohl er gelegentlich wiedergeboren wird. Dadurch wird die zyklische Natur der Ernte symbolisiert. Das Samenkorn muß fallen, wenn das Korn blühen soll. Nach dem Tod des Jünglings herrscht »Fülle« im Lande.[11] Das Motiv des sterbenden und wiedergeborenen Sonnengottes ist vermutlich eine Vorform der Christus-Geschichte.

Eine Reihe von Merkmalen der Heiligen Hochzeit ist für das Mutterbild jener Zeit relevant, allen voran die dominierende Rolle einer Muttergöttin, die den Herrscher, der ihr beiwohnen darf, selbst auswählt. Er dient ausdrücklich ihrer sexuellen Befriedigung. Das Produkt dieser Vereinigung ist ganz konkret *kein* Kind, sondern üppiges Wachstum und Fruchtbarkeit im ganzen Land. Die reiche Ernte wird von der Bevölkerung mit Jubel begrüßt. Sex ist gut, wird damit signalisiert – sogar nicht-monogamer, inzestuöser, nicht der Fortpflanzung dienender und von einer *Mutter* vollzogener Sex. Bemerkenswert ist auch, daß der männliche Gott – zumindest in dieser Phase, vor seiner Machtübernahme – eine Art Opferlamm ist, eine frei verfügbare Drohne, ein Lustobjekt für die Frau. Welch ein Unterschied zu unseren heutigen Geschlechtsrollen!

Ähnlich wie beim mittelalterlichen Passionsspiel wurde der Ritus der Heiligen Hochzeit zwei Jahrtausende hindurch überall im Nahen Osten in rauschhaften Feierlichkeiten öffentlich nachgespielt, mit den Gläubigen in den Rollen der Göttin und ihres jungen, maskulinen, dem Untergang geweihten Gemahls. Diese Zeremonien schlossen tatsächliche sexuelle Aktivitäten im Tempel ein. Die Priesterinnen kopulierten in Nachahmung ihrer Göttin mit auserwählten männlichen

Fremden, um dadurch eine reiche Ernte zu sichern. Obzwar es rein kultische Handlungen waren, wurden diese rituellen Liebesakte später von prüden biblischen Patriarchen als »Tempelprostitution« gebrandmarkt, eine unglückselige Fehlbenennung, die den Göttinnenkult für immer stigmatisiert hat. Traurigerweise war der Ritus der Heiligen Hochzeit zur Zeit der Phönizier im ersten Jahrtausend zu sexueller Ausbeutung von Frauen verkommen und schloß rituelle Menschenopfer mit ein, die vermutlich den mythischen Tod des Gefährten symbolisieren sollten. Aber es wäre falsch, die Muttergottheiten für die späteren Exzesse ihrer Anbeter verantwortlich zu machen ... ebenso könnte man der Venus von Milo die Schuld an ihren zahlreichen drittklassigen Imitaten geben. Während seiner langen Dauer wurde das Heidentum die meiste Zeit auf heitere, menschenfreundliche Weise praktiziert, auch nach heutigen Maßstäben.[12]

Was soll nun die Mutter von heute mit den Muttergöttinnen anfangen? Haben sie uns etwas zu sagen? Sie machen es einem nicht leicht, diese weiblichen Gottheiten. In der Übergangsphase, in der das Patriarchat Wurzeln schlug, entwickelten sie sich zu individualisierten Persönlichkeiten mit hochdramatischen, haarsträubenden Lebensgeschichten, gegen die unsere modernen Seifenopern sich harmlos ausnehmen. Ich spreche hier von Göttinnen wie Ischtar, Astarte, Isis, Kali und so weiter. Ihre Heldentaten sind in kunstvoll ausgeschmückten Mythen aufgezeichnet, so etwa im sumerischen *Gilgamesch-Epos*, dem indischen *Mahabharata* und dem ägyptischen Totenbuch. Die verschiedensten zeitgenössischen Künstler haben sich von ihnen inspirieren lassen, unter ihnen der Regisseur Peter Brook, die Malerin Judy Chicago und die Bildhauerin Louise Bourgeois. Die Religionswissenschaftlerinnen Carol Christ und Christine Downing sowie Esther Harding, eine Psychoanalytikerin der Jungschen Schule, entdecken in ihnen universale Wahrheiten der Weiblichkeit und drängen andere Frauen, die »unvermeidliche« Göttin in sich selbst aufzuspüren.

Mich beschleicht ein etwas ungutes Gefühl bei derlei Lobeshymnen. Zwar bilden sie ein heilsames Gegengewicht zu der altehrwürdigen historischen Tradition, »heidnische« Göttinnen zu dämonisieren – das gilt vor allem für das Alte Testament, dessen Verfasser wild entschlossen waren, jegliche lobende Erwähnung der Göttinnenkulte, die dem männlichen Monotheismus nach wie vor Konkurrenz machten, auszumerzen und allem entgegenzuarbeiten, was darauf hinwies, daß sie ihre eigene Entstehung einer älteren Theologie verdanken könnten. Hier schafft eine positive Sicht der Göttinnen doch zumindest einen Ausgleich. Und wenn ihre Sinnlichkeit und Eigenwilligkeit den Müttern mehr Freiraum gewährt als spätere Göttinnen wie etwa die unendlich anteilnehmende buddhistische Kwan Yi oder die gebenedeite Jungfrau Maria, sind sie von großem Nutzen. Eine über jeden Zweifel erhabene göttliche Mutter ist eine entmutigende Identifikationsfigur, die eine unweigerliche und grundlegende mütterliche Eigenschaft negiert – ihre Unvollkommenheit. Aber das Problem bei einer Romantisierung dieser Muttergöttinnen sind ihre vielen schauerlichen Merkmale. Die syrisch-palästinische Anath tanzt mit den Köpfen ihrer Opfer am Gürtel; die babylonische Beltis trägt die Köpfe getöteter Gefangener um den Hals, und die Hindu-Göttin Kali hat bei ihrem Tanz die Schädel ihrer Opfer um Hals und Taille hängen. Vielleicht sind all diese blutigen Hinrichtungen als die verzweifelte Gegenwehr der Göttinnen gegen die männlichen Usurpatoren zu verstehen. Ein Freudianer würde sie womöglich als »Verschiebung nach oben« einordnen: Statt am Penis, dem Symbol der Männlichkeit, wird der Zorn am Kopf ausgelassen. Aber Sadismus, ganz gleich wie gerechtfertigt, kann schlecht als vorbildhaftes Verhalten gelten.
Ob diese Gottheiten unserer Verehrung würdig sind oder nicht, ist im Zweifel nicht von Belang. Sie wurden vor drei- oder viertausend Jahren gestürzt – oder wenigstens so weit entmachtet, daß sie niemandem mehr schaden konnten. Von den neuen, starken Kriegergöttern in die Rolle der Frau und

Mutter verwiesen, fielen sie ohnehin nicht mehr ins Gewicht. Die Göttinnen erlitten einen Statusverlust, von dem sie sich nie erholten, so wie die sterblichen Frauen auch. Sie wurden von ihren eigenen Kindern verdrängt.

Die Historiker streiten sich erbittert über die Gründe für die männliche Machtübernahme. Einige ihrer Thesen sind hier schon genannt worden: die Erkenntnisse des Mannes hinsichtlich seiner biologischen Rolle bei der Fortpflanzung; der Wechsel von der Hacke zu dem vom Mann geführten Pflug mit Ochsen, der die Nahrungsgewinnung zur männlichen Domäne machte; das Aufkommen von Privateigentum (Engels' Ansatz). Der strukturale Anthropologe Lévi-Strauss schrieb die Unterjochung der Frau dem universellen Inzest-Tabu zu, das die Männer der verschiedenen Stämme dazu zwang, Frauen zu tauschen, wodurch diese Handelsgüter wurden wie Schafe oder Kühe. Auch historische Ereignisse kommen als Erklärung in Frage, namentlich die Invasionen eisenbewehrter Kriegervölker aus der Gegend nördlich des Schwarzen Meeres. Diese Angreifer hatten ihre männerdominierte Hierarchie und ihre aggressiven männlichen Gottheiten im Gepäck und brachten weithin Zerstörung und Entwurzelung mit sich. Eine andere Hypothese sieht den Grund für den Sieg des Patriarchats im Übergang von einer dörflichen zur städtischen Kultur. Als die Menschen sich verstärkt in Städten sammelten, trat eine klarere Trennung zwischen privaten und öffentlichen Bereichen in Kraft. Da die Frauen aufgrund ihrer Mutterpflichten in den privaten Bereich verwiesen waren, hatten sie keinen Anteil an der politischen Gemeinschaft. Sie wurden isoliert. Die Männer dagegen blieben im öffentlichen Bereich und gewannen immer mehr an Macht. Aber was auch immer den Machtwechsel herbeigeführt hat, er spiegelt sich ganz klar in der Religion wider, wo die neuen männlichen Götter nicht selten dargestellt werden, wie sie weibliche Ungeheuer töten – Symbole für die Religion der Muttergottheit, vielleicht auch für die Frau als solche.[13]

Daß die Mutter – und mit ihr die vielen furchtbaren Göttinnen

– entmachtet wurde, darf uns allerdings nicht allzu sehr überraschen. Ihr Sturz war wahrscheinlich unvermeidbar. Sie
stellten eine viel zu große Bedrohung dar. Die Männer müssen
panische Angst vor ihnen gehabt haben. Ironischerweise war
die sagenhafte Macht der Frau – die Macht, Leben zu erschaffen – gleichzeitig ihr Untergang. Ihre Allgewalt hatte immer
eine finstere Kehrseite: Was sie gab, das konnte sie auch
wieder nehmen. Diese Göttinnen waren kapriziös, unkontrollierbar, zerstörerisch und kannten kein Erbarmen. Ebenso wie
für die Fruchtbarkeit standen sie auch für Tod und Verfall. Sie
waren schrecklich und, schlimmer noch, schrecklich notwendig. Welch ein Konflikt für den Mann!

Außerdem sind Männer verwundbar. Ihre Genitalien sind
exponierter als die der Frau, leichter zu verletzen. Frauen
können sexuelle Erregung vortäuschen oder verbergen; der
männliche Penis richtet sich auf und schlafft ab, wenn man es
am wenigsten brauchen kann, oder verweigert den Dienst
ganz – alles gleichermaßen demütigende Situationen. Beim
Geschlechtsverkehr kann die Frau mehrfache Orgasmen erleben; beim Mann ist die Grenze sehr viel schneller erreicht.
Impotenz hindert den Mann – unter anderem – an der Befruchtung. Eine Frau dagegen ist auch ohne sexuelle Erregung zu
Verkehr, Empfängnis und Mutterschaft imstande. Die männliche Sexualität ist der weiblichen hoffnungslos unterlegen.
Kein Wunder, daß die Männer die Frauen zu allen Zeiten
gefürchtet haben.[14]

Ihre Angst ähnelt wohl der, die wir alle als hilflose Kinder
empfinden, wenn wir physisch und emotional völlig auf mütterliches Wohlwollen angewiesen sind – Dorothy Dinnerstein[15]
nennt das in ihrem feministischen Klassiker *Das Arrangement
der Geschlechter* die »erbitterte, unersättliche Abhängigkeit«
von der Mutter. Und diese Mutter ist eine »schmutzige Göttin«,
unzuverlässig, unmöglich zufriedenzustellen. Wenn der Mann
es zuläßt, kann sie sein erwachsenes Selbstbewußtsein zer-
schlagen.[16] Es ist nur natürlich, daß er sie wegen ihrer Macht
haßt. Nach Auffassung der Psychoanalytikerin Melanie Klein

reagiert das Kind auf diese Abhängigkeit – durchaus verständlich – mit Sadismus und Aggressivität. Diese Gefühle kann es in der prekären Lage, in der es sich befindet, allerdings nicht ausleben – wer kann es sich schon leisten, die Hand (in diesem Fall die Brustwarze), die einen füttert, zu beißen? Das hieße einen Vergeltungsschlag riskieren. Nein, das Kind muß versuchen, sich trotz allem gut zu benehmen. Aber was ist, wenn die Mutter seine Gedanken lesen kann, seine Mordgelüste spürt? Das Kind lebt in ständiger Angst vor etwaigen mütterlichen Repressalien. Der Junge, so Klein, überkompensiert die »Gefühle von Haß, Angst, Neid und Minderwertigkeit durch Verstärkung des Penisstolzes«.[17] Der gleiche Prozeß vollzog sich mit der Durchsetzung des Patriarchats auf globaler Ebene.

Bevor die Männer an die Macht kamen, versuchten sie mit zahlreichen Hilfsmitteln wenigstens eine gewisse Kontrolle über die Frau sicherzustellen, von denen einige heute noch Bestand haben. In der Prähistorie suchte der Mann die launische Göttin durch Opfer, Gebete, zeremonielle Gaben, Riten, Magie und Beschwörungsformeln gnädig zu stimmen. Die sterblichen Frauen versuchte er mit ganz ähnlichen Mitteln zu besänftigen. Daraus entwickelten sich ritualistische Tabus, deren Großteil mit den weiblichen Fortpflanzungsfunktionen zu tun hatte. Der Mann, das dürfen wir nicht vergessen, zappelte in einem Netz undurchschaubarer Zusammenhänge zwischen der Muttergottheit, dem weiblichen Menstruationszyklus, der geheimnisvollen Verbindung dieses Zyklus zu den Mondphasen und dem alljährlichen Kreislauf von Ernte und Verfall. Um also die biologischen Kräfte der Frau unter Kontrolle zu halten, mußte er diese an einen bestimmten Ort binden oder besondere Regeln entwickeln, um ihrer Entfaltung Grenzen zu setzen. Hier sehen wir die Anfänge der Unterdrückung der Frau – das weltweite Menstruationstabu zum Beispiel, das menstruierende Frauen aus der Gesellschaft ausschloß, damit sie nicht die Männer ansteckten, Nahrungsmittel verunreinigten oder, wie Aristoteles glaubte, mit ihrem

Atem Spiegel erblinden ließen. Dazu kommen Geburtsriten wie das Aufessen der Plazenta[18] und die zahllosen Regeln, die Schwangeren in allen Gesellschaften auferlegt werden: Bei den Mbuti am Kongo etwa dürfen schwangere Frauen keinen Geschlechtsverkehr haben, und in Jamaica dürfen sie keinen Leichnam zu Gesicht bekommen, weil sonst ihr Blut erstarrt und das ungeborene Kind stirbt.

Im Lauf der Zeit schlug sich die Unterjochung in einer Unzahl strenger kultureller Auflagen für Frauen nieder, die allesamt darauf abzielten, die Frau der Natur zu entfremden. Das Instrumentarium sozialer und gesetzlicher Zwänge umfaßte jeden Teil ihrer Anatomie, vom Scheitel bis zur Sohle. (Einen weiblichen Körper zu haben ist offenbar an sich schon eine Schande.) Daß die Frau ein Geschöpf aus Fleisch und Blut sein soll, erscheint dem Mann peinlich und obszön, vielleicht deshalb, weil es ihn an die Fleischlichkeit seiner eigenen Mutter erinnert, die ihm verweigert hat, sie zu besitzen. Üppiges Haar könnte Begehren wecken; folglich gestattete der jüdische Talmud es den Männern von 600 n. Chr. an, sich von einer Frau scheiden zu lassen, wenn sie sich mit unbedecktem Haar in der Öffentlichkeit zeigte. Paulus verfügte im Falle der Christen, daß Frauen, die barhäuptig in die Kirche kamen, der Kopf geschoren werden sollte. Die Frauen im alten Griechenland rasierten sich die Schamhaare, um den Männern zu gefallen. Noch im heutigen Amerika ist Enthaarung die erste Pflicht der Frau: rasierte Achselhöhlen, gezupfte Augenbrauen, haarlose Beine. Der Mann mag die Frauen lieber denaturiert.[19] Naturbelassen machen sie ihm angst.

Aber nicht nur Angst und Scham trieben den Mann dazu, die Frau beherrschen zu wollen. Eine kaum geringere Rolle spielte schlicht und ergreifend der Neid. Gegenstand besonderer männlicher Neidgefühle ist von jeher die weibliche Brust. Kein anderer Körperteil wird so unablässig besungen, gepriesen und mit all der Güte, Fülle und Weichheit ausgestattet, die das Wunschdenken den Müttern zuschreibt. Vielleicht haben die Männer ja einfach ihre Entwöhnung nicht verwunden, daß sie nun so versessen auf Brüste sind, ständig darauf aus, möglichst viele davon zu sehen und zu berühren. Warum sollten nur die Frauen die Macht haben, Nahrung zu geben, Milch fließen zu lassen oder zu verweigern? Der Mann wollte diese Macht, also belegte er die Brüste der Frau sozial mit Beschlag. Zwar befanden sie sich an ihrem Körper, aber der Mann reservierte jeglichen Zugang dazu kurzerhand für sich, indem er die Brust seiner Frau für seine Augen – und seinen Gebrauch – allein bestimmte. Das Stillen wurde entwertet: Die Frauen durften ihren Kindern nicht in der Öffentlichkeit die Brust geben; jahrhundertelang wurden sie dazu angehalten, Ammen zu beschäftigen oder, später dann, mit der Flasche zu füttern. Auf diese Weise wertete der Mann seinen Beitrag zur Erhaltung der Art auf.

Auch die Gebärfähigkeit der Frau ist dem Mann nicht so ganz geheuer. Daß Männer sich insgeheim wünschen, Kinder gebären zu können, ist kein neuer Gedanke. Schon Karen Horney, eine der ersten Psychoanalytikerinnen, stellte verblüfft fest, wie stark dieser Wunsch ist. Der Junge, schrieb sie 1926, geht mit diesem Neid (auf Geburt, Brüste, Stillen etc.) um wie der Fuchs mit den Trauben: Mutterschaft, so redet er sich ein, ist in Wirklichkeit eine Last; was die Frauen eigentlich wollen, ist nicht ein Kind, sondern ein Penis. Laut Horney ist der Penisneid damit im Grunde eine Verteidigung gegen den Uterusneid. Soviel also zu einer von Freuds Lieblingstheorien! Dem fügt Ashley-Montagu in den fünfziger Jahren in *The Natural Superiority of Women* hinzu, daß die Männer aus diesem Neid heraus Schwangerschaft, Geburt und Laktation abgewertet und sie zu Handicaps umgedeutet haben.[20]

Mit der Entwertung weiblicher Mysterien und Fähigkeiten ist es freilich nicht getan: Der Mann ist ganz offen dabei, sie sich anzueignen. Er gönnt der Frau ihren Alleinanspruch auf die Mutterschaft nicht, deshalb versucht er sie nachzukonstruieren. Diese Unterstellung mag etwas weit hergeholt erscheinen, aber was sonst geht derzeit in der Baby-Industrie vor? In-vitro-Befruchtung, Leihmutterschaft, Operationen an Föten,

High-Tech-Geburten – alles Möglichkeiten für den Mann, bei der Mutterschaft mitzumischen. Diese technischen Errungenschaften sind zweischneidige Schwerter. Sie sorgen vielleicht für »bessere« Babys, aber sie trennen den Vorgang der Geburt von der Mutter.

Noch deutlicher werden solche Aneignungsversuche in einigen anthropologischen Studien. Ein oft erwähntes Ritual, das bis ins früheste Altertum zurückreicht, ist zum Beispiel das Aufschlitzen der männlichen Scham. Daß man damit ganz offen anstrebt, mit der Frau gleichzuziehen, beweist die Tatsache, daß in Australien der Name für den geschlitzten Penis aus dem Wort für Vulva gebildet ist und diejenigen, die sich dem Ritual unterzogen haben, »Besitzer der Vulva« heißen. Der männliche Initiationsritus in Neu-Guinea ist ein anderes unverkennbares Beispiel für den Uterusneid. Dieser Ritus beinhaltet den symbolischen Tod eines Knaben, der bis dahin der mütterlichen Domäne angehört hat, und seine anschließende, von *Männern* bewerkstelligte Wiedergeburt als Mann. Besonders faszinierend ist das Ritual der »männlichen Menstruation«. Dabei wird bei ausgewählten älteren Männern und den zu initiierenden Knaben eine Blutung herbeigeführt, entweder aus den Genitalien oder aus Nase oder Zunge, die dann als die männliche Periode bezeichnet wird. Ebenfalls verbreitet ist die Couvade, bei der Männer ihre kreißenden Frauen imitieren; sie findet sich weltweit in schriftlosen Agrargesellschaften. Manchmal geht die Simulation so weit, daß der Vater eine Zeitlang im Kindbett liegt, während die Wöchnerin selbst ihren normalen Pflichten nachgeht.[21]

In größerer kultureller Nähe zur modernen westlichen Gesellschaft sind die Aneignungsversuche nicht mehr ganz so unverblümt. In unserer eigenen Kultur begegnen uns permanent literarische Rückgriffe auf die weibliche Fruchtbarkeit als Metapher für männliche Kreativität. Wenn Dichter etwas schreiben, wenn Wissenschaftler etwas erfinden, dann gehen sie damit »schwanger« und »kommen« damit »nieder«. Die feministische Dichterin Judy Grahn sieht in den zahlreichen

Blutritualen der Männer – der Beschneidung, der Seitenwunde Christi und seiner bluttriefenden Dornenkrone, dem blutigen Verband des traditionellen Helden – Spielarten eines männlichen »Leben-durch-Bluten«-Zaubers, Imitationen der Menstruation und den Ruf nach Macht. Auch das Bild des nackten Vaters, der ein wunderhübsches nacktes Baby an seiner glatten, muskulösen Brust birgt, wie es in letzter Zeit in Illustrierten so gern als Werbung für Babypuder, Kamerazubehör und gesichtslose Unternehmen zu sehen ist, läßt sich als Ausdruck der unbewußten männlichen Sehnsucht nach der Mutterschaft verstehen.[22]

Den Höhepunkt der männlichen Übergriffe stellt wohl die Revision der Schöpfungsmythen dar, die ausnahmslos so umgeschrieben wurden, daß der Mensch nicht länger vom Weibe geboren ist, sondern vom Mann. Im ägyptischen Mythos schuf Re die Menschen aus seinen Tränen; Zeus läßt Athene aus seinem Kopf entspringen, und Adam bringt natürlich Eva hervor – aus seiner Rippe! Wie man es auch dreht und wendet, die Mutterschaft wurde aus der Mythologie herausgeschrieben.

Die Wiege in der Wiege: Mutterschaft in Sumer

Komm, Schlaf, komm,
Komm zu meinem Sohn,
Komm eilig herbei zu ihm,
Bring seinen rastlosen Augen Schlaf ...

So sang die Frau des Shulgri, Herrscher im sumerischen Stadtstaat Ur, gegen Ende des 3. Jahrtausends v. Chr. Diese Verse gehören zu den ältesten überlieferten Zeugnissen einer Mutter-Kind-Beziehung, ja, zu den ältesten Überlieferungen zwischenmenschlicher Beziehungen überhaupt. Denn die Geschichte hat angeblich im alten Königreich Sumer begonnen, dem Vorläufer Babyloniens und Assyriens in den Schwemm-

landebenen im unteren Mesopotamien, dem heutigen Irak, einer Gegend, die die Wiege der Zivilisation genannt wird. Heute wissen wir, daß weder die Zivilisation noch die Geschichte als solche dort ihren Anfang genommen haben, aber da die Sumerer alles aufgeschrieben haben, wird es oft auf sie zurückgeführt. Sie erfanden die Keilschrift, die einen großen Fortschritt gegenüber den ägyptischen Hieroglyphen darstellte. Die alte sumerische Kultur ist eine der vier Kulturen, die wir im Hinblick auf die Entwicklung des Patriarchats untersuchen wollen.[23]
Shulgris Frau singt weiter:

> In meinem Freudenlied will ich ihm eine Frau geben,
> Eine Frau will ich ihm geben und einen Sohn!
> Freudigen Herzens wird die Amme ihm ein Lied
>   vorsingen;
> Freudigen Herzens wird die Amme ihm die Brust
>   darreichen.

Aus diesem kurzen, Jahrtausende alten Fragment spricht unverkennbar Mutterliebe – ein »Freudenlied«. Ein Baby, so vernehmen wir, ist ein Geschenk. Und der Wunsch gilt ganz explizit einem männlichen Baby, was auf den Einfluß patriarchalen Denkens schließen läßt, in dem Jungen mehr gelten als Mädchen. Ein anderes sumerisches Wiegenlied fleht den Geist einer verstorbenen Amme an, über ihren einstigen Pflegling zu wachen.[24] Auch hier klingt Elternliebe durch. Wie anrührend, daß bei der Vielzahl von Möglichkeiten ausgerechnet zärtliche Wiegenlieder mit zu den ersten Dingen gehörten, die die Menschen niederschrieben. Die meisten frühen Aufzeichnungen der Sumerer waren natürlich keine Schlaflieder, sondern Listen und Dokumente wirtschaftlichen Inhalts. Erst später nahmen die sumerischen Schriften auch allgemein einen mehr philosophischen, beschaulichen Charakter an und schlossen Hymnen, Sagas, Gesetze und Erzählungen poetischerer Natur mit ein.

Die Sumerer waren ein äußerst begabtes Volk mit atemberaubenden technischen Fähigkeiten und einer reichen Kultur. Sie legten ein ausgefeiltes Dränagen- und Bewässerungssystem an – Deiche, Gräben, Kanäle –, mit dessen Hilfe sie ihre Felder optimal bewirtschaften konnten. Überschwemmungen müssen eine sehr große Rolle in ihrem Denken gespielt haben. Nach sumerischer Überlieferung wurde der Priester-König Ziusudra durch den Gott Enki vor einer bevorstehenden Sintflut gewarnt und baute ein riesiges Boot – den Vorgänger der Arche Noah. Überhaupt nehmen etliche sumerische Legenden auf geradezu unheimliche Weise eine Reihe von Geschichten aus dem Alten Testament vorweg. So haben die Sumerer zum Beispiel eine Entsprechung zu Moses – Sargon, der als kleines Kind in einem Binsenkörbchen ins Wasser gesetzt wurde, nur um gerettet zu werden und es zum König zu bringen. Und einer ihrer Schöpfungsmythen läßt das Herz aller Feministinnen höher schlagen. Das Szenarium entspricht weitgehend dem der jüdisch-christlichen Version: ein Garten, die verbotene Frucht und ein Baum des Lebens; aber Mann und Frau wurden gleichzeitig erschaffen, und der Sündenfall wird nicht der Frau angelastet. Aber trotz aller politischen Korrektheit dieser Schöpfungsgeschichte machten sich in der sumerischen Gesellschaft zunehmend patriarchale Strömungen bemerkbar, die sich letzten Endes auch in der Religion niederschlugen. Die frühesten Sumerer beteten zu Ti'amat, der Großen Mutter, aber ihre Nachkommen verehrten den männlichen Gott Marduk, der Ti'amat getötet hatte.[25]
Der Nahrungsüberschuß aus der sumerischen Landwirtschaft reichte aus, um florierende Stadtstaaten mit Einwohnerzahlen von 25 000 aufwärts zu versorgen. Die Bevölkerung bestand aus Handwerkern aller Art, Erziehern, Kaufleuten, Händlern, Klerus und Militär, denn Krieg wurde inzwischen auch geführt. Die Städte waren von Mauern umgeben und hatten winklige Gassen und Straßenmärkte, über denen sich die Zikkurats erhoben: gewaltige, vielstöckige, reich verzierte Stufentempel, die ganzen Hundertschaften von Göttern geweiht

waren (Ischtar war sumerischen Ursprungs). In Sumer wurden das Rad und die Astrologie erfunden, höchstwahrscheinlich auch Pflug und Wagen. Und in der Stadt Ur heiratete Sara (Sarai) Abraham (Abram), unseren Stammvater aus dem Alten Testament. Auf einer anderen sumerischen Tontafel heißt es:

Unsere Erde verkommt immer mehr in diesen unseren Tagen. Bestechung und Sittenverfall, so weit das Auge reicht. Kinder gehorchen ihren Eltern nicht mehr. ... Das Ende der Welt steht allem Anschein nach nahe bevor.[26]

Klingt das nicht irgendwie vertraut? Das könnten Jesse Helms oder Pat Robertson in einer ihrer Gardinenpredigten über den Niedergang der amerikanischen Sitten sein, aber statt dessen ist es die Klage eines mesopotamischen Schreibers vor fast 4000 Jahren. Seine Jeremiade hat etwas Zeitloses, ebenso seine Annahme, daß die Kinder sich früher besser benommen hätten. Vielleicht ist die Nostalgie immer zeitlos. Vielleicht ist auch der Eltern-Kind-Konflikt zeitlos. Freud hielt diesen Konflikt ja für einen notwendigen Bestandteil des Menschseins. »Wo warst du?« will wieder ein anderer Schreiber von seinem faulen Sohn wissen. »Ich war nirgends«, antwortet der Sohn. »Wenn du nirgends warst, was trödelst du dann herum?« Welch eine Ironie: Da entziffern wir eine Tafel mit Keilschrift und entdecken einen Dialog, der aus den »Simpsons« stammen könnte! Wir hören regelrecht, wie der Vater lauter wird. »Geh in die Schule«, fährt er fort, »stell dich vor deinen Lehrer, sag ihm deine Hausaufgabe her, mach deine Mappe auf, schreib auf deiner Tafel ... Wenn du mit deinen Hausaufgaben fertig bist und deiner Mutter Bescheid gesagt hast, dann komm zu mir, statt dich in den Straßen herumzutreiben!«[27] Wer könnte nicht die Erbitterung dieses frühzeitlichen Vaters nachfühlen. Es folgen heftige Vorwürfe gegen den ungeratenen Sohn, der ihn, so der Vater, zur Verzweiflung treibe durch sein unmögliches Benehmen. Er, der Vater, sei zutiefst enttäuscht von seinem faulen Sohn; schließlich habe er ihn nie gezwungen, hinter dem Pflug herzugehen oder Schilfbündel zu schleppen, wie andere Väter das von ihren Söhnen verlangten. Aber die Söhne anderer Männer achteten ihre Familie und unterstützten ihre Eltern durch Arbeit, während sein eigener Sohn ein »Taugenichts« sei. Um dem Sohn zu helfen, ein Mann zu werden, erteilt ihm der Schreiber Ratschläge in Form von Sprichwörtern. Obwohl die Wut des Vaters über die Jahrtausende hinweg fast mit Händen zu greifen ist, enthält er sich doch der körperlichen Züchtigung. Er schlägt den Sohn nicht, er bestraft ihn nicht mit Liebesentzug, und er ignoriert ihn auch nicht. Statt dessen arbeitet er mit Appellen an die Vernunft, mit Ermahnungen und Schuldgefühlen – alles moderne, abendländische, gutbürgerliche Disziplinierungsmaßnahmen. Aus diesem Traktat spricht nicht nur der Glaube der Sumerer an die Bildung, an die Überlegenheit geistiger über körperliche Arbeit und die Ehrerbietung Älteren gegenüber, wir spüren auch starke elterliche Besorgnis – von seiten des Vaters wie der Mutter. Von Gleichgültigkeit oder Geringschätzung keine Spur.

Bei den Sumerern scheint die Eltern-Kind-Beziehung also funktioniert zu haben. Ihre Kultur machte das offenbar möglich. Zu diesem Zeitpunkt zeichnete sich in den meisten Kulturen das Patriarchat schon klar ab, aber sie waren nicht oppressiv. Sie befanden sich noch im Übergangsstadium. Im Gegensatz zu ihren Vorgängerinnen hatten die sumerischen Frauen in der Landwirtschaft nichts mehr zu melden und bekamen statt dessen ein Sammelsurium anderer, unqualifizierter Aufgaben zugewiesen. Mehr und mehr fanden sie sich ans Haus gebunden. Die Gesellschaft zerfiel zunehmend in Schichten, wobei es jetzt eine Kaste der Hausklavinnen gab, zum größten Teil Kriegsgefangene, Straftäterinnen und Frauen von Schuldnern, die den Männern sexuell zu Diensten sein mußten. Anders als im Neolithikum hatten die Haushalte jetzt einen Hausherren, und die Abstammung wurde durch den Vater bestimmt. Ehebrecherinnen wurden in den Fluß geworfen, wo der Flußgott über ihr weiteres Schicksal entscheiden sollte; ein ungetreuer Ehemann dagegen wurde oft einfach geschieden. Allerdings gab es eine Gesetzessammlung, einen Vorläufer des babylonischen Kodex Hammurabi, der den Frauen bestimmte Rechte garantierte: Ihre Namen erschienen beispielsweise auf den Kaufverträgen für Landbesitz, als Witwen waren sie versorgt, und sie durften Almosen geben und empfangen.[28] Und wenn auch wenige Frauen das ehrenvolle Amt eines Schreibers innehatten, so gab es doch viele Priesterinnen, ebenfalls ein ehrenvolles Amt.

Die Prostitution stellte noch einen heiligen Akt dar, kein Laster. Verstorbene Ehefrauen von Herrschern wurden fast genauso prunkvoll und mit fast genauso vielen Opfergaben bestattet wie ihre Männer. Frauen und Töchter fungierten manchmal als Stellvertreter für ihre Herrscher-Väter. Mit anderen Worten: Der Status der Frau begann in der sumerischen Kultur zwar zu bröckeln, aber noch hatte sie Boden unter den Füßen. Selbst ganz am Ende ihrer Kultur waren die Sumerer nicht frauenfeindlich. Den Müttern wurde soviel Achtung zuteil, daß sie nicht auf ihre Kinder angewiesen waren, um sich Respekt zu verschaffen. Es gibt keine Hinweise auf die Aussetzung unerwünschter Kinder, ein Verfahren, dem in anderen Kulturen besonders Kinder weiblichen Geschlechts häufig zum Opfer fielen. Bei den Sumerern hatten die Frauen kaum je mehr als vier Kinder, darunter oft mehr Mädchen als Jungen, was gegen selektiven Kindsmord und für Geburtenregelung spricht (wahrscheinlich in Form von langem Stillen und Coitus interruptus). Gewollte Kinder lassen sich leichter lieben, oder vielleicht werden sie auch bereitwilliger geliebt; die Beziehungen sind eindeutiger, weniger von widerstreitenden Gefühlen getrübt. So wie es aussieht, waren sowohl sumerische Mütter als auch ihre Kinder geschätzte Mitglieder der Gesellschaft.

Ehre dem Grabmal, Ehre dem Schoß:
Mutterschaft im alten Ägypten

So wie man in New York die Einwohner von Los Angeles als
einen kulturell unbedarften Menschenschlag betrachtet,
rümpften die alten Griechen die Nase über die alten Ägypter.
Sie sahen in ihnen einen Haufen unentschlossener Weichlinge,
die unter dem Pantoffel ihrer Weiber standen. Herodot schrieb
im 5. Jahrhundert v. Chr. spöttisch über die ägyptischen
Männer, daß »die Frauen auf den Marktplatz gehen, Geschäfte
abschließen und Handel treiben, während die Männer daheim
hocken und weben«. Die Griechen zeigten sich überrascht, daß
die Ägypter ungewollte Kinder nicht töteten, was über sie
selbst als Eltern ebenso viel aussagt wie über die Ägypter.
Die Griechen fanden es auch seltsam, daß die Ägypter ihre
Kinder nicht in Wickelbänder einschnürten. Wie der Historiker C. John Sommerville in den achtziger Jahren schrieb,[29]
gibt es fast so viele verschiedene Begründungen für diesen
Brauch wie Gesellschaften, in denen er praktiziert wird. Manche Gesellschaften behaupten, daß die Kinder davon ein gera-
deres Rückgrat bekommen; manche sind der Meinung, daß es
sie warm hält. In anderen will man die Kinder auf diese Weise
daran hindern, sich zu verletzen, über den Anblick der eigenen
Arme und Beine zu erschrecken oder zu masturbieren. Aber es
wäre naiv, die Motivation deshalb mehr in der Sorge um das
Wohl des Kindes als in der Bequemlichkeit der Eltern zu
vermuten. Für die Griechen, wie für die meisten anderen
Völker auch, war das Bänderwickeln eine Selbstverständlichkeit.
Die Ägypter stellen sich uns heute als eine wohlhabende,
stabile, hochkultivierte, familienorientierte Gesellschaft dar,
sorglos und lebensfroh trotz ihrer starken Beschäftigung mit
dem Tod und der Einbalsamierung. Sie hielten eine relative
Gleichheit zwischen den Geschlechtern aufrecht und behandelten sowohl ihre Söhne als auch ihre Töchter mit Wärme und
Zärtlichkeit. Aber wie die sumerischen Frauen büßten auch

die Ägypterinnen über 2000 Jahre hinweg immer mehr an
Status und Handlungsspielraum ein, obwohl sie sich sehr viel
länger und in sehr viel höherem Maße behaupten konnten. Das
lag wohl daran, daß ihre zupackenden, findigen Göttinnen in
der Dorfkultur des alten Ägypten fester verwurzelt waren als
die Göttinnen im urbanisierten Nahen Osten. Auch das Militär, oft eine Bastion des männlichen Chauvinismus, war in
Ägypten nie der Machtfaktor, der es anderswo war.[30]
Die alten Ägypterinnen hingen sehr an ihren Kindern. In
einem Papyrusbrief von etwa 2000 v. Chr. schrieb ein Kind:
»Liebe Mutter, es geht mir gut. Hör auf, dir Sorgen um mich
zu machen.« An anderer Stelle hält ein Schreiber ägyptische
Kinder durch einen Appell an ihr Gewissen zu größerer Rücksichtnahme auf ihre Eltern an: »Entschädige deine Mutter für
alles, was sie an dir getan hat ... Gib ihr soviel Brot, wie sie
braucht, und trage sie, wie sie dich getragen hat, denn du warst
ihr eine schwere Last. Als du nach gütlicher Frist geboren
wurdest, hat sie dich noch weiterhin an ihrem Halse getragen,
drei Jahre lang hat sie dich gesäugt, und sie hat sich nicht
gescheut vor deinem Kot.«[31] Denken wir dazu noch an die
unzähligen Darstellungen von ägyptischen Muttergöttinnen
(meist Isis) mit einem Kind an der Brust, dann kann es keinen
Zweifel mehr an der Kinderfreundlichkeit dieser Kultur geben.
Das Kind liegt auf besagten Darstellungen übrigens im linken
Arm der Mutter und trinkt an ihrer linken, dem Herzen
näheren Brust – eine künstlerische Konvention, die bis weit
ins christliche Zeitalter Bestand hatte. Sorge um die Kinder
läßt sich auch aus den Vorschriften in medizinischen Abhandlungen ersehen – etwa der Anwendung von Opiaten, um Kleinkindern über schlimme Zeiten hinwegzuhelfen –, Empfehlungen, die man sich vermutlich sparen würde, wenn Kinder
einem gleichgültig wären. Und nicht zuletzt wurden Kinder
tief betrauert, wenn sie starben, von Vätern ebenso wie von
Müttern. Das wissen wir aus Grabinschriften.[32]
Die Milch der Amme stiftete nach altägyptischem Glauben
eine enge Beziehung zwischen Baby und Amme. Könige wur-

den abgebildet, wie sie an der Brust von Göttinnen tranken und dadurch der Göttlichkeit teilhaftig wurden.[33] Kein Wunder, daß die Ammen von den Reichen mit größter Sorgfalt ausgewählt wurden (das geht aus diversen noch erhaltenen Verträgen hervor) und ein hohes Ansehen genossen. Bei königlichen Bestattungsfeierlichkeiten zählten sie stets zu den Ehrengästen – ein sicheres Anzeichen für ihren privilegierten Status, da Bestattungen im alten Ägypten eine äußerst ernste Angelegenheit waren; wie aus den Pyramiden zu ersehen, brachten die Ägypter weite Teile ihres Erwachsenenlebens mit der Vorbereitung ihrer eigenen Grabmäler zu.

In der ägyptischen Kunst sind Kinder ein gängiges Motiv. Die Bilder zeigen sie in familiärem Rahmen – bei Festen, beim Jagen, beim Fischen, bei Bestattungen –, oft in Begleitung ihrer Eltern. Ganz offensichtlich waren sie anerkannte Mitglieder der Familie.[34] Die Ägypter hatten in der Regel große Familien, obwohl sie über eine Reihe von Methoden zur Geburtenkontrolle verfügten und die Zahl ihrer Nachkommen ohne weiteres hätten beschränken können, wenn sie gewollt hätten. Und selbst ganz gewöhnliche Familien legten ihren Kindern Spielsachen mit ins Grab, eine Geste, die uns auch heute, nach Jahrtausenden, noch anrührt.

Daß die alten Ägypter ihre Kinder liebten, ist nicht verwunderlich; sie liebten auch ihre Frauen und Mütter. Auf ägyptischen Familienporträts halten Vater und Mutter sich häufig bei der Hand oder um die Taille gefaßt. In schriftlichen Darstellungen wird der Name des Mannes oft mit dem seiner Frau in einem Atem genannt, zusammen mit einem liebevollen Verstärker wie »seine geliebte Frau, sein Herzblatt«. Obwohl es den Männern freistand, polygam zu leben, machten sie von diesem Vorrecht nur sehr selten Gebrauch. Auch sollte man seine Mutter besonders in Ehren halten, das lehrt uns das ägyptische *Buch der Weisheit*.[35]

Frauen waren nicht nur als Ehefrauen angesehen, sie besaßen auch aus eigener Kraft Einfluß. So gab es während des mittleren Königreichs Zeiten, in denen die Abstammung durch die mütterliche Linie bestimmt wurde. Als Folge mußten die Mädchen als Erbinnen des Familienvermögens ihre Brüder mit einer Mitgift versehen, um ihnen Frauen zu verschaffen. Palastdamen, die einem »Harem« angehörten – worunter man damals keineswegs ein Männerparadies voll von üppigen, allzeit bereiten Maiden verstand, sondern einen weiblichen intellektuellen und kulturellen Hof –, hatten ein nicht unerhebliches Gewicht in der Politik, nicht nur in Fragen, die sie selbst betrafen, sondern auch in allgemeinen Regierungsangelegenheiten. Und die in ägyptischen Grabmälern entdeckten Liebesgedichte lassen stark vermuten, daß in Ägypten die Frauen den Männern den Hof machten, nicht umgekehrt.[36]

Mit dem Vordringen des Patriarchats verloren die Frauen allmählich ihr Prestige. Anfänglich dienten der Göttin Hathor 61 Priesterinnen und 18 Priester. Aber um die Mitte des 2. Jahrtausends gab es überhaupt keine weiblichen Priester mehr: Die Frauen mußten sich jetzt mit der Rolle der Tempelmusikantinnen begnügen.[37] Um diese Zeit nahm auch das Wort »Pharao« eine neue Bedeutung an. In seinem ursprünglichen Sinn hatte es »großes Haus« bedeutet; später bezeichnete es nur noch die königlichen Männer in diesem Haushalt. Alte Männer galten als ehrwürdig und weise, besonders, wenn sie fettleibig waren, die Frauen dagegen hatten schlank zu sein. Immerhin gab es auch noch große Pharaoninnen, eine Zeitlang zumindest, die über Tausende und Abertausende von Männern herrschten. Nofretete und Kleopatra sind vielleicht die berühmtesten, wobei letzterer meist unrecht getan wird: Sie war weniger schön, aber dafür wesentlich intelligenter, als allgemein behauptet wird, und eine begnadete Politikerin dazu. Die mächtigste Pharaonin war wohl eine ihrer Vorläuferinnen, Hatschepsut, die nach dem Tod ihres Mannes und Halbbruders Thutmosis III. den Thron besetzte. Sie erklärte sich zum Gott und schmückte sich mit einem falschen Bart und Phallus. Der Einfluß patriarchalen Denkens könnte kaum deutlicher sein.

Die Lage der Frau verschlechterte sich weiter. Das Familien-

leben brach zusammen. Im ersten Jahrhundert v. Chr., als sich
die frauenfeindlichen Bräuche der Griechen und Römer etablierten, wurde die Aussetzung von Kindern, besonders von
Mädchen – ein Akt, der bei den Ägyptern früher als barbarisch
gegolten hatte –, gang und gäbe. Oft wurden Babys auf Abfallhaufen ausgesetzt. Wer einen billigen Sklaven suchte, konnte
sich dort ein Baby auswählen. Dem tragen die Namen der
betroffenen Kinder Rechnung: Coprus beziehungsweise Corpi-
se, was soviel bedeutet wie »vom Misthaufen geholt«.[38] Gleichzeitig ging es mit dem Status der Ammen steil bergab: Sie
waren zu Sklavinnen geworden.

Der Abgrund: Mutterschaft in Phönizien

Die Römer, selbst keine Unschuldslämmer, waren schockiert
über die Praktiken ihrer Zeitgenossen, der Phönizier, die »Dinge taten, die so schauerlich waren, daß man sie nicht beschrei-
ben kann«. Mit dieser Charakterisierung setzten sie eine lange
Tradition der Phönizier-Schelte fort, die bis heute andauert.
Bibelfeste Leser werden sich an die Tiraden der Propheten
gegen die sogenannten Exzesse der Kanaaniter, der frühen
phönizischen Einwohner Palästinas, erinnern. Und obwohl der
Großteil der Kritik an den Phöniziern aus der Feder ihrer
Feinde stammt, läßt sich der phönizischen Kultur sehr wenig
abgewinnen, besonders in ihrer nordafrikanischen Spielart. Es
ist eine unwiderlegbare Tatsache, daß die Phönizier an einem
Langzeit-Holocaust beteiligt waren, der dem der Nazis und der
Kambodschaner an Grauen in nichts nachsteht – den feierli-
chen, rituellen Massenhinrichtungen von Kleinkindern, die
während des ersten Jahrtausends v. Chr. in Karthago abgehalten wurden. Schätzungen zufolge wurden allein zwischen
400 und 200 v. Chr. nicht weniger als 20 000 Urnen begraben,
jede von ihnen gefüllt mit der Asche eines oder mehrerer
geschlachteter Babys.[39]
Wer waren diese Menschen, und was steckte hinter ihrem

elterlichen Versagen? Der Legende nach wurde Karthago (im nordafrikanischen Tunesien) von der zauberhaften phönizischen Prinzessin Dido gegründet, die kurz vor 800 v. Chr. aus der Stadt Tyrus in Kanaan fortsegelte. Der römische Dichter Vergil verewigte diese Sage in der *Aeneis*. Ob es Dido wirklich gab, ist zweifelhaft, aber die Kanaaniter siedelten sich tatsächlich um diese Zeit in diesem Teil Afrikas an. Die palästinischen Kanaaniter sind wohl am bekanntesten als das heidnische Volk, das die alten Hebräer nach ihrer Flucht aus Ägypten unterwarfen, nachdem sie das Rote Meer durchquert hatten und vierzig Jahre lang durch die Wüste geirrt waren. Aus Kanaan stammt auch die berüchtigte Isebel, die Frau des Israeliterkönigs Achab, die halsstarrig an ihrer Verehrung der Göttin Astarte – ein anderer Name für Ischtar – festhielt und auch ihren Mann zu ihrem Glauben bekehrte. Die beiden wurden in einem von den Anhängern des hebräischen Gottes angefachten Bürgerkrieg getötet. Die Bibel schildert ihre grausame Ermordung in schauriger Detailtreue; ganz eindeutig sollte sie allen Götzenanbetern zur Warnung dienen. Übrigens wurde Isebel kürzlich von der feministischen Kritik rehabiliert,[40] die in ihr nun eine mutige Verfechterin ihres Glaubens sieht.

In den Jahrtausenden vor 1200 v. Chr. war Kanaan Schauplatz dramatischer zivilisationsgeschichtlicher Entwicklungen. Hier entstand eine der frühesten Städte der Welt, Jericho, das vielleicht sogar noch älter ist als das neolithische Çatal Hüyük. Hier wurde das Alphabet erfunden; hier wurde nicht nur einer der weltältesten »Superhighways« gebaut, der »Weg des Meeres«, der Ägypten und Mesopotamien verband,[41] sondern auch der erste Wagen. Die Kanaaniter selbst waren wie die frühen Hebräer ursprünglich Nomaden und Viehzüchter. Aber im Lauf der Zeit wurden sie reich und ließen sich in Städten nieder; sie gründeten die großen Küstenstädte Byblos, Beirut, Sidon und Tyrus. Im Zuge der Seefahrt gelang es diesem gewieften Volk, die fortgeschrittenen Kulturen Mesopotamiens und Ägyptens miteinander zu verschmelzen, wobei

sie nicht nur Nordafrika besiedelten, sondern auch Zypern
sowie Gebiete im gesamten westlichen und zentralen Mittel-
meerraum. Auf dem Höhepunkt ihrer Macht beherrschten sie
mit ihren Handelsschiffen das ganze Mittelmeer, ein reibungs-
los funktionierender Apparat, der ausschließlich der Anhäu-
fung und Verteilung von Besitz diente. Aber über all dem
Schätzesammeln kam ihnen offenbar ihr Gewissen abhanden,
so jedenfalls sahen es ihre Zeitgenossen – aus denen natürlich
auch der Neid sprechen könnte.

In römischen Berichten werden die Phönizier als ehrlos, ungebildet und geldgierig beschrieben. Wenn man den Griechen
glauben darf, war keinem Phönizier über den Weg zu trauen.
Man erzählte sich, daß sie bei jeder sich bietenden Gelegenheit
Kinder entführten, mit ihnen aufs Meer hinaussegelten und
sie im nächsten Hafen als Sklaven verkauften. Wenn sie auch
nur die geringste Chance witterten, schnappten sie sich
schutzlose Frauen; um Menschenleben und Menschenwürde
scherten sie sich keinen Deut. Selbst heute noch fällt das Urteil
über die Phönizier häufig geringschätzig aus: »Die Phönizier
erfanden ein so großartiges Instrument [das Alphabet]«,
schrieb ein italienischer Wissenschaftler erst kürzlich, »nur
um dann wenig bis gar nichts damit anzufangen.« In der Tat
vervollkommneten die Phönizier eine Schriftform, die Dutzende von Kulturen beeinflußt hat, aber die meisten ihrer erhaltenen Schriften sind weder formal noch inhaltlich von Interesse. Es finden sich keinerlei literarische Werke darunter, sondern fast nur Götteranrufungen und Kaufverträge, die selbst
für die historische Rekonstruktion kaum von Nutzen sind.[42]

Die Geschichte entzieht sich gern dem festen Zugriff, sie neigt
dazu, je nach Blickwinkel Wesen und Gestalt zu ändern. Dieselben Fakten, auf verschiedene Weise angeordnet, können
ganz widersprüchliche Schlußfolgerungen nahelegen. Daher
ist es nicht völlig abwegig, die phönizischen Kindermorde als
ein religiöses Ritual zu verstehen – zur Abwendung von Un-
heil, Beschwichtigung der Götter, Sicherung der Gesundheit
anderer oder zur Einswerdung mit einer Gottheit. Aber unter

welchen Voraussetzungen entwickelt eine Gesellschaft einen
so grauenvollen Ritus und übt ihn jahrhundertelang aus?
Sehen wir uns das Ritual näher an. Es wurde in sogenannten
Tophets durchgeführt, Weihestätten unter freiem Himmel,
von denen eine ganze Reihe entdeckt wurden. Die berüchtigtste befand sich in Karthago; heute ist dort ein mondäner
Ferienort. Nach modernen Erkenntnissen wurden hier Tausende und Abertausende von Kindern ermordet, vermutlich
zur Besänftigung der Göttin Tanit und des Gottes Baal. Niemand kennt die genaue »Rate«, aber sie belief sich wahrscheinlich auf mehrere Hunderte im Jahr, vielleicht sogar auf noch
mehr. Die verkohlte Asche der Opfer wurde in Keramikurnen
gekehrt und unter Gedenktafeln, den Stelen, begraben.
Zeitgenössische Beschreibungen dieser Riten sind erstaunlich
übereinstimmend. Als erstes wurde den Kindern die Kehle
durchgeschnitten; das frisch getötete Kind wurde in die aus-
gestreckten Arme einer bronzenen Baalstatue gelegt und dann
in eine Feuergrube zu Füßen der Statue gewälzt. All dies
geschah zum Klang von Flöten, Trommeln und vielleicht auch
Tambourinen. Bei den meisten Opfern handelte es sich um
Kinder im Alter von ein bis drei Jahren, wobei jedoch ein gutes
Drittel zwischen zwei und drei war. Man vermutet, daß die
ermordeten Kinder ursprünglich aus den Königshäusern
stammten. Ihr Tod schlug damit eine Brücke zum Ritus der
Heiligen Hochzeit, bei der der Geopferte ja auch der Gespie-
le/Sohn der Göttin ist. Im Lauf der Jahrhunderte wurde der
Vorgang dann aber demokratisiert und umfaßte zuletzt alle
Babys ungeachtet ihrer Standeszugehörigkeit. Manchmal
wurden statt der Kinder auch Tiere geopfert, aber diese Tendenz schien über die Zeiten hin eher ab- als zuzunehmen. In
der Blütezeit karthagischer Stadtkultur, im 4. und 3. Jahrhundert v. Chr., wurden mehr Kinder geopfert als je zuvor.[43] Der
Brauch scheint mit beachtlicher Regelmäßigkeit bis zur Eroberung durch die Römer aufrechterhalten worden zu sein.
In Israel sind bis zu diesem Tag keine Opferstätten entdeckt
worden, auch wenn einige Wissenschaftler[44] den im Alten

Testament erwähnten kanaanitischen Moloch-Kult in Palästina mit den später in Karthago durchgeführten Kinderopfern in Zusammenhang bringen. Für diese These sprechen Kinderskelette in Thirza und Schechem sowie Kinder, die man in Tongefäßen im Unterboden von Geser begraben fand.[45] Aber das ist alles äußerst umstritten. Vielleicht folgten die frühen Hebräer in diesem Punkt dem Beispiel ihrer Nachbarn – Abraham etwa war durchaus bereit, Isaak zu opfern, bis ihm in letzter Sekunde ein Widder als Ersatz geschickt wurde –, obwohl die Patriarchen derlei Gepflogenheiten später aufs schärfste verurteilten. Die Theorien über Kinderopfer bei den Kanaanitern und den frühen Hebräern stützen sich eher auf die Bibel als auf archäologische Beweise, aber ganz von der Hand zu weisen sind sie nicht. Interessanterweise hat der Einfluß kanaanäischer Kultgebräuche auf die frühen Hebräer eine Flut von wissenschaftlichen Veröffentlichungen hervorgebracht; spekuliert wird vor allem über mögliche Verbindungen der frühen Hebräer zu den Göttinnenkulten.[46] Viele Feministinnen scheinen eine solche Verbindung für sehr wünschenswert zu halten. Dabei hatten sich die heidnischen Religionen im ersten Jahrtausend v. Chr. bereits so sehr dem Menschenopfer verschrieben, daß ein derartiger Revisionismus nicht ganz leicht nachzuvollziehen ist. Die ehrfurchtgebietende neolithische Muttergöttin scheint hier zu einem gierigen Abklatsch ihrer selbst verkommen zu sein. Gerechterweise sollten wir freilich den Göttinnen ihre verzweifelte Blutrünstigkeit nicht zum Vorwurf machen. Schließlich lagen sie im Todeskampf.

Was also trieb diese nordafrikanischen Eltern zu solcher Unmenschlichkeit? Wie kamen die Phönizier dazu, einen Religionsbrauch zu entwickeln, bei dem ihre eigenen Kinder vor ihren Augen geschlachtet wurden? Leider läßt sich aus den phönizischen Artefakten sehr viel weniger herauslesen als aus denen zeitgleicher Kulturen. Sie haben keine Berichte aus erster Hand hinterlassen, und bei einem solchen zeitlichen Abstand ist jegliches Psychologisieren mit Vorsicht zu genießen. Die systematische Degradierung der phönizischen Frauen liefert vielleicht dennoch einen Anhaltspunkt. Die sexuellen Kulthandlungen, zu diesem Zeitpunkt nur noch grobe Zerrbilder der ursprünglichen, am Jahreszyklus ausgerichteten Fruchtbarkeitszeremonien, waren bei den Phöniziern zu Ritualen ausgeartet, die die Menschenwürde der Frau mit Füßen traten. In der folgenden, äußerst erhellenden Passage aus dem 5. Jahrhundert v. Chr. schildert der griechische Geschichtsschreiber Herodot die religiöse Prostitution in Babylon und vergleicht sie mit der in Zypern, einer Hochburg der Phönizier:

> Jede in diesem Lande geborene Frau muß einmal in ihrem Leben im Heiligtum der Venus Platz nehmen und sich dort mit einem Fremden vereinigen ... Die Frau geht mit dem ersten Mann mit, der ihr Geld hinwirft, und weist keinen zurück ... Diejenigen Frauen ... die häßlich sind, müssen lange Zeit warten, bevor sie dem Gesetz Folge leisten können. Manche haben bis zu drei oder vier Jahre im Tempel gewartet.[47]

Die Ausmaße, die die sexuelle Ausbeutung der Frau in der damaligen phönizischen Gesellschaft angenommen zu haben scheint, lassen sich durch das Patriarchat allein nicht mehr erklären: Hier haben wir es ganz eindeutig mit Misogynie zu tun. Insofern ist es wohl nicht ganz abwegig, einer Kultur mit dem Hang zu *einer* Form der Menschenverachtung, der Frauenfeindlichkeit, auch einen Hang zu einer anderen zu unterstellen, der Opferung von Kindern. Und angesichts der Entwürdigung und Unterjochung, die die Phönizierinnen allem Anschein nach über sich ergehen lassen mußten, wäre es nur verständlich, wenn sie seelisch so geschädigt gewesen wären, daß sie einer Religion anhängen konnten, die den Mord an ihren eigenen Kindern guthieß. Die phönizischen Kinderopfer sind womöglich ein Beispiel für die krankhafte Verrohung, derer Menschen fähig werden, wenn sie sich im Würgegriff eines frauenfeindlichen Systems befinden.

Eine Liebesgeschichte:
Mutterschaft bei den alten Hebräern

Wir können nur ahnen, was Jochebed, eine althebräische Mutter, durchgemacht haben muß, als sie ihren drei Monate alten Sohn in ein mit Erdharz und Pech verklebtes »Kästlein von Rohr« legte und dieses im Schilf am Ufer des Nil versteckte. Seti I., der ägyptische Pharao, hatte den Tod aller männlichen hebräischen Neugeborenen verfügt, und Jochebed war außer sich vor Verzweiflung. Wie konnte sie ihr Kind retten? Sie entwarf einen tollkühnen Plan: Sie würde ihren Sohn in ein Binsenkörbchen legen und an einer Stelle am Fluß aussetzen, wo die Prinzessinnen aus dem königlichen Palast zu baden pflegten. Vielleicht würde eine von ihnen Mitleid mit dem Findelkind verspüren und es bei sich aufnehmen. Ihr Wagemut machte sich bezahlt. Nicht nur nahm eine Tochter des Pharao den Jungen auf, sie stellte auch, ohne es zu wissen, die Mutter des Kindes, Jochebed selbst, als seine Amme ein. Diese biblische Legende ist vielleicht die erste Geschichte multikultureller Mutterliebe. Eine hebräische Mutter setzt ihr Kind aus, um es zu retten, und aus demselben hochherzigen Grund zieht eine Ägypterin das Kind einer anderen Frau groß. Aus dem Jungen wurde der Mann, den wir als Moses kennen.

Die alten Hebräer[48] liebten ihre Kinder offenbar genauso wie die frühen Ägypter und die ersten Sumerer. Anders als die Ägypterinnen und Sumererinnen erlitten die hebräischen Frauen in den 2500 Jahren, in denen das Patriarchat die Oberhand gewann, jedoch keinen drastischen Statusverlust. Sie waren in die patriarchale Gesellschaft hineingeboren und somit von Beginn an untergeordnet. Der Gott der Hebräer ist selbst ein Patriarch. Eine gewisse Verschlechterung erfuhr die Stellung der Frau einigen Wissenschaftlern[49] zufolge zwar: Immerhin wurde aus einer Nomadenkultur mit matrilinearer Abstammung (die sich im Ansatz bis heute erhalten hat, da sich das Judentum über die Mutter vererbt) eine zentralisierte

Monarchie in Kanaan und später dann ein Leben im Exil, wo die jüdischen Männer beteten:»Gepriesen seist du, o Herr unser Gott, denn du hast mich nicht als Weib erschaffen.« Aber konkret änderte sich dadurch nur sehr wenig am Status der Frau: Die alten Hebräerinnen waren den Männern ganz gewiß nicht gleichgestellt, aber sie wurden im allgemeinen anständig behandelt. Ideal war ihre Situation nie, aber sie verschlechterte sich auch nicht wesentlich. Im Gegensatz zu den Phöniziern waren die Hebräer allem Anschein nach nicht misogyn. Aber der wissenschaftliche Dissens über solche graduellen Unterschiede läßt die Probleme ahnen, die eine sozialgeschichtliche Analyse der althebräischen Kultur aufwirft; die interpretatorische Kontroverse scheint unausweichlich.

Bei unseren Mutmaßungen über die ägyptische, sumerische und phönizische Eltern-Kind-Beziehung brauchen wir uns keine Sorgen um die Gefühle der Anhänger von Isis, Astarte oder Tanit zu machen, denn bis auf ein paar etwaige Neu-Bekehrte sind sie alle lange tot. Aber die alten Hebräer und ihre Texte sind für viele auch heute noch aktuell. Und jeder hat seine eigene Meinung dazu. Es existiert eine ganze Flut von Bibelauslegungen, die sich zu einem großen Teil widersprechen, obwohl sie vermutlich alle aus derselben Quelle stammen. Die unterschiedlichsten Geister scheinen sich in den Traditionen und Gesetzen der alten Hebräer bestätigt zu finden: Abtreibungsgegner, Feministinnen, Evangelikale, Heiden, ganz zu schweigen von den Juden, Christen und Muslimen, die alle ein gemeinsames Erbe haben, aber extrem divergierende Standpunkte. Hinzu kommt die diffuse Natur der heiligen Schriften selbst. In der hebräischen Bibel,[50] in der die erwähnten Geschichtsdarstellungen, Gesetze und Gesellschaftskommentare gesammelt sind, haben wir es mit mehreren Bedeutungsebenen zu tun: mit dem tatsächlichen Inhalt, der in sich widersprüchlich ist und 800 bis 1600 Jahre *nach* den geschilderten Ereignissen aufgezeichnet wurde; dem frühzeitlichen Weltbild, das die Doktrin hervorgebracht hat (wenn man voraussetzt, daß sie nicht gottgegeben war); und mit dem Weltbild

der zahlreichen – männlichen – judaistischen Gelehrten der
Spätantike, die viele Bände darauf verwendeten, die heiligen
Texte »auszulegen«. Diese Auslegungen sind in ihrer Gesamt-
heit als der Talmud bekannt.

Beschränken wir unsere Betrachtungen über die alten Hebräer aus Vergleichsgründen auf das 2. Jahrtausend, die älteste,
dem Talmud vorausgehende Periode der jüdischen Geschichte.
Sara und Abraham hatten Sumer verlassen; sie schlossen
einen Bund mit Gott und ließen sich in Kanaan nieder. Dort
lebten sie und ihre Abkömmlinge als Hirtennomaden, wie die
Anthropologen es heute nennen – mit einfachen Stammeszen-
tren und festgelegten, sippeneigenen Weidegebieten. Eine Anzahl alter Hebräer zog, als die Nahrung knapp wurde, nach
Ägypten hinüber. Im Lauf eines lückenhaft beschriebenen
Zeitraums von 400 Jahren gerieten sie dort in die Sklaverei.
Moses führte diese Hebräer aus Ägypten heraus und schloß
einen neuen Bund mit Gott, der die Juden den zehn Geboten
verpflichtete. Die ägyptischen Juden taten sich mit den Nachfahren von Sara und Abraham zusammen und siedelten in den
Stadtstaaten und Gegenden in Kanaan. Viele Juden wurden
Bauern, und aus dem alten Sippensystem entwickelte sich eine
zentralisierte Regierung.

Aber was empfanden sie für ihre Kinder? In diesem einen
Punkt zumindest herrscht offenbar Einigkeit. Sie liebten sie
heiß und innig und scheuten sich nicht, ihre Gefühle für die
Nachwelt zu dokumentieren. (Die Wermutstropfen heben wir
uns für später auf.) Die Lebensbedingungen in der Wüste und
auf den Feldern von Kanaan waren hart, und Arbeitskräfte
waren Mangelware – kein Wunder also, daß die Juden ihren
Nachwuchs als einen Segen betrachteten, als regelrechte Got-
tesgaben.[51] Als dann mehrfach der Tempel zerstört wurde und
das Volk Israel sich zerstreute, setzten sie alle ihre Hoffnungen
auf ihr weiteres Fortbestehen verständlicherweise in ihre Kinder. Eine Mutter, die sich weigerte, ihr geschwächtes Kind zu
stillen, galt als ein Ungeheuer. Kinder, insbesondere männliche, waren »die Krone der Menschheit«, ein »Lohn, wie Pfeile

in der Hand des Helden; wohl dem Mann, der seinen Köcher voll hat von ihnen«. Und obwohl die frühen Hebräer, die nicht unangenehm auffallen wollten, zeitweise ein paar der Rituale aus den Naturreligionen ihrer Nachbarn übernahmen, Kinderopfer inbegriffen, läßt die Heftigkeit, mit der solche Gepflogenheiten später verurteilt wurden, darauf schließen, daß die Entwicklung der hebräischen Wertvorstellungen in eine andere, nämlich die entgegengesetzte Richtung ging. Die Opferung von Kindern wird in der Bibel wiederholt als eine »Schandtat« hingestellt, auch das ein Beweis für die Kinderfreundlichkeit der Hebräer. In zahlreichen Geschichten trauern hebräische Mütter leidenschaftlich um ihre toten Kinder. Die Geschichte von der Mutter, die Salomo erklärt, lieber wolle sie ihr Kind aufgeben als zulassen, daß es zwischen ihr und einer anderen Bittstellerin geteilt wird, ist zu einer klassischen Parabel geworden, die ihre Schlagkraft ganz und gar aus der Mutterliebe bezieht.[52]

Kinder wurden aufgrund ihrer individuellen Eigenschaften geschätzt, nicht nur als Stammhalter. Der hebräische Gott schenkte seine Gunst oft jüngeren Brüdern, nicht, wie es der Konvention entsprochen hätte, dem ältesten, zum Erben bestimmten Sohn. So gab er Abel und Joseph, den beiden findigen Jüngsten, den Vorzug vor ihren neidischen Brüdern. Er belohnte die Ausdauer des gerissenen Jakob, und er nahm sich Davids an, dessen Liebenswürdigkeit ihn zu einem so erfolgreichen Herrscher machte. Auch Moses war ein jüngerer Bruder. Kindererziehung spielte eine große Rolle im biblischen Zeitalter – manche Dinge ändern sich eben nie. Die Mutter war für die moralische Unterweisung ihrer Kinder zuständig. Wenn sie größer waren, wurden sie der Führung des Vaters anvertraut. Später in der jüdischen Geschichte nahmen die Schulen der Familie die Last der Erziehung ab. Anders als unsere heutigen Erzieher waren Lehrer damals hochangesehen, ein Maßstab für den hohen Stellenwert nicht nur der Bildung, sondern auch der kommenden Generation.[53]

Die Hebräerinnen konnten ihren Wert nur auf eine Art wirk-

sam unter Beweis stellen: durch die Mutterschaft. Wer unfruchtbar war, hatte nichts zu lachen. Rahel im Alten Testament flehte:»Schaffe mir Kinder, wenn nicht, so sterbe ich.«
Wenn die Schwangerschaft auf sich warten ließ, fragte sich die
hebräische Ehefrau, ob sie sich gegen den Herrn versündigt
hatte. Unfruchtbarkeit war ein Stigma, von dem sich Sara wie
auch Rahel und Lea zu befreien versuchten, indem sie die
Kinder adoptierten, die ihre Mägde den Ehemännern gebaren.
Diese Lösung war nicht ohne Probleme. Wenn die Magd sich
als fruchtbar erwies, erwarb sie sich dadurch zuweilen einen
richtigen Status und höhere Gunst, weil sie dem Mann das
geschenkt hatte, was er sich am sehnlichsten wünschte. Das
erklärt wohl auch Saras beklagenswertes Verhalten gegenüber Hagar und ihrem Sohn Ismael (Abrahams Kind), die sie
in die Wüste verbannte – die beiden machten ihr wahrscheinlich Abrahams Zuneigung streitig. Niemand war so arm und
ausgeliefert wie die kinderlose Witwe, die völlig auf die Barmherzigkeit Fremder angewiesen war. Unfruchtbarkeit war ein
legitimer Scheidungsgrund.[54]
Die Mutter-Kind-Beziehung hatte von jeher ihren festen Platz
in der jüdischen Tradition: Schon das vierte Gebot forderte
schließlich die Kinder auf, Vater *und* Mutter zu ehren. Dieser
Respekt kommt vielleicht am schönsten in einem alten jüdischen Sprichwort zum Ausdruck, demzufolge der Allmächtige,
da er nicht überall zugleich sein konnte, die Mütter erschuf
und einen Teil seiner Macht an sie delegierte.[55] Die Mutterliebe, so die Religionsgeschichtlerin Denise Carmody, war ein so
beherrschendes Thema in der biblischen Literatur, daß sie zu
einer Metapher für Gottes Liebe zu seinem Volk geworden ist.
»Kann eine Mutter das Kind an ihrer Brust vergessen?« fragt
Jesaja.»Ich will euch trösten, wie einen seine Mutter tröstet«,
spricht Gott.[56]
Jetzt zu den Wermutstropfen. Eine Reihe jüdischer Apologeten
versuchen zu beweisen, daß der Wert der Frau über den ihres
Unterleibes hinausging.[57] So zitieren einige Wissenschaftler
folgende Verfügung des Talmud:»Ist bei der Geburt die Wahl

zu treffen zwischen dem Leben der Mutter und dem des Kindes, hat das Leben der Mutter Vorrang.« Aber der Talmud wurde 1000 Jahre nach der Zeit zusammengestellt, die hier zur Debatte steht. Die Hebräerinnen der Frühzeit wurden wohl eher als willige Gehilfinnen gewürdigt denn als Frauen. Wenn sie sich brav um das Vieh kümmerten, die Feldarbeit besorgten, Essen kochten, auf die Kinder aufpaßten und am Spinnrad saßen, hielt man sie in Ehren. Einen Wert an sich stellten sie nicht dar. Die Liebe zu ihnen war alles andere als bedingungslos. Das letzte Kapitel der Sprüche besingt über weite Strecken die gute Hausfrau, nicht die gute Frau als solche.[58]

Eine hebräische Ehefrau sprach ihren Mann mit *ba'al*, Herr, an, so wie ein Sklave seinen Besitzer. Ihre Stellung war deutlich niedriger als die der Frauen in den großen Kulturen ringsum. In Ägypten war die Frau oft das Familienoberhaupt; in Babylon konnte sie Eigentum erwerben und ihre Rechte einklagen. Aber das zehnte Gebot reiht die hebräische Ehefrau unter die Besitztümer des Mannes ein, zusammen mit seinen Knechten, seinen Mägden und seinem Vieh! In der Bibel finden sich grausige Passagen, so etwa Genesis 19, wo jungfräuliche Töchter von ihren eigenen Vätern an die Sodomiter verschachert werden, damit diese sich nicht über die männlichen Gäste »hermachen« – wenn es hart auf hart ging, waren es eben die Frauen, die herhalten mußten. Ehefrauen und Töchter erbten nur dann, wenn es keine männlichen Erben gab. Und während ein Mann seine Frau verstoßen konnte, hatte sie ihrerseits keinen Anspruch auf Scheidung und blieb vor dem Gesetz ihr Leben lang unmündig.[59]

Paradoxerweise ließen sich sehr viel mehr Frauen als Männer bereitwillig zum Judentum bekehren. Der Grund dafür wird in den vielen Gesetzen in der Bibel vermutet, die die Rechte der Frau schützen. So konnte ein Mann zum Beispiel seine Sklaven verkaufen, nicht aber seine Frau; wenn ein Mann sich von seiner Frau scheiden ließ, durfte sie einen Teil ihrer Mitgift behalten, eine Vorform der Alimente. Auch hier gibt es

eine Vielzahl unterschiedlicher Deutungen. Manche Wissenschaftler[60] empfinden diese Gesetze als restriktiv und bevor-
mundend; andere[61] betrachten sie in erster Linie als philanthropische Maßnahmen. Ein Gesetz, das Anlaß zu endlosen
Mutmaßungen gegeben hat, ist das des Levirats, das es einer
kinderlosen Witwe ermöglichte, in der Familie ihres Mannes
zu bleiben; ihr Schwager war verpflichtet, sie zu heiraten.
Zynische Forscher sehen in diesem Gesetz ein Mittel zur
Erhaltung des Familieneigentums; die eher sentimental ver-
anlagten verstehen es als Mittel zur Erhaltung der Witwe. Die
Rollenverteilung in dieser Gesellschaft war eine äußerst ver-
zwickte Angelegenheit.

Trotz der zweifelhaften Stellung der Frau ist die Bibel voll von
Bildern weiblicher Stärke – die »Mütter Israels« Rahel und
Lea, Nationalheldinnen wie Judith und Esther. Ein besonders
eindrucksvolles Beispiel ist Debora, eine feurige Prophetin
und Sängerin, die ein Heer zusammenzog, was keinem Mann
gelungen war, und die Truppen eines mächtigen Kanaaniter-
königs zerstörte. Und als bedürfte es noch eines weiteren
Beweises für die Macht der Frauen, flüchtete sich der besiegte
Kanaaniter unklugerweise ins Zelt Jaëls, einer weiteren tem-
peramentvollen Dame, die ihm, als er eingeschlafen war, einen
Pflock durch den Schädel trieb. Debora verewigte dieses Ereignis in einem berühmten Siegeslied.[62]

Die biblische Stammesmutter Sara ist der erste Mensch in der
Geschichte, von dem wir hören, daß er lacht – bei der Geburt
ihres Sohnes Isaak, dem sie im hohen Alter das Leben schenkte.[63] Überhaupt vermitteln viele der alttestamentlichen Frau-
en eine Echtheit des Gefühls, eine emotionale Dimension, die
vier Jahrtausende überdauert hat: die schüchterne, aber güti-
ge und liebevolle Rebekka; die trauernde Naëmi und ihre
Schwiegertochter Ruth, die so unverbrüchlich zueinander halten.

All diese rundum starken Frauen waren freilich einem strikten sexuellen Kodex unterworfen. Eine jüdische Braut, die
keine Jungfrau mehr war, wurde gesteinigt, weil sie ihren

Vater hintergangen hatte. In frühen Zeiten war die Vielweiberei erlaubt, die Vielmännerei dagegen nie. Menstruierende
Frauen durften sich dem Tabernakel nicht nähern. Frauen, so
scheint es, werden in der Bibel generell als Verführerinnen
gesehen (siehe Eva), deren Sexualität unter Kontrolle gehalten
werden muß. Natürlich reglementierte das mosaische Gesetz
auch die männliche Sexualität aufs strengste. Im Gegensatz
dazu gestattete das sumerische Gesetz außerehelichen Geschlechtsverkehr, Ehebruch, Sodomie und unter gewissen Bedingungen sogar Inzest (die Göttinnen trieben es ziemlich
wild!). Die Hethiter ließen einige Formen der Sodomie zu,
dagegen keinen Inzest. Die Ägypter erachteten Blutverwandt-
schaft als unwichtig, und viele Geschwister heirateten unter-
einander. Die Hebräer dagegen verboten alle Formen »regel-
widriger« Sexualität – Sodomie, Analverkehr –, und sie hatten
eine ausgetüftelte Liste unerlaubter Verwandtschaftsgrade,
die die Heirat ausschlossen, darunter Verschwägerung. Auch
»Hurerei« und »Lüsternheit« standen ganz oben auf der
schwarzen Liste. Die Verve, mit der die Moral – manche
würden es eher Prüderie nennen – verfochten wurde, erklärt
sich wohl aus den Bestrebungen der Patriarchen, alle Über-
bleibsel der kultischen Sexualität und der Göttinnenkulte
auszumerzen, die eine andauernde Bedrohung für den Monotheismus darstellten.[64]
Ironischerweise waren der Puritanismus der frühen Hebräer
und ihre betonte Forderung nach sexueller Zurückhaltung, die
sich aus unserer Sicht so repressiv und frauenfeindlich ausnehmen, womöglich zum Besten der Frau, indem sie sie vor
extremer sexueller Ausbeutung schützten. Auch wenn die Bibel nicht gerade ein feministisches Dokument genannt werden
kann, propagierte sie doch starke, stabile Familienbeziehungen. Sexualität in der Ehe wurde gefeiert. In der Unantastbar-
keit des Familienlebens fand die jüdische Mutter, ihrem zweit-
klassigen Status zum Trotz, im Zweifelsfall mehr Erfüllung als
die weltläufigeren Griechinnen und Römerinnen nach ihnen.
Der Zentralität der Mutter-Kind-Beziehung wurde immer

Rechnung getragen. Obwohl die Töchter Evas in vielfacher Weise gefesselt und geknebelt waren, begegnete die hebräische Tradition der Frau-als-Mutter mit einer sentimentalen, wenn auch bevormundenden Achtung, die es ihr ermöglichte, ihre Kinder in Liebe großzuziehen.[65]

3
Das Erhabene und das Lächerliche: Mutterschaft in der Antike

Die geheime Geschichte

Heute sorgt die gute Mutter im Zweifelsfall für alle ihre Kinder. Im Athen des 5. Jahrhunderts sorgte die gute Mutter nur für diejenigen Kinder, die für würdig befunden wurden. Die Auswahl traf ihr Mann, und in der Regel bevorzugte er das gesunde männliche Baby, bei dem seine Vaterschaft unbestreitbar feststand. In der Geburtsstadt der Demokratie scheint väterliche Zuneigung alles andere als demokratisch gewesen zu sein. Während alle athenischen Neugeborenen potentielle Kandidaten für den Kindesmord waren, belief sich die Quote bei den Mädchen möglicherweise auf 10 bis über 20 Prozent. Zum Zeitpunkt der Eroberung durch die Römer, gegen 200 v. Chr., waren Schwestern zur Mangelware geworden. Nur eine von hundert Familien zog mehr als eine Tochter auf.[1] Unerwünschte Kinder wurden ausgesetzt, ein Brauch, der mit nur geringfügigen Abwandlungen stillschweigend praktiziert wurde bis weit ins Mittelalter hinein, wo er dann in Form der Findelhäuser zur festen Einrichtung wurde. In der athenischen Variante wurden die Kinder in ein Tuch gewickelt, mit einer Geburtsgabe, gewöhnlich einem Schmuckstück, versehen, in einen irdenen Topf gelegt und sodann der Hebamme oder einem Haussklaven anvertraut. Diese gingen mit dem Topf vor die Stadt und stellten ihn am Straßenrand oder in der Nähe eines Tempels oder an einem anderen öffentlichen Ort ab, auf daß die Elemente sich seiner erbarmten. Mit der Wahl derart auffälliger Örtlichkeiten signalisierten die Eltern vielleicht die äußerst zweifelhafte Hoffnung, jemand anders werde

sich des Kindes annehmen. Interessanterweise waren auch
Misthaufen und Jauchegruben beliebt, was darauf schließen
läßt, daß die Griechen diese Kinder mit anderen Formen
menschlichen Abfalls gleichsetzten. Das Recht des Vaters, sich
überschüssiger Babys zu entledigen, stand außer Zweifel, aber
es mußte bis zum fünften oder zehnten Tag nach der Geburt
geschehen sein, bevor eine Namensgebungszeremonie stattgefunden hatte. Kein Geringerer als Ödipus wurde ausgesetzt.
Seine Eltern ließen ihn ins Gebirge schaffen, damit er nicht,
der Prophezeiung gemäß, seinen Vater töten und seine Mutter
heiraten konnte – umsonst, wie jeder Freudianer weiß. Die
Menschheit wird seine Geschichte wohl bis ans Ende aller
Tage symbolisch wiederholen. Aber die Aussetzung von Kindern war nicht nur Gegenstand der klassischen Tragödie, sie
wurde auch in der attischen Komödie gern thematisiert, denn
das Motiv (vorausgesetzt, das Kind überlebte) ermöglichte eine
Fülle komischer Situationen wie etwa Verwechslungen und
unbeabsichtigten Inzest. Die schiere Zahl der Anspielungen
auf Aussetzung im klassischen Drama deutet darauf hin, daß
so etwas nichts Ungewöhnliches war: Man muß annehmen,
daß das Publikum wußte, worum es ging.[2]
Die Historiker haben keine stichhaltige Erklärung für die
weite Verbreitung dieses Phänomens und schwiegen sich bis
vor etwa zwanzig Jahren größtenteils darüber aus, obwohl die
unbehagliche Wahrheit seit Jahrhunderten bekannt ist.[3] Wir
wissen von keiner tragischen Seuche in Athen,[4] die eine bequeme Entschuldigung liefern würde, von keiner großen Hungersnot oder irgendeiner anderen Heimsuchung, die bedrohlich
genug gewesen wäre, um die Aussetzung unerwünschter Kinder zu rechtfertigen. Der Tod einiger Kinder sicherte nicht das
Überleben der anderen. Es waren genug materielle Güter für
alle vorhanden. Den Menschen ging es nicht schlecht in dieser
Zeit. Als das Thema in den siebziger Jahren erstmals ernsthaft
untersucht wurde, vermutete man die Ursache zunächst in
einem elterlichen Defekt. Die Eltern der Frühgeschichte wurden als gleichgültig, egoistisch und unsensibel angesehen.

Vorgestellt wurde diese düstere These erstmals 1974 von dem
Psychohistoriker Lloyd deMause. Ihm zufolge waren die damaligen Kinder auf der Welt, um ihre Eltern zu lieben und zu
bewundern, nicht umgekehrt. Babys waren Auffangbecken für
elterliche Projektionen, Behälter, in denen sich die unannehmbaren Gefühle der Eltern sammeln konnten.[5] Indem sie ihre
Kinder als »böse« hinstellten, gelang es den frühen Müttern
und Vätern, sich selbst als »gut« zu betrachten und so ihre
harten Erziehungsmethoden, Kindesmißhandlung und sogar
Mord, zu rechtfertigen. Heute ist deMauses kaum verhohlene
moralische Entrüstung aus der Mode gekommen, und die
wenigsten Historiker suchen die Schuld an der Aussetzung
noch so ohne weiteres bei den Eltern.

Im Gegenteil, sie machen jetzt paradoxerweise eher das Opfer[6]
– das Kind – dafür verantwortlich, so wenig das auch in ihrer
Absicht liegt. Die verbreitetste Erklärung für die Vernachlässigung der Kinder im Altertum ist die hohe Kindersterblichkeit.[7] Mit anderen Worten, »schuld« an der Gleichgültigkeit
der Eltern war der drohende Tod der Kinder. Sich gefühlsmä-
ßig an ein Kind zu binden, war in der vorindustriellen Gesellschaft unklug. Mutterliebe wurde nicht erwartet. Statt dessen
war elterliche Unbeteiligtheit die Norm. Dieses Fehlen emotionaler Bindung kann als Verteidigungsmechanismus gedeu-
tet werden, als ein unbewußtes Mittel, einen möglichen Schlag
abzumildern. Aus psychologischer Sicht ließe es sich als die
»Zurückweisung« des Kindes verstehen – durch innere Distanz, Aussetzung –, bevor das Kind selbst die Eltern »zurück-
weist«, indem es stirbt.

Aber allzugroßen Anklang fand auch dieser Gedanke bei der
Mehrheit der Forscher nicht. Vielleicht ist die Vorstellung, daß
eine Mutter nicht alle ihre Kinder lieben könnte, einfach zu
bedrohlich, um sich damit auseinanderzusetzen. Sogar feministische Historikerinnen[8] machen, vielleicht unabsichtlich,
einen Bogen um das Thema, obwohl doch die Frauenfeindlichkeit, die darin zum Ausdruck kommt, ein gefundenes Fressen
für sie sein müßte. Mütterliche Gleichgültigkeit ist nicht gera-

de besonders schmeichelhaft für die Frau. Aber wie gesagt, die
Feministinnen stehen mit dieser Haltung keineswegs allein
da; die meisten zeitgenössischen Wissenschaftler pflegen die
altehrwürdige Tradition ihrer Vorgänger und umgehen das
Thema Kindesaussetzung entweder ganz oder spielen es herunter. Welche Formen diese Vogel-Strauß-Politik annimmt,
zeigt sich an einem Autor,[9] der kürzlich daranging, die stati-
stischen Beweise für die athenischen Kindermorde mit dem
Computer wegzuretuschieren. Seine Ergebnisse haben hitzige
Diskussionen in Gang gesetzt.[10]
In jüngster Zeit wurden auch ein paar wackere Versuche
unternommen, dem Ganzen eine Wendung ins Positive zu
geben.[11] Die Apologeten argumentieren, daß die Aussetzung
im Interesse des Kindes gewesen sei. Sie verweisen darauf, daß
in Griechenland Kindesaussetzung nicht gleichbedeutend mit
Mord war: Zumindest ein paar der ausgesetzten Kinder wurden gerettet, wenn nicht durch kinderlose Ehepaare, dann von
Leuten, die Sklaven oder Prostituierte aus ihnen machten.[12]
Aber eine solche Rettung stellte naturgemäß keine sehr über-
zeugende Alternative dar und trug wenig dazu bei, die Eltern
vom Vorwurf wissentlicher und willentlicher Vernachlässigung zu befreien.
Auch das Argument des »gesellschaftlichen Nutzens« wird zu
einer Ehrenrettung ins Feld geführt; es erinnert auf unheimliche Weise an die faschistischen Theorien der Rassenhygiene,
wie sie 2000 Jahre später aufkamen, und läßt die moralischen
und psychologischen Implikationen des Aktes gänzlich außer
acht. Dieser Sehweise zufolge wurden Kinder ausgesetzt, weil
es ganz einfach praktisch war. Es verringerte die Anzahl der
Erben und verhinderte eine unnötige Aufsplitterung des athenischen Grundbesitzes. (Die Primogenitur – das Vorrecht des
erstgeborenen Sohnes bei der Erbfolge – war noch nicht erfunden.) Indem man vor allem Mädchen aussetzte, reduzierte
man die Zahl heiratsfähiger Frauen, was die Väter wiederum
der Mitgift enthob. Offenbar zog ein »verantwortungsbewuß-
ter« griechischer Vater keine Töchter groß, wenn er ihnen

später keine angemessene Heirat in Aussicht stellen konnte. Besser tot als eine alte Jungfer, soll das wohl heißen. Die Aussetzung wäre damit also eine Form der Familienplanung. Für die alten Griechen bedeutete sie emotionell vielleicht nicht mehr als eine späte Abtreibung – mit dem zusätzlichen Vorteil, daß die Gesundheit der Mutter nicht gefährdet wurde. Das hieße, daß elterliches Versagen gegenüber bestimmten Neugeborenen kein persönliches Versagen ist, sondern ein gesellschaftlicher Faktor. Die Historiker, die diese Sicht vertreten, fällen kein Urteil. Sie stellen die Tatsache der Kindesaussetzung nicht in Abrede, aber sie weisen keine Schuld zu, so als ob Roboter, nicht Menschen die Tat verübt hätten. Zu einem Werturteil gedrängt, können sie sich jederzeit darauf berufen, daß die Griechen ihre Wunschkinder ja offenbar geliebt haben.[13]

Aber während dieser Standpunkt politisch äußerst korrekt ist, während er sich mit durchaus bewundernswerter wissenschaftlicher Konsequenz der Beurteilung einer vergangenen Kultur nach heutigen Maßstäben enthält, ist er eine moralische Bankrotterklärung. Was Theorien des »gesellschaftlichen« Nutzens an nüchternem Menschenverstand zu bieten haben, geht ihnen an Sensibilität ab. Sie verschließen die Augen vor der Tatsache, daß griechische Eltern Kinder, die sich im Normalfall prächtig entwickelt hätten, mit der größten Selbstverständlichkeit vernachlässigten, wenn nicht sogar töteten. Sie klammern die Implikationen eines solchen Verhaltens einfach aus. Sie liefern eine äußere Erklärung dafür, keine innere.

Dabei ist es der innere Grund, dem wir auf die Spur kommen müssen, um zu begreifen, was hier mit der Mutterliebe vor sich gegangen ist. So unerfreulich diese inneren Vorgänge dem modernen Empfinden auch erscheinen mögen, so erfordern sie doch eine genauere Betrachtung. Die griechische Praktik der Aussetzung war nicht so offenkundig pervers wie die phönizischen Kinderopfer, die in lärmenden öffentlichen Ritualen dargebracht wurden, aber ihre Banalität machte sie vielleicht um so heimtückischer. Wenigstens begingen die Phönizier ihre rauschhaften Opferfeiern nur in größeren zeitlichen Abständen und mußten sich allem Anschein nach erst in einen Taumel hineinsteigern, um ihren religiösen Ritus durchführen zu können. Für die alten Athener dagegen war die Aussetzung von Kindern offenbar etwas ganz Alltägliches. Wie kamen die Athener auf die Idee, daß manche Kinder entbehrlich seien, eine Vorstellung, bei der sich ihren ägyptischen und jüdischen Nachbarn die Haare gesträubt hätten? Warum dachten sie sich ein so himmelschreiend ungereimtes Konzept für ihre Elternliebe aus? Die Phönizier opferten »gewollte« Kinder, die Griechen »ungewollte«. Wie brachten die Griechen es fertig, ihren Nachwuchs nicht mehr zu wollen? Warum empfanden sie für manche Kinder Zuneigung und für andere nichts? Wie konnte eine griechische Mutter, der die Milch noch aus den Brüsten lief, zulassen, daß man ihr das eigene Kind wegnahm? Da es, anders als vielleicht in späteren Gesellschaften, keine dringende Notwendigkeit gab, sich seiner Kinder zu entledigen, muß in der griechischen Psyche ein starker kultureller Einfluß wirksam gewesen sein, ein Einfluß, der machtvoll genug war, um den Charakter zu verbiegen und die Elternliebe auszuhöhlen. War Sexismus der Grund? War die griechische Misogynie so zerstörerisch, daß sie die elementarsten menschlichen Regungen zunichte machte?

Geschlechtsrollen im alten Griechenland

Eine derartige Kritik an der griechischen Kultur hat etwas extrem Ironisches an sich, denn das klassische Athen gilt seit unvordenklichen Zeiten als ein Goldenes Zeitalter von unerreichter künstlerischer, intellektueller und philosophischer Vollkommenheit. Unseren Gründervätern (und -müttern) erschien das alte Athen als das Modell des demokratischen Staates. Wir verehren die Griechen, wenn auch nicht ihre Götter, fast wie Gottheiten. Wir idealisieren sie, wir sentimentalisieren sie. Boston, die Stadt, in der ich lebe, nennt sich prahlerisch das Athen Amerikas. Die wunderbaren Skulpturen des Phidias, die philosophischen Lehren von Sokrates, Plato und Aristoteles, die dramatischen Meisterwerke von Äschylus, Sophokles und Euripides gehören zu den Grundsteinen der abendländischen Kultur. Und doch fiel es eben diesen hochgesinnten Griechen, denen die von Sokrates gepredigte Selbsterkenntnis soviel bedeutete, nicht auf, daß sie etwa ein Drittel ihrer Bevölkerung versklavten, daß ihre Gesellschaft von Klassenkonflikten zerfressen war, daß ihre erbarmungslose Kampflust oft ohne jeden Anlaß aufloderte und Vernichtung in ihrem Kielwasser zurückließ. Und obgleich es mächtige Göttinnen und tragische Heldinnen in Hülle und Fülle gab, hatten die Frauen im täglichen Leben so gut wie gar nichts zu sagen. Die Athener hielten ihre Frauen und Töchter daheim unter Verschluß, schmälerten die Rolle der Frau bei der Fortpflanzung, errichteten Penissen Denkmäler, trieben es mit den Söhnen ihrer Bekannten, finanzierten öffentliche Freudenhäuser, erschufen eine Mythologie der Vergewaltigungen und beschäftigten sich ansonsten mit Säbelrasseln. Das griechische Männerideal war chauvinistisch vom Scheitel bis zur Sohle.[14]

Eine Frau, die es im alten Athen schaffte, die Kindheit zu überleben, war nicht zu beneiden. Sie wurde als Geschöpf zweiter Klasse angesehen; sie hatte im Haus zu bleiben; sie war politisch rechtlos. Obwohl sie Bürgerstatus erlangen konnte, blieb sie ihr Leben lang unmündig. Um ihre Bildung war es erbärmlich bestellt, und sie bekam, wie der Geschichtsschreiber Xenophon vermerkt, Essen von minderer Qualität. Sie galt nichts und hatte keine andere Identität als die einer Gebärerin, Sklavin oder Prostituierten. Ihre untergeordnete gesellschaftliche Stellung wurde durch ehrwürdige Gesetze noch aus der Zeit Solons untermauert, die bis in die Klassik Bestand hatten und dafür sorgten, daß man von den Frauen so wenig wie möglich sah. Nach dem Eheglück fragte niemand, und die athenischen Frauen kamen sexuell wohl kaum auf ihre

Kosten, zumindest nicht durch den Geschlechtsverkehr. Der ideale »Pin-up«-Penis war kurz und dünn, mit langer Vorhaut und von bescheidenem Gebaren, nicht gerade das, was sich eine Frau erträumt. In Vasenmalereien sieht man häufig Dildos in Gebrauch.[15]

Im klassischen Athen »weibisch« genannt zu werden war eine schwere Beleidigung. Die Frau war Gegenstand männlicher Verachtung. »Zwei Tage gibt es im Leben einer Frau, die der Mann wirklich genießen kann: den Tag, an dem er sie zum Weibe nimmt, und den Tag, an dem er sie tot zu Grabe trägt«, schrieb der Dichter Hipponax.[16] In Athen war man überzeugt, daß Frauen den Männern nicht nur körperlich, sondern auch intellektuell und moralisch unterlegen waren, von der Natur dazu erschaffen, unterjocht und im Hause gehalten zu werden. Nach Meinung des Aristoteles war die Frau unzuverlässig, falsch und über die Maßen emotional. Diese Charakteristika haben sich erstaunlich lange gehalten. Heutzutage gibt es eine beliebte psychiatrische Diagnose mit Namen »hysterische Persönlichkeit«, die dieselben Merkmale aufweist und mit der Ärzte bei Frauen sehr schnell bei der Hand sind. Das Wort *hysteria* ist die griechische Bezeichnung für Gebärmutter. Der griechische Mythos von der ersten Frau, Pandora, in der Bearbeitung von Hesiod zeigt uns den Prototyp der athenischen »Hysterikerin«. Sie ist eine ränkevolle Verführerin, kokett und von der Schamlosigkeit einer Hündin. Als Pandora ihre berühmte Büchse (ein Symbol für die Vagina?) öffnet, entweicht dieser all das Böse, das die Menschheit seither heimsucht. Der Pandora-Mythos leistet dasselbe wie Paulus' Version des Eva-Mythos in der Geschichte des Sündenfalls: Er weist der Frau und ihrer Natur die Schuld an der Erbsünde zu. Wenn ein Mann den Lockungen des Weibes erliegt, dann bricht die Hölle los. Hier sehen wir das fortdauernde Erbe des Patriarchats symbolisiert in den eingebildeten Gefahren weiblicher Sexualität.

Während der männliche Bürger sich in Kunst, Politik und in der Kriegsführung profilieren konnte – alles öffentliche und

hochgeschätzte Betätigungen in der frühgriechischen Status-
hierarchie –, war seine Frau in den privaten Bereich verbannt.
Ihre Domäne war der *oikos*, der Haushalt; mehr noch, sie war
Teil von ihm. Sie unterstand Zeit ihres Lebens demjenigen
männlichen Verwandten, der einen gesetzlichen Anspruch auf
sie hatte. Vor der Hochzeit gehörte sie dem *oikos* ihres Vaters
an, danach dem ihres Mannes. Die Heirat wurde vom Vater
vereinbart; er stellte die Mitgift, die später den Kindern zukommen sollte. Die Frau hatte bei all dem kein Mitspracherecht. Kein Wunder, daß die Medea des Euripides die Frauen
als die »elendsten aller Kreaturen« bezeichnet, als sie von
diesen Vereinbarungen spricht. Die Ehe war keine Liebesan-
gelegenheit.[17]

Die achtbare Frau verbrachte den größten Teil ihres Lebens in
ihren eigenen vier Wänden; sie stand dem Haushalt vor, sie
spann, wob und verzierte Stoffe. Das Gymnasium, in dem
Nicht-Griechen das Markenzeichen griechischer Kultur sahen, war ausschließlich den Männern vorbehalten. Eine Frau
durfte weder spazierengehen noch ausreiten, und sie konnte
auch nicht nach Belieben empfangen oder Besuche machen, es
sei denn, sie wurde von jemandem begleitet. Natürlich hatte
nur ein kleiner Prozentsatz aller Frauen tatsächlich Bürgerstatus. In Athen wimmelte es von Bettlerinnen, Sklavinnen,
Prostituierten und Fremden. Aber obwohl der äußere Freiraum dieser weniger respektablen Frauen größer war, stellte
ihre gesellschaftliche Ächtung vermutlich eine noch stärkere
Beeinträchtigung dar.[18]

Die strenge Isolierung der Frauen hat zum Teil sicher etwas
mit der biologischen Legitimität zu tun, die die Athener zum
Fetisch erhoben. Die alleinseligmachende athenische Staats-
bürgerschaft setzte voraus, daß beide Eltern Bürgerstatus
hatten. Daher wurde den Frauen strikte voreheliche sowie eheliche Keuschheit auferlegt, auf daß auch ja kein Kind,
das nicht der Sprößling eines angesehenen Bürgers war, in
die Polis eingeschleust werde. Es war außerdem üblich, daß
Männer in den Dreißigern Mädchen unter zwanzig heirate-

ten, was die männliche Dominanz im Eheleben zusätzlich verstärkte. Von einem athenischen Ehemann erwartete man keine sexuelle Treue. Ganz im Gegenteil. Ein Demosthenes zugeschriebener Ausspruch bringt die Situation der Männer auf den Punkt: »Wir haben Beischläferinnen für unsere körperlichen Bedürfnisse, Hetären zur Unterhaltung und Ehefrauen für den Zweck, mit ihnen gesetzliche Nachkommen zu zeugen.« Überdies war es unter Männern der Mittel- und der oberen Mittelschicht gang und gäbe, sich mit anderen Männern abzugeben. Solche Beziehungen wurden nicht nur geduldet, sie galten oft auch als wesentlich lohnender als die Beziehungen mit Frauen. Selbst als Sexualobjekte waren die Frauen im alten Athen Geschöpfe zweiter Klasse.[19]

Wo ist Mama? Mutterbilder

Die extreme Frauenfeindlichkeit im alten Griechenland blieb nicht ohne Auswirkung auf die Mutterschaft. Obwohl es nie eine monogame Gesellschaft gegeben hat, in der die Rolle der Frau so ausschließlich auf die eine Funktion des Gebärens beschränkt war – möglichst von männlichen Kindern, und nicht zu vielen –, wurde die Mutterschaft wohl in keiner Gesellschaft so gering geachtet. Die Mutter hatte so wenig zu sagen, daß sie in Religion und Kunst praktisch nicht existierte. Wenn sie doch vorkam, dann fast immer als eine böse, schlechte Mutter, die einen verderblichen Einfluß ausübte. In der griechischen Mythologie finden sich zahllose Beispiele für *männliche* Mutterschaft, Geschichten, in denen Kinder tatsächlich aus Körperteilen des Mannes geboren werden. Dahin sind die Tage der allmächtigen Muttergottheit. Ihre Nachfolgerinnen, die uns eher vertrauten Göttinnen der griechischen Sage, werden von Vater Zeus beherrscht und haben keinerlei Beziehung zu einer Mutter.[20] Athene ging voll entwickelt aus der Stirn ihres Vaters hervor. Aphrodite soll dem Schaum des

Meeres entstammen, der die väterlichen Genitalien umgab. Demeter, Hera und Hestia wurden von ihrem Vater unmittelbar nach der Geburt verschlungen. Von den bedeutenderen olympischen Göttinnen hatte allein Artemis eine Mutter, und die taugte herzlich wenig. Artemis wurde zum Prototyp des parentifizierten Kindes, das seine Mutter umsorgt, statt von ihr umsorgt zu werden.

Da ihre eigenen Mütter versagt hatten, brachten es auch die Göttinnen als Mütter nicht weit. Nicht einmal Artemis, die Göttin der Jagd und der Geburt, die von Gebärenden um Beistand angerufen wurde, hatte selber Kinder. Auch Athene war kinderlos, obwohl sie die Schutzpatronin der kleinen Kinder war, von denen der Fortbestand der Polis abhing, und ebenso Hestia, ironischerweise die Göttin von Heim und Familie. Alle drei waren Jungfrauen. Das läßt sich von der schönen Aphrodite wohl kaum behaupten, aber eine Mutterfigur war sie dennoch nicht. Sie war für die sexuelle Leidenschaft zuständig, nicht für das Ergebnis dieser Leidenschaft. Und Hera war vorwiegend Frau (des Schwerenöters Zeus), nicht Mutter. Ihre Kinder entstanden eher zufällig. Ihren Stiefsohn Dionysos folterte sie sogar. Nur Demeter, die Göttin der Ernte, erscheint auf den ersten Blick als hingebungsvolle Mutter. Sie machte Hades im wahrsten Sinne des Wortes die Hölle heiß, um ihre entführte Tochter Persephone wiederzubekommen. Hades hatte die liebliche Persephone zu sich herab in die Unterwelt geholt und ihr als seiner Königin große Macht und die Herrschaft über ihr eigenes Reich versprochen. Aber Demeter war untröstlich und verwüstete in ihrer Trauer die Erde. Schließlich erzwang sie dadurch die Rückkehr ihrer Tochter für zwei Drittel des Jahres und gab der Erde daraufhin für diese Zeit ihre Fruchtbarkeit zurück. Aber in wessen Interesse handelte Demeter? Was Hades Persephone in Aussicht gestellt hatte, war kein schlechter Ausgleich für die Trennung von der Mutter. Aber nach Persephones Standpunkt fragt niemand. Eine nähere Untersuchung des Mythos läßt bei Demeter Überengagement[21] vermuten – die Unfähigkeit der Mutter, ihr

Kind loszulassen. Auch unter den Nebengestalten der griechischen Sage findet sich kaum eine »gute« Mutter: Prokne etwa tötete in eifersüchtiger Raserei ihren Sohn und servierte ihn seinem Vater als Eintopf. Die Mänaden aßen Kinder gleich roh.

Die Dichter verhalfen den Müttern in ihrer Auslegung der Mythologie kaum zu mehr Ansehen. Die Medea des Euripides würde lieber »dreimal stehn im Schildgedräng als einmal niederkommen«; später, in einer gegen ihren ungetreuen Ehemann Iason gerichteten Racheorgie, tötet sie ihre eigenen Kinder. Bei Äschylus läßt Klytämnestra ihren kleinen Sohn Ödipus aussetzen. Soviel zur griechischen Mutterliebe.

Die Göttinnen unterstanden natürlich nicht den Häuslichkeitsregeln der Athener, die die erdgebundenen Frauen zu unermüdlichem Weben und/oder Söhnegebären verurteilten. Sie wurden nicht in Frauengemächern unter Verschluß gehalten. Auch war keine von ihnen ein Ausbund an Tugend, Vorbild im Stil späterer Göttinnen wie etwa der Madonna. Vielmehr regten sie die kollektive Phantasie an und symbolisierten so, als Produkte des Unbewußten, die Konflikte, Verhaltensmuster und Sehnsüchte der griechischen Bevölkerung. In irgendeiner Form spiegeln Kunst und Religion immer auch die Wirklichkeit wider. Daß weder in der griechischen Mythologie noch in der griechischen Tragödie Mütter auftauchen, die sich wirklich um ihre Kinder kümmern, läßt daher gewisse Rückschlüsse auf das Leben im alten Griechenland zu. Die Bedeutung der Mutterschaft liegt in diesem Fall in ihrer Abwesenheit: Mütterlichkeit und mütterliche Fürsorge scheinen im griechischen Denken keinen Platz gehabt zu haben. Kinder großzuziehen war eine Tätigkeit, die wenig galt und der Mutter folglich auch nicht viel an Ansehen oder gar Ehre einbrachte.

Selbst der Beitrag der Mutter zur Fortpflanzung galt nicht viel, jedenfalls weniger als der des Vaters. Die Frage nach der Mutterschaft in ihrem Verhältnis zur Vaterschaft beschäftigte die Griechen interessanterweise sehr. Obgleich Kinder so offensichtlich von der Frau geboren werden, ließ es sich der

Philosoph Aristoteles, stellvertretend für eine breite Öffentlichkeit, nicht nehmen, den Anteil des Vaters zu vergrößern. In der Aristotelischen Darstellung »kocht« bei der Empfängnis der männliche Same den weiblichen Bodensatz und wandelt ihn in ein neues Wesen um; dem Samen fällt also ein aktiver Part zu, dem weiblichen Blut dagegen nur ein passiver. Der Mann erweckt mit seinem Sperma die weibliche Materie zum Leben, so Aristoteles in seiner Abhandlung *Über die Entstehung der Lebewesen*. Diese sogenannte Passivität der Frau bei der Fortpflanzung bemüht Aristoteles dann zur Rechtfertigung ihrer untergeordneten gesellschaftlichen Stellung. Seine Misogynie im Gewande der Wissenschaft ist legendär; sie erreicht ihren Tiefpunkt in der absurden Behauptung, Frauen hätten weniger Zähne als Männer. Der Philosoph Bertrand Russell soll dazu einmal bemerkt haben, daß Aristoteles dieser Fehler nie unterlaufen wäre, wenn er seine Frau manchmal den Mund hätte aufmachen lassen.[22]

Die Fortpflanzungsdebatte schlug hohe Wellen im alten Griechenland. Ihren lebhaftesten Ausdruck findet sie in der Orestie, einem Stoff, der sicher öfter verarbeitet wurde als heutzutage der »Männer-Kumpel«-Plot. Er ist Gegenstand von sieben der dreißig noch erhaltenen griechischen Tragödien. Alle drei großen Dramatiker – Äschylus, Sophokles und Euripides – nahmen sich seiner an, was darauf schließen läßt, daß das Thema Muttermord, oder zumindest Mutterschelte, den Griechen auf den Nägeln brannte. In der Orestie ermordet Klytämnestra ihren Mann Agamemnon, der die Tochter Iphigenie hatte opfern lassen. Um seinen Vater zu rächen, ermordet ihrer beider Sohn Orest seine Mutter und deren Geliebten. Von dem Mord an der Mutter wird Orest vor Gericht jedoch freigesprochen, da es in der patriarchalen Gesellschaft Athens mehr zählte, seinen Vater zu rächen als seine Mutter zu ehren.

In der Fortpflanzungsdebatte setzten sich ebenfalls die Männer durch. Das wird in der berühmten Gerichtsszene der Orestie deutlich. Obwohl diese Verhandlung einen Fortschritt in der Rechtsprechung darstellte – die Urteilsfindung oblag

einem neutralen staatlichen Gericht, nicht einer auf Blutrache
bedachten Sippe –, kann sie auch als die größtmögliche Geringschätzung der Mutterschaft verstanden werden. In der Version des Äschylus wird der Muttermord von dem Gott Apoll als
weniger schwerwiegend als der Vatermord abgetan. Apoll hat
folgendes über die Rolle der Frau bei der Elternschaft zu sagen:

> Es ist die Mutter dessen, den ihr Kind sie nennt,
> Nicht Zeugerin, nur Pfleg'rin eingesäten Keims;
> Es zeugt der Vater, aber sie bewahrt den Sproß ...
> Mit sichrem Zeugnis will ich das bestätigen:
> Denn Vater kann man ohne Mutter sein; Beweis
> Ist dort die eigne Tochter des Olympiers Zeus,
> Die nimmer eines Mutterschoßes Dunkel barg;
> Und edler Kind gebar doch keine Göttin je.[23]

Orest wird freigesprochen, da er in seiner Mutter keine Bluts-
verwandte ermordet hat. Die eigene Mutter zählt nicht zur
Familie. Das »Besteigen« macht die wahre Elternschaft aus.
Die Mutter-Kind-Bindung wird im Kontext dieser durch und
durch patriarchalen Sehweise einfach geleugnet.
Was dachten wohl die Atherinnen, wenn sie philosophische
Abhandlungen lasen oder Theaterstücke sahen – sofern sie
überhaupt lasen oder ins Theater gingen? Ihr Bildungsniveau
lag weit unter dem der Männer, und möglicherweise waren
Theateraufführungen für ehrbare Frauen im klassischen
Athen sowieso tabu. (Die Männer schrieben die Dramen,
brachten sie auf die Bühne und traten in ihnen auf, die zahlreichen weiblichen Rollen und Chöre eingeschlossen.[24]) Es
ginge zu weit, rückwirkend feministischen »Frust« in die Frau-
en im alten Athen hineininterpretieren zu wollen, aber die
Gefühle, die die Mutterschaft in ihnen auslöste, können nicht
anders als gemischt gewesen sein.
Wir müssen annehmen, daß die Mütter nicht ganz unbeteiligt
an der Aussetzung ihrer Kinder waren. Was mögen sie dabei
empfunden haben? Wie sahen sie ihre eigene Rolle, wie die des

Kindes? Hatten sie überhaupt eine Beziehung zu ihm? Angesichts der Lückenhaftigkeit des überlieferten Materials wird eine definitive Aussage wohl kaum möglich sein. Aber gewisse Tendenzen zeichnen sich doch ab – einerseits Zuneigung, Aufmerksamkeit, Fürsorglichkeit, die Wertschätzung des Kindes, wie auch wir sie kennen, andererseits völlige Gleichgültigkeit und hin und wieder die totale Vereinnahmung des Kindes, Extreme, die uns heute ungeheuerlich erscheinen würden. Führen wir uns die Lebensumstände der Athenerinnen vor Augen, damit wir uns ein Bild davon machen können, wie es in ihnen aussah und was für ein Verhältnis sie zu ihren Kindern hatten. Was für eine Mutter war die griechische Mutter?

Sie liebte sie, sie liebte sie nicht:
Mütterliche Realität

Die alten Griechen lebten zweieinhalb Jahrtausende vor der Erfindung des Sensationsjournalismus, der Lebensbeichte und selbst des naturalistischen Romans. Darum geben uns nur sekundäre Quellen über die Natur der elterlichen Zuneigung Aufschluß: moralische und medizinische Abhandlungen, Kunst, Literatur, Gesetzgebung, religiöse Bildlichkeit, Bestattungsriten, Bevölkerungsstatistiken, die alle an sich schon Interpretationen darstellen. Wenn nur beispielsweise Platos Mutter Periktione ein Tagebuch hinterlassen hätte, dann könnten wir uns ein besseres Urteil über die provozierenden Thesen über Mütter in Platos *Staat* bilden, denen zufolge arrogante, narzißtisch veranlagte Ehrgeizlinge (bei Plato »Timokraten« genannt) von frustrierten Müttern abstammen, die ihre Söhne dazu antreiben, mehr zu erreichen als ihre Väter.[25] Dann könnten wir entscheiden, ob die griechischen Mütter wirklich so frustriert waren, ob sie ihre Söhne tatsächlich in den Dienst des eigenen Ehrgeizes stellten, ob die Söhne dabei mitmachten und ob ihre Fehler den Versäumnissen der Mütter zuzuschreiben sind. Leider ist das Material, auf das wir uns stützen können, längst nicht so eindeutig. Es gibt Hinweise darauf, daß die Mütter und Väter im klassischen Athen ihre Kinder liebten.[26] Sie scheinen tief getrauert zu haben, wenn ein Kind starb. (Dies gilt für gewollte Kinder; die übrigen wurden, wie wir wissen, auf sehr andere Weise behandelt.) Zahlreiche Stelen aus dieser Zeit sind sehr bewegend in ihrem Pathos. So lesen wir auf einer Stele, daß das verstorbene Kind, das den Beinamen »Plappermäulchen« trug, sein Leben lang ein großer Trost war und von allen vermißt werden wird. Auf einer anderen sehen wir ein wunderbar pummeliges Kleinkind (vermutlich das verstorbene), das sich nach einem Vogel reckt. Wieder eine andere zeigt eine junge Großmutter mit ihrem toten Enkelkind in den Armen, eine der frühesten gelungenen Säuglingsdarstellungen. Diese vertraut wirkenden Bilder sprechen uns unmittelbar an. Aber bezeugen sie eine wirkliche emotionale Bindung an das Kind, oder sind sie eher als formalisierte Standardreaktion zu verstehen?[27]

Im 4. Jahrhundert v. Chr. wandte sich das künstlerische Interesse verstärkt der Darstellung von Kindern zu. Bis zu diesem Zeitpunkt hatten Kinder, als Miniatur-Erwachsene mit unverhältnismäßig kleinen Köpfen abgebildet, auf den Gemälden als reines Beiwerk gedient. Jetzt aber waren auf griechischen Vasen regelmäßig kleine Kinder zu sehen, meistens pausbäckige Buben, mit Karren, Schoßtieren und Spielzeug. Auch in anderen Kunstrichtungen – Terracotta-Statuen, Tonfiguren – finden sich entzückende Darstellungen von Kindern und ihren Aktivitäten: Kinder auf der Schulter eines Erwachsenen, Jungen beim Knöchelspiel, ein Mädchen, das von der Großmutter Kochunterricht bekommt. Diese Bilder haben eine Art Norman-Rockwell-Effekt, aber setzte sich aus solchen Szenen die griechische Kindheit zusammen? Oder sind sie nur die antike Entsprechung unserer Hallmark-Karten?[28] Bemerkenswert ist, daß die bildliche Darstellung von Mutter und Kind, eines der großen und bleibenden ikonographischen Motive in der christlichen Kunst seit dem 10. Jahrhundert, in

der Antike niemals eine ähnlich zentrale Stellung innegehabt
hat. Zwar gibt es Abbildungen von Frauen mit einem männlichen Kind an der Brust, die sogenannten *kourotrophoi*, aber
sie zeigen in der Regel ein schlaffes, hölzern wirkendes Kind
im Arm einer unbeholfenen, ausdruckslosen Mutter. Nur ganz
gelegentlich sehen wir das Sujet mit einer Spur von innerer
Anteilnahme behandelt. So zeigt eine Vase aus dem Jahre 440
v. Chr. eine seltene Szene: Eine Mutter (eine gesetzmäßige
Ehefrau!) stillt ihr Kind, während der Ehemann zuschaut. Die
Mutter hält den Kopf des Kindes in zärtlicher Versunkenheit
umfaßt. Aber ob diese Darstellung vor dem Hintergrund der
allgemeinen Schwemme von Kinderabbildungen auf ein ver-
stärktes Interesse an Kindern hinweist oder einfach nur eine
neue technische Meisterschaft reflektiert, sei dahingestellt.
Man kann jedenfalls guten Gewissens sagen, daß die zartfüh-
lende Darstellung von Mutter und Kind kein Leitmotiv in der
altgriechischen Kunst war.[29]
Philosophen wie Plato und Aristoteles befaßten sich sehr eingehend mit Kindern und ihrer Erziehung zu guten Staatsbür-
gern. In ihren Schriften finden wir Theorien über die physio-
logische und psychologische Entwicklung – die in erstaun-
lichem Maße mit heutigen Modellen übereinstimmen –,
gekoppelt mit praktischen Ratschlägen. Eines von Platos Dik-
ta hört sich wie die Fernsehschelte moderner Experten an: Er
gebietet mehr Sorgfalt in der Auswahl der Geschichten, die die
Kinder erzählt bekommen; Geschichten von Buhmännern wie
Medusa und den Zyklopen, die die Kinder zum Bravsein anhalten sollen, können ihnen seiner Meinung nach großen Schaden zufügen. Natürlich spiegeln die Schriften von Plato und
Aristoteles nicht unbedingt die öffentliche Meinung wider.
Beide waren mit ziemlicher Sicherheit untypische Männer, im
Zweifelsfall exzentrisch und möglicherweise kinderlos. Zudem
entsprang ihr Interesse weniger der Sorge um das Wohl der
Kinder als der um den Fortbestand des Staates. Außerdem
richteten sich ihre Bemerkungen keineswegs in erster Linie
an die Eltern.[30]

Beispiele für Mutter- und Vaterliebe finden sich sowohl in der
Literatur als auch in der Mythologie (wenngleich die zuvor
erwähnten Motive – elterliche Grausamkeit, Kindermord, Inzest, Vatermord und an Kindern verübter Kannibalismus –
überwiegen). Euripides, der alle emotionalen Register zu ziehen wußte, läßt seinen Herakles im Abgehen sagen:»Die
Kinder liebt, wer edel von den Menschen ist,/Und wer ein
Nichts; der Unterschied liegt nur im Geld:/Der hat, der nicht,
doch kinderlieb die ganze Art.« Daß er in einem späteren Anfall
von Wahnsinn seine eigenen Kinder tötet, wird dadurch um so
tragischer.[31] Ähnlich anrührend ist die Sage von der allzu-
stolzen Mutter Niobe, die der Tod ihrer zwölf Kinder mit
solchem Schmerz erfüllt, daß Zeus sie in eine weinende Statue
verwandelt (ein Bild, das die Mater Dolorosa vorwegnimmt,
die tränenreiche Muttergottes mit dem toten Christus auf dem
Schoß, die vom 12. bis ins 14. Jahrhundert die Kunst beherrschte).

Es gibt auch greifbarere Anhaltspunkte. Ausgrabungen haben
eine unendliche Fülle von Kinderutensilien zutage gefördert:
Tragkörbchen, Wiegen, Saugflaschen, Nachttöpfchen und alle
Arten von Spielzeug. Unter den Spielsachen, über deren Vielfalt selbst heutige Spielzeugfabrikanten nur staunen könnten,
waren Puppen (einige davon mit richtig ausgeformten Glied-
maßen und echtem Haar), Kindergeschirr, Miniaturmöbel und
-werkzeug, Tiere auf Rädern, Bälle, Kreisel, Murmeln und
Reifen. Die athenischen Eltern hätten sich wohl kaum die
Mühe gemacht, solche speziell auf die Bedürfnisse von Kindern zugeschnittenen Dinge herzustellen, wenn ihre Sprößlinge ihnen nicht am Herzen gelegen hätten. Parallel dazu finden
sich auch indirektere Hinweise auf elterliche Zuneigung, vor
allem in Plädoyers vor Gericht, wo Appelle an die Mutterliebe
gang und gäbe waren. Angeklagte schworen fast immer bei den
Häuptern ihrer Kinder und nahmen sie mit in den Gerichts-
saal, um die Richter günstig zu stimmen. Eine solche Taktik
mußte elterliche Liebe voraussetzen können, sonst hätte sie
keinen Sinn gehabt. Schließlich vermerkten Verfasser medizi-

nischer Schriften wie Hippokrates, daß Kinder ihre eigene Art von Problemen hätten – Mandelentzündung, Zahnen und so weiter –, die oft eine andere Art der Behandlung erforderten. Das Interesse an Kinderheilkunde ist ein starkes Indiz dafür, daß zumindest ausgewählte Kinder guter Pflege für würdig befunden wurden.[32]

All dies läßt sich freilich auch anders interpretieren. Die aufgeführten Fakten bezeugen möglicherweise weniger eine positive Einstellung zu Kindern als lediglich das Bewußtsein ihres praktischen Wertes. Ein altes und ehrwürdiges athenisches Gesetz verpflichtete die Athener, ihren Eltern Nahrung und Obdach zu gewähren.[33] In einer Gesellschaft, in der es keine Altersversorgung gab und in der die Grabpflege von zentraler Wichtigkeit war, muß dies einen starken Anreiz für die elterliche Fürsorge dargestellt haben. Kinder waren die einzige Art der Rentenversicherung.

Zutreffender ist daher vielleicht die Schlußfolgerung, daß die alten Athener, obschon einigen ihrer Kinder durchaus zugetan, kein grundsätzliches Interesse an Kindern als solchen hatten.[34] Sie nahmen sie nur sehr bedingt als Menschen wahr. Kinder wurden zwar oft als niedlich und süß empfunden, aber in der Regel als Mangelwesen definiert, denen es an Klugheit, Kraft, Selbstbeherrschung, moralischer Standfestigkeit, Mut gebreche – kurz, die nicht erwachsen seien. Aristoteles erklärte streng, kein rational denkender Erwachsener könne sich wünschen, Kind zu sein. Die griechische Gesellschaft in ihrer Gesamtheit war alles andere als kinderfreundlich. Ähnlich wie Sklaven und Frauen hatten Kinder keinerlei gesetzlichen Rechte, in krassem Gegensatz zur heutigen amerikanischen Kultur, wo sich Kinder in einzelnen Fällen sogar von ihren Eltern »scheiden« lassen können. Manche Griechen sagten ganz unverblümt, daß sie sich herzlich wenig aus Kindern machten. »Mit ihren Kindern und mit ihren anderen persönlichen Angelegenheiten ergeht es ihnen gerade so«, kritisiert Platos Laches denn auch die athenischen Männer, »daß sie nämlich gleichgültig und nachlässig sind.«[35]

Abgesehen von den Philosophen, die das Thema Kindheit von einem rein theoretischen Standpunkt aus betrachten, sowie einzelnen medizinischen Abhandlungen, hüllt sich die Literatur in ein provozierendes Schweigen. In der griechischen Tragödie kommen Kinder in der Regel nur in Krisenmomenten vor, wenn ihr Leben in Gefahr ist. Ihre Bedeutung ist rein handlungstechnisch. Die Perspektive des Kindes wird in der griechischen Literatur nicht thematisiert; nach seiner subjektiven Erfahrung fragt niemand. Das Kind als Individuum ist nebensächlich.

Was dagegen mit größter Schärfe zutage tritt, ist die mißliche Lage der griechischen Mutter, die der Gleichgültigkeit gegenüber ihren Kindern in jeder Hinsicht Vorschub leistete. Versuchen wir uns in ein etwa vierzehnjähriges Mädchen hineinzuversetzen, das von ihrem ersten Kind entbunden werden soll. Die Geburt war ein gefährliches Unterfangen, für viele Frauen ein tödliches.[36] Ein schwangeres Mädchen brauchte sich nur umzuschauen – überall kündeten Grabmale die traurige Mär von all den jungen Müttern, die bei der Geburt gestorben waren. Die Tatsache, daß die griechische Gesellschaft sie beim Tod im Kindbett zur Märtyrerin erheben würde, besonders, wenn sie einen lebenden Jungen zur Welt brachte, wird sie unmittelbar vor der Niederkunft nicht allzu sehr getröstet haben. Frauen, die die qualvolle Prozedur der Geburt überlebten, manche von ihnen zehn- bis zwölfmal, verkürzten dadurch im Zweifel ihre Lebenserwartung, die bei 35 Jahren lag – Männer lebten im allgemeinen mindestens zehn Jahre länger.[37] Das Leben des Neugeborenen war ebenfalls äußerst gefährdet;[38] zehn Schwangerschaften ergaben vielleicht vier erwachsene Kinder. In einer Gesellschaft, in der ein früher Tod und Bestattungen an der Tagesordnung waren, konnte die innere Einstellung einer Mutter zu ihrem Kind nicht anders als problematisch sein. Es ist eine schmerzhafte Erfahrung, zu lieben und zu verlieren – so schmerzhaft, daß man sich, wie schon erwähnt, vielleicht dagegen sträubt, überhaupt noch zu lieben. Möglicherweise erklärt das die Gleichmütigkeit, mit

der die Mütter der Aussetzung ihrer Kinder allem Anschein
nach gegenüberstanden.

Schwangerschaft und alle sonstigen gynäkologischen Belange
wurden als Frauensache betrachtet. Männliche Ärzte befaßten
sich mit dergleichen in der Regel nicht. Das mag ein Segen
gewesen sein, denn in späteren Jahrhunderten sorgten die
Ärzte und ihre unsterilisierten Instrumente für die Verbreitung des Kindbettfiebers, dem die Mütter scharenweise zum
Opfer fielen. Die Athenerinnen gebaren auf einem Schemel
hockend unter der Aufsicht einer Hebamme, unter Ausschluß
der Männer. In der medizinischen Fachliteratur der Zeit galt
das vordringliche Interesse der Hervorbringung eines gesunden männlichen Kindes, nicht dem Leben der Mutter.[39] Die
Abwertung der Frauen, die dabei mitschwang, dürfte diesen
kaum entgangen sein.

Frau sein hieß fruchtbar sein. Das Zölibat stand nicht zur
Debatte. (Klöster gab es noch nicht.) Unfruchtbarkeit war ein
Scheidungsgrund. Aber während die Frauen unter dem Zwang
standen, männliche Erben zu gebären, mußten sie sich gleichzeitig hüten, zu viele davon in die Welt zu setzen. Es war ein
Drahtseilakt erster Güte: Sie mußten genügend Kinder her-
vorbringen, um den Fortbestand der Sippe zu sichern und
Altersversorgung und Grabpflege zu gewährleisten, dabei die
hohe Kindersterblichkeit, Kriege und Krankheit mit einkalkulieren, und all das abwägen gegen das Risiko, das Familienver-
mögen zu zersplittern und den Stand der Erben im *oikos* zu
gefährden. Die Wichtigkeit dieses Punktes kann gar nicht
genug betont werden. In der gesamten griechischen Welt war
es die Regel, daß das Erbe zu gleichen Teilen unter den Söhnen
aufgeteilt wurde, so daß der Hausherr seine Familie notgedrungen begrenzen mußte. Am besten war es, nur einen einzigen männlichen Erben zu haben, das lehrten etliche Philosophen, unter ihnen Plato.[40]

Daß es in Athen zu viele Kinder gab, ist kaum vorstellbar –
schließlich war Homosexualität ebenso an der Tagesordnung
wie diverse andere sexuelle Praktiken, die kaum dazu angetan

schienen, die Schwangerschaftsrate bei den gesetzlichen Ehefrauen in die Höhe zu treiben (so etwa Sex mit Sklavinnen und
mondänen Hetären). Und angesichts der bereits erwähnten
Säuglingssterblichkeit, des Todes vieler junger Männer auf
dem Schlachtfeld und der Tatsache, daß der Staat im 5. Jahrhundert die Geburten zu fördern versuchte,[41] sollte man eigentlich annehmen, daß jedes in einem Bürgerhaushalt zur
Welt gekommene Kind freudig begrüßt wurde. Zudem waren
Methoden der Empfängnisverhütung bekannt, auch wenn diese (wie ja noch bis in die sechziger Jahre unseres Jahrhunderts) von halbwegs zuverlässigen Pessaren und Spermiziden
bis zu reinem Aberglauben reichten; ein Minimum an Entscheidungsfreiheit ist bei den Müttern also anzunehmen. Auch
eine frühe Form der Abtreibung wurde praktiziert, obgleich
man ihr die Kindesaussetzung ironischerweise vorzog. Die
Griechen hatten Skrupel, eine Schwangerschaft abzubrechen,
aber die Rechte des Neugeborenen kümmerten sie nicht im
geringsten – die Kluft zwischen der griechischen Mentalität
und unserer eigenen könnte größer nicht sein.

Aus alledem ergibt sich ein recht widersprüchliches Bild. Soweit wir es heute beurteilen können, drohte Athen keine Be-
völkerungsexplosion, was die Aussetzung moralisch noch
schwerer nachvollziehbar macht. Der sozio-ökonomische
Aspekt kompliziert die Sachlage noch einmal. Was für die
einzelne Familie von Vorteil war (der Reichtum des *oikos*), war
nicht unbedingt gut für Athen als Ganzes oder für das einzelne
Individuum (in diesem Falle das ausgesetzte Neugeborene).
Während also Athen vielleicht den Bürgerzuwachs begrüßte,
traf das auf den betroffenen Haushalt unter Umständen nicht
zu. Die Situation hat etwas Schizophrenes an sich, nicht viel
anders als die amerikanische Politik der Subventionierung von
Nahrungsvergeudung im Mittleren Westen, während in den
Ghettos ganze Familien hungern.

Die Geburt eines Erben stärkte die Identität der Mutter. Es
war das Gebären, nicht das Großziehen von Söhnen, das ihr
einen gewissen Status verschaffte. Kein Wunder, daß für sie

die »Produktion« im Mittelpunkt stand, nicht die Betreuung.
Nur so kam sie auf ihre Kosten. Zuneigung zu ihren Kindern
oder Freude an ihnen waren mehr eine zufällige Begleit-
erscheinung. Kinder gehörten ihrem Vater. Mütterliche
Gleichgültigkeit war unter diesen Bedingungen geradezu vorprogrammiert.

Die Art und Weise, wie athenische Mütter mit ihren Kindern
umgingen, bestätigt dies. Die Mütter waren für Säuglinge und
Kinder mit Ausnahme der Jungen über sechs zuständig, und
ihre Methoden verraten im großen und ganzen eine gewisse
Reserviertheit. Anders als die ägyptischen Babys wurden die
griechischen mit Bändern umwickelt. Dieser Brauch ist im
größeren Zusammenhang zu sehen. In manchen Teilen Europas hielt er sich bis weit ins 19. Jahrhundert; angeblich wärm-
ten die Wickelbänder das Kind und sorgten dafür, daß seine
Arme und Beine gerade wuchsen. Heute mag diese Vorstellung
absurd erscheinen, aber sie ist nicht per se schädlich. Bei den
Athenern, die Kindern ohnehin eher kühl gegenüberstanden,
kann sich dieses Einwindeln freilich nicht gerade förderlich
ausgewirkt haben. Es behindert naturgemäß Ausdruckskraft,
Kommunikation und die Interaktion zwischen Mutter und
Kind. Die Mutter kann bequem ihren Geschäften nachgehen,
dem Kind dagegen wird genau dies verwehrt; sein Bewegungsdrang, seine Neugier, vielleicht sogar sein Wille werden eingeengt. In einem liebevollen Ambiente müssen diese Faktoren
nicht unbedingt negativ ins Gewicht fallen, aber wenn dem
Kind ohnehin wenig Interesse gilt, können sie eine sehr große
Rolle spielen.

In athenischen Bürgerfamilien war es zudem üblich, Ammen
einzustellen, die im Hause blieben, bis das Kind erwachsen
war. Rein objektiv betrachtet, deutet ein solcher Brauch auf
eine gewisse Distanz der Mutter zu ihrem Kind hin, und im
athenischen Kontext spricht einiges für diese Interpretation.
Aber ähnlich wie das Wickeln mit Bändern können wir auch
den Einsatz von Ammen nicht automatisch als Indiz für elterliche Gleichgültigkeit werten. Die Ägypter und Sumerer be-

schäftigten schließlich ebenfalls Ammen und schienen ihre
Kinder trotzdem zu lieben.

Es ist kaum zu glauben, daß von diesem einstmals so zentralen
Aspekt der Kinderpflege so wenig übriggeblieben ist. Die Ammen scheinen aus dem kollektiven europäischen Gedächtnis
verschwunden zu sein, vielleicht deshalb, weil unsere Gefühle
in diesem Punkt so zwiespältig sind. Und doch standen sie in
Europa seit der Antike hoch im Kurs. Ihre Beliebtheit erreichte
im 18. Jahrhundert ihren Höhepunkt, und bezeichnenderweise kam man erst von ihnen ab, als im 19. Jahrhundert die
Flaschennahrung zu einer sicheren Alternative geworden
war.[42] Hunderte von Jahren waren sie nur in den wohlhabenden Klassen im Einsatz, aber in der frühen Neuzeit begannen
die Mittel- und die Arbeiterklasse es der Oberschicht nachzu-
tun und ihrerseits Ammen für ihre Kinder zu suchen. Die
Frage ist, warum.
Gewisse Vorteile liegen natürlich auf der Hand. In einem
Zeitalter, in dem man keine Alternativen zur Muttermilch
kannte, war Ammenmilch die einzige Rettung für Kinder,
deren Mütter gestorben waren oder sie aus irgendeinem Grunde nicht stillen konnten. Die Pflegemutter ermöglichte es der
leiblichen Mutter, ihren täglichen Pflichten nachzukommen,
ohne sich dabei auch noch rund um die Uhr um die Bedürfnisse
ihres Kindes kümmern zu müssen. Eine solche Freiheit war
unter Umständen kein Luxus, sondern unabdingbare Voraussetzung für das wirtschaftliche Überleben der Familie oder ihr
reibungsloses Funktionieren. Aber nicht alle Gründe waren so
ehrenwert. Zweifellos war die Amme auch ein Statussymbol,
und den Brüsten der Mutter tat es gleichfalls besser (zumindest nahm man das damals an). Das Stillen verringerte außerdem die Empfängnisbereitschaft. Indem sie ihr Kind einer
Amme gaben, gewannen reiche Frauen ihre Fruchtbarkeit
zurück, während die der Amme selbst eingeschränkt wurde,
was eine Umverteilung der Geburtenrate zugunsten derer
zufolge hatte, die sich Kinder leisten konnten. Wie wünschens-

wert diese Konsequenz den jeweils betroffenen Frauen erschien, muß dahingestellt bleiben. Und da man allgemein
annahm, daß sexuelle Betätigung die Milch gerinnen ließ,
erlaubte der Einsatz einer Amme der Hausfrau, die sexuelle
Beziehung zu ihrem Mann wiederaufzunehmen. (Von der Amme erwartete man natürlich Enthaltsamkeit.) Schließlich und
endlich ermöglichte die Ammenwirtschaft es Frauen (insbesondere unverheirateten Müttern), denen sonst vielleicht nur
die Prostitution offengestanden hätte,[43] einer respektablen,
anständig bezahlten Arbeit nachzugehen.

Die Medaille hat freilich auch ihre Kehrseite. Das Ammenwesen bringt die biologische Mutter und ihr Baby um jenes
überwältigende, einzigartige Erlebnis gegenseitiger Verbundenheit, von dem so viele moderne Mütter schwärmen, wenn
sie ihrem Neugeborenen beim Stillen oder Flasche-Geben in
die Augen schauen. (In einigen Fällen, so zum Beispiel im alten
Athen, mag das natürlich gerade der Zweck der Übung gewesen sein; das heißt, die Mütter legten es vielleicht bewußt auf
eine distanziertere Beziehung zu ihrem Nachwuchs an.) Ein
anderer – noch schwerwiegenderer – Nachteil ist, daß die
Sterblichkeit bei Babys, die von Ammen genährt wurden,
während einiger Jahrhunderte höher gewesen zu sein scheint
als bei solchen, die von der eigenen Mutter gestillt wurden.
Und schließlich gibt es da noch die heikle Frage nach dem
eigenen Kind der Amme. Ihre Arbeit konnte zur Vernachlässigung, wenn nicht sogar zum Tod ihres Kindes führen,[44] da
es verboten war, mehr als ein Kind auf einmal zu stillen –
fälschlicherweise nahm man an, daß das die Milch verwäs-
serte.

Trotz dieser Nachteile hat es zu allen Zeiten der Geschichtsschreibung einen festen Prozentsatz von Müttern, vornehmlich bessergestellten, gegeben, die sich nicht dazu verstehen
konnten, ihren eigenen Babys die Brust zu geben. Die Psychoanalytiker vermuten hinter diesem Widerstand gegen das
Stillen eine unbewußte Abwehr, die auf Kindheitserfahrun-
gen, Charakterschädigungen oder auch auf Schamgefühle an-

gesichts der erotischen Stimulation des Vorgangs zurückgeht. All das mag stimmen, aber wir dürfen nicht den Fehler machen, den Rückgriff auf eine Ersatzmutter mit einer Ablehnung des Kindes gleichzusetzen. Stillen ist, wie jeder liebende Vater bestätigen wird, keine unerläßliche Voraussetzung für eine funktionierende Eltern-Kind-Beziehung. Und da es zu allen Zeiten Mütter gegeben hat, die es vorzogen, nicht zu stillen, kann man annehmen, daß dieser Widerstand weder unnatürlich noch krankhaft ist. Offenbar hat das Stillen, wie die Musik, Reize, die zwar in der Mehrzahl der Busen Frieden einkehren läßt, aber nicht in allen. Manche Frauen sind wild darauf, manche hassen es; die meisten finden es hie und da ganz angenehm.

Die Tatsache, daß es jahrhundertelang der Vater war, der den Handel mit dem Ehemann der Amme abschloß, legt eine triftigere Erklärung nahe: patriarchale Kontrolle. Vom Neid des Mannes auf die weibliche Laktation haben wir bereits gesprochen. Warum sollte er dann nicht auch auf das Kind an der Mutterbrust eifersüchtig sein? Er könnte sich ausgeschlossen fühlen, von dem Baby aus der Zuneigung seiner Frau verdrängt. In dem defensiven Versuch, das eheliche Gleichgewicht wiederherzustellen, suggeriert er ihr darum, daß das Stillen etwas Ungehöriges sei, und bestärkt sie darin, sich einer so despektierlichen Betätigung zu enthalten. Letzten Endes hat die Abneigung der Mütter gegen das Stillen vielleicht vor allem mit den Wünschen ihrer Männer und von daher mit sozialer Konditionierung zu tun, denn der Mann hat in der Regel die Macht, seine Wünsche zum allgemeinen Gesetz zu erheben.

Es hat nicht den Anschein, als hätten die alten Griechinnen sich bei der Kinderpflege sehr verausgaben müssen. Zusätzlich zu den Ammen wurden *paidagogoi* beschäftigt, männliche Sklaven, die sich um die Knaben kümmerten, sobald diese alt genug waren, um aus den Frauengemächern entlassen zu werden. Allzuoft können die Frauen der athenischen Bürger

ihre Kinder nicht am Rockzipfel gehabt haben. Eine Vertrautheit zwischen Mutter und Kind wird damit einigermaßen
fraglich.

Kinder hatten kein leichtes Leben in Athen. Die Schulen waren
berüchtigt für ihre Strenge. Ungeachtet Platos Ermahnungen
versuchten die Kinderfrauen ihre Schützlinge mit Geschichten
von Unholden, die kleinen Kindern auflauerten, zur Räson zu
bringen. Knabenbordelle und Kinderprostituierte standen
hoch im Kurs. Das griechische Faible für die glatte, bartlose
Haut von Jünglingen ist kaum ein Geheimnis; es ist in den
Gedichten von Philipp von Thessalonike, Stratos und anderen
verewigt. Hier eine Kostprobe von Meleager: »Mich dürstete./Es war heiß./Ich küßte den Knaben/mit mädchenweicher
Haut./ Mein Durst war gestillt.« Neben diesen aussagekräftigen Versen zeugen viele andere Quellen von den päderastischen Neigungen der Griechen – bildende Kunst, Gesetzestexte, Geschichtsschreibung. Selbst Plato, unstreitig einer der
höchstgeachteten Philosophen aller Zeiten, war der Meinung,
daß Knaben gemeinsam gehalten werden und der Lust mehrerer Männer dienen sollten. Wer derlei nicht für Kindesmißbrauch, sondern für kreative sexuelle Selbstentfaltung hält,
sollte einen Blick auf die vielen Vasenmalereien werfen, die
solche Szenen abbilden. Der Penis des Verführers ist ausnahmslos erigiert, während der des Knaben schlaff herabhängt. Kinder von Bürgern wurden vielleicht in geringerem
Maße Opfer derartiger Praktiken, aber daß sie erleben mußten, wie ihre Väter Sklavenkinder verführten, war wohl nichts
Ungewöhnliches.[45]

Der von Philip Slater 1968 in *The Glory of Hera* postulierte
latente Mutterhaß wirft ein neues Licht auf die vielen übermächtigen Frauengestalten in der klassischen griechischen
Tragödie, all diese bedrohlichen, sexuell unersättlichen Mütter, die ihre Kinder töten, auffressen oder sie dazu zwingen,
ihre Kränkungen zu rächen. Slater erklärt sich die Frauenfeindlichkeit der griechischen Männer und damit der griechischen Dramatiker aus der Unzufriedenheit ihrer Mütter über

das eigene unerfüllte Dasein. Die Mütter projizierten ihre
sexuelle und soziale Frustration auf ihre kleinen Söhne, um
deren Zukunft sie sie beneideten. Sie wagten ihr Leid nicht
ihren Männern zu klagen, die sich laut Slater meistens ohnehin auf Feldzügen befanden. Statt dessen ließen diese Frauen,
unterdrückt und isoliert, wie sie waren, ihre verworrenen
Gefühle an ihren Söhnen aus. Bald versuchten sie sie in die
Rolle des Ersatz-Ehepartners zu drängen und überschütteten
sie mit besitzergreifenden Zärtlichkeiten, bald reagierten sie
an ihnen ihre Eifersucht ab und traktierten sie mit bösartig-
stem Haß. Die Jungen, die sich bis zum Schulalter notgedrungen in unmittelbarer Nähe der Mutter aufhielten, spürten und
verinnerlichten diese Haßgefühle und begannen die Frauen
ihrerseits zu fürchten und zu hassen. Misogynie führte zu noch
mehr Misogynie.

Slaters These liefert einen Schlüssel zu den vielen Frauengestalten in der griechischen Tragödie, deren Macht angesichts
der tatsächlichen gesellschaftlichen Unterordnung der Frau
unerklärlich scheint. Sie sind Teil eines aus den uneingestan-
denen Ängsten des Mannes hervorgegangenen Projektionssy-
stems, das die Realität auf den Kopf stellt. In den Mythen ist
der Mann das unschuldige Opfer und die Mutter (im wirklichen Leben Gegenstand seiner Schuldgefühle) die Böse. Die
griechische Literatur karikiert jeden Aspekt der Mutterschaft,
der den Männern angst macht, sie zeigt sie als übermächtig,
erdrückend, kastrierend und vieles mehr. Mit diesen Zerrbil-
dern rückten die Griechen womöglich ihrer unbewußten
Furcht vor dem eigentlichen Problem zuleibe – dem gestörten
Verhältnis zu ihren Müttern.

Die Egozentrik der griechischen Mutterliebe könnte auch die
Ichbezogenheit erklären, die als so bezeichnend für das griechische Wesen gilt – Selbstdarstellung, Konkurrenzdenken,
dünnhäutige Aggressivität und Zerstörungslust. Solche Verhaltensweisen sind typische Zeichen von Unsicherheit, Versuche, ein unterentwickeltes Selbstbewußtsein durch große Töne
zu überspielen. Es scheint nur natürlich, daß ein Kind, das nie

um seiner selbst willen geliebt worden ist, auf diese Weise um
Aufmerksamkeit bettelt.

Im Unterschied zu Slater vermute ich allerdings, daß die
griechischen Frauen weniger unterdrückt als (aufgrund ihrer
eigenen frühkindlichen Erfahrungen) vielmehr ichbezogen
und emotional bedürftig waren. Ihre Frustration ist meiner
Meinung nach nicht so sehr auf die (ohnehin strittige) Abwesenheit ihrer Männer zurückzuführen wie auf die Mißachtung,
die sie von ihnen zu spüren bekamen. Die alles beherrschende
Misogynie beraubte die Frau ihrer Fähigkeit, einfühlsam zu
lieben. In der Psychoanalyse heißt diese Art der Liebesunfä-
higkeit die »narzißtische Persönlichkeit«. Von der narzißti-
schen Liebe einer griechischen Mutter waren Söhne und Töchter gleichermaßen betroffen. Sie waren keine Individuen, sie
waren Objekte, die zur Aufbesserung des mütterlichen Selbst-
wertgefühls herhalten mußten. Wenn sie den Anforderungen
nicht genügten, weil sie zu viele waren oder weil sie die
Bedürfnisse der Mutter ganz einfach nicht befriedigen konnten, wurden Söhne wie Töchter verstoßen, entweder emotionell
durch Liebesentzug oder physisch durch Aussetzung.

Narzißtische Eltern-Kind-Beziehungen bilden einen Teufelskreis. In der altgriechischen Version faßte ein Knabe verständlicherweise eine Abneigung gegen Frauen und ging einer Heirat aus dem Wege, bis das Wohl des *oikos* ihm endgültig keine
Wahl mehr ließ. Dann heiratete er ein Mädchen, das halb so
alt war wie er, ebenso ungebildet wie seine Schwestern und
alles andere als eine ebenbürtige Partnerin für ihn. Er fühlte
sich völlig im Recht, wenn er sie vernachlässigte und sich lieber
der männlichen Gesellschaft des öffentlichen Lebens widmete.
Selbst nie geschätzt oder geliebt, war sie außerstande, ihre
Kinder anders zu schätzen und zu lieben als auf die oben
beschriebene narzißtische Art. Der Vater, nicht weniger narzißtisch als die Mutter, konnte sich genausowenig in das Kind
hineinversetzen. So also läßt sich die grundlegende Schizophrenie altgriechischer Elternschaft erklären, bei der Aussetzung und Zuwendung Hand in Hand gehen konnten. Natür-

lich ist dieses Schema stark vereinfachend. Aber indem wir
uns die Eigendynamik des Narzißmus bewußt machen, wird
uns das Rätsel Aussetzung verständlicher, begreifen wir vielleicht eher, wie Eltern es fertigbringen konnten, Kinder wie
austauschbare Gegenstände zu behandeln. Die Wurzel des
ganzen Übels ist freilich die Misogynie, die Entartung eines
patriarchalen Gesellschaftssystems.

Den Spannungen und inneren Widersprüchen, die solche nar-
zißtischen Persönlichkeiten hervorgebracht haben, verdanken
wir jedoch womöglich auch die griechische Kunst, Literatur
und Philosophie. Es tut dieser Kunst keinen Abbruch, sie als
das Ergebnis der Sublimierung zu sehen – das gemahnt uns
nur daran, daß Schönheit ihren Preis hat.[46] In der tragischen
Weltsicht, die bei den Griechen so klar ausgeprägt war, in
ihrem unablässigen Ringen um Anerkennung, kristallisiert
sich das Verlangen nach jener Liebe, die ihre Eltern ihnen
nicht zu geben vermochten. Ihre Verletzlichkeit macht sie zu
Menschen, mit denen wir uns identifizieren können.

Als Anmerkung zu dieser Epoche: Bei den Spartanern, den
langjährigen Rivalen der Athener, in deren Augen sie ein
Haufen stumpfsinniger Bauern waren, wurden Kinder getötet.
Die Kindstötung war Teil der spartanischen Sozialpolitik und
somit gesetzlich verordnet, wobei als Kriterium für die Tötung
allerdings weniger das Geschlecht des Kindes ausschlaggebend war als seine körperliche Verfassung. Die spartanische
Gesellschaft verstand sich als eine Art kollektives Rüstungs-
unternehmen. Das Ziel einer jeden Ehe war es, künftige Krieger hervorzubringen. Die Loyalität einer Mutter galt dem
Vaterland, nicht ihrem Kind. Bestes Beispiel ist die Geschichte
von der »tapferen spartanischen Mutter«, die ihren Sohn mit
der Ermahnung in den Kampf schickte, entweder mit seinem
Schild oder auf seinem Schild heimzukehren, sprich siegreich
oder tot. Dabei war die Stellung der Frau in Sparta, inmitten
dieser Überproduktion von Testosteron, besser als in anderen
griechischen Städten:[47] In ihrer Eigenschaft als Gebärerinnen
wurden die Frauen hoch geschätzt. Elterliche Gleichgültigkeit

kann offenbar durch mehr als eine Form der Sozialstruktur entstehen. Dysfunktion muß nicht mit Misogynie gekoppelt sein. Im Falle der klassischen Antike freilich führten alle Wege nach Rom.

Gut vierhundert Jahre nach Athen waren die römischen Mütter Meisterinnen in der Kunst, ihre eigenen Söhne als Machtinstrumente einzusetzen. Wie anders lassen sich Senecas Briefe an seine gestrenge Mutter Helvia erklären, in denen er sich ganz unverhohlen dafür zu rechtfertigen versucht, daß er als Neros engster Berater in Ungnade gefallen ist? Seneca konnte ein Lied von ränkeschmiedenden Müttern singen, denn zweifellos war er Zeuge der Machenschaften Agrippinas, der vierten Frau des Kaisers Claudius, gewesen, die ihren Sohn Nero auf den Thron gebracht hatte und ihm als Mit-Herrscherin zur Seite stand. Nicht weniger berüchtigt war Livia, Frau des Augustus und Mutter seines Nachfolgers Tiberius, ihres Sohnes aus einer früheren Ehe; angeblich schreckte sie auch vor Mord nicht zurück, um Tiberius den Thron zu sichern.

Als die selbsternannten Erben der griechischen Kultur bewahrten die Römer, wenngleich in korrumpierter Form, viele der glanzvollen Errungenschaften des alten Griechenland – seine Literatur, Kunst und Religion –, aber auch seine Laster – Sklavenhaltung, uneingeschränkte männliche Vorherrschaft (*patria potestas*), Kindesaussetzung.[48] Verglichen mit ihren athenischen Vorgängerinnen war die römische Matrone jedoch regelrecht emanzipiert. Von erzwungener Häuslichkeit und mangelnder Bildung konnte bei ihr keine Rede mehr sein. Mit der wachsenden Selbständigkeit der Frau nahm die Geburtenrate rapide ab, ein Indiz dafür, daß viele Frauen bei freier Wahl auf die Bürde der Mutterschaft lieber verzichten. Die sinkende Geburtenzahl ist als einer der Gründe für den Untergang des römischen Reiches ins Feld geführt worden. Die inneren Konflikte der Frau bezüglich ihrer Mutterrolle scheinen in demselben Maße zugenommen zu haben wie ihr Ansehen in der Gesellschaft. Zwar ließen die Römer ihre Frauen die

Luft der Freiheit schnuppern, aber ihre eigentlichen Vorzüge enthielten sie ihnen vor.[49]

In der heutigen Forschung[50] besteht weitgehend Konsens darüber, daß während der römischen Republik die emotionalen Bedürfnisse des Kindes kaum ein Thema waren. Aber das kann sich mit dem Übergang von der Republik zum Kaiserreich geändert haben, als Väter und Mütter ein stärkeres Interesse an ihren Sprößlingen zu bekunden begannen und ihren Tod so leidenschaftlich betrauerten, daß ein neues literarisches Genre, die *consolatio*, aufkam. Aus dieser Zeit sind uns auch Hinweise auf romantische Gefühle zwischen Eheleuten überliefert. All dies ist Gegenstand heftiger Diskussion.

Belegt ist, daß die Aussetzung Neugeborener fortdauerte – ebenso wie Kinderprostitution, Auftritte von Kindern in Zirkussen und die Kastration kleiner Jungen, die zu Eunuchen bestimmt waren. In Petronius' berühmtem *Satyricon* findet sich Beispiel um Beispiel sexuellen Mißbrauchs an Kindern, Knaben wie Mädchen. So beschreibt Petronius die Entjungferung der siebenjährigen Pannychis durch den Halbwüchsigen Giton. Eine Gruppe älterer Frauen sieht dabei zu; sie alle ermutigen und beklatschen die Vergewaltigung. Auch wenn das *Satyricon* als fiktionales Werk gelten muß, spiegelt es mit ziemlicher Sicherheit Vorgänge wider, die im alten Rom wirklich zu beobachten waren, insbesondere in den oberen Schichten. Der Kaiser Tiberius etwa, Nachfolger des Augustus, ist als notorischer Kinderschänder in die Geschichte eingegangen. Er richtete eine Truppe kleiner Knaben dazu ab, im Bade zwischen seinen Beinen durchzuschwimmen und an seinen Geschlechtsteilen zu lecken und zu knabbern. Er nannte sie seine »Elritzen«. Sein Nachfolger, der berüchtigte Gaius Caligula, ließ Kinder auf brutale Weise in öffentlichen Spektakeln hinrichten.[51]

Im 2. Jahrhundert v. Chr. hatte Rom seine »Lieblingsfrau«, deren mütterliche Tugenden von der Bevölkerung in den Himmel gehoben wurden. Das war Cornelia, ein Muster an Vollkommenheit. Als Witwe lehnte sie lukrative Heiratsangebote ab, um dem Andenken ihres Mannes die Treue zu bewahren, dem sie zwölf Kinder geboren hatte – alle zur Ehre Roms. Ihre Fruchtbarkeit wurde vielgepriesen, ebenso ihre Verdienste um die Erziehung ihrer Kinder. Unter ihrer Leitung führten zwei ihrer Söhne, die Gracchen – Tiberius und Gaius –, eine Reformbewegung der Plebejer gegen die Patrizier an. Beide starben in den darauffolgenden Unruhen, aber Cornelia ertrug es stoisch. Berühmt wurde sie durch ihre Antwort auf die Frage, warum sie keine Juwelen trüge. »Das hier«, sagte sie, indem sie auf ihre Kinder zeigte, »sind meine Juwelen.« Welch ein Musterexemplar von einer Mutter! Und auf dem Standbild, das ihr zu Ehren errichtet wurde, steht als Inschrift: »Cornelia, die Mutter der Gracchen«.[52]

Bei den Römern bildete sich also, anders als bei den Griechen, allmählich doch ein Mutterschaftsideal heraus. Die Kindererziehung stieg dadurch zweifellos zu einer verdienstvollen Beschäftigung auf. Die Mutter durfte den Kopf jetzt wieder hoch tragen. Aber wie wir sehen werden, können idealisierte Mutterbilder die Stellung der Frau noch weiter untergraben. Wenn alle Hoffnung auf Erfüllung an die eine Pflicht des Kindergebärens gebunden ist, die nicht für alle eine gleichermaßen befriedigende Erfahrung darstellt und sich häufig nicht auf die vorgeschriebene Weise verwirklichen läßt, dann läuft die Mutterschaft Gefahr, zum Instrument für die Ausschaltung der Frau als Individuum zu werden. Womit wir beim Mittelalter angelangt wären.

4
Zwischen Heiligkeit und Profanität:
Mutterschaft im Mittelalter

Madonna-Fieber, die Originalfassung

Das Mittelalter, jener Abschnitt der europäischen Geschichte, der vom Untergang des römischen Imperiums etwa 500 n. Chr. bis in die Zeit Kolumbus' (1451–1506) reichte, erlebte den Aufstieg eines Mutterbildes, das so unwiderstehlich war, so perfekt auf die menschlichen Bedürfnisse abgestimmt und so gefeit gegen jegliche Abnutzung, daß wir ihm heute noch anhängen. Ich spreche von Maria, der Muttergottes, der Madonna, der Heiligen Jungfrau, in deren selbstlose Liebe zu ihrem Sohn die westliche Welt eineinhalb Jahrtausende lang ihre Sehnsüchte hineinprojiziert hat. Mancherorts wird sie in der Not ganz automatisch angerufen, so sehr, daß ihr bloßer Name bereits die Qualität einer Anrufung hat: Heilige Muttergottes! In der Madonna haben wir eine Mutter, die wir auch dann noch ungescholten um Hilfe anflehen dürfen, wenn es schon längst nicht mehr angeht, nach der eigenen Mutter zu rufen. Ihr Einfluß kann gar nicht überschätzt werden. Welche andere religiöse Leitfigur kann heute, zu einer Zeit, da die etablierten Religionen allem Anschein nach im Niedergang begriffen sind, noch die 12 Millionen Wallfahrer mobilisieren, die jährlich zum Heiligtum Unserer Lieben Frau von Guadalupe ziehen, oder die 4,5 Millionen, die jedes Jahr nach Lourdes pilgern?[1]

Maria ist eine der wenigen Frauengestalten, die es zum Archetyp gebracht haben. Marienverehrung und ihr Gegenteil, die Marienverachtung (ihrerseits eine Form der Bindung an die Madonna, wenn auch negativ definiert), sind tief in unserem

Inneren verwurzelt. Der Madonna verdanken wir Kriege, Zerwürfnisse, Masochismus, Impotenz, aber auch Lieder, Liturgien, großartige Kunstwerke. Die Marienverehrung ist wohl nach wie vor das größte Hindernis auf dem Weg zu einer Wiedervereinigung der christlichen Kirchen. Die Zahl der Marienlegenden, -visionen, -schreine, -wunder und -erscheinungen wird immer größer. Auch Profit kann man sehr gut mit ihr machen, wie all die Kultstätten zeigen, die sich in einträgliche Touristenfallen verwandelt haben. Wer noch Zweifel an der Symbolkraft der Jungfrau hat, denke nur an die Popularität von Mega-Medienstar Madonna, die diese Bildlichkeit ebenso geschickt wie ironisch benutzt, um ihr eigenes Image an den Mann zu bringen – bislang mit dem größten Erfolg.

Ein Mythos von derartigen Ausmaßen kann unser Unbewußtes nicht ganz unbeeinflußt lassen. Ob wir sie verehren oder nicht, ob wir einer Kirche angehören oder nicht, wir stehen alle in ihrem Bann. Auch wenn viele von uns keinen Gedanken an sie verschwenden und Marienerscheinungen als völlig absurd abtun würden, ist doch das von ihr vorgegebene Mutterbild fest in unserer Psyche verankert. Ihr Vorbild ist zum unumstrittenen Mutterideal geworden, zum Ziel allen weiblichen Ehrgeizes. Ihre Beziehung zu ihrem Sohn, ihre unveräußerliche, unerschütterliche, unzerstörbare Liebe zu ihrem Kind bestimmt die allgemeinen Richtlinien für die Mutterliebe. Sie ist zu einem ungeschriebenen Gesetz, einer Art Grundrecht für alle Kinder erhoben worden, zu einem universellen Anspruch, dem die Mutter gerecht werden muß, sonst darf man sich betrogen fühlen. Maria hat die Maßstäbe gesetzt, obgleich diese Maßstäbe interessanterweise in späteren Jahrhunderten eine sehr viel breitere Akzeptanz gefunden haben als zur Zeit ihres Ursprungs oder auf dem Höhepunkt der Marienverehrung.

Die Beliebtheit der Jungfrau Maria ist nicht verwunderlich. Wer wünschte sich nicht eine solche Mutter? Mehr noch, sie verkörpert eine so ungeheuer befriedigende Vorstellung, eine so ideale Erfüllung unterdrückter menschlicher Sehnsüchte,

daß es viel eher erstaunt, daß sie nicht schon früher erfunden
wurde. Sie ist alles, was die Große Mutter, die neolithischen
Göttinnen und die griechischen Göttinnen nicht waren: barm-
herzig, verläßlich, ein unversiegbarer Quell der Güte. Wie
trostreich muß der Gedanke an sie für die unglücklichen
Frauen und Männer in den Fängen des Schwarzen Todes,
endloser Kreuzzüge, religiöser Zerrissenheit oder feudaler
Willkür gewesen sein. Die Jungfrau mit dem Kinde, das ist ein
Bild des Trostes und des Friedens, Prozac fürs Auge. Ihre
mütterliche Zärtlichkeit verfehlt ihre Wirkung auf keinen von
uns.

Die Mütterlichkeit der Madonna, ihre innige Beziehung zu
ihrem Sohn, ihre unerschöpfliche Fürsorge sind denn auch der
Grund für ihre unglaubliche Breitenwirkung. Die Mutter-
Sohn-Beziehung ist einer der wenigen Aspekte ihrer Geschichte, der über die Zeiten hinweg unverändert geblieben ist. Die
Biographie der Muttergottes ist innerhalb von 2000 Jahren so
gründlich umgemodelt und ausgeschmückt worden, daß die
sozialreformerische Maria unserer Tage Mühe hätte, sich in
der majestätischen, unnahbaren Jungfrau des frühen Mittelalters wiederzuerkennen, geschweige denn in der ganz normalen historischen Maria des ersten Jahrhunderts, die schließlich eine unterprivilegierte jüdische Mutter aus der Provinz-
stadt Nazareth war. Doch bei alledem war sie immer eine
perfekte, eine mehr als perfekte Mutter. Die Heilige Jungfrau
war so rein, so aufopfernd, so treusorgend und ging mit einer
solchen Begeisterung in ihrer Aufgabe auf, daß sie Demut und
Unterwürfigkeit zu ganz neuem Ansehen verhalf. Und das
Ergebnis ihrer Selbstverleugnung war – einfach göttlich!
Maria ist das Urbild der liebenden Mutter, die Traummutter
schlechthin. In der Terminologie der Psychoanalytikerin Melanie Klein wäre sie wahrscheinlich die vollkommene, nie
versiegende Mutterbrust, die wir alle gern gehabt hätten oder
von der wir glauben, wir hätten sie gehabt, bevor sie uns
gewaltsam entrissen wurde. Für den Psychoanalytiker D. W.
Winicott wäre sie auf jeden Fall eine »hinreichend gute« Mut-

ter, und der Psychoanalytiker Heinz Kohut hätte sie vielleicht
als das ideale »Selbstobjekt« bezeichnet (was, wie wir sehen
werden, ein Kompliment ist). Für den Durchschnitts-Freudia-
ner stünde zweifellos ihre ach so praktische Jungfräulichkeit
im Mittelpunkt der Betrachtung. Aber greifen wir nicht vor.
Die psychoanalytischen Interpretationen sollen später untersucht werden. Vorerst genügt es, daß Maria genau die richtigen psychischen Schalter betätigt – wobei »richtig« heißt: im
Sinne des Kindes. Aber wie steht es mit der Psyche der Mutter?
Marias Selbstlosigkeit hat einen Haken, wenn wir sie beim
Wort nehmen: Maria hat kein Selbst. Sie hat keine eigenen
Bedürfnisse. Die einzige weibliche Körperfunktion, die ihr
gestattet wird, ist die des Stillens.[2] Sie ist sittsam bis zur
Prüderie, servil, gottesfürchtig, selbstaufopfernd – der Prototyp der Abhängigkeit. Wessen Traum erfüllt sie?
Das Bild der Madonna wirft eine Menge vertrackter Fragen
auf. Stellte es einen gesellschaftlichen Fortschritt oder einen
Rückschritt für die Frauen dar? Erhob es den sozialen Status
der mittelalterlichen Frauen über den ihrer Vorgängerinnen?
Oder war es eine emotionale Zwangsjacke unmöglicher Erwartungen, der Ursprung aller späteren mütterlichen Schuldgefühle? War die Heilige Jungfrau Trendsetter oder folgte sie
selbst einem Trend? Rief ihre hingebungsvolle Liebe zu ihrem
Sohn in anderen Müttern ähnliche Gefühle wach? Oder spie-
gelte ihre Zärtlichkeit einfach die mittelalterliche Realität?
War sie eine Art Opium für das kollektive innere Kind der
Massen? Ist eine Mutter wie sie für sterbliche Kinder überhaupt das Richtige?
Wenn wir eine Antwort auf diese Fragen finden könnten,
wüßten wir ein gutes Stück mehr über die Mutterschaft, darüber, was natürlich ist und was anerzogen, was notwendig ist
und was ausreichend. Leider gibt es keine Möglichkeit, der
mittelalterlichen Mutter ins Herz zu sehen. Gesichtete Daten
über diese Epoche sind zum Verzweifeln spärlich und lassen
kaum Rückschlüsse zu. Tagebücher, Briefe und Genremalerei
gab es im Mittelalter noch nicht; vereinzelte erste Ansätze

beschränken sich auf die Oberschicht, schmeicheln dem Autor und nehmen kaum je auf Kinder Bezug. Die Informationen reichen nie aus, um zu einem wahrheitsgetreuen Bild zu gelangen; jede Theorie, ganz gleich, wie überzeugend sie vertreten wird, bricht zusammen, weil irgendwo in der Beweiskette noch ein entscheidendes Glied fehlt. Alle bis dato vorgelegten Thesen sind unausgewogen und reduktiv und werden der Komplexität des Themas in keiner Weise gerecht.

Aber die Spärlichkeit der Fakten hat die Historiker nicht vom Spekulieren abgehalten – im Gegenteil! Sobald wir uns der Frage nach der mittelalterlichen Mutterliebe nähern, geraten wir deshalb unausweichlich in den Sog einer Kontroverse, die seit 30 Jahren die Gemüter erhitzt. Es ist ein Streit, der die Forschung von seinen ersten Anfängen an in zwei feindliche Lager aufgespalten hat und der dem Großteil der wissenschaftlichen Veröffentlichungen über die Familie seit dem Mittelalter noch heute seinen Stempel aufdrückt.

Liebt sie mich?

Hauptstreitpunkt ist dabei die Frage, ob die Mütter im vorindustriellen Europa ihre Kinder liebten oder nicht. Aber es spielen natürlich noch viele andere Fragen mit hinein: welchen historischen Stellenwert etwa Kernfamilie, eheliche Liebe oder Intimsphäre haben und, noch grundsätzlicher, ob sich nicht-öffentliche Phänomene wie Sexualität, Tod, Langeweile (bei den Franzosen *mentalités* genannt) überhaupt historisch erfassen lassen oder ob sie, wie weitgehend angenommen, zeitlos sind und sich jedem Zugriff entziehen.

Diese Faktoren wurden früher in der Regel außer acht gelassen, dabei sind sie ausschlaggebend für die Entwicklung von Mutterliebe. Wie soll eine Mutter beispielsweise eine Beziehung zu ihrem Kind herstellen, wenn sie nie in seiner Nähe ist? Und es ist sehr gut möglich, daß sie das nicht war. Nach Meinung etlicher revisionistischer Historiker ist die Kernfamilie, in der Vater, Mutter und Kinder unter einem Dach leben, eine moderne Erfindung. Vor dem 16. Jahrhundert umfaßten die Familien in der Regel mehrere Generationen und hausten unter sehr anderen Bedingungen als die moderne Familie. Wichtiger noch, eine solche Familiengruppe war in erster Linie eine ökonomische Einheit, deren Mitglieder alle im selben Bereich arbeiteten, nicht die psychologische Einheit, wie wir sie heute kennen. Für das Zustandekommen einer Heirat waren Liebe und sexuelle Anziehung weit weniger ausschlaggebend als materielle Gesichtspunkte, und oft waren es die Eltern, die die Heirat vereinbarten. Eine solche Abmachung bot keine Zuflucht vor einer herzlosen Welt, und gefühlsmäßige Bindungen zwischen Eltern und Kindern hatten ein entsprechend geringes Gewicht.

Die Vertreter dieser reichlich negativen Sicht[3] haben schon immer mehr von sich reden gemacht als die traditionellen Historiker. Sie stellen große Theorien auf, in denen sie die Abhängigkeit des Gefühlslebens vom kulturellen Umfeld zu beweisen suchen; Grundthese ist die »Progressivität«, das heißt, die fortschreitende Verbesserung der Familienstrukturen. Als Gruppe zeichnen sie sich durch betonte Unkonventionalität und beharrliche Mißachtung geheiligter Tabus aus. Ihr Beweismaterial entstammt einem Mosaik von Quellen – Kunst, Architektur, Literatur, Spielzeug, Kleidung – und erweckt leicht den Eindruck von Willkür und Schlamperei. So überzeugend und mitreißend es sich oft darbietet, ist es doch beeinträchtigt durch eine gewisse Ungenauigkeit der Zeitperspektive sowie die unter Historikern verbreitete Neigung, die unterschiedlichsten Fragmente aus mehreren Epochen in einen Topf zu werfen.[4]

Der Stammvater dieser Denkrichtung ist ein Mann, dem alle Sozialhistoriker Tribut zollen – und sei es nur, um ihn zu widerlegen –, der Franzose Philippe Ariès mit seinem in den frühen sechziger Jahren erschienenen Buch *Geschichte der Kindheit*. Ariès zufolge waren Kinder früher unsichtbar; will sagen, im Mittelalter wurden sie so gut wie gar nicht wahrge-

nommen, und bis ins 18. Jahrhundert galten sie herzlich
wenig. Die Madonnenverehrung erwähnt er mit keinem Wort;
ganz offensichtlich sieht er sie nicht als maßgeblich für die
mittelalterliche Mutter-Kind-Beziehung, die nach seiner Darstellung alles andere als zärtlich war. Die früheren historischen Epochen kannten laut Ariès noch nicht unsere heutige
klare Unterscheidung zwischen Erwachsenen und Kindern,
bei der sich erstere nach Kräften bemühen, die speziellen
Bedürfnisse, Ängste und Empfindlichkeiten der letzteren zu
verstehen. Die Vorstellung der Kindheit als eine besondere
Phase im menschlichen Lebenszyklus existierte einfach nicht.
Ebensowenig gab es freilich den Begriff des Erwachsenenalters als einer Phase. Soziale Unterschiede wurden weniger
durch das Alter als durch den gesellschaftlichen Status definiert. In einem einzigen Rundumschlag räumt Ariès mit unserem kollektiven Wunschtraum von der Universalität und Un-
abdingbarkeit der liebenden Kernfamilie auf – der Vorstellung
vom heimischen Herd (heutzutage dem Fernseher), um den zu
allen Zeiten und an allen Orten Papa, Mama und die lieben
Kleinen versammelt saßen, alle einzig und allein um das
größtmögliche Glück der Kinder bemüht. Sicher, schon Marx
und Engels haben uns von dem althergebrachten Glauben an
eine biologische Veranlagung zur Kernfamilie befreit, aber auf
längst nicht so packende Art. Auf eine Lesergeneration, die im
Sinne Dr. Spocks erzogen worden war und die Philosophie von
love & peace und *flower power* verinnerlicht hatte, mußten
solch zynische Ideen wie seine *absence de sentiment* schockie-
rend wirken, aber das Schockierende war in den sechziger
Jahren die Attraktion. Die Jungakademiker bejubelten seine
Bilderstürmerei. Und die von Ariès implizierte Selbstsucht der
Eltern sprach einer Generation, die keinem über 30 traute,
ohnehin aus dem Herzen.
Die Mutterliebe, so Ariès, verkümmerte im Mittelalter aufgrund der ungünstigen Bedingungen. Angesichts der hohen
Kindersterblichkeit (Schätzungen zufolge starb jedes zweite
oder dritte Kind) lohnte sich elterliche Liebe so wenig, daß sie

durch einen Trick der Natur gar nicht erst entstand, so wie
Mäuse, wenn sie in zu großer Enge leben müssen, die Fortpflanzung einstellen.[5] Die Eltern entwickelten psychische Ab-
wehrmechanismen, um keine Gefühle in ein Kind zu investieren, das mit großer Wahrscheinlichkeit sowieso bald sterben
würde. Vielleicht ließ die hohe Geburtenrate das Endprodukt
auch als weniger einzigartig erscheinen. Ein Kind kam zur
Welt und starb, und ein anderes nahm seinen Platz ein.[6]
Besser, man verschwendete seine Zuneigung nicht. Die Babys
im Mittelalter wurden eingewindelt, über lange Zeiträume
hinweg sich selbst überlassen, an Ammen abgeschoben und
später mit der Rute gezüchtigt und in die Lehre gegeben – in
den Augen Ariès' und seiner Anhänger alles Beweise für elterliche Gleichgültigkeit.

Kinder, die die ersten sieben Lebensjahre überstanden, wurden als Erwachsene behandelt. Sie kleideten sich wie die
Erwachsenen, arbeiteten wie die Erwachsenen und zogen sogar mit in den Krieg, das wird durch noch erhaltene Kleidungs-
stücke, Spiele und diverse andere Gegenstände belegt. So
trugen zum Beispiel alle, die Großen wie die Kleinen, Tuniken
und warfen mit Reifen. Innerhalb der einzelnen sozialen
Schichten herrschte unter den Geschlechtsgenossen eine völlige Gleichheit der Lebensweise: Zwischen Jung und Alt wurde
nicht unterschieden. Aber Ariès' brillantester Beweis für die
Evolution der Kindheit, sein originellster Forschungbeitrag,
ist seine Entdeckung der Porträtmalerei als Quelle der historischen Auswertung, für die ihm die Kunsthistoriker, wenn
auch nicht die »reinen« Historiker, heute noch Anerkennung
zollen.

Ariès zeigte auf, daß sich vor dem 12. Jahrhundert – als
Kindern seiner Theorie zufolge keine Bedeutung zugeschrieben wurde – keine Kinderporträts finden. Überhaupt wurden
Kinder in der Kunst fast nie dargestellt, nicht einmal auf
Kindergräbern, jedenfalls nicht bis zum 16. Jahrhundert (mit
der Antike befaßt Ariès sich nicht). Und selbst dann wurden
sie nicht auf ihren eigenen, sondern auf den Grabsteinen ihrer

Eltern abgebildet. Niemand kam offenbar auf den Gedanken, ein Bild von einem toten Kind aufzubewahren.[7] Mittelalterliche Illustrationen zeigen Menschen in allen möglichen Lebenslagen – beim Kopulieren und beim Sterben, schlafend und essend, im Bett und im Bad, im Gebet, bei der Jagd, beim Tanzen, beim Pflügen, im Spiel und im Kampf, auf dem Markt und auf der Reise –, aber so selten als Kinder oder mit Kindern, daß es auffällt. Wenn Kinder überhaupt in Erscheinung treten, dann als kleine Erwachsene.[8] Ariès setzt die »Geburt« der Kindheit in den mittelalterlichen Darstellungen des Jesuskindes an der Brust seiner Mutter an, verfolgt ihre Entwicklung in den Spielen der Putten, dieser drallen Babys, die sich als Cherubime auf den Renaissancegemälden tummeln, und sah sie voll erblühen auf den Familienporträts des 17. Jahrhunderts, wo endlich halbnackte, richtige Kinder den Weg auf die Leinwand fanden. Nicht zufällig nahm auch die Gefühlskälte Kindern gegenüber in diesem Jahrhundert ein wenig ab; privilegierte französische Eltern steckten nun einige Mühe in die Erziehung ihrer Söhne, um ihren Wert auf dem Heiratsmarkt in die Höhe zu treiben. Das 17. Jahrhundert war für Ariès die Zeitspanne, in der die Kinder endlich aus ihrer Anonymität auftauchten. Im 18. Jahrhundert begannen sich die Eltern dann intensiv mit den Kindern zu befassen, und jedes Kind wurde kostbar, entzückend und unersetzlich (erst in den oberen Schichten und später auch in der arbeitenden Bevölkerung). Mütterliche Zärtlichkeit war jetzt ein Muß. Der Grundstein für die moderne Elternschaft war gelegt.

Die Entwicklungsgeschichte der Kindheit verlief parallel zu der der Kernfamilie. Vor dem 17. Jahrhundert hatte laut Ariès das Bild der Familie als eine Einheit, bestehend aus Mutter, Vater und ihren biologischen Kindern, keinen festen Platz im menschlichen Bewußtsein. Die Gesellschaft wurde vom Gemeinschaftsleben bestimmt. Der mittelalterliche Mann fühlte sich seinen Dienern, seinen unehelichen Kindern[9] oder seinen Geschäftspartnern unter Umständen ebenso verpflichtet wie seiner Frau und seinen gesetzlichen Nachkommen. Die Kern-

familie war noch nicht als separate Teilmenge aus der Masse
von Nachbarn und Verwandten ausgeklammert, auch nicht in
ihren Behausungen, wo es an Platz mangelte und Intimsphäre
ein Fremdwort war. Wenn wir Ariès glauben dürfen, war das
Leben im Mittelalter für alle mit Ausnahme der Elite ein
einziges Geschiebe und Gedränge. Niemand legte Wert auf das
traute Beisammensein von Vater, Mutter und Kind um den
abendlichen Eßtisch. Wir haben es nicht mit der klassischen
Familie der abendländischen Nostalgie zu tun, dem großen
Haushalt, in dem Eltern, Großeltern und Kinder glücklich
zusammenlebten.[10] Groß war der Haushalt zwar, aber nicht
notwendigerweise »glücklich«. Die ständige Anwesenheit von
Außenstehenden verhinderte die Entwicklung von Gefühlsbe-
ziehungen, wie wir sie kennen. Familiäre Solidarität, eheliche
Intimität, Elternliebe, das Bewußtsein, daß einen mit seiner
Familie mehr verbindet als mit irgend jemandem sonst auf der
Welt, daß das Elternhaus, um mit dem Dichter Robert Frost
zu sprechen, ein Ort ist, »wo sie dich aufnehmen müssen« – all
das kam erst viel später. Nichtsdestoweniger blickt Ariès mit
einer gewissen Wehmut auf diese frühe Zeit zurück, obwohl
das gern unterschlagen wird. Für ihn beraubten das moderne
Schulsystem und die soziale Kontrolle unserer Tage die Kinder
der Freiheit und Spontaneität, die sie in der mittelalterlichen
Gemeinschaft möglicherweise genossen haben. Das Familienleben nahm in seinen Augen mit der Zeit zunehmend restrik-
tive und repressive Formen an. Nicht so in den Augen seiner
Jünger.

Diese späteren »theoriegetriebenen« Historiker sehnen sich in
keiner Weise nach der Vergangenheit zurück.[11] Zwar beziehen
sie ihre wichtigsten Stichwörter von Ariès, aber sie sentimentalisieren die gute alte Zeit nicht, sondern befassen sich statt
dessen mit der Demontage der romantisierten Geschichtsbil-
der, wie sie uns von Disney, der BCC oder auch in der Quaker-
Oats-Werbung aufgetischt werden. Anders als die sogenannte Neue Rechte, deren Anhänger den Niedergang der Familie beklagen (unter Berufung auf hohe Scheidungsraten, die

Überhandnahme von vorehelichem und außerehelichem Sex, Abtreibung und Homosexualität) und alle nur denkbaren sozialen Mißstände auf diesen Niedergang zurückführen, vertreten Ariès' Nachfolger die Meinung, daß es um das Familienleben in der Vergangenheit sogar noch weit schlechter bestellt war.

Laut Lloyd deMause, Edward Shorter und Lawrence Stone war das Familienleben zu keiner Zeit durch und durch harmonisch, und ganz gewiß war es nie das Paradies, in dem Kinder nach unserer Vorstellung von Rechts wegen aufwachsen sollten. Die Mütter im vormodernen Europa haben sich möglicherweise nicht angemessen um ihre Babys gekümmert, sie stundenlang in ihren eigenen Exkrementen liegen lassen, sie bis zur Bewußtlosigkeit in ihren Wiegen geschaukelt und sie in die Obhut nachlässiger Ammen gegeben, wo sie mit einer eiweiß- und vitaminarmen Mischung aus Mehl, Wasser und Zucker gefüttert wurden, die sie um die in der Muttermilch enthaltenen natürlichen Immunstoffe brachte. Edward Shorter ist sogar der Meinung, daß die Gleichgültigkeit der Mütter an der hohen Säuglingssterblichkeit schuld war, nicht umgekehrt.

Warum versagten die Mütter dermaßen? Shorter vermutet die Ursache in den materiellen Bedingungen. Der unverbesserliche Pessimist deMause vertritt in *Über die Geschichte der Kindheit* die These, daß die Unmenschlichkeit mittelalterlicher Eltern gegenüber ihrem Nachwuchs die traurige Folge ihrer eigenen traumatischen Kindheit war. Ihrerseits die Opfer narzißtischer Eltern, wurden sie unweigerlich genauso böse wie diese. Während die Eltern in der Antike ungewollte Kinder einfach töteten, wandte man im Mittelalter weniger direkte Methoden an. Als Christen sahen sich die Eltern nun moralisch verpflichtet, vom Mord an ihren Kindern Abstand zu nehmen. Statt dessen schoben sie sie an Ammen, ins Kloster oder an Pflegefamilien ab, schickten sie als Dienstboten oder Geiseln zu anderen Adligen oder setzten sie zu Hause schwerster emotionaler Deprivation aus. Wenn man deMause glauben darf, war das Leben für Kinder im Mittelalter ein einziger Alptraum.[12]

Wenige andere Historiker entwerfen ein derart düsteres Bild von den Familienbeziehungen im Mittelalter. Aber in einem wären sich wohl alle einig: Wenn wir wie Mark Twains Yankee aus Connecticut durch die Zeit reisten und uns plötzlich um ein paar Jahrhunderte zurückversetzt fänden, dann würden wir uns in einer fremden Zivilisation glauben, so groß sind die Unterschiede zwischen den damaligen gesellschaftlichen Strukturen und unseren eigenen. Wenn wir zum Beispiel in das Haus eines Stadtbewohners im England des 14. Jahrhunderts kämen, würden wir kaum fassen können, wie viele Menschen da in einen einzigen Raum gepfercht sind. Zusammen mit der unmittelbaren Familie, die oft sehr groß war, lebten Angestellte, Dienstboten, Lehrlinge, Freunde und Schützlinge. Haushalte mit bis zu 25 Personen waren nichts Ungewöhnliches. Da es keine Restaurants, Bars und Hotels gab, dienten die eigenen vier Wände zusätzlich dazu, Besuche zu empfangen und Geschäfte abzuwickeln. Das mittelalterliche Heim war sparsam möbliert; die wenigen Möbel mußten für eine Vielzahl von Zwecken herhalten und konnten verrückt werden. Ein paar Bänke, über Holzgestelle gelegte Tischplatten und Truhen, die sich zu Betten umfunktionieren ließen, wurden nach Bedarf herumgeschoben, um die Scharen von Menschen unterzubringen, die alle in ein und demselben Raum kochten, aßen, spielten, arbeiteten und schliefen. Man wohnte weniger in den Häusern, als daß man darin kampierte. Selbst das Schlafen war Gemeinschaftsangelegenheit. Ein Zimmer enthielt nicht nur mehrere Betten, in jedem dieser Betten schliefen für gewöhnlich auch mehrere Leute. Das erklärt die Größe mittelalterlicher Betten; gut drei Quadratmeter waren die Norm. In den winzigen, nur aus einem Raum bestehenden Hütten der Armen, die bei weitem den größten Teil der Bevölkerung ausmachten, muß es um die Privatsphäre noch viel schlechter bestellt gewesen sein. Wie war unter solchen Bedingungen Intimität möglich? Offensichtlich gar nicht.[13]

Man lebte wie in einem Goldfischglas. Die mittelalterliche Familie war in die Gemeinde eingebettet. Das Sagen hatte nicht die Familieneinheit, sondern die Dorfgemeinschaft; insofern spielte sich alles Leben im öffentlichen Rahmen ab, nicht im privaten der Haushalte.[14] Die Grenzen des persönlichen oder familiären Bereichs verliefen sehr anders als heute und waren höchstwahrscheinlich um einiges durchlässiger. Arbeit und Heim waren keine voneinander getrennten Bereiche. Familienmitglieder waren zugleich Arbeitskollegen. Die Nahrungsherstellung ging in denselben Räumlichkeiten vor sich, in denen Kinder aufwuchsen, Babys geboren wurden und Paare sich vereinigten. Vor der Industrialisierung hätte der Terminus »Hausarbeit« keinen Sinn ergeben, da nahezu alle, Männer wie Frauen, innerhalb des Hauses oder in seiner unmittelbaren Nähe arbeiteten – wenn nicht des eigenen, dann eines anderen. Dem *Oxford English Dictionary* zufolge wurde das Wort *housework* erst 1841 offiziell in den englischen Wortschatz aufgenommen.

Die Welt außerhalb der eigenen vier Wände bestand nicht aus Fremden oder halbwegs Fremden, wie das heute der Fall ist. Man bewegte sich unter Menschen, die man von Kindheit an kannte und mit denen man aller Wahrscheinlichkeit nach bis an sein Lebensende zu tun haben würde. Zusammenarbeit war von entscheidender Wichtigkeit. Die Wäsche wurde in großen Sammeltrögen gewaschen, und die Dorfbewohner säten und ernteten gemeinsam.

Während diese Vertrautheit den vielen einsamen, entfremdeten Männern und Frauen des 20. Jahrhunderts heimelig und wünschenswert erscheinen mag, hielt sie die Menschen Ariès' Anhängern zufolge in Wirklichkeit in einem klebrigen, verknoteten Netz sozialer Beziehungen gefangen. So etwas wie gesellschaftliche Anonymität gab es im Mittelalter nicht. Die breite Masse war dem gnadenlosen Blick der Öffentlichkeit ausgesetzt. Außenstehende konnten nach Belieben das Haus betreten und hatten das Recht, ja geradezu die Pflicht, alles genau zu beobachten, sich einzumischen und draußen darüber zu

berichten. »Wohlmeinende« Nachbarn zeigten häusliche Re-
gelverstöße in der Kirche an; Gemeindemitglieder, die aus der
Reihe tanzten, wurden in lärmenden Ritualen an den Pranger
gestellt. Neugierige Augen waren überall, und niemand fand
etwas dabei. Selbst Frischvermählte wurden von den Nachbarn zum Brautbett geführt, die dann am nächsten Morgen die
Laken vorzeigten. Es gab kein Entrinnen, keine Möglichkeit,
sich zu verstecken. Angesichts der Exponiertheit der Familie
und der bloßen Anzahl und Vielfalt der Angehörigen eines
Haushalts ist es kein Wunder, daß die innerfamiliären Beziehungen so andere Formen annahmen als heutzutage. Die
zentralen Bindungen waren nicht die zwischen Mann und
Frau oder zwischen Eltern und Kindern und einem geliebten
Haustier, sondern umfaßten ein sehr viel breiteres Spektrum
(das Dorf, die Gemeinde, entfernte Verwandtschaft, Vorfahren, zukünftige Generationen). Man muß kein Familienthera-
peut sein, um sich die Unzahl von Konstellationen und Fehl-
konstellationen vorzustellen, die bei einer so verwirrend großen Auswahl möglich werden. Zumindest kann die Liebe nicht
sonderlich konzentriert gewesen sein.[15]
Viel davon gab es womöglich ohnehin nicht.[16] Die Ehe war
Ariès' Jüngern zufolge eine sehr distanzierte Angelegenheit –
die »Liebesheirat« gilt als eine Erfindung des späten 18. Jahrhunderts. Ehen waren ausschließlich materiell begründet,
Einheiten zur Produktion und Reproduktion, nicht Instrument
der emotionalen Erfüllung. Liebe war nebensächlich und wurde nicht ermutigt, da sie den dynastischen Planungen in die
Quere kommen konnte. Sex wurde als eine sündhafte Notwendigkeit betrachtet, eine Pflicht; ihr mit Genuß nachzukommen
hieß, sich der Gefahr der Todsünde auszuliefern. Ehemänner
hatten sich nicht wie romantische Liebhaber zu gebärden. Die
Frauen durften sich ihren Männern nicht verweigern. Glück
war etwas, das man im Jenseits erwarten konnte, nicht im
Diesseits.
Die mittelalterliche Ehe war vielleicht nicht »glücklich«, aber
sie währte auch nicht lange (nicht mehr als 12 bis 17 Jahre im

Durchschnitt); häufig wurde sie durch den Tod des Mannes
oder der Frau beendet. Dann heiratete man erneut; die Großfamilie wurde noch einmal erweitert und die Kleinfamilie
dazu. Um mit Lawrence Stone zu sprechen: »Es sieht ganz so
aus, als sei die heutige Scheidung wenig mehr als ein Ersatz
für den Tod.«[17]
In diese unpersönliche, unstabile, uneinheitliche Familie wurde ein Kind nach dem anderen hineingeboren. Die meisten
starben, aber viele wurden ersetzt. Konnte eine Mutter ihren
Nachwuchs anders als rein mechanisch lieben, wenn er zur
Welt zu kommen schien wie vom Fließband? Mehr noch, wenn
sie dabei ihren eigenen Tod einkalkulieren mußte? Die Geburt
verlief oft tödlich, sowohl für die Mutter als auch für das Kind.
Das Leben galt nicht viel. Die absolute Zahl der überlebenden
Kinder war zudem groß, während das Durchschnittsalter der
Bevölkerung beträchtlich unter dem heutigen lag; das hieß,
daß der Aufwand an Zeit, Energie und Material, den die relativ
wenigen Erwachsenen auf die Kinder verwenden mußten,
ungeheuer war, wobei auf das einzelne Kind aber nur ein
winziger Teil entfiel. Und Großeltern, die hätten mithelfen
können, gab es kaum, da die Erwachsenen in der Regel jung
starben, nicht allzulange nach der Aufzucht ihrer Kinder. Kein
Wunder also, daß den Kindern eher lauwarme Gefühle entge-
gengebracht wurden. Wenn sie überlebten, blieben sie nicht
lange bei ihren Eltern. Sie wurden Ammen übergeben und
kamen später als Dienstboten oder Lehrlinge in andere Haushalte. Als Kleinkinder wurden sie oft viele Stunden sich selbst
überlassen, während die Erwachsenen arbeiteten, was bedeutete, daß Unfälle an der Tagesordnung waren. Wenn sie starben, wurden sie nicht weiter betrauert. Die Eltern wohnten
nur selten der Beerdigung ihres Kindes bei, und selbst die
Kinder reicher Leute wurden im Tod wie Arme behandelt: Ihre
Leichname wurden »in Leintücher aus billigem Sackleinen
eingenäht und in große Sammelgräber geworfen«.[18]
Bei aller Hoffnungslosigkeit geht die Geschichte jedoch gut
aus – jedenfalls in der Fassung von Ariès' Anhängern, derzu-

folge die emotionalen Beziehungen zwischen Eltern und Kindern langsam, aber sicher immer inniger wurden. Über die
Gründe für diese Entwicklung gehen die Meinungen allerdings
auseinander. DeMause sieht die Erklärung in einer »Regression« auf seiten der Elterngenerationen, die, ähnlich wie in der
Psychoanalyse, im Lauf der Jahrhunderte nach und nach zu
dem psychischen Alter ihrer Kinder zurückkehrten, so daß sie
sich immer besser in sie einfühlen konnten und sie dementsprechend verständnisvoller und liebevoller behandelten. Andere führen die Fortschritte in der Eltern-Kind-Beziehung auf
den Aufstieg des Kapitalismus oder einen allgemeinen Geist
des Wohlwollens zurück. So unterschiedlich die Begründungen auch ausfallen, man ist sich weitgehend einig, daß das
18. Jahrhundert eine regelrechte Revolution der Zärtlichkeit
in die Wege leitete.
Die Kernfamilie schottete sich ab, schloß sich enger zusammen, definierte sich bewußter. Die Häuslichkeit, dieses Netz-
werk von Privatheit und Intimität, das die Familie als Ganzes
umgibt, wurde großgeschrieben, während die Verbundenheit
mit der Welt der Tanten, Onkel, Freunde und Arbeitsgenossen
sich abschwächte. Die Familieneinheit wurde langsam zum
Bollwerk gegen die Außenwelt: »wir« gegen »die anderen«.
Diese Entwicklung spiegelt sich in den Häusern der Mittelschicht. Es gab nun mehr Räume mit speziellen Funktionen,
zusätzliche Geschosse, Dielen und Korridore, kurz: Privatsphäre. Privatsphäre fördert Intimität, Zusammenschluß, Fa-
milienidentität und natürlich neue erotische Ausdrucksmög-
lichkeiten bei der »Urszene« (zweifellos sehr zur Erleichterung
der späteren Freud-Jüngerschaft). Der Historiker Randolph
Trumbach entdeckt Anzeichen für »sanfte«, fast schon antiautoritäre Erziehungsmethoden im 18. Jahrhundert. Allan
MacFarlane, der die englischen Familienbeziehungen von der
Moderne bis ins Jahr 1300 zurückverfolgt, stellt eine allgemeine Hinwendung zu einer leidenschaftlicheren und erotische-
ren Form der ehelichen Liebe fest, die er »institutionalisierte
Irrationalität« nennt.[19] In diesem neu erfundenen Gefühlszu-

stand waren private Emotionen ausschlaggebend, nicht mehr die öffentliche Funktion. Die Ehepartner, so Lawrence Stone, wurden zu Gefährten. Von nun an setzte die ideale Ehe eine Harmonie der Seelen voraus. Die Idealvorstellung ehelicher Vollkommenheit existiert bis heute ungebrochen, so selten sie in der Realität auch verwirklicht wird.

Es mag auch schon früher die eine oder andere liebende Familie gegeben haben, aber erst im 18. Jahrhundert wurde sie zum allgemeinen Leitbild erhoben. Dieses neue geistige Klima ließ Kinder endlich zu den vergötterten Empfängern all jener Zärtlichkeitsbezeugungen werden, die für unser heutiges Empfinden die einzig natürliche Reaktion darstellen.

Ein Ariès und seinen Anhängern entgegengesetzter historischer Ansatz zeichnet freilich ein sehr anderes Bild.[20] Seine Vertreter stützen sich in der Hauptsache auf Quellen wie Kirchenbücher und Steuerregister aus staubigen Provinzarchiven, Berichte von Leichenbeschauern, Testamente, Gesetzestexte und, wenn verfügbar, auch Tagebücher, persönliche Dokumente und Biographien. Sie ziehen Schlüsse, die weit konservativer und vorsichtiger sind. Nach ihrer Auffassung war die Kernfamilie schon immer die Norm; gleichgültige Mütter existieren nur in der zynischen Phantasie von Ariès und seiner Anhängerschaft. Von einer modernen Erfindung kann für sie keine Rede sein: Die Familieneinheit von Vater, Mutter und Kindern, durch gegenseitige Zuneigung ebenso zusammengeschweißt wie durch gemeinsame Interessen, ist ihrer Meinung nach ein natürliches Phänomen oder doch zumindest eine unausweichliche Konvention. Sie mag durch ökonomische Zwangslagen und durch Feinde vorübergehend mißbraucht und verzerrt worden sein, aber sie hat sich jedesmal unweigerlich wieder behauptet.

Die Unverzüglichkeit, Schärfe und Heftigkeit dieses Gegenschlages legt den Schluß nahe, daß die Leugnung eines Gefühls, das so grundlegend ist wie die Mutterliebe, eine unduldbare Tabuverletzung bedeutet. Peter Laslett und seine Schule – John Hajnal, David Herlihy, Barbara Hanawalt, Linda Pol-

lock und andere – sind der Ansicht, daß Ariès' Anhänger es
sich in ihren Gemäldeinterpretationen zu leicht machen. Die
Darstellung von Kindern als Miniatur-Erwachsene, so betonen
sie, könne ebensogut malerischen Traditionen oder techni-
schem Unvermögen zuzuschreiben sein. Außerdem gebe es im
Mittelalter sehr wohl realistische Kinderdarstellungen.[21] So
zeigen mehr als ein Viertel der Illustrationen im Utrechter
Psalter, einer bebilderten Handschrift aus dem 9. Jahrhundert, Kinder als Kinder.[22]
Zudem legen die Ariès-Jünger das elterliche Verhalten im
Mittelalter nach Meinung ihrer Kritiker viel zu negativ aus.
Das Einwindeln sei vielleicht eine Sicherheitsmaßnahme gewesen, nicht eine Form repressiver Beeinträchtigung. Sein
Kind aus dem Haus in die Obhut einer Amme zu geben, müsse
nicht die Zurückweisung des Kindes bedeuten, es könne auch
eine harmlose Konvention sein. Und eine gelegentliche Tracht
Prügel habe möglicherweise als notwendig und heilsam gegolten. Außerdem seien auch mittelalterliche Erwachsene in un-
tergeordneter Stellung oft geschlagen worden. Es sei eben hart
zugegangen damals. Und die durchaus existierenden Hinweise
auf Kinderfreundlichkeit würden von Ariès und den Seinen
entweder ignoriert oder verzerrt. So wurde zum Beispiel der
heilige Anselm für seine Einfühlsamkeit und Nachsicht der
Jugend gegenüber gefeiert. Er erklärte es zu seinem Anliegen,
im Umgang mit anderen ebensoviel Sanftmut und Verständnis
zu beweisen, wie seine Mutter sie ihm als Kind gezeigt habe.[23]
Sollten den Leser Zweifel an der Glaubwürdigkeit eines lange
verstorbenen Heiligen beschleichen, der wohl mehr von mora-
lischem Sendungsbewußtsein als dem Drang zur Selbstoffen-
barung beflügelt wurde, so wartet die Schule mit den Geschichten französischer Bauern aus dem Dorf Montaillou im 14.
Jahrhundert auf. Aufgezeichnet wurden diese traurigen und
stellenweise verzweifelten Berichte von Jacques Fournier,
dem Bischof von Pamiers, dem es freilich in erster Linie darum
ging, Material für die Inquisition zu sammeln. Die Trauer von
Müttern, die hier ihre kleinen Kinder im Stich lassen oder

begraben mußten, wird in Fourniers Akten quälend deutlich.
Eine schluchzende und schreiende Mutter reißt sich die Haare
aus und schlägt sich gegen Kopf und Brust; eine andere Mutter
flieht nach dem Tod ihres Kindes in den Wald; wieder eine
andere weigert sich, den Leichnam ihres kleinen Sohnes für
die Beerdigung freizugeben; ein Vater ist wie gelähmt vor
Kummer.[24] Wenn das nicht Elternliebe ist, was dann?
Auch die tatsächliche Größe der Haushalte ist Anlaß zu anhaltenden Diskussionen. Peter Lasletts Anhängern zufolge gab es
in Europa schon seit Urzeiten die Kernfamilie – nicht nur den
riesigen, gestaltlosen Haushalt, sondern auch die einfache
fünf- oder sechsköpfige Familie, die in einem Haus für sich
allein lebte. Das würde heißen, daß auch damals Privatheit,
familiäre Gefühle und Mutterliebe möglich waren. Aber Laslett und Co. ziehen ihre Schlüsse mit ganz wenigen Ausnahmen[25] rückwirkend, aus Untersuchungen von Haushalten ab
dem 16. Jahrhundert, also mindestens fünfzig Jahre nach dem
Ende des Mittelalters. Und sie neigen zur Schnappschußtech-
nik, das heißt, sie betrachten die Familien nur zu einem
bestimmten Zeitpunkt und nicht über einen ganzen Lebenszyklus hinweg, was ein verzerrtes Bild des Familienumfangs zur
Folge hat. Letzten Endes helfen beide historischen Ansätze –
der »theoriegetriebene« um Ariès wie auch der »faktengetrie-
bene« um Laslett – ihren Quellen ein bißchen nach, um ihre
Theorien – oder Hoffnungen – in puncto Mutterliebe zu stützen.
Selbst Ariès bekannte 1980, kurz vor seinem Tod, daß er bei
einer sorgfältigeren Prüfung der mittelalterlichen Quellen die
elterlichen Gefühle in dieser Epoche womöglich nicht ganz so
kompromißlos in Abrede gestellt hätte.[26] Aber die faktenge-
triebenen Historiker tun sich ebenso schwer, die Existenz
einer von der Großfamilie abgeschotteten, privaten, liebenden
mittelalterlichen Kernfamilie auf wissenschaftlich einwand-
freie Art zu beweisen. Die Grabungen sind keineswegs abgeschlossen, und das endgültige Urteil der Geschworenen über
die Mutterliebe im Mittelalter steht noch aus.

Widersprüchliche Botschaften

Wenn die mittelalterliche Mutter wie Maria war, dann müßten wir fragen: wie welche Maria? Die Muttergottes machte zahlreiche Persönlichkeitsveränderungen durch. Und sie ist nur die berühmteste einer ganzen Reihe von Mutterfiguren, die die mittelalterliche Phantasie beschäftigten, jede von ihnen ein denkbares Identifikationsangebot. Da ist zum Beispiel die sündige Verführerin Eva, das moralische Gegenbild der Jungfrau. Oder Héloïse, die weltberühmte Geliebte des Abélard, die nicht nur ihn, sondern auch ihrer beider Sohn verließ, um ins Kloster zu gehen. Oder die duldsame Griseldis, die Apotheose männlichen Wunschdenkens, deren jammervolle Geschichte der Unterwerfung unter ihren Mann (inklusive Kinderopfer) von nicht weniger als drei der »Großen« der Epoche verarbeitet wurde – Chaucer, Boccaccio und Petrarca. Oder auch die Mutter Grendels, die einzige aktiv handelnde Frauengestalt in *Beowulf*, dem frühesten noch erhaltenen Epos in englischer Sprache – eine Ausgeburt der Hölle, die sich allen außer ihrem Sohn als Ungeheuer zeigte; ihn liebte sie abgöttisch. Die Prioritäten, die in diesen Mutterfiguren zum Ausdruck kommen, könnten verschiedener nicht sein. Mehr noch, sie sind so widersprüchlich, daß sie einander praktisch aufheben.

Aber die mittelalterlichen Männer und Frauen schienen sich erstaunlich wenig an Widersprüchen aller Art zu stören. Ritter sprachen von Ehre und gingen unter die Straßenräuber. Geistliche und Nonnen predigten Enthaltsamkeit und feierten selbst Orgien. Verlauste, halb verhungerte Bauern in dreckstarrenden Bruchbuden wohnten Seite an Seite mit reichen Bauern, die Schweinefleisch, Geflügel und Wild speisten, in Federbetten schliefen und in den dörflichen Badestuben nach Herzenslust Bäder nahmen. Nach einem Morgen andächtiger Sammlung im Dom konnte sich ein mittelalterlicher Gelehrter das Spektakel einer öffentlichen Hinrichtung zu Gemüte führen, bei der Bestrafungen von widerlicher Grausamkeit mit größter Akribie ausgeführt wurden. Ein Dom selbst konnte

eine Kreuzung aus Sanktuarium und Bestiarium sein. So extrem waren die Gegensätze mittelalterlichen Lebens, daß ihm ein »Mischgeruch von Blut und Rosen« nachgesagt wurde. Die Madonna ist mitnichten die ganze Geschichte.[27]
Besser als durch irgendeine der bisher erwähnten Frauengestalten läßt sich die Mutterschaft in diesem Zeitalter vielleicht durch ein anderes Bild symbolisieren, durch ein Phänomen, das die ganze Vielschichtigkeit, die Widersprüchlichkeit, die Scheinheiligkeit und die ideologischen Konflikte mittelalterlicher Elternschaft zum Ausdruck bringt – das Findelhaus. Die ersten Findelhäuser wurden im 8. Jahrhundert in Italien eingerichtet; von dort breiteten sie sich vom 14. bis zum 16. Jahrhundert nach Norden aus. Wenn man die Vergabe von Kindern an Klöster mitzählt und den jüngsten Forschungsergebnissen des Yale-Historikers John Boswell Glauben schenkt, dann war die Aussetzung von Kindern während des Mittelalters und später immer noch gang und gäbe. Die Findelkinder nahmen so überhand, daß sich bis zur Mitte des 15. Jahrhunderts die meisten größeren Städte Europas zur Einrichtung von Heimen gezwungen sahen, damit die Bürger auf der Straße nicht durch den Anblick ungewollter Kinder belästigt wurden. (Man fühlt sich unwillkürlich an die Rolle heutiger psychiatrischer Einrichtungen erinnert.) Zweifellos deuten die Findelhäuser auf ein menschenfreundliches, ja sogar verzweifeltes Bemühen hin, verlassene Kinder zu retten – die christliche Antwort auf den alten Brauch der Aussetzung –, aber sie zeigen auch, wie viele Kinder eine solche Hilfe benötigten. Wozu hätte es einer Lösung bedurft, wenn es kein Problem gegeben hätte? Die Existenz des Findelhauses belegt zwei eigentlich unvereinbare Einstellungen zur Elternschaft im Mittelalter: den Wunsch, Kinder abzuschieben, und den Wunsch, sie zu retten.
Um die Sachlage noch zusätzlich zu verkomplizieren, verschlechterten sich im Lauf der Zeit die Zustände in diesen Heimen in einem solchen Ausmaß, daß der Großteil der Kinder kurz nach der Einlieferung starb. Was als Instrument der

Barmherzigkeit gedacht gewesen war, stellte sich als Werkzeug des Todes heraus. Diese Widersprüche werden versinnbildlicht durch eine ganz besonders merkwürdige bauliche Eigenheit der Findelheime, die *tour*, einen Kasten, in den man ein ungewolltes Kind von außen hineinlegen konnte; indem man diesen Kasten um 180 Grad drehte, beförderte man das Kind ins Hausinnere, ohne dabei gesehen zu werden. Eine solche Vorrichtung läßt darauf schließen, daß die Kindesaussetzung als schändlich galt (warum sonst die Anonymität?), aber gleichzeitig erleichterte sie die Ausführung der bösen Tat. Wie ist so etwas zu verstehen?[28]

Ganz aus einem Guß ist natürlich kein Zeitalter, aber obwohl keines solche Brüche aufweist wie das Mittelalter, haben moderne Wissenschaftler doch ein paar Grundmuster ausmachen können. Was die Geschlechtsrollen angeht, so war diese Epoche eine der erfreulicheren. Sowohl die mittelalterliche Burgherrin als auch ihr Gegenbild, die arme Bauerndirne, waren wohl »emanzipierter« als ihre von aller Welt abgeschnittenen Vorgängerinnen im griechischen *oikos* oder ihre Nachfolgerinnen in den Renaissance-Palästen. Die Männer erniedrigten ihre Frauen in der Regel nicht zu Haushaltssklavinnen, um selbst bei Prostituierten auf ihre Kosten zu kommen, wie sie es früher getan hatten, noch drängten sie sie in die Rolle von Zierpuppen oder Hexen, so wie das später der Fall war. Das lag nicht daran, daß der mittelalterliche Mann politisch korrekt war. Ihre Funktionsgleichheit – wenn auch nicht Statusgleichheit – hatte die Frau äußeren Umständen zu verdanken, nicht einer liberalen Ideologie. Die Ritter befanden sich die meiste Zeit auf Kreuzzügen, also mußten ihre Frauen sich um den Besitz kümmern. Das Christentum bot den Frauen erstmals eine Alternative zu ihrer oft tödlichen biologischen Bestimmung zur Mutter: Im Kloster hatten sie Zugang zu akademischer Bildung und einflußreichen Posten.

Die Mehrzahl der mittelalterlichen Bevölkerung lebte natürlich weder auf Rittergütern noch im Kloster, sondern auf Bauernhöfen. Dort, auf dem Acker, schufteten die Mütter Seite an Seite mit ihren Männern und Kindern. Die Plackerei ist eine große Gleichmacherin. Später änderte sich diese Situation, aber zu Beginn des Mittelalters genossen Mütter einen gewissen Respekt. Wenn das frühe Mittelalter der Mutter auch keinen klar umrissenen Status verlieh, so registrierte es ihre Existenz doch in einer Weise, wie das in der Antike undenkbar gewesen wäre, wo sie, wenn überhaupt, als gieriges Monster dargestellt wurde. Nun, da die Mütter mehr Zustimmung bekamen, änderte sich auch die Einstellung zu den Kindern. Verhätschelt wurden die Babys deshalb nicht gleich, aber genausowenig wurden sie willkürlich ermordet. Kindestötung und -aussetzung kamen zwar, wie gesagt, vor, aber es waren Akte, die nicht leichtfertig begangen wurden, sondern aus Verzweiflung und mit Gewissensbissen. (All das änderte sich im Spätmittelalter.) Wieder einmal scheint die Wertschätzung der Kinder in direktem Verhältnis zur Wertschätzung der Mütter gestanden zu haben. Die Achtung vor beiden hat jedoch auch ihre Tücken.

Teufel oder Engel: Das Bild des Kindes

Das Christentum verhalf den Kindern zu größerem Ansehen. Schließlich war Jesus Christus als Säugling zur Welt gekommen, was dem Prestige dieser Altersgruppe nur zuträglich gewesen sein kann. Aber das Christentum verringerte ihr Ansehen auch: Ihr bislang neutraler Status erschien nun von Natur aus mit einem Makel behaftet. Während der folgenden tausend Jahre wurden Kinder entweder als heilige Unschuldslämmer oder als verderbte Träger der Erbsünde gesehen. Doch bei aller Widersprüchlichkeit der Botschaften zollte das Christentum den Kindern wenigstens Aufmerksamkeit. Zum erstenmal in der Menschheitsgeschichte war der moralische Zustand des Kindes von Belang.[29]
Wie konnten Kinder, mit dem Jesuskind als Vorbild, anders als unschuldig sein? Das war denn auch anfangs die vorherr-

schende Meinung. In der Heiligen Schrift hieß es, die Menschen müßten werden wie die Kinder, um in das Reich Gottes einzugehen. Kindlich sein hieß christlich sein. Solche Metaphern stellen ein Kompliment an Kinder dar, Schmeicheleien im hehrsten Sinne. Natürlich schloß die in der Bibel gepriesene Kindlichkeit nach aller Wahrscheinlichkeit keine Wutanfälle und Windelallergien mit ein, sondern bezog sich mehr auf die kindliche Unschuld, auf die Fähigkeit zum Staunen, auf eine Unvoreingenommenheit, die das Kind Wahrheiten sehen läßt, die zynischen Erwachsenen verborgen bleiben. Außerdem war man damals der Ansicht, Kinder wüßten noch nicht um »das Böse« (sprich sexuelles Verlangen oder die Angst vor dem Tod) und seien darum von einer seligen Einfalt. Das Kind taucht an allen möglichen Stellen im Neuen Testament als Metapher höchsten Lobes auf: Wir alle sollen das Reich Gottes annehmen wie ein Kind; Christus hat durch sein Sterben seinen Jüngern das Paradies erkauft, die nun Gottes Kinder heißen, und dergleichen mehr. Eines der häufigsten Sujets in der mittelalterlichen Kunst ist der Kindermord von Bethlehem, was dafür spricht, daß Gewalt gegen Kinder eine Vorstellung war, die die damaligen Menschen mit Grauen erfüllte und Ariès' Theorie von der mütterlichen Gleichgültigkeit in dieser Epoche widerlegt. Der Kindermord von Bethlehem geht auf das Konto des Königs Herodes, der in seinem verzweifelten Versuch, den neugeborenen Herrscher Christus zu vernichten, alle Kinder in Bethlehem töten ließ. Die Darstellungen dieses Ereignisses, so etwa das Fries in der Kathedrale von Chartres, zeigen ausnahmslos Eltern, die außer sich sind vor Schmerz über den Tod ihrer Kinder. Ein letztes Beispiel für die neutestamentliche Kinderliebe: Einmal, offenbar am Versöhnungstag (Jom Kippur), versuchten die Jünger, wohl mit den besten Absichten, Jesus von den Gläubigen abzuschirmen, die ihm ihre Kinder brachten. Er aber sagte: »Lasset die Kinder zu mir kommen und wehret ihnen nicht; denn solcher ist das Reich Gottes.«[30]
Bis dahin hatten Kinder nur potentiell als menschliche Wesen

gegolten. Kindheit und kindliche Bedürfnisse waren kein Thema, das die Männer und Frauen der Antike sonderlich beschäftigte. Das Kind barg nach Plato vielleicht die Möglichkeit zur Vervollkommnung in sich, aber solange diese Möglichkeit nicht tatsächlich realisiert wurde, blieb das Kind ein nicht-rationales Wesen und somit uninteressant. Eine solche Einstellung war zweifellos praktisch, wenn es um die Aussetzung ungewollter Kinder ging. In auffallendem Gegensatz dazu wurde das Kind im Christentum, wie auch zuvor schon im Judentum, hochgehalten. Die Christen verurteilten sowohl Kindestötung als auch die Aussetzung von Kindern aufs schärfste (wenn auch, wie wir gesehen haben, nicht immer wirksam).

Aber obwohl Christus den Kindern – wie auch Frauen, Ausgestoßenen und anderen Unglücklichen – eine bevorzugte Stellung einräumte (in der damaligen Zeit eine radikale Haltung), beurteilten seine Interpreten die Jugend ziemlich hart. Augustinus etwa vertrat die Meinung, daß Kinder mit der Erbsünde empfangen und geboren werden. Ein Baby trug also, wenn es zur Welt kam, bereits das Brandmal der ursprünglichen Auflehnung Adams gegen Gott und war dazu geschlagen mit ununterdrückbarer Fleischeslust und einem unvermeidlichen Hang zum Bösen. Die Sünde wird hier als eine Art körperliche Verunreinigung betrachtet, die sich weitervererbt. Dem widersprach Pelagius, der der Ansicht war, daß Kinder ihr Leben frei von irgendwelcher Schuld beginnen und nur für die Sünden verantwortlich sind, die sie selbst begehen. Als beide Parteien ihre Position dargelegt hatten, schloß sich die alte Kirche Augustinus' Meinung an. Das bedeutete, daß alle Kinder von Natur aus sündhaft waren und deshalb getauft werden mußten, um das ihnen angeborene Böse wegzuwaschen. Taufen wurden zwar bereits seit vierhundert Jahren zelebriert, hatten aber bislang eher den Charakter eines Initiationsritus bei der Annahme des neuen Glaubens gehabt. Nach der gründlich überholten Lehre dagegen wurde ein Kind, das ungetauft starb, dem Höllenfeuer übergeben. Solcherart war die traurige, aber unumgängliche Konsequenz aus den von Augustinus festgelegten Prämissen.

Einem modernen Bewußtsein mag diese Doktrin wie ein extremes Beispiel für die Projektion der Schuld auf das Opfer vorkommen – das Unglück eines frühen Todes wird zusätzlich durch ewige Verdammnis bestraft. Selbst die alte Kirche fühlte sich nicht ganz wohl mit dieser kaum bemäntelten Kinderfeindlichkeit. Die Theologen machten sich unverzüglich auf die Suche nach Argumenten, die zeigen sollten, daß ungetaufte Kinder zwar in die Hölle wanderten, aber dort nicht leiden mußten. Das Ergebnis dieser Bemühungen war das feinsinnige Konzept der Vorhölle, einer Art Vakuum, in dem es keine Qualen gibt.[31] Ganz astrein war die Sache nicht, aber es machte das Kind unstreitig zu einem Angelpunkt der christlichen Lehre. Wo Kinder also in der abendländischen Kultur zuvor nichts gegolten hatten, waren sie nun plötzlich von größter Bedeutung.

Aus heutiger Perspektive erinnern Augustinus' Beobachtungen über das Wesen von Kindern stark an Freuds Theorie über die infantile Sexualität. Schließlich liefen seine *Confessiones* auf eine ebenso bedeutsame wie neue Erkenntnis hinaus: daß nämlich Kinder von genauso »perversen« inneren Vorgängen motiviert werden wie Erwachsene und daß sich die Charaktereigenschaften des Erwachsenen bis in die früheste Kindheit zurückverfolgen lassen. Damit meinte er gewiß nicht, daß Kinder schlechter sind als Erwachsene. Im Gegenteil, kein Autor vor ihm hatte Kinder je so ernst genommen.[32] Seine Lehren bereiteten auch den Boden für das Kind als Topos in der Literatur und der bildenden Kunst. Von nun an wurde die Gestalt des Kindes entweder mit Sünde oder mit Unschuld assoziiert. Im Mittelalter war es die Unschuld, eine schwere Bürde, wie sich herausstellen sollte.

Die Rolle des Kindes in der mittelalterlichen Literatur bestand größtenteils im Leiden. In jedem literarischen Genre – Ballade, Ritterroman, Volkssage, Versepos, ja sogar in Heiligenviten – wurden Kinder verstümmelt, ertränkt, erstickt und vor allem ausgesetzt, am liebsten im Wald, auf Befehl eines Königs, der Angst vor einer Prophezeiung hatte, oder eines besessenen Ehemannes, der damit seine Frau auf die Probe stellen wollte.[33] Im typischen Ritterroman (dem Vorläufer des Märchens) ist der junge Held auf irgendeine Weise seinen hochgeborenen wahren Eltern geraubt worden und muß nun zurückkehren und sein Erbe fordern. Dabei hat er schwere Prüfungen zu bestehen, stellt aber durch großen körperlichen Mut oder durch Klugheit (manchmal auch durch beides) seine vornehme Abstammung unter Beweis. Er durchlebt Jahre der Not, kämpft in verzauberten Wäldern mit Drachen oder anderen Fabelwesen und kehrt zu guter Letzt an den Ort seiner Herkunft zurück, wo er eine Prinzessin heiratet (genau wie der Herr Papa). Solcherart ist das Schicksal von Sir Degare, Octavian und vielen anderen, unter ihnen Parzival, einer der Ritter der Tafelrunde aus der Artussage.

Der ausgesetzte Kind-Held des Ritterromans kommt natürlich nicht um; das hätte das Ende des Genres bedeutet, das ja das Wunderbare darzustellen hatte. Die Geschichte entführt den Zuhörer oder Leser in eine Welt des Außergewöhnlichen, um ihn, in der Person des Helden, am Ende wohlbehalten zu Hause abzuliefern. Der Held, der im übrigen immer männlich ist, wird mit allen Gefahren fertig und findet zu sich selbst. Kein Wunder, daß das Genre so populär war. Es war der pure Eskapismus. Über die universelle Identitätssuche hinaus enthüllte der mittelalterliche Ritterroman nichts über die Kindheit als solche. Der Held war zwar jung, aber er hatte nichts Kindliches an sich.

Während der Ritterroman seinen Kind-Helden in der Regel am Leben erhielt, gebärdeten sich andere literarische Gattungen weit weniger zimperlich. Ein beliebtes englisches Stabreim-Gedicht aus dem 14. Jahrhundert erzählt von »Maria, dem milden Eheweib«, das während der römischen Belagerung Jerusalems den eigenen Sohn brät und aufißt. Diese spezielle Thematik muß tief im europäischen Bewußtsein verankert sein, denn sie ist im Lauf der Jahrhunderte mit nur minimalen

Abweichungen immer wieder verarbeitet worden.[34] Auch in
den vielen Geschichten über die Wundertaten der Muttergottes, die im 11. Jahrhundert sehr beliebt geworden waren,
mußten Kinder schrecklichste Folterqualen über sich ergehen
lassen. Zugegebenermaßen wurde jedes dieser Kinder zuletzt
gerettet, aber in der Zwischenzeit hatte man ihm vielleicht die
Zunge herausgeschnitten, Glassplitter zu schlucken gegeben
oder es ins Wasser geworfen, nur damit es durch das barmher-
zige Eingreifen der Jungfrau befreit werden konnte.[35] Hier wie
auch sonst überall ist das Kind eine mitleiderregende Figur,
die nur dazu dient, die Schlechtigkeit oder Wundertätigkeit
anderer, in diesem Falle der Muttergottes, zu demonstrieren.
Helden brauchen Opfer, um sich zu profilieren.
In Chaucers *Canterbury-Erzählungen* finden sich nur sechs
Geschichten, in denen Kinder eine größere Rolle spielen, und
in jeder dieser Geschichten erleiden sie außerordentliche
Grausamkeit. Keines von ihnen ist als Charakter entwickelt;
sie alle sind nur Marionetten, unschuldig verstrickt in das
Unglück ihrer Eltern.[36] Die duldsame Griseldis in der Ge-
schichte des Oxforder Scholaren zum Beispiel läßt brav jedes
einzelne ihrer Kinder zur Tötung wegführen, nur weil ihr
Mann es so befiehlt. Wie sich am Schluß zeigt, war der einzige
Zweck der Übung, ihre Ergebenheit auf die Probe zu stellen,
aber dennoch vereint sie sich willig wieder mit dem Urheber
ihrer Qualen. Das potentielle Leiden der Kinder in dieser
Geschichte dient damit der Demonstration der sklavischen
Loyalität ihrer Mutter zu ihrem Vater, einer Loyalität auf
Kosten der Kinder. Ob Chaucer Griseldis' »Duldsamkeit« als
eine Tugend verstanden wissen wollte, wird in feministischen
und literaturwissenschaftlichen Kreisen heiß diskutiert. Wie
auch immer, Tatsache bleibt, daß die Kinder bereitwillig geopfert werden.
Daß Kinder so oft als Opfer von Gewalt zu fungieren hatten,
scheint auf eine grundsätzliche Anteilnahme am Schicksal von
Kindern hinzudeuten. Mittelalterliche Kinder wurden eingesetzt, um Mitgefühl hervorzurufen, weil sich das mit ihnen

besonders gut bewerkstelligen ließ. Sie mußten in der Literatur leiden, gerade weil die Menschen ihnen in der Realität nicht gleichgültig gegenüberstanden. Aber die extreme Häufigkeit solcher Geschichten, die peinigende Detailtreue, mit der die Folterqualen manchmal geschildert werden, und das völlige Fehlen von Texten, in denen Eltern sich vorbildhaft um ihre Kinder kümmern, weisen doch auf einen gewissen Realitätsgehalt hin, sei es als Spiegel oder als Deckmantel. Ganz von ungefähr kommen solche Motive nicht.

Das Thema der Kindesmißhandlung ist in diesen Geschichten zu alltäglich, zu allgegenwärtig, zu unangefochten, um sich als bloßer literarischer Kunstgriff abtun zu lassen; es muß eine Form der Wahrheit widerspiegeln, wenn schon keine buchstäbliche, so doch eine innere. Kinder eigneten sich als Sympathieträger, aber ein unbewußtes feindseliges Wunschdenken kommt dabei doch auch zum Ausdruck. Die Menge aggressiver Inhalte in der mittelalterlichen Literatur verrät die Verfasser ebenso, wie die Menge der von einem Zensor begutachteten Pornographie dessen heimlichen Gelüste verrät. Wie die Theologie der Zeit ist auch die Literatur des Mittelalters in bezug auf Kinder äußerst zwiespältig; die Menschen damals scheinen ihre Kinder gleichzeitig geliebt und gehaßt zu haben.

Oberin oder Sünderin: Das Bild der Mutter

Weit zwiespältiger als den Kindern stand man jedoch den Müttern gegenüber. Eben noch im Bild der Heiligen Mutter idealisiert, wurde ihnen im nächsten Augenblick gerade aufgrund ihrer Mutterschaft die Heiligkeit verwehrt. Bis ins 13. Jahrhundert war der Heiligenstatus den Unverheirateten vorbehalten.[37] Ein großer Teil dieser Widersprüchlichkeit rührt von der christlichen Einstellung zur Sexualität her.

Im frühen Mittelalter war Christen der Geschlechtsverkehr am Sonntag, Mittwoch, Freitag, an den Quatembertage, im

Advent, in der Passionszeit und vor der Kommunion untersagt.
Sex war außerdem verboten, wenn eine Frau menstruierte,
schwanger war oder vor kurzer Zeit ein Kind geboren hatte,
weil sie dann »unrein« war (hier macht sich der jüdische
Einfluß bemerkbar). An den wenigen freien Dienstagen galt es
für Ehepaare aufzupassen, daß sie auch ja nicht die falsche
Stellung einnahmen: Missionarsstellung war wohlgelitten,
»nach Art der Hunde« tabu.[38] Da das Kinderzeugen eine so
überaus schändliche Angelegenheit war, ist es kein Wunder,
daß die Elternschaft nicht allzu viel Gnade vor den Augen der
frühen Kirchenväter fand.

Jesus selbst gab dem Zölibat den Vorzug. Im Himmel, so
verkündete er, würde es keinen Ehestand geben. Die Apostel
sprachen sich noch entschiedener gegen die Ehe aus. »Wenn
sie aber sich nicht können enthalten«, sagt Paulus, »so laß sie
freien; es ist besser freien als von Begierde verzehrt werden.«
Die Ehe war nur das kleinere von zwei Übeln; man nahm sie
in Kauf, weil sie die Sexualität in halbwegs geordnete Bahnen
lenkte, aber sie stellte ein Zugeständnis dar. Eheleute, so
Paulus, sollten schamrot werden ob ihrer Lebensumstände.
Die Botschaft ließ an Deutlichkeit nichts zu wünschen übrig:
Der Ehestand war dem Zölibat moralisch unterlegen.

Im Frühmittelalter galt die Ehe damit ironischerweise als
subversiv, weil sie von der Fleischeslust befleckt war. Sie war
die einzige zulässige Form, in der Geschlechtsverkehr überhaupt stattfinden konnte; aber daß er stattfand, machte die
Zulässigkeit im Grunde zunichte. Diese Prüderie kam nicht
erst mit dem Christentum auf. Einzelne philosophische Schulen im späten Griechenland wie etwa die der Stoiker und
Neuplatoniker predigten Selbstverleugnung und Askese als
ein Gegenmittel gegen die Exzesse der Römer, gegen die Ge-
walttätigkeit ihrer Spiele und ihren verschwenderischen Kon-
sum. Diesen Griechen war die körperliche Leidenschaft nicht
geheuer. Für sie stand die Sexualität der Vernunft entgegen,
und der Vernunft gebührte der Vorrang. Die Christen erfanden die sexuelle Repression also nicht; sie führten nur ver-

stärkt die alten Angriffe gegen die heidnische Lebensweise fort (wie das übrigens auch die Juden getan hatten). Ihre wütende Ablehnung jeder Art von Sinnlichkeit wurde wahrscheinlich von dem Wunsch geschürt, sich von all den götzenverehrenden Freigeistern abzusetzen und eine »höherstehende« Moral zu definieren. Aber sie schossen über das Ziel hinaus (und sicherten dadurch den Psychotherapeuten der Zukunft ein florierendes Geschäft). In dem Bestreben, jeglicher Unzucht ein Ende zu bereiten, verurteilten die ersten Christen letzten Endes so gut wie alles, was mit Sexualität zu tun hatte, von Abtreibung, Scheidung, Ehebruch über Masturbation und lüsternen Gedanken bis hin zum Coitus interruptus. Im Frühmittelalter hatte dies einen regelrechten Abscheu vor allem Körperlichen zur Folge, inbesondere vor dem weiblichen Körper.

Mit der Verdammung der Sexualität ging die Angst vor den Verführungskünsten der Frauen einher, in denen man eine Gefahr für das Seelenheil des Mannes sah. Paulus erzählte die Geschichte vom Sündenfall neu, wobei er den Hauptteil der Schuld nun Eva anlastete – die er in die Nähe der griechischen Pandora rückte – und Adam reinwusch. Evas Ungehorsam wurde zum Beweis für die angeborene Schwäche und Sündhaftigkeit der Frau und zur Hauptrechtfertigung ihrer ewigen Unterordnung unter ihren »natürlichen« Herrn, den spirituelleren, rationaleren und reineren Mann. Paulus hat einen Präzedenzfall für kirchliche Misogynie geschaffen, die bis heute fortbesteht. Seine kompromißlose Umdeutung hat die Feministinnen zu der Bemerkung veranlaßt, Eva sei nicht gefallen, sie sei gestoßen worden.[39]

Im 13. Jahrhundert holte der heilige Thomas von Aquin nach guter alter Intellektuellentradition einige der »wissenschaftlichen« Lehrmeinungen des Aristoteles aus der Mottenkiste, so etwa die Ansicht, daß Väter mehr geliebt werden sollten als Mütter, weil sie den *aktiven* Beitrag zur Empfängnis leisteten. Leider bereiteten die Thesen des Thomas von Aquin den Boden für eine der furchterregendsten Schlachten im Krieg der Geschlechter – die Hexenjagd im 16. Jahrhundert.[40] Aber um der

Kirche Gerechtigkeit widerfahren zu lassen: Sie sorgte auch
für eine heilsame Prise Idealisierung, für tatsächlichen Respekt und für neue Möglichkeiten für die Frau. Die Geschichte
der Geschlechtsrollen im Christentum wird immer verzwick-
ter.

Zur Zeit der frühen Kirchenväter hatten sich christliche Aver-
sion gegen die Sexualität und Unterordnung der Frau zum
allgemeingültigen Dogma verhärtet. Alle Frauen waren Verführerinnen wie Eva. Ihre Körper waren nichts als Gefäße
voller Schmutz. Das Seelenheil setzte die Ausmerzung der
sexuellen Leidenschaft voraus. All dies widersprach logischerweise der menschlichen Natur. So sah sich die Kirche schließlich gezwungen, Zugeständnisse an das Fleisch zu machen. Die
Ehe fand allmählich Aufnahme in die offizielle christliche Glaubensordnung, aber sie wurde einzig zum Zwecke
der Fortpflanzung gebilligt. Geschlechtsverkehr um der Lust
willen – selbst mit dem Ehepartner – wurde zur läßlichen
Sünde erklärt. Der heilige Hieronymus warnte die Männer
ausdrücklich davor, ihre Frauen zu sehr zu lieben. Interessanterweise war der ursprüngliche Grund für die Ablehnung der
Geburtenregelung nicht die Sorge um das Leben des Fötus (von
dem man damals noch keine klare Vorstellung hatte): Verhütung implizierte vielmehr, daß Paare einfach zum Vergnügen
miteinander schliefen, nicht um sich fortzupflanzen. Die Mutterschaft war der Preis, der für die Fleischeslust zu entrichten
war.[41]

All dies verhieß nichts Gutes für den Stand des Familienlebens. Indem die frühchristliche Hierarchie die Enthaltsamkeit
über die Ehe stellte, bekundete sie mehr als deutlich ihre
Ablehnung des Häuslichen. Die Ansprüche der Familie machten den Ansprüchen Gottes zu starke Konkurrenz. Die Verstrickung in eine Welt der säkularen Ambitionen und familiären Streitigkeiten stellte eine unhaltbare Ablenkung dar. Die
mittelalterliche Kirche sah in einer engen, gefühlsintensiven
Familienbindung keinen absoluten Wert. Schließlich liegt
auch das Verhältnis Jesu zu seiner Mutter im dunkeln. In den

synoptischen Evangelien wohnt sie nicht einmal seiner Kreuzigung und Auferstehung bei, während andere Frauen aus seiner Gefolgschaft dies mit aller Loyalität tun. Die frühen Christen, Männer wie Frauen, mußten ihre Familienbindungen in der Nachfolge Christi ganz ausdrücklich aufgeben, nicht stärken.[42]

Daß mit dem Bad der Sexualität auch das Kind ausgeschüttet wurde, kann da nicht verwundern. Hieronymus konnte an der Mutterschaft beim besten Willen nichts Anziehendes entdecken. Für ihn war die Schwangerschaft »das Anschwellen des Uterus« und schwangere Frauen »ein abscheulicher Anblick«, und er konnte sich nicht vorstellen, wie sich irgend jemand Nachwuchs wünschen konnte, »ein Balg ... das ihm auf der Brust herumkriecht und ihm den Hals mit Unflat beschmutzt«. Was auch immer sich hinter dem frühen Verbot der Geburtenregelung verbirgt, die Absicht, mehr Kinder zu erzeugen, ist es ganz gewiß nicht! Während das erste Gebot an Adam und Eva lautete: »Seid fruchtbar und mehret euch«, standen die frühen Christen, die überzeugt waren, daß das Ende der Welt nahe sei (am 31. Dezember 999, Schlag Mitternacht, um genau zu sein), der Frage der Erbfolge eher gleichgültig gegenüber. Sowohl Tertullian als auch Ambrosius empfanden das Ende der Gattung Mensch als keinen zu hohen Preis für die Ausmerzung der menschlichen Sexualität. Die Juden im ersten Jahrhundert dachten da übrigens sehr anders: Kinder stellten für sie einen Segen dar, Unfruchtbarkeit eine Geißel Gottes. Sie hatten kein Interesse an Jungfräulichkeit oder Zölibat als Dauerzustand. Den Christen dagegen waren geistige Nachfahren wichtiger als biologische. In ihren Augen gab es bereits genug Menschen auf der Welt. Augustinus – wie etliche andere Kirchenväter auch – sah in einer großen Familie nichts Erstrebenswertes: Wenn Christen schon heiraten mußten, sollten sie sich nach Möglichkeit auf ein oder zwei Kinder beschränken und den Rest ihres Lebens in freiwilliger Enthaltsamkeit verbringen.[43]

Alles in allem war die biologische Mutterschaft also nur zweite

Wahl. Als besser galt es, ihr zu entsagen.[44] Aber es kommt noch
komplizierter.

So sehr die frühen Christen die Mutterschaft als solche herab-
setzten, so eifrig griffen sie die Bilder der Mutterschaft auf und
übertrugen sie auf eine spirituelle Ebene. Die Mutterschaft
wurde zum Leitbild für das Klosterleben. Bei den Nonnen hieß
die Äbtissin »Mutter«. Das galt auch für weibliche Heilige, die
ihrerseits ihre Anhänger »Kinder« nannten. Diese Art der
Anrede scheint Zuneigung und eine ganz besondere Ehrfurcht
bekundet zu haben. In den Schriften der Kirchenväter wird die
christliche Kirche ebenfalls als eine Mutter gesehen, die Kinder (das heißt neue Gläubige) gebiert; die Wasser der Taufe
werden als ein Schoß der Wiedergeburt gesehen, der durch die
Kraft Jesu befruchtet wird. In Weiterentwicklung dieser Analogie bediente sich eine Reihe mittelalterlicher Autoren vom
12. bis zum 15. Jahrhundert, insbesondere die Zisterzienser-
mönche, einer expliziten und ausgefeilten Muttermetaphorik,
wenn sie von Christus selbst sprachen. Die Mutterschaft war
also nicht durch und durch schlecht. Aber was im frühen
Mittelalter hochgehalten wurde, war geistige Mutterschaft,
nicht die real existierende. Die biologische Mutter stand im
wahrsten Sinne des Wortes himmelweit unter ihrem zölibatären Gegenbild.[45]

Vergessen dürfen wir dabei jedoch nicht, daß im Christentum,
anders als in anderen männlichen monotheistischen Religionen, eine Mutter eine zentrale Rolle spielte – gegrüßet seist du
Maria, Mutter Gottes! Eine mütterlichere Figur ist nicht denkbar. Eine Frau mit solch untadeligen Referenzen mußte doch
das Bild der Göttin rehabilitieren, ungeachtet der griechisch-
römischen Göttinnen, die ihre Kinder ebenso oft ermordeten
wie großzogen. Seit zweitausend Jahren, von dem Moment an,
da der Schoß der Jungfrau von der Ewigkeit berührt wurde,
ist Maria einer der Grundpfeiler der abendländischen Kultur
gewesen. Jedes Zeitalter, unser eigenes eingeschlossen, hat sie
schon um Hilfe angerufen. Ihre cremesüßen Konterfeis fanden
im Spätmittelalter reißenden Absatz. Die Mutter Jesu ist die

berühmteste aller Frauen, die je gelebt haben; keine andere wurde so verehrt und so oft gemalt, und nach keiner sind so viele Kirchen und kleine Mädchen benannt worden. Selbst heute noch sorgt sie im Vatikan für Unruhe, weil ihr weltweites Revival der Anbetung ihres Sohnes Konkurrenz macht.[46] Die Zahl der behaupteten Marienerscheinungen übersteigt die der Jesuserscheinungen bei weitem. Wie sollte eine Frau von so weltumspannender Popularität dem Ansehen der Mutterschaft nicht förderlich sein?

Leider betonten die in ihren Klöstern verschanzten zölibatären Mönche, von denen ein Großteil der Schriften aus dem 12. und 13. Jahrhundert stammt, vor allem den *Gegensatz* zwischen der Himmelskönigin und ihrem sterblichen Pendant. Die Jungfrau wurde als Gegenentwurf zur eigenen, lebenden Mutter dargestellt.[47] Die Mönche hielten die Frauen keineswegs dazu an, so gute Mütter zu werden wie Maria. Das wäre ein allzu banales Anliegen gewesen, wenn man statt dessen versuchen konnte, die Seelen der Frauen zu retten. Nein, der Weg zum Heil war das Zölibat. Über weite Teile des Mittelalters wurde die Jungfräulichkeit Marias über ihre mütterlichen Eigenschaften gestellt. Eine »geistige« Mutter zu werden, indem man Jungfrau blieb, in ein Kloster ging und Christen heranzüchtete, brachte mehr Punkte ein als die physische Mutterschaft.[48] Die Tatsache, daß irdische Mütter und die Jungfrau Maria von der Natur für dieselben reproduktiven Funktionen ausgestattet worden waren, schien überhaupt keine Rolle zu spielen. Die menschliche Mutter war defloriert worden, das schloß jeden Vergleich mit der Jungfrau ein für allemal aus. Um der Madonna gleich zu sein, mußte man ein intaktes Jungfernhäutchen vorweisen, kein Baby.

Obwohl die Vita der Jungfrau Maria im Zweifel wenig Aufschluß über die tatsächliche Mutter-Kind-Beziehung im Mittelalter gibt, sagt sie doch viel über die Mutter-Phantasien der Zeit aus. Die Muttergottes war ein proteisches Symbol, das seine Gestalt je nach den Bedürfnissen der Gläubigen wechselte. In gewisser Weise hatte Maria, von ihrem fragwürdigen

Erdendasein abgesehen, kaum eine eigene Existenz. Was sie
darstellte, hing völlig von den frühchristlichen Meinungsma-
chern ab. Wenn wir uns die Wandlungen ansehen, die ihr Bild
im Lauf der Jahrhunderte durchgemacht hat, dann erfahren
wir eine Menge über diese christlichen Manipulatoren und
ihre Erwartungen an die Mutter – wie auch über unsere
eigenen Erwartungen an sie, denn das christliche Weltbild, das
die abendländische Kultur im Mittelalter so gut wie vollständig dominierte, stellt die Grundlage unseres heutigen Welt-
bilds dar. Allzusehr gewandelt hat sich die menschliche Sehnsucht nach der Mutter wohl ohnehin nicht.

Maria wird im Neuen Testament nur etwa ein dutzendmal
kurz erwähnt, manchmal nicht einmal namentlich und keineswegs immer schmeichelhaft. Das war nicht gerade ein verhei-
ßungsvoller Anfang, aber wenigstens ließ er ausreichend Spiel-
raum für die Phantasie. Die Bibel liefert uns eine praktisch
leere Leinwand, den perfekten Hintergrund für unsere Projektionen. Als die Marienverehrung zunahm, genügten die ursprünglichen Hinweise auf die Muttergottes ihren Anhängern
nicht mehr, und dieser Unzufriedenheit entsprang eine Sammlung ruhmvoller Legenden, die Apokryphen, die die Leerstellen, besonders die um ihre Geburt und ihren Tod herum, aufs
schönste ausfüllten. In diesen Geschichten wurde aus der
demütigen, gehorsamen Magd aus Nazareth, die schweigend
die göttliche Sendung ihres Sohnes in ihrem Herzen bewegte,
eine Himmelskönigin, die die Macht hatte, das menschliche
Geschick im Diesseits wie im Jenseits zu beeinflussen und zu
lenken. Nach und nach übernahm sie sogar einige der Eigenschaften ihres Sohnes.[49] Das Interesse an Maria ging immer
von der einfachen, frommen Bevölkerung aus, dem religiösen
Fußvolk sozusagen, und stieß bei der Kirchenhierarchie auf
Ablehnung. Aber mit der Zeit verleibte sich die Kirche zähne-
knirschend etliche der Legenden ein, wobei sie sich freilich
immer vehement einer Gleichstellung Marias mit Jesus wider-
setzte. Die Protestanten ließen sich auf die Marienverehrung
natürlich gar nicht erst ein.

Bis zur zweiten Hälfte des 5. Jahrhunderts spielte Maria keine große Rolle. Vielleicht befriedigten die letzten Reste der heidnischen Göttinnenkulte ein eventuelles Bedürfnis der breiten Masse nach weiblicher religiöser Bildlichkeit. In jedem Fall entspricht Maria voll und ganz dem schutzgewährenden, lebenspendenden Aspekt der alten nahöstlichen Fruchtbarkeitsgöttinnen. Möglicherweise machten ihre Anhänger auch Anleihen bei den klassischen Göttinnen. So ging beispielsweise in Ephesus die Begeisterung für Artemis-Diana nahtlos in eine ebenso glühende Marienverehrung über.[50] Im 6. Jahrhundert legte die Kirche den Feiertag Mariä Himmelfahrt auf den 15. August fest, die Zeit der alten Artemis-Festlichkeiten. Das Ende der Göttinnen-Tempel fiel genau mit den Anfängen des Marienkultes zusammen.

Zufall oder nicht, an die vierhundert Jahre lang weigerten die Kirchenväter sich, die eigenständige Bedeutung der Jungfrau anzuerkennen. Die christlichen Gemälde dieser Zeit plazierten Maria ausnahmslos unter Jesus, sogar unter die Weisen aus dem Morgenlande, die Heiligenscheine tragen, während sie selbst keinen hat. (Im 6. Jahrhundert erhielt sie dann ebenfalls einen.) Die Väter waren jedoch gewissenhaft darauf bedacht, sie als die »zweite Eva« darzustellen, nicht zu verwechseln mit der ersten, gefallenen Eva. Diese Aufspaltung der Mutter in Gut und Böse ist nichts Neues (man denke nur an Neumanns Beschreibung der neolithischen Göttinnen) und hat heute noch Gültigkeit, so etwa in dem Film *Eine verhängnisvolle Affäre* aus dem Jahre 1987, wo der niedlichen Hausfrau und Mutter die »schwangere«, mörderische Karrierefrau entgegengestellt wird. Maria und Eva: »rein« und »unrein«. Die normale Frau wurde gnadenlos mit letzterer assoziiert – oder mit ihren neutestamentlichen Entsprechungen Maria Magdalena und Maria der Hure, eine wie die andere gefallene Frauen.

Zu guter Letzt gab es auch noch das Hickhack über das Hymen der Jungfrau. Die Evangelien lassen keinen Zweifel daran, daß Maria Jungfrau war und daß Jesus auf wundersame Weise ohne einen menschlichen Vater empfangen wurde. Aber was

geschah nach seiner Geburt? Riß das Jungfernhäutchen bei
der Niederkunft? Darüber schweigen sich die Evangelien aus,
wie auch über fast alles andere, was mit Maria zu tun hat.
Schlief Maria überhaupt nie mit Joseph? Sind die Brüder, die
Jesus in der Bibel erwähnt, nur Stiefbrüder, Josephs Söhne
aus einer früheren Ehe? Hätte Maria nämlich je Geschlechtsverkehr gehabt, dann wäre sie nicht besser als Eva, ein »Kessel
voll der Hölle der Lüsternheit«, um mit Augustinus zu sprechen. Wie hätte ein solches unreines Gefäß den Heiland her-
vorbringen können, selbst wenn die Verunreinigung, technisch
gesehen, erst nach der Geburt stattgefunden hätte? Nach
langwierigen doktrinären Beratungen gelangte man zu einem
Ausweg aus dieser peinlichen Lage.[51] Die Heilige Jungfrau
Maria, so lautete der Beschluß, war ewige Jungfrau. Diese
Entscheidung wurde gerade noch rechtzeitig gefällt. Der Marienkult gewann immer mehr an Macht, und es war von
höchster Wichtigkeit, daß sie einen geziemenden Gegenstand
der Verehrung abgab.

Welch glänzende PR-Arbeit! Ohne es zu wissen, hatten die
ersten kirchlichen Würdenträger ein Bild geschaffen, das auf
brillante Weise den unbewußten menschlichen Sehnsüchten
entsprach. Hier haben wir eine Mutter, die der Sohn ungehindert begehren konnte, ohne einen rächenden Vater fürchten
zu müssen. Die Jungfrau steht jeglicher Sexualität so fern, ihr
Wesen ist so lauter, ihr Hymen so undurchdringlich, daß sie
praktisch unverführbar ist. Sie bedroht in keiner Weise die
Schicklichkeit. Auch Töchter kommen bei ihr auf ihre Kosten.
In der Identifikation mit ihr können sie stellvertretend ihren
Wunsch ausleben, sich mit einem allmächtigen Vater zu ver-
einigen und von ihm geschwängert zu werden.[52] Und auch sie
bleiben dabei unbefleckt, frei von Schuld. Dieses unbewußte
ödipale Verlangen nach dem Elternteil des jeweils entgegen-
gesetzten Geschlechts ist nach dem Säuglingsalter vermutlich
in jedem von uns zu einem gewissen Grad wirksam. Laut
Freud ist es die Kraft, die die Welt in Gang hält. Aber noch
grundlegender als diese sogenannte ödipale Befriedigung ist

vielleicht die Fürsorglichkeit, die die Muttergottes verkörpert. Maria steht für die Mutterschaft an sich. Ihr unerreichter Rang als Stillerin aller Bedürfnisse ist womöglich schon Erklärung genug für ihre Beliebtheit, und er liefert den gegenwärtigen revisionistischen Psychoanalytikern sogar noch reizvollere Nahrung als ihre ödipalen Assoziationen.

Die erotische Komponente spielt dennoch eine entscheidende Rolle. Wer daran zweifelt, braucht sich nur die Mariendarstellungen aus dem Spätmittelalter anzusehen. Pornographisch sind sie vielleicht nicht gerade, aber etwas Verführerisches haftet ihnen auf jeden Fall an. Die Madonna ist überwältigend schön, jung, zart und ab dem 14. Jahrhundert oft teilweise entblößt. Obwohl nicht direkt unzüchtig, enthüllt sie doch ihre Brust, um das Kind zu stillen, was im Betrachter eine Spannung zwischen erotischem Interesse und religiöser Bedeutung erzeugt. Bis zu diesem Zeitpunkt hatte man im Christentum streng darauf geachtet, daß die in der Kunst abgebildeten Personen bekleidet waren. Das Kind ist jetzt übrigens ebenfalls teilweise nackt; seine Männlichkeit wird offen gezeigt (auch wenn die Geschlechtsteile manchmal etwas verschleiert sind), und zwar in den verschiedensten Posen der Intimität mit seiner entzückenden jungen Mutter. Maria ähnelte zunehmend einer idealisierten Version der Herrin im Minnedienst, die ja ein Objekt sexuellen Begehrens war. Sie war nun offiziell sowohl die Braut Christi als auch seine Mutter, eine aus meiner Sicht inzestuöse Rollenverquickung, an der sich die kirchlichen Würdenträger freilich nicht sonderlich zu stören schienen. Quod licet Iovi .... Kirchenmänner ließen sich schwärmerisch darüber aus, was für ein Gefühl es gewesen sein mußte, vom Heiligen Geist geschwängert zu werden. Der heilige Bernhard erging sich über die Jungfrau in Metaphern, die ein postfreudianischer Leser auf den Index setzen würde. Sie war für ihn »der Busch, der Bogen, der Stern ... das Hochzeitsgemach, die Tür, der Garten ... etc.«, alles Bilder der Sinnlichkeit und Leidenschaft, die mehr auf ein Sexualobjekt als auf ein sexuelles Neutrum zu passen scheinen.[53]

Man braucht kein Psychologe zu sein, um die Zwangsläufigkeit solcher Ausbrüche sexueller Bildlichkeit in den Schriften fanatisch prüder Asketen zu begreifen. Die erotischen Triebe lassen sich wahrscheinlich nie so völlig unterdrücken, daß sie sich nicht auf die eine oder andere Weise doch Luft machen. Freud nannte das die »Wiederkehr des Verdrängten«. Die schöne Himmelskönigin war das perfekte Ventil für die risikofreie Entladung dieser Gefühle. Gleichzeitig gestattete (und verstärkte) eine solche Hingabe eine Abneigung gegen wirkliche Frauen, die man als beschmutzt von Sexualität und Fortpflanzung sah[54] – eine Spaltung der Empfindungen, wie sie für das Mittelalter typisch war.

Mit der Zeit näherte sich die von der Geistlichkeit in der Marienverehrung verwendete Sprache so sehr der des Liebhabers an, daß man, wie der Kunsthistoriker Kenneth Clark bemerkte, bei einem mittelalterlichen Liebesgedicht kaum unterscheiden konnte, ob es an die Geliebte des Dichters gerichtet war oder an die Jungfrau Maria. Das größte aller Werke über die ideale Liebe, Dantes *Vita Nuova*, ist denn auch ein quasi-religiöses Werk, an dessen Ende es Beatrice ist, die Dante ins Paradies führt (was einen Rollentausch mit der Jungfrau darstellt).[55]

Der Marienkult verquickte sich mit der Anbetung der Geliebten – der *amour courtois*, der höfischen Liebe oder Minne –, diesem hochkonventionalisierten Verhaltenskodex, dem mittelalterliche Edelleute unterworfen waren. Nach den Regeln der Minne hatte ein Ritter sich nach einer hochgeborenen Dame zu verzehren, der er sich auf Gedeih und Verderb auslieferte. Kein Opfer war zu groß für sie. Ein ganzes Leben konnte damit zugebracht werden, einer anspruchsvollen, unnahbaren Herrin zu dienen, die, so wollte es die Regel, mit einem anderen verheiratet war. Einer der Kernsätze des Kodex ist die Unvereinbarkeit von Liebe und Ehe. Seine (angeblich) unvollzogene Liebe adelte den Ritter und ließ ihn zum Dichter werden. Und diese an den Höfen vorgetragene Dichtung ging in die Predigten zum Lobpreis der Muttergottes ein.

Wie seltsam, daß zwei Konventionen, die so völlig unterschiedlichen Impulsen entsprangen – der eine heilig, der andere profan –, miteinander verschmelzen sollten. Aber sowohl die Marienverehrung als auch die Minne basieren auf der Sublimierung erotischen Begehrens. Beide stellen die Frau auf ein Piedestal und verleugnen dabei ihre Sexualität. Keine enthält auch nur einen Funken Sympathie für die Mutterschaft oder Achtung vor ihr.

In keiner der beiden Traditionen schienen sich die Frauen besonders mit Nachwuchs abplagen zu müssen. Feministinnen mögen einwenden, daß sowohl Maria als auch die Herrin in der höfischen Liebe eine Erfindung männlichen Wunschdenkens waren,[56] Gefangene von Männer-phantasien. Und doch werden einige von uns Bedauern verspüren, daß die Zeiten dahin sind, als das Objekt des höchsten Begehrens eine ältere Frau war.

All dieser Glorifizierung zum Trotz gab es eine eigene, nicht minder einflußreiche Tradition der Frauenschelte. Die Frauen wurden von den Troubadouren, den Trouvères und den Minnesängern in den Himmel gelobt, während man sie gleichzeitig in hochpopulären Traktaten gegen die Ehe lächerlich und verächtlich machte und in obszönen *fabliaux* als komische Figuren herabsetzte.[57]

Auf diese *fabliaux* geht die altbekannte Komödienkonstellation von zänkischer Ehefrau und Pantoffelheld zurück, die regelmäßig wiederverwendet wird, und zwar in so grundverschiedenen Werken wie den Dramen Shakespeares, den Romanen von Charles Dickens, *Rumpole of the Bailey* und *Popeye*. Manchmal wurden Frauen in ein und demselben Werk verherrlicht und verhöhnt. *Le Roman de la Rose*, die Bibel der Liebe aus dem 13. Jahrhundert, die zweihundert Jahre lang ein regelrechter Bestseller war, beginnt in traditioneller höfischer Manier, schließt jedoch mit beißenden Schmähungen gegen Frauen und die Ehe und preist die skrupellose Unzucht in derart verletzender und monotoner Ausführlichkeit, daß das Buch aus heutiger Sicht unlesbar ist. Der umfangreiche zweite

Teil von Jean de Meung wurde fünfzig Jahre nach dem von
Guillaume de Lorris verfaßten ersten Teil abgeschlossen.
Jeans Werk ist kein isoliertes Beispiel wütenden Frauenhas-
ses, sondern Teil einer langen Tradition, die bei der Kirche
wohlgelitten war. Dieses scheinbar widersprüchliche Hin und
Her zwischen der Idealisierung und der Beschimpfung der
Frau stellt in Wahrheit nur die zwei Seiten ein und derselben
Medaille dar. Es ist ein Versuch der Distanzierung, ein Resultat der Unfähigkeit, die Frau als allzumenschliches Wesen
anzuerkennen. Das Gegenteil von Liebe ist nicht Haß, sondern
Gleichgültigkeit. Die Männer im Mittelalter liebten und haß-
ten die Frauen, aber sie standen ihnen ganz gewiß nicht
gleichgültig gegenüber.
Kehren wir ins Frühmittelalter zurück. 431 n. Chr. erklärte
die Synode zu Ephesus Maria nicht nur zur Mutter Jesu,
sondern auch zur Mutter Gottes. Diese neue Rollenzuweisung
im Verein mit der bereits erfolgten Image-Aufbesserung (ihrer
Beförderung zur ewigen Jungfrau und »neuen, noch besseren
Eva«) steigerte ihre Beliebtheit beim Volke. Oder vielleicht
war es umgekehrt: Vielleicht gab ihre Beliebtheit den Anstoß
für die Änderung der Doktrin. Auf jeden Fall machte sie
Karriere. Im Lauf der nächsten siebenhundert Jahre wurde sie
zum absoluten Star. Hohe Feiertage wurden ausgerufen, um
die neu kreierten Ereignisse in ihrem Leben zu begehen – die
Verkündigung, die Heimsuchung, Lichtmeß, die Himmelfahrt
und schließlich auch noch die Unbefleckte Empfängnis. (Maria, so das Dogma, war ohne Erbsünde empfangen worden und
damit wie ihr Sohn von diesem Stigma befreit.) Man errichtete
ihr schwindelnd hohe gotische Kathedralen, Monumente von
überwältigender, nicht zu überbietender Großartigkeit wie
Notre-Dame in Paris, Chartres, Reims, Lyon und Senlis, um
nur Frankreich zu nennen. Man schrieb ihr Hymnen von
unerreichter Schönheit (das Ave Maria, das Salve Regina, das
Regina Coeli), bewegende, kunstvolle Gesänge, die uns heute
noch ergreifen. Immer mehr wurde sie auch zur Wundertäte-
rin. Vom 11. Jahrhundert an entstand eine Flut von Marien-

legenden. Die Madonna erschien allen, sie weinte, sie gab Milch, sie sprach, führte Heere zum Sieg und heilte Gebrechen. Die Kirche sah sich außerstande, diese Epidemie volkstümlicher Marienverehrung einzudämmen. Die Muttergottes wurde so beliebt, daß im 13. Jahrhundert ein Autor unverblümt erklärte: »Gott hat jetzt ein anderes Geschlecht.«[58]

Den Wandel des Marienbildes – und damit auch des Mutterbildes – illustriert am klarsten die allmähliche Vermenschlichung von Jungfrau und Kind in der Kunst. Für die größtenteils analphabetischen Menschen im Mittelalter spielten religiöse Gemälde fast eine ähnliche Rolle wie für uns heute das Fernsehen. Sie waren jedermann zugänglich; man sah sie immer und überall, so daß das gesamte Denken von ihnen geprägt wurde. Ihre Bedeutung kann gar nicht hoch genug eingeschätzt werden. Eine der frühesten Darstellungen von Maria mit dem Kinde (ein Motiv, das zur regelrechten künstlerischen Obsession wurde) ist eine bemalte Holzstatue in der Kathedrale von Saint Denis aus dem Jahre 1130. Sie ist prototypisch: Beide Gestalten sind hoheitsvoll, unnahbar und blicken feierlich geradeaus. Das Kind sitzt auf dem Knie seiner Mutter wie auf einem Thron und hält segnend die rechte Hand erhoben. Die Figuren lassen keinerlei Beziehung zueinander erkennen. Im 13. Jahrhundert wird die Madonna ausstaffiert wie eine byzantinische Kaiserin – prachtvolle Gewänder, Juwelen, ein Thron. Engel huldigen ihr. Mehr als mit Maria oder dem Kind fühlen sich die Gläubigen jedoch immer noch mit den Heiligen verbunden.[59]

Die Menschwerdung schreitet langsam fort. Der Gesichtsausdruck des Kindes wird lebhafter. Es lacht, spielt mit einem Ball oder Apfel, dreht sich halb um, um den Blick des Betrachters einzufangen (auffordernd? einladend?), und liebkost seine Mutter. Merkwürdigerweise war es jahrhundertelang Tradition, daß das Kind seine Mutter streichelte, nicht umgekehrt. Im allgemeinen ist Christus jetzt ein großes, wohlgenährtes Kleinkind, das durch eine Vielzahl zärtlicher Gebärden und Haltungen seine enge emotionale Bindung an die Mutter zu erkennen gibt. Von seinen Attributen der Weisheit und Herr-schermacht keine Spur mehr.[60]

Auch Maria verliert allmählich an Distanziertheit und Maje-stät. Sie wirkt jetzt wie eine Menschenmutter mit ihrem Kind. Immer öfter steht sie selbst im Mittelpunkt. In Szenen wie Mariä Verkündigung oder Mariä Heimsuchung begegnen wir ihr sogar allein. In der italienischen Renaissance des 14. und 15. Jahrhunderts wird sie auch als einfache Bäuerin gezeigt, manchmal barfuß und auf dem Boden sitzend. Diese neuen, in naturalistischem Stil gemalten Madonnen bilden einen Kon-trast zu den früheren Darstellungen, wie er größer kaum sein könnte. In ihnen manifestieren sich die Sanftheit, Einfühlsam-keit und der emotionale Reichtum der Jungfrau. Besonderer malerischer Nachdruck wird auf ihre entblößte Brust gelegt, die damit vielleicht zum sichtbarsten Ausdruck ihrer volksna-hen Schlichtheit, ihrer erdverbundenen erotischen Ausstrah-lung und ihrer Zugänglichkeit wird.[61]

Im Spätmittelalter erleben wir die Muttergottes dann als Vertreterin des ungeheuren Gefühlsüberschwangs der Re-naissance. Sie ist wieder die erhabene, machtvolle Königin aus den älteren Darstellungen, eine Mutter, die ihre Kinder vor allem Ungemach beschützt. Ihre Jungfräulichkeit ist unan-tastbar, was heißt, daß sie ihnen auch Schutz vor den eigenen Trieben gewährt. Sie ist jung und schön und befriedigt so latente erotische Sehnsüchte. Sie ist bescheiden und zugäng-lich, so daß sie ihre Kinder nicht einschüchtert. Und vor allem stillt sie sie, versorgt sie mit nie versiegender Muttermilch. Wie auch früher schon wurde in der Renaissance das Stillen in literarischen und didaktischen Werken in den höchsten Tönen gepriesen, obwohl die Lobgesänge zumeist auf taube Ohren stießen (wohlhabende Mütter stellten nach wie vor Ammen ein). Die Milch der Jungfrau, diese weiße, schimmern-de, feuchte Entsprechung des Sternenlichts, wurde zur magi-schen Flüssigkeit. In zahlreichen Marienlegenden heilte sie Blindheit, Krebs und andere Krankheiten.[62]

Und im späten 11. Jahrhundert wurde der Jungfrau im westlichen Europa noch eine weitere Körperflüssigkeit von psychologischer Bedeutung zugestanden: die Tränen.[63] Sie weint um den toten Christus. Das ist das oft wiederholte Trauermotiv der Pietà. Erinnern wir uns daran, daß Maria in den Berichten der Evangelisten (mit Ausnahme des Johannes) der Kreuzigung ihres Sohnes nicht beiwohnt. Aber in der Legende litt sie am Fuß des Kreuzes und teilte die Qualen Christi mit einem Schmerz, der dem seinen in nichts nachstand. Ihre Pein und die Anteilnahme der Gläubigen an ihrem Leid fanden auf dramatische Weise Ausdruck im »Stabat Mater«, einem lateinischen Meisterwerk aus dem 13. Jahrhundert, das unter anderem von Palästrina, Haydn und Rossini vertont wurde. Der Kult der Mater Dolorosa trieb im 14. Jahrhundert reiche Blüten.

Welches ungestillte Bedürfnis erfüllte diese weinende Mutter, die so machtvoll die ägyptische Göttin Isis mit dem toten Osiris heraufbeschwört? Warum wollte man die Mutter weinen sehen? Vielleicht befriedigte ihr Schmerz den unbewußten Wunsch nach einer Mutter, die so fühlt wie wir, die unseren Kummer wahrnimmt und vor allem versteht. Und schließlich sind Tränen ja Wasser. Wasser reinigt. Vielleicht stillt sie nicht nur unser Verlangen nach Anteilnahme, sondern auch unsere Sehnsucht nach Reinigung, Läuterung.[64]

Die Maria des späten 14. Jahrhunderts ist damit eine Muttergottes, die genauestens auf die Bedürfnisse und Wünsche der südeuropäischen Renaissance abgestimmt ist, auf das Verlangen nach Schutz, Stimulation, Mitgefühl und Fürsorge. Einige dieser Sehnsüchte bestehen heute noch, und mit ihnen einige der mittelalterlichen Eigenschaften der Jungfrau. Verhalf die Jungfrau Maria der Mutter zu neuem Ansehen? Wenn ja, dann war es, frei nach Simone de Beauvoir,[65] ein Sieg, der durch ihre Niederlage errungen wurde. Maria stand immer im Schatten ihres Sohnes. Ihr höchstes Verdienst waren Selbstverleugnung und Aufopferung. Eine »emanzipierte« Mutter, eine freie Frau oder auch nur eine vollkommene Göttin war sie nie. Wenn Gemälde ein Maßstab sein können, dann verschlechterte sich die Lage der Mütter in der Renaissance. Die Marienbilder wurden mit der Zeit immer süßlicher. Raffael verwendete als Modell für die Jungfrau in *Madonna della Sedia* seine bildschöne Geliebte. Er hüllte sie in einen modischen, reich bestickten Schal und ließ sie das Kind mit einem verführischen Blick umarmen. Vielleicht wollten die Mäzene elegante Frauen an den Wänden ihrer Häuser und Kirchen. Aber diese Art der Darstellung bewegt sich hart an der Grenze des guten Geschmacks. Raffaels Gemälde ist das Werk eines Genies. Bedauerlicherweise besaßen die wenigsten seiner Nachahmer seine Meisterschaft. Ihre Jungfrauen sind kraftlos, maneriert, geziert, von konventioneller Hübschheit. Und die Putten, die den Renaissance-Himmel bevölkern, bezeugen zwar einen Sinn für die Kostbarkeit und Vergänglichkeit der Kindheit, aber sie sind schlichtweg kitschig.[66] Die Bilder wurden zu Stereotypen, Schablonen, billigen Appellen an eine oberflächliche Sentimentalität und hatten immer weniger mit wahrem Gefühl zu tun. Eine Wertschätzung wirklicher Mütter oder wirklicher Kinder läßt sich in ihnen nicht erkennen. Und die Bildlichkeit erfuhr noch eine weitere Veränderung.

Eine andere Gestalt wurde der zeitlosen Mutter-Kind-Konstellation hinzugefügt: der Vater. Bis dahin war Joseph eine Nebenfigur gewesen, oft sogar eine komische Figur – so wurde er etwa gezeigt, wie er während des Wunders von Christi Geburt in tiefem Schlaf unter einem Felsen liegt. Wenn er in der mittelalterlichen Literatur erwähnt wird, was selten genug vorkommt, dann als »alter Mann«, und dementsprechend wird er auch gemalt.[67] Aber im späten 14. Jahrhundert wurde er modernisiert, verjüngt, aufgewertet und mit einer eigenen Geschichte versehen. Die Künstler stellten jetzt nicht mehr nur Maria und Jesus dar, sondern die Heilige Familie, zu der als neue Mitglieder Anna (Jesu Großmutter) und vor allem, als Oberhaupt, der generalüberholte Joseph gehörten. Die Heilige Familie wurde zum Vorbild für die ideale christliche Familie. Ihre Liebe und Loyalität verliehen den Familienbanden eine ganz neue Würde. Ein neues Familiengefühl kam auf, ein

wiedererstarktes patriarchales Moment, das in der Reformation und der frühen Neuzeit zu voller Blüte gelangte. Und mit
ihm ergab sich ein ganzer Komplex von neuen Problemen für
die Mütter.

Harte Fakten: Mütterliche Realität

Das früheste Modell: 500–1000 n. Chr.

Jeder Mensch hatte seinen »Blutpreis« im frühmittelalterlichen Europa. Die Westgoten, diese angeblichen Barbaren, die
im 5. Jahrhundert Rom eroberten, setzten ein Bußgeld fest,
das jeder zahlen mußte, der einen anderen verletzt oder getötet
hatte. Die Höhe der Strafe hing vom Alter des Geschädigten
ab. Der Wert einer Mutter läßt sich also leicht ermitteln. Eine
Frau im gebärfähigen Alter war 250 Soldi wert, mehr als
siebenmal so viel wie ein Mädchen und eindrucksvolle fünf
Sechstel vom Wert eines Mannes. Nicht allzu sexistisch, relativ gesehen. Wenn man dem römischen Geschichtsschreiber
Tacitus glauben will, ließen sich die Germanen ihre Frauen
sogar eine ganze Menge kosten; sie zahlten eine sehr ansehn-
liche Summe, die sogenannte Morgengabe, um sie heiraten zu
dürfen – im Gegensatz zu den Römern und den Christen in der
Renaissance, die, statt zu zahlen, in Form der Mitgift Geld
empfingen. Nach Tacitus waren die germanischen Mütter
Ausbunde an hausfraulicher Tugend. Sie waren treu und
fruchtbar. Sie hielten nichts von Verhütung, sondern brachten
statt dessen Scharen von kraftstrotzenden Kindern mit »Glied-
maßen von wundersamer Mächtigkeit« zur Welt. Sie stillten
ihre stämmigen Sprößlinge selbst und verboten die Tötung von
Kindern. Leider – oder gottlob, je nach Perspektive – entsprach
dieses rosige Bild germanischen Familienlebens nicht ganz der
Wahrheit. Tacitus hatte ein Hühnchen mit seinen römischen
Mitbürgern zu rupfen und wollte sie bloßstellen, indem er die

strikte Moral der Germanen ein wenig übertrieb. In Wirklichkeit hatten die germanischen Männer nicht nur mehrere Frau-
en, sondern auch Konkubinen, töteten sehr wohl ihre Neugeborenen (wenn auch nicht systematisch) und verschwendeten
ganz gewiß nicht viel Zeit und Mühe an ihren Nachwuchs. Da
Kinder so wenig psychischen und materiellen Aufwand verursachten, konnte man ruhig jede Menge davon in die Welt
setzen. Die Germanen waren außerdem Analphabeten, ver-
strickten sich in grausame Stammesfehden, rümpften die Nase über die höhere Kultur und ahndeten weder die Entführung
noch die Vergewaltigung von Frauen.[68]
Keine andere Epoche in der Geschichte des Abendlandes liegt
so im dunkeln wie dieser Zeitraum zwischen der Eroberung
Roms und dem Jahr 1000. Nur wenige Stimmen sind uns
erhalten, schon gar nicht die von Müttern oder Kindern.
Schreibkenntnisse gab es kaum, Dokumente noch weniger.
Man lebte am Rande des Existenzminimums, oft noch darunter. Die großen städtischen Zentren der Bildung und Kultur
verfielen; an ihrer Stelle entstanden kleine Bevölkerungsni-
schen um befestigte Burgen oder Kirchen herum. Auf den
Bauernhöfen waren die Sklaven durch Leibeigenenfamilien
ersetzt worden, die den Großteil der Bevölkerung ausmachten. Unter solchen Bedingungen müßten Kinder eigentlich
willkommen gewesen sein, und sei es nur als billige Arbeitskräfte.
Allem Anschein nach hatten die Mütter unter den schweren
Zeiten nicht mehr und nicht weniger zu leiden als alle anderen
auch. Das germanische Gesetz übertrug den Müttern im Lauf
der Jahre das Recht, als Vormünder ihrer Kinder aufzutreten,
Eigentum zu besitzen und zu erben; Frauen übten damit einen
gewissen wirtschaftlichen Einfluß aus.[69] Interessanterweise
waren Männer und Frauen in dieser Epoche zur Zeit ihrer
ersten Eheschließung in etwa gleich alt, was oft ein Hinweis
auf innerfamiliäre Gleichberechtigung ist.
Zur Zeit der Jahrtausendwende hatte die Kirche ihr Ziel erreicht: Die »Heiden«-Völker des Westens waren zum christli-

chen Glauben bekehrt, der nun vorrangig die europäische Lebensweise bestimmte. Die Kirche hatte sich widerwillig mit dem menschlichen Paarungsdrang abgefunden und nahm die Ehe unter die christlichen Sakramente auf. Schließlich, so tröstete sich ein kirchlicher Würdenträger, bedeuteten mehr Kinder auch mehr Jungfrauen. Christliche Bräuche wurden eingeführt, so etwa die feierliche Segnung von Braut und Bräutigam. In manchen dieser Bräuche machten sich Anklänge an heidnische Riten bemerkbar; in Rom zum Beispiel wurde über die Häupter der Frischvermählten ein Schleier gebreitet. Mit der Ausweitung ihrer Kontrolle über die Ehe wurde die Kirche möglicherweise unabsichtlich zum Anwalt der Frau. Als Folge ihrer Sinnenfeindlichkeit verbot sie die Haltung von Konkubinen, ahndete Ehebruch und Vergewaltigung mit großer Strenge und verurteilte die Vielweiberei. In diesem Punkt wirkte sich die aggressive Prüderie der Kirche wahrscheinlich zugunsten der Frauen aus und schützte sie vor den Launen ihrer Männer. Außerdem gab es dadurch einen gleichmäßigeren Anteil von Frauen in allen Gesellschaftsschichten. Da die Männer der Oberschicht keine Frauen mehr horten konnten, hatten die aus den unteren Schichten eine größere Chance, sich zu verheiraten, und mußten sich nicht mehr in gleichem Maß mit Entführung und Vergewaltigung behelfen (es herrschten rauhe Sitten damals).[70]

Ebenfalls eingeschränkt wurden Kinder- und Verwandtenehen, auch das zum Vorteil der Frau, obwohl es in erster Linie ein eigennütziger Schachzug von seiten der Kirche war: Es untergrub die Stellung der heidnischen Familien, die durch solche Heiraten ihren inneren Zusammenhalt zu stärken pflegten. Diese Maßnahme erweiterte den Aktionsradius der Frau und förderte ihre Betätigung im öffentlichen Leben.[71] Die Kirche erschwerte auch die Scheidung, die bis dahin leicht zu erwirken gewesen war. Das war von Nutzen für die Frauen, weil es ein stabiles Umfeld für das Großziehen der Kinder gewährleistete. Mütter konnten von ihren Männern nicht mehr ohne weiteres sitzengelassen werden.

Aber so viele Rechte die Kirche den Frauen auch sicherte,
nahm sie ihnen dafür doch andere, namentlich die Verfügung
über den eigenen Körper. Empfängnisverhütung und Abtreibung, die in der Antike bekannt, wenn auch nicht häufig im
Einsatz gewesen waren, wurden jetzt strikt verboten. Die
kirchliche Reglementierung der Ehe machte das Kindergebären zum Muß. Zunehmend konservativ, hierarchisch und von
Männern dominiert, brachte die Kirche die Mutterschaft immer weiter in ihre Gewalt.

Was die Frauen bei alledem empfanden, werden wir nie erfahren. Unser Wissen über das Mittelalter stützt sich zum größten
Teil auf die Aufzeichnungen von Mönchen. Ganz hoffnungslos
ist die Situation der Historiker deshalb jedoch nicht, denn die
Mönche, wenngleich unverheiratet, wußten einiges über die
Eltern-Kind-Beziehung zu berichten. Im Mittelalter wurde es
üblich, Kinder ins Kloster zu geben, ein Brauch, der seinen
Höhepunkt im 11. und 12. Jahrhundert erreichte. Mönche
waren für die Erziehung von kleinen Jungen zuständig; Nonnen bereiteten die Mädchen auf ein Leben in Christo vor. In
der Regel taten sie das allem Anschein nach auf einfühlsame
Weise; sie milderten die strengen Erziehungsmethoden der
Antike ab, indem sie den Kindern Zeit zum Spielen und Aus-
ruhen gestatteten und von körperlicher Züchtigung absahen.[72]
Aber all das setzt voraus, daß die Kinder zunächst einmal von
ihren Familien weggegeben wurden. Seine Kinder ins Kloster
abzuschieben, stellt für den Historiker John Boswell nur eine
andere Art der Aussetzung dar, die seinen Angaben zufolge
gang und gäbe war. So wie die Existenz von Ampeln auf
Verkehr hindeutet, deutet die Fülle der frühkirchlichen Dekre-
te gegen die Aussetzung darauf hin, daß die Christen ihre
Kinder ebenso aussetzten wie die heidnischen Griechen und
Römer vor ihnen. Wo früher freilich der Misthaufen als Abla-
geplatz diente, waren es jetzt die Kirchen. Die Kirche amtierte
als eine Art Girozentrale für die Verteilung von Kindern. Das
Verfahren war ein wenig unsystematisch, aber die Mehrzahl
der Kinder überlebte – im frühen Mittelalter zumindest. Die

ersten Findelhäuser wurden unter der Schirmherrschaft der Kirche gegründet. Wenn die Eltern ihrem Kind eine »Mitgift« beigaben, wurde es Laienbruder oder -schwester im Kloster. Wenn nicht, dann wurde es vermutlich Diener oder Dienerin, entweder in der Kirche oder in einem reichen Haushalt. Manche Kinder wurden offenbar auch zu Prostituierten. Das folgert man aus der verblüffenden Tatsache, daß frühe Theologen wie Clementius von Alexandria und Justinus der Märtyrer ihre Warnungen vor dem Besuch von Bordellen damit begründeten, daß die Männer dort vielleicht unwissentlich Inzest mit einem von ihnen ausgesetzten Kind begehen könnten. Eine für unser Empfinden merkwürdige Logik, aber sie läßt tief blicken: War die Aussetzung so sehr an der Tagesordnung, daß ein Vater damit rechnen mußte, in einem Bordell seiner eigenen Tochter zu begegnen?[73]

Wie Boswell sehr überzeugend aufzeigt, kann das Christentum die Aussetzungsrate ironischerweise noch in die Höhe getrieben haben. Die Kirchen und Klöster stellten ein allzeit bereites, ehrbares Auffangbecken für die abgeschobenen Säuglinge und Kleinkinder dar. Wenn das Kind dann auch noch ins Kloster aufgenommen wurde, sicherte das der Familie nicht nur einen wirtschaftlichen Vorteil, sondern verschaffte ihr obendrein gesellschaftliches Ansehen und göttliche Gnade. Aber auch die Aussetzung eines Kindes vor dem Kirchenportal ohne Beigabe von Geld für seinen Unterhalt verhinderte seinen Tod, jedenfalls in den ersten Jahrhunderten. Deshalb, so Boswell, läßt sich von der Aussetzung noch nicht auf einen Mangel an elterlicher Zuneigung schließen. Nach seiner Auffassung glaubten die Eltern nicht nur im Interesse ihres eigenen materiellen Überlebens zu handeln, sondern auch im Interesse des Kindes, dem Wohlleben oder doch zumindest eine normale Lebensdauer bevorstand, wo früher die einzige Alternative der Tod gewesen wäre.[74] Ich habe meine Zweifel an der Uneigennützigkeit der elterlichen Motive.

Die Forschung hat aus der inzwischen bis zur Mitte des 8. Jahrhunderts zurückreichenden Fülle des historischen Materials eine weitere Informationsquelle zutage gefördert, die auch authentische Schätzungen von Haushalten mit einschließt. Die berühmteste dieser Schätzungen erfaßt die Familien, die im 9. Jahrhundert in Saint Germain lebten. Aus ihr geht unter anderem hervor, daß in dieser Gemeinde (heute ein Stadtteil von Paris) 3601 Frauen und 4857 Männer lebten, daß also auf 135 Männer nur 100 Frauen kamen. Das Mißverhältnis ist eklatant. Vorausgesetzt, es wurden ungefähr genauso viele Mädchen wie Jungen geboren, was geschah dann mit den fehlenden Mädchen? Sie können schließlich nicht alle bei der Geburt gestorben sein. Die Demographen schöpfen bei solchen Zahlen gern Verdacht, da sie die Tötung weiblicher Säuglinge nahelegen. Andere Erklärungen sind denkbar; so könnte ein Teil der Frauen bei der Schätzung einfach übergangen worden sein. Aber die Eintragungen selbst lassen darauf schließen, daß das Interesse der Volkszähler eher dahin gegangen sein muß, die Einwohnerzahlen in die Höhe zu treiben, um die klösterlichen Pfründe zu vergrößern. Die Unterschlagung von Einwohnern, gleich welchen Geschlechts, wäre dem Zweck der Erhebung zuwidergelaufen.[75]

Die vielen Bezugnahmen auf Kindesmord in den Pönitenzbüchern (vielbenutzten Quasi-Handbüchern für Sünden der Christen mit entsprechendem Bußregister) deutet ebenfalls auf die Tötung von Säuglingen hin. Ein besonders häufig erwähntes Vergehen ist das Erdrücken im Bett. Offenbar war es nichts Ungewöhnliches, daß Babys in den Betten ihrer Eltern oder Amme, mit denen sie zusammenschliefen, erstickt oder totgedrückt wurden. Die Kirche argwöhnte allem Anschein nach – vermutlich zu Recht –, daß sich hinter manchen dieser Fälle vorsätzliche Tötung verbarg.[76] Wenn nicht, so müssen schon auffallend viele Menschen sturzbetrunken zu Bett gegangen sein.

Wir werden es wohl nie erfahren. Nach Meinung der meisten Historiker töteten oder vernachlässigten die frühmittelalterlichen Christen ihre Kinder nur aus Verzweiflung, die fast ausnahmslos mit der Armut zusammenhing. Kindesmißhandlung wurde von der Gesellschaft verurteilt, das geht aus den vielen Dekreten zu diesem Thema deutlich hervor. Die Mutter war damals ganz eindeutig nicht die wunderbare, allgütige Jungfrau Maria. Aber die Jungfrau Maria war im frühen Mittelalter schließlich auch nicht wunderbar und allgütig.

Das hochmittelalterliche Modell: um 1000 – 1400

Sehr zur Verwunderung und Erleichterung der breiten Masse begann das Jüngste Gericht doch nicht am 31. Dezember 999 um Mitternacht. Die Welt ging nicht unter; im Gegenteil, sie trat in eine Epoche von so fieberhafter Betriebsamkeit ein, daß ein Historiker das 11. Jahrhundert »radioaktiv« genannt hat.[77] Das Hochmittelalter ist das Zeitalter des unbegrenzten Adrenalinüberschusses, der großen Gesten. Man versuchte in selbstmörderischen Kreuzzügen das Heilige Land zurückzuerobern, unterwarf sich mit größtem Ernst den pedantischen Auflagen der Ritterlichkeit und der höfischen Liebe, die offenkundig nur Selbstzweck waren, und errichtete gewaltige gotische Kathedralen mit leuchtenden Buntglasfenstern von überirdischer Schönheit. Die Bildung florierte, es wurden Universitäten gegründet, große Städte gebaut, und all das mit einer solchen Intensität, daß man darüber fast vergißt, daß die meisten Menschen ein ganz normales Leben führten. Dieses Feuerwerk von Errungenschaften wurde durch einen neuen ökonomischen Wohlstand ermöglicht. Die Ursachen dafür lagen in der relativen politischen Stabilität, der Einführung des Tiefpflügens und des Fruchtwechsels, die, unterstützt durch eine lange Gut-Wetter-Phase, die Nahrungsproduktion vervierfachten. Die Bevölkerung wuchs. Zum erstenmal seit der Antike hatten die Menschen Energie übrig.
Das alles war – wie könnte es anders sein! – mit Papierkram verbunden. Diese Jahrhunderte bescheren uns eine Flut von Chroniken, Steuerregistern, Anstandsfibeln, Heiligenviten, juristischen Dokumenten, Grundbüchern und medizinischen

Abhandlungen, aus denen wir die Geschichte rekonstruieren, obwohl natürlich keines dieser Schriftstücke mit der Stimme einer Mutter spricht. Alle Fakten, die wir uns mühsam erarbeiten, beruhen notwendigerweise auf Schlußfolgerungen, sind zusammengestückelt aus beiläufigen Anmerkungen, etwa über die Füttergewohnheiten der Mütter von Heiligen oder die Bestattungsraten bei Neugeborenen. Und selbst diese »harten« Fakten erweisen sich als hoffnungslos inkonsistent, wenn es um die Mütter geht, genauso inkonsistent wie die Daten, die sich aus der mittelalterlichen Theologie, der schönen Literatur und der Malerei ableiten lassen.

An Widersprüchen herrschte kein Mangel. So schmälerten kirchliche und philosophische Schriften etwa den Anteil der Mutter an Zeugung und Fortpflanzung, dabei hätten die Hebammen sie jederzeit eines Besseren belehren können. Tierische Milch wurde einhellig als für Kinder ungeeignet befunden, aber die Existenz von Säuglings-Trinkhörnern läßt darauf schließen, daß sie dennoch verwendet wurde. Die Anstandsfibeln, eine Vorform des Knigge, die im 12. Jahrhundert populär wurde, wiesen die Männer einmal an, die Frauen ehrerbietig zu behandeln – wie etwa Andreas Capellanus' *De amore*, Buch I und II (nicht Buch III!) – dann wieder empfahlen sie, sie bei Ungehorsam windelweich zu prügeln – siehe das beliebte Handbuch des Chevalier Geoffrey de la Tour Landry. Dieses Werk war übrigens so erfolgreich, daß es in die englische und deutsche Sprache übersetzt und bis ins 16. Jahrhundert als eine Art Pflichtlektüre gehandelt wurde; eine Ausgabe erschien sogar mit Illustrationen von Dürer.[78]

Und wie reagierten die Frauen auf diese widersprüchlichen Signale? Hier sollten die heutigen Feministinnen aufhorchen. Sie nahmen alle Rechte, die sie besaßen, offenbar energisch wahr und ließen sich nichts gefallen. Der Kampf zwischen den Geschlechtern scheint ein heißes Thema gewesen zu sein (und das, bevor sich im 16. Jahrhundert der Buchdruck durchsetzte). Jean de Meung, Verfasser des zweiten Teils des *Rosenromans* und männlicher Chauvinist par excellence, bekam seine wohlverdiente Strafe durch die Feder von Christine de Pisan, einer französischen Dichterin, die bei der feministischen Forschung besonders beliebt ist, da sie die einzige Frau ist, die ihren Lebensunterhalt nachweislich durch Schreiben verdiente. Christines Gegenangriff auf Jeans misogyne Ergüsse fanden einen solchen Widerhall, daß daraus eine Debatte über die Natur der Frau entstand, die sich über Jahrhunderte hinzog und sogar einen Namen erhielt: »Die Frauenfrage«. Diese Debatte war abwechselnd hitzig, ironisch, verbissen, leidenschaftlich – und spielerisch.[79] Selbst der größte Dichter seiner Zeit, Geoffrey Chaucer, stürzte sich in den Geschlechterkampf. Er schuf seiner so durch und durch sanftmütigen, duldsamen Griseldis ein Alter ego in der Gestalt der derben Frau aus Bath (der Vorläuferin von Roseanne Barr?). Diese resolute Dame überlebte vier Ehemänner, und den fünften machte sie sich durch Prügel gefügig.

Entgegen dem Mythos trugen die mittelalterlichen Frauen übrigens auch keine Keuschheitsgürtel – diese Vorrichtung ist nichts als eine literarische Erfindung. Das romantische Bild der Schloßherrin, die auf dem Turm Wache stand und die Angreifer mit siedendem Pech übergoß, hat sich dagegen als wahrheitsgetreu herausgestellt. Die Dame des Hauses hatte sich meistens allein zu behelfen, wenn ihr Mann in der Ferne weilte, wie das die Regel war, denn irgendwo gab es immer Krieg. Es war durchaus nicht außergewöhnlich, daß Kinder statt des väterlichen Nachnamens den mütterlichen verwendeten, zum Zeichen dafür, daß es die Mutter war und nicht der Vater, der der Besitz gehörte oder die ihn verwaltete. Als die großen Handelsstädte des Mittelalters zu florieren begannen, knüpften sich an die Eigentumsrechte der Frau natürlich auch entsprechende Rechte in Beruf und Gesetz. In deutschen Städten war diese Rechtsgleichheit ausdrückliche Satzung. Frauen durften nun erben, vor Gericht gehen und dank der Kirche auch Heiratsanträge ablehnen (ein Recht, das freilich aufgrund des finanziellen Gängelbandes des Herrn Papa de facto nur auf dem Papier bestand).[80]

Im kirchlichen Bereich standen die Äbtissinnen den Äbten in puncto Macht an nichts nach. Das Kloster bot den Frauen der damaligen Zeit wenigstens *eine* Alternative zu ihrer biologischen Bestimmung. Obwohl die Entscheidung für das Klosterleben mehr als einen Verzicht erforderte, den heutzutage manche als inakzeptabel empfinden würden, verwandelten viele Nonnen diesen Nachteil in einen Vorteil, indem sie ihre Zurückgezogenheit dazu nutzten, sich zu bilden und gute Werke zu tun. Der weitaus größte Teil der mittelalterlichen Bevölkerung, die Bauern, fristeten natürlich ein Dasein, das so armselig war, so eingeschränkt durch feudalistische Zwänge und ständige Knochenarbeit, daß es fast schon ein Hohn wäre, darüber zu rechten, wer es nun schlechter hatte, die Männer oder die Frauen. Leibeigene Eheleute waren Partner für ein Leben nie endender Plackerei.[81]

Trotz eines gewissen Punktgewinns hatten sich die meisten mittelalterlichen Frauen den Männern zu fügen, zuerst ihrem Vater und dann ihrem Ehemann. Aus dem öffentlichen Leben waren sie weitgehend ausgeschlossen, in der Kirche ebenso wie im Staat, eines wie das andere patriarchale Systeme. Eine Machtposition garantierte allein das Witwentum, das ein Kunstprodukt des Rechtssystems war. Das Mittelalter muß eine Zeit der lustigen Witwen gewesen sein. Aber der einzige sichere Weg zum Witwentum war der Mord, und so blieb die Macht für die meisten Frauen Wunschtraum.

Ungeachtet ihres gesellschaftlichen Status hatten die Frauen im wohlhabenden Hochmittelalter allen Grund, sich Kinder zu wünschen. Für die Unter- und Mittelschicht gaben Kinder willkommene Arbeitskräfte ab. Im Alter von fünf oder sechs Jahren hatten sie schon ihre eigenen Pflichten.[82] Und die Reichen brauchten Kinder als Erben. Der Stammbaum spielte eine wichtige Rolle: Die Elite war auf Nachkommen angewiesen, die die Erbgüter übernehmen konnten. Inzwischen galt das Erstgeburtsrecht, nach dem der älteste Sohn alles erbte, so daß die Adligen sich keine Sorgen mehr um die Zersplitterung ihres Besitzes machen mußten. Jüngere Söhne konnten

immer noch die Kirchenlaufbahn einschlagen oder ihr Glück
im Krieg suchen. Mädchen hatten nur eine Mitgift zu erhalten
(eine Sitte, die in dieser Zeit wieder eingeführt worden war)
und stellten somit für gewöhnlich keine besondere Belastung
dar.

Aber der Hauptgrund für den Kinderwunsch hatte mit »Angebot und Nachfrage« zu tun. Das Angebot war begrenzt, die
Fruchtbarkeit gering. Das mag seltsam scheinen in einem
Zeitalter, in dem keine Geburtenregelung zugelassen war,
aber die Zahl der Kinder hing von der Dauer der Ehe ab. Im
Mittelalter wurde spät geheiratet (insbesondere in England)
und jung gestorben. »Kein Land, keine Heirat«, lautete die
Devise. Um die für die Gründung eines eigenen Hausstandes
erforderliche wirtschaftliche Unabhängigkeit zu erlangen,
mußte ein Sohn warten, bis der Vater tot war oder sich zur
Ruhe gesetzt hatte. Also schob er das Heiraten hinaus und
träumte solange wahrscheinlich von Vatermord. (Die Situation wäre ein gefundenes Fressen für jeden Freudianer gewesen.) Sehr viele heirateten überhaupt nicht (ob sie nun jüngere
Söhne waren, Töchter ohne Mitgift oder Menschen mit geistlichen Neigungen), was dem Nachwuchs nicht gerade förderlich
war. Dazu kamen eine hohe Säuglingssterblichkeit – schätzungsweise zwischen 30 und 50 Prozent – und die Tatsache,
daß nur die Hälfte der Bevölkerung älter als 20 wurde – kein
Wunder, daß Babys Mangelware waren.[83]

Wie also wirkten sich alle diese Faktoren auf die Mütter aus?
Trotz des ganzen Brimboriums um Maria, trotz der zahllosen
liebreichen Darstellungen von Mutter und Kind hielt sich der
Einfluß der Jungfrau auf die mittelalterliche Kindererziehung
in Grenzen und verbesserte das Ansehen der Mutterschaft
nicht wesentlich. Zum einen war Maria die Muttergottes, nicht
die Muttergottheit: Ihre Macht war immer nur abgeleitet. Und
zum anderen wurde die sterbliche Mutter nicht mit ihr gleichgesetzt. Als Nicht-Jungfrau weilte sie nicht im Paradies, sondern im Schatten der gefallenen Eva. Glücklicherweise entband sie das von der unmöglichen Aufgabe, eine perfekte

Mutter zu sein. Kindererziehung war nichts, worüber man sich
den Kopf zerbrach. Keiner mittelalterlichen Mutter wäre es in
den Sinn gekommen, ihrem Kind eine so bedingungslose Liebe
und Fürsorge angedeihen zu lassen wie die Muttergottes –
wobei die materiellen Umstände das auch gar nicht erst zugelassen hätten. Die mittelalterlichen Frauen sahen sich als
Empfängerinnen, nicht als Spenderinnen marianischer Mütterlichkeit. Aber Sündenfall hin oder her, eine böse Mutter war
Eva nicht, ebensowenig wie das Gros der Frauen im Hochmittelalter. Diese Frauen waren mit in etwa gleichaltrigen Männern verheiratet und wurden als Menschen weitgehend ernst
genommen; es ist darum nicht anzunehmen, daß sie ihre
Kinder mißhandelten.

Mittelalterliche Biographien und Autobiographien deuten dar-
auf hin, daß eine normale Zuneigung zwischen Eltern und
Kindern durchaus die Regel war. So schildert etwa im 12.
Jahrhundert der Verfasser des *Ancren Riwle* eine Bäuerin, die
mit ihrem Söhnchen Verstecken spielt; als der Kleine nach ihr
schreit, springt sie »leichten Schritts und mit ausgebreiteten
Armen herzu, umarmt und küßt ihn und trocknet ihm die
Äuglein«. Ein anderer Autor beschreibt ein Kind beim Guck-
Guck-Spiel, das sich die Augen zuhält und sich unsichtbar
glaubt. Und dann ist da die hinreißende Vignette des Adelard
von Bath, in der ein ganz kleines Kind, das noch nicht einmal
sprechen kann, über die Klänge der Musik so in Entzücken
gerät, daß es im Takt mit den Händen wackelt und lacht.[84]

Die Kinder im Mittelalter hatten Spielzeug: Puppen, Puppen-
wägen, vor die Mäuse gespannt waren, Kasperpuppen, Reifen
und Stelzen. Sie hatten Steckenpferde, so daß sie wunderbar
Ritter spielen konnten. Kleinkinder lagen in Wiegen, und es
ist wohl kein Zufall, daß man um diese Zeit anfing, das Jesuskind in einer Krippe zu malen. Von Kinderliebe kündet auch
die Tatsache, daß Feiertage eingeführt wurden, die in erster
Linie den Kindern und ihrem Vergnügen galten und bei denen
der Spaß der Eltern nur ein Nebeneffekt war. Weihnachten,
das man früher nicht weiter beachtet hatte, erhielt nun, da die

Kindheit Christi besondere Würdigung fand, neues Leben und Glanz. Am Nikolaustag bekamen die Kinder Geschenke zur Ehrung des Heiligen, der getötete Kinder wieder zum Leben erweckte. Zusätzlich wurde an diesem Tag ein Knabe zum Bischof gewählt, der bis zum 28. Dezember herrschte, dem Tag der Unschuldigen Kindlein, einem Gedenktag für die in Bethlehem ermordeten Kinder. Dieser kleine »Bischof« durfte durch die Straßen ziehen und sogar eine Predigt halten, die zwar in der Regel von Erwachsenen geschrieben, aber immer in einem kindlichen Stil gehalten war. Die Großen fanden diese Festlichkeiten drollig.[85]

Auch der Kinderkreuzzug, der in diese Zeit fällt, sagt einiges über die mittelalterliche Einstellung zu Kindern aus. Verstreuten Hinweisen in den Chroniken zufolge machten sich um 1212 herum Tausende von Kindern auf, um das Heilige Land zu befreien. Sie kamen aus Teilen Frankreichs und Deutschlands und zogen bis zum Mittelmeer. Dort wurden sie angeblich ausgeraubt, vergewaltigt und von gewissenlosen Händlern entführt und als Sklaven nach Nordafrika verkauft. Der Eifer, mit dem Papst Innozenz III. die naive, fehlgeleitete Passion dieser Kinder (die ja den Ruhm des Christentums vergrößerte) an die große Glocke hängte, stellte nach Meinung des Historikers C. John Summerville eine Ausbeutung der »Werbewirksamkeit« von Kindern dar. Mit der eigennützigen Zustimmung der Kirche wurde der Vorfall sehr stark aufgebauscht: In Wirklichkeit waren nur einige der Kreuzfahrer Kinder gewesen, und sie glichen eher den Kindern im Gefolge des Rattenfängers von Hameln als einer Befreiungsarmee.[86] Die pathetische Geschichte sagte der mittelalterlichen Phantasie offenbar zu, und so wurde das Ereignis immer weiter ausgeschmückt. Kinder in Not rührten also im Mittelalter die Herzen; wenn die Kirche aus der allgemeinen Kinderfreundlichkeit Kapital zu schlagen versuchte, muß sie recht augenfällig gewesen sein.

Das Hochmittelalter stand kleinen Kindern im großen und ganzen milder und nachsichtiger gegenüber als die folgenden

Jahrhunderte. Im 11. Jahrhundert beklagte sich ein Abt beim
heiligen Anselm über die Knaben in seiner Obhut: Er prügele
sie Tag und Nacht, und trotzdem parierten sie nicht. Anselm
antwortete:

> Da sie aus deiner Haltung weder Liebe noch Mitleid, weder
> guten Willen noch Zärtlichkeit spüren, haben sie kein Ver-
> trauen ... und betrachten jeden mit Mißtrauen und Arg-
> wohn. ... Sind nicht auch sie Menschen? Sind sie nicht aus
> Fleisch und Blut wie du?[87]

Anselm war nicht der einzige seiner Zeit, der glaubte, mit
Liebe mehr erreichen zu können als mit Gewalt. Bartholomae-
us Anglicus schloß sich seiner Meinung an, ebenso Philipp von
Novara, ein weltlicher Autor desselben Jahrhunderts. Ein
deutscher Autor sprach sich kategorisch gegen jede Form der
körperlichen Züchtigung aus. Die Prügelstrafe gab es natürlich trotzdem, aber es will doch etwas heißen, daß sie bei den
Autoritäten verpönt war.

Mütter pflegten durch Schenkungen an Klöster Gebete für
kranke Kinder zu erkaufen. Zum gleichen Behufe gingen sie
auch auf Wallfahrten und riefen Heilige an. Die Inquisitions-
akten des 14. Jahrhunderts berichten über einen verstörenden
Vorfall: Ein fanatischer Vater, Mitglied der Katharer-Sekte,
befahl seiner unglücklichen Frau, ihrer Tochter die *Endura*,
die »Fasten zum Tode«, aufzuerlegen. Bei diesen Fasten bekam
das Kind keine Milch, sondern wurde mit Wasser und Gemüse
gefüttert, bis es starb, was es geradewegs in den Himmel
befördern sollte. Als jedoch der Vater den Raum verließ, stillte
die verzweifelte Mutter die Tochter weiter. Bei seiner Rückkehr wies der Vater sie scharf zurecht und verstieß, so die
Aussage der Frau gegenüber den Behörden, sowohl sie als auch
das Kind.[88] Eine gleichgültige Mutter war diese Frau mit
Sicherheit nicht.

Wenn Trauer über den Tod eines Kindes ein Maßstab für die
Liebe ist, hier ein schmerzhaftes Beispiel aus dem Tagebuch

Giovanni Morellis, eines besonders wortgewaltigen Florentiners aus dem 14. Jahrhundert, der den Tod seines zehnjährigen Sohnes beschreibt: Das Kind war zwei Wochen lang krank, und der Vater wich keinen Moment von seinem Bett; der Verlust des Jungen stürzte Morelli in tiefste Verzweiflung und Selbstvorwürfe. Seine größte Freude bringe ihm nun ironischerweise den größten Kummer, schrieb er in seinem Tagebuch. »Du hast ihn geliebt, aber nie glücklich gemacht. Du hast ihn nie geküßt, wenn er nach dir verlangte ... nun hast du ihn verloren und wirst ihn in dieser Welt nie wiedersehen.«[89] Dies geschah zur Zeit des Schwarzen Todes, der Beulenpest, in der der Verlust eines Kindes fast etwas Alltägliches gewesen sein muß. Für Morelli war es das ganz eindeutig nicht.

Aber die Mutterschaft bestand nicht nur aus Wiegenliedern und Weihnachten. Für die mittelalterliche Frau war sie eine bedrohliche Aussicht, buchstäblich die Strafe Gottes für Evas Falschheit. Gut 20 Prozent aller verheirateten Frauen, die im Florenz des frühen 14. Jahrhunderts zu Tode kamen, starben im Kindbett. Die Entbindungsmethoden waren um kein Haar besser als im Altertum; Schmerzmittel gab es nach wie vor nicht. Die meisten Komplikationen bedeuteten das Todesurteil für Mutter und Kind. Die Geburt war immer noch Sache der Frauen und Hebammen, nicht der Ärzte, die ohnehin nicht viel hätten ausrichten können. Die Hebammen verstanden ihr Handwerk zwar, aber ihre einzigen Hilfsmittel waren Tränke, Umschläge, die Anrufung von Heiligen und Zaubersteine. Die Frauen entbanden übrigens im Sitzen oder kauernd.

Margery Kempe, eine Mystikerin aus dem 14. Jahrhundert, berichtet in ihrer Autobiographie von Visionen, in denen Jesus eheliche Enthaltsamkeit von ihr forderte. Auch wenn diese Visionen nicht göttlichen Ursprungs waren, so wären sie angesichts ihrer zahlreichen und schwierigen Schwangerschaften, die vierzehn lebende Kinder hervorbrachten, doch leicht zu verstehen. Ihr liebeshungriger Gatte fügte sich schließlich Margerys »religiösen« Bedürfnissen und ließ die Finger von ihr, was meine Vermutungen über den wahren

Grund für ihre spirituellen Neigungen bestätigt: Sie wollte
sich ganz einfach ihren ehelichen Pflichten entziehen. Nicht,
daß ich ihr das zum Vorwurf machen würde. Mütter überlebten das Kindbett oft nur, um zu erfahren, daß das Baby, das
sie unter solchen Gefahren getragen und geboren hatten, tot
war.[90]

Methoden zur Geburtenregelung waren im Mittelalter bekannt. Chaucers »Geschichte des Ordensbruders« liefert eine
beeindruckend vollständige Bestandsaufnahme: Tränke, Pessare, Suppositorien, Coitus interruptus, Abtreibung und der
Gebrauch anderer weiblicher Körperöffnungen als der Vagina.
Prostituierte bekamen selten Kinder. Dennoch wurden die
meisten mittelalterlichen Frauen Mütter. Man kann als sicher
annehmen, daß die Mutterschaft das Dasein der Frau bestimmte und den größten Teil ihrer Jahre in Anspruch nahm.
Von den frühen Zwanzigern an war ihr Leben ein einziger
Kreislauf von Geburt, Stillen und erneuter Geburt. Die Abstände zwischen den Schwangerschaften richteten sich nach
der Dauer der Laktation, die eine neuerliche Empfängnis mit
einiger Wirksamkeit verhinderte. War ein Kind entwöhnt,
wurde oft sofort das nächste gezeugt.[91]

Da die Bäuerinnen ihre Kinder in der Regel selbst stillten,
hatten sie die Möglichkeit (den Luxus?), die Schwangerschaften etwas zu verteilen. Anders die besser gestellten Frauen.
Sie stillten nicht, deshalb empfingen sie meist in kürzeren
Abständen und gebaren zehn, siebzehn, ja bis zu neunzehn
Kinder. Außerdem wurden sie allgemein schon sehr jung verheiratet, da sie oft dafür herhalten mußten, Bündnisse zu
besiegeln oder Landbesitz zu vergrößern.[92] Damit erlebten sie
eine relativ lange Laufbahn als Ehefrau, in der sie empfangen
konnten.

Wir können die psychologische Wirkung nur erahnen, die all
dies gehabt haben muß: das Risiko der Entbindung, der
Schmerz, die hohe Säuglingssterblichkeit, die Unvermeidlichkeit der Schwangerschaft, die Verurteilung der Sexualität
durch die Kirche. Mindestens eine der Heiligen dieser Zeit –

Francesca Romana de'Panziani – soll jedesmal erbrochen haben, wenn sie mit ihrem Mann schlafen mußte.[93]
Trotz der Fülle rührender Vignetten verraten viele Gepflogenheiten eine gewisse Kühle Kindern gegenüber. Für die meisten
Neugeborenen der wohlhabenderen Schichten begann das Leben damit, daß sie zu einer Amme gegeben wurden. Diese
Amme war meistens eine arme Bäuerin, die weit entfernt vom
Hause der Eltern wohnte. Zugunsten des Verfahrens läßt sich
sagen, daß die Amme mit größter Sorgfalt ausgewählt wurde,
eine Aufgabe, die dem leiblichen Vater zufiel und die er sich
von niemandem nehmen ließ (was, wie bereits ausgeführt,
möglicherweise ein Beispiel für männlichen Stillneid ist). Der
Vater des Kindes verhandelte nicht mit der Amme selbst,
sondern mit deren Ehemann, mit dem er sich zuletzt auf einen
angemessenen Lohn einigte. Man glaubte, daß die Kinder mit
der Milch auch äußerliche und charakterliche Eigenschaften
einsogen. (Daher schrieb Michelangelo sein Interesse an der
Bildhauerei der Tatsache zu, daß seine Amme sowohl die
Tochter eines Steinmetz war als auch einen Steinmetz zum
Mann gehabt hatte!) Tierische Milch schied dadurch schon
einmal aus (schließlich sollte das Kind ja nicht wie eine Kuh
aussehen), was wohl ein Segen war, da man im Mittelalter
Nahrungsmittel weder sterilisierte noch konservierte. So
suchte der Vater also eine Amme aus, die einen guten Charakter und eine möglichst große Ähnlichkeit mit der Mutter des
Kindes hatte. Die Brüste der Amme wurden genau besehen;
wenn sie zu groß waren, würde das Kind davon eine platte
Nase bekommen. Wie in der Antike war außerdem die sexuelle
Enthaltsamkeit der Amme wichtig. Die Schwangerschaft, so
glaubte man, verdarb die Milch und schadete dem Baby; dahinter verbarg sich die Annahme, daß Milch und Menstrua-
tionsblut ein und dieselbe Sustanz hatten und im Übermaß
dem Fötus zugeführt würden, so daß das Kind an der Brust zu
kurz kam.[94]
Wenn sie erst einmal draußen auf dem Lande waren, wurden
die Kinder von ihren Eltern nur selten besucht. Manchmal

wurden sie von Amme zu Amme weitergegeben – wenn eine
Amme beispielsweise krank oder schwanger wurde. Die Sterblichkeit von Kindern in der Obhut von Ammen war verdächtig
hoch. Und selbst wenn sie nicht starben, wurden sie oft schwer
vernachlässigt. Wie hätte es auch anders sein sollen? Die
Amme handelte aus rein wirtschaftlichen Motiven. Sie mußte
das Kind an ihrer Brust durch ein fremdes ersetzen. (Was mit
dem eigenen Kind geschah, ist unbekannt.) Das war fester
Bestandteil des Vertrags, da man erst im 19. Jahrhundert
begriff, daß das Stillen mehrerer Kinder auf einmal die Qualität der Milch nicht beeinträchtigte. Und aufgrund der damaligen Ansichten kam das Stillen auch den ehelichen Rechten des
Mannes in die Quere. Keine allzu günstigen Voraussetzungen.
Das Kind kehrte im Alter von zwei bis sieben Jahren zu seiner
Familie zurück. Das heißt, daß viele Kinder weit über das
Stillalter hinaus von Ammen großgezogen wurden. Die Fami-
lie, zu der sie dann schließlich zurückkamen, stellte für sie eine
Gruppe von Fremden dar.[95]

Der Beruf der Amme setzte entweder eine gute Portion defensiver Gefühlskälte oder nackte Verzweiflung voraus, denn
nicht selten mußte sie ihr eigenes Überleben über das ihres
Kindes stellen, wie folgende Episode zeigt. »Ich habe auf der
Piazza della Pieve eine Frau gefunden, deren Milch zwei Monate alt ist«, schrieb die Frau eines italienischen Kaufmanns
an ihren Mann, »und sie hat mir geschworen, wenn ihr Kind,
das dem Tode nah ist, heute nacht stirbt, dann kommt sie
gleich nach der Beerdigung zu mir.« Das bringt die Problema-
tik mit brutaler Klarheit auf den Punkt. Wer sich eine Amme
leisten konnte, der tat es auf Kosten ihres Kindes. Die Unge-
rechtigkeit dieses Systems, in dem das Leben eines im Wohlstand geborenen Kindes mehr wert war als das eines niedrig-
geborenen, liegt auf der Hand. Die Reichen saugten die Armen
im wahrsten Sinne des Wortes aus.[96]

Indem sie das Stillen ablehnten, widersetzten sich die wohlhabenden Frauen der Fülle übereinstimmender Ratschläge von
Ärzten, Gelehrten und Priestern, die sich auf so altehrwürdige

Kapazitäten wie Aristoteles und Plutarch stützten.[97] So sehr all diese Herren sich auch über die weiblichen Pflichten ausließen, das Stillen in den Himmel lobten, drängten und schmeichelten, die Mütter bestanden dennoch auf dem Luxus, ihre Neugeborenen weggeben zu können. Sie waren darin natürlich um keinen Deut schlimmer als die reichen Frauen in der Antike, die die Ermahnungen von Aristoteles und Plutarch an sich hatten abprallen lassen; allerdings waren die griechischen Ammen oft Teil des *oikos*. Selbst die zahllosen Gemälde der Madonna mit dem Kind an der Brust ließen die irdischen Mütter offenbar kalt. Obwohl die Beschäftigung von Ammen nicht immer Beweis elterlicher Gleichgültigkeit sein muß, ist sie hier doch ein starkes Indiz dafür. Auf jeden Fall deutet sie darauf hin, daß die mittelalterlichen Mütter mit ihren Kindern zumindest in den ersten Lebensjahren nicht viel im Sinn hatten.

Ein anderer aus der Antike übernommener Brauch war der aus heutiger Sicht ebenso fragliche des Bänderwickelns. Alle Kinder wurden im Mittelalter ihr erstes Lebensjahr hindurch fest mit Wollstoff umwickelt, so daß sie wie kleine Mumien aussahen. Das Kind konnte seine Glieder nicht bewegen und mußte völlig steif liegen. Das Windelnwechseln oder Baden wurde durch die vielen Hüllen natürlich auch nicht unbedingt erleichtert. Auch hier stellt sich wieder die Frage nach den Beweggründen der Mütter. Wickelten sie die Kinder so fest, weil sie ihre Körper in eine bestimmte Form bringen wollten? Versuchten sie damit die Geborgenheit im Mutterleib nachzubilden (wie wir heute mit unseren Leboyer-Bädern und Spielzeugen mit schlagenden Herzen)? Diente es dem Schutz des Kindes? Der Bequemlichkeit der Mutter? Erschwerte es die Kommunikation? Behinderte es die Mutter-Kind-Beziehung? Vereitelte es das Autonomiestreben des Kindes?

Wie über alles andere lassen sich auch über die Mutterliebe keine Verallgemeinerungen aufstellen. Nach dem Exil der Säuglingsjahre verbrachten Kinder die Zeit bis zu ihrem siebten Lebensjahr in der Obhut der Mutter, die ihnen Manieren beibrachte und sie in Religion und zum Teil auch im Lesen und Schreiben unterrichtete. Zweifellos wurden Kinder geherzt, durften auf den Knien reiten und bekamen Lieder vorgesungen. Aber lassen wir uns nicht zu sehr verzaubern von dem anheimelnden Bild einer mittelalterlichen Mutter, die leise ihr Kind in den Schlaf singt: In diesen Schlafliedern treten bei näherer Betrachtung Spuren von Feindseligkeit zutage, manchmal sogar Haßgefühle und Drohungen, die einem das Blut in den Adern gefrieren lassen. Aber das bekannteste englische Schlaflied unserer Tage, »Rock-a-Bye, Baby«, impliziert schließlich ebenfalls Vernachlässigung: Ein Baby fällt vom Baum. Die elterliche Ambivalenz sitzt tief.[98]

Der verbreitete Aberglaube vom Wechselbalg – bei dem der Teufel das richtige, wunderbare Kind zu sich holt und einem dafür ein anderes von minderer Qualität unterschiebt – sagt gleichfalls einiges über die Gefühle mittelalterlicher Eltern gegenüber ihren Kindern (oder zumindest gegenüber der Attrappe in der Wiege). Der Wechselbalg-Glaube führte oft zu höchst eigenartiger und brutaler Behandlung kleiner Kinder durch ihre Eltern, die auf diese Weise den Tausch rückgängig zu machen hofften. Amüsanterweise gibt dieser Aberglaube die perfekte Folie für die Verwechslungsgeschichten ab, die Kinder sich so häufig ausdenken. Das Kind stellt sich vor, daß es durch einen dummen Irrtum im Krankenhaus nicht seinen richtigen Eltern ausgehändigt worden ist, die reich und vornehm sind, sondern statt dessen den armen Schluckern, bei denen es jetzt wohnt. Ganz gewiß können doch diese jämmerlichen Kreaturen nicht seine wahren Eltern sein! Diese gegenseitigen Rachephantasien kompensieren die Unzufriedenheit, indem sie die Blutsverwandtschaft in Abrede stellen. Sie schaffen auf eine so saubere und angenehme Weise Distanz zu den Angehörigen, daß die eigene Aggression sogar vor einem selbst verborgen bleibt. Und sie tun dem Ego unsagbar wohl. Wer wünschte sich nicht Könige zu Eltern oder ein so herrliches Wesen zum Kind, daß der Teufel seine Finger nicht davon lassen kann![99]

Und noch ein letzter Hinweis auf eine unbewußte Feindseligkeit gegen Kinder: Mehrlingsgeburten wurden mit Argwohn
betrachtet, weil man glaubte, daß Frauen nicht zwei Kinder
auf einmal empfangen könnten und daß Zwillinge folglich von
zwei verschiedenen Vätern stammen müßten.[100] Wie löste
man dieses furchtbare Problem? Unter anderem dadurch, daß
ein Kind, das »eheliche«, am Leben gelassen und das andere
ausgesetzt wurde.

Offenbar legte man im Mittelalter keinen großen Wert darauf,
seine Kinder bei sich im Haus zu haben. Mit sieben, wenn der
Ernst des Lebens begann, wurde der zum Ritter bestimmte
Sohn eines Adligen in der Regel an den Hof eines Feudalherren
geschickt (im Zweifelsfall des Lehnsherren seines Vaters), wo
er vorrangig im Reiten und in der Kriegskunst unterrichtet
wurde und dazwischen ein paar Brocken geistiger Kost erhielt.
Das Kind eines Kaufmannes oder Handwerkers wurde in der
Regel im Haus eines Meisters ausgebildet. Kinder, die für die
geistliche Laufbahn ausersehen waren, kamen als Laienbrü-
der ins Kloster, wenn sie nicht schon längst dort waren. Bau-
ernkinder wurden natürlich nicht von daheim fortgeschickt,
aber sie bekamen jetzt verantwortungsvollere Aufgaben zugewiesen. (Die Kinderliebe scheint sich im Mittelalter umgekehrt proportional zu Reichtum und gesellschaftlichem Status
verhalten zu haben.) Auch die Töchter adliger Familien wurden weggegeben; manche kamen ins Kloster; andere wurden
schon sehr jung verlobt – das war nur in Adelskreisen üblich
– und im Haus ihres zukünftigen Mannes erzogen. Arme
Mädchen begannen sich mit etwa zwölf Jahren als Dienstmäg-
de zu verdingen. Die Kindererziehung wurde also systematisch von den Eltern wegverlagert. Aber vielleicht ging es den
Eltern weniger darum, ihre Kinder loszuwerden als ihnen
einen Platz in der Gesellschaft zu sichern, sie in die Lage zu
versetzen, sich ihren Lebensunterhalt zu verdienen. Dem System lagen soziale Normen zugrunde, nicht in erster Linie
elterliche Gleichgültigkeit. Aber was für eine Gesellschaft ist
das, die derlei soziale Normen entwickelt?[101]

Dem Mittelalter werden mehr Grausamkeiten gegen Kinder nachgesagt als irgendeiner anderen Epoche. »Die Flüsse und Latrinen des mittelalterlichen Europa«, so heißt es, »hallen wider von dem Geschrei der Kinder, die in ihnen ersäuft worden sind.« Nun, nicht ganz so. Es ist wahr, daß vorsätzliches Erdrücken im Bett und Aussetzung in den Pönitenzbüchern des 11. und 12. Jahrhunderts häufig angeprangert wurden, aber daß solche Verbrechen tatsächlich verübt wurden, ist bis dato nicht erwiesen. Extrem wenige Eltern mußten sich je wegen Kindesmord vor Gericht verantworten, und in den meisten Fällen wurden die Schuldigen (in der Regel die Mutter) für unzurechnungsfähig erklärt – man ging damals offenbar, wie heute auch, davon aus, daß kein normaler Mensch zu einer solchen Untat fähig sei. Bei Mord an Neugeborenen fielen die Urteile bemerkenswert milde aus (in der frühen Neuzeit änderte sich das drastisch). Auch daraus sprach wohl weniger Gleichgültigkeit gegenüber dem traurigen Schicksal ermordeter Kinder als Mitleid mit der Mutter, die fast immer unverheiratet und arm war.[102]

So selten vorsätzlicher Kindesmord war, so oft kamen Kinder durch Unfall zu Tode. Dem unbeaufsichtigten Kleinkind (dem häufigsten Opfer) drohten in einem mittelalterlichen Haushalt von allen Seiten Gefahren. Es gab Kessel, an denen es sich verbrühen, Brunnen, in denen es ertrinken, Pferde, unter deren Hufe es geraten konnte, und allem voran den Herd mit seinem offenen Feuer, eine unerschöpfliche Quelle von Verbrennungen und Bränden. Jedes dritte Kind, das starb, kam bei einem Brand ums Leben, und sich selbst überlassene eingewindelte Kleinkinder waren hilflos umherfliegenden Stückchen glühender Kohle ausgeliefert. Das anhaltende Problem des Erdrückens belegt ein englisches Beichthandbuch aus dem 14. Jahrhundert, das den Priester anweist, mit folgender Frage das Gewissen von Ehemännern zu erforschen: »Hast thou also have i'layn/And so bytwen you thy chyld i'slayn?« (Bist du wohl auch im Bett gelegen und hast zwischen euch dein Kind erdrückt?)[103]

Aus heutiger Sicht waren die mittelalterlichen Eltern sträflich unvorsichtig. Das Haus »kindersicher« zu machen, kam ihnen offenbar überhaupt nicht in den Sinn. Spricht aus dieser augenscheinlichen Fahrlässigkeit Gleichgültigkeit? Wir werden es nie erfahren. Bezeichnenderweise waren die Unfälle bei Kindern sehr stark von der Jahreszeit abhängig; die meisten passierten während der Pflanz- und Erntezeit, wenn die Eltern außer Haus sein mußten.[104] Vielleicht waren die Unfälle eher die bedauerliche Nebenwirkung eines notwendigen Übels, nicht Folge elterlichen Desinteresses.

Im 11. und 12. Jahrhundert nahm die Zahl der ausgesetzten Kinder ab. Es war eine Zeit der ökonomischen Expansion; Kinder waren willkommene Arbeitskräfte. Mehr Kinder wurden ins Kloster gegeben, weitgehend infolge des Erstgeburtsrechts, da die Eltern ja schließlich auf respektable Weise mit denjenigen ihrer Kinder verfahren mußten, die nicht erben würden. Im 13. Jahrhundert führte dies zu einer Übervölkerung, die freilich im nächsten Jahrhundert durch den Schwarzen Tod und den Hundertjährigen Krieg ausgeglichen wurde. (Der Schwarze Tod der Jahre 1347 und 1348 reduzierte die europäische Bevölkerung um die Hälfte, teilweise sogar um zwei Drittel.) Aber in der Zwischenzeit hatten die Eltern wieder begonnen, Kinder auszusetzen, zumal die überall aufkommenden Findelhäuser die Aussetzung zu einem offiziellen und geregelten Vorgang machten. Die ersten Findelhäuser waren in Florenz, Rom, Südfrankreich, Genua, Pisa, Siena, Venedig, Marseille, Chartres, Ulm, Freiburg und Nürnberg gegründet worden, und es wurden immer mehr, je weiter die Pest um sich griff. Im Lauf der Zeit entwickelten sie sich dabei, wie wir sehen werden, paradoxerweise zu einer ähnlichen Bedrohung.[105]

Das »Zeugnis«, das wir dem Hochmittelalter ausstellen können, fällt damit sehr widersprüchlich aus. Die Mütter wurden in der Kunst vergöttert und in der Wirklichkeit gut bis frauenfeindlich behandelt. Die Frauen standen ihren Mann, aber sie unter-standen ihren Männern. Kinder wurden oft als un-

schuldig dargestellt, und es mangelt nicht an Beweisen für die
Kinderfreundlichkeit der Zeit: Feiertage, Spielsachen und eine
größere pädagogische Milde. Gleichzeitig deuten die Beschäftigung von Ammen, die Vielzahl der Unfälle und die durchge-
hende Distanz zwischen Eltern und Kindern auf eine gewisse
Gleichgültigkeit hin. Allem Anschein nach wurden die Mütter
als Personen ernst genug genommen, um sich um ihre Kinder
zu kümmern, auch wenn ihre Erziehungsmethoden keine Gnade vor modernen Augen fänden. Und so kalt und abweisend
diese Methoden aus unserer Sicht erscheinen müssen, waren
sie doch vielleicht genau das richtige für das harte Leben in
diesen grausamen Jahrhunderten. Leider wird aus der Drei
minus des Hochmittelalters in der nächsten Epoche eine
Sechs.

Die späte Version: um 1350–1500

Die Renaissance. Schon der Klang dieses Wortes beschwört
derart glanzvolle Bilder herauf – überwältigende Kunstwerke,
geniale wissenschaftliche Erkenntnisse, die Wiederentdek-
kung von »Freiheit und Menschenwürde« –, daß die Historiker
sich bei der Beschreibung der Epoche kaum zu lassen wissen
vor Begeisterung. Für die Mütter freilich war dies keine Periode der Wiedergeburt, und für die Kinder auch nicht. So überraschend es auch scheinen mag, in der Renaissance verschlechterte sich die Lage der Mütter, und die Anzahl der
ungewollten Kinder, die inzwischen reihenweise in den angeblich humanitären Findelhäusern starben, wuchsen sich zu
einer unaufhörlichen Flut aus.[106]
Was war geschehen? Die Geschlechterfronten verhärteten
sich. »Die Frau« wurde zur Kategorie, was eine Stereotypisie-
rung und Ent-Menschlichung der wirklichen Frauen zur Folge
hatte. Alle Bereiche des Lebens, zivile wie religiöse, wurden in
dieser Zeit kodifiziert, alles im Dienste einer Bürokratisierung
und Zentralisierung von Staat und Kirche, die beide vorwie-

gend von Männern beherrschte Systeme waren. Die Bürokratie lebt ja per definitionem von Vereinfachung und Kodifizierung.

Anmut wurde für die Frau zum Muß. Für jeden Teil des weiblichen Körpers wurden verbindliche Schönheitsnormen aufgestellt. Diese Kriterien wurden in Kunstwerken verewigt, in den verschiedensten Schriften kanonisiert und avancierten zum festen Bestandteil des westeuropäischen Schönheitsempfindens: volles helles Haar, blasser Teint, gezupfte Augenbrauen, große Augen, gerade Nase, üppiger Busen, lange Beine, kleine Füße. Um dieses Ideal zu erreichen, nahmen die Frauen zu Schminke und anderen Kunstgriffen Zuflucht, was ihnen den Spott der Männerwelt eintrug. Sie »schmyeren sich mit affen schmaltz ... mit schwebel / harz / büffen das har«, höhnte Sebastian Brant im *Narrenschiff*.[107] Es war eine ausweglose Situation. Die heilige Johanna, die Jungfrau von Orleans, die behauptete, himmlische Stimmen hätten ihr befohlen, das französische Heer gegen die Engländer zu führen, wurde von ihren eigenen Landsleuten zur Verräterin erklärt und auf dem Scheiterhaufen verbrannt. Einer der Anklagepunkte gegen sie war ihre mangelnde Rollenkonformität: Sie trug Männerkleider. Die Frauen der Renaissance wurden zu ästhetischen Objekten geformt – sittsam, keusch und unselbständig. Daß sie Heere anführten, war nicht vorgesehen, vom Hosentragen ganz zu schweigen.[108]

Mit dem Aufkommen des Kapitalismus vergrößerten sich die Produktionseinheiten, und Arbeitstätte und Haus wurden voneinander getrennt. Die Frauen arbeiteten zunehmend im Haus, die Männer außer Haus. Der Aktionsradius der Frau schrumpfte. Diese Zeit, für die das klassische Griechenland der Inbegriff alles Erstrebenswerten war, machte sich ironischerweise einige der schlechtesten Eigenschaften des alten Athen zu eigen, namentlich den Ausschluß der Frau aus dem öffentlichen Leben. In der Kirche nahm die Macht der Frauen ab, und in den Handwerksgilden und in der Landwirtschaft war es nicht anders.

Obwohl die Renaissance-Humanisten sich für Bildungsgleich-
heit für Knaben und Mädchen aussprachen, strafen ihre
Schriften und Lehrpläne ihre Rhetorik Lügen. Das Erziehungsziel für Frauen, so verlautbaren sie alle mehr oder minder herablassend und brutal, bestand in ihrer Heranbildung
zu perfekten Ehefrauen. Latein und Griechisch (im 15. Jahrhundert das Fundament aller Gelehrsamkeit) galten als gefährlich für Mädchen, weil sie eine zu große Ablenkung darstellten und sie für die Mutterschaft unbrauchbar machen
würden.

Der Humanismus entdeckte zwar den »Menschen« neu, aber
er vergaß dabei die Frau.[109]

Daß die im 14. und 15. Jahrhundert erbauten florentinischen
Privathäuser weder Turm noch Loggia mehr hatten, war kenn-
zeichnend für den neuen Geist. Ohne die Loggia waren die
Frauen auch visuell vom Stadtleben abgeschnitten. Man
wandte sich nach innen; in den Mittelpunkt trat zunehmend
der gepflegte Innenraum. Hand in Hand mit dieser Entwicklung ging ein wachsendes Interesse an Einzelporträts und
Gemälden, auf denen die Familie idealisiert wurde. Daher
auch all die braven, häuslichen Madonnen.

Auch innerhalb der Familie änderten sich die Gewichtungen.
Nun da man auf ein festes Rollenbild zurückgreifen konnte,
wurde in Europa auch das Tätigkeitsfeld der Frau neu definiert. Die Frau war nunmehr ausschließlich psychologische
Stütze ihres Mannes und Mutter ihres Kindes. Als Folge des
frühen Kapitalismus wurde ihre Arbeit auch nicht mehr als
wirkliche Leistung gewertet, da sie nicht direkt zur kapitali-
stischen Produktion beitrug. Diese Faktoren untermauerten
noch zusätzlich die alleinige Autorität des Mannes und Vaters.[110]

Die Kirche tat das Ihre, indem sie tatkräftig die Verehrung
Josephs förderte. Diese erscheint als ein notdürftig bemäntel-
ter Kult der paternalistischen Fürsorge.[111] Das zeigt sich in
den Gemälden der Zeit, auf denen, wie wir uns erinnern,
Joseph der Heiligen Familie hinzugefügt wird. Maria mußte

ihre Autorität nun teilen – der Anfang vom Ende ihres elterlichen Machtmonopols.

Heiratsfähige Frauen gab es jetzt in hellen Scharen, was zu einer unaufhaltsamen Inflation der Mitgift führte. Da das Angebot so überreichlich war, hatten Töchter als Handelsgut kaum mehr einen Wert, und die Familien mußten ein Vermögen zusammenwirtschaften, um sie loszuwerden. Man kann sich die Enttäuschung vorstellen, die die Eltern bei der Geburt eines Mädchens empfanden. Familien, die sich die Mitgift leisten konnten, bestimmten eine Tochter dazu, eine glänzende Partie zu machen, und statteten sie auf Kosten ihrer Schwestern aus.[112] Naturgemäß kamen auf diese Weise weniger Heiraten zustande; die Zahl der unverheirateten Frauen stieg mehr und mehr. So viele Familien verdingten ihre Töchter als Hausangestellte, daß das Wort *Magd*, die Bezeichnung für ein unverheiratetes Mädchen, gleichbedeutend mit *Dienerin* wurde. Viele alleinstehende Frauen gingen ins Kloster oder schlossen sich informellen religiösen Orden wie den Beguinen an, wobei allerdings der hohe Prozentsatz von Mitgliedern ohne wahre Berufung dem Nonnendasein einen schalen, heuchlerischen Beigeschmack verliehen haben muß. Momente der Depression und Verzweiflung, Sexskandale und dergleichen waren unausbleiblich, was der protestantischen Propaganda später sehr zupaß kam.

Als umumstrittene Hähne im Korb begannen sich die Männer gerade erst mannbare junge Mädchen als Partnerinnen zu suchen. (Dies gilt nur für Südeuropa.) Das Heiratsalter bei den Mädchen sank damit, das der Männer blieb hoch. Die Aussichten auf wirkliche Partnerschaft in der Ehe wurden immer geringer. Auch hier wieder erinnert die Situation an das klassische Athen. Es ist interessant, festzustellen, daß sich beide Epochen sowohl durch große künstlerische Leistungen als auch eine hohe Homosexualitätsrate auszeichnen. Ob diese beiden Faktoren in einem kausalen Zusammenhang stehen, muß jeder für sich entscheiden.[113]

Das sentimentalisierte Interesse an der Heiligen Familie, die

Flut von liebreizenden Gemälden der Madonna mit dem Kind
an der Brust scheinen auf einen größeren Respekt vor Müttern
und Mutterliebe hinzuweisen. Aber dieses Interesse ist vor
dem Hintergrund eines fest etablierten Ammenwesens und
einer immer höheren Zahl von Kindesaussetzungen zu sehen
(die jetzt, wie in der Antike, wieder tödlich ausgingen). Die
Abkehr vom eigenen Kind war so sehr die Norm, daß die
weiblichen Heiligen dieser Epoche ihre Mütterlichkeit in der
Regel allen Bedürftigen mit *Ausnahme* ihrer Kinder angedeihen ließen; diese ließen sie im Stich.[114] Die Kluft zwischen den
Idealen der Mutterliebe und der gesellschaftlichen Wirklichkeit in der Renaissance ruft uns ernüchternd ins Gedächtnis,
daß Schönheit nicht alles ist.

Das Ausmaß der Ironie wird in der Beziehung von Leben und
Werk zweier Maler deutlich, deren innige, aber ambivalente
Darstellungen der Jungfrau mit dem Kinde unser kulturelles
Unbewußtes dominieren: Michelangelo (1475–1564) und Leo-
nardo da Vinci (1452–1519). Diese beiden Künstler haben
Freud zu seinen beiden umfassendsten kunstkritischen Ab-
handlungen angeregt, obgleich er es sich bei ersterem mit der
Mutterschaft etwas arg leicht machte. In seinem Michelange-
lo-Aufsatz von 1914 widmete Freud dem Leben des Künstlers
nur einen Absatz, in dem er sich damit begnügte, die männliche Auffassung der Mutterrolle und seine Vorliebe für die
Identifikation mit Vaterfiguren zum Ausdruck zu bringen.
Aber andere Psychoanalytiker sehen den Grund für Michelan-
gelos obsessive Auseinandersetzung mit der Muttergottes in
Zeichnungen, Gemälden und Skulpturen in seinen eigenen
frühkindlichen Defiziten und dem Bedürfnis, diese traumatische Erfahrung zu verarbeiten. Michelangelo wurde ebenso
wie seine vier Brüder unmittelbar nach der Geburt zu einer
Amme gegeben und sah seine Mutter zwei Jahre lang nur bei
vereinzelten Besuchen. Dann kehrte er zu einer mehr oder
weniger Fremden zurück, die starb, als er sechs war. Deshalb,
so mutmaßen die Wissenschaftler, blickt die Madonna in seinen Darstellungen immer von ihrem Sohn *weg*.[115]

Die Vorstellung einer Mutter, die gibt, nur um wieder zu nehmen, verführt, nur um Scham zu erwecken, liegt Freuds Leonardo-Aufsatz von 1919 zugrunde. Auch Leonardos frühkindliche Mutterbeziehung kann man sich nur defizitär oder bestenfalls verworren denken. Er war ein »Kind der Liebe«, der Sohn von Ser Piero und dem Bauernmädchen Caterina. Später heiratete Ser Piero eine andere junge Frau, die sich als unfruchtbar herausstellte. Also holte Ser Piero den kleinen Leonardo zu sich, um ihn mit seiner Frau als ihrer beider Kind großzuziehen. Laut Freud hat das Lächeln der Mona Lisa sein Vorbild im Antlitz Caterinas, aus dem »das Versprechen schrankenloser Zärtlichkeit wie die unheilverkündende Drohung« sprechen, vermutlich die Drohung, ihr Kind im Stich zu lassen. Das unergründliche Lächeln drückt zugleich Distanz und Lockung aus, Güte und Grausamkeit, Liebreiz und Falschheit. Leonardo malte eine ganze Reihe seiner Mutterfiguren auf diese quälend aufreizende Art. In *Die heilige Anna selbdritt* verschmilzt Leonardo in Freuds Interpretation seine beiden Mütter – seine wahre Mutter, Caterina, von der er mit nicht ganz fünf Jahren getrennt wurde, und die junge Frau seines Vaters, die nach seiner Ankunft im väterlichen Haushalt seine Stiefmutter wurde – zu einer einzigen Person. Leonardo malte Großmutter (die heilige Anna) und Mutter (die Madonna) beide gleichermaßen jung und schön: Beide sind »mit dem seligen Lächeln des Mutterglückes ausgestattet«.[116] Hier romantisiert Leonardo die Mutter. Beide Darstellungsweisen – die idealisierende und die verrätselnde – zeugen von einer zwiespältigen Einstellung zur Mutter, einem Unvermögen, sie als menschliches Wesen zu begreifen. Sowohl Leonardo als auch Michelangelo hatten ihre erste Mutter verloren (ein Schicksal, das sie aufgrund des Ammensystems mit vielen Kindern ihrer Zeit teilten), und es kann nicht wundernehmen, wenn sie deshalb den Reizen der Mutter mißtrauten. Sie waren gebrannte Kinder, sie hatten die Mutterliebe als etwas Gefährliches erfahren, und entsprechend malten sie sie auch. Die Renaissance-Künstler waren besessen von dem Thema; in den

Städten Europas begegnete man auf Schritt und Tritt Bildern der Madonna mit dem Kind. Vielleicht waren es alles Versuche, den Schmerz über den Verlust der eigenen Mutter zu überwinden. Wie die prunkvollen Kinopaläste, die während der Depression in Amerika gebaut wurden, ließen sie die Menschen in ihren Wunschträumen schwelgen. Die Kunst der Renaissance scheint nicht das Ergebnis intakter Mutter-Kind-Beziehungen zu sein – eher das Gegenteil.

Im 15. Jahrhundert häuften sich die Kindesaussetzungen dermaßen, daß allein in Florenz ein drittes Findelhaus eingerichtet werden mußte, um die beiden bereits bestehenden zu entlasten. Innerhalb eines halben Jahrhunderts nahm es neunhundert Kinder pro Jahr auf. Alle größeren Städte hatten jetzt Findelhäuser. Die Reichen entledigten sich auf diese Weise ihrer Bastarde. Aber die Unehelichkeit als die einzige Ursache für die Aussetzung zu sehen, hieße, es sich zu einfach machen. Wohlhabende Familien holten Bastardkinder nicht selten zu sich ins Haus und zogen sie auf. Arme Familien gaben sowohl eheliche als auch uneheliche Kinder ins Findelhaus. Ammen brachten ihre eigenen Kinder. Die meisten Findelkinder waren, wie nicht anders zu erwarten, Mädchen. Die Sterblichkeit in den Heimen war erschreckend hoch. Die Mehrzahl der Kinder starb gleich in den ersten Jahren nach der Ankunft; in einigen Häusern überstieg die Sterblichkeit 90 Prozent, wahrscheinlich aufgrund hygienischer Mißstände und der Verbreitung von Infektionen.[117]

Warum die Aussetzung im 15. Jahrhundert solche Dimensionen annahm, ist ein Rätsel. Nachdem die Bevölkerung im vorhergehenden Jahrhundert so drastisch dezimiert worden war, hatten die Überlebenden und ihre unmittelbaren Nachkommen keinen Mangel zu leiden. Nahrungsmittel waren billig, die Löhne hoch. Möglicherweise steigerte ja die bloße Existenz neuer Findelhäuser die Nachfrage, indem sie es den Leuten leichtmachte, ihre Kinder abzuschieben. Wenn dem so ist, was sagt das über die Mutterliebe aus? Die Mütter waren in zunehmendem Maße auf ihre eigenen vier Wände beschränkt, sie waren Schmuckgegenstände, zu ewiger Jugend verpflichtet – unter solchen Bedingungen läßt sich schwer erwachsen werden. Selber unreif, konnten sich die Frauen auch nicht verantwortungsbewußt um ihre Kinder kümmern.

Die südeuropäische Renaissance hat also allem Anschein nach eine häßliche Kehrseite. Während die Kunst, die Architektur und die humanistische Bildung nie gekannte Höhen erreichten, wurden Kinder allenthalben unmenschlich behandelt. So sehr die Malerei sie auch verherrlichte, in der Wirklichkeit wurden Mütter und ihre Kinder zu Wesen zweiter Klasse abgestempelt.

Das Mittelalter ist eine Epoche mit vielen Gesichtern. Wir begegnen Mutterliebe; wir stoßen auf Kindesaussetzung. Das Madonna-Fieber grassierte, aber es war nur ein leichter Infekt. Eltern wollten von der Jungfrau bemuttert werden, aber selber bemuttern wollten sie deshalb nicht. Ganz sicher waren die ersten Lebensmonate nicht das, was sie in der modernen Familie wurden – eine Zeit der engen emotionalen Bindung an eine stets aufmerksame Mutter. Im Gegensatz zu Ariès' Behauptungen existierte das Kind für die Menschen im Mittelalter sehr wohl, aber besonders intensiv kann die Gefühlsbeziehung zwischen Eltern und Kind nicht gewesen sein.

Auch hier wieder scheint die Achtung, die Mütter empfangen, direkt proportional zu der Achtung, die sie ihren Kindern entgegenbringen; auch hier wieder geht mangelnde Mutterliebe mit mangelnder Liebe *zur* Mutter einher. Um noch einmal das auf der Hand Liegende auszusprechen: Wer sich geliebt fühlt, kann auch Liebe geben.[118] In Zeiten relativen Fortschritts – am Ende des Frühmittelalters und während des Hochmittelalters, als den Frauen gesetzlich verankerte ökonomische und gesellschaftliche Rechte und Pflichten zugestanden wurden – lassen sich nur wenige Fälle von Kindesmord oder willkürlicher Aussetzung nachweisen. Später, in der Renaissance, als staatliche Bürokratie und kommerzieller Kapitalismus den Status der Frau unterhöhlten, schoben die Eltern ihre ungewollten Kinder in Scharen in die Findelhäuser ab. Kinder sollten auch in den folgenden Jahrhunderten noch ausgesetzt werden, aber sehr viel weniger leichtfertig und selbstverständlich.

5
Vater ist der Beste:
Mutterschaft in der frühen Neuzeit

Die gehorsame Mutter: 1500–1700

Während die Renaissance sich langsam nach Norden ausbreitete, während Shakespeare schrieb und Rembrandt malte, verbrannten Hexen. Tausende von Frauen – vielleicht 60 000, vielleicht sogar 200 000 – wurden unter falschen Beschuldigungen mit Nadeln gestochen, auf die Streckbank gespannt und mit der Schupfe gefoltert,[1] bis sie gestanden, woraufhin man sie auf dem Scheiterhaufen verbrannte. Der Hexenwahn läßt sich nicht auf Ignoranz und Aberglauben zurückführen. Entgegen den allgemeinen Annahmen ist er nicht im finsteren Mittelalter anzusiedeln, sondern in der frühen Neuzeit, dem Zeitalter des Rationalismus und der umwälzenden wissenschaftlichen Erkenntnisse. Während Galileo das Trägheitsgesetz formulierte, Descartes philosophierte, Montaigne moralisierte und Kepler die elliptische Umlaufbahn der Planeten entdeckte, wurden zahllose Frauen gefoltert (unter ihnen Keplers Mutter). Die Amerikaner zeigen sich in der Regel schockiert über ihre eigenen Hexenprozesse, die ein Jahrhundert nach den europäischen in Salem und anderen neuenglischen Städten stattfanden. Dabei wurden in den Vereinigten Staaten gerade einmal 36 Personen hingerichtet, ein kümmerlicher Nachtrag zu dem kollektiven Wahnsinn, der zwischen 1500 und 1700 in Europa wütete.[2]

Dem europäischen Hexenwahn fielen fast ausschließlich Frauen zum Opfer. Auch Männer wurden verbrannt, aber 85 Prozent der Hingerichteten waren Frauen. Fast alle erwachsenen Frauen waren gefährdet. Fast alle konnten der Hexerei bezich-

tigt werden – mit einer Ausnahme: die fortpflanzungsmäßig
korrekten, sprich Mütter. Aber während die Mutterschaft eine
unerläßliche Voraussetzung war, bot sie noch keinen automa-
tischen Schutz vor der Unschuldsprobe. Nicht jede Mutter war
sicher; nur »gute« Mütter genossen Immunität vor dem Frau-
enhaß der damaligen Gesellschaft. Die Zahl der Frauen, die
vor dem Scheiterhaufen bewahrt wurden, ist geringer, als man
denken möchte. Zwar waren viele Mütter, wenn nicht sogar die
meisten, gar nicht übel, aber das hieß noch lange nicht, daß sie
auch für »gut« befunden wurden.

Die »gute Mutter« war jetzt sehr genau definiert. Wir kennen
sie alle, denn sie geistert, mit nur geringfügigen Veränderungen, auch heute noch in unseren Wertvorstellungen herum,
und in den Herzen und Hirnen der Neuen Rechten tritt sie
sogar in Reinkultur auf. Sie ist mit Sicherheit nicht Murphy
Brown oder Mia Farrow oder Hillary Rodham Clinton. Vielmehr ist sie ordnungsgemäß verheiratet, treu, unterwürfig,
bescheiden, eine Frau, die ihre eigenen Wünsche hintanstellt
und nur für das leibliche und seelische Wohl ihrer Kinder da
ist. Sie ist Teil unseres geistigen Mobiliars: der Fußabstreifer.
Ihre Existenz spielt eine so grundlegende Rolle in unserem
Denken und unserem kulturellen Erbe, daß sie normalerweise
stillschweigend als eine der »ewigen Wahrheiten« vorausgesetzt wird. Aber sie ist nicht ewig. Sie hatte einen Anfang, und
dieser Anfang fällt in die frühe Neuzeit. Wer sich heute kritisch
mit der Definition der Mutterrolle auseinandersetzt, der neh-
me sich erst einmal dieses Zeitalter vor.

Vor dem 16. Jahrhundert legte man an die Kinderpflege keine
allzu hohen Maßstäbe an. Die heiligen Mütter und zölibatären
Frauen im Mittelalter mußten nie Windeln wechseln. Sie
wohnten im Himmel oder in Klöstern und hatten alle Hände
voll damit zu tun, ihre Keuschheit zu bewahren und der Welt
zu entsagen. Eine lange Zeit über schloß die Mutterschaft die
Frauen vom Heiligenstand aus.

All das änderte sich mit dem Ende des Feudalismus und dem
Anbruch der Reformation. Die einfache Bürgersfrau, dieser

Ausbund an häuslicher Tugend, die mit dem frühen Kapitalismus und den Protestanten ihren Einzug hielt, wurde zur Musterfrau, zum Vorbild für alle weiblichen Wesen. Es hatte sich viel verändert seit dem Mittelalter, als der Jungfräulichkeit noch die weitaus größeren Ehren winkten. Nun war die Mutterschaft Teil der Eintrittskarte in den Himmel. Eine gute Christin sein hieß Kinder gebären (eheliche natürlich). Ehemalige Priester stürmten los, um Ehefrauen zu ergattern. Familienwerte wurden erfunden, hochgelobt und propagiert. Mutterschaft war »in«. Ironischerweise waren es nicht die Katholiken, die das Bild der »guten Mutter« perfektionierten, sondern (unterstützt durch den Humanismus) die Protestanten – ironisch deshalb, weil sich die hartnäckigsten Verfechter der konservativen Familienwerte heute unter der stockkatholischen Bauernbevölkerung von Portugal, Spanien, Südfrankreich und Italien und unter den orthodoxen Christen in Griechenland und dem ehemaligen Balkan finden.

Und wie stand es um die Mutterliebe? Die gute Mutter, im Glanz ihres neugewonnenen Ansehens, hatte keine Schwierigkeiten, ihre Kinder zu lieben. In der Tat nahm unser bewußtes Elterntum in dieser Zeit seinen Anfang. Aber wo Frauen Opfer der Misogynie wurden, hatten Kinder kein leichtes Leben. Den modernen Leser sollte das nicht wundern. Shakespeare hat uns einen deutlichen Fingerzeig hinterlassen, auch wenn er in der Regel übersehen wird. Als die drei Hexen in *Macbeth* ihren Zaubertrank brauen, ist unter den vielen widerwärtigen Zutaten, die sie in den Kessel werfen, die »Hand des neugebornen Knaben, / den die Metz' erwürgt im Graben«. Leider war diese Zutat im alten England möglicherweise ohne größere Probleme aufzutreiben.[3]

Die Erfindung der guten Mutter vollzog sich im Rahmen umfassender wirtschaftlicher und politischer Umwälzungen. Mit der Ausweitung der Reformation in Europa legte die westliche Welt den Feudalismus zu den Akten und ersetzte ihn durch zentralisierte absolutistische Monarchien, Nationalstaaten,

Bürokratien und den frühen Kapitalismus – die Neuzeit. Die
Städte wuchsen unter dem Zustrom enteigneter Bauern, und
mit ihnen wuchs die Inflation. Die Gesellschaft spaltete sich
auf in die Neureichen und die Neu-Armen, von denen einige
als Bettler umherzuziehen begannen. Durch das Erstarken
der Handwerksbetriebe (insbesondere der Tuchmacherei) bildete sich mit der Zeit eine immer größer werdende Bourgeoisie.
Die Angehörigen dieser neuen Mittelklasse, die durch die Bibel
ein wenig lesen und schreiben konnten, für ihre Arbeit bezahlt
wurden und über eine gewisse soziale Mobilität verfügten,
waren von ihrer Loyalitätspflicht gegenüber einem Lehnsherren oder ihrer Sippe befreit. Statt dessen hielten sie einem
fernen König die Treue und konzentrierten sich ansonsten auf
sich selbst und ihre unmittelbare Familie. Der Kapitalismus
legitimierte die Eigeninteressen der Menschen. All diese Faktoren wirkten zusammen, um ein revolutionäres neues Ideal
entstehen zu lassen – die Kernfamilie.

Bester Beweis dafür ist die Architektur. Am Anfang des Zeitalters erweckten die meisten Häuser noch den Eindruck, als
ob die Bewohner jederzeit mit einer Springflut rechneten, die
ihre gesamte Habe wegschwemmen würde. Es gab keinerlei
bequeme Möbel, Zierrat oder sonstige Gegenstände, in denen
der individuelle Geschmack der Hausbewohner zum Ausdruck
kam, keine Sofas und Sessel, die zu vertraulichem Gespräch
einluden, keine Spiele zur Unterhaltung: kurz, nichts, was
Häuslichkeit, Gemütlichkeit und Wärme begünstigt hätte. Die
Familienmahlzeit, wenn eine solche Bezeichnung überhaupt
angemessen ist, war vermutlich eine eilige, lieblose Angelegenheit mit primitivem Zubehör. Schlaf-, Essens- und Arbeitsbe-
reich waren nicht klar voneinander getrennt. Von Privatsphäre konnte keine Rede sein. Selbst die luxuriösesten französischen Häuser, so verschwenderisch sie auch ausgestattet
waren, hatten keine Korridore. Der ganze Stolz der Architek-
ten waren Zimmerfluchten, bei denen alle Türen so ausgerich-
tet waren, daß man ungehindert von einem Ende des Hauses
zum anderen blicken konnte. Der gesamte Durchgangsver-

kehr, Diener und Gäste gleichermaßen, mußten durch ein Zimmer gehen, um ins nächste zu gelangen. Sogar die großartigsten Paläste boten etwa soviel Intimsphäre wie ein Eisenbahnwaggon. Nicht gerade die ideale Umgebung für die Entstehung enger, vertrauter Familienbeziehungen.[4]

Aber zum Ende der Epoche hin scheint der Übergang vom öffentlichen Haushalt zum privaten Heim vollzogen zu sein. Die Zahl der Schornsteine pro Haus stieg an, so daß es nun eine ganze Reihe warmer Kamine gab, um die die Familie sich versammeln konnte. An die Stelle der Schlafmatten waren jetzt fast überall Betten getreten, gemütliche Ruhestätten, in die man sich gerne zurückzog. Nach und nach unterteilten sogar die Ärmsten ihre Räume und bauten Glasfenster ein, so daß die Häuser insgesamt privater, wärmer und heller wurden. Die Trennung von Arbeitsplatz und Wohnung setzte sich zunehmend durch, was hieß, daß die Familienmitglieder immer ausschließlicher auf sich gestellt waren. Dazu schlief man jetzt nicht mehr nach Geschlechtern getrennt; den Ausschlag gab die Familienbeziehung. Eltern und Kinder zogen sich zum Schlafen in eigene Räumlichkeiten zurück, ohne die Meute von Lehrlingen, Dienstboten und anderen Nicht-Verwandten. Bastarde wurden nicht mehr wie selbstverständlich ins Haus aufgenommen. Vermögendere Haushalte begannen Familienporträts aufzuhängen. Die eigenen vier Wände wurden langsam ein Ort, an dem man sich gern aufhielt. Aus dem Haus wurde ein Heim.

Ob nun der Baustil das Heim hervorbrachte oder das Heim die Familie, jedenfalls kam im 16. Jahrhundert mit der Entstehung der Kernfamilie eine Geisteshaltung auf, die enge, liebevolle Beziehungen zwischen Mann und Frau sowie Eltern und Kindern zur Norm machte.[5] Manche Historiker[6] sehen darin keine unbedingt neue Entwicklung, aber die Existenz der Kernfamilie wird von kaum jemandem in Zweifel gezogen. Die wachsende Privatheit des häuslichen Lebens gab der Mutter genügend Raum, um sich, abgeschirmt von den Blicken der Öffentlichkeit, in Ruhe mit ihren Kindern abgeben zu können.

Die Kernfamilie erhielt moralischen Aufwind durch die Reformation – insbesondere den puritanischen Flügel –, die die Ehe
aufwertete und sie vom Stigma des kleineren Übels befreite.
Drei Jahre, nachdem er seine Thesen an das Portal der Kirche
zu Wittenberg geschlagen hatte, nannte Martin Luther die
Ehe ein »heilig Ding«. Er selbst heiratete eine ehemalige Nonne und lebte bis zu seinem Tod zwanzig Jahre später mit ihr
zusammen. Von nun an war das Heiraten nicht nur besser als
»von Begierde verzehrt werden«, um mit Paulus zu sprechen,
es war auch besser als das Zölibat. Die Ehe stellte nicht mehr
lediglich einen notdürftigen Schutz gegen die Unzucht dar,
sondern eine auf gegenseitige Achtung gegründete Gemeinschaft, eine Einheit, die Gott selbst so gewollt hatte. Wo diese
gegenseitige Achtung nicht mehr existierte, wurde die Scheidung nun als eine echte Alternative angesehen. Das bereicher-
te die Ehe, verwandelte sie aus einer Art ritueller Lebensfalle
in eine potentiell liebevolle Verbindung. Die Eltern fragten
ihre erwachsenen Kinder jetzt sogar nach ihrer Meinung,
bevor sie eine Heirat für sie vereinbarten. Nicht, daß die
Protestanten wilder sexueller Leidenschaft das Wort geredet
hätten, aber sie schlossen eine positive Gefühlserfahrung doch
nicht von vornherein aus. Katholische Humanisten wie Thomas Morus und Desiderius Erasmus hingen denselben Idealen
an. Und sie setzten sich damit durch – ein ganz und gar
revolutionärer Durchbruch. Zumindest in der Theorie gab es
nun die glückliche Ehe.
In dieser runderneuerten Familie stand die Mutterschaft mit
einemmal wieder hoch im Kurs. Die protestantische Hetze
gegen das Kloster verlieh dem Kindergebären einen ganz
neuen Stellenwert, was den Erfordernissen der Bevölkerungs-
lage auf praktische Weise Rechnung trug. Die Fruchtbarkeit
war gering, da man spät heiratete und früh starb – Julia, die
Romeo mit vierzehn heiratete, war die Ausnahme, nicht die
Regel –, so daß Kinder hochbegehrte Mangelware waren. Frau-
en, sogar die katholischen, wurden für die Mutterschaft geehrt. Luther, der bei seiner Frau sechs Schwangerschaften

miterlebt hatte, konnte ein Lied von den damit verbundenen Schmerzen und Gefahren singen und hielt die Männer zu einer ganz neuen Rücksichtnahme an.

Aber so positiv sich seine Achtung vor der Mutterschaft auswirkte, brachte sie die Frauen doch um jede Alternative: Die Fortpflanzung war ihr einziger Daseinszweck. Für Luther gab es da gar keine Frage. In einer seiner Tischreden bemerkt er, man müsse den weiblichen Körper nur ansehen, um zu begreifen, wozu die Natur die Frau bestimmt habe: »Männer haben eine breite Brust und kleine Hüften, darum haben sie auch mehr Verstand denn die Weiber, welche enge Brüste haben und breite Hüften und Gesäß, da sie sollen daheim bleiben, haushalten, Kinder tragen und ziehen.«[7] So einfach war das. Der Luthersche Gott hatte einen großartigen Sinn für Symmetrie.

Die Familie, die von Luther und den Protestanten in den Himmel gelobt wurde, war keine gleichberechtigte Partnerschaft, sondern ein durch und durch patriarchales Modell. Natürlich hatte es das Patriarchat zu diesem Zeitpunkt bereits dreitausend Jahre lang gegeben, manchmal gewürzt mit mehr als nur einer Prise Misogynie, aber es hatte immer mehr *de facto* als *de iure* bestanden. Jetzt dagegen wurde die »Herrschaft des Vaters« kodifiziert und auf jede Form der Autorität übertragen – in Haus, Dorf, Kirche und Staat. Das vierte Gebot verfügte in der damaligen Interpretation Gehorsam nicht nur gegenüber dem Vater, sondern auch gegen Priester oder Pfarrer und König. Unter Berufung auf das Alte Testament betonten Staatsphilosophen des 17. Jahrhunderts wie etwa Sir Robert Filmer, daß Könige wie Väter ihre Befehlsgewalt in direkter Linie von Ur-Vater Adam und vor ihm von Gott selbst hatten. Die männliche Vorherrschaft wurde auf jeder Ebene der Gesellschaft gefestigt. Offenbar fiel niemandem auf, daß das vierte Gebot auch Achtung für die Mutter fordert.

Den Königen kam eine solche Ideologie, die so bequem ihre Herrschaft »von Gottes Gnaden« rechtfertigte, verständlicherweise sehr zupaß. Als der von Gott bestellte Vater der Nation hatte der König einen natürlichen Anspruch auf die Liebe, die Dienste und die Wirtschaftsressourcen seiner Untertanen, so wie den Familienvätern der Gehorsam ihrer Frauen und Kinder zustand. Es war ein hermetisches System, das sich aus sich selbst rechtfertigte, eine Art Möbius-Band, zu dem Frauen keinen Zugang hatten. Das Patriarchat war allgegenwärtig, und man konnte ihm nicht entrinnen.

Selbst damals schon waren sich die Könige offenbar über die Macht der Propaganda im klaren. Vielleicht ist das Bedürfnis, die Publikumsreaktionen zu choreographieren, ja Teil der königlichen Erbmasse. Im 16. Jahrhundert bestand die PR-Strategie darin, den Monarchen als Vater zu verkaufen, und die Gemälde der Zeit tragen dem Rechnung. Sie unterscheiden sich drastisch von den biederen Salon-Szenen, die im 19. Jahrhundert in Mode kamen, und auch von den wohlkalkulierten Peep-Shows, die uns heutzutage der Buckingham-Palast bietet (ein Maßstab für die Verzerrung, der königliche Repräsentation immer ausgesetzt ist). Die frühneuzeitlichen Versionen haben eher etwas von einem dynastischen Flußdiagramm. Der König dominiert die Leinwand. Die restliche Familie steht aufgereiht wie ein Opernensemble beim Schlußapplaus, ein bildlicher Stammbaum, der dem Monarchen seine hochnoble Abstammung bestätigt. Wenn diese Gemälde eine Stimme haben, dann die des König-Vaters, dessen Wille auch der Wille der Gruppe ist. Auf den Porträts des englischen Hauses Stuart sind die Mütter so unwichtig, daß sie gar nicht erst abgebildet sind.[8]

In der Familie war der Vater König – daher auch der Spruch *A man's home is his castle* (»Des Mannes Haus ist sein Schloß«), der um diese Zeit herum geprägt wurde. Wenn es einen bequemen Sessel gab, bekam der Vater ihn – ein Brauch, der sich bis heute gehalten zu haben scheint, so wenig das der Katze passen mag. Der Vater mußte sich weniger als je zuvor von der Sippe oder dem Gemeindepfarrer dreinreden lassen. Er war ein Despot; je nach Veranlagung und Laune grausam oder milde, schwang er das Zepter über Frau und Kindern. Zucht und Ordnung in der Familie wurden als die Grundlage von Zucht und Ordnung im Staat und in der Welt gesehen. Da die Autorität des Vaters sich vom König und letzten Endes von Gott ableitete, hätte jegliches Machtzugeständnis an die Ehefrau nicht nur das delikate Gefüge dieser hierarchischen Pyramide unterminiert, sondern wäre obendrein noch Gotteslästerung gewesen.[9]

Der Luthersche Haushalt war der Prototyp dieses Familienbildes. Die stämmige Ex-Nonne Katharina von Bora, die den Ex-Mönch Luther heiratete, verkörperte das Ideal. Sie wird als eine willensstarke Mater familias mit einer großen Kinderschar beschrieben, die die Armen bei sich am Tisch mitessen ließ, den Hof verwaltete sowie Haushalt und Familie versorgte, alles mit wenig bis gar keiner Hilfe von seiten ihres Mannes – dem sie sich aber dennoch in allem unterordnete. Eine Meinung in Fragen von öffentlichem Belang hatte sie nicht, aber dafür offenbar ein ausreichend breites Becken und Gesäß, um Martins Vorstellung vom wahren Erdenzweck des Weibes zu verwirklichen.[10]

Diese Gesellschaftsordnung war nicht unbedingt schlecht für die Frau, indem sie ihr eine wichtige Rolle zuteilte und sie darin absicherte. Sie erklärte diejenige Berufung zum höchsten Ziel, die der größten Anzahl von Frauen offenstand – es hätte ja auch Hofnarr oder Harfenistin sein können. Die Arbeit der Mutter wurde als eine unentbehrliche Leistung anerkannt, die Anteilnahme und Schutz verdiente. Ehrbar verheiratete Frauen genossen ein noch nie dagewesenes Ansehen. Das protestantische Ideal der Ehe als einer liebevollen Gemeinschaft machte möglicherweise beiden Geschlechtern das Leben leichter, wenn es nicht gerade falsche Hoffnungen weckte. Zweifellos hat die Reformation zur Schaffung eines moralischen Klimas beigetragen, das zuletzt auch der Familienplanung seinen Segen geben sollte. Und da der Protestantismus großen Wert darauf legte, daß das Wort Gottes überall in der Volkssprache gelesen wurde, stellte er für viele Frauen ein Mindestmaß an Bildung sicher. Nachdem die Frauen einmal

lesen gelernt und für ihre Töchter dasselbe Privileg durchgesetzt hatten, sollte ihre Situation nie mehr ganz die gleiche
sein wie zuvor.[11]

Aber für jeden Schritt nach vorne drängte die Reformation sie
zwei Schritte zurück. Sie waren jetzt stärker ans Haus gefesselt als in den Jahrhunderten davor.[12] Der Katholizismus
hatte der Frau wenigstens einen Fluchtweg offengelassen, das
Kloster, wo sie in den Genuß einer klassischen Bildung kommen konnte, wenn sie es wollte. Jetzt war ihr Einfluß auf einen
einzigen Bereich beschränkt – das Haus –, wo sie unter der
Knute ihres Mannes stand.

Ob diese Strukturen oppressiv waren, ist schwer zu sagen. Es
wäre ein Fehler, in die frühneuzeitlichen Familienverhältnisse
rückwirkend moderne feministische Frustration hineininterpretieren zu wollen. Im wirklichen Leben können etliche Kom-
promisse zwischen Eheleuten zustande gekommen sein. Die
traditionelle Debatte über die »Frauenfrage« setzte sich auch
in dieser Epoche fort, mit überzeugenden Lobliedern auf die
Frauen und ebenso überzeugenden Schmähschriften gegen
sie.[13] Aber diese Debatte stellte die akademische Stilübung
einer weltfremden intellektuellen Elite dar und wirkte sich
vermutlich kaum auf die brave Frau am heimischen Herd aus.
Die Mehrzahl der Schriften setzte sie herab. Das kumulative
Gewicht von Predigten, Gebetbüchern, pädagogischen Abhandlungen und Haushaltsmanualen sowie Regierungsver-
ordnungen und gesellschaftlichen Normen, die allesamt die
Frau zum Wesen zweiter Klasse abqualifizierten, ließ sich
schwerlich ignorieren. Die vielkehlige Botschaft war nachdrücklich und immer die gleiche: Die Frau war dazu da, dem
Mann zu dienen. Die gute Frau war eine gute Mutter, ehrbar
verheiratet, fruchtbar und vor allen Dingen *fromm*, *gehorsam*,
keusch und *schweigsam*. Diese mit solcher Unermüdlichkeit
postulierten Eigenschaften sind Teil unseres kulturellen Er-
bes geworden.

Frömmigkeit bedeutete, daß die gute Mutter ihre Kinder zu
guten Christen erzog. Obwohl diese Forderung mittlerweile in

allen außer den wirklich erzkonservativen Kreisen säkulari-
siert worden ist, so daß gute Mütter heutzutage gute Bürger
heranziehen, nicht Kirchgänger, bleibt das Prinzip das gleiche.
Der Gehorsam dem Mann gegenüber läßt sich in westlichen
Ländern nicht mehr gesetzlich erzwingen, aber für viele Frau-
en ist er nach wie vor eine ökonomische Realität. Das Gebot
der Keuschheit, das heißt, der sexuellen Treue, ist immer noch
wirksam, auch wenn die Vehemenz, mit der es verfochten wird,
langsam abnimmt. Man denke nur an die sexuelle Direktheit
von Filmschauspielerin und Mutter Susan Sarandon und zahllosen anderen. Die legendäre Ingrid Bergman wurde noch 1949
wegen genau dieses Verhaltens öffentlich verurteilt. Die Tabus
verlieren freilich für die Männer schneller an Gültigkeit als für
die Frauen, und es wird immer noch mit zweierlei Maß gemessen.
Überresten des Schweigegebots begegnen wir auch heute noch
in jedem Grundschulklassenzimmer, wo die Mädchen nach wie
vor stiller sind als die Jungen. Diese mädchenhafte Scheu wird
aber hoffentlich nicht von Dauer sein. Dank Feministinnen wie
Carol Gilligan und Gloria Steinem entwickeln die Frauen
langsam, aber sicher einen eigenen Standpunkt und verschaffen sich allmählich auch Zugang zu den Medien, um diesen
Standpunkt publik zu machen. Im 16. und 17. Jahrhundert
war das anders. Eine Frau, die zuviel redete, galt in England
als *scold*, als zänkisch, ein ausschließlich weibliches Vergehen,
auf das diverse harte Strafen standen. So wurde die Schuldige
etwa im sogenannten Belferstuhl festgeschnürt, um von den
Vorübergehenden verhöhnt und mit Steinen beworfen zu werden, in einem »Tauchstuhl« ins Wasser getaucht oder auch mit
dem Segen der Gerichtsbarkeit von ihrem Mann verprügelt.
Besonders unbelehrbare »Zankteufel« wurden der Hexerei be-
zichtigt. Sprechen wurde mit Liederlichkeit gleichgesetzt. So
gesehen ist die Tatsache, daß Äußerungen von Frauen heutzutage oft eher als nichtssagendes Geschwätz denn als ernstzu-
nehmender Kommentar betrachtet werden, schon ein unglaublicher Fortschritt.[14]

Zu diesen Demütigungen kam die sich immer deutlicher ab-
zeichnende neue Definition von Arbeit, eine Definition, die die
Frau noch einmal herabsetzte. Als Arbeit galt nur noch das,
was man gegen Bezahlung leistete. Während also die Frau,
Eignung hin oder her, zur Hausarbeit verpflichtet wurde,
minderte das gleichzeitig ihren Wert, da unbezahlte Plackerei
keine richtige Arbeit darstellte. Und da Hausarbeit nicht zählte, wurde sie auch nicht als unzumutbare Mehrbelastung
angesehen, wenn sie zusätzlich zu bezahlter Arbeit verrichtet
wurde. Hier hat die Mentalität des »48-Stunden-Tages« ihren
Ursprung, die, wie die Soziologin Arlie Hochschild eindrucksvoll nachweist, so nachhaltig unseren heutigen Alltag bestimmt: Frauen, die außer Haus arbeiten, haben selbstverständlich auch die Hausarbeit zu leisten. Die Frauen der
frühen Neuzeit waren dazu auch noch aus den Gilden ausgeschlossen und durften nur niedere Berufe wie den einer Haus-
angestellten oder Spinnerin ergreifen (daher die herabsetzen-
de englische Bezeichnung *spinster* für alte Jungfer). Das Los
der frühneuzeitlichen Mutter war alles andere als beneidenswert.[15]
Da für die Frauen einzig Heiraten und Kinderkriegen in Frage
kam, waren ganze 40 Prozent der weiblichen Bevölkerung –
die nicht heiraten konnten oder wollten, die Unfruchtbaren,
Nicht-mehr-Fruchtbaren und Witwen – zu einem Dasein am
Rande der Gesellschaft verurteilt. 1500 schon herrschte in
jeder Altersgruppe Frauenüberschuß, besonders unter den
Älteren, eine Situation, die sich noch verschlechterte, als die
Reformation ein Kloster nach dem anderen auflöste. Ein Teil
der unverheirateten Frauen schloß sich den umherziehenden
Bettlerscharen an. Manche gingen in die Prostitution.[16]
Die mittelalterliche Gesellschaft hatte vor der Prostitution in
der Regel die Augen verschlossen; sie wurde stillschweigend
geduldet. In den meisten Städten gab es Bordelle, in manchen
sogar Gesetze zum Schutz der Prostituierten und ihrer Kun-
den. Das alles änderte sich im 16. Jahrhundert. Mit der Reformation verhärtete sich die offizielle Linie gegen unkeusche

Frauen und ihre Kinder zunehmend. Die Prostituierte wurde dämonisiert, als ruchlos verschrien, zum Schandfleck erklärt. Die plötzliche und rapide Ausbreitung der Syphilis in Europa brachte sie noch mehr in Verruf (als ob ihre Freier nichts damit zu tun gehabt hätten; auch das wieder ein Beispiel für die Projektion von Schuld). Durch die Kriminalisierung der Prostitution war der Frau selbst diese verzweifeltste Art des Erwerbs verwehrt. Von nun an konnte sie zwischen gesellschaftlicher Ächtung und dem Hungertod wählen.[17]

Das Stigma, das der Prostituierten anhaftete, übertrug sich auch auf ihren Nachwuchs. Bis zum 16. Jahrhundert hatten die Männer für ihre Bastardkinder gesorgt, waren stolz auf sie gewesen und hatten sie in einigen Fällen sogar zu sich ins Haus geholt, um sie von ihren Frauen großziehen zu lassen. Immerhin heißt das alte Findelhaus in Florenz das Hospital der Unschuldigen Kindlein – ein ganz direkter Hinweis darauf, daß im Mittelalter die Illegitimität nicht automatisch als Makel empfunden wurde. Aber da die frühe Neuzeit die Definition des sexuell Erlaubten enger faßte, wurde die Vaterschaft bei diesen Kindern nicht mehr anerkannt. Bastarde waren »vaterlos« und somit eine Bedrohung für die patriarchale Gesellschaftsordnung. Als solche wurden sie ebenso geächtet wie ihre Mütter. Es war eine untragbare Situation mit – wie wir noch sehen werden – tragischen Konsequenzen.[18]

Die Wissenschaftler fanden einen derartigen Gefallen an diesem patriarchalen Familienkonzept, daß sie unter dem Mikroskop allen Ernstes fertige kleine Embryos in den Spermien zu entdecken glaubten. Eine Samenzelle hatte man sich demnach vermutlich wie eine Babuschka-Puppe vorzustellen, die alle künftigen Menschen in sich barg, einen in den anderen geschachtelt – ein Beweis für die Abhängigkeit der Wissenschaft von sozialen Einflüssen. Die Rolle der Frau bei der Fortpflanzung wurde auf die eines Brutofens reduziert, in dem der Same heranreift, eine Vorstellung, die seit Aristoteles bestand.[19]

Im frühneuzeitlichen Europa wurden erwachsene Frauen in zwei Kategorien unterteilt: gute Mütter und alle anderen.

Erstere kamen in den Himmel; letztere wurden dem Höllenfeuer und der Verdammnis übergeben, und oft mußten sie
dafür nicht erst auf den Tod warten. Es ist eine traurige Ironie,
daß die Wertschätzung der guten Mutter die Abwertung aller
anderen Frauen zur Folge hatte. Andererseits waren natürlich
viele Frauen, wenn nicht sogar die meisten, gerne Mütter und
sonnten sich in dem neuen Ansehen ihres Standes, selbst wenn
mit diesem Ansehen ein hohes Maß an Bevormundung verbunden war.

Der große Ausverkauf: Mutterbilder

Wollte man die Kunst und Literatur des frühneuzeitlichen
Europa beim Wort nehmen, so müßten sich die Menschen
damals samt und sonders durch Kloning fortgepflanzt haben.
Wer beispielsweise die Autobiographie des Theologen Richard
Baxter oder des Philosophen John Locke liest, würde nie auf
die Idee verfallen, daß die beiden »vom Weibe geboren« sind.[20]
Die Mütter sind in der Kunst so gut wie unsichtbar.
Seit Jahrhunderten trichtert man uns ein, daß Shakespeare in
seinen Dramen die gesamte Bandbreite menschlichen Fühlens
ausschöpfe, daß ihm nichts Menschliches fremd sei. Sollen wir
daraus folgern, daß er die Mütter einfach »vergessen« hat? Wo
ist Jessicas Mutter? Desdemonas? Ophelias? Welche Frau hat
Regan, Goneril und Cordelia das Leben geschenkt? Sind all
diese schattenhaften, namenlosen Frauen im Kindbett gestorben? Im *Mittsommernachtstraum* wird der jungen Hermia
erklärt, sie verdanke ihre Existenz ausschließlich ihrem Vater.
Der Vater, so die unterschwellige Botschaft, ist der ausschlag-
gebende und allein ausreichende Elternteil.[21]
Einige wenige Mütter kommen bei Shakespeare vor, wahre
Stecknadeln im Heuhaufen, aber sie lassen sich schwerlich als
fromm, gehorsam, schweigsam und keusch bezeichnen. Lady
Macbeth hätte ihrem Kind »die Brust gerissen aus den weichen
Kiefern / und ihm das Hirn geschmettert an die Wand«. Ham-

lets Mutter, Gertrud, heiratet ohne Zeitverlust den Bruder
ihres ermordeten Mannes und legt damit in Hamlets Augen
eine unziemliche Lüsternheit an den Tag. Das »Versagen«
dieser beiden Mütter wäre nicht so schwerwiegend, wenn
Hamlet und *Macbeth* nicht so wichtige Stücke wären, womöglich die berühmtesten Shakespeare-Dramen, und wenn es
andere Mütter in der frühneuzeitlichen Literatur gäbe, die das
negative Bild ausgleichen. Den Kindern erging es eine Spur
besser; ihnen wurde in den letzten Jahrzehnten des 18. Jahrhunderts mehr Aufmerksamkeit zuteil. Bis dahin wurden sie
nach wie vor um ihres Rührpotentials willen eingesetzt, meistens als Opfer blutiger Grausamkeit, wie zum Beispiel in
Shakespeares *Richard III.* und *Titus Andronicus.*[22]
Am schlechtesten kamen die Mütter in den Volksmärchen weg,
die um diese Zeit ausgeschmückt und gesammelt wurden. In
den frühen Versionen wurde Schneewittchen von ihrer eigenen Mutter verfolgt, und Hänsel und Gretel wurden von ihren
leiblichen Eltern kaltblütig verstoßen. Dornröschens Schwie-
germutter gab ihrem Drang zum Kannibalismus nach und
versuchte sowohl Dornröschen als auch ihre Enkelkinder auf-
zufressen. Im Märchen vom Wacholderstrauch schlägt eine
Frau ihrem Stiefsohn den Kopf ab, zerhackt den Leichnam in
kleine Stücke und schmort ihn in einem Eintopf, den ihr Mann
mit Genuß verzehrt. Und Aschenputtels berüchtigte Stiefmutter macht eine Dienstmagd aus ihr, obwohl sie interessanterweise zu ihren biologischen Töchtern recht nett ist. Eine solche
Verunglimpfung der Mutterschaft konnten romantische Herausgeber wie die Brüder Grimm ein Jahrhundert später nicht
einfach hinnehmen. In einem wenig erfolgreichen Versuch, die
Mutterschelte zu kaschieren, verwandelten sie all die bösen
Mütter in böse Stiefmütter.[23]
Sicher, die bedrohlichen Mütter im Märchen dienen genau wie
die in der klassischen Mythologie dazu, unbewußte Konflikte
in uns zu verarbeiten. Das Leben ist nun einmal nicht leicht,
und so läßt es sich kaum vermeiden, daß Kinder ihren Müttern
zwiespältige Gefühle entgegenbringen. Märchen ermöglichen

es uns, unannehmbare Emotionen (wie Ablehnung) aus unserem Inneren nach außen zu projizieren ... auf die böse Stiefmutter. (Die Griechen und Römer, wie wir uns erinnern, machten es in ihren Sagen genauso.) Im Märchen wie auch in der Sage haßt die Mutter das Kind, nicht umgekehrt. Die Mutter wird die Böse, das Kind das Opfer. Das befreit uns von dem unklaren Schuldbewußtsein, das unsere »ungehörigen« Gefühle gegenüber unseren Müttern in uns wachrufen. Die Projektion ist ein wunderbares Mittel gegen das schlechte Gewissen. Und da sie sich im Unbewußten abspielt, können wir uns unsere angenehme Wunschvorstellung bewahren, wir empfänden für unsere Mütter ausschließlich Liebe. Außerdem läßt sich durch die Projektion aufs süßeste Rache üben, denn indem wir die Mutter in der Literatur als die Böse hinstellen, denunzieren wir sie in aller Öffentlichkeit. Die anhaltende Beliebtheit dieser Märchen über so viele Jahrhunderten hinweg zeigt den Grad ihrer psychologischen Relevanz und die Wirksamkeit der unbewußten Mechanismen, die dabei eine Rolle spielen. Märchen sind ein unerschöpflicher Fundus sogenannter archetypischer Figuren, universeller Wahrheiten, sublimierter seelischer Konflikte und moralischer Epiphanien – ein wahres Dorado der Hobby-Analytiker. Ihre sexistischen Implikationen machen sie zu einem der beliebtesten feministischen Haßobjekte, vor allem die Charles-Perrault-Versionen aus dem 17. Jahrhundert, die Disney später als Vorlage dienten und die, parfümiert und modisch aufgefrischt, am französischen Königshof großen Anklang fanden.[24] Aber so ganz ohne einen gewissen Realitätsgehalt sind die Märchen nicht. Die Stiefmütter im frühneuzeitlichen Europa können sehr wohl böse gewesen sein. In einer Zeit extrem hoher Sterblichkeit wuchsen nur wenige Kinder heran, ohne wenigstens einen Elternteil zu verlieren. Da die materielle Sicherheit und der Status der neuen Frau des Vaters, der Stiefmutter des Kindes, von ihrem Mann abhingen, ist es gut denkbar, daß sie im Interesse ihrer eigenen Kinder gegen die Sprößlinge ihrer Vorgängerin agierte – und dabei gegebenenfalls auch vor Mord nicht zurück-

schreckte. Die böse Stiefmutter war womöglich nicht nur ein
Märchen, sondern traurige Wirklichkeit.

Dasselbe gilt vielleicht für die grausame Mutter. Mama verheiratete sich nach Papas Tod schließlich auch wieder. Wenn
eine junge Witwe eine zweite Ehe einging, brachte sie (zumindest in Südeuropa) zwar ihre Mitgift mit in die neue Ehe, nicht
aber ihre Kinder, die bei den Verwandten ihres verstorbenen
Mannes blieben. Allzu glücklich können die Kinder darüber
nicht gewesen sein. Kein Wunder also, daß sie ihre Mutter als
Rabenmutter empfanden. Objektiv gesehen, trifft diese Mütter
wahrscheinlich nicht allzuviel Schuld. Sie waren Marionetten
in einer Sozialstruktur, die sie vor eine Wahl stellte, die so
bitter war wie die Meryl Streeps in *Sophies Entscheidung*:
Kinder oder Ehemann.

In diesen Jahrhunderten verlor die Mutter in der Malerei an
Boden. Darstellungen der stillenden Madonna kamen langsam
außer Mode. Statt dessen wimmelte es plötzlich von Bildern
ihres Mannes. Wir sehen den heiligen Joseph an der Krippe;
auf der Flucht nach Ägypten, den Esel führend; bei der Arbeit
in seiner Schreinerei, Seite an Seite mit seinem göttlichen
Sohn. Aus der Jungfrau Maria, einstmals die Himmelskönigin,
ist jetzt die perfekte Ehefrau geworden – eine gehorsame,
schweigende Gattin, genau die richtige Gefährtin für Joseph,
ihren Beschützer, der mit seiner Hände Arbeit für sie und ihr
Kind sorgt. Katholische Maler malten zwar im 16. Jahrhundert noch Marienbilder – die heilige Dreifaltigkeit fleischge-
worden im Schoß der Jungfrau (ein Frauenbild, wie es mäch-
tiger kaum denkbar ist), Krönungen, die Jungfrau, wie sie bei
der Kreuzigung in Ohnmacht fällt, die unbefleckte Empfängnis –, aber sie sind dünner gesät, manierierter und, soweit das
überhaupt möglich ist, noch weiter von jeder gesellschaftlichen
Realität entfernt als frühere Mariendarstellungen. Die katholischen Reformer begannen die Theatralik der neueren Darstellungen zu bemängeln und mahnten die Künstler wiederholt zu größerer Bibeltreue. Die Protestanten verbannten das
Bild der Madonna im Zuge des Bildersturms gleich ganz. Die

Herabstufung Marias zur Statistin ging bezeichnenderweise Hand in Hand mit der Degradierung der Frau zur Hausfrau. Rückblickend war vielleicht selbst eine so unvollständige Göttin wie Maria besser als überhaupt keine Göttin.[25] Familienporträts kamen im 16. Jahrhundert groß in Mode. Offenbar war es der Familie ein Bedürfnis, sich selbst als Einheit zu sehen. Diese Gemälde sind die visuelle Manifestation eines neuen, bewußten Zusammengehörigkeitsgefühls. Freiluftszenen gab es nach wie vor – jetzt in Form der Landschaftsmalerei –, aber Interieurs, Szenen aus dem häuslichen Leben, nahmen immer mehr zu. Und sie hingen nicht in Kirchen, sondern zu Hause. Diese Porträts feiern die Familie, aber sie huldigen nur einer ganz bestimmten Vorstellung von Familie – der patriarchalen. Ob Königshaus oder Bürgerfamilie, im Mittelpunkt steht der Vater. Um ihn herum sind in steifen Grüppchen die Familienmitglieder versammelt, lebende wie tote. Alle sitzen oder stehen so, daß ihre untergeordnete Stellung deutlich wird. Die gesamte Aufmerksamkeit wird auf die männliche Linie gelenkt – durch die Blickrichtung, durch Gesten oder einfach durch Ähnlichkeit.[26]

Am deutlichsten wird der Stellenwert der Mutterschaft vielleicht an der Figur der englischen Königin Elisabeth I. Im frühneuzeitlichen Europa war ein weiblicher Souverän fast ein Oxymoron. Aber Elisabeth konnte sich außerordentlich gut verkaufen. Besonders aufschlußreich ist dabei die Vermarktung ihrer Kinderlosigkeit. Ihre Unberührtheit wurde integraler Bestandteil ihres Image, so sehr, daß sie eine Kolonie nach ihrem intakten Jungfernhäutchen benannte: Virginia. Ihre Kinderlosigkeit war ihrem Parlament und ihren Beratern ein Dorn im Auge; sie alle beschworen sie, zur Sicherung der Thronfolge einen Erben in die Welt zu setzen. Aber sie nützte ihre Jungfräulichkeit geschickt zu ihrem eigenen Vorteil. Indem sie mit großer Bestimmtheit zu verstehen gab, daß die Mutterschaft für sie nicht zur Debatte stehe, streifte sie das Odium der gewöhnlichen Frau ab. Sie verstand es, ihren Untertanen zu suggerieren, daß sie ihnen die Mutter war, die sie

andernfalls einem Kind gewesen wäre. Sie stilisierte sich ziel-
sicher zu einer protestantischen Heiligen Jungfrau (ohne
Kind) empor, indem sie sich viele der Mariensymbole zu eigen
machte und daraus eine Art persönlicher Mythologie kreierte,
den Kult der jungfräulichen Königin, der ihrem Status äußerst
förderlich war. Nur dadurch gelang es ihr, sich über die ihr als
Frau auferlegten Beschränkungen hinwegzusetzen. Sie begriff
intuitiv, daß die Mutterschaft sich nicht mit wahrer politischer
Macht vertrug. Und doch war es die *Kultur* des ausgehenden
16. Jahrhunderts, der sie letzten Endes den Namen gab.[27]
Die Reformation zerlegte die Muttergottes in einzelne Eigenschaften. Die verschiedenen Facetten ihrer Person wurden
aufgesplittert und je einem bestimmten Frauen-Stereotyp zugeteilt. In der Hochrenaissance war Maria zugleich mütterlich,
sinnlich und mächtig gewesen. Die Reformation spaltete ihre
Mütterlichkeit von ihrer Sinnlichkeit und ihrer Macht ab; die
Mutterschaft war nur in ihrer selbstlosen, aufopfernden Form
akzeptabel. Sinnliche Mütter konnten gleich einpacken. Und
zu forsche ebenso. Die gute Mutter war die Madonna abzüglich
ihrer Reize und ihrer Zaubermacht. Ihre Sinnlichkeit wurde
der »sündhaften« Frau übertragen, die eine Verwandte Evas
war. Und ihre Macht übertrug man der »Hexe«. Die Hexe
wurde zum Symbol der Epoche, so wie die Jungfrau es im
vorhergehenden gewesen war.
Mit einem Schlag wimmelte der Nachthimmel von alten Vet-
teln auf Besenstielen, die, den Körper mit Krötenschleim ein-
geschmiert, wehenden Haares zu ihrem Hexensabbat ritten,
um es dort mit dem Leibhaftigen zu treiben. Diese »Hexen«, so
munkelte man, aßen gekochte Säuglinge, spuckten das Kruzi-
fix an, zauberten Hagel und Gewitter herbei ... und stahlen
Penisse! Dreihundert Jahre lang trieben sie in ganz Europa
ihr Unwesen, und dann verschwanden sie auf ebenso unerklärliche Weise, wie sie gekommen waren – legten noch einen
kurzen Zwischenstop in Amerika ein und wurden nicht mehr
gesehen. Es gab wahrscheinlich wirklich Frauen im frühneuzeitlichen Europa, die harmlose heidnische Rituale praktizier-

ten oder die geisteskrank waren und sich für Hexen hielten, aber es ist kaum anzunehmen, daß sie mit dem Teufel kopulierten, was immer ihre Zeitgenossen eidlich bezeugten. Nein, wie zahllose andere Frauen auch waren sie Opfer einer der umfassendsten und häßlichsten Attacken auf das weibliche Geschlecht in der europäischen Geschichte. Der kollektive Wahnsinn der Hexenjagd beschränkte sich nicht auf eine einzige Religion. Sowohl Katholiken als auch Protestanten führten Inquisitionen von unglaublicher Brutalität durch. Die feministische Theologin Mary Daly spricht von Gynozid.[28]

So wenig der Hexenwahn auf den ersten Blick mit der Mutterschaft zu tun zu haben scheint: Die Rollen von Hexe und Mutter sind eng miteinander verknüpft. Eine ist die Umkehrung der anderen. Die Eigenschaften der Hexe sind nicht zufällig gewählt; in ihnen werden die Eigenschaften der guten Mutter in ihr Gegenteil verkehrt. Die gute Mutter schwieg, die Hexe hatte ein böses Mundwerk. Die gute Mutter war keusch, die Hexe lebte wahllos ihre perversen Gelüste aus. Die gute Mutter war immer gehorsam, die Hexe wild und aufsässig. Und die gute Mutter war fromm, während der Hexe nichts heilig war.[29] Die Hexe war die Anti-Mutter. Sie steckte die Grenzen für ein geziemendes mütterliches Verhalten ab und ermöglichte der guten Mutter dadurch ein klareres Selbstverständnis. Und sie vereinigte alles Böse auf sich, das der Engelsgleichheit der guten Mutter Abbruch hätte tun können.

Die Hexe war auch noch auf andere Weise die Anti-Mutter: Sie war unfruchtbar (wobei die typische europäische »Hexe« durchaus Kinder geboren haben konnte, aber jetzt aus dem gebärfähigen Alter heraus und ohne Mann war). Und damit nicht genug, sie fand auch Gefallen daran, andere unfruchtbar zu machen, vermutlich aus Neid. Das gelang ihr durch die schwarze Kunst, wie belegt im *Malleus Maleficarum* oder *Hexenhammer*, einem äußerst beliebten Handbuch für Hexenjäger, das im 15. Jahrhundert unter der Ägide des Papstes entstanden war. Dem *Hexenhammer* zufolge machten die Hexen durch ihre Zauberkünste unschuldige junge Mädchen dem heiligen, heterosexuellen Ehestand abspenstig. Hexen waren außerdem für männliche Impotenz verantwortlich, verhinderten die Empfängnis und sorgten dafür, daß Kinder im Mutterleib blieben, alles zusätzlich zum Penisdiebstahl. Ein Viertel der je in England gegen Hexen erhobenen Anklagen hatte die Verhexung von Kindern zum Gegenstand.[30]

Die Hexe wurde zum Sündenbock für alle Probleme, die mit der Fortpflanzung zu tun hatten. Für jeden Fall männlicher Impotenz konnte eine Hexe gefoltert und verbrannt werden. Den Hexen, nicht den Männern, gab man die Schuld an der Geburt unehelicher Kinder, am Ausbleiben von Schwangerschaften, ja sogar am Tod legitimer (vom Vater anerkannter) Kinder. Aber das absurdeste Attribut, das man den Hexen andichtete, waren wohl die zusätzlichen Brüste, mit denen sie das Böse säugten. Die Hexen»riecher« hatten an der mutmaßlichen Hexe unter anderem nach Extrazitzen zu fahnden, indem sie mit einem eigens dafür angefertigten Gerät in Muttermale, Warzen, Leberflecke und sonstige Pigmentveränderungen stachen und an jeglicher »Vorwölbung« saugten. Seltsamerweise behaupteten die Hexenriecher oft, diese Zitzen entdeckt zu haben, was nur wieder einmal beweist, daß der Haß genauso blind machen kann wie die Liebe.[31]

Da die Hexen für Unfruchtbarkeit und Abtreibung verantwortlich gemacht wurden, hatten die Hexenriecher es naturgemäß ganz besonders auf Hebammen abgesehen, da diese von jeher die Verbündeten der Frauen bei der Geburtenregelung gewesen waren (die erst jetzt strafbar wurde). Ohnehin hatten die Hebammen einen schlechten Stand, da ihr Gewerbe per definitionem als anrüchig galt. Die weiblichen Fortpflanzungsorgane wurden als das leibhaftige Böse betrachtet, als ein Stigma, das sich auf den Geburtsvorgang selbst übertrug, der seit dem Beginn des Patriarchats als eine unordentliche, sogar ekelhafte Angelegenheit betrachtet wurde. Männern war die Anwesenheit bei der Geburt nicht gestattet; daß die Hebammen dabei zugegen sein durften, machte sie suspekt. Die Hebamme war eingeweiht in die Geheimnisse weiblicher Ana-

tomie; sie wußte Bescheid über die Schwangerschaft und die
gesellschaftlichen Rituale rund um die Geburt; sie konnte
Wehen herbeiführen und Schmerzen lindern – alles Dinge, von
denen die männlichen Ärzte der Zeit (die ja über keinerlei
praktische Erfahrung verfügten) keine Ahnung hatten. Was
lag da näher, als sie dämonischer Kräfte zu bezichtigen?[32] Die
Macht der Hebamme stellte ihr Todesurteil dar.

Als im 16. und 17. Jahrhundert die Geburtshilfe zunehmend
Männersache wurde, ging die Sterblichkeit keineswegs zurück. Im Gegenteil, durch ihre nicht-sterilen Entbindungs-
praktiken verbreiteten die Ärzte das tödliche Kindbettfieber.
Von Asepsis und der Ansteckung durch Bakterien und unge-
waschene Hände wußte man bis zur zweiten Hälfte des 19.
Jahrhunderts nichts. Die Hebammen kamen mit weniger
Krankheiten in Berührung, weil sie nur Frauen im Kindbett
betreuten, nicht Kranke im allgemeinen. Über die Bemühungen der Männerwelt, die essentiell weibliche Erfahrung der
Geburt unter ihre Kontrolle zu bringen und Profit daraus zu
schlagen, und über die »Medizinisierung« eines natürlichen
und gesunden Vorgangs gibt es eine Fülle von Veröffentlichungen.[33]

Die diversen Mutterbilder des frühneuzeitlichen Europa – das
Fehlen der Mutter in Literatur und Kunst, ihre Dämonisie-
rung im Märchen und der Hexenwahn – deuten auf eine tiefe
Zwiespältigkeit im kollektiven Unbewußten hin. Aus psychoanalytischer Perspektive läßt sich aus den Hexenjagden, den
bösen Stiefmüttern und der wohlkalkulierten Kinderlosigkeit
von Elisabeth I. auf eine Feindseligkeit gegen die Mutter
schließen, auf einen Haß, der nicht an ihr selbst ausgelassen
wurde, sondern an ihren Stellvertretern (literarischen Gestalten, verschrobenen alten Frauen). Vielleicht entsprang diese
geballte Aggression gegen die Mütter (die an die Frauenfeindlichkeit im klassischen Griechenland erinnert) dem Gefühl,
daß die Frau ihre Grenzen überschritt, die immer starrer und
enger wurden. Vielleicht führte auch der Zusammenbruch des
gesellschaftlichen, politischen und religiösen Konsensus zu

einer tiefgreifenden allgemeinen Verunsicherung, in der bestimmte Frauen, vor allem die aufsässigen, als Sündenböcke herhalten mußten. Interessanterweise wurde die gute Mutter zwar von der Kanzel gepriesen, aber in den Gemälden und Statuen der Zeit ist sie so gut wie gar nicht abgebildet. Die kulturelle Aufspaltung der Frauen in »gute« und »böse« hatte, wie wir noch sehen werden, einen großen Einfluß auf die Mutterschaft als Institution wie auch als persönliche Erfahrung.

Eine bemerkenswerte Ausnahme findet sich in der niederländischen Malerei, wo die gute Mutter alles andere als eine Leerstelle ist. Ein paar der anrührendsten Darstellungen von Eltern mit ihren Kindern stammen von niederländischen Malern aus dem 16. Jahrhundert oder auch von ausländischen Malern wie dem Spanier Murillo, die ihre Werke nach Holland verkauften. Hier finden wir zeitlose Momente in Hülle und Fülle: Mütter, die ihren Kindern das Hinterteil abwischen, ihnen einen Gute-Nacht-Kuß geben, das Haar nach Läusen absuchen oder mit ihnen die ersten Gehversuche machen. Wer diese Meisterwerke sieht, muß den Eindruck bekommen, daß die Mutterliebe damals eine Selbstverständlichkeit war. Ein beliebtes Sujet – nicht überraschend eigentlich – bildete die stillende Mutter. Dieses Motiv war bis dahin fast ausschließlich religiösen Darstellungen vorbehalten gewesen, aber in einer der aussagekräftigsten Umkehrungen in der Geschichte der europäischen Kunst schafften die protestantischen Niederländer die Tradition der Madonna mit dem Kinde ab, nur um sie dann durch die Hintertür in Gestalt einfacher, säkularer Mütter wiederzubeleben. Bezeichnenderweise ist diese malerisch so überschwenglich bekundete Mutterliebe in einem Land angesiedelt, das den Frauen mehr Freiheiten zugestand als alle anderen europäischen Länder. In den Niederlanden war die Prostitution legal (und ist es übrigens immer noch), Ammen waren verpönt, und es wurden weniger Kinder ausgesetzt als irgendwo sonst. Das Holland des 16. und 17. Jahrhunderts scheint somit die Ausnahme gewesen zu sein, die die

Regel bestätigt: Je mehr die Frauen geachtet werden, desto mehr achten sie ihre Kinder.[34]

Die Rute schonen: Mütterliche Realität

Als kämen die frühneuzeitlichen Mütter in Kunst und Literatur nicht schon schlecht genug weg, werden sie außerdem von den Historikern mit den noch übler beleumundeten Puritanern in einen Topf geworfen, an denen fast niemand ein gutes Haar findet. Die Puritaner waren jene frühen protestantischen Reformer, denen die Church of England (selbst eine reformierte Kirche) nicht »rein« genug war und die sich für nichts anderes interessierten als für die Bibel, kindliche Verderbtheit, die göttliche Vorsehung, das ewige Heil und merkwürdige Namen wie Tribulation Wholesome [Drangsal Heilsam] und Zeal-of-the-Land Busy [Inbrünstigste-im-ganzen-Land Emsig] – Namen, die schon ihr Zeitgenosse, der Dramatiker Ben Jonson, voller Lust parodierte.[35]

Bis zu diesem Zeitpunkt waren Namen nicht von Belang gewesen. Im Englischen befanden sich nur ein paar Namen im allgemeinen Gebrauch, so wenige, daß Geschwister manchmal denselben Namen erhielten. Manchmal bekam auch ein Neugeborenes den Namen eines eben verstorbenen Kindes. Es gab so viele Leute mit demselben Namen, daß sie durch Nachsilben, Ziffern und Spitznamen unterschieden werden mußten (John II., Johnson, Littlejohn, Jack und so weiter). Dagegen waren die Puritaner offenbar der Ansicht, daß die Kinder nicht ganz so austauschbar seien und einer auf sie persönlich zugeschnittenen moralischen Botschaft bedürften, die sie gleich zu Anfang ihres Lebens auf den rechten Weg bringt.

Die Puritaner haben einen katastrophalen Ruf als Eltern, der auf die frühneuzeitlichen Mütter als solche abgefärbt hat. Beim Gros der Historiker, von Alice Morse Earle Ende des 19. Jahrhunderts bis hin zu Philip Greven in den neunziger Jahren unseres Jahrhunderts, sind die Puritaner als regelrechte

Kindesmißhandler verschrien,[36] als glühende Fanatiker, die den größten Teil ihrer Zeit damit zubrachten, ihre Kinder zu verdreschen, ihren Willen zu brechen und ihnen dafür biblische Binsenweisheiten einzubleuen. Der Spruch »spare the rod and spoil the child« [Die Rute schonen heißt das Kind verderben] wird gemeinhin fälschlicherweise den Puritanern zugeschrieben. In Wirklichkeit stammt er aus einem Gedicht aus dem 17. Jahrhundert, in dem Samuel Butler sich über die Puritaner lustig machte. Heutzutage »puritanisch« genannt zu werden ist eine Beleidigung.

Wie sich immer deutlicher zeigt, besteht der eigentliche Irrtum der Historiker in ihrem übermäßig negativen Bild von der puritanischen Kindererziehung nicht darin, daß sie die frühneuzeitlichen Mütter mit den Puritanern über einen Kamm scheren. Obwohl die Puritaner nie mehr als einen kleinen Prozentsatz der Bevölkerung ausmachten, hatten sie einen großen Einfluß im Europa und Amerika des 16. und 17. Jahrhunderts. Das kommt zum Teil daher, daß sie eine heiße Spur hinterließen – Bücher, Tagebücher, Abhandlungen, Predigten, Autobiographien und Briefe. Man sagt ihnen nach, daß sie an »außerordentlicher Geschwätzigkeit« litten, an einem unwiderstehlichen Drang, jeden einzelnen ihrer Gedanken zu Papier zu bringen. Sehr viele dieser Gedanken galten der Kindererziehung, und so machten die Puritaner ein Thema zu ihrem Monopol, das bis dahin weitgehend ignoriert worden war. Sie sind die wahren Vorläufer Dr. Spocks. Angesichts der Dominanz der Puritaner in den frühneuzeitlichen Medien ist es daher kein Wunder, daß ihre Betonung von Moral und kindlicher Disziplin sich auf die gesamte Bevölkerung auswirkte.[37]

Die Erziehungsgrundsätze der Puritaner waren denen anderer Eltern ihrer Zeit wahrscheinlich sehr ähnlich. Sie sprachen nur mehr darüber. Wir haben es mit einer Zeit tiefgreifender kultureller Umbrüche zu tun, und Menschen aller religiösen Ausrichtungen begannen sich wohl Gedanken über die Kindererziehung zu machen und eine strikte Disziplin als Mittel zu sehen, sich zumindest ein gewisses Maß an Kontrolle über die Zukunft zu sichern.

Vor der Reformation waren alle Menschen katholisch gewesen. Jetzt gab es plötzlich Konkurrenz. Zahlreiche religiöse Sekten wetteiferten um die Seele des einzelnen. Die Sekten waren für ihr Überleben auf die Solidarität des Nachwuchses angewiesen. Die kommende Generation war nun von ganz neuer Wichtigkeit: Sie hielt den Glauben am Leben. Zur Gewährleistung ihrer Loyalität mußten gezielte Anstrengungen unternommen werden. Die Eltern mußten sich mehr ins Zeug legen, um Willfährigkeit zu erzeugen und zu bewahren. Es war eine Situation, die nach gebieterischem elterlichen Durchgreifen zu verlangen schien, und tatsächlich ließen die frühneuzeitlichen Eltern weit größere Strenge walten als alle Eltern, von denen bisher die Rede war.[38]

In wohlanständigen Häusern hatten die Kinder in Gegenwart ihrer Eltern zu stehen oder zu knien, bis sie zum Sitzen aufgefordert wurden, und die Eltern morgens und abends um ihren Segen zu bitten. Die Eltern galten als Stellvertreter Gottes; ihre Zustimmung war allein ausschlaggebend. Der Schriftsteller John Aubrey (kein Puritaner) beschreibt die dreißiger Jahre des 17. Jahrhunderts als eine Zeit, in der

dem Kind vor dem Anblick seiner Eltern grauste wie einem Sklaven vor dem Anblick seines Folterers. Gentlemen von 30, 40 Jahren, die jedwedes Amt im ganzen Königreich hätten bekleiden können, mußten wie große, stumme Tröpfe barhäuptig vor ihren Eltern stehen, und Töchter (erwachsene Frauen) hatten die ganze Zeit, während die stolze Mutter zu Besuch kam, neben dem Schrank zu stehen, es sei denn, es wurde ihnen (wie es damals der Brauch war) gestattet, auf einem vom Hausdiener herbeigebrachten Kissen zu knien, wenn sie lange genug stehend gebüßt hatten.[39]

Die Puritaner waren nur die offensichtlichsten Verfechter elterlicher Strenge.

Diese Gepflogenheiten fanden sich natürlich nur in bürgerlichen Familien. Bei den armen, analphabetischen Schichten galt die Erziehung nicht als besondere Aufgabe, sie ergab sich vielmehr aus der Alltagsroutine. Sie war immer zum Teil durch ein Lehrling-Meister-Verhältnis bestimmt, weniger durch etwas, was die Eltern taten, als durch all das, was passierte oder passieren mußte, wenn die tägliche Arbeit der Familie bewältigt werden sollte.[40]

Die Puritaner nahmen grundsätzlich nichts auf die leichte Schulter, und die Kindererziehung stellte nur einen Sorgenquell von vielen dar. Ein Nebenprodukt der puritanischen Theologie waren nagende Schuldgefühle. Die Puritaner mußten ohne die psychologischen Stützen des Katholizismus zurechtkommen, ohne die kollektiven Rituale, die Gelegenheiten, Dampf abzulassen. Sie standen allein vor ihrem Schöpfer, mit nichts als ihrem Gewissen. Ihre Schuld konnte keine Beichte abmildern, kein Ablaß, keine Wallfahrt oder gar ein wundersames Eingreifen der Jungfrau.[41] Die tiefsitzende Angst um ihr Seelenheil trieb sie zu einer zwanghaft akribischen moralischen Buchführung (daher die vielen Tagebücher). Das Selbstbekenntnis, die Auflistung eigener Versäumnisse, ist unserer Kultur so in Fleisch und Blut übergegangen, daß es ganze Industrien unterhält: Fernseh-Talkshows, Illustrierte, sogar die Psychotherapie. Das alles haben wir den Puritanern zu verdanken.

Ebenfalls auf ihr Konto geht der Verlust der elterlichen Unbefangenheit. Vierhundert Jahre vor Sigmund Freud bürdeten die Puritaner den Eltern bereits die Verantwortung für das gesamte Leben ihrer Kinder auf: Kleine Menschen konnten durch den Einfluß des Elternhauses »auf den rechten Weg gebracht« oder für alle Ewigkeit verbogen werden. Was immer einem Kind zustieß, die Eltern hatten es auf dem Gewissen. Für die Puritaner war ein gut erzogenes Kind ein Beweis für elterliche Tugend. Umgekehrt signalisierte ein sündiges Kind elterliches Versagen. Die »Qualität« des Kindes war der Maßstab für die »Qualität« der Eltern. Selbst noch im hohen Alter konnten Eltern durch das Verhalten ihrer erwachsenen Kinder gerechtfertigt oder überführt werden. Die Puritaner waren (recht selbstherrlich) davon überzeugt, daß alles, was ihren Sprößlingen widerfuhr, in irgendeiner Weise auf sie zurückzuführen sei. Als im kolonialen Massachusetts Cotton Mathers Tochter bei einem Brand schwere Verletzungen erlitt, schrieb ihr Vater: »Weh mir, um meiner Sünden willen wirft der gerechte Gott mein Kind ins Feuer.« Das ist elterliche Selbstbezichtigung, wie sie schlimmer nicht sein könnte. Aber sind moderne Eltern so viel anders? Sicher, heutige Mütter und Väter gestehen ihren Kindern mehr Selbstbestimmung zu als die Puritaner und zerbrechen sich wohl kaum den Kopf über religiöse Belange, aber auch sie fühlen sich weitgehend (wenn nicht vollkommen) verantwortlich für das seelische Wohl ihrer Kinder. Insbesondere für die Mutter ist das, was letztlich aus ihrem Kind wird, ein Urteilsspruch über ihr ganzes Leben.[42]

Das verleiht der jüngeren Generation eine ungeheure Macht, und es erschwert die Elternschaft. Eine Mutter, die für jegliche Fehler ihres Kindes verurteilt werden kann, steht diesem Kind verständlicherweise etwas zwiespältig gegenüber, zumal wenn es sich trotzig zeigt (wie Kinder das nur zu oft tun). Die Kinder spüren diese Zwiespältigkeit natürlich, und es ist durchaus vorstellbar, daß sie es der Mama manchmal heimzahlen möchten für ihre nicht ganz so bedingungslose Liebe. Das würde auch die These untermauern, daß all diese Märchen mit ihren bösen Müttern einen unbewußten Racheakt darstellen.

Wo soviel auf dem Spiel stand – die mögliche Verdammnis ihrer Kinder wie auch ihrer selbst –, war es kein Wunder, daß die Puritaner so ängstlich darauf bedacht waren, ihre Kinder richtig zu erziehen. Die frühen Protestanten glaubten wie die Katholiken, daß Kindern von Natur aus ein Hang zur Sünde innewohne. Anders als die Katholiken waren sie jedoch der Überzeugung, daß es fester Zügel bedürfe, um sie vor dem Höllenfeuer zu bewahren. Nach der katholischer Lehre schwebten die Seelen der Kinder nur kurze Zeit in Gefahr, bis zur Taufe, die ein paar Tage nach der Geburt stattfand. Das Sakrament der Taufe bereinigte die Angelegenheit und brachte das Kind auf den rechten Weg, der in den Himmel führt. Aber die Protestanten mißtrauten der Macht der Sakramente. Ihrer Meinung nach ließ sich das Heil nicht so ohne weiteres erlangen. Sie glaubten, daß das Kind den Pfad der Tugend bewußt wählen müsse und daß eine solche Wahl nur nach einer entsprechenden Zeit geziemender Unterweisung möglich sei. Auf den guten Protestanten wartete damit eine neue Aufgabe – die religiöse Konditionierung von Kindern. Allzuviel hätten sich die Puritaner von ihren Bemühungen eigentlich nicht versprechen dürfen, da sie schließlich gleichzeitig an die Vorsehung glaubten – daran, daß die Kinder, die für den Himmel bestimmt waren, bereits auserkoren waren. Da der Eingang ins Paradies einem entweder beschieden war oder nicht, gab es für den Sünder keine Möglichkeit, etwas an seinem Los zu ändern. Warum also ein Kind mühsam zur Disziplin anhalten, wenn sein Schicksal bereits besiegelt war? Diese logische Inkonsistenz tat dem missionarischen Eifer der Puritaner keinen Abbruch. Unbeeindruckt setzten sie alles daran, ihre Kinder zu anständigen Christen zu erziehen, und ebenso unbeeindruckt fuhren sie fort, alles haarklein aufzuschreiben.

Aber auch nicht-puritanische Eltern waren, wie schon gesagt, alles andere als lax. Humanisten, Katholiken und andere mehr, sie alle verfochten eine nicht minder strikte Disziplin, wenn auch aus anderen Gründen. Ihrer Meinung nach waren Kinder zwar nicht unheilbar verderbt, sondern moralisch neutral, aber eine Verschlechterung konnte nur durch größte Strenge verhindert werden. In ihren Augen diente die Disziplin dazu, eine hochgefährdete Unschuld zu erhalten, und nicht, angeborenen Lastern entgegenzuwirken. Im Prinzip lief es alles auf dasselbe hinaus. Während John Locke 1690 in einem berühmten Ausspruch Kinder als Tabula rasa bezeichnete, auf der die Eltern schreiben konnten, was immer sie wollten, redete er gleichzeitig einem harten Durchgreifen das Wort, genau wie die Puritaner.[43]

Die Historiker haben von diesen Eltern in der Regel das Schlimmste angenommen. Körperliche Züchtigung und Demütigung waren nach ihrer Darstellung an der Tagesordnung. Daß Eltern blinden Gehorsam von ihren Kindern forderten, galt als die Norm. Und dieser Härte, so glaubte man allgemein, lag eine tiefwurzelnde Gleichgültigkeit gegenüber dem eigenen Nachwuchs zugrunde.[44]

Paradebeispiele für diese Argumentation sind John und Charles Wesley, die Begründer des Methodismus. Sie wurden als Kinder gewürgt, gepeitscht und brutal abgekanzelt und mußten dann auch noch lautlos weinen, um die Erwachsenen nicht mit ihrem »widerlichen Lärm« zu stören. Das wissen wir so genau, weil ihre Mutter Susannah Wesley, selbst aus puritanischem Hause, sich in einem Brief an einen ihrer Söhne sehr unbefangen über ihre Erziehungsmethoden ausläßt. Sie spricht davon, daß sie ihren Kindern den Gehorsam eingebleut und sie schon von klein auf mit der Rute bestraft habe, manchmal bereits, bevor das Kind sein erstes Lebensjahr vollendet hatte. »Wenn ein Kind auf den rechten Weg gebracht werden soll, muß es in die Knie gezwungen werden«, schrieb sie.[45]

Nicht nur in den mittleren und unteren Schichten bestand man auf strenger Disziplin. Lady Jane Grey, Urenkelin von Heinrich VII. und in den Augen ihrer Familie Anwärterin auf den englischen Thron, wurde von ihren gottesfürchtigen Eltern zwischen 1530 und 1550 erbarmungslos geschlagen. Sie konnte ihnen nichts recht machen; ständig bekam sie wegen irgendwelcher angeblicher Vergehen die Rute zu spüren. Ihrem eigenen Bericht zufolge fühlte sie sich in Gegenwart des einen wie des anderen Elternteils immer wie »in der Hölle«.[46]

Den frühneuzeitlichen Eltern, so die Argumentation diverser Historiker[47], lag so wenig an ihren Kindern, daß sie ihnen nicht einmal eigene Namen gaben. So benannten sie Neugeborene nicht nur häufig nach gerade verstorbenen Kindern, sondern manchmal sogar nach einem Kind, das noch am Leben war. Warum einen guten Namen aussterben lassen? Wenigstens ein George, ein William oder eine Elizabeth würde ja vielleicht überleben.

Diese Kälte gegenüber Kindern war allem Anschein nach nicht auf England beschränkt. Der französische Philosoph Michel Montaigne bemerkte: »Ich habe zwei oder drei Kinder in jungen Jahren verloren, nicht ohne Bedauern, aber ohne allzu große Betrübnis.«[48] Und in einem Brief vom 19. August 1671 berichtet Madame de Sévigné von der befremdlichen Trauer einer Freundin über den Tod ihrer kleinen Tochter: »Sie ist ganz unglücklich und sagt, ein so hübsches Kind bekommt sie nie wieder.«[49] Man kann sich fragen, ob sie das Mädchen auch betrauert hätte, wenn es weniger hübsch gewesen wäre.

Besonders gern zitieren Historiker, die ein düsteres Bild von den bösen alten Zeiten malen, das außergewöhnliche, mit besessener Detailgenauigkeit geführte Tagebuch des Dr. Jean Hérouard, Arzt des jungen Louis XIII. Was darin beschrieben ist, kann heute nur als Kindesmißbrauch gewertet werden. Es liest sich wie Pornographie. Der arme Louis wurde von seiner Mutter während seiner ersten sieben Monate nicht angerührt. Er verhungerte fast, weil seine Ammen (er verbrauchte vier) nicht genügend Milch hatten. Dr. Hérouard berichtet, daß er dem Baby von der dritten Lebenswoche an Abführmittel und Einläufe verabreicht habe, ein Verfahren, an dem er bis an dessen Lebensende festhielt. Während seiner ersten drei Jahre wurden Louis' Geschlechtsteile von seiner Kinderfrau häufig gestreichelt, gerieben und in den Mund genommen. Im Alter von vier bis sechs nahmen ihn eine Reihe von Hofdamen und Kinderfrauen mit zu sich ins Bett und ermutigten ihn dazu, ihre Genitalien zu erforschen; er machte später Bemerkungen über ihre Größe und Flüssigkeitsabsonderung. Mit großem Wohlwollen ließe sich vielleicht mutmaßen, daß die Erwachsenen all das naiv zum Vergnügen des kleinen Königs taten, nicht zu ihrem eigenen. Aber von unserer postfreudianischen Warte aus können wir kaum etwas anderes annehmen, als daß diese Vorgänge für die späteren Störungen des Königs verantwortlich sind. Louis war bekannt für seine sexuelle Desorientierung; er litt unter langen Phasen der Impotenz und brachte es erst nach zwanzig Jahren auf dem Thron fertig, einen Erben zu zeugen. Als Erwachsener war er verschlossen, introvertiert und stotterte.[50]

Wenn derlei Erziehungsmethoden dem französischen Adel vorbehalten waren, mag es überraschen, daß Louis nicht auch in puncto Prügel eine Vorzugsbehandlung genoß. Aber das Kind wurde unbarmherzig geschlagen. Im Alter von zwei Jahren wurde er das erste Mal ausgepeitscht und von da an regelmäßig gezüchtigt (meistens wegen Trotz), auch noch, nachdem er mit neun König geworden war. Wenn er am Morgen nach einer Missetat aufwachte, wurde er von seiner Kinderfrau mit Birkenreisern oder einer Gerte aufs Hinterteil geschlagen. Mit drei nahmen die Züchtigungen an Häufigkeit zu, und einmal peitschte sein Vater ihn in einem Anfall von Jähzorn sogar selbst aus. Als er älter wurde und die Kinderfrau seiner allein nicht mehr Herr wurde, mußten Soldaten ihn festhalten, während sie ihn schlug.[51] Wenn es einem König so erging, wie muß dann erst mit Kindern niedrigeren Ranges verfahren worden sein?

Aus Material wie diesem haben die Historiker auf eine Einstellung zu Kindern geschlossen, die im besten Falle unfreundlich war, sehr viel eher aber auf eine regelrechte Paranoia hindeutet. Nachdem es den Puritanern nicht gelungen war, die Nation zu ihren Überzeugungen zu bekehren, wandelte sich ihre Enttäuschung in zwanghafte Rachegelüste gegen die eine Gruppe um, die sie in ihrer Gewalt hatten – ihre Kinder. Die Eltern waren entschlossen, den Willen ihrer Kinder zu brechen, weil ihr eigener Wille gebrochen worden war,[52] ein Prozeß, der, einmal in Gang gesetzt, zum Teufelskreis ausartet.

Es spräche vieles für diese Analyse, wenn es nicht inzwischen so aussähe, als wären die Puritaner und ihre Zeitgenossen unter Umständen doch gar nicht so grausam zu ihren Kindern gewesen. Heutzutage ist man generell der Ansicht, daß der Sadismus der frühneuzeitlichen Eltern stark übertrieben wurde. Dokumente wie Hérouards Tagebuch oder Wesleys Brief sind möglicherweise nicht repräsentativ, sondern von den Historikern (vielleicht unbewußt) zur Untermauerung einer These herausgegriffen, derzufolge die Eltern in der Vergangenheit schlechter waren als die Eltern heute – eine Theorie, aus der kulturelle Voreingenommenheit, wenn nicht gar Arroganz spricht.[53] In der Tat ist die strikte Disziplin, die mit der frühen Neuzeit assoziiert wird, einer viel späteren Epoche zuzuordnen. Die Bußpredigten erreichten den Höhepunkt ihrer Beliebtheit im 18. Jahrhundert, und zur wirklichen Repression kam es erst ein Jahrhundert später.

Wenn auch viele der frühneuzeitlichen Erziehungsmethoden aus unserer Sicht extrem erscheinen, waren sie doch in sich logisch und angesichts der vorherrschenden Theorien über die menschliche Natur und die Gesellschaft ganz gewiß nicht leichtfertig. Die Strenge muß nicht unbedingt ein dunkles Aufwallen von Feindseligkeit zum Ausdruck bringen, sie läßt sich ebensogut als Beweis für ein ganz neues Interesse an Kindern deuten. Solange niemand viel für seine Kinder empfand, konnten sie nach Herzenslust über die Stränge schlagen oder gleichgültigen, nachlässigen Dienstboten überlassen werden. Aber in der frühen Neuzeit war man der Meinung, daß Kinder sorgsame Disziplinierung nötig hätten. Eine genaue Lektüre puritanischer Erziehungshandbücher zeigt, daß die Ratschläge in der Regel sorgfältig durchdacht waren und einem konsistenten Schema folgten. Die Eltern sollten ihren Kindern mit gutem Beispiel vorangehen; sie durften sie auf keinen Fall »verhätscheln«. Verhätschelung galt als etwas, wozu ganz besonders die Frauen neigten, da sie sich so leicht von »Leidenschaft« überwältigen ließen. Das Nein zu übermäßiger Verzärtelung bedeutete jedoch nicht automatisch ein Nein zu Zuneigung und spielerischer Zuwendung, zu der die Eltern ausdrücklich ermutigt wurden. Bei der Bestrafung waren erst einmal die Schwere des Vergehens und die tatsächliche Schuld des Kindes zu ermitteln. Sie sollte auf keinen Fall im Jähzorn erfolgen, sondern erst, wenn der Erwachsene sich beruhigt hatte und dem Kind genau erklärt worden war, warum es bestraft wurde. Prügel schienen manchmal unumgänglich zu sein, aber nur, wenn alle anderen Mittel versagten. Und man hatte darauf zu achten, daß das Kind dabei nicht verletzt wurde. Willkürliche Brutalität wurde kategorisch abgelehnt. Die Puritaner wollten, daß ihre Kinder aus freien Stücken gehorchten, nicht unter Zwang. Erzwungener Gehorsam war vor Gott null und nichtig.[54]

Wir haben keine konkreten Beweise dafür, daß die Puritaner sich an ihre eigenen Maßgaben hielten. Aber daß sie die ersten waren, die sich ausführlich mit dem Thema Kindererziehung auseinandersetzten und dabei auch die Frage nach der »Rute« nie außer acht ließen, heißt nicht, daß sie sie erfunden hatten oder übermäßig davon Gebrauch machten.[55] Im Gegenteil, ihre Handbücher redeten einer abgeklärten, maßvollen, vernünftigen Art der Disziplinierung das Wort. Aus ihnen sprach ein unleugbares Gespür für die Bedürfnisse von Kindern und aufrichtige Sorge um ihr Wohlergehen. Der eigentliche Unterschied zwischen damals und heute liegt in der religiösen Zielsetzung der Puritaner. Eine gute Erziehung hatte das Kind zum Heil zu führen, nicht notwendigerweise zu emotionalem Wohlbefinden.

Je näher wir uns mit den Puritanern befassen, um so verständnisvoller stellen sie sich uns als Eltern dar. Reverend Joseph Josselin, ein Engländer aus dem 17. Jahrhundert, schrieb in seinem Tagebuch, er könne sich nicht erinnern, jemals von seinen puritanischen Eltern geschlagen worden zu sein, und er berichtete an keiner Stelle davon, seine eigenen Kinder geschlagen zu haben, obwohl er wiederholt drohte, seinen liederlichen zweiten Sohn John zu enterben. Offenbar brachte er es jedoch nicht übers Herz, seine Drohungen wahrzumachen, denn bei seinem Tod hinterließ er John den Großteil seines Vermögens. Soweit also der elterliche Sadismus. Und nicht nur das, die brutale Züchtigung von Kindern war im frühneuzeitlichen England strafbar; sie zog Entlassungen, Bußgelder und schwere Schuldgefühle nach sich. Wenn es zur Kindesmißhandlung kam, dann bei armen jungen Lehrlingen, was die Sache zwar nicht unbedingt besser macht, aber sie doch aus dem familiären Kontext herauslöst.[56]

Die moderne Mutter könnte an den Puritanern einiges zu bewundern finden. Für die Verfechter der alleinseligmachenden Mutter-Kind-Beziehung: Die Puritaner betonten die Bedeutung dieser Beziehung schon etwa vierhundert Jahre vor unseren heutigen Kinderärzten. Sie sprachen sich heftig gegen Ammen und für das Stillen der eigenen Kinder aus. Und sie waren die ersten, die in Kindern eine Zielgruppe für Bücher sahen. Bedauerlicherweise waren die Bücher, die sie für Kinder schrieben, in der Hauptsache religiöse Leitschriften und Traktate, die die kleinen Füße sicher in den Himmel tappen lassen sollten. Aber gelegentlich fand sich doch ein Meisterwerk darunter – zum Beispiel John Bunyans *Pilgerreise* (1678), um nur eines zu nennen.[57]

Die Puritaner versuchten auch als erste, Richtlinien für die kindliche Lektüre aufzustellen. Die Fabeln, Märchen und Kinderreime, die (obwohl sie nicht speziell für Kinder geschrieben worden waren) immer mehr zur Domäne junger Leser wurden, stießen bei den Puritanern auf wenig Gegenliebe, da sie ein Leben des Müßiggangs und der Gewalt verherrlichten. Die Mißbilligung führte natürlich nur dazu, daß die Bücher heimlich gelesen wurden. Ob man dergleichen als frühe Form der Zensur oder der politischen Korrektheit betrachten will, ist Ansichtssache. Aber eine Besorgnis um die kindliche Sensibilität kommt dabei auf jeden Fall zum Ausdruck; sie erinnert an die vielen heutigen Kontroversen über die Texte von Rockmusik, über Sex und Gewalt im Fernsehen und sogar über das viele Blut in den frühen Disney-Filmen.

Ironischerweise waren die frühneuzeitlichen Männer zwar männliche Chauvinisten par excellence, aber sie waren ganz gewiß keine abwesenden Väter. Wenn Geistliche und andere Würdenträger sich zum Thema Elternschaft äußerten, benutzten sie das Pronomen »er«, das heißt, sie wandten sich ausschließlich an den Vater. Zweifellos geschah dies in Anerkennung der unumschränkten familiären Autorität des Vaters:

Die Kindererziehung war eine zu wichtige Angelegenheit, um sie den Frauen zu überlassen, denen es ja bekanntlich an Geisteskraft ebensosehr mangelte wie an moralischer Standfestigkeit – kein Grund also, sich der Nostalgie hinzugeben. Aber so kränkend ihre Motive auch waren, die Männer nahmen den Frauen einen ganz beachtlichen Teil ihrer elterlichen Pflichten ab, vor allem bei den größeren Kindern, und sie stellten sich der Verantwortung, wenn etwas schiefging. Nachdem die Kinder entwöhnt waren, entschieden die Väter darüber, was sie lernen, essen und anziehen sollten. Sie wiegten die Babys in den Schlaf, gingen mit ihnen in der Nacht auf und ab und hielten sie auf Reisen auf dem Arm. Sie bestimmten, wann die Kinder alt genug waren, um zu arbeiten, wann sie von daheim weggingen und wen sie heiraten sollten. Sie fungierten als die moralischen und intellektuellen Ratgeber. Die Situation kehrte sich im nächsten Jahrhundert um, als die Frauen als die moralisch Höherstehenden apostrophiert wurden und die Kinder ausschließlich im Einflußbereich der Mutter aufwuchsen, weil der Vater jetzt die meiste Zeit außer Haus bei der Arbeit war. Der puritanische Vater dagegen, heutzutage Sündenbock für all das, was unsere Gesellschaft an Kindern verbrochen hat, nahm Kinderpflege und -erziehung als Teil seiner sozialen Verantwortung auf sich.[58]
Besonders in der frühen amerikanischen Geschichte wird das deutlich. Für die amerikanischen Gründerväter spielte der Vater eine wesentlich größere Rolle als die Mutter, soweit sich das aus ihren Schriften beurteilen läßt. Thomas Jeffersons Mutter beispielsweise ist in geheimnisvolles Dunkel gehüllt, hauptsächlich deshalb, weil Jefferson selbst sich so wenig über sie äußert. Sein Schweigen ist um so befremdlicher, als er sich ausführlich und innig über seine beiden Töchter und seinen Vater ausläßt; in bezug auf seine Mutter dagegen ist er trocken und kurz angebunden. Dasselbe gilt für Benjamin Franklin und John Adams. Was auch immer diese Männer empfanden, sahen sie offenbar keinen Grund, ihre Mütter auf den Seiten ihrer Briefe und Tagebücher zu verewigen, so wie sie es mit

ihren Vätern taten. Nicht, daß sie schlecht von ihren Müttern zu denken schienen; sie dachten einfach überhaupt nicht viel an sie.[59]

Sehr oft wird als Erklärung für die mutmaßliche Gleichgültigkeit der Eltern die schwindelnd hohe Kindersterblichkeit angeführt. Der Tod von Kindern, so vermutet man, war etwas so Vertrautes, so Alltägliches, daß die Eltern dem Verlust gegenüber abstumpften und kaum mehr trauerten.[60] Wir sind dieser Erklärung schon an früherer Stelle begegnet.

Heutzutage ist der Tod eines Kindes eine Ungeheuerlichkeit, ein Affront gegen die Ordnung der Dinge. Man kann sich keinen Schmerz vorstellen, der vergleichbar wäre. Aber im 16. und 17. Jahrhundert starb ein Drittel aller Kinder vor dem fünften Geburtstag. Cotton Mather wurde nur von einem seiner fünfzehn Kinder überlebt. Die englische Königin Anne wurde fünfzehnmal schwanger; alle Kinder außer einem waren entweder Totgeburten oder starben noch als Säuglinge. Der einzige Überlebende, William, Herzog von Gloucester, starb im Alter von elf Jahren. Wenn diese Eltern den Verlust so wichtig genommen hätten wie wir heute, wären sie aus dem Trauern nicht mehr herausgekommen.[61]

Den Tagebüchern und Autobiographien, die in den letzten zwanzig Jahren Gegenstand akribischer Forschungstätigkeit waren, läßt sich entnehmen, daß der Verlust eines Kindes damals durchaus nicht als Bagatelle empfunden wurde. Die englische Mary Lady Verney war zwei Tage und Nächte wie von Sinnen vor Kummer, als ihr Baby plötzlich an Krämpfen starb; als sie vom Tod ihrer Tochter Peggy erfuhr, fühlte sie sich außerstande, zwei kleine Mädchen, Verwandte ihres Mannes, bei sich aufzunehmen, weil sie das zu schmerzhaft an den eigenen Verlust erinnert hätte. Selbst ein so religiöser Mann wie Martin Luther war untröstlich, als zwei seiner sechs Kinder noch zu seinen Lebzeiten starben. Eines der anrührendsten Zeugnisse elterlicher Trauer ist Ben Jonsons Abschiedsgedicht für seinen siebenjährigen ältesten Sohn, den er »Kind meiner rechten Hand und meine Freude« nennt, sein

»bestes Stück Poesie«. Und die Aufzeichnungen des Astrologen und Arztes Richard Napier (1559–1634), der als eine Art Psychologe seiner Zeit fungierte, führen 134 Frauen auf, die seinen Rat suchten, weil sie krank vor Trauer waren, in den meisten Fällen über den Tod eines Kindes. Bei diesen Frauen handelte es sich um Angehörige aller sozialen Schichten.[62]

Die Vertrautheit mit dem Tode führte nicht zur Gleichgültigkeit. Natürlich fanden viele Eltern Trost im christlichen Glauben, der die Unterwerfung unter Gottes Willen verordnete: Kinder, so glaubte man, seien nur Leihgaben Gottes, die er zurückfordern könne, wann immer es ihm beliebe. Manche trösteten sich mit dem Gedanken, daß das Kind nun an einem »besseren« Ort weile.[63] Manche zeigten ihren Kummer auch nicht offen, weil das als unstatthaft galt, als »unchristlich« oder, schlimmer noch, als »weibisch«. Aber getrauert wurde dennoch. So sehr sie auch dagegen ankämpfen mochten, der Tod ihrer Kinder ging den Menschen doch an die Substanz. Die Übung machte in diesem Fall nicht den Meister.

Welchen Sinn hätten schließlich Shakespeares Todesszenen gehabt, wenn sein Publikum nicht vertraut gewesen wäre mit Elternliebe oder Elternschmerz? Die Klage König Lears um die tote Cordelia in seinen Armen muß in den Zuschauern Saiten zum Klingen gebracht haben. Die Verzweiflung Macduffs über die Nachricht vom Mord an seiner Frau und seinen Kindern muß ihnen das Herz umgedreht haben. Viele hatten solches Leid selbst durchgemacht.

Die Frauen wollten Kinder. »Gesegneten Leibes« zu sein war die beglückende Norm. Eine Frau, die keine Kinder bekam, konnte der damaligen Wissenschaft zufolge kränkeln und grün im Gesicht werden. Etwa ein Drittel aller Bräute waren bei der Hochzeit bereits schwanger, was darauf hindeutet, daß sie ihre Fruchtbarkeit unter Beweis stellen mußten, bevor ein Mann sie heiratete. Aber ihr eigener Kinderwunsch scheint das Verlangen ihrer Männer noch übertroffen zu haben.[64]

Dank der jüngsten Untersuchungen anhand der wenigen verfügbaren schriftlichen Äußerungen von Frauen können wir durch die eigenen Worte der frühneuzeitlichen Frauen erfahren, wie sie gedacht und gefühlt haben. Und was in ihren Schriften immer wieder zum Ausdruck kommt, ist die Liebe zu ihren Kindern. Natürlich waren nur die »guten« Mütter (verheiratet, gehorsam etc.) privilegiert genug, um überhaupt der Schrift mächtig zu sein, um sich Feder und Tinte leisten zu können und um Zeit zum Schreiben zu haben. Diese Frauen kamen logischerweise auch am besten mit der patriachalen Ideologie zurecht und hatten am wenigsten unter ihrer Situation zu leiden. Aber die Geballtheit ihrer Aussagen, ihre ungekünstelte Verve und Innigkeit, lassen an der Echtheit des Gefühls nicht zweifeln. Die Engländerin Dorothy Leigh schrieb in einem als Ratgeber für ihre Söhne gedachten Traktat, daß die Liebe einer Mutter zu ihren Kindern mit dem Verstand nicht zu erfassen sei. Eine englische Adelige, Elizabeth Grymestone, stellte 1610 einem Gebetbuch für ihren Sohn folgende Worte voran: »Keine Liebe hat solche Macht wie die Liebe einer zärtlichen Mutter zu ihrem leiblichen Kinde.« Und hier ein Ausschnitt aus einem 1658 entstandenen Gedicht einer der ersten amerikanischen Mütter, Anne Bradstreet:

> Acht Vöglein schlüpften mir im Nest,
> Vier waren Hähne, Hennen der Rest,
> Ich zog sie auf mit Lieb' und Müh',
> Scheut Kosten nicht noch Plag' für sie,
> Bis sie sich endlich auf vom Boden schwangen,
> Hoch in den Baum, und ihre Lieder sangen ...

> Wenn Vogeltränen könnten fließen,
> Würd' alle Welt mein Bangen wissen,
> Daß meine Brut ein Leid befällt,
> Weil sie sich für zu sicher hält.

> *I had eight birds hatcht in one nest*
> *Four cocks there were, hens the rest,*

I nurst them up with pain and care,
Nor cost, nor labour did I spare,
Till at the last they felt their wing,
Mounted the trees, and learn'd to sing ...

If birds could weep, then would my tears
Let others know what are my fears
Lest this my brood some harm should catch
And be surpriz'd for want of watch.[65]

Eine Frau, die das Flüggewerden ihrer Kinder derartig beklagt, muß auch vorher schon an ihnen gehangen haben.
Einen der bemerkenswertesten frühen Einblicke in eine Mutter-Kind-Beziehung bietet der Briefwechsel zwischen Madame de Sévigné und ihrer erwachsenen Tochter Madame de Grignon. Selbst bei flüchtiger Lektüre von Madame de Sévignés Briefen fällt auf, daß sie sich als hingebungsvolle Mutter darzustellen versucht. Allem Anschein nach war sie auch eine hingebungsvolle Mutter, vermutlich sogar im Übermaß. Bezeichnend ist, daß sie es für wichtig hielt, diese Seite von sich herauszustellen. Das Briefeschreiben war im damaligen Frankreich eine Kunstform. Die Briefe wurden im engeren Kreis laut vorgelesen und nicht nur aufgrund ihres Inhalts goutiert, sondern auch aufgrund von Esprit und Einfallsreichtum. Sie waren eine Form der öffentlichen Selbstdarstellung. Das heißt, Madame de Sévigné gab in der Korrespondenz mit ihrer Tochter eine Art Vorstellung. Und für diese Vorstellung wählte sie die Rolle der »besorgten Mutter«. Von dieser speziellen Rolle versprach sie sich Beifall.[66] Das impliziert, daß damit Staat zu machen war, selbst im Umfeld des leichtlebigen französischen Hofes. Gute Mütter oder zumindest Mütter, die sich als gut ausgaben, müssen daher im Frankreich des 17. Jahrhunderts geschätzt worden sein.
Kinderlosigkeit war im frühneuzeitlichen Europa ein hartes Los, aber ein uneheliches Kind oder zu viele Kinder waren eine Katastrophe. Ganz hilflos scheinen die Frauen der Natur in

dieser Sache nicht ausgeliefert gewesen zu sein. Die Französinnen waren bekannt für ihre »Migräneepidemien«, mit denen sie die Annäherungsversuche ihrer Männer abzuwehren suchten. Die Engländerin Mary Holden empfahl eine Kost, nach deren Genuß »die Männer nicht besser als Eunuchen« sein würden. Die empfängnisverhütende Wirkung verlängerten Stillens war bekannt. Man nahm außerdem zu Schwämmen, Coitus interruptus und Abstinenz Zuflucht, eines wie das andere von der Kirche mißbilligt. Auch Kondome aus Tierblasen existierten, aber sie fielen nicht mehr in den Bereich des Wohlanständigen. Die Engländer nannten sie *French letters*; in Frankreich wiederum hießen sie *les capotes anglais* – jede der beiden Nationen schrieb die Unmoral der anderen zu.[67]
Keine der angewandten Verhütungsmethoden war jedoch besonders zuverlässig, und so waren ungewollte Schwangerschaften keine Seltenheit. Manche Frauen versuchten sich mit Abtreibungsmitteln zu behelfen, für die es zahlreiche Rezepte gab. Erstaunlicherweise ergeben moderne Analysen, daß einige dieser Mittel tatsächlich gewirkt haben können.[68] Die Abtreibung wurde natürlich von der Kirche und den Moralisten vehement verurteilt, so daß die Rezepte als Medikamente zur Herbeiführung der Menstruation gehandelt wurden. Aber wie sagte schon Shakespeare: Was uns Rose heißt ...
Der Großteil der Anstrengungen »guter« Frauen galt freilich der Empfängnis, nicht der Verhütung – obwohl die Geburt in jedem Fall Schmerz und oft den Tod bedeutete (die Wahrscheinlichkeit, daß eine Frau bei einer ihrer Entbindungen doch noch starb, betrug bei vorsichtiger Schätzung 7 Prozent). Um die obstetrischen und gynäkologischen Kenntnisse war es so schlecht bestellt, daß Mary Tudor, Königin von England, fünf Monate lang im Wochenbett auf ihre Niederkunft wartete, nur um dann zu ihrer Demütigung zu entdecken, daß sie gar nicht schwanger gewesen war. Der Humanist Erasmus begriff beim besten Willen nicht, warum die Frauen sich angesichts der Mühsal und der unglaublichen Schmerzen, die ihnen blühten, überhaupt mit Männern abgeben mochten – daß ein

Mensch dergleichen gar ein zweites Mal auf sich nahm, schloß er, war nur durch Gedächtnisverlust zu erklären.[69] Verständlicherweise hatten viele Frauen Angst vor der Niederkunft. Das Vermächtnis Evas – »Unter Schmerzen sollst du Kinder gebären«, eine Prophezeiung, die man allgemein ernst nahm – kann nicht gerade ermutigend gewesen sein. Die meisten Schwangeren kannten zumindest vom Hörensagen Fälle, bei denen Frauen bei der Entbindung gestorben waren. Wenn eine Komplikation eintrat, war der Tod so gut wie sicher, und zwar ein qualvoller, langsamer Tod. Ein Kind, das falsch lag, lebend zur Welt zu bringen, war unmöglich. (Die gynäkologische Zange war zwar zu diesem Zeitpunkt bereits von einem Arzt entdeckt worden, wurde aber bis 1733 als Familiengeheimnis gehütet!) Das war um so tragischer, als in dieser Zeit die Rachitis umging und bei vielen Frauen eine Verengung des Geburtskanals zur Folge hatte, so daß der Kopf des Kindes nicht mehr hindurchpaßte. Erfolgreiche Kaiserschnitte waren damals noch Zukunftsmusik. Der Legende von Cäsars Geburt zum Trotz wurde bis zum 18. Jahrhundert kein erfolgreicher Kaiserschnitt an einer lebenden Frau durchgeführt. Ihre Risiken verlor die Operation erst im 19. Jahrhundert, nachdem Anästhesie und Desinfektion eingeführt und die chirurgischen Techniken verbessert worden waren. Der Einsatz von Chloroform und Äther zur Schmerzlinderung kam erst 150 Jahre später.[70] Blutungen, Infektionen und Eklampsie stellten weitere große Gefahren dar. 1660 starben zwei Drittel der Frauen im Hôtel Dieu, dem öffentlichen Krankenhaus in Paris, am Kindbettfieber. Das Kinderkriegen war keine Sache für Memmen!

Es war darum nicht ungewöhnlich, daß Frauen Vorkehrungen für ihren Tod trafen, während sie sich auf die Niederkunft vorbereiteten. 1622 verfaßte die vor ihrer ersten Entbindung stehende Elizabeth Joceline ein kleines Buch, in dem sie genau festlegte, wie ihr Kind erzogen werden sollte, falls sie im Kindbett sterben würde. *The Mother's Legacy* stellt eine herzzerreißende Lektüre dar, denn neun Tage nach der Geburt ihrer Tochter starb Joceline, vermutlich an Kindbettfieber. Sie wurde in das Leichentuch gehüllt, das sie sich heimlich gekauft hatte.[71]

Bis zur Mitte des 17. Jahrhunderts war die Gegenwart eines Mannes bei der Geburt eine Seltenheit, in der Regel ein Zeichen größter Not. Ärzte wurden nur geholt, wenn es gar nicht anders ging. Im allgemeinen war es nach wie vor die Hebamme, die die Kinder zur Welt brachte. Die 1655 geborene englische Landhebamme Catherine Schraders kam auf über 4000 Geburten und verlor dabei nur 90 Kinder und 15 Mütter.[72] Aber Schraders' Erfolgsrate ist ungewöhnlich hoch. Die Kompetenz der Hebammen schwankte stark. Zu diesem Zeitpunkt hatten männliche Hebammen und Ärzte das Gewerbe bereits zu unterwandern begonnen und entwickelten sich mit der Zeit zu den begehrteren Geburtshelfern. Wie wir sehen werden, erhöhte ihre Mitwirkung das Risiko zunächst, bevor sie es verringerte. Sie machte das Gebären außerdem zu einem weniger menschlichen, weniger schwesterlichen Vorgang, sehr zum Mißvergnügen künftiger Feministinnen.

Die Geburt war ein gesellschaftlicher Anlaß gewesen, umgeben von einer Aura weiblichen Rituals. Die Frauen entbanden zu Hause (in der Stellung, die ihnen am besten paßte; das Sitzen war damals noch beliebt), umsorgt von den Wehmüttern, im Englischen *gossips*, ein Wort, dem damals noch nicht die heutige negative Konnotation der Klatschbase anhaftete, sondern das von *God-sibs* abgeleitet war, den »Gottesverwandten«. Der Name kam daher, daß sie der Mutter während der Niederkunft nicht nur moralischen Beistand leisteten, sondern das Kind auch tauften. Auf die Geburt folgte das Wochenbett, eine etwa einmonatige Erholungsfrist für die Mutter – dies für die heutigen Gegner des Mutterschaftsurlaubs! Bevor sie ins Leben zurückkehrte, feierte die Wöchnerin einen Gottesdienst. Dieser Brauch gründete sich auf die Überreste eines jüdischen Reinigungsrituals, dem sich die Frauen unterziehen mußten, bevor sie das Heiligtum wieder betreten durften. Das Ritual hatte einen eindeutig frauenfeindlichen Einschlag.

Aber in der frühen Neuzeit war dieser Gottesdienst zu einer Geste der Danksagung seitens der Mutter geworden, wenn auch vielleicht nicht für ihr Kind, dann doch für die überstandene Geburt. Das Kind selbst bekam nach der Geburt erst einmal ein paar kräftige Klapse, wurde dann mit Salz eingerieben und saubergeschrubbt. Wenn es diese Torturen glücklich hinter sich gebracht hatte, kam es in die Wickelbänder.[73] Das Bänderwickeln stand nach wie vor hoch im Kurs. Man war immer noch der Meinung, daß es der Rachitis vorbeugte und die Babys warm hielt, vom praktischen Wert ganz zu schweigen. Während der halb erwürgte Säugling an einem Nagel baumelte, konnte die Mutter oder Amme guten Gewissens anderen Aufgaben nachgehen. Dem Säuglingsexperten Burton White, der selbst so harmlose Einschränkungen wie Laufställe für schädlich hält, hätten die Haare zu Berge gestanden. In England wurde das Kind mit sechs Wochen von einem Teil seiner Hüllen befreit; auf dem europäischen Festland dagegen blieb es eine gute Weile länger eingepackt. Aber selbst wenn die englische Mutter ihrem Kind die Windeln abgenommen hatte, behielt es doch noch eine breite Nabelbinde um den Bauch und Korsettstangen unter dem Hemdchen. Zweck der Übung war es ganz eindeutig, das Kind in seinem Bewegungsdrang möglichst einzuschränken – das genaue Gegenteil der heutigen Kinderkleidung, die dem Kind absolute Bewegungsfreiheit lassen soll, siehe den allgegenwärtigen Stretchanzug. John Locke war interessanterweise gegen diese Art des Einwindelns, aber nicht, weil sie die Bewegungsfreiheit einschränkte. Seiner Meinung nach schützte sie zu gut, fast wie ein Rüstung. Kinder müßten den Elementen ausgesetzt werden, damit keine verhätschelten Weichlinge aus ihnen würden.[74]

Der im Mittelalter weitverbreitete Austausch von Kindern, der in allen außer den untersten Schichten gang und gäbe gewesen war, setzte sich auch in diesen Jahrhunderten fort. In den oberen Klassen wurden die Kinder auf die Schule geschickt und oft in einem Haushalt nahe der Schule untergebracht. Für

die unter Zehnjährigen aus den mittleren Schichten waren die
Lehrjahre immer noch ein fest etablierter Initiationsritus. Die
Kinder der Allerärmsten oblagen der Verantwortung ihrer
Kirchengemeinden und wurden von ihnen in die Lehre gegeben. Hier kam es zu den schlimmsten Fällen von Kindesmißhandlung, denn die Gemeinden überprüften die Lebensumstände dieser Kinder nur sehr sporadisch. Nur bei den gewöhnlichen Armen blieben die Kinder bei ihren Eltern. Sie mußten
von ihrem neunten Lebensjahr an im Haus mithelfen – Un-
kraut jäten, Holz sammeln, auf die kleinen Geschwister aufpassen und später auch pflügen, stricken und Heu machen.
Sollten die älteren Kinder aus der Mittel- und Oberschicht
durch ihre kulturell verordnete Verbannung von zu Hause
Schäden davongetragen haben, so wird das aus den vielen noch
erhaltenen Briefen zwischen ihnen und ihren Eltern (in der
Regel dem Vater) jedenfalls nicht ersichtlich: Sie waren ihren
Eltern aus den Augen, aber allem Anschein nach nicht aus dem
Sinn.[75]

Die Ammenwirtschaft griff im 17. Jahrhundert seltsamerweise noch weiter um sich und fand ihren Höhepunkt im 18.
Jahrhundert. Im gleichen Maße verstärkte sich die Polemik
dagegen – allerdings mit wenig Erfolg. In England kam man
im späten 18. Jahrhundert langsam von den Ammen ab, als es
in der Oberschicht modern wurde, seine Kinder selbst zu
stillen (wie heute ja auch, obwohl die Entwicklungslinie nicht
gerade verläuft). Erst im 19. Jahrhundert starb das Ammenwesen ganz aus. In Frankreich, wo die Unterbringung von
Kindern bei Nährmüttern eine durchorganisierte Form der
Heimarbeit war, dauerte es sogar noch länger. Und deutsche
Eltern gaben ihre Kinder bis weit ins 20. Jahrhundert in
Pflege.[76]

In der frühen Neuzeit hatte die Sitte, Kinder zu Ammen zu
geben, von den oberen bereits auf die mittleren Schichten
übergegriffen. Dem Beispiel der Ranghöheren folgend, ließen
jetzt auch die Familien kleiner Handelsleute ihre Kinder von
Ammen stillen und betreuen. Alle Klassen waren nun wirt-

schaftlich an dem Vorgang beteiligt: die Reichen und der Mittelstand als Verbraucher, die unteren Klassen als Versorger.[77] Daß eine Amme im Hause selbst beschäftigt war, kam nur in höheren Adelskreisen vor, wie bei Shakespeares Julia, die ihre geliebte Amme während ihrer ganzen Kindheit um sich hatte. Normalerweise wurden die Kinder etwa eineinhalb Jahre lang weggegeben, aus der Stadt in Landgemeinden und von Familien auf dem Lande in nahegelegene Dörfer.

Keine Mutter würde ihr Kind heutzutage einer Fremden an die Brust legen. Um so merkwürdiger mutet die Beliebtheit von Ammen in der frühen Neuzeit an. Schließlich fanden sich die Menschen jetzt in Kernfamilien zusammen, heirateten aus Liebe und wollten Kinder. In diesen sozialen Strukturen erkennen wir uns selbst wieder. Wie kann eine Mutter (uns ansonsten so ähnlich) ihr Kind weggeben, um es an einem fernen Ort von einer fremden Frau versorgen zu lassen, in einem Haus, das unweigerlich ärmer ist als ihr eigenes, und es kaum je besuchen – ein Gedanke, mit dem wir uns ganz besonders wenig anfreunden können?

Wo die leibliche Mutter außerstande war, das Kind selbst zu stillen, war das natürlich verständlich. Inzwischen hatte man begriffen, daß jede andere Kost praktisch gleichbedeutend mit einem Todesurteil war (auch wenn man noch nicht wußte, warum), so daß die Amme in manchen Fällen den einzigen Ausweg darstellte. Heutzutage wissen wir, daß die hohe Sterblichkeit auf falsche Ernährung und die fehlende Sterilisation zurückzuführen war. Die Säuglinge bekamen vorwiegend einen Brei gefüttert, der im Prinzip nur aus Stärke und Wasser bestand, dazu vorgekautes Essen und zur Ruhigstellung gesüßte alkoholische Getränke, hauptsächlich Gin oder Brandy. Das verwendete Geschirr wurde nicht gespült. Die Folge waren Rachitis, Skorbut, Blasensteine und andere Krankheiten, die die Kinder oft nicht überlebten.

Aber unter normalen Umständen, wenn die biologische Mutter sehr wohl stillfähig war, gab man die Kinder vielleicht einfach deshalb weg, weil man darin nichts Schlechtes sehen konnte.[78]

Im Gegenteil, Landluft und eine kräftige Ziehmutter galten als ganz vortrefflich für Säuglinge. Darüber hinaus war diese Vorgehensweise alles andere als der Weg des geringsten Widerstandes; faule oder gleichgültige Eltern wären damit schlecht beraten gewesen. Die Mutter mußte sich die Kritik von Predigern, Moralisten und Ärzten gefallen lassen, die alle einhellig davon abrieten. Außerdem war eine gute Amme sehr schwer zu finden: Sie mußte gesund, stark, freundlich und sexuell enthaltsam sein, und wehe, sie hatte nicht den richtigen Teint (rotes Haar und Sommersprossen wurden nicht geduldet). Dazu mußte sie sich ihres eigenen Kindes vorschriftsmäßig entledigen; das heißt, sie mußte es entweder abstillen oder zu einer anderen, billigeren Amme geben, die in der Hackordnung unter ihr stand. In der ersten Hälfte des 17. Jahrhunderts wurde die Suche nach einer passenden Amme durch den dreißigjährigen Krieg noch zusätzlich erschwert. Mary Lady Verney entschloß sich unter großem Zaudern, eine Frau einzustellen, die ihren Ansprüchen ganz und gar nicht genügte. An ihren Mann, Sir Ralph, schrieb sie: »Sie sieht aus wie eine Dirne, aber sie sagt, wenn sie das Kind zu sich nimmt, wird sie es hüten wie ihren Augapfel ... armer Kleiner, ich bete zu Gott, daß er ihm gnädig sei und einen glücklichen Mann aus ihm mache, denn sein Anfang ist gewißlich widrig.«[79] Das Kind einfach bei sich zu behalten und selbst zu stillen kam ihr offenbar nicht in den Sinn.

Wohl die berühmteste Suche nach einer Amme wurde 1689 von der englischen Prinzessin Anne veranstaltet. Anne hatte bereits zwölf Fehlgeburten hinter sich, und drei ihrer Töchter waren als Säuglinge gestorben. Obwohl sie kränkelte, erfüllte sie weiterhin getreulich ihre Pflicht, und 1689 wurde ein Sohn geboren – der Herzog von Gloucester. Die Wahl der Amme war unstreitig eine Frage von nationaler Bedeutung. Der kleine Herzog wurde zunächst von einer Mrs. Sharman gestillt, aber er wollte nicht recht gedeihen und bekam Krampfanfälle. Im gesamten Königshof brach Panik aus. Erneute Bemühungen, eine Amme zu finden, blieben erfolglos, bis eine hohe Beloh-

nung ausgeschrieben wurde. Daraufhin drängten frisch ent-
bundene Landfrauen in hellen Scharen in den Palast. Unter
ihnen war Mrs. Pack mit ihrem vier Wochen alten Sohn. Sie
war reizlos und sehr schmutzig, hatte ein rotes Gesicht und
gewaltige Brüste, aber Prinz George (der Vater des Herzogs)
erblickte sie und legte ihr auf der Stelle seinen Sohn in die
Arme. Fast sofort erholte sich der Säugling. Mrs. Pack hatte
nun eine einzigartige Machtstellung inne, da das Leben des
Thronerben von ihrer Milch abzuhängen schien. Es erging die
Order, daß ihr unter gar keinen Umständen widersprochen
werden dürfe – ein Privileg, das Mrs. Pack offenbar weidlich
ausnützte.[80]

Die Auswahl einer Amme, hoch- oder niedriggeboren, war eine
ernste Angelegenheit, und die Sorgfalt, die die damaligen
Eltern darauf verwandten, läßt keinesfalls auf Gleichgültigkeit schließen. Viel bedenklicher scheint mir die Tatsache, daß
die aus dem Haus gegebenen Kinder kaum je besucht wurden.
Aus Tagebüchern wissen wir, daß manche Eltern nicht einmal
dem Begräbnis ihrer Kinder beiwohnten. Moralisten und Verfasser medizinischer Ratgeber legten den Eltern immer wieder
eindringlich nahe, die Lebensbedingungen der Kinder bei der
Amme zu überprüfen, was dafür spricht, daß viele es nicht
taten. Darüber hinaus wimmelt es in der Literatur der Zeit von
Wechselbälgern, von Kindern, die ihre wahre Abstammung
entdecken, und Verwechslungen (Shakespeares Dramen sind
voll davon). Diese Motive signalisieren eine kulturweite genea-
logische Verwirrung, die ganz offensichtlich auf die Kindheits-
erfahrungen einer breiten Masse zurückzuführen ist. Die Bezugspersonen wechselten abrupt, Kinder kamen von einem
Tag auf den anderen von der Amme zu ihrer leiblichen Mutter
zurück – kein Wunder, daß sie sich wilde Geschichten über ihre
Herkunft ausdachten und die wahre Identität ihrer Eltern in
Frage stellten. Einige dieser Phantasien basierten möglicherweise sogar auf der Realität. Wenn das Kind reicher Eltern in
der Obhut einer Amme starb, so scheint es keine ganz abwegi-
ge Vermutung, daß sie den Tod manchmal zu verheimlichen

suchte, indem sie ihnen einfach ein anderes Kind unterschob. Hätten die Eltern ihre Kinder öfter besucht, hätten derartige Geschichten vielleicht keine solche Zugkraft besessen.[81]

Nicht, daß eine längere Trennung von der Familie unweigerlich zur Katastrophe geführt hätte. Für viele erwies sich die Beziehung zwischen Amme und Kind als eine äußerst positive Erfahrung.[82] Die alte Amme, ob sie nun mit im Haus gewohnt hatte oder anderswo, wurde von ihrem Pflegling oft ebenso im Testament bedacht wie die leibliche Mutter. Zusammen mit der Mutter besuchte das Kind die ehemalige Ziehmutter auch später noch, und wenn sie alt wurde, sorgte es oft für sie und ihre Familie. Der Dichter Alexander Pope errichtete seiner Amme ein Denkmal:

Dem Gedächtnis von Mary Beach,
verstorben am 25. November 1725 im Alter von 78 Jahren,
errichtete Alex. Pope, den sie in seiner Kindheit gesäugt
und achtundzwanzig Jahre lang stets umsorgt hat,
in dankbarem Gedenken an eine treue alte Dienerin
diesen Stein

Es kam also durchaus vor, daß ein Kind seine Zuneigung von einer Mutterfigur auf eine andere übertrug. Das sollte den Doktoren Spock, Brazelton, Leach und all den anderen Gurus der Säuglingspflege, die die Mutter-Kind-Beziehung für das A und O kindlichen Gedeihens halten, zu denken geben.

Während manche Frauen sich weigerten, zu stillen, legten andere Mütter allem Anschein nach großen Wert darauf, ihren Kindern selbst die Brust zu geben, und nahmen keine Amme, obwohl es ihnen ein leichtes gewesen wäre. Die Gemahlin von James I., Anne von Dänemark, stillte ihren Sohn aus purem Snobismus. Ihr erschien es ungeziemend, daß das Kind eines Königs die Milch einer Dienerin trank. Die puritanischen Mütter hielten das Stillen für ihre Pflicht vor Gott. Aber so sehr die Puritaner auch gegen die Ammen wetterten, wurde das Ideal doch selten verwirklicht: Die Frau von William

Gouge, einem der vollmundigsten Ammen-Gegner, stillte nur sieben ihrer dreizehn Kinder.[83]

Anders als im Mittelalter gibt es kaum Anzeichen dafür, daß die Ammen ihre Schützlinge vernachlässigten. Sie hatten auch wenig Grund dazu; private Ammen wurden gut bezahlt. Die Ziehkinder stellten ihre Existenzgrundlage dar. Wenn ein Kind starb, garantierte niemand dafür, daß sich so schnell ein anderes Kind mit betuchten Eltern fand. Nicht ganz so rosig war die Lage unter Umständen in Frankreich, wo die Sterblichkeit bei von Ammen genährten Babys hoch war.[84]

Aber die privaten Ammen im Dienst der Mittel- und Oberschicht sind nur die halbe Wahrheit. Öffentliche Einrichtungen wie Findelhäuser oder Pfarrgemeinden beschäftigten ebenfalls große Scharen stillfähiger Frauen. Diese Frauen wohnten entweder im Heim selbst oder nahmen die Kinder mit zu sich nach Hause. Anders als die privaten Ammen waren sie völlig mittellos und gehörten normalerweise den untersten sozialen Schichten an. Außerdem mußten sie eine Vielzahl von Kindern stillen, manchmal bis zu vierzig. Ihr Lohn war niedrig und wurde oft auch noch mit großen Verspätungen ausgezahlt. Kindesmißhandlung war an der Tagesordnung. Es gab einfach zu viele Ammen, um auf alle ein Auge zu haben. Oft waren die kleinen Pfleglinge auch mit Syphilis infiziert und steckten die Amme und deren Familie an, was der Beziehung zwischen Ziehmutter und Kind nicht gerade förderlich war. Es kam zur Tötung von Kindern. Die Gemeinden stellten keine Fragen.[85]

Die Findelheime waren zu diesem Zeitpunkt schon längst zu Sammelpferchen, im schlimmsten Fall sogar zu regelrechten Todeslagern geworden. Jetzt wurden auch in England Findelhäuser eingerichtet. Die Verwaltungen der britischen Heime meinten es anfangs aufrichtig gut mit den Kindern. Das Londoner Christ's Hospital zum Beispiel versorgte seine ersten Schützlinge mit Federbetten und gutem Essen, im Jahre 1552 ein unerhörter Luxus. Die Stadtväter rechneten so fest damit, das Aussetzungsproblem binnen weniger Jahre aus der Welt geschafft zu haben, daß an nichts gespart wurde, um dem Unternehmen zum Erfolg zu verhelfen. Aber schon bald schwoll die Flut der Anwärter so an, daß das Christ's Hospital sich gezwungen sah, seine Tore vor den Findelkindern zu verschließen. Die englischen Findelhäuser erlitten dasselbe Schicksal wie ihre Vorgänger überall in Europa: viel zu viele Kinder, viel zu wenig Ammen, katastrophale hygienische Verhältnisse. Hier konnte nur eine drastische Senkung der Aufnahmequote Abhilfe schaffen. Wo eine solche Beschränkung nicht möglich war, litt die Versorgung der Kinder unter den nicht zu bewältigenden Massen der Neuzugänge. Anfang des 19. Jahrhunderts nahm etwa das Hospiz in Moskau 1400 Säuglinge pro Jahr auf. Tausende von Babys starben schon unterwegs. Ohnmächtig angesichts der Undurchführbarkeit ihrer Mission und im Stich gelassen von einer gleichgültigen Öffentlichkeit, verkamen die Heime notgedrungen zu bakterienverseuchten Lagerhäusern, in denen das Leben der Pfleglinge nichts mehr galt. In der frühen Neuzeit schwankte die Sterblichkeitsrate zwischen 80 und 90 Prozent. Im Dubliner Findelhaus starben so gut wie alle Kinder. Auf dem Lande standen die Dinge nicht sehr viel besser. Immer mehr Babys fielen der nachlässigen »Fürsorge« überarbeiteter, unterbezahlter Pfleger zum Opfer.[86]

Anders als in den vorangegangenen Jahrhunderten waren die meisten der jetzigen Findelkinder unehelich,[87] ein Indiz für die verzweifelte Lage unverheirateter Mütter. Wie wir gesehen haben, brachten die religiösen Umwälzungen eine aggressive Prüderie in Sachen Sexualität mit sich. Die Ansichten über sittliches Verhalten hatten sich drastisch geändert. Die Definition der »guten Mutter« war nun schärfer gefaßt und schloß ganz gewiß keine Frauen ein, die uneheliche Kinder in die Welt setzten. Vor dieser Zeit hatten ledige Mütter als Dienstboten in respektable Häuser aufgenommen werden können. Prostituierte wurden in den Gemeinden geduldet, uneheliche Kinder kaum diskriminiert. Jetzt dagegen drohte einer »unmoralischen« Frau Höllenfeuer und Verdammnis. Sie durfte nirgends

mehr beschäftigt werden; sie war aus der Gesellschaft ausgestoßen. Eine Streunerin und Herumtreiberin – die ledige Mutter – zog dieselbe kompromißlose Verachtung auf sich wie ihre
ältere Verwandte, die Hexe.

Materielle Not und soziale Ächtung vor Augen, außerstande,
sich über Wasser zu halten, blieb ihr wenig anderes übrig, als
ihr Kind im Stich zu lassen. Selbst als Amme in einem guten
Haus mußte sie sich von ihrem Kind trennen. Daß der Entschluß zur Aussetzung manchen Müttern fast das Herz brach,
läßt sich den Zetteln entnehmen, die bei einigen der Kinder
gefunden wurden: »Ich kann uns nicht länger beyde erhalten«
oder »Meine Noth ist zu groß«.[88] Das sind keine dekorativen
Seufzer, das sind verzweifelte Hilferufe.

Die Gründe, aus denen Eltern ihre Kinder über die Jahrhunderte hinweg ausgesetzt haben, sind zahlreich und aus unserer
heutigen Sicht von sehr unterschiedlicher moralischer Stich-
haltigkeit. Die Kindesaussetzung bei den alten Griechen und
Römern mutet angesichts des allgemeinen Wohlstands frivol
an, während der Beweggrund im Früh- und Hochmittelalter
ganz eindeutig materielle Not war. Im Gegensatz zur Antike
scheinen die meisten der im Mittelalter ausgesetzten Kinder
überlebt zu haben, da sich die Kirche ihrer annahm, die auf
einer Ad-hoc-Basis mit ihnen verfuhr. Aber dieser erfreuliche
Trend hielt nicht bis ins Spätmittelalter an. In der Renaissance
vervielfachte sich die Aussetzungsquote aus nach wie vor
unerfindlichen Gründen. Tausende von Babys starben in den
Findelhäusern, die jetzt für ungewollte Kinder zuständig waren. In der frühen Neuzeit dagegen liegen die Motive weniger
im dunkeln. Hier zeichnet sich ganz klar ein Hauptgrund ab –
die Feindseligkeit gegen »unmoralische« Frauen. Die Gesellschaft konzentrierte ihren gesamten Haß auf die unverheira-
tete Mutter, die in ihrer Not ihr Kind im Stich lassen mußte.
Sie hatte gar keine andere Wahl.

Es gibt menschliches Elend, das das normale Empfinden außer
Kraft setzt. Manchmal – selten – töteten Mütter ihre neugebo-

renen Kinder. Vielleicht waren ihre Nerven einfach nicht mehr stark genug für eine Aussetzung. Vielleicht erschien ihnen in Anbetracht der düsteren Zukunftsaussichten für Bastardkinder der Mord auch als ein Akt der Barmherzigkeit.

Anders als die Kindermorde früherer Zeiten (bei den alten Phöniziern oder Griechen) war diese Tötung nicht gesellschaftlich motiviert, sondern entsprang persönlicher Verzweiflung. Es gibt allerdings keine konkreten Beweise für eine vermehrte Tötung oder Vernachlässigung von Kindern im frühneuzeitlichen Europa. Was sich freilich änderte – und zwar dramatisch –, war die Ahndung der Kindestötung. Im Mittelalter bestrafte die Kirche *beide* Eltern, und das Urteil fiel milde aus – vielleicht ein paar Tage im Stock, mehr nicht. Die Kirche hatte offenbar Verständnis für die Notlage von Eltern, die nicht gut genug auf ihre Kinder aufgepaßt hatten oder durch eine Verkettung unglückseliger Umstände tätlich geworden waren. Solche Eltern wurden nicht automatisch als schlecht angesehen. Aber nun konzentrierten sich sämtliche Ermittlungen auf die Mutter. Die Anklage führte nicht mehr die Kirche, sondern der Staat, der sich mit beispielloser Härte auf die »sündhafte« ledige Mutter einschoß. Der Verfolgungseifer gegenüber unverheirateten Müttern läßt sich in seinem Fanatismus nur mit dem zur selben Zeit auftretenden Hexenwahn vergleichen. Jede geheimgehaltene Schwangerschaft, die mit dem Tod des Kindes endete, wurde als Mord gewertet – und das in einer Zeit, in der jedes dritte Kind starb, noch ehe es fünf Jahre alt war. Die Strafe war oft der Tod, manchmal durch Folterung: In Dänemark wurden die Frauen geköpft, in Schweden ins Feuer geworfen, in Preußen mit einem Pflock in der Brust lebendig begraben. Etliche Frauen wurden einfach deshalb hingerichtet, weil ihr Kind gestorben war. Zahllose büßten dafür, daß sie die hungernden, verzweifelten Opfer einer unnachsichtigen Gesellschaft waren. So wurde 1692 etwa Mary Goodenough der Kindestötung für schuldig befunden. Sie war einem Nachbarn als Gegenleistung für »das Nötigste« für sich und ihre beiden Kinder sexuell zu Willen gewesen. Als ihr uneheliches Kind geboren wurde, kämpfte sie nicht weiter um sein Überleben. »Wir hatten nicht genug Brot«, sagte sie. Dafür wurde sie mit dem Tode bestraft.[89]

Im damaligen Frankreich waren 10 bis 20 Prozent aller Hinrichtungen die Strafe für Kindsmord.[90] Diese Entwicklung scheint nicht auf einen sprunghaften Anstieg von Kindestötungen oder ein plötzlich erwachtes Mitgefühl für die getöteten Kinder zurückzuführen zu sein, sondern auf einen neuen, zwanghaften Mutterhaß.

Im Zuge der tiefgreifenden religiösen Umwälzungen, die das 16. und 17. Jahrhundert charakterisierten, veränderte sich auch das Bild der Mutterschaft grundlegend, ja, es verkehrte sich sogar in sein Gegenteil. Die Mutterschaft wurde zu einem unabdingbaren Aspekt weiblicher Tugend, zu einem Eckstein der guten patriarchalen Ordnung. Die Frauen waren ans Haus gefesselt, aber wenn sie vorschriftsmäßig verheiratet und fruchtbar waren, dazu gehorsam, schweigsam, fromm und keusch, dann achtete man sie. Zwar wurden sie weder in der Literatur noch in der Malerei gefeiert, aber sie hatten doch zumindest ihren festen Platz im Leben. Wenn sie freilich nicht »gut« waren, wenn sie aus der Reihe tanzten wie die Hexe und die ledige Mutter, wurden sie als Verbrecherinnen gebrandmarkt und bestraft.

Die meisten Frauen waren behaglich in dieses Schema eingebettet, profitierten von ihrem neu erworbenen Status der guten Mutter und nahmen die Kindererziehung ernst. Verständlicherweise verhielten sie sich anders als ihre modernen Nachfolgerinnen. Sie waren um einiges gottesfürchtiger, strenger und psychologisch unbedarfter. Und ihnen lag ganz offensichtlich wenig an der Nähe zu ihren Kindern; sie gaben sie zu Ammen und in die Lehre. Aber sie schienen dabei immer die Interessen des Kindes im Auge zu haben. Auch das war Mutterliebe – die frühneuzeitliche Version.

Und die Frauen der Unterschicht, die ihre Babys im Stich ließen oder töteten, handelten in äußerster Not. Als Sündenböcke einer frauenfeindlichen Kultur, die sie erbarmungslos marginalisierte, hatten sie keine andere Wahl.

Verglichen mit der Fremdartigkeit des Mittelalters kommt uns die frühe Neuzeit bemerkenswert vertraut vor, größtenteils deshalb, weil viele ihrer Wertmaßstäbe und Anschauungen auch in unseren eigenen Familienstrukturen noch mitschwingen.[91] Dies war die Epoche, in der sich das Berufsprofil der guten Mutter abzuzeichnen begann – der Mutter, die daheim sitzt, fest integriert in den patriarchalen Haushalt und von Natur aus unterwürfig. Ihr Bild ist uns so in Fleisch und Blut übergegangen, daß wir uns gar nicht mehr klarmachen, daß diese Mutter eine Erfindung ist. Wir erleben sie als ewig.

Wieder einmal scheint es kaum Zufall zu sein, daß die vernachlässigten und mißhandelten Kinder der Epoche Mütter hatten, die selbst vernachlässigt und mißhandelt wurden. Die konventionelle Mutter konnte ihren Nachwuchs auf konventionelle Art umsorgen. Die »schlechte Mutter«, die ledige, sexuell aktive Mutter war es, die den geballten Haß ihrer Gesellschaft auf sich zog und die, außerstande, sich selbst oder ihr Kind aufs notdürftigste zu versorgen, ihr Kind opferte. Auch hier war die Kindesmißhandlung auf Misogynie zurückzuführen, nicht auf einen Charakterfehler der Mutter.

6
Mutters Seligsprechung: Mutterschaft im 18. und 19. Jahrhundert

Von der Satansgespielin zum »Engel am Herd«

In der Terminologie des zwanzigsten Jahrhunderts ausgedrückt, war das berüchtigtste Monster der Weltgeschichte – das Ungeheuer, das bei uns heute nach seinem Schöpfer Frankenstein heißt – das Produkt einer dysfunktionalen Familie. In Mary Shelleys ursprünglicher Version von 1818 wurde das Monster wie alle Kinder seiner Zeit unschuldig geboren. Zum Ungeheuer wurde es erst durch die elterliche Zurückweisung, denn unmittelbar nach seiner Erschaffung wurde es plötzlich und grundlos von seinem Schöpfer im Stich gelassen. Zurückgestoßen von einem gleichgültigen Vater, streifte das Ungeheuer, von Einsamkeit gepeinigt, durch die Welt und beobachtete sehnsüchtig all die liebenden Familien, zu denen es nie würde gehören können. Obwohl Frankenstein viele Nachfolger hatte – E. T. auf der Suche nach einem Zuhause ist einer davon –, hatte er kaum einen Vorgänger. Wie sollte er auch? Vor dem 18. Jahrhundert war das Idyll des trauten Heims noch nicht erfunden worden.

Obwohl der Grundstein für dieses Konzept bereits zwei Jahrhunderte zuvor gelegt worden war, feierte das Heim als Refugium in einer herzlosen Welt seine größten Triumphe im viktorianischen Zeitalter. Die Häuslichkeit wurde verklärt, mit heilbringenden Eigenschaften ausgestattet, sogar zum Fetisch erhoben. Die Mutter – die Hüterin des geheiligten Tempels von Heim und Herd – wurde zum Inbegriff all dessen, was schicklich und gut war. Vormals als ein Wesen von zweifelhafter Moral und sexueller Unersättlichkeit angesehen, als

psychisch labil und geistig minderbemittelt, verwandelte sie
sich nun in das Symbol der »wahren Frau« – tugendhaft,
sanftmütig, treu ergeben, asexuell und von einem einzigen
Interesse beseelt: ihrer Familie eine angemessene Zufluchts-
stätte zu schaffen und ihre Kinder mit sanfter Hand auf
vorgezeichneten Pfaden zu führen. Sie wurde in hymnischen
Ergüssen besungen. Sie war nicht länger nur Körper, sie war
ein Glorienschein, und sie wurde in einem Maße idealisiert,
daß es schon fast wie eine Parodie anmutete. Sie stieg zu einer
weltlichen Version der Jungfrau auf. Thackeray hebt sie sogar
in noch höhere Höhen: »Mutter ist der Name für Gott.« Nachdem die Frau noch ein Jahrhundert zuvor als Verbündete des
Satans der ewigen Verdammnis überantwortet werden konnte, war sie nun der »Engel am Herd« geworden.[1]

Wie erklärt sich diese bemerkenswerte Metamorphose? Das ist
eine zweihundert Jahre währende Geschichte, die von der
französischen Aufklärung Anfang des 18. Jahrhunderts bis
zum Tod Königin Viktorias im Jahre 1901 reicht und Revolutionen in England, Amerika und Frankreich sowie politische
Unruhen in Rußland umfaßt. Aber die einschneidendste aller
sozialen Umwälzungen war für die Mutter die industrielle
Revolution. Sie zerschlug die traditionelle Familienstruktur,
indem sie ein einstmals unteilbares Ganzes – Heim und Ar-
beitsstätte – für immer auseinanderriß.

Vom Rhein bis zum fernen Mississippi leerten sich die Dörfer,
um die Fabriken mit Arbeitskräften zu versorgen. Die seit
Jahrhunderten fest gegründete, auf Gemeinschaft basierende
agrarische Lebensform wurde zerstört, und an ihre Stelle
traten »dunkle, satanische Mühlen«.[2] Im Zuge dieser außeror-
dentlichen sozialen Umschichtung verwandelte sich die Familie von einer produzierenden Einheit in eine Verbraucherein-
heit, bei der der Vater Tag für Tag fort war, um durch harte
Arbeit in einer fernen Fabrik den Lebensunterhalt zu verdienen, während die Mutter zu Hause blieb und mit dem vom
Vater zugeteilten Haushaltsgeld wirtschaftete. Bis zu dieser
Zeit hatten beide Geschlechter, ja alle Mitglieder eines Haus-

halts, junge wie alte (mit Ausnahme der ganz kleinen Kinder in reicheren Familien), Diener, Lehrlinge und Hilfskräfte immer nahe beieinander gearbeitet. Das Leben war ein auf Interaktion basierendes Unternehmen. Es gab viel zu tun – Getreide anbauen, Brot backen, Tuch spinnen, Möbel und Seife herstellen, Heiltränke brauen. Aber seit der Industrialisierung wurden solche Güter in Fabriken angefertigt und mußten mit dem Lohn erworben werden. Die Löhne wurden fern von daheim verdient, draußen in der kalten, grausamen Welt. Das Leben war von nun an in zwei Bereiche geteilt: den »öffentlichen« des Vaters, wo jeder gegen jeden kämpfte und nur der Stärkste überlebte, und den »privaten« der Mutter, das Heim, das in jedem Punkt einen Gegenpol zum ersteren darstellte.

Der Übergang von der Produktionseinheit Familie zur Massenproduktion in den Fabriken, von einer von Gott, dem Vater, gemeinsamen Verpflichtungen, Kleinstadtklatsch und den Jahreszeiten beherrschten Kultur zu einer Gesellschaft, in der ein unpersönlicher Markt dominierte, krempelte die Familie und ihre Werte völlig um. Das Ergebnis ähnelte einem Picasso-Gemälde. Die Grundelemente der Familie blieben erkennbar – innerfamiliäre Solidarität, Liebe (in der Theorie zumindest) zwischen Mann und Frau, die Merkmale der guten Mutter –, aber die Gewichte hatten sich verschoben. Die innere und äußere Dynamik änderte sich. Die Geschlechtsrollen wurden schärfer definiert.

Indem die Menschen vom Bauernhof oder Dorf in die Stadt zogen, lockerte sich die Bindung an die Gemeinde, und die Familie wurde zu einer abgeschotteten, privaten Einheit. Die Familienmitglieder fühlten sich einander ungleich stärker verbunden als irgend jemandem außerhalb dieser Einheit. Die Frauen trafen sich nicht mehr zum Nähen, an den Waschtagen oder im Haus von Gebärenden; wenn sie nicht miteinander verwandt waren, hatten sie auch nichts mehr miteinander zu tun. Nun da sie nicht mehr mit der Güterherstellung befaßt war, konzentrierte die Familie sich auf ihre übrigen Funktionen – Essen, Schlafen, Sex, die Sozialisation der Kinder und (bis ins frühe 20. Jahrhundert, als öffentliche Einrichtungen diese Aufgaben übernahmen) Geburt, Tod, die Erziehung der Jugend und die Pflege der Kranken und Alten. Der Vater büßte einen Teil seiner Autorität ein, da er immer weniger Anteil am Alltagsleben hatte. Gleichzeitig wurde das Heim mit Gefühlen befrachtet; es wurde zu einer Heimat des Herzens, wo man Intimität, Frieden, Spontaneität, unverbrüchliche Treue und Selbstlosigkeit suchte und im Idealfall auch fand. Aus einem bloßen Haus wurde ein Heiligtum, ein Hafen, in den man einkehren konnte, um sich auszuruhen, frische Kräfte zu sammeln und sich innerlich zu festigen. Diese Vorstellungen sind auch heute noch die Eckpfeiler des bourgeoisen westlichen Traums.

In dieses neue Musterhaus wurde das neue Musterkind eingeschleust – das romantische Kind der Dichter und Denker. Im Gegensatz zu den vorindustriellen Kindern, die vielleicht als zukünftige Arbeitskräfte begrüßt wurden, galt dieses Kind nun als ökonomisch wertlos, aber von unschätzbarem emotionalen Wert.[3] Die Kinder blieben jetzt in der Regel wesentlich länger daheim, da sie nicht mehr in die Lehre gegeben wurden. Vormals ein Nutzgegenstand, verwandelte sich das Kind nun in ein Gefühlsobjekt.

In der frühen Neuzeit war der Vater die zentrale Figur im Leben seiner Kinder gewesen. Die Mutterschaft wurde alles andere als idealisiert. Die Kindererziehung galt nicht in erster Linie als Aufgabe der Mutter (man erinnere sich daran, daß die Ratgeber sich an Männer richteten), und die Mutterschaft war auch nicht die Hauptbeschäftigung der Frau, da sie so viele andere Dinge zu tun hatte.[4] Aber all das änderte sich.

Der neue Häuslichkeitskult verlangte so lautstark nach einer Herrin, die das Ganze beaufsichtigte, daß es unmöglich gewesen wäre, den Status der Mutter nicht anzuheben. Von all der Herrlichkeit ihres Heims mußte ein Widerschein auch auf sie fallen. Die Mutterschaft wurde zur »edlen Berufung«.[5] Je mehr die Mutter in den Mittelpunkt rückte, desto mehr verblaßte der Vater. Die spezifisch weiblichen Pflichten bei der Kinderpflege, die früher schnell zwischen den sonstigen täglichen Arbeiten erfüllt wurden, gestalteten sich zu einem bewußten Unternehmen, zu einer komplizierten und zeitaufwendigen Aufgabe, mit der ausschließlich die Mutter betraut war.

Die so definierte Mutter ist es, die wir vor Augen haben, wenn wir von der »traditionellen« Mutterrolle sprechen (und dabei völlig vergessen, daß sie nur *ein* Modell von vielen war). Die gute Mutter, die wir uns in unserer kollektiven Psyche konstruiert haben – die daheim bleibt und nach deren Bedürfnissen niemand fragt, während der Vater als der alleinige Ernährer gepriesen wird und das hochheilige Mutter-Kind-Tableau gelegentlich als Statist beehrt –, diese gute Mutter ist keine andere als die viktorianische Mutter. In den heutigen Debatten über die Familienwerte erweist sie sich immer noch als lebendig. Ihr Bild lauert hinter dem Wirbel um Hillary Rodham Clintons selbstgebackene Plätzchen und hinter der anhaltenden Weigerung der amerikanischen Öffentlichkeit, allgemeine kostenlose Tagesstätten einzurichten, so daß Mütter mit kleinen Kindern einen Beruf ausüben können. (Lieber ist es uns offenbar, wenn Sozialhilfeempfängerinnen daheim bleiben und auf ihre Kinder aufpassen, denn wir haben nie Förderprogramme subventioniert, die ihnen etwas anderes ermöglichen würden.) Die viktorianische Mutter prägt auch heute noch nachhaltig unser Denken.

In ihren großen Zeiten im 19. Jahrhundert wurde die Mutter von Geistlichen, Dichtern, Politikern, ja eigentlich von jedermann auf einen Sockel gestellt. Sie war Balsam für jedwede von der feindlichen Außenwelt geschlagene Wunde. In ihrem umfriedeten Gärtlein brachte sie den Kindern Tugend bei, und als Erwachsene sagten diese dann: »Alles, was ich bin, verdanke ich meiner wunderbaren Mutter.« Kein Wunder, daß Napoleon auf Madame de Staëls Frage »Wer ist die bedeutendste Frau aller Zeiten?« ohne zu zögern antwortete: »Die mit den meisten Kindern«.[6]

Sterbliche Mütter waren auch vorher schon geehrt worden, aber nie derart überschwenglich. Nie hatte man Mütter aus

Fleisch und Blut an der Jungfrau Maria gemessen. Nicht einmal die Muttergottes selbst wurde nach der eigenen Norm beurteilt. Im Lauf der Geschichte hatte man der Jungfrau tatsächlich ein gewisses Quantum an erotischer Freizügigkeit zugestanden: In nachmittelalterlichen Volkserzählungen brachte sie das Kind einer ehrwürdigen Äbtissin zur Welt oder nahm den Platz einer abtrünnigen Nonne ein, während diese sich als Prostituierte austobte; ein paar Geschichten deuteten sogar Promiskuität bei Maria selbst an.[7] Erst Mitte des 19. Jahrhunderts kehrte die Madonna wieder ganz zur Sittsamkeit zurück und wurde eine viktorianische Mutter.

Die Lehre der »getrennten Sphären« – des gesegneten Heims und der grausamen Außenwelt – hatte eine Zweiteilung des Lebens nach Geschlechtern zur Folge, wie sie seit der italienischen Renaissance nicht mehr dagewesen war. Auch jetzt wieder hatte die Bürgersfrau als möglichst dekorative Müßiggängerin zu erscheinen; daran ließ sich der Wohlstand ihres Mannes ablesen. Auch jetzt wieder wurde ihr ein Verhaltenskodex auferlegt, der sie zum Schmuckgegenstand reduzierte. Natürlich waren die Geschlechtsrollen auch vorher schon unterschiedlich definiert gewesen, aber in der frühen Neuzeit hatten Mann und Frau wenigstens in räumlicher Nähe gearbeitet, oft sogar Seite an Seite. Martin und Katharina Luther etwa, so hat man den Eindruck, konnten miteinander reden und wußten, womit der andere sich beschäftigte.[8] Jetzt bekamen die Ehepartner sich kaum noch zu Gesicht, eine Situation, die, wie wir sehen werden, hyperbolischen Phantasien über den Unterschied zwischen den Geschlechtern Vorschub leistete.

Der Effekt der getrennten Sphären auf die Stellung der Mutter war ein zweischneidiger. Zum einen entfernte die Trennung den Vater aus dem Haus, was einige der Zwänge patriarchaler Kontrolle aufhob. Sie verschaffte der mittelständischen Frau einen eigenen, wenngleich begrenzten Einflußbereich, was ihr Gelegenheit zur Vervollkommnung häuslicher Talente und Tugenden wie Fürsorge und Kommunikation, Altruismus und

Kontaktpflege gab – Eigenschaften, die die heutigen Psychologinnen Carol Gilligan und Nancy Chodorow sowie die Psychiaterin Jean Baker Miller gar nicht genug loben können. Das zurückgezogene Dasein schirmte die Mutter von der korrupten Welt der Preiskalkulation und der Konkurrenz ab. Idealisierung und paternalistische Bevormundung sind gewiß nicht das schlimmste aller Schicksale, wie jede moderne, unterdrückte Mutter aus Rußland oder Soweto bezeugen wird, die über die Kümmernisse westlicher Feministinnen nur den Kopf schütteln kann. Und es wäre naiv, anzunehmen, daß die viktorianische Mutter überhaupt keinen Einfluß hatte. Ihre Abhängigkeit und Selbstaufopferung stellten oft ein wirksames Druckmittel dar, mit dem sie ihren Mann zu gutem Benehmen verpflichtete. Auch Männer sind nicht völlig gewissenlos. Der Gedanke an die kleine Frau zu Hause war ein stummer Vorwurf, der den arbeitsmüden Mann erneut antrieb. Um es mit der Dramatikerin Lillian Hellman auszudrücken: »Es gab immer eine Menge Nerzmäntel zu verdienen.« Auch wenn sie vom 20. Jahrhundert sprach, lassen sich ihre Beobachtungen ohne weiteres auf das 18. und 19. Jahrhundert übertragen. In jeder Generation gibt es Frauen, die es verstehen, ihre untergeordnete Stellung zu ihrem Vorteil zu nutzen.[9]
Gleichzeitig jedoch machte die Zweiteilung der bürgerlichen Welt die Arbeit der Frau unsichtbar. (Niemand wäre darauf verfallen, eine damalige Hausfrau zu fragen, ob sie arbeitete; heutzutage hat sich fast jede Mutter mit dieser Frage herumzuschlagen.[10]) Die »Privatheit« ihrer Tätigkeit täuschte über ihre wirtschaftliche Schlüsselstellung im Haushalt hinweg. Unbezahlte Arbeit schlägt sich nicht im Bruttosozialprodukt nieder. Ausgeschlossen von jeder direkten Teilnahme an der Welt und dementsprechend geringgeschätzt, war die Frau für ihr Überleben gänzlich auf den guten Willen und die Kaufkraft ihres Mannes angewiesen. Viele Frauen hatten ihre Schwierigkeiten mit dieser Situation, in der alle Frauen nach denselben Maßstäben gemessen wurden – Maßstäben, die von einer sexistischen Gesellschaft entwickelt worden waren. Bürgerli-

che Frauen hatten sich in »weiblichen« Fertigkeiten wie char-
mantem Auftreten, musikalischen Darbietungen, Zeichnen
und französischer Konversation zu üben, ganz gleich, wieviel
Lust oder Talent sie dazu hatten. Das Leben im vergoldeten
Zeitalter war ein Leben im vergoldeten Käfig.

Um die Ideologie der »wahren Frau« zu verwirklichen, bedurf-
te es einer gewissen ökonomischen Wohlbestalltheit, die für
die wachsende Unterschicht außer Reichweite lag. Das Dogma
der getrennten Sphären brachte für die Tätigkeit der nicht-
bürgerlichen Mütter einen Verlust an Flexibilität, Status und
Kontrolle mit sich. Statt dessen durften diese Frauen sich jetzt
in niederen Beschäftigungen ausbeuten lassen und litten unter der Doppelbelastung von Haus- und Lohnarbeit und der
alleinigen Verantwortung für die Kindererziehung, eine Bürde, die sie bis heute nicht haben abwerfen können.[11] Dazu
drängte die viktorianische Auffassung von Häuslichkeit und
weiblicher Tugend sie ins Abseits der Wohlanständigkeit.
Angesichts einer solchen Wertehierarchie war es nur natürlich, daß den Frauen der Arbeiterklasse das Ideal der Nur-
Hausfrau als ein äußerst beneidenswertes Los erschien. Dadurch verschärften sich die Klassenunterschiede bei den Müttern.

Die bürgerliche Mutter mußte ihre Seligsprechung teuer be-
zahlen. Die Tugenden, die ihr Status ihr abverlangte – moralische Überlegenheit, Leidenschaftslosigkeit, Selbstlosigkeit,
Häuslichkeit –, machten sie zu einer solchen Spielverderberin,
daß die männlichen Autoren des 19. Jahrhunderts ständig auf
der Flucht vor ihrem Klammergriff waren; Mark Twains Tom
Sawyer und Huckleberry Finn sind die besten Beispiele dafür.[12] Selbst ihre Kleidung war eine Art Gefängnis; das Kor-
sett, das ihr die Eingeweide zusammendrückte, wog an die
zwanzig Pfund, und die Reifröcke machten jede normale Bewegung unmöglich. Fasten und Essigtränke waren gang und
gäbe. Die Frau war ein Totem, das mit sehr vielen Tabus belegt
wurde.

In der Vollkommenheit des »wahren Frauentums« war bereits

sein eigener Untergang angelegt. Die Unbedingtheit seiner Maßgaben forderte einen hohen Preis – Frustration, Schuldgefühle, Unzufriedenheit. Aber da die Mutter idealisiert wurde, war es schwierig für sie, die Zusammenhänge zu durchschauen, und noch schwieriger, etwas daran zu ändern. Ihre Unterdrückung erschien im Gewand der Freundlichkeit, was ihr die Sicht zusätzlich verstellte. Und wenn die Frauen auch nicht mehr auf dem Scheiterhaufen verbrannt wurden, verzehrten sich viele doch in stummer Verzweiflung, gefangen in gesellschaftlichen Zwängen und häuslichen Auflagen, die sie innerlich zermürbten. Auf der untersten Sprosse der sozialen Leiter stand die ledige Mutter (die »gefallene Frau«), für die in der Gesellschaft kein Platz war. Ihre Armut drängte sie in eine Außenseiterposition, die sie untauglich für die Mutterrolle machte. Wie in der frühen Neuzeit hatte sie keine andere Wahl, als sich ihres Kindes zu entledigen.

Da das viktorianische Weiblichkeitsideal die Innewerdung und Äußerung der von ihm selbst verursachten Unzufriedenheit nicht zuließ, befand sich die unbefriedigte Frau in einer Zwickmühle. Rückblickend zeigt sich, daß viele Frauen zu zwei Hilfsmitteln Zuflucht nahmen, die, kurzfristig gesehen, beide gleich wirkungslos waren, sich aber als ein großes Glück für kommende Generationen erwiesen: Verdrängung und Protest.

Was die Verdrängung anging, so legten diese Frauen den Grund zu der damals im Entstehen begriffenen Wissenschaft der Psychoanalyse. Außerstande, ihren widerstreitenden Gefühlen Ausdruck zu verleihen, wandelten viele ihren Seelenschmerz unbewußt in körperlichen Schmerz um. Ihre Konversionsreaktionen, ihre Neurasthenien und Migränen waren Gegenstand der frühen Spekulationen Freuds. Ihr Schmerz bereitete den Weg für zukünftige Heilungen, und ihre Unzufriedenheit führte zur Entstehung der ersten organisierten Frauenbewegung. Beide Richtungen verbanden sich beispielhaft in Anna O., die mit Hilfe ihrer frühen »Redekur« (Psychoanalyse) als Bertha Pappenheim zur tatkräftigen Aktivistin in

jüdischen Frauenorganisationen und zu einer der führenden
deutschen Frauenrechtlerinnen wurde.[13]

Zwei aussagekräftige Symbole des »trauten Heims« ergänzen
sich zu einem sehr umfassenden Bild der Mutter-Kind-Beziehung. Das eine stammt aus einem englischen Kinderreim, das
andere aus einem zum Klassiker gewordenen Roman des amerikanischen Schriftstellers Nathaniel Hawthorne.
Das erste, ein Schuh, war die Behausung einer alten Frau, die
so viele Kinder hatte, daß sie nicht mehr aus noch ein wußte;
sie gab ihnen Suppe ohne Brot zum Abendessen, versohlte sie
gründlich und steckte sie dann ins Bett. Dieser Kinderreim
erzählt eine Geschichte von mütterlicher Verzweiflung und
Kindesmißhandlung, die der gesellschaftlichen Realität des
18. Jahrhunderts einen traurigen Spiegel vorhält. Die neue,
durch die Industrialisierung hervorgerufene urbane Armut
war noch bedrückender als die agrarische Armut der vorhergehenden Jahrhunderte: Die Enge, der Schmutz, die Unzulänglichkeit der Müllentsorgung, verunreinigtes Wasser und
verdorbene Lebensmittel von den Märkten waren Probleme,
die man früher nicht gekannt hatte. Sie müssen unlösbar
erschienen sein, was freilich keine Entschuldigung für die
Kaltblütigkeit war, mit der die Reichen die Lebensumstände
der Armen ignorierten, denen sie zu einem großen Teil ihren
Wohlstand verdankten. Die wachsende Kluft zwischen Reich
und Arm pflasterte denn auch den Weg für die revolutionären
Ideen von Marx und Engels. Angesichts der Zwangslage lediger (und vieler armer verheirateter) Mütter ist es kein Wunder, daß sie zu verzweifelten Maßnahmen griffen, so wie es die
unverheirateten Mütter zweihundert Jahre zuvor auch getan
hatten.
Für den glücklicheren bürgerlichen Teil der Bevölkerung war
Hawthornes »Haus mit den sieben Giebeln«, wenn auch ein
paar Nummern zu groß, auf viele Weise typisch. Anders als die
Häuser in früheren Zeitaltern war es zweifellos ein Heim, der
perfekte Rahmen für den Engel am Herd und dessen romanti-

sierte Kinderschar, mit vielen privaten kleinen Nischen, in denen Innigkeit zelebriert und Tugend gelehrt werden konnte, und ebenso vielen öffentlichen Räumlichkeiten zur Ausübung aller möglichen gesellschaftlichen Rituale. Im Gegensatz zu seinen Vorläufern war das viktorianische Haus streng in einzelne Bereiche aufgeteilt, in private und öffentliche Gemächer, Männer- und Frauentrakte, Räume für die Kinder und Räume für die Dienstboten – eine Illustration des Schubladendenkens im 19. Jahrhundert.

Im Empfangszimmer sorgte die Mutter für Ansehen, indem sie sich selbst, ihre Nippes-Sachen und ihre oben erwähnten weiblichen Talente zur Schau stellte. Es war das Zeitalter der Visitenkarten und Empfangsstunden.[14] Auf den schönen Schein kam es an. Alle Hilfsmittel, die zur Erhaltung des hohen Status der Familie benötigt wurden – Putzgeräte, Küchen, Dienstboten, Personalaufgänge, Aufzüge –, waren den Blicken entzogen. Eine äußerst treffend benannte Vorrichtung, der stumme Diener, der um diese Zeit erfunden wurde, diente dazu, das Personal vor den Augen anderer zu verstecken. Das Empfangszimmer beschränkte die Besucher auf einen genau kontrollierten Repräsentationsbereich, in dem allen Regeln des Anstands entsprochen werden konnte.

Indem das Empfangszimmer das Eindringen Außenstehender in den Familienkreis reduzierte, mag es dazu beigetragen haben, Intimität und Gefühlsbindung innerhalb der Familie zu verstärken.[15] In ihren privaten Räumlichkeiten schrieben die Familienmitglieder Briefe, lasen einander vor, veranstalteten Gesellschaftsspiele und unterhielten sich über das Wetter. Es war ein Zeitalter der Konversation und des Klatsches. Der Roman erfreute sich wachsender Beliebtheit.

Bei gesellschaftlichen Anlässen zogen sich in wohlhabenden Häusern die Männer nach dem Essen ins Herrenzimmer zurück und die Frauen in den Salon. Diese Einteilung der Räumlichkeiten in männliche und weibliche Bereiche war ein Kunstprodukt der Zeit und ein weiterer Beweis für das patriarchale Denken der Viktorianer: Frauen waren zu zart, um den Zigarrenrauch zu ertragen, und zu spatzenhirnig, um an den Gesprächen der Männer teilzunehmen.

In reicheren Haushalten wurde dem neuen Ansehen des Kindes durch die Einrichtung eines eigens für Kinder geschaffenen Bereichs Rechnung getragen – der *nursery*. In diesem Zimmer (oft waren es auch mehrere) standen elegante spitzenbehangene Wiegen, kunstvoll gearbeitete Kinderwagen und Miniaturmöbel, die nicht selten mit Bildern von Tieren oder Gestalten aus Kinderreimen verziert waren. Kinderbücher mit Illustrationen von Kate Greenaway drückten dem Dekor der *nursery* und der Kinderbekleidung ihren Stempel auf – wie heute übrigens auch noch. Die viktorianische Kindheit zieht nach wie vor viele in ihren Bann. Aber vielleicht sollten wir dem Charme dieser Zeit nicht zu sehr nachtrauern. Beatrix Potter, die Erfinderin der Geschichte von Peter Rabbit, empfand ihre eigenen Kinderjahre, während derer ihr von ihrem Vater ein regelrechtes Einsiedlerdasein aufgezwungen wurde, als unerträglich einengend, und es ist wohl kaum ein Zufall, daß ihre kleinen Tiergestalten so rebellisch und so frustriert sind.

Das viktorianische Heim stellte den Höhepunkt der Domestizierung dar – ebenso wie die viktorianische Mutter. Beide waren sie raffinierte, höchst komplexe Konstrukte und, wie wir noch sehen werden, zunehmend ungeeignet zum Gebrauch.

Das romantische Tableau:
Mutterbilder im 18. Jahrhundert

Bevor die Frauen schreiben können, erklärte Virginia Woolf vor fünfzig Jahren, müssen sie den »Engel am Herd« töten.[16] Die der Frau zugewiesene Rolle, hieß das, ist so restriktiv, daß sie sich nicht mit künstlerischem Schaffen oder mit irgendwelchen sonstigen über sie hinausreichenden Interessen vereinbaren läßt: Frauen sind Geiseln eines nicht zu verwirklichenden Ideals. Eine Frau, so Woolfs berühmtes Argument, braucht »ein Zimmer für sich allein«. Trotz ihres Aufrufs zum Mord ist auf die Kunde vom Tod des Engels kein Verlaß, wie sich an seinem kontinuierlichen Erscheinen bis in unsere Zeit feststellen läßt. Aber greifen wir nicht vor. Befassen wir uns erst einmal mit der Herkunft des Engels.

Die moralisch aufgewertete Mutter trat im 18. Jahrhundert in Erscheinung, im Kielwasser der Romantik, einer Art Fieber, mit dem Westeuropa und Nordamerika auf die ästhetische und menschliche Tragödie der industriellen Revolution reagierten. Nun, da die grünen Auen den Fabriken wichen und die Dorfgemeinschaft durch die unpersönliche Welt des allmächtigen Dollars ersetzt wurde, richtete die Menschheit den Blick wehmütig auf untergegangene Kulturen. Gott wurde in manchen Zirkeln in den Urlaub geschickt, und an seine Stelle trat die Anbetung der Natur. Die Autorität der Religion erlitt dadurch erhebliche Einbußen; der puritanische Glaube an die Erbsünde wurde umgemodelt in den Glauben an das Gute im Menschen und an die intuitiven Kräfte des Individuums. Die Romantik ernannte Amerika zur »schönen neuen Welt« und die ersten Männer und Frauen zu »edlen Wilden«. Sie hinterließ uns außerdem haltlose Theorien über ein prähistorisches Goldenes Zeitalter, in dem das friedliche Matriarchat von kriegslüsternen Männern gestürzt wurde (siehe Bachofen). Und die Romantik bescherte uns das unschuldige Kind, das Heim als Heiligtum und die Mutter als den in diesem Heiligtum waltenden Engel.

Der Romantiker schlechthin war der Philosoph Jean Jacques Rousseau. Gegen Ende seines Lebens ließ der exzentrische Rousseau sich in seinem Boot mit Vorliebe auf einem Schweizer See treiben. »Manchmal rief ich überwältigt aus: ›O Natur. O meine Mutter! Hier bin ich, einzig und allein unter deinem Schutz.‹«[17] Rousseaus pastorale Einkehr machte Schule, nicht nur in Form einer allgemeinen Begeisterung für die Schweiz, sondern auch einer Gleichsetzung der Natur mit der Mutter, eine Koppelung, die an die prähistorische Große Mutter den-

ken läßt und die uns im Lauf der Jahrtausende immer wieder
begegnet.

Dichter, Theologen, Kritiker und ganz normale Söhne verein-
ten ihre Stimmen zum Lobpreis der Mutter, unter ihnen John
Ruskin, Sir Edwin Arnold, Alfred Lord Tennyson. Die Mutter
wurde dermaßen idealisiert, zu einem solchen Ausbund an
Altruismus und Selbstaufopferung hochstilisiert, daß sie
schließlich zur Karikatur verkam. Oder können wir folgenden
Beitrag des Dichters Jean Richepin zu diesem literarischen
Genre ernst nehmen?

> Ein Jüngling liebt' einst eine Maid,
> Die ihm befahl: »Bring mir noch heut,
> So du ein Mann bist, mit Verlaub,
> Auf einem Teller deiner Mutter Haupt!«

> Stracks schlug er seine Mutter tot,
> Riß aus der Brust ihr Herz so rot,
> Eilt' zu der Maid mit seiner Last,
> Doch stürzte er vor lauter Hast.

> Als nun das Haupt zu Boden sprang,
> Aus seinem Mund ein Seufzer drang.
> Dann frug es liebevoll und lind:
> »Hast du dir wehgetan, mein Kind?«

> *There was a young man loved a maid*
> *Who taunted him. »Are you afraid,«*
> *She asked, »to bring me today*
> *Your mother's head upon a tray?«*

> *He went and slew his mother dead*
> *Tore from her breast her heart so red*
> *Then towards his lady love he raced*
> *But tripped and fell in all his haste.*

As the heart rolled on the ground
It gave forth a plaintive sound.
And it spoke, in accents mild:
»Did you hurt yourself, my child?«[18]

Das Mutterglück kehrte auf die Leinwand des Gemäldes zurück, diesmal in weltlicher Form. Selbst die elegantesten Damen ließen sich in mütterlicher Verzückung porträtieren. Lady Cockburn, Angehörige der Crème de la crème des englischen Adels, wird auf Joshua Reynolds glänzendem Porträt
von ihren drei kleinen Söhnen mit dreister Keckheit beklettert.
Die Abbildung dieser ausgelassenen Knaben, die sich über ihre
nachsichtige Mutter hermachen wie italienische Putten, steht
in scharfem Gegensatz zu den Gemälden des 17. Jahrhunderts,
wo Kinder, soweit sie überhaupt auftauchten, als stille, brave
kleine Erwachsene dargestellt wurden. Dieser Bruch in der
malerischen Konvention entspricht dem radikalen Umschwung in der Einstellung zum häuslichen Leben.[19]
Die französischen Ateliers des 18. Jahrhunderts brachten eine
Unzahl glücklicher Mütter hervor, von denen uns viele von
Kunstkarten vertraut sind.[20] Die Titel der Gemälde – Frago-
nards *Die Freuden der Mutterschaft* und *Mütterliche Küsse* und
Greuzes *Die vielgeliebte Mutter* – lassen die rokokohafte Über-
schwenglichkeit, mit denen die mütterliche Glückseligkeit
zum Ausdruck gebracht wird, nur erahnen. Die Mutter in de
Saint-Aubins *Die glückliche Mutter* stellt ihren Busen mit der
Eindeutigkeit und Ungeniertheit einer archaischen Göttin zur
Schau, während die beiden Babys auf ihrem Schoß trunken
wirken vor lauter Muttermilch.
Die meisterhafte junge Malerin Marie Élisabeth Vigée-Lebrun, ein Liebling des französischen Hofes, malte Marie Antoinette unablässig *en famille,* was der Königin allerdings auch
nicht zu größerer Beliebtheit verhalf. Damit auch ja niemand
an ihrer eigenen mütterlichen Hingabe zweifeln konnte, fer-
tigte Madame Vigée-Lebrun ein ungemein schmeichelhaftes
Selbstporträt an, *Die Künstlerin mit ihrer Tochter,* auf dem sie

die Arme schützend um das fünf- oder sechsjährige kleine
Mädchen legt. Jeder einzelne Pinselstrich kündet von blinder
Mutterliebe. Das Bild ist kitschig, aber dennoch ein Meisterwerk. Angeblich vergötterte die Künstlerin ihre Tochter, und
das Kind war schwierig und verwöhnt.[21] Wer das Bild sieht,
kann sich das lebhaft vorstellen.

Auch in der Literatur wurde die Mutter jetzt idealisiert. Samu-
el Richardsons *Pamela* (1741) läutete den Umschwung ein. Die
ehemalige Hausangestellte Pamela verheiratet sich mit dem
Squire Mr. B. und widmet sich der ernsten, aber angenehmen
Aufgabe der Kindererziehung. Obwohl sich die eigentliche
Handlung mit pikanteren Themen beschäftigt, denen das
Buch denn auch seine Popularität verdankt, spielt Mrs. B.'s
mütterliche Tugend doch immer wieder ein Rolle: Wir erleben
Pamela, wie sie ihren Mann vergeblich anfleht, sie doch ihr
Baby stillen zu lassen; wie sie ihre eigene Gesundheit aufs
Spiel setzt, um ihren Sohn zu pflegen, als dieser (vermutlich,
weil er zu einer Amme gegeben wurde) die Pocken bekommt;
sie liest John Lockes *Gedanken über Erziehung*, und die
Schlußszene zeigt sie im Kinderzimmer, wo sie einer andächtig
lauschenden Kinderschar Geschichten mit moralischer Botschaft erzählt.[22]

Dieses zu Herzen gehende Bild einer gütigen Mutterfigur, die
mit einem Buch auf den Knien dasitzt, umringt von Kindern,
verselbständigte sich im 18. Jahrhundert in der Gestalt der
Mother Goose. Dieser heiligmäßigen Figur wurde jetzt Charles
Perraults beliebte Märchensammlung aus dem vorhergehenden Jahrhundert zugeschrieben. Wer war Mother Goose, und
warum nahm sie die Phantasie der Öffentlichkeit so gefangen?
Niemand weiß es so recht. Entgegen dem in Neuengland
verbreiteten Glauben liegt sie nicht in Boston begraben. Wahrscheinlich war sie einfach eine der vielen Erfindungen der
Romantik. Aber sie lebt weiter; noch heute finden wir sie auf
dem Titelbild vieler Geschichtensammlungen,[23] auch wenn ihr
im Lauf der Jahre sowohl kosmetisch als auch finanziell ein
wenig nachgeholfen worden ist.

Über die genaue Identität der Mother Goose wissen wir nichts,
aber wir können sie wohl guten Gewissens als eine Variante
der Jungfrau Maria (oder noch wahrscheinlicher der Mutter
Marias, der heiligen Anna) verstehen, als eine weitere selbst-
aufopfernde Mutterfigur. Die Madonna war schon immer besonders bei den Frauen beliebt gewesen, aber im 18. Jahrhundert zeigte sich, daß es gerade ihre Selbstlosigkeit war, die
beim weiblichen Publikum Anklang fand, denn in diesem
Jahrhundert wurde sie zu einem festen Bestandteil der Frau-
enliteratur. Von nun an bildete mütterliches Leiden eines der
Hauptmotive im Melodrama, einem Genre, das sich an eine
spezifisch weibliche Leserschaft wandte und aus dem sich im
Lauf der Zeit über anspruchslose viktorianische Romane und
die Machwerke »schriftstellernder« Damen die heutige Seifen-
oper entwickelt hat. Das mutet seltsam an. Warum sollten
Frauen ein so offensichtliches Interesse daran haben, sich als
Märtyrerinnen dargestellt zu sehen? Warum spielen selbstauf-
opfernde Mütter eine so große Rolle in Frauenphantasien?
Welches Bedürfnis wird damit befriedigt? Worin besteht der
Reiz der Selbstaufopferung?
Auf der psychologischen Ebene könnte ein Erklärungsversuch
lauten, daß Frauen sich nicht wirklich mit den mütterlichen
Märtyrerinnen identifizieren, sondern vielmehr mit den Kindern dieser wohltätigen Wesen. Schließlich sind wir im Unter-
bewußtsein nie erwachsen. Auf der kulturellen Ebene ist der
Ansatz ein anderer: Wenn die Selbstaufopferung einen höheren Stellenwert hat als alles andere, dann wird nachvollziehbar, wie sie zu einem kollektiven Ziel oder einer kollektiven
Phantasie werden kann. Mit anderen Worten: Wenn die herr-
schende Kultur verfügt, daß die Mutter aufopfernd zu sein hat,
wollen die Mütter eben aufopfernd sein. Sie unterscheiden
nicht zwischen ihrem eigenen »Wunsch« und dem ihnen auf-
oktroyierten; vielleicht können sie es auch gar nicht.[24]
Wie mächtig das Paradigma der moralischen Mutter ist, zeigt
sich an seiner Umkehrung. Selbst heute noch gilt es als ungeheuerlich, die eigene Mutter der Unmoral zu bezichtigen –

daher der Affront des Schimpfworts *motherfucker*. Welch besseres Mittel gab es im revolutionären Frankreich, die Aristokratie in Mißkredit zu bringen, als den Ruf ihrer symbolischen Mutter, der Königin, in den Schmutz zu ziehen? Die unglückselige Königin Marie Antoinette war Gegenstand einer Flut von pornographischen Schriften (die einzelnen Pamphlete wurden mit einer Auflage von 20 000 bis 30 000 Stück vertrieben). Diese Blätter zeigen die Königin bei homosexuellen Aktivitäten, Sodomie, Prostitution, allen nur denkbaren Formen der Unzucht, von denen ein großer Teil anatomisch völlig unmöglich ist. Bei der Vernehmung durch das Revolutionstribunal wurde die verhaßte Königin des sexuellen Mißbrauchs an ihrem Sohn angeklagt. Ihre Antwort darauf lautete: »Ich appelliere an alle Mütter, die in diesem Saal zugegen sind – kann irgend jemand ein solches Verbrechen begehen?« Ihr Appell an die mütterliche Sympathie nützte ihr nichts. Das gemeine Volk konnte sich nicht vorstellen, daß sie zur Mutterliebe fähig war, und so wurde sie geköpft.[25]

Nur hundert Jahre zuvor waren die Kinder bei der Geburt noch von der Erbsünde gezeichnet oder doch zumindest äußerst anfällig für das Böse gewesen. Aber im späten 18. Jahrhundert war es bereits undenkbar, daß der Engel am Herd etwas anderes als einen Cherub zur Welt brachte. Im Gegenteil, das Kind der Romantik zog »Wolken der Herrlichkeit« nach sich, um William Wordsworth zu zitieren. Der unfreiwillige Wegbereiter für diese sentimentale Betrachtung des Kindes war John Locke, dessen politische Schriften die amerikanische Revolution beeinflußt hatten. In seinem langen, weitschweifigen Essay *Gedanken über Erziehung* (1693) hatte er der Meinung Ausdruck verliehen, daß Kinder als Tabula rasa zur Welt kämen, als unbeschriebene Blätter, denen aufgeprägt werden könne, was immer den Eltern beliebt. Sie waren nicht von Haus aus gut, aber ebensowenig schlecht. Sie waren moralisch neutral.

Als guter Sohn der Aufklärung vertrat Locke die Ansicht, daß Kinder sich mittels der Vernunft ihre kindischen Unarten abgewöhnen und zu der moralischen und rationalen Vollkommenheit des reifen Erwachsenenalters bringen ließen. Er war ein großer Befürworter des kontrollierten Umfelds, eine Philosophie, die den Grundstock für eine ganze Tradition pädagogischer und psychologischer Theorien bildet. Locke wird allerdings oft falsch interpretiert; da er in Abrede gestellt hat, daß Kinder von Natur aus schlecht sind, wird gern angenommen, daß er vom Gegenteil ausging.

Dabei war es erst der unkonventionelle Rousseau, der die Kinder für gut erklärte: Seiner Meinung nach kamen sie edel und selbstlos zur Welt und wurden erst durch die Gesellschaft verdorben. Diese Philosophie legte er in seinem Roman *Émile* (1762) dar, in dem er die Erziehung eines imaginären Knaben beschrieb. Anders als Locke sprach sich Rousseau gegen eine vernunftbetonte Kindererziehung aus; er war der Auffassung, daß Kinder mit keinerlei akademischer Bildung in Berührung kommen dürften. Statt dessen sollten sie ihre Lektionen lernen, wie die Natur sie ihnen vorgibt. Alle Handlungen hätten einer inneren Notwendigkeit zu entspringen, nicht dem Gehorsam. Das höchste Gut sei die Freiheit. Seine Theorie war ein Aufruf zum Laissez-faire – aber nicht für Mädchen. Rousseau hatte nicht viel im Sinn mit der Erziehung von Frauen, deren Intellekt seiner Meinung nach lieber nicht geweckt werden sollte – oder höchstens so weit, daß sie so dachten, wie andere es wollten.[26] Aber von diesen Unterschieden zwischen Rousseau und Locke sowie von Rousseaus grobem Sexismus einmal abgesehen, läßt sich allgemein ein bis dahin noch nicht dagewesenes Interesse und Verständnis für Kinder feststellen.

Wie sehr Rousseau in der Theorie auch für kindliche Freizügigkeit gewesen sein mag, in der Praxis hatte er damit seine Schwierigkeiten. Er löste seine eigenen Kindererziehungsprobleme, indem er fünf uneheliche Kinder in ein Findelhaus gab. Auch als Hauslehrer versagte er, da er angesichts der Ungebärdigkeit und Ignoranz seiner Schüler ständig die Beherrschung verlor.

Dennoch wurde die Kindererziehung »à la Jacques« im

18. Jahrhundert die große Mode. So wie die Erbsünde das Kindheitsbild der vorhergehenden Jahrhunderte bestimmt hatte, prägte Rousseaus *Émile* das 18. und 19. Jahrhundert bis zu Freud. Vergeblich setzten rationale Geister zu einem Nachhutgefecht an, so etwa Voltaire in einem Brief an Rousseau:»Niemand hat jemals soviel Intelligenz darauf verwandt, uns zur Dummheit zu überreden. Nach der Lektüre Ihres Buches hat man das Gefühl, man sollte auf allen vieren krabbeln. Unpraktischerweise habe ich mir das in den letzten sechzig Jahren abgewöhnt.«[27] Voltaires Triumph war nur ein dialektischer, denn der Glaube an die kindliche Unschuld lag im Zug der Zeit. Die Rousseaumanie blühte und gedieh.

Dichterische Entsprechung fand Rousseau unter anderem in William Wordsworths *Ode: Ahnungen der Unsterblichkeit*, in der die kleinen Kinder einem Zustand himmlischer Glückseligkeit entrissen werden, und in William Blakes *Schornsteinfeger,* einer Klage über das traurige Los der rußgeschwärzten kleinen Jungen, die die Sklaven einer korrupten neuen Industriegesellschaft sind. In der Malerei finden wir in England Joshua Reynolds und in Deutschland Philipp Otto Runge (eine eindeutige Inspiration für den Kinderbuchillustrator Maurice Sendak). Ihre Kinder zappeln herum und liebkosen ihre Mütter. Selbst auf den Kinderbildern unbedeutender amerikanischer Maler kommen Verspieltheit und Zuneigung für die jüngere Generation zum Ausdruck. Die Welt hatte ihr Herz für Kinder entdeckt.28

Bei aller Abneigung gegen die Sentimentalität verriet auch der mürrische Dichter Jonathan Swift eine gewisse, wenn auch verdeckte Anteilnahme am Schicksal von Kindern. In seinem Pamphlet »*A Modest Proposal*« regte er an, der Nahrungsknappheit in Irland abzuhelfen, indem man Kinder tötete und aß. Aber dieser Vorschlag war natürlich satirisch gemeint; Swifts Ironie setzte voraus, daß Eltern ihre Kinder liebten, andernfalls hätte sein absurder Vorschlag seine Schockwirkung verfehlt. Sein eigentliches Ziel war die soziale Reform. Reform war auch das Anliegen des meisterhaften Malers Wil-

liam Hogarth. Mit seinen satirischen Zeichnungen verelende-
ter Kinder prangerte er die Greuel eines verderbten Großstadt-
lebens an. Auf einer seiner berühmtesten Radierungen,
Schnapsgasse, sind die Londoner Straßen als ein Irrenhaus
dargestellt, wo Säuglingen Gin eingeflößt wird, eine betrunke-
ne, kranke Mutter ein Kind in den Tod stürzen läßt und ein
wild herumtanzender Mann ein Baby mit seinem Stock aufge-
spießt hat.[29]

Die Ruhe vor dem repressiven Sturm: Mütterliche Realität im 18. Jahrhundert

Erinnern wir uns an das Gewerbe, dem Little Buttercup in
Gilbert und Sullivans Musical *H. M. S. Pinafore* nachging, als
sie noch *»young and charming«* war. Es war *»baby-farming«*,
die Engelmacherei. Die Engelmacherin war eine frisch erfun-
dene Ungeheuerlichkeit – oder vielmehr ein neuer Name für
die alte Ungeheuerlichkeit, sich eines Kindes zu entledigen,
indem man eine Pflegemutter dingte. Nach der im 18. und 19.
Jahrhundert gängigen Spielart verkündigten Zeitungsannon-
cen, daß Kinder in Pflege gegeben werden konnten – und zwar
in einem Stil, aus dem deutlich hervorging, daß der Kunde nie
wieder etwas von dem Kind hören würde.[30] Wie ein Nachbar
einer solchen Einrichtung in London beobachtete, gingen
schwangere Frauen und Babys hinein, aber es kamen keine
Kinder wieder heraus. Organisierter Kindesmord also im Zeitalter des kleinen Lords. Man brauchte kein Sherlock Holmes
zu sein, um das zu bemerken.
Die Liebe zu den eigenen Kindern galt in dieser Zeit als
normal, richtig und schicklich, so wie schon in der frühen
Neuzeit und noch heute. Aber gute elterliche Fürsorge setzte
Brot im Kasten voraus. Industrialisierung, Urbanisierung und
der rapide Geburtenanstieg führten dazu, daß für die wachsende Unterschicht in Europa mit der Zeit selbst die notwen-
digsten Grundnahrungsmittel unerschwinglich wurden. Für

unsere Zwecke läßt sich feststellen, daß im 18. Jahrhundert Kinder zwar geliebt wurden, aber nicht unbedingt die Kinder anderer Leute, ein Mißverhältnis, das sich im nächsten Jahrhundert ebenso verschärfen sollte wie der Sexismus.[31]

Die neue Betonung der häuslichen Freuden war noch nicht die Zwangsjacke, zu der sie sich in den nächsten hundert Jahren für manche Frauen auswachsen würde, sondern stellte zunächst einmal eine neue Quelle weiblicher Autorität dar.[32] Daß die Unterweisung der Kinder nun der Mutter oblag, gab den Frauen Gelegenheit, ihre Ansichten zu einer Vielzahl von Themen zu äußern. Ihre neue Aufgabe versorgte sie mit einer andächtigen Zuhörerschaft, der sie Ratschläge erteilen, moralische Wertmaßstäbe vermitteln, ja sogar predigen konnte.

Mit der Aufklärung setzte sich ein rationales Religionsverständnis durch; die puritanische Unbedingtheit des 17. Jahrhunderts gehörte der Vergangenheit an. Der Glaube an die Zuständigkeit Gottes wich jetzt allmählich der weltlichen Überzeugung, daß für das Wohlergehen eines Kindes in erster Linie die liebende, pflichtbewußte Mutter verantwortlich sei.[33] Die Mutterschaft wurde generalüberholt. Aufgaben, die früher Mutter und Vater gemeinsam oder auch dem Vater allein zugefallen waren, wurden nun die ausschließliche Domäne der Mutter. Die zusätzliche Verantwortung forderte ihren Preis: zusätzliche Sorge. Zwar stand der Mutter im 18. Jahrhundert bei der Erfüllung ihrer Pflichten eine Flut von eigens für sie verfaßten Erziehungsratgebern zur Seite, aber das spendete wenig Trost, wenn etwas schiefging. Der Tod oder die moralische Verkommenheit eines Kindes sind noch bitterer, wenn das eigene Versagen der Grund dafür ist, und nicht das des Vaters oder die göttliche Vorsehung.

Obwohl einige protestantische Eiferer nach wie vor an Erbsünde, Höllenfeuer und Schwefelgestank festhielten und der Meinung waren, der kindliche Wille müsse gebrochen werden, herrschten bei der Oberschicht und beim Bildungsbürgertum

in Nordamerika und Europa moderatere Ansichten vor. Im
großen und ganzen schien die Kindererziehung jetzt eine weniger moralinsaure Angelegenheit und mehr mit Toleranz für
Kinder und das Kindliche verbunden zu sein. In England
kursierte die Anekdote von dem kleinen Charles James Fox,
der angeblich seine Absicht kundgetan hatte, eine Uhr zu
zertrümmern, worauf sein Vater, Lord Holland, erwiderte:
»Tu, was du nicht lassen kannst.« Und nach einer anderen
Geschichte über eben diesen Charles erlaubte der Vater ihm,
auf einem Hammelrücken ins Eßzimmer zu reiten, die Füße in
der Soße.[34]

Was einmal als Verzärtelung gegolten hatte, wurde nun die
Norm: Eltern kauften eigens für Kinder bestimmte Bücher,
Spielsachen und Spiele. Sie begannen, ihren Kindern Namen
zu geben, die auf Verbundenheit schließen ließen – Söhne
wurden nach dem Vater benannt, Töchter nach der Mutter –,
und gaben sie nicht mehr ohne weiteres in die Lehre.[35] Die
Zeitungen brachten regelmäßig eine »Frauenseite«, auf der
sich oft rührselige Geschichten und Gedichte über den Tod von
Kindern fanden. Die Mutterliebe bildete einen der Ecksteine
der Bourgeoisie.

Auch im 18. Jahrhundert verurteilten eine ganze Reihe hoch-
gesinnter Männer Frauen, die ihre Kinder nicht selber stillten.
Der prominenteste unter ihnen war Rousseau (dessen Émile
von seiner Mutter gestillt wurde), aber er wurde von nahezu
allen bedeutenden Autoren auf dem relativ neuen Gebiet der
Kinderheilkunde unterstützt – Hugh Smith, William Buchan
und William Cadogan. Ihre Argumente unterschieden sich
freilich von denen ihrer Vorgänger. Während die frühere Kritik sich auf den Glauben gegründet hatte, das Kind sauge mit
der Milch der Amme auch etwas von ihrem Äußeren und ihrem
Charakter ein, betonte man nun den gesundheitlichen Vorteil
für das Kind und die Wonnen des Stillens für die Mutter. Was
vielleicht noch wichtiger war – Rousseau und seine Zeitgenossen beurteilten die verderbliche Wirkung sexueller Betätigung
auf die Muttermilch nicht mehr so dogmatisch.[36] Jetzt war

man der Meinung, daß weder Sex noch Schwangerschaft die Muttermilch beeinträchtigten.

Schließlich zeigte die Propaganda gegen den Einsatz von Ammen Wirkung, zumindest in England. In der zweiten Hälfte des 18. Jahrhunderts begann die Praxis sich endlich der Theorie anzupassen, und die Ammen kamen in den wohlhabenderen Schichten rapide außer Mode. In Rousseaus eigener Heimat Frankreich dagegen wurde die Gepflogenheit bis ins späte 19. Jahrhundert beibehalten. Als Rousseau schrieb, war sie in vollem Gange. In den achtziger Jahren des 18. Jahrhunderts wurden über 80 Prozent der 21 000 in Paris geborenen Babys zu Ammen aufs Land verfrachtet, obwohl die Sterblichkeit bei den von Ammen genährten Säuglingen doppelt so hoch war wie bei den Kindern, die von ihren eigenen Müttern gestillt wurden. Ob die Mütter über die Risiken Bescheid wußten oder nicht, sie bestanden darauf, ihre Kinder zu Ziehmüttern zu geben. Frankreich hatte die höchste Kindersterblichkeit im damaligen Europa, und die Findelheime, die zuvor nicht allzu viele Kinder hatten aufnehmen müssen, konnten sich nun gar nicht mehr retten.[37]

Warum stellten die französischen Eltern dennoch Ammen ein? Vielleicht, weil die Anforderungen der französischen Wirtschaft so viele Frauen dazu zwangen, außer Haus zu arbeiten. Von dieser Erklärung abgesehen, ist sich niemand so ganz sicher. Wir stehen hier vor dem gleichen Rätsel wie im Italien der Renaissance und im klassischen Athen: Mittelständische Eltern, die es nicht nötig hatten, schienen das Leben ihrer neugeborenen Kinder wissentlich aufs Spiel zu setzen. Auch in diesem Fall sind sich die Historiker uneinig über Gründe und Ausmaß des Problems. Interessant ist, daß im Lauf dieses Jahrhunderts die Geburtenrate in Frankreich zurückzugehen begann, und zwar sehr viel drastischer als in irgendeinem anderen Land. Es ist anzunehmen, daß die Franzosen zu den ersten gehörten, die Empfängnisverhütung zur Senkung der unverantwortlich hohen Kindersterblichkeit praktizierten. Im nächsten Jahrhundert dann ging Frankreich allen anderen

Ländern in der Einführung von sozialen Maßnahmen zum Schutz von Müttern und ihren Kindern voran. Wenn Frankreich im 18. Jahrhundert seine Mütter und Kinder schlechter behandelte als andere westliche Nationen, so machte es das im 19. Jahrhundert wieder wett.

Ende des 18. Jahrhunderts hatten die Ärzte die Hebammen weitgehend verdrängt, insbesondere beim Bürgertum.[38] Auf ihre überlegenen Methoden kann das nicht zurückzuführen sein – sie hatten den Hebammen nichts voraus, bis in den siebziger Jahren des 19. Jahrhunderts Asepsis, chirurgische Techniken und die Anästhesie entwickelt wurden. Aber trotz ihrer Mittelmäßigkeit kamen die männlichen Geburtshelfer groß in Mode. Vielleicht war es die Aura der »Wissenschaftlichkeit«, die ihnen diese erhöhte Glaubwürdigkeit verlieh. Schließlich befinden wir uns in der Aufklärung: Alles, was nach Wissenschaft roch, war gut.

Der »Geheimtip« der Zange, der allzuoft mit großem Gewinn verkauft worden war, gelangte schließlich an die Öffentlichkeit. Die Mediziner, die die Erfindung geschickt an sich gerissen hatten, wurden Spezialisten in ihrem Gebrauch und richteten offizielle Ausbildungsprogramme ein, von denen Frauen ausgeschlossen waren. Überhaupt wurde die gesamte technische Seite der Geburtshilfe zu einem männlichen Monopol. Im Glauben, daß diese Ärzte mehr von ihrem Handwerk verstanden als die Hebammen, begannen die Frauen auf ihrer Anwesenheit bei der Entbindung zu bestehen. Heute wissen wir, daß der Einsatz der Zange und anderer Techniken damals äußerst primitiv war und keinen wesentlichen Vorteil darstellte. Dazu verfügten die Geburtshelfer über weniger praktische Erfahrung und übertrugen verstärkt das Kindbettfieber. Dennoch waren die Hebammen plötzlich nicht mehr gefragt und wurden nur noch zu den Armen geholt. Etliche Feministinnen heben hervor, daß mit der Abschaffung der Hebammen ein ganz natürliches Ereignis zu einer medizinischen Prozedur wurde. Die Gebärenden wurden immer mehr als Patientinnen behan-

delt und verloren die Kontrolle über den Geburtsvorgang.
Zwar liegt es auf der Hand, den Männern die Schuld an dieser
Entwicklung zu geben, aber man sollte doch nicht ganz vergessen, daß die Frauen ihren Teil dazu beigetragen haben.
Ob mit Unterstützung von Hebamme oder Arzt, die Geburt
eines Kindes war im 18. Jahrhundert immer noch eine ziemli-
che Glückssache. 1797 starb Mary Wollstonecraft, die Begrün-
derin des anglo-amerikanischen Feminismus, kurz nach der
Geburt ihres Kindes am Kindbettfieber. Sie war von einer
Amme entbunden worden. Zwanzig Jahre später starb Prinzessin Charlotte mitsamt ihrem Kind bei der Niederkunft. Sie
hatte sich einem Arzt anvertraut – der anschließend vor
Scham Selbstmord beging. Der Tod war kein Fremder für die
Mutter im 18. Jahrhundert, unabhängig von ihrer Gesell-
schaftsschicht, ihrer politischen Überzeugung oder dem Geschlecht des Geburtshelfers.[39]

Soweit die Ansichten und Gepflogenheiten der Satten. Sie
stellen freilich nur die halbe Wahrheit dar. Der Historiker
Simon Schama beschreibt die andere Hälfte: Ganze Heerscha-
ren ausgemergelter Bettler starben auf den Straßen; Häftlinge
schmachteten in Schiffsgefängnissen, weil sie einen Laib Brot
gestohlen hatten; schmutzige Lumpenbündel mit Neugeborenen darin fanden sich allmorgendlich vor den Pariser Kirchen-
portalen, mit jammervollen Zetteln, auf denen um die Taufe
gebeten wurde. Die Anzahl der Findelkinder war so groß und
die der Ammen so unzureichend, daß die Findelhäuser verzweifelte Versuche unternahmen, ihre kleinen Schützlinge mit
der Flasche zu füttern. Die Ergebnisse waren katastrophal.
Überhaupt blieb die Flaschenfütterung ein Ding der Unmöglichkeit, bis man Ende des 19. Jahrhunderts endlich das Problem der Bakterien erkannte und die Milch abzukochen begann. In diesen Jahrhunderten betrug die Sterblichkeit in den
Findelhäusern nahezu 100 Prozent.[40]
England hatte seine eigenen Probleme und seine eigenen Lösungen, von denen etliche die Schwierigkeiten noch vergrößer-

ten. In den hundert Jahren nach dem edlen Scheitern des Christ's Hospital änderte sich die Einstellung zur Wohltätigkeit. Eine der Hinterlassenschaften des Puritanismus war der heimliche Verdacht, daß die Armen arbeitsscheu würden, wenn sie Almosen empfingen. Müßiggang avancierte nun zur Sünde – was zur Einrichtung der *workhouses*, der Armen- oder vielmehr Arbeitshäuser führte, denen Charles Dickens zu solcher Berühmtheit verholfen hat. Wohlfahrt wollte verdient sein.

Im Armenhaus bekam man Essen und Obdach im Gegenzug für Arbeit, mit der vermutlich die Unterhaltskosten bestritten wurden. Die Armenhäuser waren nicht nur für mittellose Mütter; die Gemeinden zwangen ganze Familien zum Einzug. Die Bedingungen waren spartanisch. Jeder, der körperlich dazu imstande war, hatte zu arbeiten, und zwar schon ab dem dritten Lebensjahr. Selbst Männer wie Locke, Voltaire und Daniel Defoe, die bekannt sind für ihre Philanthropie, warnten vor Großzügigkeit bedürftigen Kindern gegenüber und vertraten die Ansicht, daß auch Drei- bis Vierjährige schon ihren Lebensunterhalt verdienen sollten.[41] Im Laufe des Jahrhunderts wurde der Zulauf zu diesen Einrichtungen immer größer, und die Bedingungen verschlechterten sich, bis es nur noch verdreckte Elendsquartiere waren.

In England war für ausgesetzte Kinder und Waisen die Gemeinde verantwortlich. Hunderte von größeren Kindern wurden als Arbeitskräfte nach Amerika verschickt. Die meisten jedoch kamen zu Pflegefamilien, die von der Gemeinde entschädigt wurden; daraus entwickelten sich später die Engelmacherinnen. Naturgemäß machte sich kein Armenpfleger beliebt, wenn die Steuern, die er für diese Zahlungen eintrieb, hoch waren, also hielt er die Unterhaltskosten auf einem bloßen Minimum. Wenn er eine Amme oder Pflegefamilie gefunden hatte, sah er seine Pflicht als erfüllt an und verfolgte die Sache in der Regel nicht weiter. Je niedriger die Summe, desto geringer die Überlebenschancen des Kindes – aber es wurden keine Fragen gestellt.[42]

Auch mit Eltern waren die Kinder der Armen wohl kaum besser dran. Da die Mütter arbeiten mußten, blieben die Kinder oft unbeaufsichtigt. Viele waren unterernährt. Viele wurden außerdem mit Opiaten ruhiggestellt, eine Methode, die auch von den Engelmacherinnen gern angewandt wurde. Laudanum und Morphium waren in jeder Apotheke erhältlich. Eines der beliebtesten Opiate war Godfrey's Cordial, zynisch auch »Mutters Helfer« genannt. In gewisser Weise ersetzten die Opiate das Einwindeln als Mittel zur Ruhigstellung der Kinder. Es kann nicht überraschen, daß damit Mißbrauch getrieben wurde, und zwar in einem solchen Ausmaß, daß, wie 1776 Dr. William Buchan in seinem Buch *Domestic Medicine* schrieb, jährlich Tausende von Kindern an den Folgen starben.[43]

In Amerika war die Aussetzung von Kindern, die in Europa zur Tagesordnung gehörte, so gut wie unbekannt, vor allem im 18. Jahrhundert. Im 19. Jahrhundert führten Einwanderung und Verstädterung zur Einrichtung von Waisenhäusern. Diese Häuser waren aber keine Auffangbecken für ausgesetzte Neugeborene, sondern für größere Kinder aus Familien, die vom Staat für »unzulänglich« erklärt worden waren. Das Land war so weit, die Mobilität so groß und die Möglichkeiten so unbegrenzt, daß man sich schutzbedürftiger Kinder im allgemeinen annahm. Sehr aufschlußreich ist ein Artikel in der *Virginia Gazette* aus dem Jahre 1775: Er berichtet von einem Boten, der am Straßenrand zu seiner Überraschung ein sorgfältig in eine Schachtel gebettetes Baby mit einer kleinen Geldsumme fand. Der Mann adoptierte das Kind gleich selbst. Daß die Aussetzung eines Kindes für wichtig genug erachtet wurde, um in der Zeitung erwähnt zu werden, bezeugt ihre Seltenheit.[44]

So sehr das 18. Jahrhundert auch von menschlichem Elend gekennzeichnet war, finden sich doch etliche Nischen »aufgeklärter« Sentimentalität. In mancher Hinsicht war das 18. Jahrhundert sogar fortschrittlicher als das folgende. Mit dem Hexenwahn der frühen Neuzeit hatte sich die Aggression gegen Frauen, die nicht der Norm entsprachen, fürs erste ausgetobt, und im 18. Jahrhundert wurden weniger Frauen wegen Kindestötung angeklagt und verurteilt. Die tatsächliche Zahl der Kindestötungen blieb wahrscheinlich in etwa die gleiche, aber man zeigte mehr Verständnis für die Mutter, bei der man nun als Beweggrund für die schreckliche Tat Verzweiflung annahm. Der aufgeklärte Preußenkönig Friedrich II. machte gegen die Verfolgung lediger Mütter Front, da er erkannte, daß viele dieser Frauen vergewaltigt worden waren oder sich aus purer Not prostituiert hatten und einfach nicht in der Lage waren, sich selbst und ein Kind durchzubringen. Frauen, die als Hausangestellte arbeiteten (bei weitem die häufigste weibliche Beschäftigungsform), waren besonders hart betroffen, da die Schwangerschaft ein Entlassungsgrund war; und selbst die Verheimlichung einer Schwangerschaft konnte vor den Reformen mit dem Tod bestraft werden, wenn bei Nachforschung kein lebendes Kind vorgezeigt werden konnte. Ein großer Befürworter dieser Reformen war übrigens Goethe. Sein Gretchen macht exemplarisch die verzweifelte Not einer Mutter deutlich, die keinen anderen Ausweg weiß, als ihr Kind zu töten.[45]

Auch viele andere machten sich Gedanken über die Entrechteten und versuchten dem Problem der wachsenden Zahl ungewollter Kinder auf humane Weise beizukommen. Bestürzt über all die ausgesetzten Babys, die er auf seinen häufigen Spaziergängen durch den Londoner Osten sah, ging Captain Thomas Coram die Reichen um Unterstützung an und gründete 1741 das London Foundling Hospital. Es wurde zu einem der beliebtesten »guten Zwecke« der damaligen High Society. Händel gab Benefizkonzerte, und die Maler Hogarth und Reynolds spendeten Gemälde. Verglichen mit den kontinentalen Institutionen war die Sterblichkeit in dem Londoner Hospiz beeindruckend niedrig. Allerdings ließ sich ein Rückgang der Todesrate ausschließlich während jener Zeiten feststellen, in denen das Hospiz seine Aufnahmequoten drastisch senkte. Das Londoner Findelhaus hatte keine *tour*, das Drehkreuz, das die anonyme Ablieferung von Kindern ermöglichte, sondern nahm die Mutter statt dessen eingehend ins Verhör. Sie mußte ihre »Rehabilitierbarkeit« beweisen – das heißt, sie mußte entweder verführt und dann im Stich gelassen worden sein oder sich zum erstenmal schuldig gemacht haben. Mit anderen Worten: Sie durfte keine Prostituierte sein. Man wollte die Frauen ja schließlich nicht dazu ermutigen, ihren Körper zu verkaufen. Offenbar ging man davon aus, daß die Zehntausende von Prostituierten in London dieses Gewerbe betrieben, weil es ihnen Spaß machte. Für die Kinder dieser Frauen galt nach wie vor: entweder Abfallhaufen oder Engelmacherin. Wieder einmal zeigt sich, wie sehr selbst die besten Absichten ihr Ziel verfehlen können, vor allem dann, wenn Sexismus im Spiel ist.[46]

Eine sehr glückliche Hand in diesen Dingen bewies Jonas Hanway, der eine Weile Direktor des Londoner Findelhauses war. Er hatte Nachforschungen über die von den Gemeinden vermittelten Pflegeplätze angestellt und die schauerlichen Ergebnisse veröffentlicht. Zur Abhilfe schlug er vor, den Ammen und Ziehmüttern ihr Geld in Raten auszubezahlen statt als Pauschale und ihnen einen Bonus zukommen zu lassen, wenn ihre Schützlinge überlebten. Seine Idee wurde von einer Reihe von Gemeinden aufgenommen, und sie funktionierte tatsächlich. Aber das war nur ein Tropfen auf den heißen Stein; das Problem war gigantisch.[47]

Für umfassende Reformen sprach sich die erste Feministin Mary Wollstonecraft in ihrer *Verteidigung der Rechte der Frauen* (1792) aus. Sie argumentierte sehr vernünftig, daß die bessere Behandlung von Kindern durch eine bessere Behandlung der Frauen sichergestellt werden könne – beispielsweise durch eine Ausbildung und gleiche Rechte. Es ist eine traurige Ironie, daß sie im Kindbett starb, kurz nach der Geburt der Tochter, aus der später Mary Shelley wurde. Mit ihr, der Verfasserin des *Frankenstein*, haben wir dieses Kapitel begonnen. Vielleicht begreifen wir die Suche des Monsters nach einem Zuhause jetzt als eine Spiegelung von Marys Suche nach einer Mutter.

Oben und unten: Mutterbilder im 19. Jahrhundert

Der Erbe von Blakes Protestgedichten über ausgebeutete Schornsteinfegerjungen und Hogarths Bildern von geschundenen Kindern war Charles Dickens. Sein *Oliver Twist* ist vielleicht der berühmteste Fall von Kindesmißhandlung in der gesamten Weltliteratur. Oliver, ein Waisenkind, wächst im Armenhaus auf, wo er das ungeheuerliche Verbrechen begeht, um etwas mehr Haferbrei zu bitten. Auf dem Weg zu dem obligatorischen Happy-End wird Oliver auf alle möglichen Arten gequält, er muß hungern, er wird von gewissenlosen Arbeitgebern ausgebeutet, von einer Diebesbande entführt und verwundet. Aber sein Elend ist nichts, verglichen mit dem von Klein Nell. Das Schicksal von Dickens' Klein Nell beschäftigte die Öffentlichkeit so sehr, daß sich, als die letzte Fortsetzung des *Raritätenladens* in New York eintraf, die Menschenmassen schon am Pier drängten, um zu erfahren, ob sie nun überlebt hatte oder gestorben war, während ihr Tod in England bereits Stürme der Entrüstung und Verzweiflung entfesselte.[48]

Alle lasen Dickens. Kein anderer Schriftsteller wurde zu seinen Lebzeiten von einer so großen und buntgemischten Leserschaft auf so hysterische Weise vergöttert. Seine Romane bewirkten Dutzende von Gesetzesreformen; das Verbot öffentlicher Hinrichtungen geht teilweise auf sein Konto. Aber als Folge seiner Beliebtheit begannen die Autoren, in ihren Büchern Kinder in rauhen Mengen abzuschlachten. Die Todesarten wurden immer grausamer. Manche Historiker[49] sehen in den zahllosen Kindesopfern eine Art Sadismus unter dem Deckmantel der Moral. Alle diese Schriftsteller, so hochherzig sie sich auch gaben, schienen Gefallen daran zu finden, ihre Geschöpfe zu quälen, und ihren Lesern machte es offenbar Spaß, sich derlei Greuel zu Gemüte zu führen.

Im viktorianischen Zeitalter kaschierte die Verehrung der Mütter nur noch notdürftig deren Ausbeutung. Dickens ging erbarmungslos mit Müttern ins Gericht, die ihr Leben nicht zur Gänze dem häuslichen Glück ihrer Familie weihten. Mrs. Jellyby, die philanthropische Mutter in *Bleakhaus*, war ein offensichtliches Opfer seiner satirischen Feder. Während sie sich seelenruhig den Angelegenheiten eines afrikanischen Stammes am linken Nigerufer widmet, erstickt ihr Haushalt im Chaos: Ihre ungewaschenen Kinder fallen kopfüber die Treppe hinunter, ihr eigenes Kleid klafft am Rücken auf, es gibt kein heißes Wasser, weil der Boiler kaputt ist, und der Kabeljau, der bei Tisch aufgetragen wird, ist halb roh.[50] Ganz eindeutig mißbilligte Dickens Mrs. Jellybys außerhäusliche Interessen und war der Meinung, daß sie sich um näherliegende Dinge kümmern sollte.

Man braucht kein Psychologe zu sein, um zu vermuten, daß Dickens in der Gestalt der Dora in *David Copperfield*, einem erklärtermaßen autobiographischen Roman, seine zwiespältigen Gefühle gegenüber der eigenen Mutter zum Ausdruck brachte. Dora ist die erste Frau von David Copperfield. Wie Davids Mutter ist sie schwach, hübsch und dumm und wird von den Kritikern im allgemeinen als Sündenbock für Davids verdrängten Haß auf seine Mutter interpretiert, die ihn im Stich gelassen hat, indem sie gestorben ist – alles möglicherweise ein Echo auf Dickens eigene Gefühle.[51] In einer Zeit, als Mutterhaß nicht offen eingestanden werden durfte, gab Dickens seinen Lesern viele Fingerzeige. Seine dunklen Gefühle durchbrachen den dünnen Firnis des viktorianischen Mutternimbus.

Dickens stand damit nicht allein. Die Mutterbilder, die das 19. Jahrhundert zeichnet (so es überhaupt welche zeichnet), deuten auf ein extrem gestörtes Verhältnis hin. Das soll nicht heißen, daß die Mütter zuvor positiv dargestellt wurden – ganz im Gegenteil –, aber die Diskrepanz in der Behandlung von Müttern und anderen Familienmitgliedern war jetzt noch größer. So erhielten im Roman des 19. Jahrhunderts endlich die Töchter eine Stimme. Aber im Regelfall schlägt sich die Tochter allein durch und hofft dabei, dem Schicksal ihrer Mutter zu *entgehen* (wie Jane Austens Emma, Thomas Hardys Tess,

Frances Burneys Evelina, George Eliots Maggie und Catherine und Jane in den Romanen der Brontë-Schwestern). Oft werden diese Töchter selbst keine Mütter; sie versuchen im Gegenteil die Mutterschaft um jeden Preis zu vermeiden. Im Grunde geht die Aufwertung der Töchter in all diesen Romanen zu Lasten ihrer Mütter.[52]

Die Marginalität viktorianischer Mutterfiguren ist deshalb so besonders paradox, weil weibliche Autoren mittlerweile an der Tagesordnung waren und sich die Romane oft im häuslichen Rahmen abspielten. Aber selbst in ihrer ureigenen Domäne taucht die Mutter nicht auf. In den Romanen wimmelt es von Waisen, deren Elternlosigkeit durch einen Ersatzvater beendet wird. Oliver Twist, Cosette, Klein Nell und Eppie bekommen alle einen Vater und sind damit am Ziel ihrer Wünsche. Was ist aus den Müttern geworden? Wenn wider Erwarten doch einmal eine Mutter auftritt, wie Mrs. Bennett in Jane Austens *Stolz und Vorurteil*, dann schafft ihre Anwesenheit mehr Probleme als ihre Abwesenheit.

Wie schon Virginia Woolf in *Ein Zimmer für sich allein* anmerkt, ist es wohl kaum ein Zufall, daß so viele Schriftstellerinnen des 19. Jahrhunderts selbst kinderlos waren – unter anderem die Brontës, Jane Austen und George Eliot. Woolf kannte ihren Freud. »Schrieben sie deshalb, weil es ihnen versagt war, zu gebären«, fragte sie; »schufen sie sich mit ihren Romanen Traum-Kinder als Ersatz?« Man meint fast, die von Freud beeinflußte zeitgenössische Analytikerin Helene Deutsch zu hören. Dieser »Bücher-oder-Kinder«-Mythos beschäftigt die Gemüter nach wie vor, schon allein aufgrund der bloßen Zahl kinderloser Schriftstellerinnen – Woolf selbst, Willa Cather, Edith Wharton, Lillian Hellman, Katherine Anne Porter, Marianne Moore, Eudora Welty, Joyce Carol Oates, um nur einige zu nennen. »Kaum eine Mutter – wie überhaupt kaum eine Teilzeit-Person, ein geteiltes Selbst – hat bleibende Literatur hervorgebracht – bis jetzt.« Soweit die Dichterin und Erzählerin Tillie Olsen im Jahre 1972. Und die Romanschriftstellerin Ursula LeGuin brachte die Sache auf

den Punkt, als sie kürzlich schrieb, der »Bücher-oder-Kinder«-
Mythos sei »nur die Kehrseite der Theorie, daß Bücher aus dem
Skrotum kommen«. Das wahre Problem sind viertausend Jahre sozialer Konditionierung und das Fehlen von Kindertagesstätten.[53]

Bemerkenswert an den Schriftstellerinnen des 19. Jahrhunderts ist außerdem, daß so viele von ihnen die Mutter bei der
Geburt oder in der frühen Kindheit verloren – so etwa Elizabeth Barrett-Browning, Mary Shelley, George Eliot und Elizabeth Gaskell. »Ich hatte nie eine Mutter«, lesen wir bei Emily
Dickinson. Dabei hatte sie sehr wohl eine, die sich obendrein
bester Gesundheit erfreute, als Dickinson diese rätselhaften
Worte schrieb.[54]

Was besagt all diese mütterliche Absenz? Das Thema hat
Berge von Computerausdrucken auf beiden Seiten des Atlan-
tik hervorgebracht. Manche Wissenschaftler weisen auf die
Vorteile mutterloser Protagonisten hin – diese Konstellation
gab den Verfassern die Möglichkeit, die etablierten patriarchalen Handlungsmuster umzuschreiben und beispielsweise die
Beziehungen zwischen Frauen in den Mittelpunkt zu stellen,
oder sie räumte der Heldin den nötigen Freiraum ein, um ihr
Leben nach den eigenen Bedürfnissen zu gestalten. Marmee
in *Vier Schwestern*, eine der wenigen Mütter in der Literatur
des 19. Jahrhunderts, die noch am Leben sind und etwas zu
sagen haben, dient nur dazu, ihre Töchter in die Konformität
zu zwingen. Sie ist die Stimme des Patriarchats. Wie viele
Generationen von Mädchen haben bitterlich geweint, als die
begabte, lebenssprühende Jo March sich in die Konventionen
fügt, den hochgelehrten, ältlichen Deutschlehrer heiratet und
danach nur noch alberne Gruselromane schreibt![55]

Andere haben die Literatur durchforstet, um nachzuweisen,
daß die Mütter sehr wohl zu Wort kommen, aber fast ausschließlich in den Lücken, in den Widersprüchen und Auslassungen der Romane.[56] Weibliche Autoren, so die These, mußten zu subversiven Strategien greifen, um ihre Subjektivität
in den Kontext eines »männlichen« Erzählrahmens integrieren

zu können. Da die traditionelle Erzählstruktur dem weiblichen
Erleben zuwiderläuft, sahen sich die Frauen gezwungen, neue,
unkonventionelle Wege zu finden, um ihre Geschichten zu
erzählen. Um die Subjektivität einer Autorin wiederzufinden,
muß der Leser subversiv lesen, das heißt, er muß auf Schweigen und Leerstellen achten, auf das Unausgesprochene und
Verschlüsselte, er muß nach unterdrückten Mutter-Tochter-
Beziehungen Ausschau halten und Nebenhandlungen in den
Vordergrund rücken. Eine solche Lesart würde dann zum
Beispiel den typischen Kampf der viktorianischen Tochter
gegen die Identifikation mit der Mutter als Zeichen einer
tiefen, wenn auch zwiespältigen *Verbundenheit* zwischen Mutter und Tochter interpretieren. Aus dieser Sicht wäre also das
Verhältnis zwischen Elizabeth und Mrs. Bennett, das normalerweise als beidseitig sehr distanziert verstanden wird, als
enge Verstrickung zu betrachten. Elizabeth braucht ihre Mutter, um sich gegen sie abzugrenzen. Die Mutter dient ihr als
eine Folie, vor der ihre eigene Persönlichkeit erst klare Kon-
turen annimmt. Der bewußte Abstand, den sie hält, ist eine
Art der Verbindung. Wirkliche Fremdheit zwischen Mutter
und Tochter würde Gleichgültigkeit voraussetzen, und gleichgültig ist Elizabeth nicht.
Die feministische Kritik hat auf diese Weise eine eigenständige
weibliche literarische Tradition geschaffen. Sie hat vernachlässigte Autorinnen wiederentdeckt und Frauenfiguren neu
interpretiert. Sie hat typisch weibliche Handlungsstrukturen
aufgezeigt, so etwa das Streben nach Zugehörigkeit – im Gegensatz zum männlichen Autonomiestreben. Sie hat vormals
bagatellisierte Beziehungen zwischen Frauenfiguren, vor allem Müttern und Töchtern, in ein neues Licht gerückt. Und
obwohl manche feministischen Kritikerinnen sich für meinen
Geschmack ein bißchen zu sehr auf das konzentriert haben,
was die Texte *nicht* sagen, haben sie uns im ganzen gezeigt,
wieviel die Frauen trotz aller gesellschaftlichen Zwänge zuwe-
ge gebracht haben.
Am meisten Beachtung findet die mütterliche Absenz bei den

französischen feministischen Revisionistinnen des Psychoana-
lytikers Jacques Lacan, in manchen Kreisen auch der »französische Freud« genannt. Für Lacan ist die Abwesenheit der
Mutter in der Erzählliteratur des 19. Jahrhunderts unumgänglich, da Mütter bis heute nicht für und über sich selbst
sprechen können. Dieser Erklärung liegt die Theorie zugrunde, daß Frauen keine Sprache haben, mit der sie sich aus-
drücken können. Lacans feministische Revisionistinnen – Hélène Cixous, Luce Irigaray und Julia Kristeva – halten dem
eine spezifisch weibliche Sprache entgegen, die *écriture feminine*, eine Sprache, die, um Cixous zu paraphrasieren, »mit der
weißen Tinte der Muttermilch geschrieben ist«.[57] Diese Frauen
neigen zu einer sehr elementaren Metaphorik. Aber sie geben
uns das, was in ihren Augen die Stimme der Mutter ist.

Ihnen zufolge haben Frauen zwei Möglichkeiten: Sie können
entweder Strategien entwickeln, mittels derer sie in der »Sprache des Vaters« mit ihrer eigenen Stimme sprechen, so wie die
anglo-amerikanische Kritik das bereits bei vielen Autorinnen
aufgezeigt hat; oder sie können die Sprache revolutionieren.
Sie können eine Mutter-Sprache erschaffen, eine Sprache, die
sich der frühen, präsymbolischen Kommunikation zwischen
Säugling und Mutter annähert. Eine solche Sprache, die bereits erwähnte *écriture feminine*, wäre gekennzeichnet durch
Spiel, Unterbrechungen, Exzeß, Auslassungen, grammatikali-
sche und syntaktische Subversion, Ambiguität, durch generi-
sche Überschreitung, durch Fluidität. Als Beispiele dienen
Cixous' »Lachen der Medusa« und Kristevas »Stabat Mater«.
Dieser Ansatz feiert zwar den mütterlichen Körper, aber er
überdehnt Metaphern oft bis zur Absurdität und verkommt
stellenweise zu einem unentschlüsselbaren Solipsismus.
Wichtiger noch, die französischen Feministinnen unterstrei-
chen Lacans Erkenntnisse mehr, als daß sie sie widerlegen. So
gelingt es ihnen zum Beispiel nicht, seine Auffassung der
Sprache als maskulin in Frage zu stellen. Sicher, die Sprache
des Abendlandes ist voll von patriarchalen Konventionen – die
Gleichsetzung von »Mann« und »Mensch« etwa –, aber ich

bezweifle doch, daß unsere Sprachstruktur die weibliche Äußerung von vornherein unmöglich macht. Immer wieder haben
Frauen es fertiggebracht, sich mitzuteilen. Obgleich sie aus
Lacans »symbolischer Ordnung« ausgeschlossen war, beschrieb die Äbtissin Hildegard von Bingen im Mittelalter sehr
zutreffend den weiblichen Orgasmus, und Emily Dickinson tat
es ihr im 19. Jahrhundert kraft eines metaphysischen Symbolismus (jawohl, Lacan, Symbolismus!) ebenso nach wie
Adrienne Rich in unserem. Alle drei schafften es recht gut mit
normaler Tinte, nicht mit Muttermilch.

Inmitten all dieser Leerstellen ist die Mutter zumindest in
einem Werk aus dem 19. Jahrhundert machtvoll präsent. Das
ist ein Roman aus der Feder einer Frau, »deren Leben und
Tätigkeit«, wie sie selbst berichtet, »immer zurückgezogen und
häuslich gewesen ist ... Ich bin eine Mutter von sieben Kindern«. Bei der Autorin handelt es sich um Harriet Beecher
Stowe, bei dem Roman um *Onkel Toms Hütte*. Aus heutiger
Sicht ist es ein schlechtes Buch. Es ist melodramatisch, bevor-
mundet die Schwarzen und verherrlicht die Mutterschaft als
die wahre Bestimmung der Frau mit einer solchen Absolutheit,
daß alle Charaktere, ob schwarz oder weiß, männlich oder
weiblich, nach einer Werteskala mütterlicher Tugend eingestuft werden. Aber es ist ein Meisterwerk der Grenzüber-
schreitung, und zwar auf eine Art, die seiner Verfasserin
wahrscheinlich gar nicht bewußt war. Es brach nicht nur das
Schweigen über die Sklavenhaltung in den Vereinigten Staaten und machte sie allgemein zum Thema Nummer eins, es
stellte auch eine Neuordnung der Kultur vom Standpunkt der
Mutter aus dar, und das im Rahmen der sentimentalen Tradition des Frauenromans.[58]

In einer bemerkenswerten Umkehrung der typischen Roman-
handlung ist die treibende Kraft in *Onkel Toms Hütte* die Angst
einer Mutter, ihr Kind zu verlieren. (Das übliche Handlungs-
schema, wie etwa in *Peter Pan*, ist die Suche nach der Mutter,
bei der natürlich der Wunsch des Kindes den Ausschlag gibt,
nicht der der Mutter.) Die Geschichte beginnt damit, daß Eliza,

eine junge Sklavenmutter, mit ihrem kleinen Sohn über den zugefrorenen Ohio River auf freies Territorium flieht, um zu verhindern, daß ihr das Kind weggenommen und verkauft wird. Jeder einzelne Schritt dieser Flucht wird durch die Hilfe mütterlicher Frauen (und Männer) ermöglicht, von der Frau im Gasthaus, die Eliza einen Fährmann verschafft, bis hin zu der Frau eines Senators, die ihr Kleider für sich und das Kind gibt. Diese Frauen, obgleich über jeden Vorwurf erhabene Engel am Herd, trotzen dennoch ihren Männern und stehen ein für das, was sie als recht empfinden. Hier erleben wir Mütter, die mit ihrer eigenen Stimme sprechen. Die Bande der Mutterschaft stellen für Stowe ein moralisches Absolutum dar, das Modell für eine ethische Gemeinschaft. Nicht nur wird dieser Maßstab an alle Personen in *Onkel Toms Hütte* angelegt, sondern die Autorin schreibt, wie sie in ihrer Schlußbemerkung betont, ausdrücklich »für Euch, Mütter Amerikas«, die Mitleid haben mit »jenen Müttern, denen der amerikanische Sklavenhandel beständig die Kinder raubt!«[59]

Was Stowe in der Literatur erreichte, das gelang Mary Cassatt gegen Ende des Jahrhunderts auf subtilere und dem modernen Geschmack gemäßere Weise in der Malerei. Ihre meisterhaften Porträts von Mutter und Kind werden weithin bewundert. Sie gehörte einer Gruppe bahnbrechender impressionistischer Maler an, unter ihnen Edouard Manet, Berthe Morrisot und Edgar Degas, die die Mutter-Kind-Beziehung aus ihrer Rolle als leblose Reliquie der Erlösung und Fruchtbarkeit befreiten und sie in die Dreidimensionalität zurückholten. Cassatts Gemälde sind direkt und unsentimental. Ihre Frauengestalten zeichnen sich durch ihre Nachdenklichkeit, ihre Konzentration auf sich selbst und vor allem durch ihre Würde aus. *The Child's Caress* ist ein gutes Beispiel für Cassatts Weigerung, ihre Sujets zu verniedlichen oder zu typisieren. Mutter und Kind sind hier unscheinbar, sogar eher unhübsch, mit runden Gesichtern ohne Lächeln und einem fast stumpfen Ausdruck. Und doch ist das wahre Thema des Bildes – die besondere Beziehung der beiden, ihre gemeinsame Privatsphäre – beredt

verwirklicht. Es ist ein prosaischer Moment, zweifellos schön,
aber nicht ekstatisch. Man spürt, daß diese Mutter ohne weiteres auch einmal die Beherrschung verlieren könnte; sie ist
kein Engel.[60]

Der repressive Sturm:
Mütterliche Realität im 19. Jahrhundert

Nicht, daß das 18. Jahrhundert in Europa ein erotisches Paradies gewesen wäre, aber im 19. Jahrhundert wurde jegliche
Lust zu etwas zutiefst Anrüchigem. Der Dichter Byron nannte
es den Übergang »from cunt to cant«,[61] von der weiblichen
Scham zur falschen Scham sozusagen. Die Leidtragenden dabei waren in erster Linie die viktorianischen Frauen, ganz
besonders die Frauen mit Kindern.
Das Patriarchat, das im vorhergehenden Jahrhundert eher im
verborgenen gewirkt hatte, trumpfte mit neuer Kraft auf.
Diesmal wurde die männliche Vorherrschaft weniger durch die
Bibel untermauert als durch das neue Dogma der Naturwis-
senschaften. Charles Darwins radikale neue Theorie über die
Entwicklung des Menschen wirkte sich nicht gerade vorteil-
haft auf die Stellung der Frau aus, und einige ihrer Verzerrungen machen sich heute noch bemerkbar. Darwin tat die Frauen
als biologisch unterlegen ab. Die Männer waren höher entwickelt, in den entscheidenden Punkten jedenfalls. Die Überlegenheit des Mannes, so Darwin 1871 in *Die Abstammung des
Menschen*, ergab sich aus seinem Kampf um die Frau. Gemäß
den Gesetzen der natürlichen Auslese wurden Mut, Ausdauer
und Intelligenz – Eigenschaften, ohne die man keine Frau
bekam – von Mann zu Mann weitervererbt. Bei der Frau
dagegen bestand der evolutionäre Erfolg in der Fortpflanzung.
Ihr Wert bemaß sich nach ihrer Reproduktionsfähigkeit. Die
»Wissenschaft« ließ keinen Zweifel daran, daß die Frau dazu
da war, geschwängert zu werden. Biologie ist Schicksal. Die
soziale Ordnung gründete sich auf die natürliche Ordnung.

Daraus haben die Anhänger der Evolutionstheorie messer-
scharf geschlossen, daß die Frauen aus genetischen Gründen
ein größeres und tiefer wurzelndes Interesse an der Fortpflanzung haben als die Männer und daß Mütter von der Natur in
höherem Maße zur Kinderpflege ausersehen sind als Väter
oder irgend jemand anderes. In der Sprache der modernen
Soziobiologie (eines erst kürzlich durch Edward O. Wilsons
Sociobiology und Richard Dawkins' *Das egoistische Gen* populär gewordenen Gebiets): Die Mutter hat durch die Schwangerschaft bereits so viel in ihren Nachwuchs investiert, daß sie
auch weiterhin in ein bestimmtes Kind investieren wird, damit
sich die ursprüngliche Investition auch lohnt. Das unterschei-
det sie von dem »promiskuitiven« Vater, der wenig investiert
hat.[62] Die Wissenschaft hat nach wie vor nur ungenügende
Einblicke in die Mechanismen der natürlichen Auslese gewonnen, geschweige denn der sexuellen Auslese. Nichtsdestotrotz
hat die Menschheit beschlossen, daß Mütterlichkeit für Frau-
en natürlich ist, und sie hat daraus stracks einen Imperativ
abgeleitet. Noch vor wenigen Jahren wurden verheiratete
Frauen, die sich bewußt für die Kinderlosigkeit entschieden,
als selbstsüchtig und schrullig betrachtet. Und wenn man
einen Mann darum bat, einem beim Wickeln zu helfen, konnte
man zur Antwort bekommen, daß er ja leider keine Gebärmutter habe. Seine Logik war wie folgt: Biologie ist Schicksal, und
ihn hatte die Natur nicht gebärfähig gemacht, ergo hatte er
keinen »Mutterinstinkt«, ergo war er auch nicht zum Wickeln
geeignet. Quod erat demonstrandum. Der »Mutterinstinkt« ist
offenbar auf unerklärliche Weise an die weiblichen Fortpflanzungsorgane geknüpft.
Der sogenannte Mutterinstinkt ist politisch ein heißes Eisen.
Abgeleitet aus dem Darwinschen Denken, ist er einer jener
Allerweltsbegriffe, deren Bedeutung vom jeweiligen Benutzer
abhängt. Technisch gesehen würde das Wort besagen, daß die
Mütterlichkeit eine *biologische* Veranlagung ist. Im allgemeinen Sprachgebrauch beschreibt er freilich einfach den inneren
Antrieb, der Frauen dazu veranlaßt, sich um ihre Kinder zu

kümmern. Gemeint sind damit die Gefühle, die Frauen empfinden oder empfinden zu müssen glauben, ohne danach zu
fragen, woher diese Gefühle kommen, ob sie biologisch oder
sozial motiviert sind. Für die Feministinnen, die den Begriff
eng auslegen, ist er in der Regel ein rotes Tuch, weil er re-
duktionistisch ist und zu implizieren scheint, daß Nicht-Mut-
terschaft abartig ist und daß Väter nicht dazu veranlagt sind,
für ihre Kinder zu sorgen.

Viele der derzeitigen Thesen über den Mutterinstinkt basieren
weitgehend auf Analogien zu tierischen Verhaltensmustern.
Offenbar erscheinen uns die Fähigkeiten, die wir mit »niederen« Gattungen gemeinsam haben, auf irgendeine Weise fundamentaler, zentraler und wichtiger als alle anderen, so daß
wir uns von den Reaktionen von Affen auf Ersatzmütter oder
den Übersprunghandlungen schwangerer Ratten Aufschlüsse
über uns selbst versprechen. Wie dem auch sei, eine ehrliche
Auswertung der wissenschaftlichen Literatur läßt keinerlei
Schlüsse zu – Konrad Lorenz' weibliche Gänse beispielsweise
mögen sich um ihre Jungen gekümmert haben, aber das tun
männliche Krallenaffen auch, was darauf hindeutet, daß das
Brutpflegeverhalten keine exklusiv weibliche Eigenschaft ist.
Außerdem läßt sich der Mutterinstinkt keineswegs bei allen
Tieren nachweisen. Niedrigere Säugetiere scheinen mütterliche Verhaltensweisen nur auf ganz bestimmte Signale hin zu
entwickeln; so kann es zum Beispiel vorkommen, daß Ratten
ihre Jungen auffressen, wenn spezielle Geruchssignale ausbleiben. Sollten wir überhaupt ein Verhaltensmuster von irgendeinem fernen Primaten-Vorfahren übernommen haben,
so das Fazit aus der Ethologie, dann ist es am ehesten das der
Flexibilität.

Abgesehen von der Fähigkeit, Milch zu geben, scheinen Mütter
in keiner Weise mehr für die Kinderpflege geschaffen zu sein
als Väter, Geschwister oder irgendwelche anderen Personen.
Niemand kommt auf die Idee, daß alle Frauen die gleiche
Größe, Haarfarbe, Figur, Begabung und Gemütsart haben
müßten. Warum sollten sie sich also nicht auch durch den Grad

ihrer Mütterlichkeit unterscheiden? Es besteht keine biologische Notwendigkeit für irgendeine Frau, mütterliche Gefühle zu entwickeln. Über viertausend Jahre gesellschaftlichen Drucks sollten doch eigentlich Erklärung genug für die vielen Babys sein. Daß Kinder ein Produkt sexueller Leidenschaft sind, spielt vielleicht auch eine nicht ganz unwesentliche Rolle.[63]

Die im 19. Jahrhundert populäre, aber unseriöse Wissenschaft der Schädelkunde leistete den Schlußfolgerungen der frühen Darwinisten willkommene Schützenhilfe. Der Schädelkunde zufolge sind Männer klüger als Frauen, weil ihr Gehirn fast immer größer ist. Im Rausch falscher Wissenschaftlichkeit stellte sich niemandem die auf der Hand liegende Frage: Wenn der Besitz eines übergroßen Gehirns das Erkennungsmerkmal der überlegenen Art war, warum wurde die Welt dann nicht von Walen beherrscht? Und die Kraniologie war nicht die einzige fragwürdige Wissenschaft in diesem Jahrhundert. Viele hatten immer noch etwas verquere Vorstellungen von der Empfängnis, zum Beispiel, daß das Kind im Vater entstehe und in der Mutter lediglich heranwachse; da half es auch nicht, daß 1845 die Eierstöcke entdeckt wurden. Diese Vorstellung schlägt sich noch heute in unserer Sprache nieder: *to father* bedeutet im Englischen erzeugen, *to mother* bemuttern, Fürsorge leisten. Aber der mütterliche Körper konnte ein gefährliches Wachstumsmedium sein. Wenn die Mutter falsche Gedanken hegte, insbesondere bei der Empfängnis, konnte das Kind sein Leben lang gebrandmarkt sein – mit einem Muttermal. Angeborene Mißbildungen wurden als Beweis für »unstatthafte« (im Zweifel wohl ehebrecherische) Gedanken der Mutter gesehen. Die Geburt eines »normalen« Babys galt nicht als Verdienst der Mutter, die eines »anormalen« dagegen ging ausschließlich auf ihr Konto.[64]

Ideologisch gesehen, verloren die Frauen im 19. Jahrhundert ihren Geschlechtstrieb; an seine Stelle, wie könnte es anders sein, trat der Mutterinstinkt. Nach Ansicht der Viktorianer wollten die Frauen Babys und die Männer den Orgasmus. Der

Mutterinstinkt sei die weibliche Entsprechung des männlichen Sexualinstinkts. Die Frauen würden zur Gänze von ihrem Schoß beherrscht. Für den viktorianischen medizinischen Experten sah es so aus, »als habe der Allmächtige bei der Erschaffung des weiblichen Geschlechts *den Uterus genommen* und *den Rest um ihn herum gebaut*«. Damit wären wir wieder im 16. Jahrhundert, bei Luthers verächtlichem Ausspruch über den Daseinszweck der Weiber.[65]

Von anständigen Frauen erwartete man, daß sie von der Sexualität genausowenig Ahnung hatten wie vom Geschäft und von der Politik. Sexuelles Verlangen wurde das ausschließliche Privileg der Männer und der Arbeiterfrauen. Ein prominenter Arzt wies das Thema gleich ganz von der Hand: »Die meisten Frauen sind frei von sexuellen Empfindungen jeglicher Art.« Wie es zur Fortpflanzung kam, muß das Geheimnis der Viktorianer bleiben. Vermutlich schlichen sich die Männer in ein verdunkeltes Zimmer, um ihren tierischen Gelüsten freien Lauf zu lassen, während die Frauen sich damit begnügten, »stillzuliegen und an das Empire zu denken«, wie eine Mutter ihrer Tochter für ihre Hochzeitsnacht empfahl. Selbst die Schwangerschaft, ein unverkennbares Ergebnis sexueller Betätigung, wurde zur zwielichtigen Angelegenheit. Zwar stellte die Schwangerschaft die Erfüllung der weiblichen Bestimmung dar, aber eine ehrbare Schwangere blieb im Haus. Scarlett O'Hara, die Heldin des Romans *Vom Winde verweht*, verlor ihren guten Ruf endgültig, als sie sich in Atlanta nach dem Sezessionskrieg schwanger in der Öffentlichkeit zeigte.[66]
Diese angebliche Leidenschaftslosigkeit der Frau mutet um so absurder an, als noch ein Jahrhundert zuvor die weibliche Lust fröhliche Urständ gefeiert hatte. Anfang des 18. Jahrhunderts ging Defoes Fanny Hill munter ihrem Gewerbe nach, Havelock Ellis konnte keinen einzigen Fall von Frigidität feststellen, und die Promiskuität stand so hoch im Kurs wie selten. Traditionell haben die Frauen immer als sexuell anspruchsvoller als die Männer gegolten: Der *Malleus Maleficarum*, das Handbuch für die Hexenjäger im 15. Jahrhundert, schrieb warnend, daß

»die Fleischeslust im Weibe ... unersättlich« sei; bei Chaucer,
Boccaccio und Montaigne wimmelt es von unglückseligen Männern, die ihre Frauen nicht befriedigen können; das Hohe Lied
Salomos hat Abteilungen für *sie* und für *ihn*. Dies alles beweist
nur wieder, wie sehr die Ideologie das Denken und Fühlen
prägt.[67]

Aber Ideologie ist nicht gleich Tatsache, und die Historiker
mutmaßen wohl zu Recht, daß viele verheiratete Frauen im
viktorianischen Zeitalter wahrscheinlich Spaß an der Sexualität hatten, aber eben nicht darüber sprachen. Dennoch war es
manchen Ärzten so ernst mit ihren Theorien, daß sie sexuelle
Begierde bei der Frau als Krankheit definierten und Klitoridektomien (die operative Entfernung der Klitoris) durchführten, um sie zu »heilen«. Dieser Eingriff, so glaubte man, war
außerdem gut gegen Halluzinationen, Scheidenkatarrh, Hysterie, Manie und Epilepsie.[68]

Der Mythos, daß die männliche Sexualität stärker ausgeprägt
sei als die weibliche, prägt auch heute noch unser Denken.
Welche junge Frau mußte sich nicht schon einmal sagen lassen, daß sie den dringlicheren sexuellen »Bedürfnissen« des
Mannes Rechnung tragen müsse? Dieses Denken lag auch der
Rhetorik um einen Fall im kalifornischen Lakewood zugrunde,
bei dem 1993 die »Spur Posse«, eine Clique halbwüchsiger
Jungen, beschuldigt wurde, Mädchen zum Geschlechtsverkehr gezwungen zu haben. Die Jungen wetteiferten miteinander, wer die meisten »Punkte« machen konnte, was einige der
Eltern beiläufig mit einem »Jungens sind nun mal so« abtaten.
Die Kulturkritikerin Camille Paglia könnte ihnen da recht
geben: Männliche Homosexuelle sind im Durchschnitt sexuell
aktiver als ihre heterosexuellen Geschlechtsgenossen, während homosexuelle Frauen sexuell weniger aktiv sind als heterosexuelle – für Paglia der Beweis, daß Männer von Natur
aus zu Satyriasis neigen und Frauen zum Nestbau, selbst
wenn sie den Rahmen der gesellschaftlichen Konventionen
verlassen. Ohne weiter auf die Stärke des männlichen oder
weiblichen Sexualtriebes einzugehen, war Freud seiner Zeit

immerhin weit genug voraus, um zu erkennen, daß beide
Geschlechter ihn hatten. Aber während er der Frau einen
Sexualinstinkt zugestand, schrieb er ihr, wie wir sehen werden, doch auch eine Art Mutterinstinkt zu. Nun, man darf
nicht gleich unbescheiden werden.[69]

So wie die Mutterschaft im 19. Jahrhundert in den Himmel
gehoben wurde, kann es nicht überraschen, daß die frühen
Frauenrechtlerinnen ihren Anspruch auf Gleichberechtigung
vorwiegend mit ihrem Mutterstatus begründeten. Elizabeth
Cady Stanton, die im Juli 1848 in Seneca Falls im Staate New
York die erste Frauenrechtsversammlung organisierte, hatte
sieben Kinder. In einem Brief an Susan B. Anthony, eine
andere Frauenrechtlerin, schrieb sie:»Ich möchte nicht eines
weniger haben, trotz all der Schmähungen, mit denen ich
dieser Extravaganz wegen überhäuft worden bin.« Die erste
Generation der anglo-amerikanischen Feministinnen kämpfte
für die formale Gleichstellung mit den Männern und das
Wahlrecht, aber die Grundlage dafür bildete ihre gemeinsame
Erfahrung als Mütter. In England und den Vereinigten Staaten berief man sich in der Forderung nach dem Stimmrecht
lange Zeit hauptsächlich darauf, daß die Frau dem Mann
moralisch überlegen sei, weil sie mit dem Wohl von Kindern
(und insofern mit dem Wohl des Gemeinwesens) befaßt sei. Die
Frauen verdienten eine Stimme, weil sie tugendhaft, nüch-
tern, fromm, ehrbar und *mütterlich* seien. Das »Mutterherz«
mußte schon immer für nahezu jeden Bereich des weiblichen
Aktivismus herhalten. Heute begegnet es uns in der Aktion
Mothers Against Drunk Driving [Mütter gegen Alkohol am
Steuer] und in Sara Ruddicks Friedenspolitik, der eine, wie sie
es nennt, »mütterliche Denkweise« zugrunde liegt.[70]

Die frühen anglo-amerikanischen Aktivistinnen sahen keine
Notwendigkeit, die Mutterschaft zum Thema zu machen. Sie
nahmen ihre Mutterpflichten in der Regel als gegeben hin –
was sie sich dank ihres privilegierten Standes in einer Zeit, in
der reiche Haushalte Dienstboten hatten, auch leisten konnten.[71] Mrs. Stanton zum Beispiel hatte eine hervorragende

Haushälterin in Amy Willard und empfand die Mutterschaft deshalb nie als eine Bürde, die ihr hätte leichter gemacht werden müssen.

Für die frühen Feministinnen auf dem europäischen Festland, die weniger ausschließlich der Mittelschicht angehörten, stand das Wahlrecht dagegen nie im Vordergrund. Ihnen ging es vorrangig um die Durchsetzung von Maßnahmen, die den Müttern ihre Doppelbelastung zu Hause und am Arbeitsplatz erleichtern sollten. In Deutschland, wo die frühe Frauenbewegung den Namen »Mutterschutz« trug, war das erklärte Ziel die Verbesserung der katastrophalen Bedingungen für alleinstehende Mütter. Die deutschen Frauenrechtlerinnen sahen die wichtigste Aufgabe des Feminismus darin, Konzessionen für Mütter zu erwirken, damit diese die Chance erhielten, ein einigermaßen befriedigendes Lebens zu führen.

Keine dieser beiden Gruppen stellte freilich die Mutterrolle der Frau in Frage. Beide setzten voraus, daß die Mutterschaft das ausschließliche Recht (oder die ausschließliche Last) der Frau sei. Keine der beiden forderte die Einbeziehung des Vaters oder eine Umverteilung der Hausarbeit. Das läßt sich angesichts der damaligen romantischen Verklärung der Mutterschaft vielleicht noch nachvollziehen. Weit weniger verständlich ist die ablehnende Haltung der frühen Frauenrechtlerinnen gegenüber der Geburtenregelung.

In dieser Frage hatten sie zahlreiche Verbündete – die Kirche (natürlich), die Ärzteschaft (zu ihrer ewigen Schande) und die »Malthusianer«. Thomas Malthus war ein Wirtschaftspolitiker des 18. Jahrhunderts, der der Welt Schlimmes voraussagte. Er ging davon aus, daß sich der Nahrungsvorrat der Welt nur in arithmetischer Progression vermehren ließ, während die Bevölkerung geometrisch wuchs, und prophezeite einen Zusammenbruch der Nahrungsmittelversorgung. Dennoch stand auch für ihn die Empfängnisverhütung nicht zur Debatte. Er war mehr dafür, die Massen (von jeher die Hauptursache für Bevölkerungszuwachs) wohlwollend ihrem Schicksal zu überlassen und ansonsten »moralische« Zurückhaltung zu üben.

Alle diese Gruppierungen befürworteten Abstinenz oder vielmehr männliche Selbstkontrolle. (Kein Wunder, daß die Prostitution florierte!) Empfängnisverhütung galt als unehren-
haft. Sie wurde mit weiblichen Exzessen assoziiert, mit Sex als
Selbstzweck, einer viktorianischen Todsünde. Die Frauenrechtlerinnen fürchteten, die Geburtenregelung würde die
Frauen zu sexuellem Spielzeug degradieren und ihre Abhängigkeit von den Männern nicht verringern, sondern verstärken.[72] Ärzte auf beiden Seiten des Atlantiks waren zu besorgt
um ihren professionellen Ruf, um überhaupt an ein so heikles
Thema zu rühren. Das 19. Jahrhundert ging zu Ende, ohne daß
die Medizin einen nennenswerten Beitrag zur Familienplanung geleistet hätte. Bereits von 1850 an waren billige Gum-
mikondome erhältlich, aber die American Medical Association
setzte die Patienten bis 1937 nicht davon in Kenntnis. Alles,
was die Frauen daran hätte hindern können, ihre mütterliche
Bestimmung zu erfüllen, wurde von den erzkonservativen
viktorianischen Würdenträgern mit einem strikten Tabu belegt.

Dabei war die Mutterschaft keineswegs für alle Mütter das
höchste der Gefühle. Königin Viktoria, die neun Kinder hatte,
schrieb ihrer Tochter 1859, daß das Gebären »wahrlich schwer
und schrecklich« sei. Sophie Tolstoi, die Frau des russischen
Dichters und Mutter von dreizehn Kindern, klagte in ihrem
Tagebuch bitter über ihre Schwangerschaften. Und was ihren
Mann anging, die Ursache ihrer überreichen Fruchtbarkeit, so
beschloß sie: »Ich werde mich Schritt für Schritt in mich selbst
zurückziehen und ihm das Leben vergällen.« Charlotte Perkins Gilman, Autorin der Novelle *Die gelbe Tapete*, eines fik-
tionalisierten Berichts über ihre postnatale Depression und
die stümperhaften viktorianischen Behandlungsversuche, war
eine der wenigen amerikanischen Feministinnen im 19. Jahrhundert, die sich gegen die Isolation aussprachen, in der die
Mütter ihre Kinder aufzogen. Sie plädierte für die Abschaffung
privater Kinderstuben (und privater Küchen) und schlug statt
dessen die Einrichtung von zentralisierten Kindertagesstätten

mit kindergerechter Architektur und ausgebildetem Personal
vor. Das Kind, so führte sie aus, würde von der Professionalität
der Betreuer profitieren und lernen, daß es nicht der Mittelpunkt des Universums sei, sondern ein Mensch unter vielen,
und sich so leichter in die Gesellschaft einfügen. Was die
Mutter betraf, so würde sie aus ihrer parasitären Abhängigkeit vom Mann befreit und könnte »ihr Kind genauso lieben,
vielleicht sogar noch mehr, wenn sie nicht jede Stunde mit ihm
zusammen verbringt«. Gilmans Vorschläge stießen bei den
anglo-amerikanischen Frauenrechtlerinnen auf wenig Gegenliebe, da diese frühen Feministinnen die Mutterschaft hoch-
hielten und sich dank ihres gutbürgerlichen Status und ihrer
zahlreichen Dienstboten durch ihre »natürliche« Bestimmung
auch nicht sonderlich eingeengt fühlten. Gemeinschaftliche
Kindererziehung wurde mit den unteren Klassen assoziiert.[73]
Trotz aller Propaganda gegen die Empfängnisverhütung ging
die Geburtenrate im späten 19. Jahrhundert in Amerika und
Westeuropa (wie ein Jahrhundert zuvor in Frankreich) drastisch zurück; bis zum ersten Weltkrieg hatte sich die Fami-
liengröße halbiert. Der Trend ging von den oberen Klassen aus,
und wie wir aus den Romanen Émile Zolas erfahren, wurden
die Scharen zerlumpter Kinder, die die Armen in die Welt
setzten, in den achtziger Jahren des 19. Jahrhunderts von der
Bourgeoisie nur noch als Beweis für die Ignoranz und Brutalität der Unterschicht gesehen. Der Geburtenrückgang war
(obwohl niemand davon sprach) wahrscheinlich auf Empfängnisverhütung zurückzuführen, denn die Frauen hörten nun
einfach früher auf, Kinder zu bekommen. Vielleicht ist die
Entwicklung auch verstärkter Enthaltsamkeit zuzuschreiben.
Jane Austen beispielsweise rät einer Freundin in einem Brief,
wenn sie nicht ständig schwanger werden wolle, solle sie doch
zu dem »einfachen Mittel getrennter Schlafzimmer« Zuflucht
nehmen. Möglicherweise wirkte sich diese ganze viktorianische Prüderie ja wirklich negativ auf die Libido aus ... aber ich
bezweifle es.[74]
Warum wollten die Menschen ausgerechnet zu diesem Zeit-

punkt nicht mehr so viele Kinder? Es gab keine neuen Methoden der Geburtenregelung, die die Tendenz begünstigt hätte. War es ein Protest gegen die Mutterschaft, wie einige Viktorianer fürchteten? War das Motiv in erster Linie ein ökonomisches – ein Versuch, der Armut vorzubeugen oder neugewonnenen Reichtum zu bewahren? Oder bevorzugte man deshalb kleinere Familien, weil das einzelne Kind jetzt mehr zählte und man in der Lage sein wollte, besser für die bereits geborenen zu sorgen? Vermutlich spielen alle diese Gründe eine Rolle. Nach Jahrhunderten des Kinderüberschusses, der Kindestötung und Aussetzung sollte man meinen, der Geburtenrückgang wäre freudig begrüßt worden. Ironischerweise war das nicht der Fall. Im Gegenteil, man begann sofort Entvölkerung und »Selbstmord der eigenen Rasse« zu fürchten und griff später zu menschenverachtenden Maßnahmen, um die Unterschicht und nicht-angelsächsische Volksgruppen an der Fortpflanzung zu hindern.

Ende des 19. Jahrhunderts war es schließlich soweit, daß Mutter und Kind gute Chancen hatten, die Geburt zu überleben. Endlich wurde die Bedeutung der Asepsis in ihrem ganzen Ausmaß verstanden, und dieses Wissen trug – zusammen mit neuen chirurgischen Methoden – zum Rückgang der Sterblichkeit bei. Die Anästhesie machte die Niederkunft zu einem völlig anderen Erlebnis. Die Frauen waren so begeistert von den Betäubungsmitteln, daß sogar einige ihre Kinder danach nannten. Die Ärzte sträubten sich zunächst gegen die Narkose bei der Entbindung; sie waren der Meinung, daß die Frauen bei der Geburt leiden sollten, so wie Eva. Aber mit der Zeit konnten sie sich dem Druck nicht mehr widersetzen. In einem wahrhaft revolutionären Entschluß ließ sich Königin Viktoria bei der Geburt ihres siebenten Kindes mit Chloroform betäuben, ein Schritt, der dem Verfahren zu allgemeiner Anerkennung verhalf.
Diese aufregenden Entwicklungen gingen zu Lasten der traditionellen Hebammen. Da sie weder offiziell noch inoffiziell

Zugang zu einer wissenschaftlichen Ausbildung hatten, gerieten sie durch die technischen Fortschritte unweigerlich noch mehr ins Hintertreffen. Wohlhabende Frauen profitierten als erste von den neuen Methoden. Im großen und ganzen entbanden sie nach wie vor daheim und waren deshalb vor den in den Krankenhäusern grassierenden Infektionen sicher. Mittellose Frauen waren auf Hebammen oder – traurigerweise – Hospitäler angewesen, wo das Risiko siebenmal so groß wie bei der Hausgeburt war.[75] Die Mediziner kannten sich inzwischen zwar mit Bakterien aus, aber sie hatten nach wie vor kein wirksames Mittel, um sie an der Ausbreitung zu hindern, bis in den späten zwanziger und den dreißiger Jahren unseres Jahrhunderts Sulfonamide und das Penizillin entdeckt wurden.

Mittelständische Frauen bekamen Ende des 19. Jahrhunderts vielleicht weniger Kinder, aber dafür widmeten sie ihnen mehr Zeit. Dank Locke und Rousseau sah man Kinder als zarte Wesen, die komplexe Entwicklungsphasen durchliefen und ständiger liebevoller Zuwendung bedurften. Sicher, den Frauen des Bürgertums standen bei der Erledigung ihrer häuslichen Pflichten Dienstboten zur Verfügung, aber die Kindererziehung war eine so anspruchsvolle Aufgabe und die Etikette so aufwendig, daß ihre Arbeitsbelastung alles in allem etwa die gleiche blieb. Die vielen Rokokoverzierungen wollten schließlich abgestaubt sein, und die modischen Mätzchen, die Mrs. Beeton (die Martha Stewart des viktorianischen England) zum Nonplusultra der Haushaltskunst erklärte, hielten sie den ganzen Tag auf Trab.

Dank Pasteur konnte man Säuglinge Ende des 19. Jahrhunderts endlich risikolos mit Flaschenmilch füttern. Das besiegelte das Schicksal der Ammen endgültig, sogar in Frankreich. Zynische Historiker betonen, daß die Ammen erst ausstarben, als die künstlichen Ernährungsmethoden eine vertretbare Alternative darstellten.[76] Jetzt hatten die Babys in den Findelhäusern, die andernfalls ohne Amme zum Tod verurteilt gewesen wären, eine Überlebenschance.

Das 19. Jahrhundert war außerdem die große Zeit der britischen Nanny, einer kuriosen Institution, die offenbar auf England und seine Kolonien beschränkt blieb. Die Nanny war entschieden keine Amme. Sie war eine spezialisierte, höchst achtbare Hausangestellte, und sie herrschte im Kinderzimmer. Ihre Zöglinge waren die Kinder des oberen Mittelstandes, deren Eltern denn wohl auch wenig von ihnen sahen. Zweifellos gab es schlechte Nannys, drakonische Nannys, exzentrische Nannys ebenso wie liebevolle Nannys zum Kuscheln. Im Glücksfall stiftete das englische System eine lebenslange Freundschaft zwischen Kindern und Kinderfrau, wie bei Winston Churchill und seiner geliebten Mrs. Everest. Sir Winston schrieb nach ihrem Tod:»Während der ganzen zwanzig Jahre, die ich bis dahin schon gelebt hatte, war sie meine liebste und engste Freundin gewesen.«[77] Natürlich konnte es auch Probleme geben. Aber die wenigen Wissenschaftler, die sich mit dem Thema befaßt haben, sind zu dem Schluß gelangt, daß die Kinder in der Regel keinen Schaden davontrugen. Das sollte der modernen Mutter, die das Schicksal ihres Kindes mit schlechtem Gewissen in fremde Hände legt, Mut machen. Mehr als eine Mutter zu haben ist nicht von vornherein schädlich.

Den Kindern der Armen mag das Leben in der gutbürgerlichen Kinderstube beneidenswert vorgekommen sein. Aber es hatte auch seine Nachteile. Viktorianische Kinder (wie auch ihre Mütter) waren strenger gesellschaftlicher Kontrolle unterworfen, besonders was Moral und Sexualität betraf. Die Eltern im 19. Jahrhundert verzichteten auf die körperliche Züchtigung zugunsten einer »sanfteren« Erziehung zu Sitte und Anstand durch Vernunft und die Suggestion von Schuldgefühlen. (In Amerika traten an die Stelle des Auspeitschens immerhin die Prügel, obwohl diese neue Mode an den Eltern von Davy Crockett und Abraham Lincoln offenbar vorbeiging; sowohl Crockett als auch Lincoln bekamen als Kinder ausgiebig die Peitsche zu spüren.) Dennoch gab es zwei Themen, bei denen viktorianische Eltern kein Erbarmen kannten – Verstopfung und Masturbation. Regelmäßiger Stuhlgang war der Schlüssel zur Gesundheit, und es gab Abführmittel und andere Prozeduren, um ihn sicherzustellen. Manchmal begann man mit der Tortur schon, bevor das Kind ein Jahr alt war.[78]

Masturbation wurde erst recht nicht geduldet. Ein besonders groteskes Kapitel dieser Geschichte hat eine finstere Gestalt als Hauptfigur, einen prominenten deutschen Arzt, der sich für einen Experten in Sachen Kindererziehung hielt – Dr. Daniel Schreber, der in seinen auflagenstarken Büchern dazu riet, Kinder körperlich zu drangsalieren. Er erwähnte die Masturbation an keiner Stelle ausdrücklich, aber viele seiner Empfehlungen, von kalten Bädern bis hin zu einem ausgeklügelten Geschirr, das angeblich Haltungsschäden vorbeugen sollte, lassen wenig Zweifel, woran er dabei wirklich dachte. Es überrascht nicht, daß sein Sohn geisteskrank wurde. Aber zum Entzücken der Historiker wurden die Memoiren des jungen Mannes von Sigmund Freud analysiert. Mehr noch, Schreber junior erwies sich als einer von Freuds bedeutendsten Fällen. Merkwürdig erscheint aus unserer Sicht, daß Freud seine Probleme in keiner Weise mit den Erziehungsmethoden des Vaters in Verbindung brachte, was zeigt, wie wenig sich Freud für das Eltern-Kind-Verhältnis als solches interessierte.[79]

Sexueller Mißbrauch von Kindern findet sich zwar in jedem Zeitalter, aber angesichts der viktorianischen Prüderie ist die weite Verbreitung der Perversion in dieser Epoche um so verblüffender. Das Ausmaß der Kinderprostitution ist schwindelerregend. »Er ist ein großer Liebhaber von Erstausgaben«, sagte Oscar Wilde ganz sachlich über einen gewissen Verleger von Erotica, »vor allem bei Frauen: Seine Leidenschaft sind kleine Mädchen.« Mindestens zwei Bordelle in London waren auf die Defloration von Jungfrauen spezialisiert. Gleichzeitig gab es einen Kleinmädchen-Kult, bei dem erwachsene Männer vorpubertäre Mädchen photographierten, manchmal so, daß eine bloße Schulter hervorsah – wobei sie freilich stets ein höheres, nicht-materielles Interesse an ihren ätherischen Ei-

genschaften geltend machten. Lewis Carroll und John Ruskin
waren beide Anhänger dieses Kults. Hier Kinderprostitution,
dort affektiertes Gesäusel über liebliche Nymphen – bei solchen Extremen ist die viktorianische Kinderliebe doch eher
mit Vorsicht zu genießen.[80]
Enthüllungen über Kindesmißbrauch im viktorianischen Zeitalter haben im letzten Jahrzehnt für Schlagzeilen gesorgt.
Grund dafür war eine Kontroverse in psychoanalytischen
Kreisen: Freud wurde vorgeworfen, den sexuellen Mißbrauch,
dem einige seiner Patienten in ihrer Kindheit ausgesetzt waren, (vielleicht unabsichtlich) um seiner Neurosenlehre willen
unterschlagen zu haben. Angeblich leugnete er das tatsächliche Geschehnis und bestand statt dessen darauf, daß die von
den Patienten behaupteten »Verführungen« nichts als Phantasien seien. Freud mag einige seiner Fälle falsch interpretiert
haben (Psychoanalytiker sind schließlich keine Hellseher),
aber er war sich sehr wohl im klaren darüber, daß der Mißbrauch in vielen Fällen Realität war, und daraus machte er
auch kein Hehl. Die Kontroverse war unerfreulich, aber sie
trug dazu bei, die Schattenseite des viktorianischen Lebens
auszuleuchten.[81]
Es sollte uns also nicht überraschen, daß eine der größten
Schriftstellerinnen des frühen 20. Jahrhunderts als Kind sexuell mißbraucht worden ist. Wie eine kürzlich erschienene detaillierte Biographie Virginia Woolfs enthüllt, wurde sie mit
ungefähr sechs Jahren ein Opfer der zudringlichen Aufmerksamkeiten ihrer Halbbrüder George und Gerald Duckworth,
beide hochangesehene Mitglieder der englischen Gesellschaft.[82] Inzest kam offenbar in allen sozialen Schichten gleichermaßen vor.
Während den Kindern der Mittelklasse oft mit beträchtlicher
Brutalität »Sittsamkeit« eingebleut wurde, waren die Kinder
der Armen schlicht und ergreifend Lasttiere. Die Industriegesellschaft brauchte unqualifizierte Arbeiter, und zwar in Massen. Da Kinder billiger waren als ihre Eltern, waren sie als
Arbeitskräfte schon bald beliebter. Bereits in den dreißiger

Jahren des 19. Jahrhunderts bestand fast die Hälfte der Ar-
beiterschaft in den Baumwollspinnereien, diesem Symbol englischer Wirtschaftmacht, aus Kindern. In Amerika arbeiteten
vor der Jahrhundertwende schätzungsweise 2 250 000 Kinder
unter fünfzehn – in Kohlebergwerken, Glasfabriken, Spinnereien, Konservenfabriken, in der Zigarrenindustrie und in den
Häusern der Reichen – wo immer man sie gebrauchen konnte.
In New Yorker Hinterzimmern sortierten vierjährige Jungen
jeden Tag 16 Stunden lang Perlen oder rollten Zigarren, in den
Baumwollspinnereien der Südstaaten bekamen fünfjährige
Mädchen Nachtschichten zugeteilt, und auf dem europäischen
Festland arbeiteten Kinder bis spät in die Nacht in den Spit-
zenmanufakturen. Die Arbeitsbedingungen eines vorindustriellen Kindes waren mit denen der Kinder am Fließband
nicht zu vergleichen. Sie wuchsen krumm und rachitisch heran, manchmal blind von der Feinstarbeit oder der intensiven
Hitze der Öfen, die Lungen zerfressen von Kohlen- oder Baum-
wollstaub – wenn sie überhaupt so lange lebten.[83]
Nach einer Atempause im 18. Jahrhundert kehrte der Sexismus zurück, wenngleich, wie wir gesehen haben, im Schafspelz
des Paternalismus. Gutbürgerliche Mütter waren so rein und
zart, daß sie ritterlichen männlichen Schutzes, sprich der
Unterjochung, bedurften. Wenn arme Frauen sich nicht verheiraten konnten, waren sie gezwungen, ihren Körper zu verkaufen, um zu überleben. Ein berühmtes Beispiel ist Fantine
in dem Roman und neuerdings auch Musical *Les Misérables*.
Die Prostitution griff um sich. Schätzungen zufolge gab es um
die Jahrhundertmitte 20 000 bis 80 000 Prostituierte in London, keine extravaganten Kurtisanen, sondern Straßendirnen
und Landstreicherinnen, Frauen in den tiefsten Tiefen des
sozialen Elends. Hauptsächlich ihre Kinder waren es, über die
man in Londons Gassen stolperte oder die in den Häusern der
Engelmacherinnen verschwanden, obwohl manchmal sogar
ordnungsgemäß verheiratete Frauen ihre Babys aussetzen
mußten, um sich selbst oder ihre älteren Kinder erhalten zu
können. Wenn Reformen durchgeführt wurden, dann nicht für

alle bedürftigen Mütter (außer in Frankreich), sondern nur für
diejenigen, die zu einem ehrbaren Lebenswandel zurückkehren konnten. Prostituierte mit Kindern hatten nach wie vor
keine Chance.

Ebenso hoffnungslos wie das Schicksal des armen Kindes aber
war das der ledigen Mutter. Nachdem sich ihre Stellung im
18. Jahrhundert geringfügig verbessert hatte, verschlechterte
sie sich im folgenden wieder, weitgehend aufgrund des 1834 in
England erlassenen Armengesetzes. Bis dahin hatten Frauen
Vaterschaftsklage erheben und manchmal einen Anspruch auf
finanzielle Unterstützung durch den Kindsvater geltend machen können. Jetzt lastete die Verantwortung für das Kind
allein auf der Mutter. Nicht einmal sitzengelassene Ehefrauen
konnten ihre Männer verklagen. Mutter und Kind gegen den
Rest der Welt, lautete jetzt die Devise: das Armenhaus oder
das Nichts. Kein Wunder, daß Aussetzung und Kindestötung
im 19. Jahrhundert zunahmen.[84]

Obwohl privilegierte Frauen in dieser Zeit im allgemeinen
keine Ammen mehr einstellten, griffen arme Städterinnen in
größerem Umfang auf sie zurück. Dies galt vor allem für
Frankreich. Godfrey's Cordial machte Rekordumsätze und die
Engelmacherinnen ebenso. 1870 wurden auf den Londoner
Straßen 276 tote Babys gefunden; viele davon kamen von
Pflegemüttern, die nicht für die Begräbniskosten aufkommen
wollten.[85] Schlimmer noch, eine ganze Reihe von Engelmacherinnen waren in einen riesigen Schwindel verwickelt, bei dem
sie Bestattungsversicherungen für ihre Schützlinge abschlos-
sen. Diese Versicherungen wurden *burial clubs* [Bestattungs-
gesellschaften] genannt, obgleich die Bezeichnung Todesge-
sellschaft wahrscheinlich zutreffender gewesen wäre. Die
Sterblichkeit bei versicherten Kindern war beinahe doppelt so
hoch wie bei anderen Kindern.[86]

Derlei Praktiken starben aus in den siebziger Jahren des
19. Jahrhunderts, als die Empfängnisverhütung solche verzweifelten Maßnahmen überflüssig machte. Zum erstenmal in
der Geschichte Europas wurden keine Kinder mehr umge-

bracht.[87] Ironischerweise war es erst die Geburtenregelung, die die Mutterliebe – auf breiter Basis – ermöglichte.

So elend aber das Dasein mittelloser Mütter und Kinder im 19. Jahrhundert auch war, wir dürfen nicht vergessen, daß in diesem Zeitalter auch der Wohlfahrtsstaat und zahlreiche philanthropische Vereine geboren wurden, so wirkungslos sie in ihrer Frühphase auch gewesen sein mögen. In Westeuropa und wenig später auch in den Vereinigten Staaten begann man, pasteurisierte Milch für Babys auszugeben, und führte Säuglingspflegekurse für Mütter sowie routinemäßige medizinische Untersuchungen ein. Frankreich, im 18. Jahrhundert das Land mit der höchsten Kindersterblichkeit, leitete Reformen zur Unterstützung lediger Mütter in die Wege, die die Aussetzungsrate um die Hälfte zurückgehen ließen.[88] 1874 wurde dann auch die gewaltige französische Ammen-Industrie revolutioniert. Den Franzosen kam es mehr auf die Versorgung notleidender Kinder als auf die Bestrafung unmoralischer Mütter an. Zwar war das Motiv möglicherweise nicht so sehr Menschenfreundlichkeit und Toleranz wie eine xenophobische Angst vor der Entvölkerung (die in Frankreich ein Jahrhundert früher als im übrigen Westeuropa eingesetzt hatte), im Verein mit einem gesteigerten nationalen Unbehagen über den deutschen Militarismus. Dennoch verdient die französische Sozialpolitik Anerkennung für ihre Großzügigkeit gegenüber unverheirateten Müttern zu einer Zeit, als andere Länder sie einfach ignorierten.

In England und Amerika hatten Enthüllungen über die schrecklichen Bedingungen, denen kleine Kinder in den Spinnereien, Bergwerken und als Angehörige von Landarbeitertrupps ausgesetzt waren, hier und da allmähliche Reformen zur Folge. Thomas Barnado schickte Tausende von bedürftigen britischen Kindern nach Australien und Kanada; Charles Loring Brace ließ Kinder aus den amerikanischen Slums auf Farmen im Mittleren Westen bringen. Diese Männer kommen in der Geschichtsschreibung nicht besonders gut weg. Viele der Pfleglinge empfanden ihre erzwungene Entfernung aus dem

Elternhaus als eine Form der Verbannung und Versklavung. Dennoch waren die Motive, die diesen Verschickungen zugrunde lagen, zweifellos philanthropischer Natur. Ende des 19. Jahrhunderts wurden dann schließlich Gesellschaften zum Schutz von Kindern gegründet. In Amerika entwickelte sich der Kinderschutzbund ironischerweise aus dem Tierschutzverein, da sich keine andere Stelle für ein mißhandeltes kleines Mädchen namens Mary Ellen zuständig fühlte.

Daß im 18. und 19. Jahrhundert eine grobe Mißachtung von Frauen und Kindern Seite an Seite mit der extremen Glorifizierung von Mutter und Kind existieren konnte, ist eines der großen Rätsel unserer Geschichte. Offenbar haben wir es mit einer gespaltenen Gesellschaft zu tun, in der die Arbeit der Unterschicht das Rückgrat der Industrialisierung bildete und die Oberschicht dank dieser Arbeit ein behütetes Dasein führen konnte. Aber selbst die bourgeoise Idolisierung von Müttern und Kindern war in gewisser Weise schal, möglicherweise ausbeuterisch und nicht selten grausam.
Allerdings zeichneten sich auch positive Entwicklungen ab. Im späten 19. Jahrhundert begannen die Frauen, ihr Leben als Mütter selbst in die Hand zu nehmen. Sie sorgten dafür, daß sie seltener schwanger wurden und bei der Entbindung Schmerzmittel verabreicht bekamen, sie begründeten mit ihrer Mutterschaft den Anspruch auf Teilhabe am politischen Prozeß, sie unterzogen sich psychoanalytischen Behandlungen, und sie lasen Harriet Beecher Stowe. 1879 erwidert Ibsens Nora ihrem Mann, der ihr vorhält, daß sie vor allen Dingen Gattin und Mutter sei: »Das glaube ich nicht mehr. Ich glaube, vor allem anderen bin ich Mensch.« Nora ist uns auch heute noch voraus.[89]

7
In Ungnade gefallen:
Die Mutter im 20. Jahrhundert

Die wissenschaftliche Mutter: 1900 – 1940

Die Mutter bekam Anfang des 20. Jahrhunderts ihren Geschlechtstrieb zurück, und das Wahlrecht bekam sie auch – aber sie verlor ihre magische Aura. Niemand dichtete mehr Hymnen auf sie. Sowohl ihre Haare als auch ihre Röcke wurden kürzer, aber was ebenfalls abgeschnitten wurde, waren ihre Engelsflügel. Zusammen mit der Häuslichkeitspoesie wurde sie von ihrem Sockel unantastbarer Reinheit gestoßen. Ein paar Unerschütterliche hielten natürlich nach wie vor am romantischen Mutterbild fest, insbesondere wenn sie als Kind Mutters Liebling gewesen waren. Hitler verlegte 1935 den Muttertag auf den Geburtstag seiner eigenen Mutter, den 12. August, und erklärte ihn zum Nationalfeiertag;[1] und Freud, ein echter viktorianischer Gentleman, vermochte nie so recht zu glauben, daß Mütter ihre Kinder schädigen können. Aber die meisten Männer sahen ihre Mütter nicht mehr als hehre Gestalten. Die Romane handelten nun von Cowboys und Abenteuern – je weiter weg vom mütterlichen Einflußbereich, desto besser. Männliche Humoristen wie H. L. Mencken zogen über Muttern her. »Das traute Heim ist ein furchtbar öder Ort«, schrieb F. Scott Fitzgerald, der Prophet des Jazz Age. Die Mutter war so alltäglich wie Abwaschwasser geworden, so dröge wie eines dieser Haushaltsgeräte, die es jetzt in Hülle und Fülle gab.
Schuld an der Entzauberung war die Wissenschaft. Nachdem sie die Frauen erst mit dem Mutterinstinkt versehen hatte, eröffnete sie ihnen nun, daß Instinkt allein nicht genügte, um

ein gesundes, glückliches Kind großzuziehen. Die Fülle von
wissenschaftlichen Entdeckungen und Erfindungen in diesen
Jahren ist verblüffend – die Elektrizität, Röntgenstrahlen,
Sulfonamide, das Telefon, das Automobil, das Kino. Dazu kam
ein eindrucksvolles Aufgebot an »arbeitssparenden« Vorrichtungen, alle bitter nötig, da Dienstpersonal nicht mehr ohne
weiteres zu haben war. Sie machten die Menschen glauben,
daß sich das Leben unbegrenzt verbessern ließe, wenn man
nur den Geboten der Wissenschaft folgte. Wenn Wissenschaft
und Technik all diese wunderbaren Dinge hervorbrachten,
konnten sie dann nicht auch die Herstellung durchweg wun-
derbarer Kinder garantieren? Den Müttern blieb also nichts
anderes übrig, als sich die modernsten Errungenschaften in
Sachen Kinderpflege zunutze zu machen. Die Mutterschaft wurde technisch runderneuert. Mit Anleihen bei frisch
entwickelten und verbesserten Methoden der industriellen
Produktion sowie bei den neuen Gebieten Psychologie und
Kindheitsforschung, die sich als wissenschaftliche Disziplinen
deklarierten, wurde die Kindererziehung nach rationalen, standardisierten Gesichtspunkten umstrukturiert. Plötzlich hantierten Mütter mit Thermometern, Formeln, Diagram-
men und Zeitplänen und studierten zahlreiche Abhandlungen
mit genauen Instruktionen für alle Eventualitäten. Sie warfen
mit eindrucksvollen neuen Begriffen um sich – Vitamine,
Kohlehydrate, Bakterien –, die die Uneingeweihten einschüch-
terten. Der viktorianischen Mutter wäre Hören und Sehen
vergangen.
Der Vorteil dieser Entwicklung war, daß die »wissenschaftliche« Mutterschaft die häuslichen Pflichten der Mutter aufwer-
teten und sie mit einem Nimbus der Professionalität umgaben,
wie wenn man einen Bauern einen Agraringenieur nennt. Der
Nachteil war, daß ein großer Teil der Wissenschaft fragwürdig
war, daß sie das mütterliche Selbstvertrauen unterhöhlte und
die Mütter zu Sklavinnen selbsternannter – in der Regel
männlicher – Experten machte.[2] Zudem verkomplizierte sie im
Grunde einfache Aufgaben: Das Stillen beispielsweise hatte

nach einem festen Stundenplan zu erfolgen, ein »Bäuerchen« wurde zu einer hohen Kunst, und wie man dem Baby frische Luft zuführte, war eine Wissenschaft für sich. All das mochte das Ansehen der Mutterschaft heben, aber es war pedantisch, oft überflüssig und manchmal ganz einfach albern. Niemand schien die Wirksamkeit der vielen neuen Techniken in Zweifel zu ziehen. Dennoch hatte die Ideologie der wissenschaftlichen Mutterschaft im großen und ganzen einen positiven Effekt. Die mit ihr verbundenen hygienischen, sanitären und ernährungstechnischen Verbesserungen erhöhten die Überlebenschancen für die Kinder entscheidend. Und selbst die Nachteile waren großenteils harmlos. Die wissenschaftliche Mutterschaft war zu bewältigen; obschon arbeitsintensiv, war sie doch konkret und hatte ein klar definiertes Ziel. Dadurch mußten die Mütter sich nicht annähernd so schuldig fühlen wie in der zweiten Hälfte des 20. Jahrhunderts, als sich die Spielregeln änderten und die Anweisungen sehr viel mehrdeutiger wurden.

Die ebenso idealisierte wie unterdrückte Mutter des 19. Jahrhunderts konnte da nicht mithalten. An die Stelle des viktorianischen »wahren Frauentums« trat das »neue Frauentum« des 20. Jahrhunderts, das bis zur Weltwirtschaftskrise das Zepter führte und durch Heldinnen wie die Atlantiküberfliegerin Amelia Earhart, die deutsche Arbeiterführerin Rosa Luxemburg und Margaret Sanger, die amerikanische Vorkämpferin für die Geburtenkontrolle, personifiziert wurde. In ihrer frivolsten Form war die neue Frau der *»flapper«* – die unabhängige, selbstbewußte, vergnügungssüchtige, foxtrott-tanzende junge Frau mit einer Zigarette in der einen und einem Mann in der anderen Hand. Sie stand für eine Autonomie, die die traditionellen viktorianischen Geschlechtsrollen außer Kraft setzte. Die wachsenden Zahlen der »neuen Frauen« füllten die Reihen der Reformbewegungen, allen voran der Suffragettenbewegung, die den Frauen 1920, hundert Jahre nach ihren ersten Anfängen, schließlich das Wahlrecht verschaffte.[3]

Die neue Frau hatte weniger Kinder als ihre Mutter und

beschäftigte sich auch noch mit anderen Dingen als dem Haushalt, obwohl ihre »Emanzipation« von kurzer Dauer war. Um die Jahrhundertmitte sollte sie zu einem quasi-viktorianischen Lebensstil zurückkehren (die Geschichte verläuft nie nur in einer Richtung). Bis dahin jedoch gehörten sehr viel mehr Frauen als früher einer Frauenvereinigung an, studierten oder waren berufstätig, meist in einem der neuen Frauenberufe Lehrerin, Krankenschwester oder Sozialarbeiterin.[4] Die Kindererziehung war nach wie vor die erste Pflicht der Frau und lag allein in ihrer Verantwortung, aber andere Tätigkeiten wurden jetzt zumindest geduldet. Da die modernen Frauen weniger Kinder hatten und länger lebten als ihre Mütter, hatten sie, wenn das letzte Kind flügge wurde, noch ihr halbes Leben vor sich. Die Mutterschaft stellte ganz eindeutig keine lebensfüllende Aufgabe mehr dar.

Obwohl die Zahlen studierender und berufstätiger Frauen Rekordhöhe erreichten, war das Heiraten beliebter denn je. Das durchschnittliche Heiratsalter sank sogar (außer bei Frauen mit Universitätsabschluß). Dieser Trend hatte vielleicht mit der Wiederentdeckung der weiblichen Lust und ihrer Ansiedlung im ehelichen Schlafzimmer zu tun.[5] »Leidenschaftslosigkeit« wurde jetzt als »Frigidität« gewertet. Sex in der Ehe war nicht nur erlaubt, er wurde regelrecht obligatorisch. Das heißt nicht, daß nicht mehr mit zweierlei Maß gemessen wurde – die Sex-Ratgeber, die plötzlich wie Pilze aus dem Boden schossen, legten es den Frauen vielmehr dringend nahe, den Orgasmus vorzutäuschen –, aber es heißt, daß die sexuelle Erfüllung jetzt als grundlegend für das Glück von Mann und Frau erkannt wurde, und zwar unabhängig von der Fortpflanzung. Irgend etwas stimmte mit der Ehe offenbar: Die Frauen heirateten nicht nur früher, sondern nach der Jahrhundertwende ging auch die Prostitution drastisch zurück.

Ehepartner sollten nicht nur Liebhaber, sondern auch Freunde sein.[6] Die Familien waren noch nicht ganz die »Gesprächsgruppen«, zu denen sie sich in unserer Zeit entwickelt haben, aber es wurde doch von ihnen erwartet, daß sie die emotionalen und psychischen Bedürfnisse ihrer Mitglieder befriedigten. Harmonie wurde ganz groß geschrieben. Da die Familie nun von ein paar beschwerlichen Aufgaben wie Unterricht und Krankenpflege entbunden war und die traditionelle Rollenverteilung an Starrheit verlor, war ihre neue Funktion als Treibhaus des Gefühls vielleicht eine notwendige Folge. Man darf sich den Übergang freilich nicht nahtlos vorstellen. Es gab immer noch tiefgreifende Unterschiede, so zum Beispiel zwischen den einzelnen Gesellschaftsschichten. Die Frauen in den Mietskasernen versprachen sich wenig emotionale Vertrautheit von der Ehe. Hier galt noch der alte Vertrag: Essen gegen Sex.

Der Geschlechterkonflikt spielte im frühen 20. Jahrhundert mit Sicherheit eine Rolle, aber ein größeres Problem war vermutlich der Generationenkonflikt, die neuentdeckte Opposition der Jungen gegen die Alten. Die Pubertät wurde zu einer scharf abgegrenzten Lebensphase, randvoll mit obligatorischer Aufsässigkeit, Gruppenrivalität und Gruppenzwang. Da einem die Stellung nicht mehr per Geburt zugewiesen wurde, mußte man erst einmal zu einer eigenen Identität finden.[7] Die Gefahr des Abstiegs war dabei groß. Teenager wurden zu einem Quell der Sorge für ihre Eltern und lernten es schnell, die elterliche Autorität anzuzweifeln.

Das stellte beide Elternteile vor neue Probleme, vor allem aber den Vater, der durch die »Emanzipation« der Mutter ohnehin schon einen Teil seiner Dominanz eingebüßt hatte. Da sich die Familien um die Jahrhundertwende verstärkt in den Vororten niederzulassen begannen, wurden viele Väter zu Pendlern und verbrachten noch mehr Zeit außer Haus. Daddy spielte eine immer geringere Rolle im Familienalltag. In manchen Fällen führte seine Abwesenheit zur Entfremdung. Gefühle zu zeigen war im Zweifel sowieso nicht seine Stärke, da dergleichen in der Männerwelt nicht ermutigt wurde. Für seine Kinder stellte er mehr einen Gehaltsscheck als eine Autorität dar. Langmütige Ehefrauen und gewitzte Kinder ließen ihm seinen Willen, gingen ihm um den Bart und sahen insgesamt ein wenig auf ihn herab. Dagwood Burnstead aus den »Blondie«-Comics der dreißiger Jahre und der leicht lächerliche Held in Clarence Days Erinnerungsbuch (und späterem Broadway-Stück) *Life with Father* sind zwei bekannte Varianten dieses verbreiteten Typus des inkompetenten Vaters. In gewisser Weise wurde der Vater innerhalb der Familie in den vorzeitigen Ruhestand befördert. Was die Kindererziehung betraf, so machte er dem medizinischen oder psychologischen Experten Platz, der daheim nun die neue Quelle patriarchaler Autorität war.[8] Das öffentliche Patriarchat dagegen blieb unangetastet.

Den tiefsten Sturz erfuhr der patriarchale Vater in den Einwandererfamilien der Vereinigten Staaten, wo einstmals stolze Männer aus Italien, Griechenland, Rußland und Irland sich als kleine Fabrikarbeiter und Angehörige stigmatisierter Minderheiten wiederfanden. Plötzlich waren sie weder Teil der alten noch Teil der neuen Welt, was unweigerlich ein Bewußtsein der Erniedrigung mit sich brachte. Ihre Frauen litten ebenfalls, aber Frauen waren ohnehin Bürger zweiter Klasse, deshalb empfanden sie den Statusverlust vielleicht als weniger schmerzlich. Außerdem blieben ihre Aufgaben in etwa die gleichen. Geprägt durch das patriarchale Familienideal ihrer alten Heimat, akzeptierten diese Frauen zunächst demütig die männliche Vormachtstellung und taten ihr Bestes, um das Selbstwertgefühl ihrer Männer zu stärken. Sie waren es zur Genüge gewöhnt, sich nach der Decke zu strecken, und so leisteten sie Akkordarbeit, nahmen Logiergäste ins Haus und führten dabei noch den Haushalt, so gut es eben ging. Die meisten Einwanderer dieser Generation blieben in ihren Ansichten und ihrer Sprache entwurzelte Bauern und waren von ihren Söhnen und Töchtern abhängig, die auf amerikanische Schulen gingen, Englisch konnten und sich im Großstadtleben zurechtfanden. Aber während die Mutter im allgemeinen die schwindende Autorität des Vaters respektierte, schämten sich die Kinder oft der Rückständigkeit und der untergeordneten gesellschaftlichen Stellung ihrer Eltern.[9] Schmerzhafte Konflikte zwischen allen Familienmitgliedern bildeten einen fruchtbaren Nährboden für Schuldgefühle, Identitätskrisen und eine reiche Literatur der Assimilierung.

In der früheren Literatur – den Romanen und Erzählungen vor den dreißiger Jahren – richtete sich die Feindseligkeit des Autors, wenn sie denn zum Ausdruck kam, gegen den Vater, »the old man«. In Samuel Raphaelsons Broadway-Stück *The Jazz Singer* zum Beispiel ist Jacks jüdischer Einwanderer-Vater der Böse und die Mutter eine Heldin. Auch der sentimentale Erfolgsschlager »My Yiddishe Mamma«, 1925 von Sophie Tucker bekannt gemacht, ist eine rückhaltlose Hommage an die Tugend und Selbstaufopferung der jüdischen Mutter, ganz ähnlich wie Anzia Yezierskas *Bread Givers* (1925) und Sholem Aschs *The Mother* (1930). Sie alle zeichnen dasselbe Bild: Die jüdische Mutter ist selbstlos, ausschließlich auf das Wohl anderer bedacht und zaubert allen Widrigkeiten zum Trotz Mahlzeiten aus ihren »magischen Töpfen«. Der (in der Regel strenggläubige) Vater dagegen ist ungeeignet für den Arbeitsmarkt und außerstande, sich dem modernen Leben anzupassen. Die Mutter, so lehrt uns diese Literatur, war das emotionale und meist auch das ökonomische Rückgrat der Familie. Es scheint kaum vorstellbar, daß dieses Bild zwanzig Jahre später in sein Gegenteil umschlagen sollte und die jüdische Mutter zum Vampir wurde.[10]

Diese verblüffende Wandlung war, wie wir sehen werden, Teil einer allgemeinen Tendenz zur Mutterschelte in den Jahrzehnten nach dem Zweiten Weltkrieg. Vielleicht lehnten sich die jüdischen Söhne der ersten Generation – Dan Greenburg (*How to be a Jewish Mother*), Bruce Jay Friedman (*A Mother's Kisses*), Philip Roth (*Portnoys Beschwerden*) – gegen einen wirklichen oder eingebildeten Erwartungsdruck auf, zu materiellem Erfolg zu gelangen und ihren Familien dadurch Achtung in der neuen Heimat zu verschaffen. Vielleicht hatten sie auch ein schlechtes Gewissen, weil sie es weiter gebracht hatten als ihre Väter, und wählten sich unbewußt ein weniger verwundbares Angriffsziel für ihre Haßgefühle: ihre Mütter, die mittlerweile keine Heimarbeit mehr verrichteten und von ihrer alten Unterwürfigkeit abgekommen waren. Oder sie gaben den Müttern die Schuld an der demütigenden Situation der Väter. Um die Jahrhundertmitte jedenfalls wurde »jüdische Mutter« zum Synonym für eine Harpyie, die ihre Söhne auffraß. Aber greifen wir nicht vor. Zunächst richteten sich die Aggressionen, wenn es überhaupt welche gab, gegen den Vater.

Patriotische Mutterschaft und Bevölkerungskontrolle

Indem das Ansehen des Vaters sank, stieg das des Kindes. Kinder verkörperten jetzt nicht mehr nur, wie schon seit Jahrzehnten, eine romantisch verklärte Vergangenheit, sie wurden auch zum Symbol für die Zukunft. Das galt nicht nur für die Einwandererfamilien, die in ihren amerikanisierten Kindern den Paß zu einem besseren Leben sahen, sondern für die Bevölkerung im allgemeinen, die auf die kindliche »Formbarkeit« und Anpassungsfähigkeit setzte. Immer stärker empfand man, daß Kinder der industriellen Welt *besser* gewachsen waren als Erwachsene.[11] Die schwedische Autorin Ellen Key erklärte das 20. Jahrhundert zum *Jahrhundert des Kindes*; ihr Buch gleichen Namens erschien 1909 in England und brachte es in Amerika zum Bestseller. In der überschwenglichen Rhetorik der Zeit war jedes Kind ein potentieller Präsident oder Messias. Zum Teil hatte dieser Überschwang womöglich mit dem zunehmenden Seltenheitswert von Kindern zu tun.

Seit der Jahrhundertwende ging die Geburtenrate im gesamten westlichen Europa zurück. Es war eine Periode intensiver nationaler Rivalität und imperialistischen Wettbewerbs. Ausgerechnet zu einer Zeit, da Kolonien, Armeen und Industrie mehr Leute verschlangen als je zuvor, schien der Nachschub auszugehen.[12] In Europa bewegten sich die Fronten unausweichlich auf einen militärischen Zusammenstoß zu; der

Nachwuchs der einzelnen Nationen gewann immer mehr an politischer Bedeutung.

Die Sorge galt allerdings nicht nur der Quantität der Erben, sondern auch ihrer vermeintlichen Qualität. Die Eugenik – die Wissenschaft von der »Verbesserung« der Menschheit durch die richtige Auswahl der Eltern, ein weiteres Erbteil des Darwinismus – spielte eine große Rolle im öffentlichen Denken. Man befürchtete die Auslöschung der eigenen Rasse und eine Machtübernahme durch »niedrigere« ethnische Gruppen. Wie sehr diese Ängste in den Köpfen herumspukten, zeigt sich in Aldous Huxleys etwas später entstandener Satire *Schöne neue Welt*.[13]

Selbst das vielsprachige Amerika befiel die Panik vor einem »Selbstmord der eigenen Rasse«, als die Überzeugung wuchs, daß es bald mehr Einwanderer und Arme geben würde als Angehörige der einheimischen Mittelschicht. Präsident Theodore Roosevelt reiste durch das Land und appellierte an die weißen eingeborenen Amerikaner, mehr Kinder zu bekommen, auf daß der amerikanische Nationalcharakter erhalten bliebe.[14] 1900 war die Abtreibung in allen Staaten gesetzlich verboten worden, und Bundesgesetze schränkten den Vertrieb von Präservativen ein. Bei den Armen dagegen wurde es begrüßt, wenn sie ihre Familien so klein wie möglich hielten. Selbst die Handbücher über Kinderpflege begannen in dieser Zeit mit Ratschlägen zur Wahl des (genetisch gesehen) *stärksten* Partners. Aus unserer Sicht ist die Eugenik-Bewegung die *reductio ad absurdum* der politischen Inkorrektheit.

Positiv gesehen, fiel die Begeisterung für das Kind freilich mit der Zeit des New Deal zusammen, in der die Amerikaner auf allen Regierungsebenen landesweite Reformen in die Wege leiteten, um endlich den Erfordernissen der neuen, urbanen Industriegesellschaft gerecht werden zu können. Parallele Bestrebungen zeichneten sich in England ab. Die Reformer starteten ehrgeizige Regierungsprogramme für die gesundheitliche und soziale Betreuung von Müttern und Kindern und für die Schulung von Müttern in der neuen Wissenschaft vom

Elternsein. Beseelt von dem Glauben an die Macht der Reform, verbesserten sie die Bedingungen für arme Frauen ganz entscheidend, aber gleichzeitig verliehen sie dem Staat verstärkt das Recht, sich in Familienangelegenheiten einzumischen.[15] Der aufrichtige Wunsch der Progressiven, sozialen Mißständen abzuhelfen, ging Hand in Hand mit einer Verachtung für das gemeine Volk, so daß ihre Methoden zuweilen einen Affront gegen die Traditionen, Ansichten und Gefühle der unteren Schichten darstellten.

Ein typisches Beispiel waren die Kinderkrippen. Sie wurden mit den besten Absichten eingerichtet: Man wollte eine familienähnliche Alternative zu »unannehmbaren« häuslichen Bedingungen schaffen. Aber der Staat hatte darüber zu bestimmen, was »unannehmbar« war und was nicht, und hinter seinen Entscheidungen stand die Angst, ohne staatliche Intervention würden die Kinder aus kleinen Verhältnissen oder aus Einwandererfamilien vielleicht keine guten Amerikaner oder gar kriminell werden. Das Konzept ließ jedoch nicht nur kulturelles Feingefühl vermissen, ihm hing auch noch die historische Assoziation mit »unzulänglichen« Müttern an.[16] Die Kinderkrippe war die letzte Zuflucht für arme Kinder; für Kinder aus dem Bürgertum stand dergleichen nicht zur Debatte. Dieses Stigma blieb bis zum Zweiten Weltkrieg bestehen, als die Frauen der Mittelklasse unter die Arbeiterinnen gingen, um ihren Beitrag zur Verteidigung der Freiheit zu leisten, und einen Platz für ihre Kinder brauchten. Öffentliche Tagesstätten machten eine bemerkenswerte Wandlung durch und waren plötzlich patriotisch und gut. Wieder einmal sehen wir, wie unbeständig die ideologische Definition der guten Elternschaft ist.

Die Anstrengungen der Vereinigten Staaten, die Geburtenrate bei der einheimischen Bevölkerung in die Höhe zu treiben, verblassen im Vergleich zu den europäischen Ländern, von denen eine Reihe die nationale Auslöschung befürchteten. Frankreich verlieh Müttern mit fünf Kindern Bronzemedaillen, Müttern mit acht Kindern Silbermedaillen, und bei elf

oder mehr Kindern gab es eine Medaille aus Vermeil.[17] Italie-
nerinnen mit vierzehn Kindern erhielten eine Audienz bei
Mussolini. In Deutschland bekamen die Mütter schon ab vier
Kindern nicht nur das Mutterkreuz und einen finanziellen
Zuschuß, die Gesellschaft war angehalten, sie besonders zu
achten. Nun, da sich zu der moralischen Verpflichtung der
Frauen, Kinder zu bekommen, auch noch die patriotische
gesellte, war an eine Gleichberechtigung der Frau natürlich
nicht mehr zu denken.

Nach dem gewaltigen Bevölkerungsverlust im Ersten Weltkrieg steigerte sich in Deutschland die ohnehin schon bedenkliche Fixierung auf die demographische Planung zur Obsession. Die Anstrengungen zur Reinerhaltung der Rasse nahmen
unheilvolle Formen an. Mittels einer massiven Propaganda-
kampagne versuchte man die »Herrenrasse« zu verstärkter
Fortpflanzung zu motivieren. Bilder von strahlenden arischen
Müttern und gesundheitsstrotzenden Kindern gemahnten die
Frauen an ihre gesellschaftliche Verpflichtung, für Nachwuchs zu sorgen. Die Botschaft wurde durch großzügige materielle Vergünstigungen für Familien und erhöhte Steuern für
die Unverheirateten unterstrichen. Frauen, die nicht »reinras-
sig« waren (zum Beispiel Jüdinnen und Zigeunerinnen), hin-
derte man unterdessen durch Zwangssterilisation oder -abtrei-
bung am Gebären – und später durch ihre Ermordung.[18]

Der deutsche Mutterschaftskult war mit einem eklatanten
Antifeminismus gepaart. Eine der ersten Verordnungen der
Nationalsozialisten untersagte es der Frau auf Zeit und Ewig-
keit, ein öffentliches Amt zu bekleiden. Sie sollte, frei nach dem
Nazi-Ideologen Alfred Rosenberg, von der Frauenbefreiung
befreit werden. Statt dessen hatte sie zu der alten Formel
»Kinder, Küche, Kirche« zurückzukehren.

Ironischerweise unterwanderte das Dritte Reich sein erklärtes
Ziel, starke Familien zu schaffen, indem es absolute Führer-
treue verlangte. Kinder wurden dazu ermutigt, ihre eigenen Eltern zu denunzieren. Die Sozialisation der Kinder
fand zum größten Teil außerhalb der Familien in diversen

Jugendorganisationen statt.[19] Königin Viktoria wäre entsetzt
gewesen.

Das ABC der wissenschaftlichen Mutterschaft

So wie die Kochbücher ihre Maße quantitativ zu bestimmen
begannen – aus einem »walnußgroßen Stück« Hefe beispielsweise wurde ein »Eßlöffel« –, bedienten sich auch die gebilde-
teten Mütter der frühen zwanziger Jahre eines quantitativen
Jargons (genaue Maße und Gewichte, IQs), wenn sie von ihren
Kindern sprachen. Die Mutterschaft war zum qualifizierten
Beruf befördert worden. Sie funktionierte nun nach Gesetzen,
nach festen Regeln, eine Wissenschaft, die erst einmal beherrscht sein wollte. In den späten zwanziger Jahren konnte
man am Vassar College, einem der ersten Frauencolleges,
Kurse in Mutterschaft und Hauswirtschaft belegen; die Mission des College, nämlich den Frauen die gleichen Studienmög-
lichkeiten zu bieten wie den Männern, geriet darüber eine
Weile völlig in Vergessenheit. Ein Artikel in der Zeitschrift
Cosmopolitan forderte, daß die Mutterschaft offiziell zu einer
beruflichen Laufbahn erklärt werden sollte, die keine Frau
einschlagen dürfe, ohne erst ihre Eignung unter Beweis gestellt zu haben. »Ärzte, Anwälte und Geistliche müssen sich
für den Umgang mit menschlichem Leben ausbilden lassen.
Warum sollte für Mütter nicht das gleiche gelten?«[20] Mit einer
ähnlichen Argumentation plädierte Ellen Key für die Einfüh-
rung von Programmen, die den Müttern ihren bedeutenden
Beitrag zur Gesellschaft vergüteten. Viel wurde nicht daraus,
aber es vermittelt eine Vorstellung vom Tenor der Zeit.
Gegen Ende des 19. Jahrhunderts begannen sich in Amerika
Frauen in Arbeitskreisen zu treffen, in denen sie sich über
Kindererziehung austauschten; daraus entstand 1897 ein Na-
tionalkongreß der Mütter. Professionellen Status erlangte die
Mütterbewegung durch eine von Teddy Roosevelt einberufene
Konferenz im Weißen Haus, bei der 1914 der Muttertag zum

Nationalfeiertag erhoben, eine Bundesbehörde für Kinder (Federal Children's Bureau) eingerichtet und die Voraussetzungen für eine landesweite Versorgung der Arbeiterklasse mit »Experten«-Ratschlägen zur Kinderpflege geschaffen wurden. Der Beruf Mutter war geboren.

Die Professionalisierung der Elternschaft mag den Frauen schmeichelhaft erschienen sein, da die Kindererziehung jetzt als eine knifflige Angelegenheit gehandelt wurde, komplex genug, um möglicherweise sogar eine Herausforderung für Frauen mit intellektuellen Ambitionen darzustellen.[21] Aber tatsächlich verschaffte die Aufwertung der Muttertätigkeit den Frauen wohl weniger einen höheren Status als ein Betätigungsfeld, in dem sie sich profilieren konnten, ohne den Männern Konkurrenz zu machen. Abgesehen davon war die Beförderung nicht ohne ihre Nachteile. Die Vorstellung, daß die Mutterschaft eine Ausbildung erforderte, kann die normale Feld-Wald-und-Wiesen-Mutter eigentlich nur verunsichert haben (wenn sie nicht einfach darüber lachte). Der Symmetrie der Geschlechter und einer ausgeglicheneren Verteilung der Hausarbeit war sie mit Sicherheit nicht zuträglich; der Grundsatz, daß die Mutterschaft Frauensache ist, blieb nach wie vor unangetastet. Außerdem waren die Veränderungen in der Praxis eher kosmetisch, fürs Auge, als substantiell.

Die Verwissenschaftlichung hatte bei den Müttern überdies eine nie dagewesene Autoritätsgläubigkeit zur Folge. Ein Kind großzuziehen erschien als eine so wichtige und heikle Aufgabe, daß sie nicht länger einfach den Müttern überlassen werden konnte. Die Kinderexperten übten jetzt wesentlich mehr Macht aus als je zuvor; ihre Leserinnen waren die erste Müttergeneration, die sich sklavisch an die Anweisungen in Büchern hielt.[22] Die neuen Medientechnologien trugen zweifellos das Ihre dazu bei.

Die meisten dieser Experten kamen aus der Medizin oder den neuen Gebieten Psychologie und Kindheitsforschung. Ihren Einfluß sehen wir in Mary McCarthys Roman *Die Clique*, wo zwei Mütter, Vassar-Absolventinnen Jahrgang 1933, ihre Kin-

der im Sportwagen durch den Central Park schieben. »Hast du
schon von Gesells Arbeiten in Yale gehört?« fragt die eine.
»Endlich werden wir ein wissenschaftliches Bild des Kindes
erhalten.«[23] In der Tat waren dies die Jahre, in denen der
amerikanische Psychologe Arnold Gesell ein Zeitschema für
die kindliche Entwicklung auszuarbeiten begann. Die Eltern
sorgten sich jetzt sehr darum, ob ihre Kinder auch mit dem
Durchschnitt Schritt hielten; in den Seelen der Mütter ging
das Schreckgespenst der Norm um und gab ihnen einen Grund
mehr zur Beunruhigung.

Obwohl seine Berühmtheit vor allem daher rührt, daß er Freud
zu einer Vortragsreihe in die Vereinigten Staaten einlud, war
der Psychologe G. Stanley Hall einer der Gründerväter der
Kleinkindforschungsbewegung. In seinem Eifer, die Kindheitsforschung als eine solide wissenschaftliche Disziplin zu
etablieren, tat er sein Bestes, um sie als so exakt und quantitativ zu präsentieren wie etwa die Physik.[24] Darwin hatte
bereits detaillierte Aufzeichnungen über die ersten Lebensmonate eines seiner eigenen Kinder veröffentlicht, und Hall legte
allen Müttern nahe, es ebenso zu machen. Er ließ sie über
Charaktereigenschaften, Gewohnheiten, Sprechversuche etc.
ihrer Babys Buch führen und diese Angaben an Experten
schicken, die sie dann für seine neue Wissenschaft auswerte-
ten. Die Mütterbewegung betete Hall an. Seine Anwesenheit
verlieh ihren Versammlungen die Aura des Labors und schien
der Mutterschaft eine glorreiche Zukunft zu verheißen.

Die wahrhaft wissenschaftliche Mutter hatte freilich nicht nur
genauestens über ihre Kinder Protokoll zu führen, sondern
auch die Ratschläge wissenschaftlich versierter Sachverstän-
diger zu lesen und zu befolgen. In Amerika war der beliebteste
Guru der Kinderstuben in der ersten Hälfte des 20. Jahrhunderts der amerikanische Kinderarzt Luther Emmett Holt (in
England war es Dr. Truby King), dessen *The Care and Feeding
of Children* aus dem Jahre 1894 zu seinen Lebzeiten zwölfmal
neuaufgelegt wurde. Es war ein trockenes kleines Buch, genau
richtig für das neue Faible für wissenschaftliche Präzision.[25]

Holts Ausführungen spiegelten die Fixierung seiner Zeit auf Ernährung und Sauberkeit wider, Ratschläge, die damals bitter nötig waren. Ein Großteil seines Buches befaßte sich mit Brustwarzen, Saugflaschen und der Abtötung von Bazillen. Er sprach sich aufs schärfste gegen das »promiskuitive« Küssen von Babys aus, da auf diesem Wege Infektionen übertragen werden konnten.

Die Leserinnen von Holts Buch und dem noch populäreren *Infant Care*, einer Publikation des amerikanischen Children's Bureau (die in vielen ihrer Ratschläge auf Holt zurückging), lernten, daß Babys schon sehr früh an einen strengen Zeitplan gewöhnt werden müßten. Regelmäßigkeit sei das A und O. Der schlimmste Fehler, den Eltern begehen könnten, sei ein zu kameradschaflicher Umgang mit ihren Sprößlingen. Mit Säuglingen zu spielen oder sie übermäßig zu stimulieren war strikt verboten. Wer ein Baby dazu bringe, vor Vergnügen zu jauchzen, setze sein Nervensystem einer gefährlichen Überforderung aus. Mit der Sauberkeitserziehung sollte man dagegen schon mit zwei oder drei Monaten beginnen! Schlechte Angewohnheiten (Daumenlutschen, Masturbation) seien nachdrücklich zu unterbinden.[26] Die Mutter sei in erster Linie dazu da, dem Kind solide Gewohnheiten beizubringen.

Der Wissenschaftlichkeitskult hatte paradoxerweise die Mode der Flaschenfütterung zur Folge, die bis heute nicht abgeklungen ist – außer bei mittelständischen Akademikerinnen, und auch die kamen erst vor etwa fünfundzwanzig Jahren davon ab. (Es wurde außerdem in allen sozialen Schichten üblich, im Krankenhaus zu entbinden, was mittlerweile kein Risiko mehr darstellte.) Dabei war es keineswegs so, daß Ärzte oder Hersteller die Frauen zur Flaschenfütterung drängten. Aber die neue, künstliche Säuglingsnahrung war ein Produkt der Wissenschaft, schon das ein Wert an sich, und die »sachgemäße Ernährung« der Zeit stellte ein dermaßen kniffliges Unterfangen dar, daß sie ein Chemiestudium vorauszusetzen schien, was den Nimbus des Geheimnisvollen zusätzlich verstärkte. Die Mütter begannen von den Kinderexperten Anleitung beim

Füttern zu erwarten, und diese dachten nicht daran, ihre eigene Vormachtstellung zu untergraben, indem sie enthusiastisch der Muttermilch das Wort redeten. Die Hersteller von Säuglingsnahrung machten sich das geschickt zunutze und bauten eine Industrie auf, die auch heute noch floriert. Der Trend gipfelte in einem Trink-Apparat, einer um die Brust zu tragenden geschirrartigen Vorrichtung mit einem Schlauch, der vorne aus der Bluse herauskam, so daß die Mutter so tun konnte, als gäbe sie ihrem Kind die Flasche, während sie es in Wirklichkeit stillte.[27] Auf diese Weise brauchte sie sich wegen ihres unzeitgemäßen Verhaltens nicht zu genieren.

Der reglementierende Erziehungsansatz erhielt sein wissenschaftliches Gütesiegel kurz vor 1920 durch die Entwicklung des Behaviorismus, der psychologischen Schule, die die Seele ganz und gar über Bord warf und sich statt dessen auf das Verhalten in seiner Reinform konzentrierte. Dem Behaviorismus zufolge war es ganz und gar unnötig, Spekulationen über irgendwelche inneren Vorgänge anzustellen. Die Psychologen brauchten sich lediglich mit den Reaktionen auf bestimmte Reize und der Konditionierung durch Wiederholung und Verstärkung zu befassen. John B. Watson, der als einer der ersten behavioristischen Psychologen aus der Beobachtung von Ratten in einem Labyrinth generalisierende Rückschlüsse auf das menschliche Verhalten zog, erklärte, Kinder würden nicht geboren, sondern gemacht. (Hier sehen wir den Einfluß John Lockes.) »Geben Sie mir ein Dutzend gesunder Kinder ... und ich garantiere Ihnen, daß ich mir aufs Geratewohl eines heraus picken und es zu einem Spezialisten auf jedem beliebigen Gebiet machen kann – zu einem Arzt, einem Rechtsanwalt ... ja, sogar einem Bettler oder Dieb.«[28] Es überrascht nicht, daß Watson später eine erfolgreiche zweite Karriere als Werbefachmann machte.

Watsons zweifelhafter Ruhm gründet sich vor allem auf ein Experiment, bei dem er einem kleinen Kind Angst vor einem Häschen einjagte, indem er das Erscheinen des Häschens jedesmal mit einem lauten Knall gleich neben dem Kopf des

Kindes begleitete. Zu Watsons Triumph ließ sich diese konditionierte Reaktion rückgängig machen, wenn er das Häschen allmählich wieder einführte, jetzt weiter weg und unter beruhigenderen Umständen. Der Grundstein der »Verhaltenstherapie« war gelegt.[29]

Watsons Magnum opus war das 1928 erschienene *Die psychische Erziehung im frühen Kindesalter*. Ein heutiger Leser fühlt sich stark an *Uhrwerk Orange* erinnert, obwohl der *Atlantic Monthly* es als »ein Gottesgeschenk für alle Eltern« bejubelte. Es war noch rigider als Holt; Zärtlichkeit und Liebkosungen wurden geradezu verteufelt. Nicht die Bazillen waren bei Watson allerdings der Grund für diese Härte, sondern die Angst, das Kind zu »verwöhnen«. Wer etwa ein Baby zwischen den vorgeschriebenen Fütterungszeiten auf den Arm nahm, bereitete den Boden für zukünftige moralische Laxheit. Auch hier lag die Betonung auf Regelmäßigkeit, Pünktlichkeit, Disziplin und Reinlichkeit. Die Sauberkeitserziehung begann jetzt – man höre und staune – schon mit einem Monat. Gegen Ende dieser Periode zeigte ein Bilderwitz im *New Yorker* eine junge Mutter, die sich mit der Flasche in der Hand über ein Gitterbett mit einem brüllenden Baby beugt und an ihrer Uhr die Minuten bis zur Fütterungszeit abzählt.[30]

Watson entsetzte zartbesaitete Kritiker, indem er seine beiden kleinen Söhne nach behavioristischen Grundsätzen großzog. Keiner der Jungen konnte sich an irgendeinen Zuneigungsbeweis seitens des Vaters erinnern, auch wenn die Mutter gelegentlich einmal einen Kuß oder eine Umarmung einschmuggelte. Zeitungen photographierten Billy und Johnny als »fröhliche Kinder, frei von Ängsten und Trotzanfällen«. Die Jungen taten den hoffnungsfrohen Psychoanalytikern nicht den Gefallen, wahnsinnig zu werden. Laut einer Biographie Watsons waren und blieben sie allem Anschein nach »gutgebaut, gesund, gescheit und eine wandelnde Reklame für den Behaviorismus«.[31] Was nur wieder beweist, daß viele Kinder die Macken ihrer Eltern recht gut überstehen.

Der Behaviorismus ließ nicht mehr viel Platz für die Mutter.[32]

In Watsons System wurde sie einfach irrelevant. Ihre Funktion war so sehr auf die eines Roboters reduziert, daß sie letzten Endes austauschbar wurde. In seinem Vorwort zu *Psychische Erziehung im frühen Kindesalter* stellte Watson sogar die Frage, ob Kinder ihre Eltern überhaupt kennen sollten. Viel später liebäugelte auch B. F. Skinner in seiner provozierenden Utopie *Futurum Zwei* damit, die Eltern ganz auszuschalten.

Seltsamerweise kam die wissenschaftliche Kindererziehung trotz ihres mechanischen Charakters alternativen Denk- und Lebensweisen entgegen. Schließlich ist der behavioristische Ansatz wie geschaffen für das Gleichheitsideal und verheißt unbegrenzte Möglichkeiten, ein Kind zu dem gewünschten Menschentypus zu formen, vorausgesetzt, man macht die richtige Verbindung von Reiz und Reaktion ausfindig. Da die leibliche Mutter keine Rolle spielt, konnte ein solches System der kollektiven Kindererziehung förderlich sein, die sich unter Umständen für viele politische und ideologische Zwecke nutzbar machen läßt. Die rigiden und antiseptischen Methoden von Watson und Skinner ebneten deshalb ironischerweise den Weg für die gefühls- und körperbetonte Gemeinschaftserziehung, die für kurze Zeit in den antibürgerlichen Kommunen der sechziger Jahre populär war. Und sie bereiteten den Boden für die staatliche Erziehung in den großen gesellschaftlichen Experimenten des frühen 20. Jahrhunderts.

So versuchten etwa die revolutionären Begründer Sowjetrußlands, die Mutter-Kind-Einheit ganz abzuschaffen. In ihren Augen war die Kernfamilie bourgeois, künstlich und, laut Marx und Engels, ein Produkt des Kapitalismus.[33] Die radikaleren Revolutionäre wetterten gegen die Traulichkeit des heimischen Herdes und predigten statt dessen »freie« Liebe, das Leben in Kommunen und die weitgehende Institutionalisierung der Kindererziehung (mittels derer sich den Kindern besser die »richtigen« Werte einimpfen ließen). Eine führende sowjetische Feministin, Alexandra Kollantai, machte außerdem geltend, daß die Kindererziehung durch den Staat es den

Frauen ermöglichen würde, ihren Beitrag zur Gesellschaft zu leisten, indem sie Seite an Seite mit den Männern in der Produktion und in der kommunistischen Partei mitarbeiten würden.[34]

Die Bolschewisten, so stellte sich heraus, hatten die Macht an sich gebracht, ohne eine klare Vorstellung von der Gesellschaft zu haben, die sie aufbauen wollten. Die zwanziger Jahre wurden zu einer Zeit der sozialen Experimente, darunter diverse revolutionäre Erziehungsmodelle, von denen aber keines ein großes Echo fand. Lenin hatte genug andere Sorgen. Die Wirtschaftskatastrophen der zwanziger und dreißiger Jahre versetzten den Experimenten den Todesstoß und führten in Rußland zu gesellschaftlichem Zusammenbruch, Seuchen und Hungersnot. Im ganzen Land verhungerten elternlose Kinder. Millionen entsetzter und verwirrter Landbewohner, vor allem Frauen, gaben den kommunistischen Angriffen auf die Familie die Schuld an dem allgemeinen Elend.[35]

Mit unübertroffener Scheinheiligkeit vollführte Stalin daraufhin eine Kehrtwende und riß sich die traditionelle Kernfamilie unter den Nagel, die er nun plötzlich als eine spezifisch russische Einrichtung in den Himmel lobte. Die Emanzipation der Frau hatte von nun an hinter den ökonomischen, politischen und militärischen Zielen zurückzustehen. Der Sowjetstaat inszenierte eine Verherrlichung der Mutterschaft à la Nazi-Deutschland und verschärfte die Scheidungsgesetze. Der russischen Frau ging es schlechter als je zuvor. Jetzt war sie ein ökomonisches Werkzeug des Regimes, sie arbeitete den ganzen Tag lang *und* trug die gesamte Last der Kindererziehung und der Hausarbeit in ihrer »freien« Zeit am Abend und in der Nacht.[36]

Vor Stalins Bauchlandung dienten die neuen gesellschaftlichen Experimente in Rußland Idealisten in aller Welt als Inspiration. Eine der Varianten ist das israelische Landwirtschaftskollektiv, der in den zwanziger Jahren in Palästina ins Leben gerufene Kibbuz. Obwohl er aufgrund der globalen Entwicklungen der letzten Jahre im Moment nicht sonderlich beliebt ist, stellt er ein Beispiel erfolgreicher alternativer Kindererziehung dar. Die Gründer des modernen Israel hatten der Auslöschung ins Auge gesehen und machten sich deshalb mit glühendem missionarischen Eifer und großer Zielbewußtheit daran, dem jüdischen Volk eine sichere Heimat zu schaffen. Wie in der Sowjetunion wurde die individuelle Mutter-Kind-Beziehung der Gemeinschaft untergeordnet.

Wie den Sowjets ging es auch den ersten israelischen Siedlern darum, ihre Kinder zu Bürgern zu erziehen, die sich ganz dem Land und ihrem Volk verpflichtet fühlten und sich mit Leib und Seele für kollektive nationale Ziele einsetzen würden. In der staatlichen Kindererziehung sah man das wirksamste Mittel, dies zu erreichen und es den Müttern zu ermöglichen, ihren Platz im allgemeinen Arbeitsplan einzunehmen.

Die Kinder lebten im Kibbuz ursprünglich getrennt von ihren Eltern, ein Brauch, von dem man in den letzten Jahren abgekommen ist. Der gemeinschaftliche Speisesaal, einstmals Sinnbild für die gemeinsamen Interessen des Kibbuz, wird heutzutage seltener benutzt und dient hauptsächlich als eine Art Straßenverkauf. Dennoch werden die Kinder den ganzen Tag über kollektiv betreut, und elterliche Fürsorge wird von allen Erwachsenen für alle Kinder erwartet, obwohl die Eltern begreiflicherweise eine stärkere Bindung zu ihren eigenen Kindern haben, mit denen sie jetzt zusammenwohnen. Trotz der kollektiven Betreuung nahm es mit den im Kibbuz aufgewachsenen Kindern kein böses Ende, nicht einmal als Eltern und Kinder noch getrennt wohnten. Kinder aus Kibbuzim (nur zwei bis vier Prozent der israelischen Bevölkerung, Tendenz fallend) stellen einen unverhältnismäßig hohen Prozentsatz der politischen, kulturellen und ökonomischen Elite Israels. Zwar haben Untersuchungen ergeben, daß einige von ihnen weniger individualistisch sind als der Durchschnitt, aber sozial unangepaßt sind sie deshalb keineswegs.[37] Im Gegenteil, da sie so lange in der Gruppe gelebt haben, sind sie sogar noch stärker sozialisiert als die meisten. Gemeinschaftliche Kinderaufzucht mag nicht jedermanns Geschmack sein, aber sie kann

auf jeden Fall als eine Form gelungener Erziehung angesehen
werden.

Der große Patriarch

Sigmund Freuds »Abhandlung zur infantilen Sexualität«, das
vergißt man leicht, entstand während der Blütezeit der Fließ-
band-Mutterschaft. Ein Publikumserfolg war sie nicht gerade.
Die Welt war noch nicht reif für die unbewußten Vorgänge im
Inneren des Kindes und zeigte sich schockiert über die Vorstellung, daß Säuglinge mit sexuellen Bedürfnissen geboren würden. Schließlich hatten sich die Eltern noch kaum an die Idee
gewöhnt, daß erwachsene Frauen sexuelle Bedürfnisse haben.
Mit Ausnahme von ein paar Ultra-Modernen taten alle Freuds
Thesen ab und konzentrierten sich statt dessen auf eine me-
chanistische Psychologie[38] – eine Reaktion, wie sie kurzsichti-
ger kaum sein konnte: Freud setzte Denkprozesse in Gang, die
der Mutterschaft ein völlig neues Gesicht geben sollten, wenn
auch nicht mehr zu seinen Lebzeiten.
Freud, der Mann, der die Sexualität salonfähig machte, ließ
seine eigenen Söhne vom Hausarzt aufklären. Obwohl er die
Zeit der »Emanzen« und des Frauenwahlrechts durchaus noch
miterlebte (er starb 1939) und unser Selbstbild von Grund auf
umkrempelte, war er in seinem persönlichen Leben alles andere als ein Revolutionär. Er blieb bis zuletzt ein waschechter
viktorianischer Gentleman, bürgerlich in seinen Wertmaßstä-
ben und Manieren, seinem Geschmack, seinen kulturellen
Vorlieben und seinem Kleiderstil. Während er alles begrüßte,
was die Frauen zu seinen psychoanalytischen Erkenntnissen
beitrugen, und großen Gefallen an weiblicher Gesellschaft
fand, war er doch ein offener Gegner der Frauenbewegung
seiner Zeit und sah die Frauen als körperlich unzulänglich und
moralisch unterlegen. Sein Ödipuskomplex machte den Vater
zum Maß aller Dinge und leistete dadurch der männlichen
Vorherrschaft sowie einer starren Arbeitsteilung nach Ge-

schlechtern Vorschub.[39] Einer Frau von heute würde sein
soziales Verhalten wahrscheinlich gönnerhaft oder übertrieben erscheinen, aber seine Ritterlichkeit den Damen gegenüber war ohne Fehl und Tadel. Seine junge Verlobte Martha
Bernays nannte er sein »zartes, liebes Mädchen«, dem es
bestimmt war, »in jungen Jahren ein angebetetes Liebchen
und in reiferen ein geliebtes Weib« zu sein.

So wie die großen Romane seiner Zeit die Mutter an den Rand
drängten und statt dessen die Vater-Sohn-Beziehung in den
Mittelpunkt stellten, teilte Freud den Vätern im Drama der
kindlichen Entwicklung die Hauptrolle zu. Das entband die
Mütter zwar von der Verantwortung für die psychischen Erkrankungen ihrer Kinder, an denen man ihnen in den Jahrzehnten nach den Weltkriegen erbarmungslos die Schuld gab,
aber gleichzeitig wertete es ihren Anteil am Leben ihrer Kinder ab. Freud sah die Rolle der Mutter durchaus wohlwollend,
als einen bescheidenen Part, der still im Hintergrund gespielt
wird und keinen großen Einfluß auf die Persönlichkeitsbildung
hat. Während die Mütter also keine psychopathologischen
Störungen bei ihren Kindern »verursachten«, »verursachten«
sie auch sonst nicht viel bei ihnen.

Freud kam immer wieder zu dem Schluß, daß die Assoziationen seiner Patienten um ihre Väter kreisten und daß im
Zentrum ihres Seelendramas unweigerlich die patriarchale
Unterdrückung ihrer inzestuösen Sehnsüchte stand (Ödipuskomplex). In jeder seiner fünf großen Fallstudien wird der
Mutter eine Statistenrolle zugewiesen. Die Mutter Doras aus
dem berühmten »Hysterie-Fall« wurde in ein paar knappen
Sätzen als eine Frau mit »Hausfrauenpsychose« abgetan; Doras enge Bindung an sie und an Frau K., ebenfalls eine Mutter,
wurde nur in Fußnoten erwähnt. Mit unnachahmlichem
männlichen Chauvinismus versuchte Freud die achtzehnjäh-
rige Dora vielmehr davon zu überzeugen, daß sie in Wirklichkeit am Penis ihres Vaters lutschen wollte (da sie sich daran
erinnerte, als Kind am Daumen gelutscht zu haben) und ein
erotisches Interesse an Herrn K. hatte, dessen virile Attrakti-

vität Freud offenbar für unwiderstehlich hielt.[40] Die Feministinnen haben zu Recht geschlossen, daß Dora deshalb so
verzweifelt war, weil Freud unbewußt den Wunsch ihres Vaters zu billigen schien, sie mehr oder weniger mit seinem
Freund Herrn K. zu verkuppeln, um sein Verhältnis mit dessen Frau fortsetzen zu können. Freuds Weigerung, Doras wild
putzende Mutter als eine der Schlüsselfiguren in dieser Sei-
fenoper anzuerkennen, macht die Geschichte unvollständig,
wenn nicht sogar unverständlich.

Der schönen Mutter des frühreifen kleinen Hans, der solche
Angst vor Pferden hatte, wird Freud ebensowenig gerecht.
Obwohl ihr Mann ihrem aufreizenden Benehmen die Schuld
am Verhalten des Sohnes gab, taucht sie in Freuds Darstellung
nur flüchtig auf; statt dessen liegt das Gewicht auf dem Vater
des Jungen, dem Hilfsanalytiker, der Freuds Deutungen wei-
tergab. Auch die leibliche Mutter des Wolfsmannes spielt bei
ihm nur eine untergeordnete Rolle, hauptsächlich als die pas-
sive Partnerin in der Urszene (des Analverkehrs), die der
Wolfsmann als kleines Kind beobachtet oder phantasiert
hatte.[41]

Besonders merkwürdig ist Freuds mangelndes Interesse an
der Mutter des Rattenmannes, auf die er in seinen Arbeitsauf-
zeichnungen immer wieder Bezug nimmt.[42] In seiner veröffentlichten Beschreibung des Falles bezog sich Freud ausschließlich auf die ödipalen Aspekte; für ihn verbarg sich
hinter den Zwangsvorstellungen des Patienten – beispielsweise seiner quälenden Angst, wenn er eine Geldschuld für die
Zustellung eines Ersatzzwickers nicht bezahle, würde sein
Vater der »Rattenstrafe« ausgesetzt, bei der sich ihm Ratten
in den After »einbohrten« – die Furcht vor der Kastration durch
den Vater als Strafe für seine sexuellen Wünsche. Dabei würden sich alle Psychoanalytiker und Psychotherapeuten des
20. Jahrhunderts mit Wonne auf die (in Freuds Arbeitsauf-
zeichnungen enthüllte) bedenkliche Tatsache stürzen, daß die
Mutter des Patienten die Finanzen ihres fast dreißigjährigen
Sohnes kontrollierte und ihm die Sitzungen bei Freud bezahl-

te, obwohl er über eigene Mittel verfügte. Eine Erklärung für
diese Abhängigkeit zu finden wäre mit Sicherheit ein wichtiger
Schritt zum Verständnis seiner Probleme.

Die »Sünden« der Mütter rächen sich zwar bei Freud nicht an
den Kindern, aber die »Sünden« der Väter genausowenig. Was
zählt, ist nicht das tatsächliche Verhalten des Vaters, sondern
sein Symbolwert, seine Position in der ödipalen Figurenkon-
stellation. Der Symbolwert der Mutter ist vermutlich nicht
hoch genug, um dabei berücksichtigt zu werden. In Freuds
ödipalem Dreieck ist die Mutter mehr Objekt als Subjekt: das
Objekt der sexuellen Begierde ihres Sohnes. Die kindliche
Psyche ist nach Freuds Auffassung fast hermetisch versiegelt.
Kinder sind mit einem inneren Kern von Individualität ausgestattet, der ihnen ein gewisses Maß an Unabhängigkeit von
der äußeren Realität und damit auch von herumstümpernden
Eltern gewährt. Kinder sind keine Tonklumpen, die von ihrer
Umwelt geformt werden, wie Watson sich das vorstellte; viel-
mehr formen sie selbst energisch mit.

Entgegen einem verbreiteten Mißverständnis hatte Freud mit
konkreten Erziehungsmodellen wenig im Sinn. Von Verführung oder Kastration einmal abgesehen, war es eigentlich
ziemlich gleichgültig, was Eltern mit ihren Kindern anstellten.
Anders als die Kinderexperten seiner Zeit gab er weder viel auf
die damals populären wissenschaftlichen, behavioristischen
Ansätze, noch befürwortete er antiautoritäre Methoden, laxe
Sauberkeitserziehung oder psychologische Einstimmung und
Anpassung (alles spätere Richtungen, die manchmal fälschlicherweise ihm zugeschrieben werden). Im Gegenteil, er rügte
sogar einmal eine seiner Schwiegertöchter, weil sie ihr Kind
seiner Ansicht nach zu ausgiebig herzte. Jahre später rieb ihm
die Schwiegertochter unter die Nase, daß die Ärzte den Müttern nun genau das Gegenteil nahelegten. (Ihr Kind war zur
fraglichen Zeit drei oder vier Monate alt, zu klein, um auch nur
sitzen zu können.[43])

Freuds Falldarstellungen mit ihrer Marginalisierung der Mutter mögen dem modernen Leser schon antiquiert genug er-

scheinen. Noch merkwürdiger mutet es allerdings an, wie sehr Freud tatsächliches elterliches Verhalten ignorierte. Das zeigt sich vor allem in der bereits erwähnten Studie Freuds über den psychotischen Daniel Paul Schreber, den Sohn des viktorianischen Kinderexperten Daniel Gottlieb Moritz Schreber. Freud schrieb seinen Bericht über Schreber junior anhand von dessen eigenen Memoiren, ohne offenbar auch nur einen Augenblick an der allgemein behaupteten Vortrefflichkeit des alten Schreber zu zweifeln. Dabei zeichneten sich die mehr als repressiven Erziehungsgrundsätze des Vaters in den paranoiden Zwangsvorstellungen des Sohnes in wünschenswerter Deutlichkeit ab. Aber Schrebers Krankheit mit den väterlichen Methoden in Verbindung zu bringen kam Freud offenbar nicht in den Sinn, obwohl viele der Bücher des Vaters, in denen dessen bizarre Techniken erläutert werden, 1911 noch im Druck waren.[44] Keine moderne Deutung dieser Daten könnte über die Implikationen einer solchen extremen elterlichen Dominanz hinwegsehen. Schrebers Mutter wird so gut wie gar nicht erwähnt.

Freuds eigene Fehlleistungen in seinen Fallbeschreibungen stehen im Einklang mit seinem Modell der Psyche, was nicht weiter überraschen kann, da er dieses Modell aus klinischen Daten konstruierte, die er den Krankengeschichten seiner Patienten entnahm. Natürlich gibt es keine einzelne Freudsche Theorie, sondern nur eine Vielfalt von Ideen, die weitergesponnen und wieder zurückgenommen wurden, sich gegenseitig widerlegten und der ständigen Revision durch Freud selbst und andere ausgesetzt waren. Aber trotz alledem entwickelte Freud nie ein Modell, das eine ganz und gar unverstellte Wirklichkeit in Betracht zog. Die Wirklichkeit wurde immer durch die Psyche selbst gefiltert und verzerrt. Nach Freud ist also das Bild, das ein Kind von seiner Mutter hat, unweigerlich eingefärbt durch die unbewußten Seelenvorgänge und Phantasien des Kindes. Der Mechanismus für die Verzerrung der Wirklichkeit – das dynamische Unbewußte –

war vermutlich Freuds brillantester Beitrag zu unserem Verständnis des menschlichen Verhaltens. Die Funktion des Unbewußten, die immer vorhandene, allzu menschliche Tendenz, verstörende Gedanken mittels Rationalisierung, Kompromiß und Verdrängung aus dem Weg zu schaffen, ist keinem von uns fremd und hilft nicht nur neurotische Symptome, Träume und Kunstwerke zu begreifen, sondern auch etwas so Profanes wie die Tatsache, daß unsere Kinder uns manchmal hassen, obwohl wir uns doch völlig korrekt verhalten. Was sie in Wirklichkeit hassen, sind die Bilder, die sie sich in ihrem Inneren von uns machen, nicht wir selbst.

Freuds Sicht der Realität war ständig im Wandel begriffen. In seinen frühesten Theorien zählte die Wirklichkeit noch.[45] Hysterie etwa wurde seiner Meinung nach durch sexuellen Mißbrauch in der Kindheit durch beispielsweise ein Kindermädchen oder ein Familienmitglied bedingt. Diese Theorie wurde als »Verführungstheorie« bekannt, da man davon ausging, daß das Kind verführt wurde. Aber nach dem Tod seines Vaters 1896, zur Zeit seiner Selbstanalyse, begann Freud die Ursache für die Neurose weniger in der äußeren Realität als in der inneren Wirklichkeit der Triebe und Phantasien zu suchen. Jetzt handelte es sich bei der Verführung um eine »Wunsch«-Vorstellung des Patienten, die niemals wirklich stattgefunden hatte. Freuds Abrücken von der Verführungstheorie verärgerte viele Feministinnen, da es ihrer Meinung nach die Realität sexuellen Mißbrauchs in Abrede stellte, obwohl Freud diese Realität nie bestritten und auch ihre traumatische Wirkung nicht unterschätzt hat.

Das Produkt von Freuds Neuorientierung war seine sogenannte »Triebtheorie«. Dieser Theorie zufolge speist sich das Innenleben aus der Energie von Primärtrieben, dem Geschlechtstrieb und dem Aggressionstrieb. Die anderen Menschen (jetzt »Objekte« genannt) können diese Triebe fördern oder behindern. Die Natur der Objekte hängt von der Ausprägung der Triebe ab – wie stark sie sind, wie leicht oder schwer sie sich befriedigen lassen. Wenn also ein Baby so veranlagt ist, daß es

nicht viel braucht, dann erlebt es die Mutter in der Regel als
»gut« – und umgekehrt. Insofern *erfindet* also das Kind seine
Mutter.[46]

Diese Schwerpunktverlagerung hatte weitreichende Konsequenzen. Wenn nicht wichtig war, was mit einem Kind geschah, sondern was es aus dem Erlebten machte, mußte die
Bedeutung tatsächlicher Geschehnisse zurücktreten. Jetzt
hing es vom Kind selbst ab, was für ein Mensch aus ihm werden
würde, nicht mehr von den Eltern. Neurosen sind demnach
nicht mehr auf eine »schlechte« Mutter zurückzuführen, sondern auf ein »schlechtes« Kind. Außerdem ist die Unzufriedenheit des Kindes mit der Mutter regelrecht vorprogrammiert:
Nach der Vollkommenheit des Lebens im Mutterleib muß es
sie von außen naturgemäß als weniger befriedigend empfinden.

Obwohl Freuds Triebtheorie keine Verbindung zwischen Erziehungsmethoden und psychischen Störungen postulierte, bereitete sie doch den Boden für die tiefgreifenden Umwälzungen
in der Kindererziehung, die nach den beiden Weltkriegen
einsetzten. Indem er Kindern amoralische Impulse zuschrieb,
die natürlich und normal waren, schuf er die theoretischen
Voraussetzungen für eine Akzeptanz solcher Impulse. Und
später wurde diese Akzeptanz ja auch Wirklichkeit – in der
freien Erziehung, die Freud für seinen Teil selbstredend nie
praktizierte. Im Gegenteil, er war ein distanzierter Vater, der
die Beschäftigung mit den Kindern seiner Frau überließ.

In der Triebtheorie war nicht sehr viel Platz für Mütter oder
irgendwelche sonstigen realen Beziehungen. Die Gegenstände
menschlicher Leidenschaften wurden als solipsistische Erfindungen verstanden, als psychische Repräsentationen, die den
Menschen, die ihnen als Vorlage dienten, ähneln mochten oder
auch nicht. Melanie Klein baute eine ganze (in England nach
wie vor populäre) psychologische Theorie auf den Trieben des
Kleinstkindes auf, die einfach da seien und eine ebenso unwi-
derstehliche wie schreckliche Macht ausübten, ganz gleich,
wie das Kind behandelt werde. Freud dagegen hielt keines-

wegs sklavisch an diesem reichlich unversöhnlichen Konzept
fest; im Gegenteil, er verabschiedete sich davon mit seiner
wohlbekannten Dreiheit der Persönlichkeit – dem Es, dem Ich
und dem Über-Ich.[47] Diese Strukturen sorgten für Mechanismen, über die die Außenwelt Einlaß fand, über die also die
Realität die Psyche beeinflussen konnte. Das Ich und Über-Ich
entwickelten sich aus der frühkindlichen Bindung an die Bezugspersonen: Während das Ich als Vermittler zwischen Kind
und Welt fungierte, speicherte das Über-Ich soziale Normen
und entstand zum Teil aus der Identifikation mit den Eltern.
Damit war das Freudsche Kind nicht länger eine Insel für sich
allein. Aber Freud arbeitete dieses »Struktur«-Modell nie völlig aus; das überließ er seinen Nachfolgern. Die Wirklichkeit
als Erklärung für psychische Phänomene blieb immer den
Instinkten untergeordnet. Folglich waren die Mütter seltsam
unsichtbar, fast irrelevant.

Im Alter gelangte Freud allerdings zu dem Schluß, daß die
allerersten Lebensjahre, in denen die Mutter die Hauptrolle
spielt, von größerer Bedeutung sind, als er ursprünglich angenommen hatte, vor allem für die Mädchen.[48] Für sie endet die
intensive Gefühlsbindung, die dieses Stadium kennzeichnet,
mit der Entdeckung, daß sie ohne Penis zur Welt gekommen
sind. (Hier sehen wir Freuds patriarchale Voreingenommenheit.) Das Mädchen fühlt sich verletzt, schiebt die Schuld auf
die Mutter und wendet seine Zuneigung statt dessen dem
Vater zu. Freud verstand den weiblichen Kinderwunsch als
Kompensation für den Wunsch nach einem Penis. Der Ersatz
in Gestalt des Babys ist um so vollständiger, wenn das Kind
ein Junge und somit Träger des begehrten Gegenstandes ist.
Die Mutterschaft, so Freud, war das Ziel der weiblichen Entwicklung.

Freud hütete sich immer, seine Thesen über die Weiblichkeit
absolut zu setzen; der Prinzessin Marie Bonaparte, einer Kollegin und Analysepatientin, gestand er sogar einmal, daß er
nie gewußt habe, was die Frauen wirklich wollten. Dennoch
stießen seine Spekulationen über Frauen fast sofort auf hefti-

gen Widerspruch. Karen Horney setzte eine lebhafte Debatte in Gang, in der sie die Meinung vertrat, wenn eine Frau die Männer um ihren Penis beneide, dann nicht um seiner selbst willen, sondern als Symbol für die gesellschaftliche und politische Macht des Mannes. Weder für sie noch für Ernest Jones entsprang der Kinderwunsch der Frau dem Penisneid. Ihrer Ansicht nach war das Verlangen nach der Mutterschaft primär eine Folge der Identifikation mit der eigenen Mutter. Nach diesen frühen Einwänden wurden Freuds Theorien über Weiblichkeit und Mutterschaft erst in den späten sechziger Jahren wieder zum Streitpunkt. In der Zwischenzeit betrachtete man es im Einklang mit Freud (und seinen Vorgängern von Aristoteles bis Darwin) ganz einfach als selbstverständlich, daß Frauen Kinder wollten. Das war Teil der natürlichen Ordnung. Und ebenso selbstverständlich hatten sie ihre Erfüllung in der Kinderaufzucht zu finden.

Freud vermochte nie so recht an die Existenz grausamer, abweisender oder aufreizender Mütter zu glauben, eine Einstellung, die in ihrer Sentimentalität typisch für das viktorianische Zeitalter gewesen sein mag, in dem er aufwuchs, aber untypisch für ihn selbst. Schließlich tendiert die psychoanalytische Theorie dazu, die Sentimentalität aufzulösen. Aber Frauen waren Freuds großer Schwachpunkt. Warum erkannte er zum Beispiel die Bedeutung der Mutter nie völlig an? Wenn wir die psychoanalytische Methode auf Freud selbst anwenden, läßt sich seine Idealisierung der Mütter (die die Gleichheit von Männern und Frauen verwischt und daher eine Herabsetzung impliziert) als ein Verteidigungsmechanismus gegen seine zwiespältigen Gefühle gegenüber seiner eigenen Mutter begreifen.[49]

Nach außen hin schienen Sigmund und seine Mutter Amalie ein Herz und eine Seele. Als Sigmund geboren wurde, verkündete sie, daß aus ihm ein bedeutender Mann werden würde, und als er siebzig war, nannte sie ihn immer noch ihren »goldenen Sigi«. In einem späten Aufsatz beschrieb Freud das Band zwischen Mutter und Sohn als »die vollkommenste, am

ehesten ambivalenzfreie aller menschlichen Beziehungen«.[50]
Aber vielleicht kompensierte Freud ja auch. Amalie war nicht
gerade ein scheues Reh. Andere Familienmitglieder empfanden sie als eigensinnig und despotisch. Als erwachsener Mann
bekam Freud vor dem allsonntäglichen Pflichtbesuch bei ihr
fast jedesmal Magenkrämpfe.

Die Mutter scheint in Freuds Kernfamilie den Ton angegeben
zu haben. Sein Vater war ein ältlicher, passiver Mann, der im
Geschäftsleben versagt hatte und für den kleinen Sigmund
zweifellos eine Enttäuschung war, besonders im Vergleich zu
der jungen, energischen Amalie. Aber so sehr auch sein Vermögen und seine persönlichen Kräfte im wirklichen Leben im
Schwinden begriffen waren, erhielt er doch einen Ehrenplatz
in der psychoanalytischen Theorie seines Sohnes. Im ödipalen
Beziehungsdreieck wurde er zu einem Sinnbild patriarchaler
Macht hochstilisiert, einer Macht, die sich möglicherweise auf
die gefürchteten und bewunderten Charaktereigenschaften
von Freuds Mutter gründete. Mit anderen Worten: Freuds
Erfindung des Ödipuskomplexes läßt sich als eine vom
Wunschdenken geprägte Umkehrung seiner eigenen Familienkonstellation interpretieren. Er schlug damit zwei Fliegen
mit einer Klappe: Er schuf eine kraftvolle und souveräne
väterliche Identifikationsfigur und befreite die mütterliche
Seite von den Zügen, die ihm unheimlich waren. Freud machte
die starke, mächtige, attraktive Amalie zu einem zugänglichen
Objekt des Verlangens. Die Mutter wurde gutartig.[51] Und das
ist, ob gut oder schlecht, Freuds wahres Vermächtnis an die
Mütter – ihre Gutartigkeit.

Die einfühlsame Mutter: 1940 – 1980

Es begann mit einem Boom – einem Baby-Boom – und endete
mit einem Flop – der Forderung nach Nullwachstum der
Bevölkerung und Kinderlosigkeit auf eigenen Wunsch. Zwischen dem Ende der vierziger und dem Anfang der siebziger

Jahre sank die amerikanische Geburtenrate von vier auf zwei
Kinder pro Frau. Es knüpft sich eine Geschichte an diese
Zahlen, und sie handelt nicht nur von den Schrecken der
Übervölkerung, der Furcht vor der ökologischen Katastrophe
oder der wirtschaftlichen Rezession. Sie handelt von der Des-
illusionierung der Mütter. Den Frauen wurde während dieser
Jahre eine Mogelpackung verkauft (die sie sich übrigens nach
wie vor unterjubeln lassen) – ein beschwerlicher, nicht zu
verwirklichender, Schuldgefühle schürender Mythos der Mutterschaft. Mit der Zeit wurden sie sich ihrer schlechten Lage
bewußt, wenn auch nicht der Ursache, und sie reagierten
darauf, wie kaum anders zu erwarten, indem sie weniger
Kinder bekamen.

Freuds gutartige, schwache Mutter blieb nicht lange gutartig
und schwach. Nach dem Zweiten Weltkrieg ersetzten Freuds
Nachfolger (unter ihnen seine Tochter Anna) sie notgedrungen
durch ein sehr viel machtvolleres und potentiell gefährliches
Modell. Mit einemmal war die Mutter von größter Bedeutung.
Was auch immer sie während der ersten Lebensjahre ihres
Kindes tat, entschied über seine gesamte Zukunft. Am Ende
des Jahrzehnts war sie zur alleinigen Ursache der Nöte ihrer
Kinder avanciert, ja aller Nöte der Menschheit schlechthin.
Angesichts dieser unermeßlichen Verantwortung ist es kein
Wunder, daß sie nicht mehr ganz unbekümmert an ihre Auf-
gabe heranging.

Und die neuen Verhaltensregeln für die Kindererziehung waren das genaue Gegenteil der früheren Vorschriften. Die strengen, wissenschaftlichen Methoden der Jahre vor dem Zweiten
Weltkrieg wurden schlagartig über Bord geworfen; rund um
die Uhr kuscheln und alles erlauben lautete die neue Parole.
Der Wechsel vollzog sich so abrupt, daß einem als Mutter
davon schwindlig werden konnte. Viele Frauen in den späten
vierziger und frühen fünfziger Jahren mußten ihre Methoden
von einem Tag auf den anderen völlig umstellen. Eine Mutter
beschreibt ihre Verblüffung, als ihr eines Abends am Eßtisch
aufging, wie sehr ihre Vorstellungen sich geändert hatten: »Ich

servierte den Jungen gerade eine neue Gemüsesorte. Plötzlich
wurde mir klar, daß ich von Peter, dem Ältesten, erwartete,
daß er seinen Teller leer aß. Daniel, der Mittlere, mußte nicht
alles aufessen, aber probieren mußte er davon. Und der kleine
Billy konnte von mir aus tun und lassen, was er wollte.«[52]
Erklärtes Ziel war jetzt nicht mehr, die natürlichen Neigungen
des Kindes abzublocken, sondern ihnen freien Lauf zu lassen.
Von den bösen Gelüsten oder schlechten Angewohnheiten, die
die Mütter mit Watsons Behaviorismus so unverdrossen einzudämmen versucht hatten, konnte keine Rede mehr sein.
Jetzt wurden die spontanen Regungen des Kindes als gut,
normal und vernünftig angesehen; Kinder waren kein unbe-
schriebenes Blatt mehr, sie wußten instinktiv, was das Richtige für sie war.[53] Die Aufgabe der Mutter bestand darin, auf
die emotionalen Bedürfnisse des Kindes einzugehen (also im
Grunde seine Gedanken zu lesen), seine Ansprüche zufriedenzustellen, Verständnis für regressive Verhaltensweisen aufzu-
bringen, seine kognitive Entwicklung zu stimulieren und vor
allen Dingen in diesen Aufgaben ihre persönliche Erfüllung zu
finden. Oberstes Gebot war (und ist) die Empathie.
Dieser neue, betont sanfte Erziehungsansatz wurde in einer
Welt formuliert, die sich nach der Herrschaft des Totalitaris-
mus ganz neu erfinden mußte, einer Welt mit einem verständ-
lichen Argwohn gegen jede Ideologie, die auch nur im entfern-
testen an das Dritte Reich oder Stalins Sowjetunion erinnerte.
Behaviorismus, Eugenik-Bestrebungen und patriotische Reglementierung mochten für eine Gesellschaft das richtige gewesen sein, die in ihren Kindern eine Generation mit einem
militärischen Auftrag gesehen hatte, aber die neue, freie Welt
wollte freie Kinder. Unterordnung des Individuums unter das
Wohl der Gemeinschaft war nicht mehr gefragt. Außerdem
erschienen die alten Grundsätze der Disziplin und Selbstbeherrschung ein wenig zu asketisch für die expandierende
Nachkriegswirtschaft, die zumindest zu einem Teil auf Genuß-
sucht und Konsumdenken angewiesen war. Und wie ließ sich
der Einkaufsdrang wohl besser heranzüchten als durch unein-

geschränkte Bedürfnisbefriedigung in den ersten Lebensjahren? Von nun an bestimmte das Kind das Tempo, und die Mutter zockelte hinterher, liebevoll, fürsorglich, jeden Wunsch schon im voraus ahnend, taktvoll darum bemüht, es zum verantwortungsbewußten Mitglied einer glücklichen Familie zu machen, und immer gutgelaunt. Diese Vorstellungen fügten sich nahtlos in diverse Fehlinterpretationen Freuds, dessen Theorien nun allmählich eine breitere Öffentlichkeit fanden. Freud, so glaubte man, hatte Verbote für schädlich erklärt. Er hatte nichts dergleichen erklärt; vielmehr war er der Meinung gewesen, daß Verbote eine unabdingbare Voraussetzung für die Zivilisation seien und Konflikte unvermeidlich. Wie wir gesehen haben, war Freud in persönlichen Dingen nicht gerade ein Freigeist. Aber da er über Konflikte schrieb, die mit der Kindheit zu tun hatten und auf die Neurotiker fixiert waren, seien sie nun oraler, analer, phallischer oder ödipaler Natur, verfiel eine Generation von Kinderexperten darauf, diese Konflikte von allen Kindern möglichst fernzuhalten, um so Freudschen Traumata vorzubeugen und dadurch psychische Erkrankungen zu verhindern. Freud wäre wohl nicht gerade erbaut gewesen über die Dinge, die da in seinem Namen betrieben wurden.[54]

Die Worte *Verbot* und *Konflikt* waren bei diesem ganzen Hin und Her zu Unworten geworden. Sie waren nicht nur im Kinderzimmer verpönt, sondern im gesamten Erziehungswesen. Die progressive Schule, deren Theorie von John Dewey populär gemacht und von A. S. Neill, dem Direktor der experimentellen Summerhill-Schule, in die Praxis umgesetzt worden war, fand allgemein ein großes Echo. Auf ähnlich offene Ohren stießen Clara Davis' Experimente mit kindlichem Eßverhalten, die ergaben, daß Kinder ohne elterliche Einmischung automatisch eine ausgewogene Diät zu sich nehmen; Carl Rogers' klientenzentrierte Therapie und Margaret Meads Studien über die »sorglosen« Samoaner. Meads Untersuchungen deuteten darauf hin, daß in Gesellschaften, die kindlichen Aktivitäten und Ansprüchen tolerant gegenüberstehen, viele

Kindheitskonflikte vermieden werden. Heute argwöhnt man, daß Mead von ihren samoanischen Informanten an der Nase herumgeführt wurde.[55] Aber damals lag ihre Botschaft im Zug einer Zeit, in der das Gros der Intellektuellen Wert auf ein friedliches, nichthierarchisches Miteinander legte, zwischen Eltern und Kindern jedenfalls (wenn auch offenbar nicht zwischen Männern und Frauen). Vielleicht war diese neue Weichheit Kindern gegenüber eine Art Kompensation; vielleicht sollte sie die Wunden der »harten« Vergangenheit heilen.

Die einfühlsame Mutter erlebte ihre große Zeit während der kulturellen Berg-und-Tal-Fahrt der »Fünfziger« (späte vierziger bis frühe sechziger Jahre) und »Sechziger« (Mitte der sechziger bis Mitte der siebziger Jahre); und in leicht abgewandelter Form gibt es sie auch heute noch. Für viele, die die fünfziger Jahre nur von vergilbten Illustriertenphotos, alten Filmen und Fernsehserien kennen, stellt sich das Jahrzehnt als das Goldene Zeitalter der Familie dar, als die höchste Entwicklungsstufe jener vollkommensten und zeitlosesten Form des Zusammenlebens, der Kernfamilie. Das Fernsehen feierte die mütterliche Selbstaufopferung täglich in »Queen for a Day«, wö- chentlich in »I Remember Mama«, während die väterliche Weisheit in »Vater ist der Beste« ihre Lorbeeren erntete. Es war eine Zeit des Friedens und des Wohlstands – Wirtschaftswachstum, Auslandsreisen, verbesserte Wohnbedingungen, beruflicher und gesellschaftlicher Aufstieg –, eine Zeit, in der die höhere Bildung für den Durchschnittsbürger Wirklichkeit wurde. Und im Vergleich zu heute war das Familienleben in der Tat stabiler. Es gab wenig Scheidungen, sehr viel weniger alleinerziehende Mütter und Väter und nur halb so viele uneheliche Kinder. Die Geburtenrate näherte sich der Indiens (nur um in den sechziger Jahren rapide zu sinken). Für eine Generation, die in der ökonomischen Zwangsjacke der Depression und des Zweiten Weltkriegs großgeworden war, befriedigte es offenbar ein tiefes emotionales Bedürfnis, eine Familie zu gründen und in einem Haus am Stadtrand mit einem Panoramafenster, einem Grill im Garten und einem von Kindern wimmelnden Wohnzimmer zu leben.[56] Dieser Tage betrachtet man die fünfziger Jahre gern als den Standard, an dem die heutigen Umbrüche im Familienleben zu messen sind. Aber die fünfziger Jahre waren die Ausnahme. Ihre Familienstrukturen bilden nicht die Norm, von der die gegenwärtige Entwicklung abweicht; sie stellen selbst die Abweichung dar. Wären die fünfziger Jahre nicht gewesen, so kämen uns unsere zusammengewürfelten Familien, Geburtenraten und die vielen unehelichen Kinder völlig normal vor. Und entgegen der weitverbreiteten Überzeugung waren durchaus nicht alle Frauen Vollzeit-Mütter. Millionen mittelständischer Ehefrauen waren in den fünfziger Jahren berufstätig, obwohl viele von ihnen nur halbtags arbeiteten. Sie verfolgten keine eigene Karriere, sondern sie verdienten dazu, um eine Hypothek, einen Zweitwagen oder eine größere Haushaltsanschaffung zu finanzieren.[57] Hätten sie es im Beruf zu etwas bringen wollen, dann hätte ihnen der immer stärker um sich greifende Sexismus einen Strich durch die Rechnung gemacht. Trotz des steigenden Prozentsatzes berufstätiger Frauen tat man allgemein so, als gäbe es sie nicht. Eine Frau, die arbeiten ging, war kein Grund zum Stolz; sie signalisierte, daß der Mann als Ernährer versagte. Berufstätige Frauen und Tagesbetreuung galten als kommunistische Erfindungen. Aus den Klischees über das Familienleben im Westen und in der Sowjetunion wurde viel politisches Kapital geschlagen – einige Leser erinnern sich vielleicht an die berühmte »Küchendebatte« zwischen Vizepräsident Nixon und Nikita Chruschtschow bei einer amerikanischen Ausstellung in Moskau im Jahre 1959. Die fünfziger Jahre hatten viele Schattenseiten – übertriebene Konformität, Homophobie, Selbstgerechtigkeit, Massenkultur, Rassismus und Konsumdenken. Markennamen, Ratenzahlung und Reklame gewannen immer mehr an Gewicht und begannen die Lebensgewohnheiten zu prägen. Die Polarisierung der Geschlechtsrollen und die Verherrlichung von Heim und Herd ließen fast an das viktorianische Zeitalter denken.

Es war, als hätte es den *flapper*, die Arbeiterinnen in den Munitionsfabriken und das Frauenwahlrecht nie gegeben. Wenn man den Feminismus überhaupt noch im Gedächtnis hatte, dann war er Teil einer lang vergangenen Ära, nebelhafte Erinnerung an eine Protestbewegung frustrierter alter Jungfern. Seit Ende des 19. Jahrhunderts hatte die Mode die Wespentaille nicht mehr so stark betont und den Körper nicht mehr derartig eingeengt wie jetzt, durch Hüfthalter, Form-BHs und Pfennigabsätze. Eine wiedererstarkte sexuelle Doppelmoral unterteilte die Mädchen in »nette« Mädchen, die »aufs Ganze gingen«, und »gute«, die im technischen Sinne Jungfrauen waren und die man als anständiger Mann heiraten konnte. Aber Geschlechtsverkehr zur Unzeit minderte nicht nur die Heiratschancen der Fünfziger-Jahre-Frau, er konnte auch zu einer ungewollten Schwangerschaft führen. Noch 1965 war es in Connecticut ungesetzlich, Verhütungsmittel zu verkaufen oder zu verschreiben. Anders als ihre Mütter hatten junge Frauen, die auf die Universität gingen, keine Berufspläne und brachen reihenweise ihr Studium ab, um zu heiraten. Die Paare, die zum Traualtar stürmten, wurden immer zahlreicher und immer jünger. Sie waren die Großeltern des Baby-Booms. Zu Hause diente die Frau ihrem Mann als Ego-Masseuse, Resonanzboden und Haushälterin – was bedeutete, daß sie für alles in Haushalt und Kindererziehung zuständig war außer für das allabendliche Abschließen der Haustür, kleinere Reparaturen und Gartenarbeit, die der Mann verrichtete, wenn sie ihm lang genug damit in den Ohren lag.[58]
Der neu belebte Häuslichkeitskult der fünfziger Jahre war ein Ebenbild des viktorianischen. Nur eines fehlte: die Romantik. Das Hausfrauentum konnte nicht mehr als Stütze für das weibliche Selbstwertgefühl herhalten. Technische Neuerungen und das große Expertenaufgebot machten mit der Hausfrauentätigkeit als qualifiziertem Beruf kurzen Prozeß. Die Wissenschaft schaltete das Heim als Arena für die weibliche Profilierung aus. Wo es Dinge wie Kondensmilch, Biskin und Miracoli gab, schien es rückständig, selbst zu kochen – das

Fertigprodukt war doch so viel »fortschrittlicher« als alles Hausgemachte. Hier haben wir den Tiefpunkt der euro-amerikanischen Kochkunst vor uns. Dummerweise nahm der standardisierte Haushalt zwar nach wie vor die gesamte Zeit der Frau in Anspruch, aber er setzte ihr Gehirn auf Nulldiät.[59] Was Betty Friedan die »Mystifizierung der Frau« nennen sollte, war hier schon in Kraft getreten. Das Leben in den Vororten isolierte die Frauen noch stärker und schloß sie weitgehend von der Erwachsenenwelt aus. Die Zeit, die die Mutter täglich damit zubrachte, andere Familienmitglieder zu chauffieren, stieg sprunghaft an. Die Dichterin Anne Sexton, die später Selbstmord beging, brachte in ihrem Gedicht »*Housewife*« den Abscheu zum Ausdruck, mit dem das Hausfrauendasein viele Frauen erfüllte:

Manche Frauen heiraten Häuser.
Es ist wie eine zweite Haut; es hat ein Herz;
einen Mund, eine Leber und einen regen Darm.
Die Wände sind permanent und pink.
Schau, wie sie dakniet den ganzen Tag
und sich das Herz aus dem Leibe schrubbt.
Die Männer dringen ein, wie Jona
zurückgesaugt in ihre fleischigen Mütter.
Eine Frau ist ihre Mutter.
Nichts anderes zählt.

Some women marry houses.
It's another kind of skin; it has a heart;
a mouth, a liver and bowel movements.
The walls are permanent and pink.
See how she sits on her knees all day
Faithfully washing herself down.
Men enter by force, drawn back like Jonah
into their fleshy mothers.
A woman is her mother.
That's the main thing.[60]

Die Glückserwartung der Frau und ihre tatsächlichen Erfahrungen klafften weit auseinander. Für schwarze Frauen der damaligen Zeit stellte Lohnarbeit (die Friedan den Frauen der Mittelschicht empfahl) in der Regel Fronarbeit dar; ihnen schien das Hausfrauendasein unendlich erstrebenswerter.[61] Aber für die weißen Frauen waren die fünfziger Jahre eine Zeitbombe, die nur darauf wartete, zu detonieren. Zwischen der weiblichen Unzufriedenheit und ihrer öffentlichen Artikulation kam es allerdings zu einer kleinen Zeitverschiebung. Dazwischen lagen die sechziger Jahre: die Wiederkehr des Verdrängten. In dieses stürmische Jahrzehnt fielen die Bürgerrechtsbewegung, die Friedensbewegung, die Studentenunruhen, Rock' n' Roll, die Gegenkultur und die sexuelle Revolution.[62] Sogar weniger »revolutionär« eingestellte Menschen heirateten später und bekamen weniger Kinder. Die meisten College-Absolventinnen waren jetzt berufstätig. Eine Frau mit einem eigenen Beruf war keine Schande mehr für ihren Mann. Die Pille – die für den sexuellen Normwandel in den sechziger Jahren den Ausschlag gab – war nicht nur zuverlässiger als andere Methoden der Empfängnisverhütung, sondern verschaffte der Frau auch zum erstenmal die alleinige und uneingeschränkte Kontrolle über den Vorgang. Jetzt konnte sie Sex auf genau die gleiche Weise betreiben, wie die Männer es immer getan hatten – beiläufig, spontan, ernsthaft, bewußt, was auch immer. Die Entscheidung lag bei ihr. Es ergaben sich keine unwillkommenen Konsequenzen daraus. Inzwischen war die Geburtenkontrolle als solche endlich von einem »privaten Laster« zu einer »öffentlichen Tugend« geworden, zu einem Eckpfeiler der gesellschaftlichen Ordnung.[63]
Jetzt, da die Frauen selbst über ihren Körper bestimmen konnten, das »Problem ohne Namen« grassierte und die Rebellion in der Luft lag, war die Wiedergeburt des Feminismus nur noch eine Frage der Zeit. Im September 1968 demonstrierte eine Gruppe von Frauen gegen den Miss-Amerika-Umzug in Atlantic City. Ihre Büstenhalter verbrannten sie zwar nicht, aber der weiblichen Unzufriedenheit über die bestehenden

Rollenvorschriften verliehen sie dennoch Ausdruck. Von allen Protestbewegungen der sechziger Jahre hat keine eine nachhaltigere Wirkung auf das öffentliche wie auf das private Leben gehabt als diese zweite Feminismuswelle. Sie brachte eine völlig neue Lesart menschlicher Erfahrung mit sich: Obwohl Männer und Frauen gleich »erschaffen« sind, sind Frauen sozial, politisch und ökonomisch ungerechterweise Menschen zweiter Klasse. »Women's Lib« war nicht nur eine politische Bewegung, sie war ebenso eine emotionale und intellektuelle Übereinkunft. Für viele Frauen stellte sie ein psychoanalytisches Aha-Erlebnis dar, das alle Probleme mit einem Schlag zu lösen schien. Auch »Stunde der Wahrheit für die Hausfrau« oder »Bewußtseinsbildung« genannt, griff sie um sich wie ein Flächenbrand. Unerhörte neue Ideen wurden in bemerkenswert kurzer Zeit zur Selbstverständlichkeit: Der klitorale Orgasmus, gleiche Gehälter für Männer und Frauen, Mädchen-Baseballmannschaften und Frauen in »Männerberufen« – all das konnte jetzt plötzlich öffentlich diskutiert werden.[64]
Aber selbst als Reagan die erste Frau an den Obersten Gerichtshof berief und Frauen immer weniger Kinder bekamen, behielt das Vierziger-Jahre-Ideal der guten Mutter, die unermüdlich Einfühlung ausstrahlt, seine alte Macht über das mütterliche Über-Ich. Anfang der achtziger Jahre hatte die Frauenbewegung viel von ihrem ursprünglichen Impetus verloren. Aber allem Fortschritt in Sachen Gleichberechtigung, aller Verbesserung der ökonomischen Bedingungen, aller globalen Umwälzungen zum Trotz war das Ideal der nachsichtigen, allgütigen, psychologisch ein- und abgestimmten, liebevollen Mutter nicht totzukriegen. Es war wie das Duracell-Häschen: Es lief und lief und lief. Und die Mutter wurde zum universellen Prügelknaben – die Zielscheibe jedes Witzes, die Böse in jedem Film, die destruktive Imago in jeder kindlichen Psyche.

Elternschaft im Zeichen Dr. Spocks

Wäre Tom Sawyer statt im 19. im 20. Jahrhundert von daheim
ausgebüchst, dann wäre Tante Polly in die Pflicht genommen
worden. Mitte des letzten Jahrhunderts waren sich Toms
Tante und alle Nachbarn einig, daß es schön dumm von Tom
war, von einem so guten Zuhause auszurücken; hundert Jahre
später wären die Nachbarn vermutlich der Ansicht gewesen,
daß etwas mit Tante Pollys Heim nicht stimmen könne. Psychologen und Sozialarbeiter hätten ihre Mutterqualitäten einer Prüfung unterzogen, sie wahrscheinlich für unzureichend
befunden und womöglich sogar ein neues Heim für Tom vorge-
schlagen. Guten Müttern laufen Kinder schließlich nicht davon. Nach dem Zweiten Weltkrieg war man allgemein der
Meinung, daß es keine Problemkinder gebe, nur Problem-
eltern. Die Kindererziehung war zu einem gefährlichen Wag-
nis geworden, geradezu prädestiniert für elterliches Versagen.
Kein Wunder, daß die Frauen Anfang der siebziger Jahre
schon deutlich weniger Kinder bekamen: Als die beliebte Ko-
lumnistin Ann Landers ihre Leser aufforderte, über ihre Erfahrungen als Eltern zu schreiben, berichteten 70 Prozent der
zahlreichen Zuschriften von negativen Erfahrungen.[65] Teil des
Problems war der neue, belastende Mutterschaftsmythos.
Während zu Großmutters Zeiten das Erziehungsziel darin
bestand, wohlerzogene, höfliche Kinder mit ordentlichen Gewohnheiten hervorzubringen, schlugen sich die Mütter seit
Mitte dieses Jahrhunderts mit der Sisyphus-Aufgabe herum,
ihre Sprößlinge keinerlei seelischem Druck auszusetzen.
Großmutter wäre nie auf die Idee gekommen, einen Gedanken
an die Psyche ihres Babys zu verschwenden; die heutige Mutter denkt kaum an etwas anderes. Die innere Befindlichkeit
des Kindes bestimmt die der Mama.
Ein gutes Beispiel ist die Sauberkeitserziehung. In den Jahren
vor der freien Erziehung hätten sich Holt oder Watson der
Angelegenheit angenommen und kurzerhand empfohlen, das
Baby im Alter von ein paar Monaten (auf keinen Fall mehr als

acht) auf einen extra dafür angefertigten Toilettensitz zu schnallen und bei angelehnter Tür eine halbe Stunde oder notfalls auch länger im Badezimmer alleinzulassen. Wie viele Kinder dieser Methode tatsächlich unterzogen wurden, werden wir nie erfahren, aber in den Erziehungsratgebern wurde sie jedenfalls als ideal angepriesen. Seit den vierziger Jahren dagegen überläßt man das Sauber-Werden beherzt dem Kind selbst. Es darf weder zu früh begonnen noch zu streng verfolgt werden. Wenn die Eltern sich auf ein Tauziehen um die Kontrolle über den kindlichen Schließmuskel einlassen, wird das Kind möglicherweise fürs Leben geschädigt und entwickelt sich entweder zu einem liederlichen, schlampigen Erwachsenen (der seine Exkrememte symbolisch überall verstreut) oder zu einer starrsinnigen, knickerigen Person (die ihren Kot trotzig hütet) mit einem ausgeprägten Widerwillen gegen Schmutz. Das zeigt, wie oberflächlich die Populärpsychologen ihren Freud gelesen haben. Selma Fraiberg widmet sage und schreibe fünfzehn Seiten ihres Bestsellers *Die magischen Jahre* (1959) den Fehlern, die Mütter bei der Sauberkeitserziehung machen können. Auf diesen fünfzehn Seiten erklärt sie, das Kind empfände seinen Stuhlgang als eine Verlängerung seiner selbst, so daß es den Gipfel der Unsensibilität darstelle, ihn einfach hinunterzuspülen. Man müsse mit dem Spülen vielmehr warten, bis das Kind das Badezimmer verlassen habe. Die nächste Welle der Baby-Gurus bestätigte, daß das Tempo ganz und gar dem Baby selbst überlassen werden solle, auch wenn es auf diese Weise mit vier Jahren unter Umständen immer noch nicht sauber sei, und daß man das große Geschäft mit ermunterndem Lächeln und Ah- und Oh-Rufen zu begleiten habe.[66]

Während die Säuglingsexperten den Bedürfnissen des Kindes immer mehr Aufmerksamkeit schenkten – und vielleicht ja sogar wirklich ein paar anale Fixierungen verhinderten –, wurden die Bedürfnisse der Mutter zunehmend ignoriert. Die neuen Empfehlungen bedeuteten mehr Arbeit. Die Vorkriegsmethoden der Sauberkeitserziehung reduzierten die Wäsche

auf ein Minimum (die Wegwerf-Windel war damals noch nicht
erfunden), und der strikte Zeitplan der alten Schule ersparte
der abgekämpften Mutter den Bereitschaftsdienst rund um die
Uhr und sicherte ihr ein paar Stunden, in denen sie neue
Kräfte sammeln konnte. Die neue Art dagegen war mühsam,
widersprüchlich und uferlos. Jetzt hatte die Mutter den ganzen Tag auf dem Sprung zu sein, wann immer ihr Kind den
Ruf der Natur verspüren mochte. Soviel nur zur Sauberkeitserziehung – von den tausend anderen Aspekten der Säuglingspflege ganz zu schweigen! Die freie Erziehung, so bemerken
einige Historiker bissig, befreite alle außer die Mutter.[67]
Von nun an war des Kindes Wunsch der Mutter Befehl. Das
Nachkriegsbaby war kein kleines Tier mehr, dessen Instinkte
eingedämmt oder ausgemerzt zu werden hatten, sondern ein
zartes, sensibles Wesen mit ernstzunehmenden Bedürfnissen,
die nach freier Entfaltung und Erfüllung verlangten. Von
»Verhätscheln« konnte keine Rede mehr sein. Schreien wurde
nicht mehr als »Schikane« gewertet, sondern meldete einen
berechtigten Anspruch auf Essen, Trinken oder Zuwendung
an.[68]
Nun, da das Kind selbst diktierte, was es brauchte, stand der
Tagesablauf der Mutter ganz im Zeichen seiner Forderungen.
Die gute Nachkriegsmutter widmete ihrem Kind ungeteilte
Aufmerksamkeit, um auch ja keine Gelegenheit zu verpassen,
es auf den Topf zu setzen oder es »kognitiv zu stimulieren«.
Statt ihre eigenen Ziele zu verfolgen, hatte sie sich in ständigen
Manövern, Tricks und Manipulationen zu ergehen, damit ihr
Kind sich richtig entwickelte. Sie mußte eine Rolle spielen,
eine Rolle in einem Stück, in dem sie die Wirklichkeit neu
ordnete, um ihr Kind vor allen Widrigkeiten zu behüten –
Geschwisterrivalität, langweilige Pflichten und anderen Un-
annehmlichkeiten. Wenn sie auch nur ein Stichwort verpaßte
oder eine Zeile verpatzte, dann konnte das unabsehbaren
geistigen und psychischen Schaden anrichten. Ihre Verantwortlichkeit war vom körperlichen auf den seelischen Bereich
ausgeweitet worden, und wenn etwas schiefging, traf sie nun

eine noch größere Schuld.[69] Man schrieb ihr eine Art Pygma-
lion-Funktion zu, und jeglicher Aussetzer, wie etwa eine seelische Störung beim Kind, wurde ausschließlich ihr zur Last
gelegt.

Die vielen neuen Auflagen für die Mutterrolle schlossen auch
die Gemütsverfassung der Mutter mit ein. Von jetzt an erwartete man von ihr, daß sie sich in der Kinderpflege selbst
verwirklichte. (Wenn sie sich nicht ausgefüllt fühlte, so der
zwangsläufige Umkehrschluß, dann war sie nicht normal.)
Angeklungen war diese Forderung natürlich schon von jeher,
aber sie war nie explizit psychologisch untermauert worden.
Nun dagegen verkündeten die Kinderexperten ganz klipp und
klar, daß die Mutterschaft die »natürliche« biologische Bestimmung der Frau sei, eine notwendige Entwicklungsphase, die
jede Frau durchlaufen müsse und die an die Stelle aller anderen Identitäten zu treten habe. Das Glück des Kindes ist das
höchste Gut, aber das darf die unneurotische Mutter nicht als
Belastung empfinden, denn das Glück des Kindes ist auch ihr
Glück. Mutter und Kind bilden eine sich gegenseitig beglük-
kende Einheit.[70] Schließlich hat eine gute Mutter keine eigenen Bedürfnisse.

Die Säuglingspflege wurde als ein Spiel hingestellt, das Mutter
und Kind gleichermaßen Freude machte. Die Psychologin
Martha Wolfenstein nannte die neue Erwartungshaltung in
einer Rezension des staatlichen *Infant Care Bulletin* von 1914
bis 1942 die »Genuß-Ethik«, weil sie der Mutter Spaß aufok-
troyierte, so als ließen sich Empfindungen verordnen. Eine
wichtige Komponente war dabei die Liebe, die sich angeblich
unausweichlich zwischen Mutter und Kind entwickelt. Für die
Säuglingsexperten der Zeit gehörte das Lieben zum *Beruf* der
Mutter. Mutterliebe galt als unabdingbar für die geistige Gesundheit eines Kindes ... und seiner Mutter.[71]

Ironischerweise wurde diese Ideologie der extremen Einfühlung den Frauen – vielleicht auch unseren eigenen Müttern –
zu einer Zeit untergeschoben, als gesellschaftliche Isolation,
Haushaltspflichten, Konformitätszwang und die Beschränkt-

heit ihrer Möglichkeiten sie ohnehin schon an den Rand des
Nervenzusammenbruchs brachten und die vielen arbeitssparenden technischen Neuerungen auch ihre Stellung als Haus-
frauen zu untergraben begannen. Sicher, die freie Erziehung
kam auf, als die Mütter scheinbar auch genügend Zeit dafür
hatten, aber die damit verbundene Arbeit und die Größe der
damaligen Familien sorgten dafür, daß sie für nichts anderes
mehr Zeit hatten. Wenn eine Mutter mit dem neuen Rollenver-
ständnis ihre Probleme hatte, dann interessierte das nieman-
den. Die Medien hielten keinen Trost für die ganz normale
konfliktbeladene Mutter bereit. Wenn sie den Fernseher ein-
schaltete, sah sie zupackende, glückliche mütterliche Märtyrerinnen à la June Cleaver oder Mrs. Anderson, Kitschmuttis,
deren Alltag mit ihren eigenen Erfahrungen vermutlich ebensowenig zu tun hatte wie mit den Erfahrungen irgendeiner
anderen Frau. Wenn sie ins Kino ging, dann bekam sie Lana
Turner in *Solange es Menschen gibt* oder Joan Crawford in
Solange ein Herz schlägt vorgesetzt, beides klassische Melo-
dramen über berufstätige Mütter, die sich beruflichen Ehrgeiz
anmaßten und darüber unwillentlich ihre Töchter opferten.
Wie viele andere Filme der Zeit stellten diese Geschichten eine
Warnung vor mütterlicher Pflichtvergessenheit dar und er-
mahnten die Frauen mit erhobenem Zeigefinger, zu Hause zu
bleiben und den Status quo zu erhalten.[72] So gering ihre Arbeit
einerseits geachtet wurde (was sie im Haushalt machen mußten, konnte schließlich jede Maschine besser), soviel verderbliche Macht wurde den Müttern nun andererseits unterstellt.
Wenn sie ihre Aufgabe als Mutter erfüllten, hielt niemand es
für nötig, ein Wort darüber zu verlieren; wenn sie sich ihr
verweigerten, galten sie als gesellschaftliche Außenseiter.
Selbst ihre eigenen Töchter (wir?) wandten sich zu guter Letzt
gegen sie und gaben ihnen die Schuld an ihrer eigenen Unterjochung und ihrem Unvermögen, ihren Kindern Autonomie
mit auf den Weg zu geben – ein schöner Dank an die erste
Frauengeneration, die sich so um ein psychologisch korrektes
Verhalten bemüht hatte!

Natürlich gab es auch Gegenströmungen, vor allem in den sechziger Jahren. Autorinnen wie Anne Sexton, Sylvia Plath, Tillie Olsen und Grace Paley sprachen mit schonungsloser Offenheit über die Realität der Mutter, aber niemand hörte ihnen zu. In dem Gedicht »Lesbos« etwa beschrieb Sylvia Plath die Selbstzerfleischung einer Mutter, die sich für alles verantwortlich fühlt, was bei ihren Kindern mißlingt. Die Mutter in diesem Gedicht hat die Beherrschung verloren, obwohl sie beherrscht sein müßte. Der Haß auf die Häuslichkeit richtet sich nach innen, gegen das eigene Selbst, aber er bricht sich doch Bahn, Wut, die sich durch nichts eindämmen läßt. Kleine Katzen kotzen; die Tochter liegt mit dem Gesicht nach unten auf dem Boden und stößt mit den Füßen; es stinkt nach Katze und Kinderscheiße. Die Mutter ist noch benebelt von ihrer letzten Schlaftablette. Auch der Vater/Ehemann schleift seine Ketten hinter sich her, aber er ist doch imstande, aus dem Haus zu schlurfen. Die dem Wahnsinn nahe Hausfrau hat diese Möglichkeit nicht. Sie sitzt in der Küche fest und muß sich um die Kinder kümmern. Wir alle kennen die Situation – die Wirkung, die das ohrenbetäubende Gebrüll Zwei- bis Dreijähriger auf überreizte Nerven haben kann. Das Entsetzliche an »Lesbos« ist sein autobiographischer Charakter: Hier konnte eine Mutter sehr kleiner Kinder ihrer Verzweiflung tragischerweise nur in ausgefeilten, meisterlich beherrschten Gedichten Luft machen – Gedichten, die erst Gehör fanden, nachdem sie sich umgebracht hatte.[73]

Der Vorreiter und größte Verbreiter dieses kinderzentrierten Erziehungskonzeptes war der Kinderarzt Dr. Benjamin Spock, der 1946 mit seinem Buch *Säuglings- und Kinderpflege* (bei dem ihm seine erste Frau geholfen haben soll) die Szene im Sturm eroberte. Ob es nun an seinem warmen, beruhigenden Ton lag, an dem benutzerfreundlichen Stichwortverzeichnis, in dem die Mutter von »Ausschlag« bis »Zahnen« alles nachschlagen konnte, oder am guten Timing (nach dem Zweiten Weltkrieg gab es Babys in Hülle und Fülle), jedenfalls wurde

»Dr. Spock« im Handumdrehen zum Standardwerk in jedem
Bücherregal. Seitdem ist sein Handbuch Hunderte von Malen
nachgedruckt, in den verschiedensten Ausgaben herausge-
bracht und millionenfach verkauft worden. Zum Vergleich:
Watsons Ratgeber, der frühere Bestseller, erreichte in den
ersten Jahren nach seinem Erscheinen eine Auflage von
100 000 Exemplaren.

Spock ist nicht annähernd so antiautoritär, wie gern behauptet
wurde. Auf seine Weise ist er genauso moralistisch wie seine
Vorgänger. Und er verursachte mitnichten im Alleingang die
Studentenunruhen der sechziger Jahre, wie ihm vorgeworfen
wird. Im Gegenteil, er wurde in den späteren Ausgaben seines
Buches sogar immer autoritärer. Aber in scharfem Gegensatz
zu seinen Vorläufern hält er eine eher lockere Zügelführung
und Spielen für gesund und spricht sich für ein Maß an
kindlicher Autonomie aus, wie es vorher nie denkbar gewesen
wäre – so ist er etwa dafür, Kinder auf Verlangen zu füttern
und sie aus dem Laufstall zu nehmen, wenn sie es wollen, und
rät zu Toleranz bei Masturbation und der Wahl der Beiß-Ge-
genstände. Viele seiner Ratschläge zielen auf die Vermeidung
erbitterter Machtkämpfe zwischen Eltern und Kindern ab. Sie
sind mehr an der Praxis als an einer Ideologie orientiert, aber
im großen und ganzen steht Spock auf der Seite des Kindes,
nicht der Mutter. Er entwirft das Bild einer »guten« Mutter,
die immer da ist, alles gibt, unendlich geduldig und taktvoll ist
und ihrem Kind jeden Wunsch von den Augen abliest. Die
Mutter ist zur Dienerin ihres Kindes geworden.[74]

Wenngleich ein Revolutionär auf dem Gebiet der Kinderpflege,
war Spock doch keineswegs exzentrisch, sondern vielmehr
durch und durch ein Mann seiner Zeit mit einem scharfen
Gespür für ihre Strömungen und Spannungen. Er selbst war
auf typisch nordamerikanisch-unterkühlte Weise erzogen worden. Rückblickend beschrieb Spock seine Mutter als sehr »ty-
rannisch, sehr moralistisch, sehr dogmatisch, wenn auch sehr
auf das Wohl ihrer Kinder bedacht«. Ihm und seinen fünf
Geschwistern kam es so vor, als müsse ihre Mutter »Röntgen-

Augen haben, weil sie es immer merkte, wenn jemand ein schlechtes Gewissen hatte«. Vielleicht ist das der Grund, warum Spock, als er später sein Buch schrieb, alle Kinder gleichermaßen vom schlechten Gewissen zu befreien suchte (und es dabei unabsichtlich auf die Mütter übertrug).[75]

Aber es wäre falsch, anzunehmen, daß Spock mit seinen Methoden lediglich seine eigenen bösen Geister vertreiben wollte. Sein Ansatz entsprach ganz der Stimmung des Jahrzehnts, die, wie wir gesehen haben, eine Reaktion auf die Schrecken des Krieges, der Konzentrationslager und der Armut darstellte. Der Wunsch, das Kind – und damit die Menschheit – durch Nachsicht zu verbessern, läßt sich als eine Art Verteidigungsmechanismus verstehen, bei dem häßliche, aggressive Gefühle in ihr Gegenteil verwandelt werden. Ihre Krönung fanden diese Bestrebungen in den siebziger Jahren im Konzept der »sanften Geburt«. Die Anhänger dieser Methode sahen die Geburt als ein Trauma, das seinem Opfer, dem Kind, durch die hilflose Mutter zugefügt wird, die auf Geheiß der männlichen Ärzteschaft im grellen Licht der Operationslampen entbinden muß. Um dem Schock der Geburt entgegenzuwirken, wurde das Neugeborene sofort in körperwarmem Wasser massiert und dann in einen warmen, verdunkelten Raum gebracht. Dieses Verfahren wurde nach seinem Erfinder Leboyer, einem französischen Geburtshelfer, benannt. Die Geburt à la Leboyer bewirkte allem Anschein nach nichts Schlechtes. Ob sie irgend etwas Gutes bewirkte, ist fraglich.

Spocks Ansichten über die kindliche Sexualität, die Funktion des Unbewußten und die ödipalen Konflikte sowie seine Gleichsetzung von Mutterschaft mit gesunder Weiblichkeit gehen direkt auf Freud zurück, dessen Theorien mittlerweile in der akademischen Welt fest etabliert und in das Denken der breiten Masse eingegangen waren. Seine Einstufung der frühen Kontakte mit der Mutter als entscheidend für die Persönlichkeitsentwicklung und allgemeine Lebenstüchtigkeit stützt sich auf die Postfreudianer und auf die Beobachtungen der Entwicklungspsychologen. Diese sogenannten »Baby-Beobachter« postulierten damals gerade die Existenz einer Art unsichtbarer Nabelschnur zwischen Mutter und Kind, die auf gar keinen Fall durch die Abwesenheit der Mutter durchtrennt werden dürfe.[76] Die Vertreter dieser »Bindungstheorie« hätte wahrscheinlich der Schlag getroffen, wenn man ihnen mit Ammen gekommen wäre. Auch die Kapitel über die kognitive Entwicklung in Spocks späteren Ausgaben fußen auf den Beobachtungen von Psychologen. In diesem Fall sind seine Ausführungen ein verwässerter Aufguß der Theorien Jean Piagets, der festgestellt hatte, daß die Entwicklung des kindlichen Denkvermögens in Phasen vor sich geht, parallel zur Entwicklung des Zentralnervensystems. Eine große Anzahl von Pädagogen, wenn auch nicht Spock, folgerten daraus, daß die kognitive Entwicklung durch die richtigen Anreize beschleunigt werden könne. Es entstand eine ganze »Wissenschaft«, die der Mutter Ratschläge erteilte, wie sie mit ihrem Kind sprechen und spielen müsse, um ein frühes geistiges Wachstum zu fördern, auf daß es so gescheit wie möglich würde. Das führte zu der fixen Idee der kognitiven Stimulation ... und zu noch mehr Arbeit für die Mutter.

Der Erfolg von Spocks Buch hob eine ganze »Wie-erziehe-ich-richtig«-Industrie aus der Taufe, die heute noch floriert. In den siebziger Jahren wurden unter der Rubrik Kinderpflege und Erziehung jährlich über 500 Titel im Verzeichnis lieferbarer Bücher aufgelistet (eine Zahl, die sich seitdem mehr als verdoppelt hat). Die amerikanische Taschenbuchbranche witterte ein höriges Publikum. Es begann ein bis heute anhaltender Medienterror – Kummerkästen in Zeitschriften, Fernsehsendungen, Videos, Illustrierte, sie alle schrieben der Mutter vor, was sie zu tun habe. Eine kleine Gruppe von Experten redete nach wie vor hartnäckig dem Behaviorismus das Wort, besonders bei Kindern, die von der Norm abwichen. Aber abgesehen von einem kurzen Abschwenken in den späten sechziger und frühen siebziger Jahren (als sogar Spock eine festere Hand im Umgang mit Babys nahelegte und einräumte, daß es möglich sei, Kinder zu sehr zu verwöhnen), war und blieb Gewährenlassen die Devise. Schon ein kurzer Blick auf die Titel der Handbücher stellt klar, wer hier das Sagen hat: *Stop Annoying Your Children, Parents, Behave!* und *Every Child's Birthright*. Die Frauen, die in den siebziger Jahren Mütter wurden, sonnten sich in der Ästhetik des Ganzen – natürliche Geburt und Stillen waren ein absolutes Muß. Die obligatorischen Tragetücher, in denen das Baby in unablässigem Körperkontakt mit der Mutter bleibt, das ständige Gerede über die Mutter-Kind-Beziehung, das »rooming-in« in den Krankenhäusern, die unvermeidliche Videokamera, die das Erlebnis Geburt für die Nachwelt festhält, all das bezeugt, wie sehr wir auch heute noch von der vollkommenen Einfühlung träumen.

Nicht, daß irgendeine dieser Neuerungen schlecht gewesen wäre. Aber sie verstärkten die Unzulänglichkeitsgefühle der Mutter, nicht nur, weil es schlicht und einfach unmöglich war, die vorgeschriebenen Aufgaben zu erfüllen (und darin auch noch selbst Erfüllung zu finden), sondern auch, weil die moderne Fachliteratur der Mutter direkt oder indirekt fortwährend die Schwere ihrer Verantwortung unter die Nase rieb. In der Macht der Mutter lag es, die Psyche ihres Kindes zu zerstören. Zwar wurde immer wieder ihre natürliche Fähigkeit betont, den Aufgaben des Mutterseins gerecht zu werden, aber die Beteuerungen klangen hohl, wie wenn ein Trainer seiner Mannschaft vor dem entscheidenden Spiel befiehlt, nicht nervös zu sein.[77]

Wenige Frauen konnten von ihrer verhängnisvollen Macht über ihre Kinder lesen, ohne einen leisen Stich zu verspüren. Welche Mutter hat es nicht schon manchmal versäumt, ihr Kind zu stimulieren, ihm ungeteilte Aufmerksamkeit zu zollen oder gebührendes Entzücken über alle seine kleinen Fortschritte zu zeigen? Welche Mutter hat noch nie die Beherrschung verloren, losgeschrien oder sich sogar zu der Todsünde hinreißen lassen, ihrem Kind eine Ohrfeige zu geben? Wenn es nach den Kinderexperten ginge, reichten sogar schon unbewußte Aggressionen aus, um in den lieben Kleinen den Grundstein für eine Neurose zu legen (und dadurch gleichzeitig die

Mutter als emotional gestört zu entlarven). So zu tun, als machte einem das Wickeln Spaß, genügte nicht – man mußte es schon wirklich genießen. Die Unzulänglichkeiten einer Mutter kamen durch die pathologischen Symptome des Kindes an den Tag.[78] Launenhaftigkeit, Einzelgängertum, Weinanfälle, Schulangst, Verdrießlichkeit – all das verriet mütterliches Versagen. Die Mutter lebte gefährlich in jenen Tagen.

Die Dichterin Adrienne Rich, die ihre eigenen Kinder in den fünfziger und frühen sechziger Jahren großzog, beschreibt die »unsichtbare Brutalität der Institution Mutterschaft«: »die Schuldgefühle, die hilflose Verantwortlichkeit für das Leben anderer, die Urteile und Verurteilungen, die Angst vor der eigenen Macht, die Schuld, die Schuld, die Schuld«.[79]

Und Tillie Olsen schildert den mütterlichen Leidensdruck aufs eindringlichste in ihrer Erzählung »I Stand Here Ironing«. Die abgekämpfte Mutter, die einer Zeichnung von Käthe Kollwitz entstiegen sein könnte – gebeugt, bleich, mit knotigen Händen und eingefallenen Wangen –, erhält Besuch von einer Sozialarbeiterin, die ihr mitteilt, daß ihre Tochter »Hilfe braucht«. Diese Eröffnung löst einen langen, verzweifelten inneren Monolog aus, in dem sich die Mutter ihr Versagen vor Augen führt und in schmerzhafter Genauigkeit darlegt, warum sie das Leben ihrer Tochter zerstört zu haben glaubt. Sie fühlt sich wertlos, ausgebrannt, von Schuld zerfressen – sie selbst mag ihr Schicksal ja verdient haben, aber ihrer Tochter soll es nicht so gehen, bitte, sie soll sich nicht wie ein Kleid auf einem Bügelbrett vorkommen müssen, plattgedrückt und ohnmächtig. Derlei atemberaubende Aufrichtigkeit enthüllt eine schreckliche Verletzlichkeit.[80] Selten zuvor hatte jemand so vernehmlich und klar von der Zwangslage einer Mutter gesprochen, auf deren Schultern die alleinige Verantwortung für das seelische Gleichgewicht ihres Kindes lastet, ungeachtet widriger sozialer Umstände.

Verstehen Sie mich nicht falsch: Ich habe gar nichts gegen Erziehungshandbücher. Sie sind eine unverzichtbare Informationsquelle in Gesundheits- und Verhaltensfragen. Die Empfängnis stattet die Mutter nicht automatisch mit den notwendigen Kenntnissen über das Zahnen oder die Trennungsangst aus. Wenn sie etwas taugen, können Handbücher sehr lebendige Beschreibungen von Kindern und kindlichem Verhalten liefern, die die Probleme, vor die man als Eltern gestellt ist, auf tröstliche Weise relativieren. Weniger hilfreich sind sie da, wo sie ins Normative gehen. Die Ratschläge als solche sind zwar in der Regel brauchbar, manchmal sogar wirksam, aber sie werden in einem Ton vorgebracht, als wären sie für die Ewigkeit bestimmt. Die Aura von moralischer Überlegenheit und wissenschaftlicher Absolutheit, mit der sich diese Bücher bei all ihrer Zeitgebundenheit umgeben, kann eine unerfahrene junge Mutter durchaus das Fürchten lehren.

So rückte beispielsweise Spock 1976, dreißig Jahre nach dem ersten Erscheinen seines Klassikers, von seiner ursprünglichen Meinung ab: Mütter konnten, mit diversen Einschränkungen, jetzt plötzlich doch berufstätig sein, ohne ihren Kindern Schaden zuzufügen. Natürlich hatte er in der früheren Ausgabe nicht dazugesagt, daß seine Ratschläge vielleicht einmal ihre Gültigkeit verlieren würden. Und er hatte keinerlei Hintertür für diejenigen Frauen offengelassen, die arbeiten gehen mußten, ob sie wollten oder nicht – ihnen war keine andere Wahl geblieben, als sich ihrer Lieblosigkeit wegen schuldig zu fühlen, auch wenn sie ihre Familien am Leben erhielten. Was war mit den Selbstvorwürfen all jener berufstätigen Frauen, die seine Worte dreißig Jahre lang für bare Münze genommen hatten? Was war mit all den Müttern, die mit einem Beruf viel besser gefahren wären? Ihre Qualen waren offenbar umsonst gewesen.

Außerdem gibt es einfach zu viele Bücher. Das Überangebot verwirrt die Eltern nicht nur, es läßt ihre Aufgabe auch als ein unvorstellbar kompliziertes und furchteinflößendes Unterfangen erscheinen. Die unausgesetzte Einführung neuer Fachbegriffe und neuer Erkenntnisse hält die Mutter in ständiger Angst vor irgendwelchen »neuen Fakten«, die die gegenwärtige

Theorie über den Haufen werfen und alles, was sie bisher getan hat, als falsch entlarven. Wie soll sie sich in dieser überwältigenden Flut von Ratschlägen zurechtfinden? Wem soll sie trauen? Da hilft es wenig, daß eine Reihe von Experten ihr Dilemma erkennt und ihr nahelegt, sich auf ihr Gefühl zu verlassen und sich diejenigen Handbücher auszusuchen, die ihr instinktiv als die richtigen vorkommen. Schließlich nannte auch Spock seine erste Auflage *The Common Sense Book of Baby and Child Care*. Ich bin wohl nicht die einzige, die solche Ratschläge als paradox empfindet. Wenn die Mutter wüßte, welcher ihrer Regungen sie folgen soll, warum hätte sie dann überhaupt Zuflucht zu einem Buch genommen? Die bloße Existenz der Ratgeber nötigt sie, ihren Instinkten zu mißtrauen und sich statt dessen an die Experten zu halten. So sehr viele der Autoren zunächst ihre Rolle herunterzuspielen scheinen und der Flexibilität das Wort reden, bei näherer Prüfung gilt ihre Expertenmeinung eben doch mehr als die der Mutter. Ihre medizinischen und psychologischen Qualifikationen verleihen ihren Ansichten Glaubwürdigkeit und täuschen über die Tatsache hinweg, daß ihre Ratschläge keineswegs wissenschaftlich ausgewertet worden sind.[81]

In den siebziger Jahren hatten die meisten Baby-Gurus den Vater als Elternteil anerkannt und ließen ihn als Bezugsperson zu, gegebenenfalls sogar als Hauptbezugsperson. (Das war nicht unbedingt eine große Neuerung: Die puritanischen Kinderexperten hatten ihre Abhandlungen ausschließlich für die Väter geschrieben.) Die Autoren nahmen auch nicht mehr automatisch an, daß alle Kinder Söhne sind. Aber trotz dieser Fortschritte in Sachen politische Korrektheit setzten sie immer noch unweigerlich mittelständische, heterosexuelle Leser mit einem festen Partner voraus, die in der Lage waren, den größten Teil ihres Tages der Kinderpflege zu widmen. Wenn es dem Vater beliebte, durfte er nun teilhaben an der Einfühlung rund um die Uhr, aber die Unverzichtbarkeit solcher Einfühlung stellte niemand in Frage. Die Kinderexperten weigerten sich beharrlich, zu realisieren, wie sehr sich die Situation in der zweiten Hälfte des 20. Jahrhunderts gewandelt hatte: daß nämlich beinahe 60 Prozent aller Mütter mit kleinen Kindern berufstätig waren und fast ein Viertel der amerikanischen Kinder alleinerziehende Mütter oder Väter hatten.[82] Mit einigen wenigen Ausnahmen wie etwa T. Berry Brazelton stellte das Gros der Autoren – Burton White, Selma Fraiberg, Penelope Leach, Hugh Jolly – die Vollzeit-Mutterschaft nach wie vor als die erstrebenswerte Norm dar und urteilte damit zwei Drittel aller Mütter ab. Selbst wenn sie Verständnis für Mütter mit anderweitigen Interessen vorgaben, nahm die Befolgung ihrer Ratschläge so viel Zeit in Anspruch, daß andere Tätigkeiten eben doch ausgeschlossen waren. So arbeitsintensiv, wie sich das Unterfangen in ihrer Darstellung ausnahm, schien es ein reines Wunder, daß Mütter es je geschafft haben, gleich zwei Kinder großzuziehen. Das Vorbild war immer noch die Meister-Proper-Mutter, deren Fünfziger-Jahre-Heim mit einem Ehemann und Ernährer sowie allen modernen Haushaltsgeräten ausgestattet war. Dieser Mythos, der, wie wir gesehen haben, selbst damals schon Mythos war, erfreut sich auch heute noch ungebrochener Beliebtheit, so sehr die euro-amerikanische Familienlandschaft auch im Umbruch begriffen ist.

Das Konsumdenken kann nicht den Kinderexperten in die Schuhe geschoben werden, aber dieselbe Angst vor dem Versagen, die die Eltern zum Kauf von Erziehungshandbüchern trieb (und von diesen Handbüchern noch zusätzlich geschürt wurde), war ein gefundenes Fressen für die Baby-Industrie, die aus den Unzulänglichkeitsgefühlen der Mütter mit dem größten Erfolg Kapital geschlagen hat. Wenn man der Werbung glauben wollte, dann erkannte man die gute Mutter an der unablässigen Bereitstellung von Spielzeug, Kleidern, Wegwerf-Windeln und Aktivitäten. Exklusive Kindersachen fanden ab Ende der siebziger Jahre, als sich immer mehr Doppelverdiener, die das Kinderkriegen auf die lange Bank geschoben hatten, endlich doch Nachwuchs zulegten, einen immer reißenderen Absatz (ein Trend, der sich sogar bis in die mageren

Jahre der späten Achtziger und der Neunziger gehalten hat). Viele dieser Eltern hatten nur ein oder zwei Kinder, über die sie die Segnungen ihres Einkommens ausschütten konnten. Diese sogenannten »Gourmetbabys« konnten sich denn auch kaum retten vor kostspieligen Geschenken und Ausflügen nach Disneyland.

Als »Gourmetbaby« bekam man allerdings nicht nur teure Kleider und Spielsachen, man hatte auch bei der körperlichen und geistigen Entwicklung einen fliegenden Start. In Fitneß-Studios wurde den Müttern beigebracht, wie man Neugeborene richtig massiert. Mit Hilfe von Bildkarten und Kassetten vermittelten die Eltern erste sprachliche und mathematische Fertigkeiten. (Hier sieht man, wohin falsch verstandener Piaget führen kann.) Der große Guru des Faches war Glenn Doman, dessen 1966 erschienenes Buch *Wie kleine Kinder lesen lernen* eine höchst lukrative Industrie ins Leben rief – Bücher, Kassetten, Seminare und Kurse, die viele Nachahmer hervorbrachten. Warum sich mit einem »normalen« Kind zufriedengeben, wenn man genausogut ein verbessertes Modell haben konnte?[83] In der Welt der Kinderpflege wich das gesunde Urteil verbissener Rivalität und protzigem Expertentum.

Wer bei der Jagd nach dem perfekten Babyspielzeug und der Fülle der Babyverbesserungsprogramme auf der Strecke blieb, war die Mutter. Sie war es schließlich, die die kleinen Muskeln massierte und die Bildkarten hochhielt, wieder und immer wieder. Ob diese Techniken die Anzahl der amerikanischen Genies erhöhten, ist fraglich; außer Frage dagegen steht, daß sie zu der ohnehin schon eindrucksvollen Last der mütterlichen Schuldgefühle beitrugen. Es bedarf schon einer guten Portion Selbstbewußtsein, sein Baby nicht zum Schwimmunterricht anzumelden, wenn einem gesagt wird, daß das Säuglingsalter eine »kritische« Periode ist, nach deren Ablauf Kinder Angst vor dem Wasser entwickeln können. Wenn das Kind zum Spätentwickler wurde, dann war die Mutter schuld.[84] Bei so unmöglichen psychischen Anforderungen an die Mutter konnte es nicht überraschen, daß eines der ersten Opfer der zweiten großen Feminismuswelle Ende der sechziger Jahre die Mutterschaft war. Während im 19. Jahrhundert kaum eine Frauenrechtlerin der Ansicht gewesen war, daß Mutterschaft und Persönlichkeitsentfaltung einander ins Gehege kämen, sahen die Aktivistinnen in der Frühphase der neuen Frauenbewegung in der Mutterschaft eines der Hauptinstrumente weiblicher Unterdrückung. In ihrem jäh entflammten Zorn bezogen die Feministinnen zunächst recht extreme Positionen. Zu den berühmten »Anti-Mutterschafts-Traktaten« der Zeit gehörten Shulamith Firestones *Frauenbefreiung und sexuelle Revolution* (1970) und Ellen Pecks *The Baby Trap* (1971). Beide Bücher reflektierten die damals populären Anti-Baby-Slogans, für die sich die Feministinnen heute noch entschuldigen. Rückblickend klingt die Rhetorik dieses Jahrzehnts (wie alle utopistische Propaganda) hohl, unausgegoren und absurd.[85] Bedauerlicherweise karikierte sie den Feminismus als erbitterten Gegner der Mutterschaft, was zu einem wechselseitigen Hochschaukeln kultureller Ängste geführt hat.

Ende der siebziger Jahre hatte sich der kurze Anti-Mutterschafts-Sturm weitgehend ausgetobt. In ihrem leidenschaftlichen, bahnbrechenden Buch *Von Frauen geboren* sah Adrienne Rich die Unterdrückung im Patriarchat begründet, nicht mehr in der Mutterschaft, die nur ein Produkt des Patriarchats ist. Rich unterschied zwischen der *Institution* Mutterschaft im patriarchalen System – mit all den Verzerrungen und all dem Leid, das diese Institution über die Frauen gebracht hat – und der *Erfahrung* Mutterschaft, die neue und feministische Möglichkeiten barg. Die Mutterschaft wurde zu einer annehmbaren, potentiell reichen und lohnenden Option selbst für die »emanzipierte« Frau. Die Befürworterinnen der Abtreibung betonten, daß es ihnen um die Interessen des Kindes gehe, um die Entscheidungsfreiheit, um den persönlichen Freiraum, um das Recht, den Zeitpunkt selbst zu bestimmen und nur gewollte Kinder zu bekommen – nicht darum, daß Frauen überhaupt keine Kinder haben sollten. Die Feministinnen hatten kein

Problem mit der Mutterschaft als solcher, das versuchten sie immer wieder klarzustellen.

Es waren aufregende Zeiten für die feministischen Aktivistinnen. Die breite Unterstützung für den Verfassungszusatz zur Förderung der Gleichberechtigung Anfang der siebziger Jahre und die Entscheidung des Obersten Gerichtshofs (im Fall *Roe gegen Wade*) zur Legitimierung der Abtreibung deuteten auf die Bereitschaft der amerikanischen Regierung hin, Müttern in unkonventiollen Situationen Hilfe zu leisten. Richtungweisende Frauengestalten wie die scharfzüngige Matriarchin in der Fernsehserie »Maude« und die betrogene Mutter, die sich in dem Film *Eine entheiratete Frau* (1978) eine neue Existenz aufbaut, machten eine nie dagewesene Bandbreite weiblicher Möglichkeiten salonfähig. Viele Frauen hatten das Gefühl, jetzt endlich jemand zu sein. Zahlreiche Selbsthilfegruppen, die bekannteste von ihnen das Boston Women's Health Collective, führten eine Bewegung zur Wiedereinführung einer »natürlicheren«, menschlicheren Geburt an. Immer mehr Frauen entbanden auf eigenen Wunsch ohne Narkose, erhielten weniger Schmerzmittel, nahmen ihre Kinder gleich nach der Geburt in den Arm und stillten sie in den meisten Fällen auch, alles mit dem Segen der Klinik. Nichts schien unmöglich.

Aber die erneute Akzeptanz der Mutterschaft brachte ihre eigenen Probleme mit sich. Die Frauen der siebziger Jahre verleibten sich das Kind mitsamt dem Bade wieder ein, das heißt, mitsamt der ganzen übertriebenen zeitgenössischen Ideologie. Jetzt, wo sie, zumindest in der Theorie, alles haben durften, Kinder *und* Karriere, versuchten diese jungen amerikanischen Mütter, Superfrauen zu werden. Die Probleme, mit denen sie zu kämpfen hatten, waren gewaltig: Es gab keinen Mutterschutz, keine Tagesbetreuung und keine staatlich subventionierten Krankenhausaufenthalte zur Entbindung (fast alle anderen westlichen Länder haben vom Staat geförderte Programme für Mütter), der Arbeitsmarkt war frauenfeindlich und machte keinerlei Zugeständnisse an die Bedürfnisse von Müttern oder Kindern – der Schiffbruch war mehr oder weniger vorprogrammiert. Hätten sie farbige Frauen und Immigrantinnen um Rat gefragt, von denen sich viele schon immer mit solchen Schwierigkeiten herumgeschlagen haben, wären sie vielleicht vorgewarnt gewesen. Das *Wall Street Journal* charakterisierte das Dilemma in seiner Beschreibung der modernen berufstätigen Frau sehr treffend:»Strotzend vor Begabung und Selbstvertrauen, studierten die jungen Frauen der siebziger Jahre im Rekordtempo, hängten noch schnell einen Abschluß in Jura oder Wirtschaft dran und begannen, die Unternehmensleiter emporzustürmen.« Aber die Sache hatte einen Haken: Sie mußten feststellen, daß ihre Karriere »durch die Mutterschaft sabotiert« wurde.[86] Die zunehmend traditionelle, familienorientierte Neue Rechte lachte sich ins Fäustchen, und in den achtziger Jahren zog sie eine äußerst wirksame Medienkampagne gegen diese Frauen auf, in der sie sie als raffgierige, karrieresüchtige Männerhasserinnen darstellte, die sowieso niemand zur Mutter haben wollte. Tragischerweise verschlimmerte die konservative Gegenreaktion die Lage für die Frauen, die arbeiten mußten, um ihre Familien zu ernähren, und deren Zahl rapide anstieg.

Während in manchen Kreisen ein großes Interesse an der Rolle des Vaters und seinem Einfluß auf die kindliche Entwicklung bestand und die Medien den Neuen Mann (zärtlich, fürsorglich etc.) in Szene setzten, war es mit Mr. Mom in der Realität nicht weit her. Allem neuentdeckten Entzücken über seine Kinder zum Trotz machte sich Daddy höchst selten die Hände mit den lästigen Einzelheiten der Kinderpflege schmutzig. Die Männer behaupteten, das läge daran, daß die Frauen ihre Babys mit niemandem teilen wollten; die Frauen behaupteten, die Männer befaßten sich nur mit den angenehmen Seiten (wie natürlich der Zeugung und dann vielleicht noch der Geburt und Ballspielen) und drückten sich mit großem Geschick vor Beschwerlicherem, wie zum Beispiel die Kinder zur Ballettstunde zu fahren oder hinter ihnen aufzuwischen. Wie auch immer, die arbeitsteilige Kindererziehung blieb in den meisten Familien ein Wunschtraum. Die Mütter waren am Ende ihrer Kraft.

Aber obwohl sie manchmal ihrem Unmut über die unfaire
Aufgabenverteilung Luft machten, kam es ihnen nie in den
Sinn, die Anforderungen an die gute Mutter in Zweifel zu
ziehen.[87]

Als neuentdeckter Hauptfaktor – und Haupthindernis – in der
Entwicklung ihres Kindes war die Mutter jetzt auch in der
Literatur nicht mehr unter-, sondern überrepräsentiert. Mit
dem Schattendasein des 19. Jahrhunderts war es vorbei: Die
Mutter war plötzlich Freiwild für Beschimpfungen aller Art,
besonders von Söhnen, die ein wenig Freud gelesen hatten und
ihn verstanden zu haben glaubten. Nun da ihnen keine viktorianischen Anstandsregeln mehr den Mund verboten, verliehen sie einer Feindseligkeit Ausdruck, die bis dahin nur gegen
leichtlebige Frauen geduldet worden war. Mitte des 20. Jahrhunderts war die Mutter als Quell aller gesellschaftlichen Übel
entlarvt. Nie hatte die Mutterschelte so hoch im Kurs gestanden. In der Literatur, in den Medien, in Soziologie, Psychologie,
sogar im Feminismus war die Mutter zum Ungeheuer geworden.
Der Grundstein dafür wurde in der ersten Hälfte des 20. Jahrhunderts gelegt. D. H. Lawrence, Ernest Hemingway und
William Faulkner zeigten sich äußerst mißtrauisch gegen die
»neue Frau«. So unterschiedlich ihre Romane auch sind, wird
in ihnen doch die gleiche unverkennbare Angst vor der emanzipierten Frau spürbar. Diese Furcht schließt auch die Mutter
mit ein. Paul Morels übermächtige, erdrückende Mutter in
Lawrences *Söhne und Liebhaber*, eine Vorläuferin der leib-
und seelenzerstörenden Mütter, die in so vielen späteren Werken ihr Unwesen treiben, ist ein typisches Beispiel. Lawrences
Verachtung für die Mütter ist so extrem, daß sich seine viril-
sten Charaktere – Lilly (ein Mann) in *Aaron's Rod* und der
Bräutigam in *Der Hengst St. Mawr* – böswillig der Vaterschaft
verweigern, um ihre Frauen um die Mutterschaft zu bringen.
Bei Hemingway sind die Männer ihren herrschsüchtigen Müttern in der Regel völlig entfremdet, und Faulkner beschrieb die

Mutter gehässig als den »Ur-Uterus schlechthin«. Aber wirklich zentrale Mutterfiguren finden sich in diesen frühen Jahrzehnten immer noch relativ selten. Wenn sie doch auftauchen – wie etwa in Virginia Woolfs *Die Fahrt zum Leuchtturm* und Lawrences *Söhne und Liebhaber* –, sterben sie oder werden zum Schweigen gebracht, damit der Protagonist sich ungehindert entfalten kann, genau wie im 19. Jahrhundert.[88]

In der Literatur der vierziger Jahre starb die Mutter zwar nicht mehr notwendigerweise, aber der Leser wünschte sie im Zweifelsfall tot. Die Mütter – die jetzt durch die Bank entweder kalt und lieblos oder besitzergreifend und intrigant waren – wurden plötzlich zu einer drohenden Präsenz, und die bösartige Macht, die sie ausübten, war gemäß dem psychoanalytischen Denkansatz der Zeit eine ganz spezifisch *psychologische*. Der berüchtigtste dieser Angriffe auf »Mom« war Philip Wylies nicht-fiktionaler Bestseller *Generation of Vipers* aus dem Jahre 1942. Diese Sammlung Gift und Galle spuckender Essays gab der Mutter die Schuld an allem, von der käsigen Gesichtsfarbe amerikanischer Männer bis hin zur politischen Korruption. Seine Darstellung einer zerrütteten, durch Scharen von ausbeutenden, kastrierenden Müttern verweichlichten und ausgelaugten Gesellschaft wurde ein ebenso fester Bestandteil des Diskurses der vierziger und fünfziger Jahre wie das Klischee der Frau Saubermann, die, ein Lied auf den Lippen, zu Hause bleibt und sich um die Kinder kümmert. Wylies Resümee: »Meine Herren, Mom ist ein Miststück.« Die zahlreichen Auflagen deuten darauf hin, daß Wylies Buch einer breiteren Öffentlichkeit aus dem Herzen sprach.[89]

Warum all diese Gehässigkeit? Vielleicht bekamen die Männer langsam das Gefühl, die Frauen hätten es zu leicht. Die vielen arbeitserleichternden Haushaltsgeräte ließen die Hausarbeit nicht mehr so sehr wie richtige Arbeit aussehen.[90] So handelte denn auch Wylies Schmähschrift zu einem Großteil davon, daß die Mütter einfach nichts mehr zu tun hätten und folglich versuchten, ihre Söhne an sich zu fesseln, um ihre viele freie Zeit auszufüllen. Außerdem machten die Männer die Frau für

den neuen Materialismus verantwortlich und wiesen ihr die
Rolle der unersättlichen Konsumentin zu. Schließlich wurden
80 Prozent des familiären Bedarfs tatsächlich durch *von Frau-
en* getätigte Einkäufe gedeckt! Da mußte es den Männern ja so
vorkommen, als arbeiteten sie einzig und allein dafür, um den
Frauen Geld und Waren in den Rachen zu werfen. Die Männer
fühlten sich ausgebeutet. (Ein gut Teil Projektion wird hier
auch im Spiel gewesen sein: Die Männer gaben den Müttern
die Schuld an der Gewinnsucht, für die sie selbst sich schämten.) Möglicherweise riefen auch der ganz reale Machtzuwachs
der Frau (das Wahlrecht, die Empfängnisverhütung) und ihr
kriegsbedingter Vorstoß auf den Arbeitsmarkt atavistische
Abhängigkeitsängste im Mann wach, eine Furcht vor ihrer
Sexualität und ihrer Autonomie; das Ergebnis waren defensive
Feindseligkeit und der Wunsch, sie sicher in ihrem Einfami-
lienhaus verwahrt zu wissen.

Die Mutter wurde zum Sündenbock. Ihre Söhne warfen ihr vor,
daß sie sie entmannte (John Osbornes *Blick zurück im Zorn*,
Tennessee Williams' *Die Glasmenagerie*), ihre Töchter be-
schuldigten sie, sie zu ersticken (Sylvia Plaths *Die Glasglocke*,
Margaret Atwoods Lady Orakel). Die Stimmen wurden immer
internationaler – spanisch in García Lorcas *Das Haus der
Bernada Alba*, irisch in den Geschichten von Edna O'Brien;
Larry McMurtrys *Zeit der Zärtlichkeit* spielt in den Südstaaten. Und unter dem regen Zutun diverser jüdischer Autoren
wie Dan Greenburg, Bruce Jay Friedman, Harold Brodkey und
natürlich Philip Roth entstand die »jüdische Mutter«, die mit
jedem Löffel ihrer heißen Hühnerbrühe die Seelen ihrer Kinder auffraß.[91] Redselig, mollig, gluckenhaft und immer hung-
rig, ist sie uns aus Büchern, Filmen und Komiker-Monologen
gleichermaßen vertraut. Ohne sie hätte die ostjüdische Tradition in Amerika nicht überleben können – und Woody Allen
genausowenig, obwohl er weite Strecken seines Erwachsenenlebens damit verbracht zu haben scheint, sie durch den Kakao
zu ziehen (wie in seinen Filmen *Manhattan* und *Stardust
Memories*). Mit ihrer unheimlichen Fähigkeit, Schuldgefühle

zu kultivieren, wurde die jüdische Mutter ein Sinnbild für die Mutter schlechthin – eine traurige Ironie des Schicksals, wenn man bedenkt, wie schwer die Mütter selbst an ihrer angeblichen Unzulänglichkeit trugen.

Edward Albees surrealistisches Theaterstück *Der amerikanische Traum* bringt die Raubtiernatur der Mutter mit grauenvoller Direktheit zum Ausdruck. Die Heldin, Mommy, ist unfruchtbar, also kauft sie sich einen kleinen Jungen von einer Adoptionsvermittlung und geht methodisch daran, ihn zu verstümmeln. Als das Kind Daddy auch nur anschaut, sticht sie ihm die Augen aus; als er masturbiert, schneidet sie ihm Genitalien und Hände ab. Albees Animosität gegen die Mutter sucht ihresgleichen, aber der Mutterhaß war keineswegs auf männliche Autoren beschränkt. Auch Frauen üben sich in der Mutterschelte. So wird etwa in Doris Lessings Romanfolge *Kinder der Gewalt* Martha Quests Kampf um die Selbstverwirklichung von ihrer Mutter vereitelt, die der patriarchalen Ordnung so verhaftet ist, daß sie die eigene Tochter verrät. In einem späteren Roman hat die inzwischen ältere und reifere Martha sich immer noch nicht von ihrer Mutter lösen können – so wenig, daß sie sich vor einem bevorstehenden Besuch der Mutter in eine Krankheit flüchtet.[92]

Auch in den großen Filmen der Zeit begegnen uns Mütter von überwältigender Destruktivität. In *Reise aus der Vergangenheit,* einer Parabel mütterlicher Bosheit, versucht Bette Davis als unterdrückte Tochter ihre Mutter zu überwinden, die die Repressivität und sexuelle Knebelung in Person ist. In *Psycho* hat Mrs. Bates ihren Sohn, Anthony Perkins, zum Muttermord getrieben, aber sie lebt in ihm weiter und tötet jede Frau, zu der er sich hingezogen fühlt. In *Denn sie wissen nicht, was sie tun* hat James Deans Mutter, die Wylies Buch entstiegen sein könnte, ihren Mann unter ihrem Pantoffel und bringt so ihren Sohn um die starke männliche Identifikationsfigur, die er braucht. Und in *Botschafter der Angst* zwingt die kommunistische Mutter, Angela Lansbury, ihren Sohn dazu, seine Braut zu töten und einen Mordanschlag auf einen Präsidentschaftskandidaten zu verüben, bevor sie ihm einen inzestuösen Kuß auf den Mund gibt. Auf die Spitze getrieben wird die Thematik in *Maschinenpistolen* (1949). In diesem Film spielt James Cagney einen mutterfixierten Gangster, der bei seiner Mutter auf dem Schoß sitzt, an fürchterlichen Migräneanfällen leidet, die nur sie heilen kann, in eine Psychose fällt, als er von ihrem Tod erfährt, und mit dem Ruf »Geschafft, Ma! Ich bin der Größte!« auf einem explodierenden Gastank einen feurigen Tod stirbt.[93]

Im wirklichen Leben wurde unterdessen in einer 1965 von Daniel Patrick Moynihan veröffentlichten Studie die verwikkelte Pathologie der vaterlosen schwarzen Familie allen Ernstes den Müttern in die Schuhe geschoben – als ob schwarze Frauen sich lieber ohne Gehaltsscheck durchschlügen. Und Moynihans Zaubermittel gegen das destruktive schwarze Matriarchat? Mehr Macht den Vätern! Mit der Zeit sah Moynihan ein, daß diese Ideen rassistisch und sexistisch waren, und entschuldigte sich dafür.

Auch in feministischen Kreisen mußten die Mütter als Sündenböcke herhalten. Allzuoft gerieten die Berichte von Aktivistinnen über ihre Erfahrungen mit der Mutterschaft zu der Geschichte ihrer Unterdrückung durch die Mutter. Die Psychologinnen Nancy Chodorow und Susan Contratto suchen nach einer Erklärung für diese paradoxe Tendenz der Feministinnen, Loblieder auf die Frau zu singen, während sie gleichzeitig über die Mütter herziehen (als wären Mütter keine Frauen).[94] Sie sehen die Ursache in dem Glauben der Feministinnen – und nicht nur der Feministinnen – an eine allmächtige Mutter, die die volle Verantwortung für die Entwicklung ihrer Kinder trägt und deshalb auch an allem schuld ist, von den persönlichen Schwächen des Kindes bis hin zu den Krisen der ganzen Menschheit. Eng damit verbunden ist ein anderer Wunschtraum – die Vorstellung, daß die Mutter, wenn sie sich nur vom Patriarchat befreien könnte, vollkommen wäre. An dieser Grundhaltung kranken die ansonsten brillanten Ausführungen von Adrienne Rich und der Soziologin Alice Rossi, die beide dazu neigen, die Leistungsfähigkeit der Mutter Spock-ähnlich zu verklären und vorauszusetzen, daß die kindlichen Bedürfnisse in jedem Fall legitim sind und befriedigt werden müssen.

Die zentrale Prämisse von Nancy Fridays simplistischem Buch *Wie meine Mutter* ist, daß Mütter schlecht für Töchter sind und daß alles Unglück der Töchter auf diese ursprüngliche Beziehung zurückgeht. Die Mutter, so argumentiert sie, schafft die Tochter nach ihrem Bilde. So wie sie ihre eigene Sexualität negiert hat, indem sie Mutter wurde, muß sie auch die Sexualität der Tochter negieren.[95] Friday läßt sich vielleicht noch als bloße Populärautorin und zweifelhafte Feministin abtun, aber das gilt nicht für Judith Arcana in *Our Mothers' Daughters*, Jane Lazarre in *Der Mutterschaftswahn* und Dorothy Dinnerstein in *Das Arrangement der Geschlechter*, die alle in dieselbe Kerbe schlagen. Der einzige Unterschied ist, daß diese Autorinnen das destruktive Verhalten der Mutter nicht ihr selbst anlasten, sondern dem patriarchalen System, in dem sie gefangen ist. Keine von ihnen zweifelt daran, daß der Wunsch des Kindes nach vollständiger Befriedigung (durch die Mutter) legitim ist und daß die Mutter alles daransetzen sollte, diesen »Bedürfnissen« (oder richtiger »Forderungen«) nachzukommen. Alle sehen sie es als selbstverständlich an, daß die gute Mutter jedes kindliche Bedürfnis befriedigt. Alle schreiben aus der Sicht der Tochter, nicht der Mutter. Ganz eindeutig reflektierten diese Feministinnen die kulturellen Strukturen der siebziger Jahre. Heute würde ihre Argumentation wahrscheinlich etwas anders aussehen, aber in seiner bestehenden Form ist ihr Werk eine nützliche Erinnerung an die starke Animosität gegen die Mütter, die vor weniger als zwanzig Jahren noch herrschte. Die Bitterkeit speiste sich größtenteils aus der Psychologie der Zeit, die besessen war von mütterlicher Pathologie.

Zeit der Verstrickung

In den vierziger Jahren wimmelte es in den freien Assoziationen auf den Couchen amerikanischer und europäischer Therapeuten plötzlich von Müttern, die ihre Kinder auffraßen – ebenso wie von ihrem Alter ego, den Müttern, die ihre Kinder vernachlässigten (sprich: die auch noch andere Interessen hatten). Wylies *Generation of Vipers* löste eine Sturzflut populärpsychologischer Vorwürfe gegen die Mutter aus, die erst jetzt langsam abschwillt. Zu einem großen Teil resultierte das Kreuzfeuer aus groben Verzerrungen vernünftiger Theorien und solider Wissenschaft, aber eben doch nur zu einem Teil. Manchmal war es die »solide« Wissenschaft selbst, die hier im argen lag.

Die »überfürsorgliche« Mutter geriet als erstes unter Beschuß. 1943 veröffentlichte der Psychoanalytiker David Levy sein Buch *Maternal Overprotection*, und ein neuer Begriff war aus der Taufe gehoben. Die überfürsorgliche oder überbesorgte Mutter ist die Glucke, die im Zweifelsfall nicht loslassen kann, die sich zwanghaft in alle Lebensbereiche ihres Kindes einmischt.

Levy, der in seiner New Yorker Klinik 2000 Fallstudien durchgearbeitet hatte, gelangte zu dem Ergebnis, daß das übermäßig beschützte Kind sozial unangepaßt wird, da es alle Situationen gewaltsam dem Grundmuster seines Lebens anzugleichen versucht, in dem es der über alles geliebte Tyrann einer stets sprungbereiten Mutter war.[96] Levys Schlüsse sind ziemlich eindeutig Spekulationen und nicht harte Fakten und eignen sich ganz offensichtlich nicht als spezifische Verhaltensregeln für Mütter. Dennoch bezichtigte Edward Strecker, der psychiatrische Berater der amerikanischen Armee und Marine, alle Mütter Amerikas gleichermaßen der übertriebenen Fürsorglichkeit und warf ihnen vor, die potentiellen Soldaten der Nation zu Muttersöhnchen erzogen zu haben. Drei Millionen Männer waren im Zweiten Weltkrieg aufgrund emotionaler Labilität für dienstuntauglich erklärt worden, und Strecker

machte die mütterlichen Schürzenbänder dafür verantwortlich.[97]
Jetzt saßen die Mütter wirklich in der Klemme. Von Spock
dazu angehalten, ihre Babys zu lieben, mußten sie nun aufpassen, daß sie sie nicht zu sehr liebten. Selbst eine so respektge-
bietende Persönlichkeit wie die Anthropologin Margaret Mead
war nach einem Telefongespräch mit Dr. Levy kleinlaut: »Ich
wußte, daß ich hart an mir arbeiten mußte, um mein Kind
nicht übermäßig zu beschützen.«[98]
Nach dem Krieg hatte die Mutter sogar noch mehr einzustek-
ken. In ihrem Buch *Modern Woman: The Lost Sex* stuften der
Soziologe Ferdinand Lundberg und die Nervenärztin Marynia
Farnham 40 bis 50 Prozent aller Mütter als »zurückweisend,
überängstlich oder dominant« ein. Angetrieben von Penisneid
und einem ganz und gar unweiblichen Machthunger, konnte
die Mutter unter Umständen alle Personen in ihrem Umkreis
zerstören. Eine der Folgen, warnten Lundberg und Farnham,
war die extensive Kastration des Mannes. Nur wenn die Frau
ihre grundsätzliche Abhängigkeit vom Mann wiederherstellte,
zu Hause blieb und sich nicht in das Leben ihres Sohnes
einmischte, war familiäre Erfüllung möglich.[99]
Die nächste auf der Abschußliste war die vernachlässigende
Mutter, die Böse, die ihr Kind nicht genug knuddelte. Die
Feindseligkeit gegen sie übertraf sogar noch die gegen die
überbesorgte Mutter und spukt auch heute noch in den Invek-
tiven gegen die Tagesbetreuung herum. In diesem Fall kam
der Anstoß nicht nur von den klinischen Beobachtungen der
Psychoanalytiker, sondern, zunächst wenigstens, von dem
Elend all der armen kleinen Babys, die nach dem Krieg in den
Waisenhäusern zurückblieben. Der große Aufruf zu mehr müt-
terlicher Zuwendung war das 1943 veröffentlichte Buch *The
Rights of Infants* der New Yorker Analytikerin Margaret Ribble. Wie schon der Titel zum Ausdruck bringt, verstand sich
Ribble als Anwältin des Kindes gegen seine Eltern. Als glühen-
de Verfechterin warmen menschlichen Kontakts zwischen
Mutter und Kind nötigte sie die Mütter nicht nur, die Kinder

in den Armen zu wiegen, sie in den Schlaf zu singen und möglichst lange zu stillen, sondern verstieg sich sogar zu der Empfehlung, das Kind bei der Mutter im Bett schlafen zu lassen, eine Vorstellung, bei der sich jedem braven Freudianer die Haare sträuben. Nach Ribble brauchten Babys TLC (*tender, loving care* – zärtliche, liebevolle Fürsorge also), ein Begriff, für den sie berühmt geworden ist. TLC war ausschlaggebend für die Entwicklung der Kinder, und ohne sie erlitten sie irreversible Schäden. Als Beweis führte Ribble eine unter dem Namen Marasmus bekannte Krankheit an, einen Kräfteverfall aufgrund mangelnder Zuwendung, über den in Medizinerkreisen eine Flut von Anekdoten im Umlauf waren, darunter die Geschichte der alten Anna in einer Institution in Düsseldorf, die mit einem Baby auf jeder Hüfte herumlief. Wenn ein Fall hoffnungslos aussah, wurde er ihr übergeben. Angeblich nahm sie die Kinder einfach fest in den Arm und brachte es dadurch für gewöhnlich fertig, sie zu heilen, offenbar ganz in der Tradition der mittelalterlichen Marienwunder.[100]

Kurz nach dem Zweiten Weltkrieg führte der Analytiker René Spitz ein dramatisches zweijähriges Experiment durch, indem er die tödliche Wirkung mütterlichen Versagens demonstrierte; seine Filmaufzeichnungen schockieren auch heute noch die Studenten im Einführungskurs Psychologie. In dieser berühmten Studie, in der erstmals Kleinkinder über einen längeren Zeitraum aus nächster Nähe beobachtet wurden, erhielten zwei Gruppen von »Heim«-Babys ein unterschiedliches Maß an Zuneigung: In der einen kümmerten sich die Mütter der Kinder um sie (bei ihnen handelte es sich um Insassinnen einer Strafanstalt), in der anderen überarbeitete Pflegerinnen. Der Unterschied zwischen den beiden Gruppen war frappierend. Innerhalb weniger Wochen wurden die Kinder im Pflegeheim (die keine Mütter in der Nähe hatten) weinerlich und introvertiert, magerten ab und zeigten Schlafstörungen. Sie welkten förmlich dahin, und nach zwei Jahren waren 37 Prozent von ihnen gestorben. Die Babys in der anderen Gruppe entwickelten sich normal.[101] Als diese Befunde in den vierziger

Jahren veröffentlicht wurden, begannen die Sozialbehörden die Waisenhäuser aufzulösen und mutterlose Kinder in Pflegefamilien zu geben.

Mittlerweile erhärteten neue Forschungsergebnisse die Unerläßlichkeit des Körperkontakts für die Entwicklung von Säuglingen und Kleinkindern. Angeregt von Spitz, führte Harry Harlow, ein Tierverhaltensforscher, seine berühmten Experimente mit Rhesusäffchen durch. Er nahm Affenjungen kurz nach der Geburt ihren Müttern weg und zog sie mit zwei Ersatzmüttern groß – die eine war aus Draht, die andere mit Plüsch bespannt. Beide Mutter-Attrappen konnten mit einem Sauger versehen werden, aber die kleinen Äffchen hielten sich ausschließlich an die Plüschmutter – schmiegten sich an sie und liefen zu ihr, wenn sie Angst hatten. Folgerung: Kindliche Bindung, oder zumindest äffische Bindung, hängt von taktiler Geborgenheit ab.

Was demnach zählt, ist nicht die Hand, die dich füttert, nicht einmal das Herz, das für dich schlägt – sondern der kuschelige Arm, der dich hält.

Was für eine erfreuliche Nachricht! Wie lebensbejahend und vernünftig! Aber dieser vernünftige Gedanke wurde schon bald aus seinem an sich bereits fraglichen wissenschaftlichen Kontext herausgelöst und als Druckmittel eingesetzt, um die Mutter nach Hause zurückzutreiben, auf daß sie für Körperkontakt rund um die Uhr zur Verfügung stehe. Selbst anerkannte Wissenschaftler begannen Weisheiten zu verkünden, die weit über die belegten Fakten hinausgingen. So führte Spitz eine ganze Generation von Psychoanalytikern in dem absurden Bestreben an, jegliche kindliche Störung durch ein Defizit an mütterlicher Zuwendung zu erklären. 1965 verwandte er einen beträchtlichen Teil seines Opus magnum *Vom Säugling zum Kleinkind* darauf, bestimmte Säuglingsprobleme bestimmten mütterlichen Fehlleistungen zuzuschreiben: »Feindseligkeit in Form manifester Ängstlichkeit« seitens der Mutter hatte laut Spitz das Säuglingsekzem zur Folge; »kurzschlägiges Oszillieren zwischen Verwöhnung und Feindseligkeit« führte zu

Schaukelbewegungen der Kinder und »primäre ängstlich übertriebene Besorgnis« zu Koliken.[102]
Eine ganz ähnliche Theorie entwickelte ein höchst außerge-
wöhnlicher britischer Psychoanalytiker namens John Bowlby,
Erbe eines Baronettitels, der als Kind von einer Nanny betreut
worden war. Bowlbys berufliche Abstammung war ebenso
makellos wie sein Stammbaum: Er hatte sein Handwerk bei
Melanie Klein gelernt. Wie seine Mentorin hielt Bowlby das
Band zwischen Mutter und Kind – die Erfahrung des Saugens
an der Mutterbrust – für den Prototyp aller menschlichen
Beziehungen.

Dies war einer der Punkte, in dem Klein von Freud abwich,
der, wie wir uns erinnern werden, den späteren ödipalen
Konflikten größere Bedeutung für die kindliche Entwicklung
beimaß. Aber anders als Klein und Freud war Bowlby der
Ansicht, daß tatsächliche Gegebenheiten – die Art, wie die
Eltern das Kind behandeln, vor allem in den ersten drei, vier
Lebensjahren – von entscheidender Wichtigkeit sind. Klein
wollte davon nichts hören. Für sie gaben die Mutterphantasien
den Ausschlag, nicht die wirkliche Mutter. Einige Historiker
sticheln, daß Kleins Bedürfnis, die realen Mütter reinzuwa-
schen, von ihrem schmerzhaften, peinlichen und überaus öffentlichen Konflikt mit ihrer Tochter, der Psychoanalytikerin
Melitta Schmideberg, herrührte. Wie dem auch sei, Klein
weigerte sich in ihrer psychoanalytischen Spieltherapie mit
Kindern jedenfalls durchwegs, mit den Eltern der Kinder zu
sprechen, eine Einstellung, die heutzutage höchst merkwürdig
anmutet.[103]

Bowlby ist der Vater der »Bindungstheorie«, derzufolge alle
Kinder biologisch dazu veranlagt sind, sich an die Person
anzuschließen, die sie umsorgt – der Verhaltensforscher Konrad Lorenz entwickelte ein ganz ähnliches Konzept, das der
»Prägung«, um zu erklären, warum Gänsekinder ihrer Mutter
folgen. Wie auch Lorenz, betrachtete Bowlby die Mutter-Kind-
Beziehung als eine evolutionäre Anpassungserscheinung, mittels der die Kleinkinder davon abgehalten wurden, sich zu weit

von ihren Betreuern zu entfernen und einem hungrigen Raub-
tier in die Fänge zu laufen.

Der Zweite Weltkrieg hatte Millionen von Menschen aus ihrer
Heimat vertrieben; unzählige Kinder hatten ihr Elternhaus
verloren oder lebten bei Pflegefamilien. 1948 beauftragten die
Vereinten Nationen John Bowlby mit einer Studie über die
Bedürfnisse von Kriegswaisen, von denen viele eine lange Zeit
in Heimen zugebracht hatten, und Kindern, die zum Schutz
vor den Luftangriffen aufs Land verschickt worden waren. Das
Ergebnis war sein Buch *Mütterliche Zuwendung und geistige
Gesundheit* (1951), das 1953 in vereinfachter Form als *Mutterliebe und kindliche Entwicklung* neu aufgelegt wurde und
reißenden Absatz fand.[104] Seine Untersuchung gibt eine be-
klemmende Lektüre ab. Die vom Krieg entwurzelten Kinder
waren schwer geschädigt – emotional introvertiert, oft im
Wachstum zurückgeblieben und kränklich, ähnlich wie die
Kinder aus Spitzs Experiment. Und wie Spitzs Befunde führten die Bowlbys zu längst nötigen Reformen. Bowlby kam zu
dem Schluß, daß ein Kind, das in seinen ersten Lebensjahren
keine »herzliche, innige und dauerhafte Beziehung zur Mutter« hat, für den Rest seines Lebens zum emotionalen Krüppel
werden kann. Er nannte diesen Tatbestand »Mutterentbehrung«. Laut Bowlby hatte die Mutterentbehrung in den ersten
drei Lebensjahren nicht weniger verheerende Folgen als die
Röteln in den ersten Monaten der Schwangerschaft: »Die Mutterliebe ist für die psychische Gesundheit des Säuglings genauso wichtig wie Eiweiße und Vitamine für die physische.«[105]
Bowlby nahm an, daß viele kleine Kinder auf der Grundlage
ihrer frühen Beziehung zur Mutter ein inneres Arbeitsmodell
von sich selbst und anderen bilden. Das Modell wird in einem
sehr frühen Alter festgelegt. Wenn also Babys keine Mutterliebe erhalten (aufgrund von Trennung oder Verlust der Mutter), sind sie unfähig, menschliche Beziehungen zu knüpfen.
Daher ist die Qualität der Bindung zwischen Mutter und Kind
– von Bowlby »*attachment*« genannt – entscheidend für die
seelische Gesundheit. Genau um diese Qualität ging es

Bowlbys Kollegin, der amerikanischen Entwicklungspsychologin Mary Ainsworth, in ihrem berühmten Versuch der »Fremden Situation« – einem zwanzigminütigen Belastungstest für Säuglinge, nach dem ihre Mutterbindung entweder als sicher oder unsicher eingestuft wurde. Getestet wurden die Reaktionen eines Babys in zunehmend belastenden Situationen – das Kind wird mitsamt der Mutter in ein fremdes Zimmer gebracht, ein Fremder kommt, die Mutter geht, die Mutter kommt zurück. Auf kurze Sicht hat sich gezeigt, daß Babys mit »unsicherer Mutterbindung« zu Mißtrauen gegenüber anderen neigen. Aber langfristige Ergebnisse haben sich daraus nicht ableiten lassen. Dennoch erfreute sich die »Fremde Situation« in den siebziger Jahren in entwicklungspsychologischen Kreisen ebensolcher Beliebtheit wie der IQ-Test in den fünfziger Jahren. Beide hielt man fälschlicherweise für einen verläßlichen Indikator für die Normalität eines Kindes und sein Verhalten im späteren Leben.[106]

Die Bindungstheorie fand ungeheuren Anklang, da sie auf eine liebgewordene Binsenweisheit hinauslief – daß nämlich Mütter eine wichtige Rolle spielen. Viel von dem, was Bowlby und Ainsworth aufzeigten, klang überzeugend genug. Alle Mütter haben es schon erlebt, daß Kinder fremdeln, daß sie einem ständig am Rockzipfel hängen und daß sie der Bezugsperson bei ihrer Rückkehr die kalte Schulter zeigen. Als Bowlby 1951 in seiner Monographie behauptete, daß die ganztägige Berufstätigkeit der Mutter eine Deprivation von gleichem Rang darstelle wie beispielsweise Krieg oder die Inhaftierung eines Elternteils, glaubten die Mütter ihm bereitwillig.

Wörtlich interpretiert, fordert die Bindungstheorie, daß die Mutter zu Hause bleibt. Und ganz genau so ist sie in der Regel auch verkauft worden. Unter dem Deckmantel des »Bowlbyismus« nahmen die Kindergärten in England keine Kinder unter drei Jahren mehr an, und Ärzte, Sozialarbeiter und Lehrer machten die Frauen einstimmig darauf aufmerksam, daß sie ihre kleinen Kinder einer großen Gefahr aussetzten, wenn sie arbeiten gingen.[107] In Amerika wurde die Bindungstheorie zum Eckpfeiler der Erziehungsratgeber, vom mittleren Spock bis zu Brazelton.

Die Mutter-Kind-Bindung ist als Folge der *attachment*-Theorie auf geradezu absurde Weise hochgespielt worden. Für das Laienpublikum ist sie zu einer Art Sofortkleber avanciert, der Mutter und Kind in Sekundenschnelle zusammenschweißt. Eine Mutter, die ihr Kind nicht im Augenblick der Geburt zu herzen und zu küssen beginnt, hat ihre beste und vielleicht einzige Chance vertan, ihre biologische Verbindung zu ihrem Kind zu festigen. Die Psychologin Diane Eyer sieht in diesen Vorstellungen eine verzerrte Version der Forschungsergebnisse aus den frühen siebziger Jahren, denen zufolge die Frau unmittelbar nach der Geburt durch einen hormonell bedingten Prozeß bestimmt wird, ihr Kind instinktiv entweder anzunehmen oder abzulehnen – genau wie bei den Ziegen. Obwohl die Wissenschaft diese Befunde schon vor über zehn Jahren als extrem zweifelhaft entlarvt hat, berufen sich Kinderärzte und Säuglingsexperten nach wie vor auf sie, um den Müttern von einer Rückkehr in den Beruf abzuraten.[108]

Die Bindungstheorie hatte durchaus auch ihr Gutes: Sie trug zur Humanisierung der Geburtserfahrung bei und führte zu Reformen in der Versorgung elternloser Kinder. Aber sie hat sich aus ihrer (ohnehin fragwürdigen) wissenschaftlichen Verankerung gelöst und mußte zur Rechtfertigung haltloser und übertriebener Postulate herhalten – daß es »kritische« Phasen für den Aufbau der Mutter-Kind-Beziehung gibt; daß Babys Mütter brauchen, die immer zu Hause bleiben; daß einem Kind, bei dem die Mutter-Kind-Beziehung stimmt, ein Leben lang emotionale Sicherheit garantiert ist. Der Sekundenkleber ist zum Absolutum erhoben worden, und Mütter, die einen Kaiserschnitt hatten, die ein Kind adoptiert haben oder die sich nicht gleich bei der Geburt mit ihrem Neugeborenen eins gefühlt haben, müssen sich als Versagerinnen empfinden ... als ob das Muttersein so einfach wäre.

Noch während Bowlby und seine Kollegen ihre Theorien zu Papier brachten, gerieten sie von allen möglichen Seiten unter

Beschuß. Die Psychoanalytikerin Anna Freud wandte zu Recht ein, daß die Reaktion eines Kindes auf den Verlust der Mutter auch mit der Stärke seines eigenen Ego zu tun hat. Die Erfahrung muß sich nicht unbedingt vernichtend auswirken. In Kreisen, die mit Experimenten arbeiteten, versuchte Michael Rutter zu beweisen, daß die Mutterentbehrung nicht das einzige oder auch nur das entscheidende Hindernis einer gesunden Entwicklung sei.[109] Rutter behauptete nicht, daß die Trennung von der Mutter gut sei, aber er betonte, daß sie nur einen Faktor darstelle unter vielen, die soziale Anpassungsschwierigkeiten »verursachen« können; weit mehr ins Gewicht fielen ein gestörtes Familienleben und dysfunktionale Erziehungsmethoden. (Spitz und Bowlby hatten ihre Daten beide aus extrem dysfunktionalen Umfeldern bezogen.) Andere Beobachtungen ergaben, daß Babys durchaus über frühkindliche Traumata hinwegkommen können und daß sie oft außerordentlich widerstandsfähig sind, was Bowlbys These von der Irreversibilität der durch Mutterentbehrung entstandenen Schäden widerlegt. Außerdem zeigten sich Kinder imstande, sich an mehrere Bindungspersonen anzuschließen, ohne dabei Schaden zu nehmen.[110] Und in Langzeitstudien, von denen es verständlicherweise wenige gibt, schien die Veranlagung des Kindes ausschlaggebend für die soziale Fehlanpassung zu sein, nicht irgendwelche Versäumnisse der Mutter.[111] Einer von Bowlbys und Ainsworths hartnäckigsten Kontrahenten ist Jerome Kagan, ein einflußreicher Harvard-Psychologe und äußerst produktiver Forscher, dessen Untersuchungsergebnisse immer wieder auf die zentrale Bedeutung der Gene für die kindliche Entwicklung hinweisen.

Aber obgleich sich das Gros der Wissenschaftler in den siebziger Jahren einig war, daß die Mutter nicht die alleinige Ursache seelischer Störungen darstellt, nahmen praktizierende Ärzte und die etablierte Mutterkultur keine Notiz davon. Bruno Bettelheim, der Nestor der Kinderpsychologie, suchte die Schuld am Autismus grundsätzlich bei der Mutter, ebenso wie die Schizophrenie auf Mütter zurückgeführt wurde, die zu kalt seien oder ihren Kindern gemischte Botschaften zukommen ließen. Die Mütter mußten, wie die Psychologen Paula Caplan und Ian Hall-McCorquodale aufzeigten, als Sündenböcke für nahezu alle psychischen Probleme herhalten, und keiner einzigen Mutter eines Patienten wurde geistige Stabilität bescheinigt.[112] Auch die Kinderexperten hinkten hinter dem Stand der Forschung her. Im Jahre 1977, in dem mehr Mütter als je zuvor in den Beruf zurückkehrten, veröffentlichte Selma Fraiberg ihr Buch *Every Child's Birthright: In Defense of Mothering*, in dem sie Bowlbys Bindungstheorie erneut aufwärmte. Es wurde zu einem Verkaufsschlager.

Die Namen wurden geändert, aber nicht zum Schutz der Unschuldigen. Der Jargon wandelte sich vielleicht, aber der Schwarze Peter blieb zwischen 1940 und 1980, in den Instituten für Psychoanalyse ebenso wie in der Entwicklungs- und Populärpsychologie, bei der Mutter. Sicher, die »überbesorgte« oder «vernachlässigende« Mutter hieß bald »schizophrenogen«, bald »narzißtisch« oder »nicht-empathisch«, aber was ihr zur Last gelegt wurde, war immer dasselbe. Das ist angesichts der wechselseitigen Befruchtung der verschiedenen Gruppierungen nicht weiter verwunderlich, zumal zum Teil dieselben Personen in ihnen agierten. Bowlby zum Beispiel war sowohl Psychoanalytiker als auch Forscher und Populärautor, und Donald Winnicott, während des Krieges ein vom britischen Publikum heißgeliebter Rundfunksprecher, war ein ebenso brillanter wie origineller und anerkannter Psychoanalytiker. Gegen Ende seines Lebens entwarf Freud mit seiner Dreiheit von Es, Ich und Über-Ich ein Strukur-Modell des menschlichen Geistes, das der Realität – und damit der Mutter – Einlaß in die kindliche Psyche verschaffte. Und nachdem sie einmal Einlaß gefunden hatte, riß sie das Ruder an sich, zumindest in den Augen der Postfreudianer. Bis dahin ignoriert, war die Mutter nun plötzlich allmächtig, und was immer sie ihrem Kind angedeihen ließ, wurde auf die Goldwaage gelegt. Ihre Aufgabe war nunmehr von entscheidender Bedeutung und in

hohem Maße kodifiziert: Die Mutter hatte, um es im psychoanalytischen Jargon auszudrücken, zur rechten Zeit sorgsam
abgemessene Dosen von »normaler Zuwendung«, »Spiegelung«, »Empathie« und »psychologischer Einstimmung« zu verabreichen und sich »idealisieren« zu lassen, wobei sie freilich
nicht vergessen durfte, gleichzeitig mit »optimalen Versagungen« aufzuwarten. Andernfalls drohte ihr eine so vernichtende
Diagnose wie etwa Charakterstörung (mit anderen Worten
Unfähigkeit, gesunde Beziehungen aufzubauen), ein schlimmer Befund von solcher Tragweite, daß er oft als nicht behan-
delbar erachtet wurde.

Die Psychoanalyse der Jahrhundertmitte trug ebenfalls zur
Auslöschung der Mutter als Individuum bei. Sie betrachtete
die Mutterschaft als das Drama des Kindes mit der Mutter in
einer Nebenrolle. Wenn der Plot auf den Weg gebracht war und
das Kind alles hatte, was es brauchte, verschwand die Mutter
hinter den Kulissen. Obwohl sich die Psychoanalytiker in der
Praxis um Neutralität und Objektivität bemühten, war der
theoretische Ansatz ganz und gar auf das Kind hin ausgerich-
tet: Er baute auf den von den Patienten gelieferten Rekon-
struktionen ihrer Kindheit und nicht auf einer Rekonstruktion
mütterlicher Erfahrung auf und sah die Mutterschaft daher
ausschließlich aus der Sicht des Kindes.

Um die Jahrhundertmitte drehte sich sowohl die psychoanalytische Theorie als auch ihre Praxis in allen außer den erzkonservativen Instituten um 180 Grad. Nun, da die Psychopathologie auf die Mütter zurückging, wurden die psychoanalytischen Methoden »mütterlicher«, vielleicht aus Gründen der
Kompensation. Freuds distanzierte, rationalistische, »paternalistische« Haltung wich bei vielen Analytikern allmählich
einem einfühlsameren, wärmeren, »mütterlichen« Ansatz.[113]
Natürlich darf man gerade die Texte von Psychonanalytikern
nicht allzu wörtlich auslegen. Dazu kommt, daß für psycho-
analytisch orientierte Therapeuten noch mehr als für Psychotherapeuten anderer Richtungen tatsächliche Vorkommnisse
wie etwa elterliche Mißhandlungen für die Psyche des Kindes

eine geringere Rolle spielen als die Interpretation dieser Vorkommnisse, was ihnen ja auch oft genug zum Vorwurf gemacht
worden ist. Trotzdem nimmt die Mutterschelte in der psychoanalytischen Theorie nach Freud einen zu breiten Raum ein,
um einfach ignoriert zu werden, selbst wenn sie nicht bewußt
als Kollektivanklage gegen alle Mütter gedacht war.[114]
Es war wohl kaum ein Zufall, daß die Psychoanalytiker in
dieser Zeit zu dem Ideal des empathisch großgezogenen Kindes
auch gleich das passende weibliche Verhaltensideal konstru-
ierten. Mütterliche Selbstaufopferung galt jetzt als normal
und gut. Der Beweis für eine gesunde Weiblichkeit war die
Bereitschaft zum Masochismus – so jedenfalls die von Freud
beeinflußte Psychoanalytikerin Helene Deutsch (die ihrer eigenen Definition nach freilich nicht als richtige Frau durchge-
gangen wäre, da sie Babysitter einstellte). Der weibliche Masochismus ist eine Anpassungserscheinung, erklärte Deutsch
in ihrem zweiten Band über die Psychologie der Frau, *Motherhood*.[115] Er stellt eine Anpassung an ihre Lebenswirklichkeit
dar, in der viele der normalen weiblichen Funktionen eine
Mischung von Schmerz und Lust oder Freude beinhalten, wie
etwa Entjungferung und Geburt. Wie praktisch für ein an-
spruchsvolles Kind, dessen Wunsch der masochistischen Mutter Befehl sein sollte!
Die Sexualität stand laut Deutsch im Dienste der Fortpflanzung, die wiederum im Dienste gesunder Weiblichkeit stand.
Darin stimmte sie mit Freud überein, weshalb sie von Feministinnen und anderen als »brave Tochter« abgetan worden ist.
Aber in Deutschs System erhält Freuds schattenhafte Mutter,
die von dem Mädchen zugunsten des starken Vaters zurück-
gewiesen wird, ihre ganze, machtvolle Existenz zurück. Und
der weibliche Gebärwunsch wird bei Deutsch weniger einem
verschobenen Penisneid als der Identifikation mit der Mutter
zugeschrieben.[116]
Die wenigen Psychoanalytiker, die sich in den ersten dreißig
Jahren nach Freuds Tod mit dem Fortpflanzungswunsch der
Frauen befaßten, teilten Deutschs Auffassung weitgehend.

Psychoanalytiker wie Judith Kestenberg und Henri Parens demonstrierten sogar durch Versuche, daß der Wunsch nach einem Baby dem Penisneid *voraus*gehe, so daß er schlecht als Ersatz für etwas verstanden werden könne, das das kleine Mädchen noch gar nicht entbehrt.[117]

Dennoch hielten fast alle Psychoanalytiker an der Gleichsetzung gesunder Weiblichkeit mit dem Wunsch nach einem Kind fest. Probleme wie Unfruchtbarkeit und postnatale Depression wurden als Hinweis auf ihre mangelnde Anpassungsfähigkeit gewertet. Eine Frau mußte Kinder haben und glücklich darüber sein, sonst nahm man sie nicht für voll. 1959 definierte Therese Benedek als erste von vielen anderen Autorinnen den Fortpflanzungsdrang der Frau als einen wesentlichen Faktor in der Ausbildung der weiblichen Identität.[118] Sie verstand die Mutterschaft als eine Entwicklungsphase, in der sich die Frauen mit ihren Kindern und zugleich mit sich selbst als Kindern identifizieren, was die Wiederbelebung und Bewältigung eigener kindlicher Mutterkonflikte ermögliche. Was all diese Spekulationen nach wie vor vermissen lassen, ist die Vorstellung von der Fortpflanzung als *Möglichkeit* und nicht als *Muß*.

Dennoch wäre es falsch, alle damaligen psychoanalytischen Theorien zum Thema Mutterschaft einfach als unsensibel abzutun. Der Großteil der Literatur beschäftigte sich nicht mit den primären Ursachen für den Kinderwunsch, sondern mit seinen sekundären Begründungen und gewährte insofern eine Reihe aufschlußreicher Einblicke. Großangelegten klinischen Studien zufolge wollten manche Frauen deshalb ein Baby, weil sie sich von der Beziehung zu ihm oder seinem Vater ein gesteigertes Selbstgefühl versprachen oder weil sie den Kindsvater an sich binden wollten. (Manchmal stimmt die Psychologie durchaus mit dem praktischen Verstand überein!) Andere Frauen wünschten sich ein Kind, um sich mit ihm identifizieren zu können und sich angenommen zu fühlen oder um negative Erfahrungen mit den eigenen Eltern aktiv umzukehren oder zu verarbeiten. Wieder andere träumten von einer »perfekten« Mutter-Kind-Beziehung, in der sie sich selbst als

tugendhaft und selbstlos erleben konnten.[119] Die Liste ließe
sich fortsetzen. Es gibt fast ebenso viele »sekundäre« Erklärungen für den Wunsch nach einem Kind, wie es Mütter gibt.

Wie wir gesehen haben, betrachtete Freud die Pflege- und
Schutzfunktion der Mutter im großen und ganzen als selbstverständlich. Die Beziehung, die er immer wieder neu deutete,
war die des Kindes zu seinem Vater. Dennoch distanzierten
sich schon zu Freuds Lebzeiten eine Reihe berühmter Analytiker von seinen Lehren und rückten die »präödipalen« Beziehungen des Kindes zur Mutter in den Vordergrund. Damit
meinten sie die frühe emotionale Bindung *vor* dem im Alter
von drei bis fünf Jahren auftretenden Dreiecks-Konflikt, bei
dem das kleine Mädchen die Mutter als Rivalin im Kampf um
die Liebe des Vaters empfindet und der kleine Junge den Vater
als Rivalen im Kampf um die Gunst der Mutter. Otto Rank
zum Beispiel stellte die Mutter des Neugeborenen in den
Mittelpunkt seines Systems, eine logische Konsequenz aus
seiner These vom Geburtstrauma. Einzig Ruth Mack Brunswick betonte die Bedeutung der präödipalen Mutter für die
kindliche Entwicklung so taktvoll, daß es nicht wie eine
Kampfansage gegen Freuds Grundannahmen aussah[120] – indem sie sie nämlich gezielt im Zusammenhang mit dem weiblichen Kind thematisierte, einem Thema, für das sich Freud
noch nie so ganz zuständig gefühlt hatte. In den Augen Bruns-
wicks und vieler heutiger Analytiker ist die frühere Bindung
an die Mutter sehr viel archaischer und primitiver als die
ödipale; wenn hier etwas schiefgeht, kann das zu schweren
psychischen Problemen führen.

In den dreißiger Jahren bildete sich, teilweise als Reaktion auf
frühere Versäumnisse Freuds, eine Fraktion von Psychoanalytikern, die ausdrücklich mit der Triebtheorie brachen (nach
der Instinkte aus dem Inneren, namentlich der Geschlechtstrieb und der Aggressionstrieb, den psychischen Apparat des
Menschen vorantrieben). Ihre Lehre nannte sich interpersonale Psychoanalyse, und ihre Grundsätze muten seltsam modern

an. Die Hauptvertreter waren Harry Stack Sullivan, Erich
Fromm, Karen Horney, Clara Thompson und Frieda Fromm-
Reichmann. Sie alle waren sich einig, daß die klassische Freudsche Theorie den gesellschaftlichen Kontext unterbewerte-
te,[121] und betonten die Rolle des »anderen« in der Entwicklung
der Psychopathologie. Vom »anderen« zur Mutter war es nur
ein kleiner Schritt. So führten sowohl Sullivan als auch
Fromm-Reichmann beispielsweise die Schizophrenie auf eine
»schlechte« oder »schizophrenogene« Mutter zurück.[122] Eine
solche Mutter sei böswillig und restriktiv; sie klammere sich
an ihr Kind und habe weniger sein als ihr eigenes Wohl im
Auge. Ihr Versagen erfülle das Kind mit Zorn und Unsicherheit, und so werde es geisteskrank.

In dieselbe Kerbe schlug die »Ich-Psychologie«, die sich aus
Freuds Struktur-Theorie entwickelte, als er kaum unter der
Erde lag. In der Darstellung von Anna Freud und Heinz
Hartmann ist das Ich stark, zum Teil sogar autonom, konflikt-
frei und befähigt das Individuum zur Anpassung an die Reali-
tät. Eine solche Realität, so kann man wohl annehmen,
schließt auch die Mutter ein.[123] Als Kinderanalytikerin, die im
Gegensatz zu Klein mit Kindern *und* Eltern arbeitete, »sah«
Anna Freud notgedrungen den großen Einfluß der Haupt-Be-
zugsperson (anders als Analytiker, die mit Erwachsenen arbeiten und über die Rolle anderer Personen nur »hören«).[124]
Von daher kam sie zu dem Schluß, daß Mütter wichtig sind,
obwohl in ihrem eigenen Leben die beherrschende Gestalt der
Vater war.

In den Jahrzehnten nach dem Krieg gingen an den Instituten
für Psychoanalyse neue Thesen über die Bedeutung der Mutter um, die alle aufs schönste mit den Beobachtungen von
Ribble, Bowlby, Spitz und Levy übereinstimmten und in den
neuen Theorien der »Objektbeziehungen« und der »Selbstpsychologie« zum Tragen kamen.

Bis dahin hatten Freud, Klein und die Ich-Psychologen einheit-
lich die inneren Triebe und die eigene Psyche des Kindes als
die wichtigsten persönlichkeitsbestimmenden Faktoren be-

trachtet. Die Vertreter der interpersonalen Psychologie hatten
die Gegenposition bezogen und die Rolle der sozialen Einflüsse
in den Vordergrund gestellt. Ihrer Meinung nach war das Baby
wie ein Schwamm; es absorbierte die Wirklichkeit, ohne sie
durch Phantasien, Verzerrung oder irgendeinen Verteidigungsmechanismus zu filtern. Die Objektbeziehungstheorie
dagegen sieht nicht die Triebe als ausschlaggebend, sondern
die Objekte, das heißt, die anderen Personen. Sie ist zwar nicht
so triebfixiert wie die von Freud, Klein und Co. und auch nicht
so deterministisch wie die interpersonale Psychologie, aber sie
postuliert eine anämische Psyche und berücksichtigt für meinen Geschmack zu wenig die Realitätsverzerrungen, die durch
das Unbewußte des Kindes geleistet werden, so daß auch hier
letzten Endes die Mütter die Leidtragenden sind.

In der Auffassung der Objektbeziehungspsychologen W. R. D.
Fairbairn und nach ihm Harry Guntrip wird menschliches
Handeln weniger durch erotisches Verlangen als von der Sehnsucht nach einer Beziehung motiviert. Die inneren Objekte des
Kindes – sein Innenleben – werden zur Gänze durch die realen,
äußeren Objekte bestimmt. Natürlich werden die Objekte bei
der Verinnerlichung zerlegt und neu zusammengesetzt, aber
die Grundlage bilden immer die realen Erfahrungen des Kindes mit seinen tatsächlichen Eltern. Die Wurzel allen Übels ist
elterlicher Liebesentzug, das klingt bei Fairbairn klar durch.
Obwohl er hier und da andeutet, daß die uneingeschränkte
elterliche Verfügbarkeit ein Ding der Unmöglichkeit ist,
spricht er doch an keiner Stelle aus, daß die Wünsche des
Kindes per definitionem unerfüllbar seien. Für ihn ist die
elterliche Unfähigkeit, vollständige Befriedigung zu geben, auf
die eigene Psychopathologie der Eltern zurückzuführen – ein
Ansatz, aus dem sich eine unendliche Kette von Schuldzuwei-
sungen ableiten läßt, die vermutlich erst bei Eva ein Ende
finden.[125]

Fairbairn und Guntrip bereiteten den Boden für Margaret
Mahler, die wichtigste Vertreterin der Objektbeziehungstheorie in den Vereinigten Staaten. Für Mahler bildete das Kind

bei der Geburt eine psychische Einheit mit der Mutter. Ihre
Ideen gründeten sich auf Beobachtungen aus ihrem Mutter-
Kind-Forschungsprojekt im New Yorker Master Children's
Center und beeinflußten eine ganze Generation von Psychotherapeuten, vor allem im Bereich der Sozialpsychologie. Mah-
lers einzigartiger Beitrag war ihre Beschreibung der »psychischen Geburt« des Kindes als Individuum – seiner allmähli-
chen Lösung aus der symbiotischen Verschmelzung mit der
Mutter in Form eines langen »Loslösungs- und Individua-
tions«-Prozesses, der die Subphasen des »Ausschlüpfens«, der
Unabhängigkeits-»Übung« und der Trennungsangst (»Wieder-
annäherungskrise«) durchläuft, um schließlich zu wahrer Autonomie zu führen. All das spielt sich angeblich in den ersten
drei Lebensjahren ab. Die Aufgaben, mit der Mahler die Mutter für diese Zeit betraut, sind überwältigend, diffizil und
ständig wechselnd. Zunächst muß die Mutter immer da sein,
um einen Puffer zwischen dem Kind und der Außenwelt zu
bilden und als Hilfs-Ego und Reizfilter zu fungieren. Später
muß sie diese Nähe bereitwillig zugunsten einer hochdifferen-
zierten Beziehung zu einem zunehmend unabhängigen Individuum aufgeben. Wenn sie dabei in irgendeiner Form versagt,
kann das »schwerste Störung der Individuation und psychoti-
sche Desorganisation« zur Folge haben.[126] Zugegebenermaßen
thematisierte Mahler auch den eigenen Anteil des Kindes an
seinen psychischen Problemen und seine Fähigkeit (oder Unfähigkeit), in seinen Bezugspersonen Zärtlichkeit hervorzurufen, aber der Schwerpunkt liegt doch auf der Verantwortung
der Mutter. Und die breitere Öffentlichkeit legte ihre Ideen
natürlich so aus, daß die Mutter drei Jahre lang ihre gesamte
Aufmerksamkeit ihrem Kind zu widmen habe. Eine gute Mutter kleiner Kinder durfte sich daher mit nichts anderem beschäftigen.
Der britische Psychoanalytiker Donald Winnicott kam auf dem
Umweg über die Kinderheilkunde zur Psychoanalyse, und
obwohl er sich in der Tradition Freuds und Kleins sieht, hat er
in seiner Betonung der Mutterrolle viel mit den Vertretern der

Objektbeziehungstheorie gemein. »Den ›Säugling‹ gibt es gar
nicht«, sagte Winnicott wiederholt, »es gibt nur den Säugling
in einer bestimmten Umgebung« – Kind und Mutter, heißt das
mit anderen Worten, bilden für ihn eine Einheit. Viele seiner
Beiträge befassen sich mit den Bedingungen, die Kinder brauchen, um sich von anderen lösen und ihr »wahres Selbst«
entwickeln zu können, ohne darüber die Fähigkeit zu einer
intimen Bindung zu verlieren. Obwohl Winnicott die Mutter
von der Forderung der Vollkommenheit befreit, indem er ver-
sichert, daß sie lediglich »hinreichend gut« zu sein habe (eine
für die damalige Zeit revolutionäre Aussage), sind seine Ansprüche an eine hinreichend gute Mutter immer noch so hoch,
daß ihr wenig Zeit für irgend etwas anderes bleibt. Als erstes
muß sie schon einmal auf alle ausgesprochenen und unausge-
sprochenen Bedürfnisse des Kindes eingehen. Dann muß sie
unaufdringlich für eine »haltende und spiegelnde Umgebung«
sorgen (also empathisch sein). Sie soll zeigen, daß sie seine
»Übergangsobjekte« respektiert, (mit anderen Worten, ihm
seine Schmusedecke hinterherschleppen). Und zu guter Letzt
muß sie überleben und darf sich für diese »Ausbeutung« durch
das Kind nicht revanchieren (sprich, kein Spielverderber sein).
Glücklicherweise betont Winnicott, daß all das für eine »normal zugewandte Mutter« kein Problem sei. Sein Ton ist sogar
so beschwichtigend, daß es schon fast an Beleidigung grenzt.
»Sie brauchen nicht klug zu sein, und Sie brauchen auch nicht
zu denken, wenn Sie es lieber nicht möchten. Ob Sie in der
Schule eine hoffnungslose Niete in Mathematik waren oder ob
Sie Stipendien bekommen haben ... Sie können eine normal
zugewandte Mutter sein.« Kein großer Trost angesichts seiner
Definition der Psychose als eine »durch Defizite der Umgebung« verursachte Krankheit. Wir alle wissen, was er mit
»Umgebung« meint.[127]
Den schwersten Stand hat die Mutter wohl bei Heinz Kohut,
dem Vater der Selbstpsychologie, obgleich seine Brutalität mit
Sicherheit keine Absicht ist. Für Kohut sind die frühen Bezie-
hungserfahrungen für das psychische Überleben des Kindes so

wesentlich wie Sauerstoff für sein physisches Überleben. Die Grundkonstituente in Kohuts Modell der Psyche ist das Selbst. Das kindliche Selbst ist hilflos, schwach und amorph und braucht ein »Selbstobjekt«, das ihm Zusammenhang, Beständigkeit und Widerstandsfähigkeit vermittelt. Das Selbstobjekt (in der Regel die Mutter) übernimmt die Aufgaben, die, wenn alles gutgeht, später vom eigenen psychischen Apparat des Individuums geleistet werden. Kohut betrachtete die Einfühlung zwischen Kind und Selbstobjekt als unerläßlich für eine gesunde kindliche Entwicklung.

Das gute Selbstobjekt hat für das Kind vor allen Dingen »Spiegel«-Funktion, das heißt, es wartet mit Bewunderung, Beständigkeit, Fürsorglichkeit, Respekt und allgemeiner Einfühlung auf.[128] Zweitens muß das Selbstobjekt sich vom Kind idealisieren lassen, um ihm das Bewußtsein des Verschmelzens mit einer starken Vorbildfigur zu vermitteln. Zu gegebener Zeit muß das Selbstobjekt dann langsam für immer mehr »optimale Versagungen« sorgen, so daß eine Verinnerlichung des Selbstobjekts stattfindet. Kohut nannte diesen Prozeß die »umwandelnde Verinnerlichung«. Erfolgreich zu Ende gebracht, resultiert dieser Prozeß in der Konsolidierung des Selbst, der sogenannten Selbstkohärenz. Ein chronisches Einfühlungsdefizit, das elterlicher Charakterpathologie zuzuschreiben ist, untergräbt die gesunde Entwicklung des kindlichen Selbst und führt zu narzißtischer Psychopathologie. In einem späten Aufsatz erklärte Kohut, die von anderen Autoren beschriebenen Konflikte, wie etwa der Ödipuskomplex, seien eigentlich frühe Zusammenbrüche der psychischen Organisation des Selbst, die wiederum von mangelnder elterlicher Einfühlung herrührten.[129] Schuld an psychischen Störungen sind demnach nicht Konflikte, sondern Defizite – die Defizite der Mutter.

Als Beispiele für die ideale Selbstobjekt-Beziehung führte Kohut die Beziehung Eugene O'Neills zu seiner dritten Frau und die Prousts zu seiner Haushälterin Celestine an. Wie aus den Biographien beider Schriftsteller zu schließen, wurden diese

Frauen denkbar schlecht behandelt. So sehr Kohut Einfühlung in das Kind predigte, so wenig fühlte er sich offenbar in das Selbstobjekt ein.[130]

In den Jahrzehnten nach dem Zweiten Weltkrieg dröhnten die heiligen Hallen der psychologischen Institute von den immer lauteren Anschuldigungen gegen die Mutter, deren eigene Stimme mit jedem Jahr vollständiger übertönt wurde. Sicher, sie hatte jetzt mehr Befugnisse, aber daraus schien nichts als Verderben zu erwachsen. Eine eigenständige Persönlichkeit war sie nach wie vor nicht. Auch Ende der siebziger Jahre noch zählten nur Portnoys Beschwerden, nicht die seiner Mutter.

Die Neuerfindung des Mythos: Von 1980 bis heute

Nach langen Jahren der kulinarischen Entbehrungen entwickelten die Amerikaner im späten 20. Jahrhundert einen Sinn für die feine Küche. In jedem gehobenen Haushalt gab es plötzlich eine Moulinette sowie Dutzende ähnlich raffinierter Gerätschaften. Die Amerikaner hatten das Kochen als Handwerk wiederentdeckt. Die Natur und alles Natürliche waren wieder im Geschäft. Das war die gute Nachricht. Es war auch die schlechte. Denn zugleich mit den Ansprüchen an das Essen stiegen auch die Ansprüche an die Frauen, die trotz des Medienrummels um die Hausmänner immer noch 84 Prozent der Hausarbeit leisten.[131] Es ist fast ein Witz: Während unsere Mütter vielleicht lieber richtig gekocht hätten, aber eine Büchse Ravioli auf den Tisch bringen mußten, um nicht altmodisch zu erscheinen, gilt eine Mutter, die heutzutage einfach nur eine Dose aufmacht, als pflichtvergessen oder auch gleich als böswillig, weil sie ihren arglosen Kindern chemische Zusatzstoffe serviert. Die Anforderungen an die tüchtige Hausfrau sind mit der Einführung arbeitssparender Geräte höher geworden, nicht niedriger, und die Zeit, die wir unterm Strich mit der Hausarbeit zubringen, ist in etwa die gleiche geblieben

wie bei unseren Großmüttern – nur daß heute fast 70 Prozent
der qualifizierten Mütter mit kleinen Kindern berufstätig sind,
die meisten ganztags. Die Mütter befinden sich in einer kulturellen Zwickmühle. Sie haben sich gewandelt, aber die Erwartungen an sie nicht.[132]

Dreißig Jahre nach Betty Friedan stehen viele Frauen am
Rande einer tiefen Kluft zwischen den Generationen, und
ihnen ist schwindlig. Wir sind die erste Generation von Frau-
en, die, ob freiwillig oder notgedrungen, außer Haus arbeiten.
Wir sind die erste Generation von Frauen, die es wagt, ehrgei-
zig zu sein. Aber Ehrgeiz ist und bleibt nun einmal kein
besonders mütterlicher Charakterzug. Umgekehrt ausgedrückt: Mangel an Ehrgeiz – oder besser die opfermütige
Bereitschaft, den persönlichen Ehrgeiz hintanzustellen – wird
immer noch als tugendhafter Beweis der Mütterlichkeit gewertet. Für viele Frauen, vielleicht für die meisten, stellt die
Unvereinbarkeit von Mutterschaft und persönlichem Ehrgeiz
den Kern des weiblichen Dilemmas dar.

Teil des Problems ist unsere anhaltende Unsicherheit über den
Stellenwert der Muttertätigkeit. Wenn eine Frau sich um ihre
Kinder kümmert, sei es aus Liebe, aus persönlicher Neigung
oder aus Verantwortungsbewußtsein, wird das nach wie vor
ihrer biologischen Veranlagung zugeschrieben – ob sie nun
Schokoladenplätzchen bäckt oder alles stehen und liegen läßt,
um ein krankes Kind zu pflegen. Aber wenn ein Mann dergleichen tut, dann ist das etwas Außergewöhnliches. Werden
Kinder von Haushälterinnen, Kinderschwestern oder Kinder-
gärtnerinnen versorgt, ist der Marktwert dieser Fürsorge
denkbar gering.[133] Als Folge scheuen wir vor der Mutterschaft
zurück und haben Angst, daß wir uns, indem wir Hausfrau und
Mutter werden (so wir uns diesen Luxus erlauben können), in
unsere eigenen Mütter verwandeln, mitsamt ihrem niedrigen
Status, ihrer Selbstaufopferung und ihrem Frust. Und es
kommt uns politisch inkorrekt vor, laut zu sagen, wie gern
viele Mütter ihren Beruf zumindest teilweise aufgeben würden, wenn sie sich dann doch zum Kinderkriegen durchringen.

Wenn wir aber arbeiten wollen oder müssen, machen wir uns Sorgen, wie sich das auf unsere Kinder auswirken wird. Verlagswelt, Werbung, Psychologen und Kinderexperten ziehen immer noch eifrig an einem Strang, um den Frauen einzureden, daß ihr Platz daheim ist. Auf der einen Seite eine stetig ansteigende Scheidungsrate und die wirtschaftliche Rezession, die das Doppelverdienen für einen mittelständischen Lebensstil in Amerika zu einer Notwendigkeit macht – auf der anderen das Fehlen von flexiblen Arbeitszeiten, Mutterschafts- und Vaterschaftsurlaub, staatlichen Subventionen und einheitlichen Standards für die Tagesbetreuung, zuverlässiger Hilfe von seiten der Männer und, schließlich und endlich, einer Erziehungsideologie, die den Bedürfnissen von Kindern *und* Müttern Rechnung trägt. Wie stehen wir also da? Entweder kinderlos oder hoffnungslos überfordert.

In den achtziger und frühen neunziger Jahren splitterte sich das »Problem ohne Namen« zu einer Vielzahl von Problemen mit allen möglichen Namen auf: das »Superfrauen-Syndrom«, die »distanzierten Väter«, die »Kriechspur für Mütter«, »Leihmutterschaft«, »die alleinerziehende Mutter«. Es war und ist eine komplexe und paradoxe Zeit. Einige beachtliche feministische Fortschritte lassen sich nicht leugnen. Die ganze Nation saß gebannt vor dem Fernseher, als Professor Anita Hill den für den Obersten Gerichtshof nominierten Clarence Thomas vor einem Senatsausschuß der sexuellen Belästigung am Arbeitsplatz beschuldigte und der Allgemeinheit Probleme wie sexuelle Belästigung, Vergewaltigung, *date rape* und den gesetzlichen Schutz der sexuellen Selbstbestimmung vielleicht erstmals richtig bewußt machte. Auch Mütter, die sich von ihren Kindern verabschiedeten und in den Krieg am Persischen Golf zogen, wären noch vor zwanzig Jahren undenkbar gewesen. Andererseits erleben wir derzeit einen konservativen Gegenschlag gegen die Frauenbewegung sowie gegen Bürger- und Menschenrechte aller Art. Das *Webster*-Urteil des Obersten Gerichtshofs aus dem Jahre 1989, das die Entscheidung im Fall *Roe gegen Wade* drastisch revidierte und die Abtrei-

bung für arme Frauen erheblich erschwerte, war nur das letzte
Kapitel einer jahrzehntelangen konservativen Kampagne, die
sich im Scheitern des Verfassungszusatzes zur Gleichberechtigung und einer generellen Beschneidung der weiblichen
Selbstbestimmung niederschlug. Wir scheinen völlig vergessen zu haben, wie es war, bevor die Frauen das Recht zum
Schwangerschaftsabbruch erlangten: die heimlichen Abtrei-
bungen in diesem Jahrhundert, die Aussetzung und Tötung
von Kindern in den Jahrhunderten davor. Von den Misthaufen
des alten Griechenland bis hin zu den Engelmacherinnen des
viktorianischen Zeitalters haben die Mütter zu verzweifelten
Mitteln gegriffen, um sich der Kinder zu entledigen, für die sie
nicht aufkommen konnten. Die Geschichte hat zur Genüge
gezeigt, daß Mutterliebe nicht gedeiht, wenn die Mutterschaft
zum Muß erklärt wird.

Eine Welle der kulturellen Nostalgie spülte Ronald Reagan ins
Weiße Haus und führte zu dem gewaltsamen Versuch, das Rad
zurückzudrehen und die Familie wieder zu dem zu machen,
was sie einmal war (um so widersinniger, als Reagan selbst
eine Scheidung hinter sich hatte). Ob nun die Ölknappheit, die
mißglückte Geiselbefreiung von Teheran oder die zweistellige
Inflationsrate schuld war, die Menschen wollten die verlorene
»goldene« Vergangenheit zurück, in der alle noch einen Job
hatten und eine heile Familie in einer heilen Wohngegend mit
Flagge vor dem Haus. Viele dieser Sehnsüchte wurden von
einer abtreibungsfeindlichen Neuen Rechten wie etwa Reverend Jerry Falwells *Moral Majority* geschürt. Mit ihren Zeitungen und ihrer täglichen Sendezeit im Radio sowie von den
Konservativen gesponserten Denkfabriken wie der Heritage
Foundation wurde sie zu einer beherrschenden Präsenz in den
Medien.[134]

1989 wurden mehr Kinder geboren als in irgendeinem anderen
Jahr in der Geschichte der Vereinigten Staaten. Bill Cosbys
erfolgreiche Fernsehserie versinnbildlichte die idealisierten
Wertvorstellungen der Zeit und zog eine Flut von kuscheligen
Familienkomödien nach sich. In dieselbe Kerbe nationaler

Geburtenbejahung schlug eine Schwemme kinderlieber Filme wie *Baby-Boom*, *She's Having a Baby* und *Maybe Baby*, in denen gurgelnde, wie aus dem Ei gepellte Neugeborene egozentrische männliche und weibliche Workaholics von den Übeln des Feminismus und einer Dekade der Ich-Sucht erlösten.[135] Der Kassenschlager der späten achtziger Jahre, *Eine verhängnisvolle Affäre*, sagt alles: Die betrogene Mutter in diesem Film war so lieb und reizend, sie verkörperte alles, was es vor der bösen, räuberischen Karrierefrau zu schützen galt. Das Herz Hollywoods schlug ganz eindeutig im mütterlichen Busen der Reaktion.

In der Politik wurde die »Familie« zum Schlagwort, das beide Parteien paradoxerweise gleichermaßen im Munde führten. Republikaner und Demokraten brachten einen Großteil des Wahlkampfs 1992 damit zu, sich darüber zu streiten, wer die Familie nun gepachtet hatte. Sie meinten damit natürlich nicht dasselbe. Die Konservativen gebrauchten den Begriff als Synonym für die »traditionellen gesellschaftlichen Werte«, während die Liberalen damit an das Mitgefühl der Bevölkerung appellierten, um soziale Maßnahmen zur Unterstützung einer größeren Vielfalt von Familienformen zu rechtfertigen.[136] Die Parteien lieferten sich erbitterte Gefechte über einzelne Fragen wie Abtreibung, Kondome für Teenager, Kinderbetreuung durch die Mutter oder den Staat, Mutterschutz und vieles mehr. Die Folge war, daß in all diesen Problembereichen gar nichts mehr vorwärts ging.

Inmitten dieses Schwalls von Kinderliebe blieb der organisierte Feminismus eigenartig zurückhaltend in seinen Verlautbarungen.[137] Die Feministinnen der siebziger Jahre waren mehr an Gleichberechtigung, Abtreibung und Chancen im Beruf interessiert gewesen als an einer Gesetzgebung zum Schutz von Frauen mit Kindern. Aber jetzt hatten die Feministinnen selbst Kinder, und sie wollten hochwertige und erschwingliche Tagesstätten. Als sich jedoch Betty Friedan in *The Second Stage* zum Sprachrohr dieser Frauen machte und früheren Frauenrechtlerinnen vorwarf, in ihrer Ablehnung des Familienlebens zu weit gegangen zu sein, wurde sie von etlichen Feministinnen als Verräterin empfunden.[138] Man beschuldigte sie, der Neuen Rechten in die Hände zu arbeiten, der ihre Einstufung der Feministinnen als familienfeindlich natürlich sehr zupaß kam. Ähnlich unter Beschuß geriet Felice Schwartz, die in einem Artikel im *Harvard Business Review* ein revidiertes Arbeitszeit-Modell vorschlug, das den Müttern Zeit für ihre Kinder lassen sollte. Schwartz' Anliegen war es gewesen, die Beschäftigungschancen für Personen, für die die Karriere an erster Stelle kam, ebenso zu erweitern wie für Personen, die sowohl Beruf als auch Familie wollten, aber ihr Artikel wurde als Plädoyer für eine Art Geschlechter-Apartheid aufgefaßt – mit einer Überholspur für Männer und einer Kriechspur für Frauen. Es läßt sich nicht gut über Lösungen für berufstätige Mütter sprechen, ohne dadurch zumindest eine potentielle weibliche Hilfsbedürftigkeit zu implizieren ... für eine gute Feministin immer ein rotes Tuch. Heute werden Themen wie Tagesbetreuung und Mutterschutz bei den Feministinnen sehr viel größer geschrieben. Aber eine Basis zu finden, auf der die Rechte von Müttern und Nicht-Müttern gleichermaßen gefördert werden können, hat sich in der Frauenbewegung, wie ja auch überall sonst in der Welt, als eine schwierige Aufgabe erwiesen. Kein Wunder, daß die modernen Mütter verwirrt sind.[139]

Expertenratschläge helfen da wenig. Stellen Sie drei verschiedenen Baby-Gurus die Frage, die den Frauen heute am meisten auf den Nägeln brennt – wie lange, wenn überhaupt, sollte ein Elternteil mit einem neugeborenen Kind zu Hause bleiben? –, und Sie werden drei verschiedene Antworten erhalten. T. Berry Brazelton, der bis 1986 der Meinung war, daß der Platz der Mutter daheim bei den Kindern ist, hat sich inzwischen von seinen drei erwachsenen Töchtern ein paar Zugeständnisse an die ökonomische Realität abringen lassen. Er veranschlagt als Minimum nun drei Monate. (Aber selbst das wird ohne geregelten Mutterschutz für viele Mütter nicht zu verwirklichen sein.) Spock drückt sich. In der jüngsten Bear-

beitung von *Säuglings- und Kinderpflege* spricht er vom elterlichen »Recht« auf eine berufliche Laufbahn, betont aber
gleichzeitig, daß die Kinder in den ersten zwei bis drei Lebensjahren am besten von ihren Eltern aufgezogen werden. So
diplomatisch er es auch formuliert, im Grunde ist er eben doch
überzeugt, daß Mama (oder Papa) daheim bleiben und sich um
die Kindern kümmern sollte. Und der Harvard-Psychologe
Burton White, Autor von *The First Three Years*, hält sich gar
nicht erst lange mit derlei Feinheiten auf. Er ist gegen die
Betreuung durch Außenstehende während der Wachstunden
des Kindes in den ersten zweieinhalb Lebensjahren.[140]
»Sollen sie doch Kuchen essen«, sagte Marie-Antoinette in
solchen Fällen. In weniger als 7 Prozent der amerikanischen
Familien verdient der Mann das Geld, während die Frau zu
Hause Gemütlichkeit verbreitet,[141] aber das wird von den
Kinderexperten nicht zur Kenntnis genommen, vielleicht weil
sie ihre Theorien in einer Zeit formulierten, in der berufstätige
Frauen allgemein nicht wohlgelitten waren. Sie scheinen ganz
einfach außerstande, zu begreifen, daß die Frauen heutzutage
arbeiten müssen oder wollen. Ganz gleich, ob die Rolle der
Hausfrau und Mutter angestrebt wird oder nicht: Sie ist für
das Gros der Frauen schlichtweg nicht mehr möglich.
Und die Vollzeitmutterschaft kann historisch und kulturell
durchaus in Frage gestellt werden, das haben wir zur Genüge
gesehen. Wenn eine intensive, ausschließliche Eins-zu-eins-
Beziehung zur Mutter tatsächlich unverzichtbar wäre, müßten mit Ausnahme einer kurzen Zeitspanne in den fünfziger
Jahren alle Kulturen, vergangene wie gegenwärtige, gestörte
Menschen hervorgebracht haben. Ammen erfreuten sich in
Europa bis ins 19. Jahrhundert großer Beliebtheit, so daß viele
Mütter ihre Kinder in den ersten zwei Lebensjahren nicht
einmal zu Gesicht bekamen. Die vorindustriellen Mütter hatten mit Sicherheit zuviel damit zu tun, Nahrungsmittel anzu-
bauen oder zu verarbeiten, um ihren Nachwuchs mit Zuwendung rund um die Uhr zu beglücken. Und selbst die gutbürgerlichen viktorianischen Muttis wälzten diese Aufgabe auf

das Personal ab. Ganz eindeutig muß die Kindererziehung keine Vollzeitbeschäftigung der Mutter sein, es sei denn, ein kulturelles Machtwort erklärt sie dazu (was nicht heißen soll, daß es falsch wäre, daheim bei den Kindern zu bleiben; es ist nur nicht unbedingt nötig).[142]

Außerdem ignoriert der Rat der Kinderexperten aufs eklatanteste die erschöpfenden Studien aus zwei Jahrzehnten, die keinerlei Beweise für die negativen Folgen von Tagesbetreuung erbracht haben. Das liegt nicht daran, daß sie sich nicht bemüht hätten. Bis dato konzentriert sich die psychologische Forschung auf die Schäden, die durch mütterliche Berufstätigkeit und die Betreuung von Kindern durch Dritte entstehen, statt danach zu fragen, was passiert, wo Familien ohne dergleichen auskommen müssen. Ihre Parameter reflektieren den idealisierten Mutterschaftmythos unserer Kultur. Das bedauerliche Resultat ist, daß unsere psychologische Forschung unabsichtlich zur Konsolidierung des Status quo beigetragen hat, statt Diskussionen über soziale Veränderungen und Unterstützung für Mütter in Gang zu setzen. Daß der Staat in diesem Lande nichts unternimmt, liegt in der Tat vor allem daran, daß die Experten sich nicht einig werden können, was für die Kinder am besten ist.[143]

Unterdessen werden die Kindertagesstätten in den Medien unverdrossen schlechtgemacht. Kürzlich folgerte Jay Belsky, Psychologe an der Pennsylvania State University, in einer Auswertung einiger Untersuchungen provisorisch, daß mehr als zwanzig Stunden wöchentlicher Fremdbetreuung im ersten Lebensjahr eine feste Mutterbindung gefährden können. Sofort wurde er zum heißbegehrten Studiogast – bei »Today«, »CBS Morning News« und »Donahue« – und konnte sich vor Presseanfragen gar nicht mehr retten. Konservative Politiker beriefen sich in der *Congressional Record* auf ihn. Dabei betonte Belsky selbst die Schwachstellen in seiner Methodologie und warnte eindringlich vor einer Überreaktion. Aber seine Warnungen stießen auf taube Ohren.[144] Die Medien stürzten sich mit Feuereifer auf die Schattenseiten von Tagesstätten wie

Brandgefahr und sexuellen Mißbrauch. Als eine großangelegte Studie der University of New Hampshire enthüllte, daß Kindesmißhandlung in den Tagesstätten keinesfalls gang und gäbe sei, brachte die *New York Times* die Nachricht ganz klein unter »Vermischtes«.[145] In der Darstellung der Medien drohen bei der Tagesbetreuung wesentlich mehr Gefahren als zu Hause in der Familie, wo es natürlich weit häufiger zur Mißhandlung von Kindern kommt.

In den achtziger und frühen neunziger Jahren schwang sich die Mutterschelte zu neuen Höhen auf, die den honigsüßen Lobgesängen des viktorianischen Zeitalters an Absurdität in nichts nachstanden. Eine ganze Reihe von erbarmungslosen Enthüllungs-Biographien wurden zu Bestsellern, die berühmteste wohl *Meine liebe Rabenmutter* der Tochter Joan Crawfords. Auch Bette Davis' Tochter B. D. Hyman tat sich mit einem Beitrag hervor (*My Mother's Keeper*), und Cheryl Crane, die Tochter von Lana Turner, ebenso. Das Genre blieb nicht auf verbitterte Töchter beschränkt. Anthony West schreibt über seine Mutter, daß sie »es darauf angelegt hatte, mich zu verletzen, wo immer sie konnte, und daran hielt sie fest, solange noch ein Atemzug in ihrem Körper war, um ihrer Bosheit Nahrung zu geben«.[146] Allein schon in der ersten Hälfte des Jahres 1993 meldete sich eine ganze Schar verbiesterter Kinder zu Wort, darunter die Choreographin und Tänzerin Twyla Tharp und die Töchter von Marlene Dietrich und der Feministin Alva Myrdal. Selten sind die Mütter noch am Leben, um sich zu verteidigen. Nur Präsidententochter Patti Davis wartete nicht auf Nancy Reagans Ableben, um sie in einem kaum verschleierten Roman an den Pranger zu stellen – eine köstliche Ironie angesichts der Reaganschen Familienideologie.

Schützenhilfe erhalten die Schimpftiraden dieser VIP-Kinder durch eine uferlose zeitgenössische Populärpsychologie und eine Selbsthilfe-Industrie, die in allem, was Mütter tun, pathologische Züge entdeckt. So ermutigt John Bradshaw, der Guru der Recovery-Bewegung, dessen Buch *Das Kind in uns: Wie*

finde ich zu mir selbst als Vorlage für eine zwölfteilige Serie
des Senders PBS diente, seine Klienten – die er »erwachsene
Kinder« nennt –, ein Verzeichnis elterlicher (in der Regel
mütterlicher) Fehler und Versäumnisse anzulegen. Die Vorwürfe schließen »nicht-körperliche Mißhandlungen« und so
ziemlich jede winzige Unzulänglichkeit in puncto Verständnis,
Unterstützung und Aufmerksamkeit mit ein. Sich keines dieser Vergehen schuldig gemacht zu haben, nützt der Mutter
wenig, denn dann hat sie es wahrscheinlich versäumt, auf die
Abhängigkeitsbedürfnisse ihrer Kinder einzugehen. Sie kann
auch unwillentlich die Bürde des »Erbschmerzes« an sie weitergegeben haben, wenn nämlich ihre eigenen Eltern oder
Großeltern obsessives und zwanghaftes Verhalten an den Tag
gelegt haben, weil sie ihrerseits das Pech hatten, Kinder von
Alkoholikern, »Co-Dependents«, Drogenabhängigen, Bulimi-
kern, Spielern oder Workaholics zu sein. Um mit Bradshaw zu
sprechen: Wenn man eine Mutter hat, dann hat sie es falsch
gemacht.[147]
Eine ganz eigene Färbung nimmt die Elternschelte in Frauen-
büchern und -zeitschriften an, wo insbesondere die Mutter-
Tochter-Beziehung als eine ewige Gegnerschaft dargestellt
wird. Schon ein Blick auf die Überschriften läßt keinen Zweifel
am Tenor: *Wie überwinde ich meine Mutter, Mütter und Töchter: Lieben und Loslassen* oder *Mutterliebe, Mutterhaß: Befreiung aus den Abhängigkeitsstrukturen in familiären Beziehungen.* Die Mütter, wird hier suggeriert, wollen ihre eigene innere
Leere ausfüllen, indem sie sich an ihre Töchter klammern.
Aber während die Mutter die Tochter an sich zu binden versucht, kämpft diese darum, von ihr loszukommen. Wenn man
diesen Büchern glaubt, liegen Mütter und Töchter in immer-
währendem Clinch.[148] Interessanterweise thematisieren auch
einige der besseren Schriftstellerinnen der achtziger Jahre
diesen Konflikt. Maxine Hong Kingstons chinesische Mutter,
Jamaica Kincaids schwarze karibische Mutter und Louise
Erdrichs indianische Mutter versuchen alle, ihre Töchter fest-
zuhalten, sie an die alten Bräuche und an sich zu ketten.

Obwohl die Romane fesselnde und hochdifferenzierte Werke darstellen, sind sie doch ausschließlich aus der Perspektive der Tochter geschrieben. Sympathieträger ist das Kind, nicht die Mutter.

Auch im Kino kamen die Mütter bestenfalls mit einem blauen Auge davon, selbst da, wo Elternschaft und Kinder gefeiert wurden. Die Filme *Kramer gegen Kramer* (1981), *Drei Männer und ein Baby* (1988) und *Arizona Junior* (1987) priesen ausnahmslos die Väter ... die in der Realität ihre Erfüllung äußerst selten in der Kindererziehung zu sehen scheinen. Und die bösen Mütter befanden sich weiterhin auf dem Vormarsch. 1980 machte Mary Tyler Moore, die dominierende, rigide Mutter in *Ordinary People*, sich und alle anderen unglücklich, indem sie ihrem liebenswerten überlebenden Sohn die Schuld am Tod seines Bruders, ihres Lieblings, gab. In *Grüße aus Hollywood* aus dem Jahre 1990 treibt eine ehemalige Filmdiva ihre Tochter mehr oder weniger direkt zu einer Drogenüberdosis, offenbar dadurch, daß sie sich hartnäckig weigert, das Rampenlicht ihr zu überlassen und ruhig dahinzuwelken. Die archetypische Schreckensmutter in *Bittersüße Schokolade*, dem 1993 gedrehten Filmbeitrag zu diesem Genre, nimmt geradezu mythische Züge an in ihrem Bestreben, ihre aschenputtelartige Tochter zu zerstören.

Und neuerdings werden die Mütter im öffentlichen Bewußtsein auch noch von ihren Föten vereinnahmt. Dahinter muß nicht unbedingt ein Komplott der Neuen Rechten stecken, die den Fötus als möglichst menschlich darstellen will, um Frauen, die abtreiben, als Mörderinnen brandmarken zu können. Aber auf jeden Fall steht der Embryo in der Alltagskultur im Mittelpunkt wie nie zuvor: Man denke nur an die Komödie *Kuck mal, wer da spricht* aus dem Jahre 1990, an Lennart Nilsson mit seinen berühmten Photos vom Leben im Mutterleib in *Life* im August 1990, an den Einsatz von Ultraschallgeräten, mit deren Hilfe die Mutter ihren Fötus auf einem Bildschirm sehen kann. Für die Ärzte ist der Fötus jetzt ein »ungeborener Patient«, die Mutter ein bloßer »Behälter«, die

Leerstelle im Sonogramm. Verfahren wegen »Mißbrauch an Föten« werden immer häufiger. Der Fötus wird durch die Bank als eigenständige Wesenheit hingestellt, so daß sich Aufmerksamkeit und Sympathie auf subtile Weise immer mehr von der Mutter wegverlagern. Einige Feministinnen befürchten eine Marginalisierung der Mütter zugunsten ihrer Embryonen und damit eine Rückkehr zum Frauenbild des 19. Jahrhunderts, als sich das weibliche Leben ausschließlich über die Fortpflanzungsfunktion definierte.

Verstärkt wurde das Interesse am Fötus durch die vielen neuen Reproduktionstechnologien der achtziger Jahre – künstliche Besamung, In-vitro-Befruchtung, Embryo-Verpflanzung und Leihmutterschaft –, die eine Reihe beunruhigender Fragen aufwarfen. Haben die Spender von Ei- und Samenzellen ein Recht, ihre Kinder zu kennen? Darf eine Leihmutter es sich anders überlegen und ihr Kind behalten? Definiert sich Mutterschaft durch die biologische Mutterschaft? Dank neuer Technologien können Eltern Anomalien beim Fötus schon sehr früh feststellen und ein geschädigtes Baby – oder auch eines, das nicht das erwünschte Geschlecht hat – abtreiben. Dieser Tage werden denn auch unverhältnismäßig mehr weibliche als männliche Föten abgetrieben, was an die Tötung von weiblichen Säuglingen im alten Griechenland denken läßt. In China beispielsweise kommen inzwischen auf hundert neugeborene Mädchen 118,5 Jungen. Einem unlängst in der *New York Times* erschienenen Artikel zufolge hat sich das Geburtengleichgewicht in China seit dem vermehrten Einsatz von Ultraschallgeräten und der verschärften staatlichen Intervention bei unerlaubten Schwangerschaften immer mehr zugunsten der Jungen verschoben. Letztes Jahr wurden über 12 Prozent aller weiblichen Föten entweder abgetrieben oder verschwanden auf andere Weise.[149] Heißt das, daß Mutterliebe nur dann wirksam ist, wenn das Kind ohne Fehl und Tadel ist und das richtige Geschlecht hat? Die Aufsplitterung des weiblichen sexuellen und reproduktiven Körpers durch künstliche Befruchtung, Leihmutterschaft oder die Entnahme von Eizellen bedeutet ein Auseinanderfallen der Institution Mutter, die so lange einen so großen Teil der sozialen Ordnung symbolisiert hat. All dies hat tiefe kulturelle Ängste wachgerufen.

Die Amerikaner starren gebannt auf die Schlachten um das Sorgerecht, die fast allwöchentlich in den Medien ausgetragen werden. Das Ergebnis ist ein Wust unverarbeiteter, stark divergierender Gefühle. Die breite Masse, normalerweise groß im Erhalten und Verklären der Fruchtbarkeit, stand bisher in überwältigendem Maße auf der Seite der *nichtbiologischen* Bande. Als die vierzehnjährige Kimberley Mays, die bei der Geburt vertauscht worden war, im Sommer 1993 vor Gericht ging, um sich von ihren leiblichen Eltern, Ernest und Regina Twigg, scheiden zu lassen, ergriff die Öffentlichkeit für Kimberley Partei und vertrat die Meinung, daß sie und ihr gesetzlicher Vater keine Einmischung seitens ihrer biologischen Eltern zu dulden brauchten. Im selben Sommer mußte die Nation voller Schrecken mit ansehen, wie die weinende zweieinhalbjährige Jessica DeBoers zwangsweise von ihrer Adoptivfamilie weggebracht und ihren leiblichen Eltern übergeben wurde. Paradoxerweise schlugen sich die Feministinnen, für gewöhnlich erbitterte Gegnerinnen der Parole »Biologie ist Schicksal« und der Sentimentalisierung der Mutterschaft, bei diesen Sorgerechtsprozessen auf die Seite der Leihmütter, das heißt, der leiblichen Mütter. Ihrer Meinung nach leistet die unreflektierte gesellschaftliche Akzeptanz der Leihmutterschaft einer kommerziellen Nutzung des weiblichen Uterus im großen Stil Vorschub und könnte zur Ausbeutung von Dritte-Welt-Frauen als Brutmaschinen und zur Herabwertung der Frauen als Individuen führen. Diese neuen Unwägbarkeiten stellen unser aller sakrosankte Ideale in Frage, und ein Konsens ist nirgends in Sicht.

»Ein Junge! Ein Mädchen! Hurra, wir kaufen ein!« lautete kürzlich eine Überschrift in der *New York Times*.[150] Wie schon ihre Vorgängerinnen reagieren die zahlungskräftigeren Müt-

ter der neunziger Jahre ihre elterlichen Ängste in einem halt-
losen Konsumrausch ab. Das heutige Baby hat unweigerlich
einen Reigen schwarz-weißer Spielsachen, sein aufs Bett her-
unterstarrendes Mobile (das das Gehirn des kleinen Lieblings
stimulieren soll), die *durchsichtige* Rassel mit (nicht lachen!)
Spiel- und Lernanleitungen für die Eltern, damit sie sie auch
ja richtig einsetzen, und jede Menge Raffi-Platten. Der letzte
Schrei sind Illustrierte für Kleinkinder.
Keines dieser Produkte gab es vor zwölf Jahren, als ich selbst
von der Betreuung eines Kleinkinds in Beschlag genommen
war, und ich bezweifle stark, daß sie die nächsten zwölf Jahre
überdauern werden. Vielleicht sind sie, während Sie diese
Zeilen lesen, bereits den Weg des Hula-Hoop gegangen. Wenn
ja, dann haben sie es nicht anders verdient; ihre Lebensdauer
bemißt sich nach ihrem Wert. Im besten Fall stellen sie eine
Krücke für das elterliche Selbstbewußtsein dar. Im schlimmsten Fall sind sie Ausdruck von Statusdenken und narzißtischer Ich-Bezogenheit.
Es liegt eine grausame Ironie in den Aufmerksamkeiten, mit
denen gebildete Eltern ihre Kinder überhäufen. Denn während
eine kleine Minderheit von Kindern reichlich, um nicht zu
sagen überreichlich, mit Geschenken und Starthilfen aller Art
versorgt werden, lebt ein wachsender Prozentsatz amerikanischer Kinder unter der Armutsgrenze. Jedes achte Kind hun-
gert. Die Zahl der Meldungen über Kindesmißhandlung und
-vernachlässigung ist seit 1985 um 40 Prozent gestiegen.[151]
Einer Nation voll von liebenden Eltern fallen die verheerenden
Zustände an den Schulen, die miserable Gesundheitsversor-
gung und die vielen Suchtkranken offenbar gar nicht auf.
Jeden Tag kommen 135 000 amerikanische Kinder mit Schuß-
waffen in die Schule.[152] Wo sind ihre Vormünder?
Wie die Viktorianer überschlagen wir uns fast vor Sorge um
unsere eigenen Kinder und vergessen darüber alle anderen.
Dieselben Eltern, die nächtelang nicht schlafen können vor
Angst, ihr Kind im falschen Kindergarten angemeldet zu ha-
ben, sind gegen eine staatlich geregelte Tagesbetreuung für

Kinder berufstätiger Mütter. Wenn wir schon ständig glauben, als Eltern versagt zu haben, dann sollten wir mit unseren Selbstvorwürfen wenigstens an der richtigen Stelle ansetzen – bei unserer Behandlung der armen Kinder unseres Landes. Von einer demokratischeren Verteilung unseres Geldes, unserer Zeit und unseres Interesses auf alle Kinder, nicht nur unsere eigenen, würde vermutlich die ganze Nation profitieren.

Als im Jahre 1992 Murphy Brown ledige Mutter wurde, brachte sie mehr zur Welt als nur ein Kind. 34 Millionen Amerikaner schalteten sich zu, und das CBS konnte 35 Prozent des gesamten Fernsehpublikums für sich verbuchen. Trotz Vizepräsident Quayles Aufrufen zum Protest entfachte die Serie im Volk kaum Entrüstung und verlor keinen einzigen ihrer Werbesponsoren. Wie man es auch drehte, Murphy Brown – die in Babylonien gesteinigt und im frühneuzeitlichen Europa auf dem Scheiterhaufen verbrannt worden wäre – war ein Verkaufsschlager.[153] Sie hatte stolz und froh einem unehelichen Kind das Leben geschenkt, und die Öffentlichkeit teilte offenbar ihr Mutterglück. Ihre Herausforderung des Status quo befreite die Frauen aus der Tyrannei gängiger Erwartungen – Erwartungen, die in Anbetracht der Anzahl alleinerziehender Mütter in diesem Lande schon lange nichts mehr mit der Wirklichkeit zu tun hatten. Sicher, wenn Murphy Brown Sozialhilfe empfangen hätte oder wenn dieses Kind ihr zweites gewesen wäre, hätte die Reaktion anders ausgesehen – es sei denn, ein Mann hätte sie sitzenlassen, in welchem Fall sie ein Opfer gewesen wäre.[154] Dennoch hat Browns unbekümmerte Mutterschaft eine Bresche in den bis dahin so eingefleischten unbewußten Sexismus geschlagen. Sie hat neuen Formen des Mutterseins den Weg geebnet.

Wir leben in einer Zeit, in der die weibliche Identität im Aufschwung begriffen ist. Wie anders sollen wir die Tatsache deuten, daß die Frauen später heiraten, daß sie verhüten und abtreiben, weniger Kinder bekommen und in immer größerer Anzahl ins Berufsleben drängen?[155] Trotz konzertierter Bemühungen, fortschrittsfeindliche Tendenzen in der Bevölkerung auszuweiten, ist es der Front der Neuen Rechten nicht gelungen, die bereits erzielten sozialen und kulturellen Durchbrüche rückgängig zu machen: die neue Rolle der Frau am Arbeitsplatz, eine freiere Sexualität (trotz AIDS), die Mobilisierung einer einflußreichen Bewegung für die Erhaltung der Abtreibungsfreiheit, die Wahl eines Präsidenten mit einer »emanzipierten« Frau und die Berufung einer Mutter mit feministischen Interessen an den Obersten Gerichtshof.[156]

Seit neue weibliche Identifikationsfiguren wie Murphy Brown, Hillary Rodham Clinton und Ruth Bader Ginsburg einstmals mißbilligte Formen der Mutterschaft gesellschaftsfähig machen, beginnen die Psychologen endlich, die Frauen von einem Teil ihrer Verantwortung für psychische Störungen zu entbinden. Die neue Generation von »Baby-Beobachtern« und forschungsorientierten Psychoanalytikern neigt jetzt allgemein zu der Ansicht, daß Neurosen nicht durch »schlechte« Mütter oder »schlechte« Kinder, sondern durch eine »schlechte« Kombination verschuldet sind. Das Kind wird als Teilnehmer und Initiator des Mutter-Kind-Dialogs verstanden, nicht mehr einfach als Empfänger. Die Beziehungsbildung ist ein wechselseitiger Prozeß.[157] Viele Studien jüngsten Datums weisen das Kind als einen selbst schon bei der Geburt komplexen und leistungsfähigen kleinen Organismus aus, der auf Reize aller Art differenziert reagiert und auch bereits in der Realität verankert ist.[158] Aber diese Daten sind noch nicht in alle Psychologen-Sprechzimmer Amerikas vorgedrungen, schon gar nicht in die der Populärpsychologie. Wissenschaftliche Tatsachen brauchen eine lange Zeit, bis sie es mit zum Allgemeinplatz gewordenen Mythen aufnehmen können, zumal wenn sie einem liebgewordenen Vorurteil zuwiderlaufen.

Feministische Theoretikerinnen versuchen unterdessen, die psychoanalytischen Erklärungen für die Geschlechtsunterschiede und für die Schutz- und Pflegetendenz neu zu formulieren. Die bekannteste dieser Theoretikerinnen ist Nancy Chodorow, die ihre Lorbeeren vor allem außerhalb psychoanalytischer Kreise erntet, neuerdings aber auch zunehmend intern Zustimmung findet. Ihr Buch *Das Erbe der Mütter* geht der Frage nach, warum es in fast allen Gesellschaften eher die Frauen als die Männer sind, die sich um die Kinder kümmern. Chodorows Antwort: In der frühesten Kindheit haben Mädchen, weitgehend unbewußt, eine andere Beziehung zur Mutter als Jungen. Während die Jungen sich von ihr absetzen, identifizieren sich die Mädchen mit der Mutter und eignen sich dadurch auch ihr Fürsorgeverhalten an. Die Mutterrolle der Frau erhält daher die bestehende Rollenverteilung aufrecht. Der Kreislauf, so Chodorow, kann nur durchbrochen werden, wenn sich die Väter genau im selben Maße um ihre Kinder kümmern wie die Mütter. Die Psychoanalytikerin Jessica Benjamin fügt dem hinzu, daß sowohl Mütter als auch Väter ihre Töchter zu Autonomie und Selbstbewußtsein ermutigen sollten.

Sicher, ganz unproblematisch sind auch Chodorows und Benjamins Ansätze nicht. Ähnlich wie die Objektbeziehungspsychologen vor ihnen spielen beide das Unbewußte des Kindes herunter, was die Mutter wieder einmal zur Hauptverantwortlichen macht. Aber immerhin betonen die feministischen Psychoanalytikerinnen zu Recht die Bedeutung von Identifikation und Betreuerrolle als Determinanten für den Wunsch nach einem Baby und erkennen so der präödipalen Mutter endlich den ihr gebührenden Platz bei der Persönlichkeitsentwicklung ihres Kindes zu – ein gewaltiger Sprung nach vorne seit den Zeiten des Penisneids!

Zum erstenmal haben die Mütter in der Literatur eine Stimme erhalten, und anders als vor einem Jahrzehnt hört man ihnen jetzt auch zu. Langsam aber sicher begegnet uns in den Romanen eine neue Art von Mutter – die Mentorin, die ihre Kinder in ein unabhängiges Erwachsensein geleitet. Ein Engel ist sie deswegen freilich nicht. Sie macht Fehler; sie fühlt sich von der Mutterschaft nicht vollkommen ausgefüllt; sie steht ihren Kindern zwiespältig gegenüber. Kurz, sie ist menschlich. Wir

finden sie in Mary Gordons *Männer und Engel*, in Gail God-
wins *Eine Mutter und zwei Töchter* und in allen Büchern der
Nobelpreisträgerin Tony Morrison. In *Menschenkind* beispielsweise tötet die schwarze Mutter Sethe ihr Kind. Aber
Morrison läßt den Leser begreifen, daß dieser Mord nicht einen
Akt der Barbarei, sondern der Mutterliebe darstellt – Sethe
schützt ihre Tochter damit vor der Sklaverei. Morrison vermei-
det eine simplistische Charakterzeichnung. Sie trägt der mütterlichen Perspektive sorgfältig Rechnung. Statt Sethe zu ver-
urteilen, zollt sie ihrer Stärke Anerkennung. Sethe ist eine
neolithische Göttin unserer Tage. Sie ist niemandes böse Mutter.

30 000 Jahre nach ihrer Geburt verläßt die Mutter nun das
Reich der Mythologie. Sie wird Mensch, oder richtiger, sie
kehrt nach ihrer Vereinnahmung durch das Patriarchat zum
Menschsein zurück. Es wurde auch Zeit.
Jahrtausende lang ist die Mutter als Ursprung des Lebens
gefürchtet und verehrt worden. Sie wurde mit Tabus belegt
und als Hexe verfolgt, als Gebärmaschine benutzt und in Klau-
sur gehalten. Sie mußte sich haarsträubende Kränkungen und
unablässige Marginalisierung gefallen lassen. Sie hat die
Menschheit zu wundervollen Gemälden inspiriert, zu Ritterlichkeit und Idealisierung. Nach ihrer Meinung gefragt hat sie
bei alledem kaum jemand. Sie ist Objekt, nicht Subjekt.
Die Arbeit mit den Kindern hatte fast immer sie, aber die
Regeln bestimmten andere, und so hatte sie abwechselnd zu
stillen und nicht zu stillen, freie Entfaltung zu ermöglichen
und zu verhindern, Zärtlichkeit zu verströmen und zu verweigern. Im Mittelalter erdrückte sie ihre Kinder manchmal im
Bett, im 18. Jahrhundert verbannte sie sie zu einer Amme aufs
Land, und im späten 20. Jahrhundert übertreibt sie es vielleicht hoffnungslos mit der kognitiven Stimulierung. Aber
wenn die gesellschaftlichen Umstände es zuließen, scheint sie
ihre Kinder im großen und ganzen geliebt zu haben.
So unterschiedlich die Erziehungsgrundsätze auch bis heute

gewesen sind, der Prozentsatz psychischer Erkrankungen bei Kindern ist, soweit wir das beurteilen können, über die Jahrhunderte hinweg ziemlich konstant geblieben. Ob die Kinder im Tragetuch herumgeschleppt oder Watsons Behaviorismus ausgesetzt wurden, ob man sie streng an der Kandare gehalten oder verhätschelt hat, sie haben es überlebt. Allem Anschein nach verursacht die ganz normale Mutter-Kind-Beziehung keine psychischen Störungen.

All dies stellt unser gegenwärtiges Ideal der perfekten Mutter ernsthaft in Frage. Vielleicht muß die Mutter dem Kind ja doch nicht jeden Wunsch von den Augen ablesen. Vielleicht kann sie persönlichen Ehrgeiz haben, ohne ihm dadurch zu schaden. Vielleicht ist ihr Einfluß auf die Entwicklung ihrer Sprößlinge nicht unbegrenzt. Die »gute« Mutter, das zeigt die Geschichte, ist eine kulturelle Erfindung – kein unumstößliches Gesetz der Natur, sondern etwas vom Menschen Erschaffenes.

Das heißt, daß wir Menschen auch etwas daran ändern können. Wenn die Mütter den Mythos als solchen erkennen, wird ihnen ihr »Versagen« nicht mehr notwendigerweise als Folge persönlicher Defekte erscheinen, sondern als ein Produkt der sozialen Strukturen, so daß sie aufhören können, die Schuld bei sich zu suchen. Wenn sie unser gegenwärtiges Bild der guten Mutter als subjektives Konstrukt begreifen, gelingt es ihnen vielleicht, sich in der Vielzahl der Regeln zurechtzufinden und ihr eigenes Mutterschaftskonzept zu entwickeln, ein Konzept, das für sie und ihre Kinder funktioniert.

Eine solche Entmythisierung würde die Voraussetzungen für ein neues und vielversprechenderes geistiges Klima schaffen – in Form von Erziehung, Regierungsmaßnahmen, Psychotherapie, sogar von moralischen Appellen. Auf Familienebene würde das bedeuten, daß die unumgänglichen persönlichen Opfer für das Gemeinwohl nicht mehr ausschließlich von der Mutter gebracht werden, sondern von allen gleichermaßen. Die Selbstverwirklichung eines Familienmitglieds würde nicht mehr selbstverständlich auf Kosten eines anderen betrieben. Auf der sozialen Ebene hieße es, daß die Kinderaufzucht nicht mehr als Sache der einzelnen Mutter betrachtet wird, sondern daß das Wohlergehen *aller* Kinder ein zentrales öffentliches Anliegen darstellt; daß die Öffentlichkeit Veränderungen der Familienstrukturen als unvermeidlich (und nicht unbedingt schlecht) akzeptiert und mit neuen Formen der staatlichen und privaten Unterstützung darauf reagiert. Ich wünsche mir eine Gesellschaft, die es den Müttern nicht nur erlaubt, sondern auch ermöglicht, ihre Kinder auf *ihre* Art großzuziehen. Ich wünsche mir eine Gesellschaft, in der Frauen wie Männer Beruf *und* Kinder haben können. Ich wünsche mir eine Gesellschaft, die endlich den Beschwerden von Mrs. Portnoy Gehör schenkt. Als Mutter hat sie etwas zu sagen.

Danksagung

Niemand sollte mit einem Menschen zusammenleben müssen, der ein Buch schreibt. Ich kann meiner Tochter und meinem Mann gar nicht genug danken, daß sie das Ganze so gut überstanden haben. Wenn ich nicht Sally Thurers Mutter wäre, wäre dieses Buch nie entstanden – und bei unserer wunderbaren, komplizierten Beziehung und ihrem Temperament würde es mich nicht überraschen, wenn sie irgendwann selber ein Buch schreibt. Mein größter Dank gilt Bob Thurer, meinem lieben Lebenspartner, der mit seiner unerschütterlichen Ruhe, seiner Besonnenheit und seinem Glauben an mich all diese Jahre dafür gesorgt hat, daß ich nicht in den Abgrund des Selbstzweifels gestürzt bin. Ohne seine tatkräftige Unterstützung im Haushalt und bei der Kindererziehung wäre ich verloren gewesen. Wenn ich auf diesen Seiten gelegentlich Vorbehalte gegen die traditionelle Familie formuliere, dann nicht, weil ich Schwierigkeiten mit meiner eigenen habe; ich liebe sie über alles.

Ich hatte eine gute Mutter, Lilly Lehrer, und einen Vater, Sidney Lehrer, der ebenfalls eine gute Mutter war. Von ihrer beider liebevollen Zuwendung zehre ich heute noch. Ich bin ihnen unendlich dankbar, ebenso wie Gary Lehrer, der so viel brüderlichen Stolz auf meine Arbeit gezeigt hat, und dem Rest der Familie. Besonders viel verdanke ich Olibh Murphy, die unserer Tochter wie auch mir eine gute Mutter war. Olibh hat wie eine Löwin dafür gekämpft, daß ich genug Zeit zum Arbeiten hatte; ohne sie hätte ich nicht durchgehalten. Großen Dank auch an Leston Havens, der mich zum Schreiben inspiriert, nein, angetrieben hat. Seine Sensibilität und Geduld sowie

seine brillante, lebhafte Intelligenz verkörpern das Ideal der
Psychoanalyse.

Ich hatte das Glück, an der Boston University in einer Univer-
sitätsgemeinschaft zu arbeiten, die eine Oase der Kollegialität
und Menschlichkeit ist. Es gibt wohl kaum einen einfühlsameren und begeisterungsfähigeren Institutssprecher als Arthur
Dell Orto, der immer da ist, wenn ich ihn brauche. Dank
außerdem an Ken Paruti, unseren Institutskoordinator, für
seine Hilfe und seinen wunderbar respektlosen Humor, und
meinen Kollegen am Institut für Rehabilitationsberatung, die
klaglos eingesprungen sind, wenn ich durch die Arbeit an
meinem Buch ausgefallen bin.

Ich danke Ken Shefsiek, der beim Abtippen meines Manu-
skripts so gute Miene zum bösen Spiel gemacht hat, Kens
Vorgängerin Susan Cannata und Nan Bord, die mir mit viel
kritischer Intelligenz meine Bibliographie zusammengestellt
hat.

Ich stehe tief in der Schuld meiner Patienten, von denen ich so
viel gelernt habe und bei deren Behandlung ständig mein Buch
dazwischengefunkt hat. Dank gebührt auch meinen gescheiten
ten und kreativen Freundinnen Kathleen Miller, Beth Wharff
und Susan Kay. Ich habe meine Ideen über viele Jahre hinweg
mit ihnen durchdiskutiert, und ihre Kritik war von unschätzbarem Wert. Und besonderen Dank an Terry Hill, die mit
soviel Humor und Geduld während dieser ganzen Zeit meine
Zerstreutheit ertragen hat. Ihre messerscharfen Kommentare
und ihre Ermutigung haben mir sehr viel bedeutet.

Dieses Buch ist aus einem Aufsatz für das Advanced Training
Program in Psychoanalytic Psychotherapy des BPSI (Boston
Psychoanalytic Society and Institute) hervorgegangen, dessen
geistig stimulierende Atmosphäre unkonventionellen Frage-
stellungen auf einzigartige Weise entgegenkam. Ich danke
meinen Lehrern am BPSI, Sherry Turkle und Howard Levine,
für ihre konstruktive Kritik an dem ursprünglichen Aufsatz,
und Ann Menashi, der dortigen Bibliothekarin, für ihre tatkräftige Unterstützung bei der Materialbeschaffung.

Vor allem danke ich meiner Agentin Doe Coover, die mich
»entdeckt« hat; meiner Verlegerin Betsy Lerner, meiner Lektorin Frances Apt, der Umschlaggestalterin Amy Guip und der
Photographin Lorin Klaris. Die von mir formulierten Überlegungen bauen auf den Ideen
anderer auf – Adrienne Rich, Gerda Lerner, Barbara Ehrenreich und Deirdre English, Arlene Skolnick, Christina Hardyment, John Sommerville, Lawrence Stone und viele mehr.
Ihnen gilt mein Dank. Die letztendliche Synthese stammt
natürlich von mir selbst. Die eine Patientin, auf die der Text
Bezug nimmt, ist aus drei verschiedenen Fällen zusammengesetzt, die so verfremdet wurden, daß eine Identifikation ausgeschlossen ist.

Das Bild der Mutterschaft, das ich hier entwerfe, ist notgedrungen impressionistisch und mit einem groben Pinsel gemalt. Ich will meine Interpretation keinesfalls als der Weisheit
letzten Schluß verkaufen. Dieses Buch soll lediglich einen
Schritt in die richtige Richtung darstellen; die Feinzeichnung,
so hoffe ich, wird eines Tages von anderen nachgeliefert. Beim
Schreiben war ich mir eindringlich der weißen, westlichen,
mittelständischen Kulturperspektive bewußt, die ich mit den
meisten der verfügbaren Quellen teile. Ohne Frage verdienen
auf Sozialhilfe angewiesene Mütter, männliche Mütter, Immigrantenmütter, lesbische Mütter, Mütter aus der Arbeiterklasse, schwarze Mütter, indianische Mütter, Chicana-Mütter
und andere mehr ihre eigenen Interpreten und werden sie
hoffentlich irgendwann auch bekommen.

Anmerkungen

Einleitung

1. Sommerville, 1982, 1990, S. 6.
2. Ruddick, 1989, S. 29–31.
3. Ibid., S. 30.
4. Ehrenreich und English, 1979, Kap. 7.
5. Demos, 1986, S. 64.
6. Clarke und Clarke, 1976, S. ix.
7. Weiss, 1977.
8. Spock, 1945, 1968, 1976.
9. Weiss, 1977.
10. Cowan, 1983, S. 126.
11. Coontz, 1991, S. 215.
12. Davis, 1988.
13. Polatnick in Treblicot (Hg.), 1983, S. 21–41.
14. Gilbert und Gubar, 1979, 1984, S. 38; Barzilai, 1990.
15. Heilbrun, 1990, S. 15.
16. Smith, 1990, S. 32.
17. Barron, James und Mary Tabor, »17 Killed and Life Is Searched for Clues«, *New York Times*, 4. August 1991.
18. Smith, 1990, S. 32.
19. Dally, 1983, S. 19.
20. Anderson und Zinsser, 1988, Bd 2, S. 247.
21. Boswell, 1988, S. 418; Klapisch-Zuber, 1985, S. 1357; Golden, 1981; French in Grant, 1988, 1989, S. 1357.
22. Badinter, 1980, S. x; Sussman, 1982, S. 20.
23. Balint, 1949.

1 Mutterschaft im alten Stil

1. 50 000 v. Chr. bis 10 000 v. Chr., auch Paläolithikum genannt, die früheste Phase der Menschheitsgeschichte. Die alttestamentliche Abraham-Geschichte wird auf spätestens 1800 v. Chr. angesetzt. Die Schrift entstand um 3000 v. Chr.

2. Der Begriff Patriarchat bezeichnet die Herrschaft des Vaters in Familie und Gesellschaft, Matriarchat die Herrschaft der Mutter. Bis heute ist das Matriarchat in keiner Kultur belegt. Matrilinealität dagegen, die besagt, daß sich die Abstammung (Verwandtschaft, Geburt, Erbe) nicht über die männliche, sondern die weibliche Linie bestimmt, wird zahlreichen, vorrangig prähistorischen Kulturen zugeschrieben. Matrilokalität, bei der der Mann in den Clan der Frau einheiratet, hat sich ebenfalls nachweisen lassen. Aber Matrilinealität und Matrilokalität sind nicht gleich Matriarchat. In beiden Fällen führt statt des Ehemanns der Bruder der Frau das Zepter – und er ist ein Mann.

3. Miles, R., 1989, S. 27.

4. Sjoo und Mor, 1987, S. 8.

5. Ehrenberg, 1989, S. 11.

6. Miles, R., 1989, S. 7.

7. Boulding, 1976, S. 11.

8. Leacock, 1977.

9. Der Stellenwert des Behälters ist allgemein nicht ausreichend gewürdigt worden. Dabei ist er von nicht zu überbietender Bedeutung für die Zivilisation, da unsere gesamte Mobilität von ihm abhängt. Ebenso wie der Behälter ist auch die Mutter, die er symbolisiert, herabgesetzt oder übersehen worden.

10. Tanner und Zihlman, 1981; Ehrenberg, 1989, S. 66.

11. Lee und Devore, 1968; Turnbull, 1961.

12. Ehrenberg, 1989, S. 62.

13. Davies, 1981, 1990, S. 32; Shackley, 1980, S. 49.

14. Eisler, 1987, S. 7; Gadon, 1989, S. xii.

15. Ehrenberg, 1989, S. 66; Barstow, 1983, S. 7.

16. Das Neolithikum folgte auf das Paläolithikum. Die Mutter-Kind-Figuren stammen aus der Zeit zwischen 6000 und 5000 v. Chr.

17. Sjoo und Mor, 1987, S. 71.

18. Gadon, 1989, S. 6, 10; Eisler, 1987, S. 4; Miles, R., 1989, S. 21.

19. Miles, R., 1989, S. 27.

20. Etwa 10 000 bis 5000 v. Chr.

21. Die meisten Wissenschaftler siedeln die Göttinnenkulte in dem Gebiet an, das Marija Gimbutas als das Alte Europa (Südosteuropa) betitelt hat, und zwar im Paläolithikum, im Neolithikum (10 000 bis 5000 v. Chr.) sowie in der Kupfer- (5000 bis 3000 v.Chr.) und Bronzezeit (3000 bis 1200 v. Chr.). Andere nehmen auch noch die prähistorischen

Perioden der alten nahöstlichen Kulturen (Ägypten, Sumer und Palästina) dazu, wieder andere die historische Periode bis zum Triumph
des Christentums 500 n. Chr.
22. Siehe z. B. Eisler, 1988; Gimbutas, 1982; Gadon, 1989; Sjoo und Mor,
1987. Zu den früheren Zelebranten zählen Bachofen, 1861; Briffault,
1931; Diner, 1965; Davis, 1971.
23. Beim Gartenbau oder niederen Bodenbau wird mit einfachen Techniken wie Brandrodung und mit Handgeräten wie der Hacke gearbeitet.
Der Gartenbau wurde nach Meinung der Forschung von Frauen
erfunden und betrieben, mit Kindern als Helfern.
24. Der Ackerbau oder höhere Bodenbau arbeitet mit Pflügen, Zugtieren
und Bewässerung und erzielt entsprechend höhere Erträge. Man
nimmt an, daß er von Männern betrieben wurde; Frauen und Kinder
wurden als Hilfskräfte eingesetzt.
25. Eisler, 1987, S. 10.
26. z. B. de Riencourt, 1974; Fisher, 1979, und Miles, R., 1989.
27. Lerner, 1986, S. 46.
28. Gimbutas, 1982, S. 11.
29. 1961–63 von dem britischen Archäologen James Mellaart ausgegra-
ben.
30. 3000 bis 1500 v. Chr. (Bronzezeit).
31. Sjoo und Mor, 1987, S. 71.
32. Boulding, 1976, S. 14; Ehrenberg, 1989, S. 89; Gordon, 1976, S. 4;
Kolata, 1974.
33. Boulding, 1976, S. 117.
34. z. B. Boulding, 1976,; Ehrenberg, 1989; Gimbutas, 1982; Mellaart,
1967; Gadon, 1989; Barstow, 1983; Rohrlich-Leavitt, 1977.
35. Boulding, 1976, S. 139. Das widerspricht Jensen, 1963, S. 162–206,
der die Ansicht vertritt, daß die Menschenopfer bei den Getreidezüch-
tern zunahmen.
36. Gadon, 1989, S. 28.
37. Leacock, 1977; Fromm, 1973, S. 155.
38. Lerner, 1986, S. 148; Eisler, 1987, S. 18–19.
39. Gegend in Südosteuropa mit einer neolithischen Zivilisation. Marija
Gimbutas, ihre bedeutendste Archäologin, nennt sie das »Alte Europa«.
40. Ortner, 1974, S. 45.
41. Dinnerstein, 1979, S. 142.
42. Eisler, 1987, S. 22; Stone, M., 1976, S. 199.
43. Erikson, 1968.
44. Xenophon, *Oeconomicus.*
45. Der Mythologe Joseph Campbell befaßte sich mit diesem Thema in
Der Heros in tausend Gestalten.
46. Rabuzzi, 1988, S. 95.
47. Rich, 1976, 1986, S. 96; Neumann, 1956.

48. Gadon, 1989, S. 226.
49. Davis, 1977, S. 27.
50. Rich, 1976, 1986, S. 91.

2 Der Anfang vom Ende

1. Entspricht in etwa der Bronze- und Eisenzeit.
2. Boulding, 1976, S. 241.
3. Lerner, 1986, S. 8.
4. Miles, R., 1989, S. xiii.
5. Miles, R., 1989, S. xiii.
6. Chodorow, 1978; Miller, J. B., 1976; Benjamin, 1988.
7. Rich, 1976, 1986, S. 120.
8. Rich, 1976, 1986, S. 100; Davis, E., 1971, S. 97; Miles, R., 1989, S. 40.
9. Olivier, 1989, S. 115.
10. Lerner, 1986, S. 145.
11. Miles. R., 1989, S. 26.
12. Lerner, 1986, S. 127; Campbell, 1972; S. 55.
13. Lévi-Strauss, 1969, S. 481; Gimbutas in Spretnak, 1982; Boulding, 1976, S. 191–92; Kingsley, 1989, S. xiii.
14. Anderson und Zinsser, 1988, S. 12.
15. Dinnerstein ist die geistige Erbin von Simone de Beauvoir, 1952, Margaret Mead, 1949, und H. R. Hays, 1964, die alle die männlichen Angst- und Haßgefühle gegenüber Frauen dokumentieren.
16. Dinnerstein, 1979, S. 92.
17. Klein, 1932, 1973, S. 303.
18. Eine Kommune in Kalifornien soll diesen Brauch kürzlich wiederbelebt und ein Rezept für Plazenta-Eintopf ausgeklügelt haben (Kitzinger, 1978, S. 293).
19. Miles, R., 1989, S. 81; Olivier, 1989, S. 15.
20. de Beauvoir, 1952, S. 169; Horney, 1926, 1974, S. 171–86; Montagu, 1953, S. 35.
21. Davis, E., 1971, S. 98; Kittay in Treblicot, 1983, S. 110.
22. Kittay in Treblicot, 1983, S. 113; Grahn, 1982, S. 274.
23. Fildes, 1986, S. 6; Kramer, S. N., 1959.
24. Fildes, 1986, S. 6.
25. Harrison, R. K., 1970, S. 45, 51; Sone, M., 1976, S. 222.
26. Sommerville, 1982, 1990, S. 15.
27. Kramer, S. N., 1959, S. 13–14.
28. Rohrlich-Leavitt, 1977, S. 54.
29. Sommerville, 1982, 1990, S. 18–19.
30. Boulding, 1976, S. 228.
31. So zitiert bei Breiner, 1990, S. 15.
32. Fildes, 1986, S. 5; Sommerville, 1982, 1990, S. 18; Breiner, 1990, S. 16.

33. Breiner, 1990, S. 20.
34. Sommerville, 1982, 1990, S. 19.
35. Breiner, 1990, S. 31, 32; Bleeker in Olson, 1990, S. 29.
36. Davis, E. B., 1971, S. 138; Boulding, 1976, S. 231; Stone, M., 1976, S. 37. Stone, M., 1976, S. 38.
38. Fildes, 1986, S. 8.
39. Soren et al., 1990, S. 25, 135.
40. z. B. Merlin Stone (S. 188) und Elise Boulding (S. 236–38).
41. Meyers, 1988, S. 52.
42. Soren et al., 1990, S. 42; Massa, 1977.
43. Stager und Wolff, 1984.
44. William Albright (S. 298); Alberto Green (S. 182); Paul Mosca; Stager und Wolff, 1984.
45. Grant, 1989, S. 25.
46. z. B. Raphael Patai, Steve Davis und Eliner Gadon, S. 167–89. Dieser »Synkretismus« wird auf die zweite Hälfte des 2. Jahrtausends v. Chr. angesetzt, ungefähr gleichzeitig mit der babylonischen Eroberung Sumers und dem Neuen Königreich in Ägypten.
47. So zitiert bei Lerner, 1986, S. 129.
48. Obwohl der hebräische Gott nicht personifiziert ist, wird auf ihn unablässig mit dem männlichen Pronomen Bezug genommen. Bibel und Talmud verwenden durchgehend männliche Anthropomorphismen; Gott ist »Krieger«, »Held«, »Heerführer«, »König«, »Herrscher des Weltalls« etc. (Patai, 1967, S. 22).
49. z. B. Carol Meyers, 1988; Gerda Lerner, 1986.
50. Entspricht dem christlichen Alten Testament. Die hebräische Bibel enthält die fünf Bücher Mose (einschließlich der Zehn Gebote), die Propheten und die Schriften.
51. Fildes, 1986, S. 3.
52. Hiob 39:14–16; Sprüche 17:6; Psalm 127:3–5; Jeremia 32:35; 3. Mose 20:25; 2. Samuel 21:8–14; 2. Könige 4:18–20; 1. Könige 3:16–27.
53. Sommerville, 1982, 1990, S. 33; de Vaux, 1961, S. 49; Sommerville, 1982, 1990, S. 35.
54. 1. Mose 30:1; 16:2; 30:3, 9; Carmody, 1979, S. 95.
55. de Riencourt, 1974, S. 88.
56. Jesajah 49:15; 66:13.
57. z. B. Breiner, 1990, S. 88; Otwell, 1977; Trible, 1978; Meyers, 1988.
58. 1. Mose 2:18, 24; Sprüche 31:10–31.
59. de Vaux, 1961, S. 40; 2. Mose 20:17; de Riencourt, 1974, S. 87.
60. z. B. Lerner, 1986, S. 167–79; Carmody, 1979, S. 92–97.
61. z. B. Phyllis Bird (in Ruether, 1974, S. 41–88); Breiner, 1990, S. 70–98.
62. Ruth 4:11; Johnson, P., 1987, S. 36.
63. Johnson, P., 1987, S. 15.
64. 5. Mose 22:13–21; Johnson, P., 1987, S. 36.
65. de Riencourt, 1974, S. 88.

3 Das Erhabene und das Lächerliche:
Mutterschaft in der Antike

1. Golden, 1981; French in Grant et al., 1988, 1989, S. 1357; Breiner, 1990, S. 50.
2. Cantarella, 1987, S. 44; Garland, 1985, S. 81; Pomeroy, 1983, S. 135.
3. Siehe Edward Gibbon Ende des 18. Jahrhunderts in *Verfall und Untergang des römischen Reiches* und Lecky ein Jahrhundert später.
4. Allerdings kam es zu vereinzelten Epidemien, in den zwanziger Jahren des 4. Jahrhunderts v. Chr. sogar zu einer sehr schweren.
5. deMause, 1974, S. 10.
6. M. I. Finley, Philippe Ariès, Ivy Pinchbeck, Margaret Hewitt, Edward Shorter, Lawrence Stone.
7. Pollock, 1983, S. 25.
8. Valerie French, Eva Keuls.
9. Engels, 1980.
10. Golden, 1981; Harris, 1982.
11. Allen voran John Boswell in *The Kindness of Strangers* (1988), der sich freilich mit einer späteren Periode befaßt.
12. Keuls, 1985, S. 146.
13. Golden, 1981; Pomeroy, 1983.
14. Lefkowitz, 1991, S. 23; Keuls, 1985, S. i.
15. Keuls, 1985, S. 82–86, 114–17, 147; Pomeroy, 1975, S. 57, 79–82, 87; Henderson, 1988, S. 1249.
16. Lefkowitz und Fant, 1982, S. 18.
17. Henderson, 1988, S. 1252; Golden, 1990, S. 49.
18. Zahlreiche feministische Studien betonen, daß die Frauen in ihren eigenen Einflußbereichen (im *oikos*, als Hetären) sehr wohl etwas zu sagen hatten (Lefkowitz, 1986, S. 37–39; Boulding, 1976, S. 258–63). Aber das ändert nichts an der Tatsache, daß ihnen zu keiner Zeit ein explizites Mitspracherecht im politischen, ökonomischen oder gesellschaftlichen Bereich zugestanden wurde.
19. Pomeroy, 1975, S. 87; Dover, 1978; Dover, 1988; Massey, 1988, S. 5.
20. Downing, 1990, S. 56–57.
21. Hermann, 1989, S. 56.
22. Cantarella, 1987, S. 52; Keuls, 1985, S. 144.
23. Äschylus, *Die Eumeniden* (5. Jh. v. Chr.).
24. Keuls, 1985, S. 332.
25. Plato, *Der Staat*, 8.549c–555c.
26. Zu diesem Schluß gelangten sowohl Mark Golden in *Children and Childhood in Classical Athens* (1990) als auch Valerie French in »Birth control, childbirth and early childhood« (*Civilization of the Ancient Mediterranean*, 1988).
27. Golden, 1990, S. 89; Garland, 1985, S. 84; Garland, 1990, S. 144.

28. Zahn, 1970, S. 23–25; French in Hawnes und Hiner, 1991, S. 16.
29. Garland, 1990, S. 153; Tobey, 1991, S. 64; Fildes, 1986, S. 22.
30. French in Garland, 1988, 1989, S. 1359; Sommerville, 1982, 1990, S. 28; Garland, 1990, S. 107.
31. Boswell, 1988, S. 37n.
32. French in Grant, 1988, 1989, S. 1361; Golden, 1990, S. 91; Still, 1931, S. 6–31.
33. Golden, 1990, S. 92.
34. Diese Ansicht vertreten Garland, 1990; Breiner, 1990; Sommerville, 1982, 1990; Pomeroy, 1975; deMause, 1974.
35. Golden, 1990, S. 83.
36. Die Muttersterblichkeit lag vermutlich bei ca. 2,5 Prozent (French in Grant, 1988, S. 135), wobei Garland, 1990, S. 65, der Meinung ist, daß sie unter Umständen sehr viel höher war.
37. Massey, 1988, S. 6.
38. 30 bis 40 Prozent starben innerhalb eines Jahres (Golden, 1990, S. 83).
39. Keuls, 1985, S. 144.
40. Garland, 1990, S. 98.
41. Ibid., S. 100.
42. Dick, 1987, S. 23.
43. Fildes, 1986, S. 211.
44. Fildes, 1988, S. 192.
45. Coote, 1983; Kahr, 1991; Breiner, 1990, S. 49.
46. Sommerville, 1982, 1990, S. 32.
47. Breiner, 1990, S. 45.
48. Die Macht des Vaters in der Familie war unumschränkt. Er konnte jedes Familienmitglied in jeder Weise bestrafen, die er für angemessen hielt.
49. Cantarella, 1987, S. 159; Pomeroy, 1975, S. 96.
50. Suzanne Dixon, 1988; Paul Veyne, 1987; Thomas Wiedemann, 1989, und John Evans, 1991.
51. Kahr, 1991.
52. Cantarella, 1987, S. 130.

4 Zwischen Heiligkeit und Profanität: Mutterschaft im Mittelalter

1. Carroll, 1986, S. xii
2. Warner, 1976, S. 192.
3. Namentlich Philippe Ariès, Lawrence Stone, Edward Shorter, Jean-Louis Flandrin und Lloyd deMause. Außerdem Barbara Kellum, Emily Coleman, Zefira Rokeah, R. Trexler und andere.
4. Demos, 1986, S. 75.

5. Zeitgenössische Historiker des klassischen Altertums haben dieses Argument ebenfalls geltend gemacht, aber auch bei ihnen geht dieser Ansatz auf Ariès zurück.
6. Tuchman, 1978, S. 50.
7. Dally, 1983, S. 29.
8. Ariès, 1962, S. 33.
9. In nahezu allen Gegenden des mittelalterlichen Europa gehörten die außerehelichen Kinder dem Haushalt des Vaters an (Nicholas in Hawes und Hinet, 1991, S. 38).
10. Goode, 1963.
11. Vor allem Edward Shorter, Lawrence Stone, Randolph Trumbach und Alan MacFarlane.
12. Shorter, 1975, Kap. 5; deMause, 1974, S. 1, 51.
13. Rybczynski, 1986, S. 28.
14. Luepnitz, 1988, S. 120.
15. Stone, 1977, S. 6; Shorter, 1975, S. 218–19.
16. Stone, 1977, S. 7; Flandrin, 1979.
17. Stone, 1977, S. 56.
18. Ibid., S 105–106; Ariès, 1982, S. 82, 90.
19. Shorter, 1975, S. 168; Trumbach, 1978, S. 247; MacFarlane, 1986, S. 664.
20. Vor allem Shulamith Shahar, David Herlihy, Barbara Hanawalt, Linda Pollock, Ralph A. Houlbrooke, Peter Laslett, Richard Smith, John Hajnal.
21. Für Beispiele aus der karolingischen, ottomanischen und romanischen Periode siehe Ilene Forsyth.
22. Boswell, 1988, S. 38.
23. Mount, 1982, S. 118–19.
24. So zitiert bei Shahar, 1990, S. 152.
25. David Herlihy (1985) und Richard Smith (1979).
26. Hareven, 1991, S. 98.
27. Tuchman, 1978, S. xvii; Rybczinski, 1986, S. 33; Huizenga, 1924, S. 18.
28. King, 1991, S. 11; Boswell, 1988; ibid., S. 432.
29. Sommerville, 1982, 1990, S. 61.
30. Tucker, 1974, S. 231; Markus 10:14.
31. Sommerville, 1982, 1990, S. 58.
32. Ibid., S. 60–61.
33. Tuchman, 1978, S. 49.
34. Josephus' *Der jüdische Krieg* in griechischer Sprache; nacherzählt im 5. Jahrhundert von dem römischen Autor Hegesippus und im 10. Jahrhundert im *Josippon*; siehe auch Boccaccios *Vom Glück und Unglück berühmter Männer und Frauen* und ein Gemälde aus dem 19. Jahrhundert, Wiertzs *Hunger, Wahnsinn und Verbrechen* (zitiert in Shahar, 1990, S. 138).

35. Atkinson, 1991, S. 136.
36. Baron, 1979–1980.
37. Atkinson, 1991, S. 164.
38. Miles, R., 1989, S. 99
39. Ibid., S. 61.
40. Atkinson, 1991, S. 37.
41. Lederer, 1968, S. 163, 178.
42. Herlihy, 1985, S. 144; Ruether, 1977, S. 38; Atkinson, 1991, S. 17.
43. Rogers, 1966, S. 19; McLaren, 1990, S. 80–81.
44. Atkinson, 1991, Kap. 3.
45. Herlihy, 1985, S. 122; Ruether, 1977, S. 44; Bynum, 1982, S. 111–12; Atkinson, 1991, S. 23–64, 240.
46. *Time,* 30. Dezember 1991, S. 99.
47. Bynum, 1982, S. 145.
48. Atkinson, 1991, S. 144.
49. Matter in Olson, 1990, S. 92.
50. Ibid., S. 91.
51. Miles, R., 1989, S. 74.
52. Carroll, 1986, S. 59.
53. Miles, M., in Suleiman, 1985, 1986, S. 202; Ross in deMause, 1974, S. 199; Kraus, 1967, S. 41–62.
54. Ruether, 1977, S. 72.
55. Clark, 1969, S. 65.
56. Kristeva in Suleiman, S. 106.
57. Eine Auswahl berühmter misogyner Werke aus dem Mittelalter:
    Satire:
    John von Salisburys *Policratus*
    Walter Maps *De nugis curialim* (insbesondere der Brief des Valerius an Rufinus)
    Andreas Capellanus' *De amore* (Buch III)
    Quinze joies de mariage
    Lamentations de Matheolus
    die Untergattung des Streitgedichts
    die *fabliaux*
    die Tierfabel
    das komische Theater oder die Farce
    die *chantefable Aucassin et Nicolette*
    Adam de Halles Jeu de la feuilée
    (nach Bloch, 1991, S. 7). Siehe auch Gies und Gies, 1978, S. 37
58. So zitiert bei de Riencourt, 1974, S. 220.
59. Ibid., S. 216; Miles, M., in Suleiman, 1985, 1986, S. 201; Clark, 1969, S. 58
60. de Riencourt, 1974, S. 216; deMause, 1974, S. 20–21.
61. Miles, M., in Suleiman, 1985, 1986, S. 202.
62. McLaughlin in deMause, 1974, S. 115; Warner, 1976, S. 196.

63. Warner, 1976, S. 206–33.
64. Ibid., S. 233.
65. de Beauvoir, 1952, S. 171.
66. Klapisch-Zuber, 1985, S. 115.
67. Herlihy, 1985, S. 127.
68. Nicholas in Hawes und Hiner, 1991, S. 32; McLaren, 1990, S.17, 63–64, 156; Herlihy, 1985, S. 49, 54.
69. Wemple, 1976.
70. Mount, 1982, S. 19; Herlihy, 1985, S. 78.
71. McLaren, 1990, S. 107.
72. Nicholas in Hawes und Hiner, 1991, S. 32; Boswell, 1988, S. 228; Nicholas in Hawes und Hiner, 1991, S. 32.
73. Boswell, 1988, S. 177; ibid., S. 178; ibid., S. 225; ibid., S. 157; ibid., S. 3.
74. Steiner, 1980.
75. Coleman, 1976; Herlihy, 1985, S. 64.
76. Nicholas in Hawes und Hiner, 1991, S. 38.
77. Clark, 1969, S. 23.
78. Atkinson, 1991, S. 63; McLaughlin in deMause, 1974, S. 117; Clark, 1969, S. 68.
79. Bloch, 1991, S. 81; Mount, 1982, S. 227.
80. Kraus, 1967, S. 95; Tuchman, 1978, S. 216; Kelly-Gadol in Bridenthal et al., 1976, 1987, S. 182; Mount, 1982, S. 232.
81. Gies und Gies, 1978, S. 147.
82. Hanawalt, 1986, S. 158.
83. Ibid., S. 96, 100; McLaren, 1990, S. 113.
84. So zitiert bei Tuchman, 1978, S. 50; McLaughlin in deMause, 1974, S.118.
85. Nicholas in Hawes und Hiner, 1991, S. 36; Sommerville, 1982, 1990, S. 71
86. Sommerville, 1982, 1990, S. 79.
87. So zitiert bei Mount, 1982, S. 119.
88. Ladurie, zitiert bei Boswell, 1988, S. 404.
89. So zitiert bei Ross in deMause, 1974, S. 198.
90. Shahar, 1990, S. 35; Atkinson, 1991, S. 187–89.
91. McLaren, 1990, S. 118–20; King, 1991, S. 2
92. Shahar, 1990, S. 70; Labarge, 1986, S. 24.
93. McLaren, 1990, S. 117.
94. Piers, 1978, S. 51; Leibert, 1983, S. 13.
95. Shahar, 1990, S. 66, 68; Dick, 1987, S. 34; Nicholas in Hawes und Hiner, 1991, S. 261.
96. So zitiert bei Gies und Gies, 1978, S. 200–201; King, 1991, S. 14.
97. King, 1991, S. 13.
98. Shahar, 1990, S. 81; Hanawalt, 1986, S. 179.
99. Peiper, 1956, S. 178–79; Sigmund Freud befaßt sich mit der Thema-

tik in einem kurzen Essay aus dem Jahre 1909, »Der Familienroman der Neurotiker«.
100. Shahar, 1990, S. 122; Pentikainen, 1968, S. 60–61.
101. McLaughlin in deMause, 1974, S. 133–39; Shahar, 1983, S. 230–32; Nicholas in Hawes und Hiner, 1991, S. 39.
102. Kellum, 1973, S. 367; Hanawalt, 1986, S. 102; Shahar, 1990, S. 128–129.
103. Hanawalt, 1986, S. 180; zitiert bei King, 1991, S. 8.
104. Hanawalt, 1986, S. 181.
105. Boswell, 1988, S. 216; McLaren, 1990, S. 128.
106. Unter »Renaissance« wird hier die Epoche verstanden, die überall außer in Italien das »Spätmittelalter« heißt. Im Norden trat die Renaissance später auf.
107. Stuart in Bridenthal et al., 1987, S. 167.
108. Sachs, 1971, S. 28; Stuart in Bridenthal et al., 1987, S. 168.
109. King in Labalme, 1980, S. 66–90; Boulding, 1976, S. 526.
110. Stone, 1977, S. 151.
111. Herlihy, 1985, S. 158.
112. Stuart in Bridenthal et al., 1987, S. 167.
113. Herlihy, 1985, S. 158; Sommerville, 1982, 1990, S. 88.
114. Atkinson, 1991, S. 167.
115. Kahn in Garner et al., 1985, S. 82; Leites, 1986, S. 2.
116. Freud wie zitiert bei Kahn in Garner et al., 1985, S. 84.
117. Boswell, 1988, S. 418; Klapisch-Zuber, 1985, S. 105.
118. Boswell, 1988, S. 451; Luepnitz, 1988, S. 124.

5 Vater ist der Beste:
Mutterschaft in der frühen Neuzeit

1. Eine Art der Folter, die an Bungee-Jumping erinnert.
2. King, 1991, S. 144; Coudert in Brink et al., 1989, S. 61; Demos, 1982, S. 11.
3. Pinchbeck und Hewitt, 1969, S. 12; Flandrin, 1979, S. 180–84; Shahar, 1990, S. 131; Hoffer und Hull, 1981, S. xi und Kap. 2.
4. Shammas in Gordon, 1983, S. 199; Pleck, 1987, S. 81; Rybczynski, 1986, S. 4.
5. Stone, L., 1977.
6. z. B. Laslett, Pollock, Herlihy, Hanawalt.
7. O'Faolain und Martines, 1973, S. 196–97.
8. Schama in Rotberg und Rabb, 1988, S. 157; Goldberg in Ferguson et al., 1986.
9. Pleck, 1987, S. 81; Stone, 1977, S. 158.
10. Boulding, 1976, S. 547.

11. Anderson und Zinsser, 1988, S. 265.
12. de Riencourt, 1974, S. 259.
13. Woodbridge, 1986, S. 5.
14. Jankowski, 1992, S. 39; Stallybrass, 1986, S. 126–27.
15. Atkinson, 1991, S. 217; Wiesner in Bridenthal et at., 1987, S. 208.
16. Jankowski, 1992, S. 38; Atkinson, 1991, S. 23.
17. Wiesner in Bridenthal et al., 1987, S. 243; Mount, 1982, S. 130–33; Atkinson, 1991, S. 216.
18. Pinchbeck und Hewitt, Bd I, 1969, S. 201; Amussen, 1988, S. 111, 117.
19. Coudert in Brink et al., 1989, S. 71–72.
20. Ibid.
21. Schotz in Davidson und Broner, 1980, S. 45; Kahn in Ferguson, 1986, S. 40.
22. Pattison, 1978, S. 48.
23. Warner, 1991; Tatar, 1987, S. 3.
24. Bernikow, 1980, S. 23.
25. Klapisch-Zuber, 1985, S. 125; Nicholas in Hawes und Hiner, 1991, S. 37; Anderson und Zinsser, 1988, S. 263.
26. Ariès, 1962, S. 350; Goldberg in Ferguson et al., 1986, S. 16.
27. Montrose in Ferguson et al., 1986, S. xx; Levin in Brink et al., 1989, S. 97.
28. Das Epizentrum der Hexenverfolgung war Deutschland; passenderweise wurde die größte Sammlung dieses Holocaust denn auch von der SS angelegt (Monter in Bridenthal et al., 1987, S. 213).
29. Larner, 1986, S. 84; Coudert in Brink et al., 1989, S. 78.
30. Coudert in Brink et al., 1989, S. 64; Demos, 1982, S. 170; Hoffer und Hull, 1981, S. 21.
31. Chesler, 1987, S. 274; Newmann, 1991, S. 58.
32. Rich, 1976, 1986, S. 134–35.
33. Die jüngsten Beiträge stammen von Jessica Mitford, Robbie Davis-Floyd, Jeanne Achterberg und Richard und Dorothy Wertz. Die Klassiker sind von Ehrenreich und English und von Rich.
34. Schama, 1988, Kap. 7, S. 402, 480, 523, 540.
35. Sommerville, 1992, S. 21.
36. Beales in Hawes und Hiner, 1985, S. 24.
37. Sommerville, 1992, S. 13; Stone, 1977, S. 13; Schnuckler in Fildes, 1990, S. 108; Ozment, 1983, S. 135.
38. Sommerville, 1982, 1990, S. 103.
39. So zitiert bei Sommerville, 1982, 1990, S. 137.
40. Ehrenreich und English, 1979, S. 192.
41. Stone, 1977, S. 139, 263.
42. Demos, 1986, S. 86; Beekman, 1977, S. 50; zitiert bei Dally, 1983, S. 44.
43. Houlbrooke, 1984, S. 194.
44. Dick, 1987, S. 122.
45. So zitiert bei Greven, 1990, S. 20.

46. So zitiert bei King, 1991, S. 210.
47. Stone, 1977, S. 57; Flandrin, 1979, S. 115; Dally, 1983, S. 27.
48. So zitiert bei Ariès, 1962, S. 39.
49. So zitiert bei Badinter, 1980, S. 63.
50. Marvick in deMause, 1974, S. 273; Hunt, 1972, S. 161–75; Stone, 1977, S. 508–509.
51. Stone in Rosenberg, 1975, S. 40.
52. Stone, 1977, S. 77.
53. Beales in Hawes und Hiner, 1985, S. 24.
54. Demos, 1986, S. 74; Schnuckler in Fildes, 1990, S. 117.
55. Sommerville, 1982, 1990, S. 129.
56. MacFarlane, 1970, S. 15; Ozment, 1983, S. 149; Marshall in Hawes und Hiner, 1991, S. 62.
57. Sommerville, 1978; Wooden, 1986, S. xii.
58. Sommerville, 1991, S. 100; Ozment, 1983, S. 132; Maloney und Maloney, 1985, S. 6–10.
59. Berry, 1993, S. 45.
60. Ariès, 1962, S. 39; Stone, 1977, S. 105; Shorter, 1975, S. 55.
61. Marshall in Hawes und Hiner, 1991, S. 55; Hardyment, 1983, S. 9; Dally, 1983, S. 27.
62. Fraser, 1984, S. 73; Ozment, 1983, S. 163; Houlbrooke, 1984, S. 137; Fraser, 1984, S. 72.
63. Pollock, 1987, S. 95.
64. Fraser, 1984, S. 60; Crawford in Fildes, 1990, S. 6, 17.
65. Travitsky in Davidson und Broner, 1980, S. 33–43; Houlbrooke, 1984, S. 134–35; zitiert bei Travitsky in Davidson und Broner, 1980, S. 38; zitiert bei Pollock, 1987, S. 168.
66. Farrell, 1991, S. 11.
67. McLaren, 1990, S. 154; zitiert bei Crawford in Fildes, 1990, S. 20; McLaren, 1990, S. 158.
68. Crawford in Fildes, 1990, S. 55–57.
69. Ibid., S. 22; Erasmus, 1979, S. 19.
70. Pollock, 1987, S. 20.
71. Fraser, 1984, S. 69.
72. Beekman, 1977, S. 27.
73. Wilson in Fildes, 1990, S. 88; Hardyment, 1983, S. 3.
74. Hardyment, 1983, S. 3; Dick, 1987, S. 64.
75. Houlbrooke, 1986, S. 155; Marshall in Hawes und Hiner, 1991, S. 65.
76. Fildes, 1986, S. 156; Shorter, 1975, S. 177; Stone, 1977, S. 432.
77. Fildes, 1986, S. 156.
78. Pollock, 1987, S. 54; Fildes, 1986, S. 213, 290.
79. So zitiert bei Durston, 1989, S. 124.
80. Dick, 1987, S. 30; Gathorne-Hardy, 1973, S. 37–38.
81. Fildes, 1986, S. 109; Stone, 1977, S. 100.
82. Fildes, 1988, S. 12.

83. Dick, 1987, S. 21, 27; Fraser, 1985, S. 78.
84. Fildes, 1988, S. 971; ibid., S. 235.
85. Fildes in Fildes, 1990, S. 166; Fildes, 1988, S. 158.
86. Fildes, 1988, S. 212; Beekman, 1977, S. 5; Sommerville, 1982, 1990, S. 118.
87. Stone, 1977, S. 473.
88. So zitiert bei Fildes in Fildes, 1990, S. 154.
89. McLaren, 1990, S. 159; Ransel, 1988, S. 15; zitiert bei Fildes in Fildes, 1990, S. 15.
90. Watts, 1984, S. 69.
91. Atkinson, 1991, S. 195.

6 Mutters Seligsprechung: Mutterschaft im 18. und 19. Jahrhundert

1. Bernard, 1974, S. 12; Bloch, 1978; Welter, 1966; Thackeray, 1968, S. 488–89. Die letzte Hexe wurde in England 1727 gehängt (Boulding, 1976, S. 610). Der viktorianische Allgemeinplatz des »Angel of the House« geht auf ein Gedicht von Coventry Patmore zurück.
2. Ehrenreich und English, 1979, S. 5.
3. Zelitzer, 1981, S. 3.
4. Bloch, 1978.
5. Ehrenreich und English, 1979, S. 190.
6. In einem Brief von Howard Taylor Ricketts an Myra Tubbs vom 11. Juli 1896, zitiert bei Demos, 1986, S. 57; zitiert bei Miles, R., 1989, S. 212.
7. Lederer, 1968, S. 175–77.
8. Luepnitz, 1988, S. 129.
9. Smith-Rosenberg, 1986; Coontz, 1988, S. 210; zitiert bei Bernard, 1974, S. 213.
10. Luepnitz, 1988, S. 129.
11. Miles, R., 1989, S. 155.
12. Matthews, 1987, S. 91.
13. Anderson und Zinsser, Bd II, 1988, S. 217.
14. Boulding, 1976, S. 603.
15. Rybczynski, 1986, S. 77.
16. Woolf, 1942, S. 237–38.
17. So zitiert bei Paglia, 1990, S. 233.
18. So zitiert bei Bernard, 1974, S. 4.
19. Tobey, 1991, S. 66.
20. Duncan in Broude und Garrard, 1982, S. 201–207.
21. Langer, C., 1992, S. 98.
22. Bloch, 1978.

23. Tatar, 1987, S. 110–11.
24. E. Kaplan, 1992, S. 4.
25. Hunt, L., 1992, S. 106; Schama, 1990, S. 227.
26. Sommerville, 1982, 1990, S. 153.
27. So zitiert bei Clark, 1969, S. 279.
28. Rosenblum, 1988, S. 54–55; Brobeck, 1977; Calvert, 1982.
29. Kunzle in Tufte und Meyerhoff, 1979, S. 121.
30. Jordan. 1987, S. 91.
31. Boulding, 1976, S. 619.
32. Lerner, 1993, S. 135.
33. Dye und Smith, 1986.
34. Greven, 1977, S. 227–33; Dally, 1983, S. 54; Dick, 1987, S. 123.
35. Griswold, 1993, S. 11.
36. Stone, 1977, S. 432.
37. Robertson in deMause, 1974, S. 410; McLaren, 1990, S. 163, 165.
38. Wertz und Wertz, 1977, S. 25.
39. Jede zwanzigste Frau und jeder fünfte Säugling starben (Anderson und Zinsser, Bd 2, 1988, S. 241). Dally, 1983, S. 32–37.
40. Schama, 1988, S. 183; Hufton, 1974, S. 318–51; Fildes, 1988, S. 146.
41. Dick, 1987, S. 77, 128; Sommerville, 1982, 1990, S. 121.
42. Sommerville, 1982, 1990, S. 118; Dick, 1987, S. 128.
43. Stone, 1977, S. 471. In Frankreich waren Wickelbänder noch bis weit ins 19. Jahrhundert in Gebrauch.
44. Walzer in deMause, 1974, S. 352.
45. Ransel, 1988, S. 15; Anderson und Zinsser, Bd 2, 1988, S. 246; Piers, 1978, S. 71–78.
46. Sommerville, 1982, 1990, S. 122; Fildes, 1988, S. 17; Barret-Ducrocq, 1989, S. 41.
47. Dick, 1987, S. 131.
48. Pattison, 1978, S. 76.
49. Sommerville, 1982, 1990; Clark, 1969, S. 237.
50. Rogers, 1966, S. 207.
51. Lesser, 1991, S. 29.
52. Zimmerman in Davidson und Broner, 1980, S. 82; Hirsch, 1989, S. 14.
53. So zitiert bei Auerbach, 1978, S. 3; Olsen, 1972, 1979, S. 19; LeGuin, 1989, S. 36–37.
54. Hirsch, 1989, S. 47; Johnson, 1958, Bd 2, S. 475.
55. Hirsch, 1989, S. 10; Rich, 1979, S. 91.
56. Gilbert und Gubar, 1979; Herman, 1989; Bernikow, 1980; Davidson und Broner, 1980; Daly und Reddy, 1991.
57. Cixous in Marks und de Courtivron, 1981, S. 251.
58. So zitiert bei Matthews, 1987, S. 50; Kaplan, E., 1992, S. 127, 129; Tompkins, 1981, S. 81.
59. Kaplan, E., 1992, S. 128; zitiert bei Gilbert und Gubar, 1979, S. 483.
60. Van Buren, 1989, S. 127; Tobey, 1991, S. 73.

61. So zitiert bei Porter in Boucé, 1982, S. 21.
62. Sternglanz und Nash in Birns und Hay, 1988, S. 18.
63. Ibid., S. 43; Bernard, 1974, S. 21.
64. Miles, R., 1989, S. 190; Homans, 1986, S. 155; Huet, 1993, S. 6.
65. Gordon, 1976, S. 21; Holbrook, 1873, S. 14–15; Miles, R., 1989, S. 209.
66. Acton, 1857, S. 133; Degler, 1980, S. 467; Wertz und Wertz, 1989, S. 79.
67. Hays, 1964, S. 279; Shorter, 1975, S. 83; zitiert bei Cott, 1978.
68. Degler, 1980, S. 249–79; Comfort, 1967.
69. Paglia, 1990, S. 26; Freud, 1925.
70. So zitiert bei Dally, 1983, S. 133; Lerner, 1993, S. 137; Ruddick, 1989,
    S. 13–28.
71. Hewlett, 1986, S. 180.
72. McLaren, 1990, S. 197.
73. So zitiert bei Lewis, 1986, S. 1; Anderson und Zinsser, Bd 2, 1988,
    S. 162; zitiert bei Pearson und Pope, 1981, S. 47; zitiert bei Hewlett,
    1986, S. 182; Strasser, 1981, S. 227.
74. McLaren, 1990, S. 178, 180; Brookes in Lewis (Hg.), 1986, S. 156.
75. Anderson und Zinsser, Bd 2, 1988, S. 242.
76. Dick, 1987, S. 34.
77. Robertson in deMause, 1974, S. 424; Gathorne-Hardy, 1973, S. 33.
78. Mintz und Kellogg, 1988, S. 58; Pleck, 1987, S. 46–47; Robertson in
    deMause, 1974, S. 421.
79. Piers, 1978, S. 85; Robertson in deMause, 1974, S. 420.
80. So zitiert bei Pearsall, 1969, S. 289, 290; Jordan, 1987, S. 270–71.
81. Masson, 1984; Freud, 1917, S. 3701.
82. Kahr, 1991, S. 204.
83. Pearsall, 1969, S. 211; Sommerville, 1982, 1990, S. 189; Ehrenreich
    und English, 1979, S. 189.
84. Rose, 1986, S. 29.
85. Anderson und Zinsser, Bd 2, 1988, S. 245; Jordan, 1987, S. 92.
86. Jordan, 1987, S. 83.
87. Anderson und Zinsser, Bd 2, 1988, S. 247.
88. Langer, 1974; Fuchs, 1992, S. 5.
89. Klaus, 1993, S. 5; zitiert bei Bernard, 1974, S. 13.

7 In Ungnade gefallen:
Die Mutter im 20. Jahrhundert

1. Koonz, 1987, S. 185; zitiert bei Matthews, 1987, S. 184.
2. Apple, 1987, S. 97.
3. Skolnick, 1991, S. 42–43.
4. Zwischen 1890 – als nur jede 50. Frau im College-Alter die Universität
   besuchte – und 1910 verdreifachte sich die Zahl der studierenden
   Frauen, und in den darauffolgenden zehn Jahren verdoppelte sie sich

noch einmal (Mintz und Kellogg, 1988, S. 111). Der Prozentsatz der Berufstätigen erhöhte sich bei Frauen mit Studienabschluß zwischen 1900 und 1930 sechsmal so schnell wie bei alleinstehenden Frauen (Berry, 1993, S. 87).

5. Skolnick, 1991, S. 46.
6. Mintz und Kellogg, 1988, S. 115.
7. Skolnick, 1991, S. 40.
8. Mintz und Kellogg, 1988, S. 114; Demos, 1986, S. 61; Ehrenreich und English, 1978, 1979, S. 210.
9. Bienstock in Tufte und Meyerhoff, 1979, S. 176; Berrol in Hawes und Hiner, 1985, S. 356.
10. Bienstock in Tufte und Meyerhoff, 1979, S. 174.
11. Ehrenreich und English, 1978, 1979, S. 188.
12. Sommerville, 1982, 1990, S. 186.
13. Hardyment, 1983, S. 122.
14. Margolis, 1984, S. 47.
15. Mintz und Kellogg, 1988, S. 120.
16. McCartney und Phillips in Birns und Hay, 1988, S. 160.
17. Anderson und Zinsser, Bd 2, 1988, S. 209–211.
18. Harriss (Hg.), 1991, S. 117.
19. Ibid.
20. Apple, 1987, S. 116; zitiert bei Ehrenreich und English, 1978, 1979, S. 195.
21. Ehrenreich und English, 1978, 1979, S. 195.
22. Strasser, 1982, S. 135.
23. So zitiert bei Ehrenreich und English, 1978, 1979, S. 216.
24. Ibid., S. 198.
25. Hardyment, 1983, S. 100.
26. Strasser, 1982, S. 232–33.
27. Apple, 1987, S. 181; Hardyment, 1983, S. 123.
28. So zitiert bei Beekman, 1977, S. 146.
29. Hardyment, 1983, S. 71.
30. Bernard, 1974, S. 96.
31. So zitiert bei Hardyment, 1983, S. 176.
32. Ehrenreich und English, 1978, 1979, S. 205.
33. Vgl. Marx und Engels in Kap. 1.
34. Ransel in Hawes und Hiner, 1991, S. 485.
35. Mount, 1982, S. 36–37; Harriss, 1991, S. 66.
36. Miles, R., 1989, S. 239.
37. Troen und Ackerman in Hawes und Hiner (Hg.), 1991, S. 346; Kitzinger, 1978, S. 219.
38. Hardyment, 1983, S. 109.
39. Gay, 1988, S. 507; Schneiderman, 1990, S. 12.
40. Sayers, 1991, S. 13.
41. Gay, 1988, S. 505; Sprengnether, 1990, S. 39–86.

42. Sprengnether, 1990, S. 64; Mahony, 1986, S. 35; Blacker und Abraham, 1982–1983.
43. Roazen, 1984, S. 445.
44. Rycroft, 1985, S. 102.
45. Freud, 1896, S. 63.
46. Freud, 1905, 1915, 1940, 1926, S. 170; 1915, S. 122–23.
47. Freud, 1911, 1914, 1923, 1917.
48. Freud, 1931, 1933.
49. Gay, 1988, S. 506; Abraham, 1982–1983; Sprengnether, 1990, S. 19.
50. Freud, 1933, S. 133.
51. Abraham, 1982–1983.
52. So zitiert bei Ehrenreich und English, 1978, 1979, Kap. 7, S. 214.
53. Ibid., Kap. 7.
54. Hardyment, 1983, S. 224–225; Margolis, 1984, S. 63; Sommerville, 1982, 1990, S. 256.
55. Sommerville, 1982, 1990, S. 266.
56. Mintz und Kellogg, 1988, S. 178.
57. Skolnick, 1991, S. 53.
58. Ibid., S. 51; Matthews, 1987, S. 210; Miller und Nowak, 1977, S. 156–157.
59. Matthews, 1987, S. 187, 192, 193, 195.
60. Ibid., S. 215–16.
61. Snitow, 1992.
62. Skolnick, 1991, S. 78.
63. Reed, 1978.
64. Skolnick, 1991, S. 102, 103.
65. Landers, 1976.
66. Hewlett, 1986, S. 270; Hardyment, 1983, S. 166; Buxbaum, 1951, S. 151.
67. Ehrenreich und English, 1978, S. 269.
68. Ibid., S. 216.
69. Weiss, 1978.
70. Hardyment, 1983, S. 225.
71. Wolfenstein, 1955; Marshall in Phoenix, Woollett und Lloyd, 1991, S.82.
72. Walters, 1992, S. 47–54, 84–90.
73. Swigart, 1986, S. 102–105; Swigart, 1991, S. 227.
74. deMause, 1974, S. 52.
75. Zuckerman in Rosenberg, 1975, S. 190; zitiert bei Mintz und Kellogg, 1988, S. 187.
76. Hardyment, 1983, S. 245.
77. Zuckerman in Rosenberg, 1975, S. 183.
78. Ehrenreich und English, 1978, 1979, S. 226–29.
79. Rich, 1976, S. 217.
80. Swigart, 1986, S. 57, 62; Swigart, 1991, S. 211.

81. Smith, 1990; Marshall in Phoenix, Woollett und Lloyd, 1991, S. 73–74.
82. Chira, Susan, »The New Realities Fight Old Images of Mother«, *New York Times*, Sonntag, 4. Oktober 1992, S. 1, 30.
83. Traub, 1986.
84. Hewlett, 1986, S. 268.
85. Snitow, 1992.
86. Walters, 1992, S. 145; *Wall Street Journal*, 7. September 1983, zitiert bei Hewlett, 1986, 1987, S. 15; Woollett und Phoenix in Phoenix, Woollett und Lloyd, 1991, S. 219.
87. Griswold, 1993, S. 245; Rogers, 1966, S. 263.
88. Rogers, 1966, S. 237; Walters, 1992, S. 75.
89. Caine, 1985, S. 14; Matthews, 1987, S. 207.
90. Ibid., S. 202.
91. Duncan in Davidson und Broner, 1980, S. 231.
92. Fishburn in Davidson und Broner, 1980, S. 215.
93. Koch, Jim, »Saint to Sinner«, *New York Times*, Sonntag, 10. Mai 1992, S. 14, 17.
94. Chodorow und Contratto in Chodorow, 1989, S. 79–97.
95. Ibid., S. 80.
96. Fine, 1979, S. 158.
97. Margolis, 1984, S. 72.
98. So zitiert bei Ehrenreich und English, 1978, 1979, S. 234.
99. Margolis, 1984, S. 260; Ehrenreich und English, 1978, 1979, S. 236.
100. Hardyment, 1983, S. 233; Bernard, 1974, S. 71.
101. Fine, 1979, S. 156; Eyer, 1992, S. 52.
102. Karen, 1990; Ehrenreich und English, 1978, 1979, S. 227.
103. Roazen, 1984, S. 486; Tizard in Phoenix, Woollett und Lloyd, 1991, S. 178; Karen, 1990.
104. Eyer, 1992, S. 50.
105. Bowlby, 1951.
106. Birns, 1985, S. 6.
107. Tizard in Phoenix, Woollett und Lloyd, 1991, S. 182.
108. Eyer, 1992; Marshall Klaus und John Kennell, 1976; Eyer, 1992, S. 67.
109. Rutter, 1972.
110. Eyer, 1992, S. 67; Clarke und Clarke, 1976; Schaffer und Emerson, 1964; Lamb, 1976.
111. Chess und Thomas, 1977; Birns, 1985, S. 5.
112. Caplan und Hall-McCorquodale, 1985.
113. Sayers, 1991, S. 10.
114. Barth, 1989.
115. Deutsch, 1945.
116. Sayers, 1991, S. 67.
117. Kestenberg, 1956; Parens, 1971.

118. Benedek, 1959; z. B. Chasseguet-Smirgel, 1974; Kestenberg, 1976; Stoller, 1976.
119. Barth, 1993.
120. Roazen, 1984, S. 398–400, 428.
121. Greenberg und Mitchell, 1983, S. 80.
122. Sullivan, 1953, 1962; Fromm-Reichmann, 1950.
123. Freud, A., 1936; Hartmann, 1939.
124. Freud, A., 1965, S. 50.
125. Greenberg und Mitchell, 1983, S. 181.
126. Mahler et al., 1978, S. 64.
127. Winnicott, 1975, Winnicott, 1945, Winnicott, 1958, 1971, Winnicott 1953, Winnicott, 1969, Winnicott, 1957, S. vii; Winnicott, 1948.
128. Kohut, 1977, S. 146–47.
129. Kohut, 1980.
130. Bergmann, 1987, S. 250.
131. Snitow, 1992.
132. Cowan, 1983, S. 199; Chira, 1992, S. 1, 30.
133. Walsh, 1993; Brownmiller, 1984, S. 221, 222, 230.
134. Walters, 1992, S. 186; Skolnick, 1991, S. 122, 187; Berry, 1993, S. 148.
135. Haskell, 1988, S. 84.
136. Mintz und Kellogg, 1988, S. 240.
137. Snitow, 1992; Walsh, 1993.
138. Friedan, 1981.
139. Snitow, 1992.
140. Cobb, 1990.
141. Silverstein, 1991.
142. Margolis, 1984, S. 105.
143. Silverstein, 1991; Tizard in Phoenix, Woollett und Lloyd, 1991, S. 185; Silverstein, 1991.
144. Belsky, 1988.
145. Faludi, 1991, S. 42, 44–45.
146. West, 1984.
147. Gordon, 1991, S. 68.
148. Walters, 1992, S. 190.
149. E. Kaplan, 1992, S. 202–209.
150. *New York Times,* 21. Juli 1993, S. A1.
151. Gordon, 1974, 1990, S. 458; Taitz, 1992, S. 12; Seinfels, 1992.
152. Gibbs, 1990, S. 42.
153. Whithead, 1993, S. 55.
154. Goodman, 1993.
155. Snitow, 1992.
156. Skolnick, 1991, S. 223.
157. Stern, 1977.
158. Sander, 1977; Brazelton et al., 1975; Stone et al., 1973

Bibliographie

Abraham, Ruth. »Freud's Mother Conflict and the Formulation of the Oedipal Father.« *The Psychoanalytic Review 69* (1982–1983): 441–453.

Achterberg, Jeanne. *Die Frau als Heilerin. Die schöpferische Rolle der heilkundigen Frau in Geschichte und Gegenwart.* München: Goldmann 1994.

Acton, William. *The Functions and Disorders of the Reproductive Organs in Youth and Adult Age and in Advanced Life, Considered in Their Physiological Sound and Moral Relations.* London: J. and A. Churchill, 1857.

Adams, Paul. »The Mother Not the Father.« *Journal of the American Academy of Psychoanalysis.* 15, no. 4 (Oktober 1987): 465–480.

Adelman, Janet. *Suffocating Mothers: Fantasies of Maternal Origin in Shakespeare Plays, »Hamlet« to »Tempest«.* New York: Routledge, 1992.

Ainsworth, Mary. »Attachment: Retrospect and Prospect.« In *The Place of Attachment in Human Behavior*, hg. von Colin Murray Parkes und Joan Stevenson. New York: Basic Books, 1982.

Albright, William F. *Yahweh and the Gods of Canaan.* New York: Doubleday, 1968.

Alexander, Franz. »Need for Punishment and the Death Instinct.« *International Journal of Psychoanalysis 10* (1929).

–. *Our Age of Unreason: A Study of the Irrational Face in Society.* New York: J. B. Lippincott, 1951.

al-Hibri, Azizah. »Reproduction, Mothering, and the Origin of Patriarchy: In *Mothering: Essays in Feminist Theory*. Lanham, Md.: Rowman and Littlefield, 1983.

Allcott, William. *The Physiology of Marriage.* Boston: Jewett, 1856.

Amussen, Susan Dwyer. *An Ordered Society: Gender and Class in Early Modern England.* Oxford: Basil Blackwell, 1988.

Anderson, Bonnie, und Judith Zinsser. *Eine eigene Geschichte. Frauen in Europa.* 2 Bde. Zürich: Schweizer Verlagshaus, 1993.

Anderson, Michael. *Family Structure in Nineteenth-Century Lancaster.* Cambridge: Cambridge University Press, 1971.

Anthony, James, und Therese Benedek, Hgg. *Parenthood: Its Psychology and Psychopathology.* Boston: Little, Brown, 1970.

Apple, Rima. *Mothers and Medicine: A Social History of Infant Feeding, 1890–1950*. Madison: University of Wisconsin Press, 1987.

Applegarth, Adrienne. »Origins of Femininity and the Wish for a Child.« *Psychoanalytic Inquiry 8*, Nr. 1 (1988): 160–176.

Appleton, W. S. »The Mistreatment of Patients' Families by Psychiatrists.« *American Journal of Psychiatry* 131 (1974): 655–657.

Ariès, Philippe. *Geschichte der Kindheit*. München: Hanser, 1975.

–. *Geschichte des Todes*. München: Hanser, 1980.

Atkinson, Clarissa. *The Oldest Vocation: Christian Motherhood in the Middle Ages*. Ithaca: Cornell University Press, 1991.

Auerbach, Nina. »Artists and Mothers: A False Alliance.« *Women and Literature* 6, Nr. 1 (1978).

Bachofen, Johan Jakob. *Das Mutterrecht*. Stuttgart 1861.

–. *Mutterrecht und Urreligion*. Hg. von R. Marx, 6. Aufl. Stuttgart: Kröner, 1984.

Badinter, Elisabeth. *Die Mutterliebe. Geschichte eines Gefühls vom 17. Jh. bis heute*. München: Piper, 1981.

Bainton, Roland. *Women of the Reformation in France and England*. Minneapolis: Augsburg Publishing, 1973.

Balint, Alice. »Liebe zur Mutter und Mutterliebe.« In *Die Urformen der Liebe und die Technik der Psychoanalyse*, hg. von Michael Balint. Stuttgart: Klett, 1976.

–. »Love for the Mother and Mother-Love.« *International Journal of Psychoanalysis*, 30 (1949): 251–259.

Baring-Gould, William, und Ceil Baring-Gould. *The Annotated Mother Goose*. New York: Bramhall House, 1962.

Baron, F. Xavier. »Children and Violence in Chaucer's *Canterbury Tales*.« *Journal of Psychology* 7 (1979/80): 17–103.

Barret-Ducrocq, Françoise. *Love in the Time of Victorian Sexuality and Desire Among Working-Class Men and Women in Nineteenth-Century London*. New York: Penguin, 1989.

Barron, James, und Mary Tabor. »17 Killed and Life Is Searched for Clue.« *New York Times* (Sunday, 4 August 1991): 1, 30.

Barstow, Anne. »The Prehistoric Goddess.« In *The Book of the Goddess: Past and Present*, hg. von Carl Olson. New York: Crossroads Publishing, 1983.

Barth, F. Diane. »Blaming the Parent: Psychoanalytic Myth and Language.« *The Annual of Psychoanalysis*, 17 (1989): 185–201.

–. »Conflicts Over Selfishness: One Aspect of Some Women's Wish for a Baby.« *Psychoanalytic Psychology* 10, Nr. 2 (1993): 169–185.

Barzilai, Shuli. »Reading ›Snow White‹: The Mother's Story.« *Signs*, 15, Nr. 3 (1990).

Beales, Ross. »The Child in Seventeenth-Century America.« In *American Childhood: A Research Guide and Historical Handbook*, hg. von J. Hawes und N. Ray Hiner. Westport, Conn.: Greenwood Press, 1985.

Beauvoir, Simone de. *Das andere Geschlecht. Sitte und Sexus der Frau.* Hamburg: Rowohlt, 1951. Neuübersetzung Reinbek: rororo 9319, 1992.

Beekman, Daniel. *The Mechanical Baby: A Popular History of the Theory and Practice of Child Raising.* Westport, Conn.: Lawrence Hill and Co., 1977.

Beilin, Elaine. *Redeeming Eve: Women Writers of the English Renaissance.* Princeton: Princeton University Press, 1987.

Belsky, Jay. »Infant Daycare and Socioemotional Development.« *Journal of Child Psychology and Psychiatry* 29 (1988): 397–406.

Benedek, Therese. »Parenthood as a Developmental Phase.« *Journal of the American Psychoanalytic Association* 7 (1959): 379–417.

Benjamin, Jessica. *Die Fesseln der Liebe. Psychoanalyse, Feminismus und das Problem der Macht.* 2. Aufl. Frankfurt a. M.: Stroemfeld, 1991.

Bergmann, Martin. *Eine Geschichte der Liebe. Vom Umgang des Menschen mit einem rätselhaften Gefühl.* Frankfurt a. M.: S. Fischer, 1994.

Bernard, Jessie. *The Future of Marriage.* New York: Bantam Books, 1972.

–. *The Future of Motherhood.* New York: Dial Press, 1974.

–. *The Return of Motherhood.* New York: Penguin, 1979.

Bernikow, Louise. *Among Women.* New York: Harmony, 1980.

Berrol, Selma. »Ethnicity and American Children.« In *American Childhood: A Research Guide and Historical Handbook,* hg. von Hawes und Hiner, 343–375. Westport, Conn.: Greenwood Press, 1985.

Berry, Mary Frances. *The Politics of Parenthood, Child Care, Women's Rights and the Myth of the Good Mother.* New York: Viking, 1993.

Bettelheim, Bruno. *Die Kinder der Zukunft. Gemeinschaftsbeziehung als Weg einer neuen Pädagogik.* Wien: Molden, 1971.

–. *Kinder brauchen Märchen.* Stuttgart: Deutsche Verlags-Anstalt, 1977.

Bienstock, Beverly. »The Changing Image of the American Jewish Mother.« In *Changing Images of the Family,* hg. von Virginia Tufte und Barbara Myerhoff, 173–193. New Haven: Yale University Press, 1979.

Bird, Phyllis. »Images of Women in the Old Testament.« In *Religion and Sexism,* hg. von Rosemary Ruether, 9–81. New York: Simon and Schuster, 1974.

Birns, Beverly. »The Mother-Infant Tie: Fifty Years of Theory, Science and Science Fiction.« *Work in Progress* 21, Stone Center, Wellesley College, 1985.

Birns, Beverly, und Dale Hay, Hgg. *The Different Faces of Motherhood.* New York: Plenum, 1988.

Blacker, K. H., und R. Abraham. »The Rat Man Revisited: Comment on Maternal Influences.« *International Journal of Psychoanalytic Psychotherapy* 9 (1982–1983): 704–731.

Blank, M. »Mother's Role in Infant Development.« *Journal of the American Academy of Child Psychology* 30 (1964): 89–105.

Bleeker, C. J. »Isis and Hathor, Two Ancient Egyptian Goddesses.« In *The Book of the Goddess: Past and Present*, hg. von Carl Olson. New York: Crossroads Publishing, 1990.

Bloch, R. Howard. *Medieval Misogyny and the Inventor of Western Romantic Love*. Chicago: University of Chicago Press, 1991.

Bloch, Ruth. »American Feminine Ideals in Transition: The Rise of the Moral Mother, 1785–1815.« *Feminist Studies* 4, Nr. 2 (1978).

Boswell, John. *The Kindness of Strangers: The Abandonment of Children in Western Europe from Late Antiquity to the Renaissance*. New York: Pantheon, 1988.

Boucé, Paul-Gabriel. *Sexuality in Eighteenth-Century Britain*. Manchester, England: Manchester University Press, 1982.

Boulding, Elise. *The Underside of History*. Boulder, Colo.: Westview Press, 1976.

Bowlby, John. *Bindung. Eine Analyse der Mutter-Kind-Beziehung*. München: Kindler, 1975.

–. *Trennung. Psychische Schäden als Folge der Trennung von Mutter und Kind*. München: Kindler, 1976.

–. *Verlust, Trauer und Depression*. Frankfurt a. M.: Fischer 1983.

–. *Mütterliche Zuwendung und geistige Gesundheit*. München: Kindler, 1973.

Bradley, Keith. *Discovering the Roman Family*. New York: Oxford, 1991.

Brazelton, T. Berry. »Working Parents.« *Newsweek* 8, Nr. 7 (13. Februar 1989): 66–72.

Brazelton, T. Berry, E. Tronick, L. Adamson, A. Als, und S. Wise. »Early Mother-Infant Reciprocity.« In *Parent-Infant Interaction*, CIBA Foundation, Symposium 33 (1975), Amsterdam: Elsevier, 137–154.

Breiner, Sander. *Slaughter of the Innocents: Child Abuse Through the Ages and Today*. New York: Plenum, 1990.

Bridenthal, Renate, Claudia Koonz, und Susan Stuard. *Becoming Visible: Women in European History*. Boston: Houghton Mifflin, 1977, 2. Aufl., 1987.

Briffault, Robert. *The Mothers*. New York: Johnson Reprint, 1969.

Brink, Jean, Allison Coudert, und Maryanne C. Horovitz, Hgg. *The Poetics of Gender in Early Modern Europe*. Tempe: Northeast Missouri State, 1989.

Brobeck, Stephen. »Images of the Family: Portrait Paintings as Indices of American Family Culture, Structure, and Behavior, 1730–1860.« *Journal of Psychohistory* 5 (1977): 81–100.

Brody, Sylvia, und Sidney Axelrod. *Mothers, Fathers and Children*. New York: International Universities Press, 1978.

–, Hgg. *Anxiety and Ego Formation in Infancy*. New York: International Universities Press, 1971.

Bromberg, Pamela Starr. »Holding On: Letting Go.« *Simmons Review* 69, Nr. 1 (1987).

Brookes, Barbara. »Women and Reproduction, 1860–1939.« In *Labour and Love: Women's Experience of Home and Family, 1850–1940*, hg. von Jane Lewis. Oxford: Basil Blackwell, 1986.

Broude, Norma, und Mary Garrard. *Feminism and Art History*. New York: Harper and Row, 1982.

Brown, Georgia. »Mother Inferior.« *Lears* (1990): 88–89.

Brownmiller, Susan. *Weiblichkeit*. Frankfurt: S. Fischer, 1984.

Buxbaum, Edith. *Your Child Makes Sense, A Guide for Parents*. London: Allen and Unwin, 1951.

Bynum, Caroline Walker. *Jesus as Mother*. Berkeley: University of California Press, 1982.

Caine, Lynn. *Was habe ich bloß falsch gemacht? Mütter und ihre Schuldgefühle*. Düsseldorf: Econ, 1992.

Calvert, Karen Lee. »Children in American Family Portraits, 1670–1810.« *William and Mary Quarterly*, 39 (1982): 87–113.

Campbell, Joseph. *Lebendiger Mythos*. München: Goldmann, 1991.

–. *Der Heros in tausend Gestalten*. Frankfurt a. M.: Suhrkamp, 1978.

–. *Die Masken Gottes*. Bd. 1: *Mythologie der Urvölker*. Bd. 2: *Mythologie des Ostens*. Basel: Sphinx, 1991.

Cantarella, Eva. *Pandora's Daughters: The Role and Status of Women in Greek and Roman Antiquity*. Baltimore: Johns Hopkins University Press, 1987.

Caplan, Paula J. »Take the Blame Off Mother.« *Psychology Today* 20 (Oktober 1986): 70–71.

Caplan, Paula J., und Ian Hall-McCorquodale. »Mother-Blaming in Major Clinical Journals.« *American Journal of Orthopsychiatry* 55 (1985): 348–353.

Carmody, Denise Lardner. *Women and World Religions*. Nashville: Abingdon, 1979.

Carroll, Michael. *The Cult of the Virgin Mary*. Princeton: Princeton University Press, 1986.

Chasseguet-Smirgel, Janine. *Zwei Bäume im Garten. Zur psychischen Bedeutung der Vater- und Mutterbilder. Psychoanalytische Studien*. Stuttgart: Klett-Cotta, 1992.

Chasseguet-Smirgel, Janine. (Hg.). *Psychoanalyse der weiblichen Sexualität*. Frankfurt a. M.: Suhrkamp, 1976.

Chesler, Phyllis. *Mothers on Trial*. New York: Harvest/HBJ Book, 1987.

Chess, Stella, und Alexander Thomas. »Infant Bonding: Mystiques and Reality.« *American Journal of Orthopsychiatry* 52, Nr. 2 (April 1982): 213–222.

–. *Origins and Evolution of Behaviour Disorders*. New York: Brunner/Mazel, 1989.

Chira, Susan. »New Realities Fight Old Images of Mother.« *New York Times* (4. Oktober 1992): 1, 30.

468	Bibliographie

Chodorow, Nancy. *Feminism and Psychoanalytic Theory*. New Haven: Yale University Press, 1989.

–. *Das Erbe der Mütter. Psychoanalyse und Soziologie der Mütterlichkeit.* München: Frauenoffensive, 1985.

Chodorow, Nancy, und Susan Contratto. »The Fantasy of the Perfect Mother.« In *Rethinking the Family: Some Feminist Questions*, hg. von B. Thorne und M. Yalom, 59–75. New York: Longman, 1982.

Chopin, Kate. *Das Erwachen*. Reinbek: Rowohlt, 1980.

Christ, Carol. *Laughter of Aphrodite: Reflections on a Journey to the Goddess*. San Francisco: Harper and Row, 1987.

Cixous, Hélène. »The Laugh of the Medusa.« In *New French Feminisms*, hg. von Elaine Marks und Isabelle de Courtivron. Brighton: Harvester, 1975.

Clark, Kenneth, *Civilization*. New York: Harper Collins, 1969.

Clarke, Ann, und A.D.B. Clark, Hgg. *Early Experience: Myth and Evidence*. New York: Free Press, 1976.

Cobb, Nathan. »The Baby Grows.« *Boston Globe Magazine* (7. Juni 1990): 14–35.

Coleman, Emily. »Infanticide in the Early Middle Ages.« In *Women in Medieval Society*, hg von S. M. Stuard, 47–79. Philadelphia: University of Pennsylvania Press, 1976.

Collins, A.Y. *Feminist Perspectives in Biblical Scholarship*. Chicago: Scholars Press, 1985.

Comfort, Alex. *The Anxiety Makers: Some Curious Preoccupations of the Medical Profession*. London: Thomas Nelson, 1967.

Condit, Polly. »The Analyst as Parent.« *Current Issues in Psychoanalytic Practice* 4 (1987): 1–2.

Coontz, Stephanie. *Die Entstehung des privaten amerikanischen Familienlebens vom 17. bis zum ausgehenden 19. Jh.* Thun und Wienold, 1994.

–. *The Way We Never Were: American Families and the Nostalgia Trap.* New York: Basic Books, 1992.

Coote, Stephen, Hg. *The Penguin Book of Homosexual Verse*. London: Allen Lane, 1983.

Cott, Nancy. *The Bonds of Womanhood: Women's Sphere in New England, 1780–1835*. New Haven: Yale University Press, 1977.

–. »Passionless: An Interpretation of Victorian Sexual Ideology, 1790–1850.« *Signs* 4, Nr. 2 (1978).

Coudert, Allison. »The Myth of the Improved Status of Protestant Women: The Case of the Witchcraze.« In *The Poetics of Gender in Early Modern Europe*, hg. von Jean Brink, Allison Coudert und Maryanne C. Horovitz, 61–93. Tempe: Northeast Missouri State, 1989.

Coveney, Peter. *Poor Monkey*. Bungay, Great Britain: Richard Clay and Co. Ltd., 1952.

Cowan, Ruth Schwartz. *More Work for Mother: The Ironies of Household*

Technology from the Open Hearth to the Microwave. New York: Basic Books, 1983.

Crawford, Patricia. »The Construction and Experience of Maternity in 17th-Century England.« In *Women as Mothers in Pre-Industrial England*, hg. von Valerie Fildes, 3–39. London: Routledge, 1990.

Curtis, Homer. »Clinical Perspectives in Self Psychology.« *Psychoanalytic Quarterly* 54 (1985): 339–377.

Dally, Ann. *Die Macht unserer Mütter.* 2. Aufl. Stuttgart: Klett-Cotta, 1985.

Daly, Brenda O., und Maureen Reddy, Hgg. *Narrating Mothers: Theorizing Maternal Subjectivities.* Knoxville: University of Tennessee Press, 1991.

Daly, Mary. *Gyn / Ökologie. Die Metaethik des radikalen Feminismus.* Neuaufl. München: Frauenoffensive, 1991.

Davidson, Cathy, und E. M. Broner, Hgg. *The Lost Tradition: Mothers and Daughters in Literature.* New York: Frederick Ungar, 1980.

Davies, Steve. »The Canaanite-Hebrew Goddess.« In *The Book of the Goddess: Past and Present*, hg. von Carl Olson. New York: Crossroads Publishing, 1981, 1990.

Davis, Elisabeth Gould. *Am Anfang war die Frau. Die neue Zivilisationsgeschichte aus weiblicher Sicht.* Berlin: Ullstein 1987.

Davis, Floyd. *Birth as an American Rite of Passage.* Berkeley: University of California Press, 1992.

Davis, Glenn. *Childhood and History in America.* New York: Psychohistory Press, 1976.

Davis, Kingsley. »Wives and Work: A Theory of the Sex-role Revolution and Its Consequences.« In *Feminism, Children and the New Families*, hg. von Sanford M. Dornbusch und Myra H. Strober. New York: Guilford Press, 1988.

de Kanter, Ruth. »The Children's Home: An Alternative in Childrearing Practices in the Netherlands.« In *The Different Faces of Motherhood*, hg. von Beverly Birns und Dale Hay. New York: Plenum, 1988.

de Mause, Lloyd. *Hört ihr die Kinder weinen? Eine psychogenetische Geschichte der Kindheit.* Frankfurt a. M.: Suhrkamp, 1977.

de Riencourt, Amaury. *Sex and Power in History.* New York: Delta, 1974.

Degler, Carl N. *At Odds: Women and the Family in America from the Revolution to the Present.* New York: Oxford, 1980.

–. »What Ought To Be and What Was: Women's Sexuality in the Nineteenth Century.« *American History Review* 79 (Dezember 1974): 1467–1490.

Demos, John P. *Entertaining Satan: Witchcraft and the Culture of Early New England.* New York: Oxford University Press, 1982.

–. »Images of the Family Then and Now.« In *Past, Present, and Personal: The Family and the Life Course in American History.* New York: Oxford, 1986.

Bibliographie

–. *Little Commonwealth: Family Life in Plymouth Colony.* New York: Oxford University Press, 1970.

de Vaux, Roland. *Ancient Israel: Its Life and Institutions.* New York: McGraw-Hill, 1961.

Dick, Diana. *Yesterday's Babies: A History of Baby Care.* London: Bodley Head, 1987.

Diner, Helen. *Mothers and Amazons: The First Feminine History of Culture.* New York: Julian, 1965.

Dinnerstein, Dorothy. *Das Arrangement der Geschlechter.* Stuttgart: Deutsche Verlags-Anstalt, 1979.

Dixon, Suzanne. *The Roman Mother.* Norman: Oklahoma University Press, 1988.

Donington, Robert. *Opera and Its Symbols: The Unity of Words, Music and Staging.* New Haven: Yale University Press, 1991.

Dover, Kenneth. *Greek Homosexuality.* Cambridge: Harvard University Press, 1978.

–. »Greek Homosexuality and Initiation.« In *The Greeks and Their Legacy: Collected Papers*, Bd. 2, 115–134. Oxford: Basil Blackwell, 1988.

–. *The Greeks and Their Legacy, Collected Papers.* Oxford: Basil Blackwell, 1988.

Downing, Christine. *The Goddess: Mythological Images of the Feminine.* New York: Crossroads Publishing, 1989.

–. »The Mother Goddess Among the Greeks.« In *The Book of the Goddess*, hg. von Carl Olson. New York: Crossroads Publishing, 1990.

Duncan, Carol. »Happy Mothers and Other New Ideas in Eighteenth-Century French Art.« In *Feminism and Art History: Questioning the Litany*, hg. von Norma Broude und Mary Garrard, 198–219. New York: Harper and Row, 1982.

Duncan, Erica. »The Hungry Jewish Mother.« In *The Lost Tradition: Mothers and Daughters in Literature*, 231–242, hg. von Cathy Davidson und E. M. Broner, New York: Frederick Ungar, 1980.

Durston, Christopher. *The Family in the English Revolution.* Oxford: Basil Blackwell, 1989.

Dye, Nancy Schrom, und David Blake Smith. »Mother Love and Infant Death, 1750–1920.« *The Journal of American History* 73, Nr. 2 (1986): 329–353.

Eagleton, Terry. *Einführung in die Literaturtheorie.* 2. Aufl. Stuttgart: Metzler, 1992.

Earle, Alice Morse. *Child Life in Colonial Days.* New York: Macmillan, 1899.

Eckstein-Diener, Berta. *Mothers and Amazons; The First Feminine History of Culture (by) Helen Diner.* Hg. von John Philip Lundin. New York: Julian Press, 1965.

Ehrenberg, Margaret. *Die Frau in der Vorgeschichte.* Kunstmann, 1992.

Ehrenreich, Barbara, und Deirdre English. *For Her Own Good: 150 Years of the Experts' Advice to Women.* New York: Doubleday Anchor, 1978, 1979.

Ehrenreich, Barbara. *Hexen, Hebammen und Krankenschwestern.* München: Frauenoffensive, 1975.

Eisler, Riane. *Kelch und Schwert. Von der Herrschaft zur Partnerschaft. Weibliches und männliches Prinzip in der Geschichte.* München: Goldmann, 1993.

Eissler, Kurt R. *Leonardo da Vinci. Psychoanalytische Notizen zu einem Rätsel.* Frankfurt a. M.: Stroemfeld, 1992.

Ellenberger, Henri F. *Die Entdeckung des Unbewußten.* 2 Bde. Bern: Hans Huber, 1973.

Engels, Donald. »The Problem of Female Infanticide in the Greco-Roman World.« *Classical Philology* 75 (1980): 112–120.

Engels, Friedrich. *Der Ursprung der Familie, des Privateigentums und des Staates.* Hattingen-Zürich 1884.

Erasmus von Rotterdam. *Lob der Torheit.* Ulm 1534.

Erikson, Erik. *Identität und Lebenszyklus. Drei Aufsätze.* Aus dem Amerikanischen von Käte Hügel. Frankfurt a. M.: Suhrkamp, 1976.

Evans, John K. *War, Women and Children in Ancient Rome.* London: Routledge, 1991.

Evans, W. N. »The Mother: Images and Reality.« *Psychoanalytic Review* 59 (1972): 183–199.

Eyer, Diane. *Mother-Infant Bonding: A Scientific Fiction.* New Haven: Yale University Press, 1993.

Fairbairn, Ronald D. »Synopsis of an Object-Relations Theory of the Personality.« *International Journal of Psychoanalysis* 44 (1963): 224–225.

Faludi, Susan. *Die Männer schlagen zurück.* Reinbek: Rowohlt, 1993. U.d.T. Backlash als rororo–TB 9760, 1995.

Farr, Cecilia Konchar. »Her Mother's Language.« In *Narrating Mothers: Theorizing Maternal Subjectivities,* hg. von Brenda O. Daly und Maureen Reddy, 94–108. Knoxville: University of Tennessee Press, 1991.

Farrell, Michèle Longino. *Performing Motherhood: The Sévigné Correspondence.* Hanover, N. H.: University Press of New England, 1991.

Felber, A. *Unzucht und Kindsmord in der Rechtsprechung der Freien Reichsstadt Nördlingen vom 15. bis 19. Jahrhundert.* Bonn: 1961.

Ferguson, Margaret, Maureen Quilligan, und Nancy Vickers, Hgg. *Rewriting the Renaissance: The Discourses of Sexual Differences in Early Modern Europe.* Chicago: University of Chicago Press, 1986.

Figes, Eva. *Die sieben Zeitalter.* München: Frauenoffensive, 1988.

Fildes, Valerie. *Breasts, Bottles, and Babies: A History of Infant Feeding.* Edinburgh: Edinburgh University Press, 1986.

–. *Wet Nursing: A History from Antiquity to the Present.* London: Basil Blackwell, 1988.

—. ed. *Women as Mothers in Pre-Industrial England*. London: Routledge, 1990.

Fine, Reuben. *A History of Psychoanalysis*. New York: Columbia University Press, 1979.

—. *The Psychoanalytic Vision*. New York: The Free Press, 1981.

Finley, Moses I. »The Elderly in Classical Antiquity.« *Greece and Rome* 28: 156–171. Cambridge: Cambridge University Press, 1988.

Fishburn, Katherine. »The Nightmare Repetition: The Mother-Daughter Conflict in Doris Lessing's *Children of Violence*. In *The Lost Tradition: Mothers and Daughters in Literature*, hg. von Cathy Davidson und E.M. Broner. New York: Frederick Ungar, 1980.

Fisher, Elizabeth. *Woman's Creation: Sexual Evolution and the Shaping of Society*. Garden City, N.Y.: Doubleday, 1979.

Fishman, Robert. *Bourgeois Utopias: The Rise and Fall of Suburbia*. New York: Basic Books, 1987.

Flandrin, Jean-Lewis. *Families in Former Times: Kinship, Household, and Sexuality*. Cambridge: Cambridge University Press, 1979.

Fluegel, J.C. *Man, Morals and Society*. London: Duckworth, 1945.

Foley, Helene. »Women in Greece.« In *Civilization of the Ancient Mediterranean*, Bd. 1, hg. von Michael Grant und Rachel Kitzinger, 1301–1317. New York: Scribner's, 1988.

Forsyth, Ilene. »Children in Early Medieval Art: Ninth through Twelfth Centuries.« *Journal of Psychology* 4, Nr. 1 (1976): 31–71.

Fraiberg, Selma. *Every Child's Birthright: In Defense of Mothering*. New York: Basic Books, 1977.

—. *Die magischen Jahre in der Persönlichkeitsentwicklung des Vorschulkindes*. Reinbek: Rowohlt, 1972.

Fraser, Antonia. *The Weaker Vessel*. New York: Vintage, 1984.

French, Valerie. »Birth Control, Childbirth, and Early Childhood.« In *Civilization of the Ancient Mediterranean*, Bd. 1, hg. von Michael Grant und Rachel Kitzinger, 1355–1362. New York: Scribner's, 1988, 1989.

—. »Children in Antiquity.« In *Children in Historical and Comparative Perspective*, hg. von Joseph Hawes und N. Ray Hiner. Westport, Conn.: Greenwood, 1991.

Freud, Anna. *Die Schriften*. Ausgabe in 10 Bdn. Hg. von Helga Watson. München: Kindler, 1980.

Freud, Sigmund. *Gesammelte Werke chronologisch geordnet*. Hg. von Anna Freud u.a. 18 Bde. Frankfurt a. M.: S. Fischer, 1961–1968.

—. 1896. *Weitere Bemerkungen über die Abwehr-Neuropsychosen*. G.W. Bd. 1.

—. 1905. *Drei Abhandlungen zur Sexualtheorie*. G.W. Bd. V.

—. 1910. *Eine Kindheitserinnerung des Leonardo da Vinci*. G.W. Bd. VIII.

—. 1911. *Bemerkungen über die zwei Prinzipien des psychischen Geschehens*. G.W. Bd. VIII.

–. 1914. *Zur Einführung des Narzißmus.* G.W. Bd. X.

–. 1915. *Triebe und Triebschicksale.* G.W. Bd. X.

–. 1916–1917. *Vorlesungen und Einführung in die Psychoanalyse Teil III: Allgemeine Neurosenlehre.* G.W. Bd. XI.

–. 1917. *Trauer und Melancholie.* G.W. Bd. X.

–. 1920. *Jenseits des Lustprinzips.* G.W. Bd. XIII.

–. 1923. *Das Ich und das Es.* G.W. Bd. XIII.

–. 1925. *Einige psychische Folgen des anatomischen Geschlechtsunterschieds.* G.W. Bd. XIV.

–. 1926. *Hemmung, Symptom und Angst.* G.W. Bd. XIV.

–. 1930. *Das Unbehagen in der Kultur.* G.W. Bd. XIV.

–. 1931. *Über die weibliche Sexualität.* Bd. XIV.

–. 1937–1939. *Abriß der Psychoanalyse.* G.W. Bd. XVII.

Friedman, N., und S. Grant, Hgg. *Communicative Structures and Psychic Structures.* New York: Plenum Press, 1977.

Fromm, Erich. *Anatomie der menschlichen Destruktivität.* Stuttgart: Deutsche Verlags-Anstalt, 1974.

Fromm-Reichmann, Frieda. *Principles of Intensive Psychotherapy.* Chicago: University of Chicago Press, 1950.

Fuchs, Rachel. *Poor and Pregnant in Paris: Strategies for Survival in the Nineteenth Century.* New Brunswick, N.J.: Rutgers, 1992.

Gadon, Elinor. *The Once and Future Goddess.* New York: Harper and Row, 1989.

Garland, Robert. *The Greek Way of Death.* London: Duckworth, 1985.

–. *The Greek Way of Life: From Conception to Old Age.* London: Duckworth, 1990.

Garner, Sherry Nelson, Claire Kahane und Madelon Sprengnether, Hgg. *The (M)other Tongue: Essays in Feminist Psychoanalytic Interpretation.* Ithaca: Cornell University Press, 1985.

Gathorne-Hardy, Jonathan. *The Rise and Fall of the British Nanny.* London: Hodder and Stoughton, 1973.

Gay, Peter. *Freud. Eine Biographie für unsere Zeit.* Frankfurt a. M.: S. Fischer, 1988.

Gesell, Arnold, M.D. »A Half Century of Science and the American Child.« *Child Study* (November 1938): 36.

Gibbs, Nancy. »Shameful Bequests to the Next Generation.« *Time* (8. Oktober 1990): 42–46.

Gies, Frances, und Joseph Gies. *Women in the Middle Ages.* New York: Harper and Row, 1978.

Gilbert, Sandra, und Susan Gubar. *The Madwoman in the Attic.* New Haven: Yale University Press, 1979, 1984.

Gimbutas, Marija. *The Goddesses and Gods of Old Europe: 6500–3500 BC Myths and Cult Images.* Berkeley: University of California Press, 1982.

–. *The Language of the Goddess.* New York: Harper and Row, 1989.

–. »Women and Culture in Goddess-Oriented Europe.« In *The Politics of Women's Spirituality*, hg. von Charlene Spretnak. New York: Doubleday, 1982.

Givelber, Frances. »The Parent-Child Relationship and the Development of Self-Esteem in Childhood.« In *The Development and Sustenance of Self-Esteem in Childhood*, hg. von John Mack und Steven Ablan. New York: International Universities Press, 1983.

Gledhill, Christine, Hg. *Home Is Where the Heart Is: Studies in Melodrama and the Women's Film*. London: BFI, 1987.

Goldberg, Arnold. *Advances in Self-Psychology*. New York: International Universities Press, 1980.

Goldberg, Jonathan. »Fatherly Authority: The Politics of Stuart Family Images.« In *Rewriting the Renaissance: The Discourses of Sexual Differences in Early Modern Europe*, hg. von Margaret Ferguson, Maureen Quilligan und Nancy Vickers, 3–33. Chicago: University of Chicago Press, 1986.

Golden, Mark. *Children and Childhood in Classical Athens*. Baltimore: Johns Hopkins University Press, 1990.

–. »Demography and the Exposure of Girls at Athens.« *Phoenix* 35, Nr. 4 (1981): 316–331.

Goode, W. J. *World Revolution and Family Patterns*. New York: Free Press, 1963.

Goodman, Ellen. »The Changing Form – and Often Conflicting Views – of the Family.« *Boston Globe* (19. August 1993): 19.

Goodrich, Norma. *Priestesses*. New York: Harper Perennial, 1989.

Gordon, Linda. *Woman's Body, Woman's Right: A Social History of Birth Control in America*. New York: Penguin, 1974, 1990.

Gordon, Michael, Hg. *The American Family in Social and Historical Perspective*. New York: St. Martin's Press, 1983.

Gordon, Suzanne. »Parent-Bashing Is Back with a Vengeance.« *Boston Sunday Globe* (13. Februar 1991): 65–68.

Gornick, Vivian. »The World and Our Mothers.« *New York Times Book Review* (22. November 1987): 1–54.

Grahn, Judy. »From Sacred Blood to the Curse and Beyond.« In *The Politics of Women's Spirituality: Essays on the Rise of Spiritual Power Within the Feminist Movement*, hg. von Charlene Spretnak. Garden City, N.Y.: Doubleday Anchor, 1982.

Grant, Michael. *Das Heilige Land. Geschichte des Alten Israel*. Bergisch Gladbach: Bastei-Lübbe, 1988.

–. *Mittelmeer. Kulturen in der Antike*. Bergisch-Gladbach: Bastei-Lübbe, 1988.

Green, Alberto Ravinoll. *The Role of Human Sacrifice in the Ancient Near East*. Missoula, Mont.: Scholar Press, 1975.

Greenberg, Jay, und Mitchell Stephen. *Object Relations in Psychoanalytic Theory*. Cambridge: Harvard University Press, 1983.

Greven, Philip. *Protestant Temperament: Patterns of Child-Rearing, Religious Experience, and the Self in Early America.* New York: New American Library, 1977.

–. *Spare the Child: The Religious Roots of Punishment and the Psychological Impact of Physical Abuse.* New York: Knopf, 1991.

Griswold, Robert. *Fatherhood in America.* New York: Basic Books, 1993.

Grossberg, Michael. *Governing the Hearth: Law and Family in Nineteenth-Century America.* Chapel Hill: University of North Carolina Press, 1985.

Grosskurth, Phyllis. »The New Psychology of Women.« *The New York Review of Books* (24. Oktober 1991): 25–32.

Guntrip, Harry. »My Experience of Analysis With Fairbairn and Winnicott.« *International Review of Psycho-Analysis* 2 (1975): 145–156.

Hajnal, John. »Two Kinds of Pre-Industrial Household Formation Systems.« In *Family Forms in Historic Europe*, hg. von Richard Wall, Jean Robin und Peter Laslett, 65–104. Cambridge: Cambridge University Press, 1983.

Hamilton, Robert, und Michele Barrett, Hgg. *The Poetics of Diversity.* New York: New Left Books, 1986.

Hanawalt, Barbara. *The Ties That Bound: Peasant Families in Medieval England.* New York: Oxford University Press, 1986.

Harding, Esther. *Women's Mysteries.* New York: Bantam Books, 1973.

Hardyment, Christina. *Dream Babies: Three Centuries of Good Advice on Child Care.* New York: Harper and Row, 1983.

Hareven, Tamara. »Family Time and Individual Time: Family and Work in a Planned Corporation Town, 1900–1924.« *Journal of Urban History* 1 (1975): 365–389.

–. »The History of the Family and the Complexity of Social Change.« *American Historical Review* 8, Nr. 1 (1991).

Harris, William. »The Theoretical Possibility of Extensive Infanticide in the Graeco-Roman World.« *Classical Quarterly* 32 (1982): 114–116.

Harrison, Roland Kenneth. *Old Testament Times.* Grand Rapids: William B. Eerdmans Publishing Co., 1970.

Harriss, John, Hg. *The Family: A Social History of the Twentieth Century.* New York: Oxford, 1991.

Hartmann, Heinz. *Ich-Psychologie. Studien zur psychoanalytischen Theorie.* Stuttgart: Klett-Cotta, 1972.

Haskell, Molly. »Hollywood Madonnas.« *MS* (Mai 1988): 84–86.

–. »Meryl Streep: Hidden in the Spotlight.« *MS* (Dezember 1988): 68–72.

Havelock, Christine. »Mourners on Greek Vases: Remarks on the Social History of Women.« In *Feminism and Art History*, hg. von Norma Broude und Mary Garrard, 45–63. New York: Harper and Row, 1982.

Hawes, Joseph, und N. Ray Hiner. *American Childhood: A Research Guide and Historical Handbook.* Westport, Conn.: Greenwood, 1985.

—. *Children in Historical and Comparative Perspective*. New York: Greenwood Press, 1991.

Hawkes, Jacquetta. *Geburt der Götter. An den Quellen griechischer Kultur*. Bern: Hallwag, o. J.

Hays, Hoffman Reynolds. *The Dangerous Sex: The Myth of Feminine Evil*. New York: Pocket Books, 1964.

Heilbrun, Carolyn. *Hamlet's Mother and Other Women*. New York: Columbia University Press, 1990.

Helterline, Marilyn. »The Emergence of Modern Motherhood: Motherhood in England 1899–1959.« *International Journal of Women's Studies* 3, Nr. 6: 590–614.

Henderson, Jeffrey. »Greek Attitudes Toward Sex.« In *Civilization of the Ancient Mediterranean*, vol. 1, hg. von Michael Grant und Rachel Kitzinger, 1249–1263. New York: Scribner's, 1988.

Herlihy, David. »Medieval Children.« In *Walter Pressott Webb Memorial Lectures: Essays on Medieval Civilization*, 109–141. Austin: University of Texas, 1976.

—. *Medieval Households*. Cambridge: Harvard University Press, 1985.

Herman, Nini. *Too Long a Child: The Mother-Daughter Dyad*. London: Free Association, 1989.

Herodot. *Historien*. Griechisch-deutsch. 2 Bde. Hg. von Josef Felix. 4. Aufl. Zürich: Artunis, 1988.

Hewlett, Sylvia Ann. *Lesser Life: The Myth of Women's Liberation in America*. New York: Warner, 1986.

—. *When the Bough Breaks: The Cost of Neglecting Our Children*. New York: Basic Books, 1991.

Hirsch, Marianne. *The Mother / Daughter Plot: Narrative, Psychoanalysis, Feminism*. Bloomington: Indiana University Press, 1989.

Hochschild, Arlie. *Der 48-Stunden-Tag. Wege aus dem Dilemma berufstätiger Eltern*. Wien: Zsolnay, 1990.

Hoffer, Peter, und Neil Hull. *Murdering Mothers: Infanticide in England and New England 1558–1803*. New York: New York University Press, 1981.

Holbrook, M. L. *Parturition Without Pain: A Code of Directions for Escaping From the Primal Curse*. New York: Wood and Holbrook, 1873.

Holt, Luther Jr. *The Care and Feeding of Children: A Catechism for the Use of Mothers and Children's Nurses*, 183–184. New York: D. Appleton and Co., 1929.

Holzman, Philip. *Psychoanalysis and Psychopathology*. New York: McGraw-Hill, 1970.

Homans, Margaret. *Bearing the Word: Language and Female Experience in Nineteenth-Century Women's Writing*. Chicago: University of Chicago Press, 1986.

Honey, Maureen. *Creating Rosie the Riveter*. Amherst: University of Massachusetts Press, 1984.

Hopkins, Keith. *Death and Renewal*. Cambridge: Cambridge University Press, 1983.

Horney, Karen. »The Flight from Womanhood.« *International Journal of Psycho-Analysis* 12 (1926): 360–364.

–. »The Flight from Womanhood: The Masculinity Complex in Women as Viewed by Men and by Women.« In *Women and Analysis*, hg. von Jean Strouse, 171–186. New York: Grossman, 1974.

Houghton, Walter. *The Victorian Frame of Mind*. New Haven: Yale University Press, 1957.

Houlbrooke, Ralph A. *The English Family: 1450–1700*. London: Longman, 1984, 1986.

Huet, Marie-Helene. *Monstrous Imagination*. Cambridge: Harvard University Press, 1993.

Hufton, O. H. *The Poor of Eighteenth-Century France 1750–1789*. Oxford: Oxford University Press, 1974.

Huizinga, Johan. *Herbst des Mittelalters. Studien über Lebens- und Geistesformen des 14. und 15. Jh. in Frankreich und in den Niederlanden*. München: Drei Masken, 1924.

Hunt, David. *Parents and Children in History: The Psychology of Family Life in Early Modern France*. New York: Basic Books, 1970.

Hunt, Lynn. *The Family Romance of the French Revolution*. Berkeley: University of California Press, 1992.

Irigaray, Luce. *Speculum. Der weibliche Diskurs*. Frankfurt a. M.: Suhrkamp, 1980.

–. *This Sex Which Is Not One*. Ithaca: Cornell University Press, 1985.

Jankowski, Theodora. *Women in Power in the Early Modern Drama*. Urbana: University of Illinois Press, 1992.

Jensen, Adolf Ellegard. *Mythos und Kult bei Naturvölkern*. München: dtv 4567, 1991.

Johansson, S. Ryan. »Centuries of Childhood/Centuries of Parenting: Philippe Ariès and the Modernization of Privileged Infancy.« *Journal of Family History* 12, Nr. 4 (1987).

Johnson, Paul. *A History of the Jews*. New York: Harper and Row, 1987.

Johnson, Thomas, Hg. *The Letters of Emily Dickinson*. Cambridge: Harvard University Press, 1958.

Jordan, Thomas. *Victorian Childhood: Themes and Variations*. Albany: State University of New York Press, 1987.

Kagan, Jerome. *The Nature of the Child*. New York: Basic Books, 1984.

Kagan, Jerome und H. Moss. *Birth to Maturity: A Study of Psychological Development*. New York: John Wesley, 1962.

Kahn, Coppélia. »The Absent Mother in *King Lear*.« In *Rewriting the Renaissance: The Discourses of Sexual Differences in Early Modern Europe*, hg. von Margaret Ferguson, Maureen Quilligan und Nancy Vickers, 33–56. Chicago: University of Chicago Press, 1986.

–. »The Hand That Rocks the Cradle: Recent Gender Theories, and Their

Implications.« In *The (M)other Tongue: Essays in Feminist Psychoanalytic Interpretation*, hg. von Shirley Garner, Claire Kahane und Made-
lon Sprengnether, 72–89. Ithaca: Cornell University Press, 1985.
Kahr, Brett. »The Sexual Molestation of Children: Historical Perspecti-
ves.« *Journal of Psychohistory*, vol. 19, Nr. 2 (1991).
Kaplan, E. Ann. *Motherhood and Representation: The Mother in Popular
Culture and Melodrama*. New York: Rutledge, 1992.
—. »Mothering, Feminism and Representation: The Maternal in Melodra-
ma and the Women's Film 1910–40.« In *Home Is Where the Heart Is:
Studies in Melodrama and the Woman's Film*, hg. von Christine Gled-
hill, 113–138. London: BFI, 1987.
Kaplan, Meryle M. *Mother's Images of Motherhood*. London: Routledge,
1992.
Karen, Robert. »Becoming Attached.« *The Atlantic Monthly* (Februar
1990): 35–70.
Kastor, Elizabeth. »Magazine Boom: Mass Appeal to Yuppie Kids.« *Boston
Globe* (16. August 1990).
Kellum, Barbara. »Infanticide in England in the Late Middle Ages.«
History of Childhood Quarterly 1 (1973): 367–388.
Kelly-Gadol, Joan. »Did Women Have a Renaissance?« In *Becoming Visi-
ble: Women in European History*, 2. Aufl., hg. von Renate Bridenthal,
Claudia Koonz und Susan Stuard, 175–203. Boston: Houghton Mifflin,
1976, 1987.
Kerber, Linda. *Women of the Republic: Intellect and Ideology in Revolu-
tionary America*. Chapel Hill: University of North Carolina Press,
1980, 1988.
Kestenberg, Judith. »On the Development of Maternal Feeling in Early
Childhood.« *Psychoanalytic Study of the Child* 11 (1956): 257–291.
—. »Regression and Reintegration in Pregnancy.« *Journal of the American
Psychoanalytic Association* 24 (Suppl. 1976): 213–250.
Keuls, Eva. *The Reign of the Phallus: Sexual Politics in Ancient Athens*.
New York: Harper and Row, 1985.
King, Margaret. »Book-Lined Cells: Women and Humanists in the Early
Renaissance.« In *Beyond Their Sex: Learned Women of the European
Past*, hg. von Patricia H. Labalme, 66–90. New York: New York Uni-
versity Press, 1980.
—. *Frauen in der Renaissance*. München: Beck, 1993.
—. »Women's Roles in Early Modern Venice.« In *Beyond Their Sex: Learned
Women of the European Past*, hg. von Patricia H. Labalme, 129–152.
New York: New York University Press, 1980.
Kinsley, David. *The Goddesses' Mirror*. Albany: State University of New
York Press, 1989.
Kittay, Eva Feder. »Womb Envy: An Explanatory Concept.« In *Mothering:
Essays in Feminist Theory*, hg. von Joyce Treblicot, 94–129. Lanham,
Md.: Rowman and Littlefield, 1983.

Kitzinger, Sheila. *Frauen als Mütter. Mutterschaft in verschiedenen Kulturen.* München: Kögel, 1980.

Klapisch-Zuber, Christiane. *Das Haus, der Name, der Brautschatz. Strategien und Rituale im gesellschaftlichen Leben der Renaissance.* Frankfurt a. M.: Campus, 1994.

Klaus, Alisa. *Every Child a Lion: The Origins of Maternal and Infant Health Policy in the United States and France, 1890–1920.* Ithaca: Cornell, 1993.

Klaus, Marshall, und John Kennell. *Maternal-Infant Bonding: The Impact of Early Separation or Loss in Family Development.* St. Louis: Mosby, 1976.

Klein, Melanie. *Die Psychoanalyse des Kindes.* 2. Aufl. Basel: Reinhardt, 1971.

Koch, Jim. »Saint to Sinner: Movie Moms Are a Tough Act.« *New York Times* (10. Mai 1992): 17.

Kohon, Gregorio. *The British School of Psychoanalysis: The Independent Tradition.* London. Free Association, 1986.

Kohut, Heinz. »Summarizing Reflections.« In *Advances in Self Psychology*, hg. von A. Goldberg. New York: International Universities Press, 1980.

–. *Die Zukunft der Psychoanalyse. Aufsätze zu allgemeinen Themen und zur Psychologie des Selbst.* Frankfurt a. M.: Suhrkamp, 1975.

–. *Die Heilung des Selbst.* Frankfurt a. M.: Suhrkamp, 1979.

Kolata, Gina Bari. »Kung Hunter-Gatherers: Feminism, Diet, and Birth Control.« *Science*, 185: 932–934.

Koonz, Claudia. *Mütter im Vaterland. Frauen im Dritten Reich.* Freiburg: Kore, 1991.

Kramer, Heinrich. *Malleus Maleficarum 1487 (Hexenhammer).* Hg. von Günter Jarouschek. Hildesheim: Olms, 1992.

Kramer, Samuel Noah. *History Begins at Sumer.* Garden City, N.Y.: Doubleday Anchor, 1959.

Kraus, Henry. »Eve and Mary: Conflicting Images of Medieval Women.« In *Living Theatre of Medieval Art*, 41–62. Bloomington: Indiana University Press, 1967.

Kristeva, Julia. *Die Revolution der poetischen Sprache.* Frankfurt: Suhrkamp, 1978.

–. »Stabat Mater«, translated by Leon S. Roudiez. In *The Female Body in Western Culture*, hg. von Susan Suleiman, 99–118. Cambridge: Harvard University Press, 1985.

Krüll, Marianne. *Freud und sein Vater.* Frankfurt: Fischer, 1992.

Kunzle, David. »William Hogarth: The Ravaged Child in the Corrupt City.« In *Changing Images of the Family*, hg. von Virginia Tufte und Barbara Myerhoff, 99–140. New Haven: Yale University Press, 1979.

Kurtz, Donna. *Greek Burial Customs.* London: Thames and Hudson, 1971.

Labalme, Patricia. *Beyond Their Sex: Learned Women of the European Past.* New York: New York University Press, 1980.

Labarge, Margaret. *The Small Sound of the Trumpet: Women in Medieval Life.* Boston: Beacon Press, 1986.

Lacan, Jacques. *Schriften.* 3 Bde. 3. Aufl. Berlin: Quadriga, 1991–94.

Ladurie, Emmanuel. *Montaillou. Ein Dorf vor dem Inquisitor.* Berlin: Ullstein, 1993.

Lamb, Michael E., Hg. *The Role of the Father in Child Development.* New York: Wiley, 1976.

Landers, Ann. »Parenthood: Is It All Pain, Little Joy?« *Wisconsin State Journal* (16. Juni 1976).

Langer, Cassandra. *Mother and Child in Art.* New York: Crescent, 1992.

Langer, William. »Infanticide: A Historical Survey.« *History of Childhood Quarterly* (1974): 353–374.

Larner, Christina. *Enemies of God: The Witch-Hunt in Scotland.* London: Chatto and Windus, 1986.

–. »Witchcraft Past and Present.« In *Witchcraft and Religion: The Politics of Popular Belief,* hg. von Alan MacFarlane, 79–91. Oxford: Basil Blackwell, 1984.

Laslett, Peter. *Verlorene Lebenswelten. Geschichte der vorindustriellen Gesellschaft.* Frankfurt a. M.: S. Fischer, 1991.

Laslett, Peter, und Richard Walls, Hgg. *Household and Family in Past Time.* Cambridge: Cambridge University Press, 1972.

Lazarre, Jane. *Der Mutterschaftswahn.* München: Piper, 1991.

Leacock, Eleanor. »Women in Egalitarian Societies.« In *Becoming Visible: Women in European History,* hg. von Renate Bridenthal, Claudia Koonz und Susan Stuard. Boston: Houghton Mifflin, 1977.

LeGuin, Ursula. »The Hand That Rocks the Cradle Writes the Book.« *New York Times Book Review* (22. Januar 1989).

Lederer, Wolfgang. *The Fear of Women.* New York: Harcourt, Brace, 1968.

Lee, Richard B. *Man the Hunter.* Chicago und Berlin: Aldine/de Gruyter, 1968.

Lefkowitz, Mary. »Liberty for Whom?« *New York Times Book Review* (17. November 1991): 23.

–. *Die Töchter des Zeus. Frauen im alten Griechenland.* München: Beck, 1992.

Lefkowitz, Mary, und Maureen Fant. *Women's Life in Greece and Rome.* Baltimore: Johns Hopkins University Press, 1982.

Leibert, Robert. *Michelangelo: A Psychological Study of His Life and Images.* New Haven: Yale University Press, 1983.

Leites, Nathan. *Art and Life: Aspects of Michelangelo.* New York: New York University Press, 1986.

Lenz, Elinor. »The Generation Gap: From Persephone to Portnoy.« *New York Times Book Review* (30. August 1987).

Lerman, Hannah. *A Mole in Freud's Eye: From Psychoanalysis to the Psychology of Women.* New York: Springer Publishing, 1986.

Lerner, Gerda. *Die Entstehung des feministischen Bewußtseins. Vom Mittelalter bis zur ersten Frauenbewegung.* Frankfurt a. M.: Campus, 1993.

–. *Die Entstehung des Matriarchats.* Frankfurt a. M.: Campus, 1991.

Lesser, Wendy. *His Other Half: Men Looking at Women Through Art.* Cambridge: Harvard University Press, 1991.

Lévi-Strauss, Claude. *Les structures élémentaires de la Parenté.* 6. Aufl. Berlin: de Gruyter, 1981.

Levin, Carole. »Power, Politics, and Sexuality: Images of Elizabeth I.« In *The Politics of Gender in Early Modern Europe,* hg. von Jean Brink, Allison Coudert und Maryanne C. Horovitz, 95–111. Tempe: Northeast Missouri State, 1987.

Levy, David. *Maternal Overprotection.* New York: Columbia University Press, 1943.

Lewis, Jane, Hg. *Labour and Love: Women's Experience of Home and Family, 1850–1940.* Oxford: Basil Blackwell, 1986.

Lewis, Judith Schneid. *In the Family Way: Childbearing in the British Aristocracy, 1760–1860.* New Brunswick: Rutgers University Press, 1986.

Lichtenberg, Joseph. *Psychoanalysis and Infant Research.* Hillsdale, N.J.: Analytic Press, 1983.

Lidoff, Joan. »Virginia Woolf's Feminine Sentence: The Mother-Daughter World of *To The Lighthouse.*« *Literature and Psychology* 32, Nr. 3 (1986): 43–59.

Luepnitz, Deborah Anna. *The Family Interpreted: Psychoanalysis, Feminism and Family Therapy.* New York: Basic Books, 1988.

Lundberg, Ferdinand, und Marynia Farnham. *Modern Woman: The Lost Sex.* New York: Harper Brothers, 1947.

MacDonald, Susan Peck. »Jane Austen and the Tradition of the Absent Mother.« In *The Lost Tradition: Mothers and Daughters in Literature,* hg. von Cathy Davidson und E. M. Broner, 58–70. New York: Frederick Ungar, 1980.

MacFarlane, Alan. *Marriage and Love in England 1300–1890.* New York: Basil Blackwell, 1986.

–. »Illegitimacy and Illegitimate in English History.« In *Bastardy and Its Comparative History,* hg. von Peter Laslett, Karla Osterveen und Richard M. Smith. London: Edward Arnold, 1980.

–. *The Family Life of Ralph Josselyn: A Seventeenth-Century Clergyman.* Cambridge: Cambridge University Press, 1970.

–. Hg. *Witchcraft and Religion: The Politics of Popular Belief.* Oxford: Basil Blackwell, 1984.

Mack, John, und Steven Ablon. *The Development and Sustenance of Self-Esteem in Childhood.* New York: International Universities Press, 1983.

Mahler, Margaret. »On Human Symbiosis.« In *Anxiety and Ego Forma-*

tion, hg. von Sylvia Brody und Sidney Axelrod. New York: International Universities Press, 1971.

—. »Notes on the Development of Basic Moods: The Depressive Effect.« In *Psychoanalysis: A General Psychology*, hg. von R. M. Lowenstein, L. M. Newman, M. Schur und A. J. Solnit, 152–168. New York: International Universities Press, 1966.

—. *Studien über die drei ersten Lebensjahre.* 3. Aufl. Stuttgart: Klett-Cotta, 1989.

—. *Symbiose und Individuation. Psychosen im frühen Kindesalter.* 6. Aufl. Stuttgart: Klett-Cotta, 1992.

—. »Thoughts About Development and Individuation.« *Psychoanalytic Study of the Child* 18 (1963): 307–324.

Mahler, Margaret, Fred Pine und Anni Bergman. *Die psychische Geburt des Menschen.* Frankfurt a. M.: S. Fischer, 1978.

Mahony, Patrick. *Der Schriftsteller Sigmund Freud.* Frankfurt a. M.: Suhrkamp, 1988.

Maloney, Mercedes Lynch und Anne Maloney. *The Hand That Rocks the Cradle: Mothers, Sons and Leadership.* New York: Prentice-Hall, 1985.

Marcus, Steven. *Freud and the Culture of Psychoanalysis.* Boston: George Allen and Unwin, 1984.

Margolis, Maxine. *Mothers and Such: Views of American Women and Why They Changed.* Berkeley: University of California Press, 1984.

Marks, Elaine, und Isabelle de Courtivron, Hgg. *New French Feminisms.* Brighton: Harvester, 1975.

Maroney, Heather J. »Embracing Motherhood: New Feminist Theory. In *The Politics of Diversity*, hg. von Roberta Hamilton und Michele Barrett. London: Verso, 1986.

Marshall, Harriette. »The Social Construction of Motherhood: An Analysis of Children and Parenting Manuals.« In *Motherhood: Meanings, Practices and Ideologies*, hg. von Ann Phoenix, Anne Woollett und Eva Lloyd, 66–86. London: Sage, 1991.

Marshall, Sherrin. »Childhood in Early Modern Europe.« In *Children in Historical and Comparative Perspective*, hg. von Joseph Hawes und N. Ray Hiner, 53–71. New York: Greenwood Press, 1991.

Massa, Aldo. *The Phoenicians.* Geneva, 1977.

Massey, Michael. *Women in Ancient Greece and Rome.* Cambridge: Cambridge University Press, 1988.

Masson, Jeffrey Moussaieff. *Was hat man dir, du armes Kind, getan? oder Was Freud nicht wahrhaben wollte.* Freiburg: Kore, 1994.

Matter, E. Ann. »The Virgin Mary: A Goddess.« In *The Book of the Goddess: Past and Present*, hg. von Carl Olson, 80–92. New York: Crossroads Publishing, 1990.

Matthews, Glenn. *Just a Housewife: The Rise and Fall of Domesticity in America.* New York: Oxford, 1987.

de Mause, Lloyd. *Hört ihr die Kinder weinen. Eine psychogenetische Geschichte der Kindheit.* Frankfurt a. M.: Suhrkamp, 1977.

May, Elaine Tyler. *Homeward Bound: American Families in the Cold War Era.* New York: Basic Books, 1988.

McBride, Angela Barron. *The Growth and Development of Mothers.* New York: Harper and Row, 1973.

McCartney, Kathleen, und Deborah Phillips. »Motherhood and Child Care.« In *The Different Faces of Motherhood*, hg. von Beverly Birns und Dale F. Hay. New York: Plenum Press, 1988.

McLaren, Angus. *A History of Contraception: From Antiquity to the Present Day.* Oxford: Basil Blackwell Ltd., 1990.

Mead, Margaret. *Mann und Weib. Das Verhältnis der Geschlechter in einer sich wandelnden Welt.* Zürich: Diana, 1954.

Mead, Margaret, und Martha Wolfenstein, Hgg. *Childhood in Contemporary Cultures.* Chicago: University of Chicago Press, 1955.

Mellaart, James. *Catal Hüyük: A Neolithic Town in Anatolia.* London: Thames and Hudson, 1967.

Meyers, Carol. *Discovering Eve: Ancient Israelite Women in Context.* New York: Oxford University Press, 1988.

Miles, Margaret. *Images and Insight: Visual Understanding in Western Christianity and Secular Culture.* Boston: Beacon, 1985.

—. »The Virgin's One Bare Breast: Female Nudity and Meaning in Tuscan Renaissance Culture.« In *The Female Body in Western Culture*, hg. von Susan R. Suleiman, 193–209. Cambridge: Harvard University Press, 1985, 1986.

Miles, Rosalind. *Weltgeschichte der Frau.* Düsseldorf: Econ, 1990.

Miller, Daniel, und Guy Swanson. *The Changing American Parent.* New York: John Wiley and Sons, 1958.

Miller, Douglas T., und Marion Nowak. *The Fifties: The Way We Really Were.* Garden City: Doubleday, 1977.

Miller, Jean Baker. *Toward a New Psychology of Women.* Boston: Beacon Press, 1976.

Mintz, Steven und Susan Kellogg. *Domestic Revolutions: A Social History of American Family Life.* New York: Free Press, 1988.

Mitchell, Juliet. *Psychoanalysis and Feminism.* New York: Pantheon, 1974.

Mitford, Jessica. *The American Way of Birth.* New York: Dutton, 1992.

Moi, Toril. *Sexus – Text – Herrschaft. Feministische Literaturtheorie.* Zeichen und Spuren, 1989.

Montague, Ashley. *The Natural Superiority of Women.* New York: Macmillan, 1953.

Monter, E. William. »Protestant Wives, Catholic Saints and the Devil's Handmaid: Women in the Age of Reformation.« In *Becoming Visible: Women in European History*, hg. von Renate Bridenthal, Claudia

Koonz und Susan Stuard. Boston: Houghton Mifflin, 1977, 2. Aufl. 1987.

—. »The Pedestal and the Stake: Courtly Love and Witchcraft.« In *Becoming Visible: Women in European History*, hg. von Renate Bridenthal und Claudia Koonz. Boston: Houghton Mifflin, 1977.

Montrose, Lewis. »*A Midsummer Night's Dream* and the Shaping Fantasies of Elizabethan Culture: Gender, Power, Form.« In *Rewriting the Renaissance: The Discourses of Sexual Differences in Early Modern Europe*, hg. von Margaret Ferguson, Maureen Quilligan und Nancy Vickers, 65–88. Chicago: University of Chicago Press, 1986.

Mosca, Paul. »Child Sacrifice in Canaanite and Israelite Religion: A Study in *Mulk* and *Mlk*.« Ph. D. diss., Harvard University, 1975.

Mount, Ferdinand. *The Subversive Family: An Alternative History of Love and Marriage*. London: Counterpoint, 1982.

Neumann, Erich. *Die Große Mutter. Eine Phänomenologie der weiblichen Gestaltungen des Unbewußten*. 10. Aufl. Olten: Walter, 1994.

Newman, Karen. *Fashioning Femininity and English Renaissance Drama*. Chicago: University of Chicago Press, 1991.

Nicholas, David. »Childhood in Medieval Europe.« In *Children in Historical and Comparative Perspective*, hg. von Joseph Hawes und N. Roy Hiner, 13–53. New York: Greenwood, 1991.

—. *The Domestic Life of a Medieval City: Women, Children and the Family in Fourteenth Century Ghent*. Lincoln: University of Nebraska Press, 1985.

Notman, Malkah, und Eva Lester. »Pregnancy: Theoretical Considerations.« *Psychoanalytic Inquiry* 8, Nr. 1 (1988): 139–159.

Ochshorn, Judith. »Ishtar and Her Cult.« In *The Book of the Goddess: Past and Present*, hg. von Carl Olson. New York: Crossroads Publishing, 1990.

O'Faolain, Julia, und Laura Martines, Hgg. *Not in God's Image*. New York: Harper Torchbooks, 1973.

Olivier, Christiane. *Jokastas Kinder. Die Psyche der Frau im Schatten der Mutter*. Neuaufl. München: dtv 35013, 1993.

Olsen, Tillie. *Erzähl mir ein Rätsel*. Darmstadt: Luchterhand, 1980.

Olson, Carl. *The Book of the Goddess: Past and Present*. New York: Crossroads Publishing, 1990.

Ortner, Sherry. »Is Female to Male as Nature Is to Culture?« In *Women, Culture and Society*, hg. von M. Z. Rosaldo und Louise Lamphere, 67–88. San Francisco: Stanford University Press, 1974.

Osofsky, J. R. »Attachment Theory and Research and the Psychoanalytic Process.« *Psychoanalytic Psychology* 5, Nr. 2 (1988).

Ostling, Richard. »Handmaid or Feminist?« *Time* 138, Nr. 26 (30. Dezember 1991): 62–69.

Otwell, John. *And Sarah Laughed: The Status of Women in the Old Testament*. Philadelphia: Westminster Press, 1977.

Ozment, Steven. *When Father Ruled: Family Life in Reformation Europe.* Cambridge: Harvard University Press, 1983.

Paglia, Camille. *Die Masken der Sexualität.* Berlin: Byblos, 1992.

Parens, H., L. Pollock, L. Stern und S. Kramer. »On Girls' Entry Into the Oedipus Complex.« *Journal of American Psychoanalytic Assocation* 24 (Suppl. 1976): 79–108.

Parkes, Colin Murray, und Joan Stevenson-Hinde. *The Place of Attachment in Human Behaviour.* New York: Basic Books, 1982.

Patai, Raphael. *The Hebrew Goddess.* New York: Avon, 1967.

Patterson, Cynthia. »Not Worth Being: The Causes of Infant Exposure in Ancient Greece.« *Transactions of the American Philological Assocation.* 135.

Pattison, Robert. *The Child Figure in English Literature.* Athens: University of Georgia Press, 1978.

Pearsall, Ronald. *The Worm in the Bud: The World of Victorian Sexuality.* London: Weidenfeld and Nicolson, 1969.

Pearson, Carol, und Katherine Pope. *The Female Hero in American and British Literature.* New York: R. R. Bowker Co., 1981.

Peck, Ellen, und Judith Senderowitz, Hgg. *Pronatalism: The Myth of Mom and Apple Pie.* New York: Thomas Y. Crowell Co., 1974.

Peiper, Albrecht. *Geschichte der Kinderheilkunde.* Leipzig, 1956.

Pentikain, Joha. *The Nordic Dead Child Tradition.* Helsinki: FF Communications, 22, 1968.

Phoenix, Ann, Anne Woollett und Eva Lloyd, Hgg. *Motherhood:Meanings, Practices and Ideologies.* London: Sage, 1991.

Piers, Maria. *Infanticide.* New York: Norton, 1978.

Pinchbeck, Ivy, und Margaret Hewitt. *Children in English Society.* 2 Bde. London: Routledge and Kegan Paul, 1969, 1973.

Pine, Fred. *Developmental Theory and Clinical Process.* New Haven: Yale University Press, 1985.

Pines, Malcolm. »Reflections in Memory.« *International Review of Psychology* 11, Nr. 1 (1989): 27–92.

Plaza, Monique. »The Mother/The Same: Hatred of Mother in Psychoanalysis.« *Feminist Issues* (Spring 1982): 75–99.

Pleck, Elizabeth. *Domestic Tyranny: The Making of American Social Policy Against Family Violence from Colinial Times to the Present.* New York: Oxford University Press, 1987.

Polatnick, M. Rivkal. »Why Men Don't Rear Children: A Power Analysis.« In *Mothering: Essays in Feminist Theory*, hg. von Joyce Treblicot. Lanham, Md.: Rowman and Littlefield, 1983.

Pollitt, Katha. »Are Women Morally Superior To Men?: Debunking ›Difference Feminism.‹« *Utne Reader* (Sept./Okt. 1993): 101–109.

Pollock, Linda. *A Lasting Relationship: Parents and Children Over 3 Centuries.* Hanover: University Press of New England, 1987.

–. *Forgotten Children: Parent-Child Relations from 1500 to 1900.* Cambridge: Cambridge University Press, 1983.

Pomeroy. Sarah B. *Frauenleben im klassischen Altertum.* Stuttgart: Kröner, 1985.

–. »Infanticide in Hellenistic Greece.« In *Images of Women in Antiquity*, hg. von Averil Cameron und Amalie Kuhrt. London: 1983.

Porter, Ray. »Mixed Feelings: The Enlightenment and Sexuality.« In *Sexuality in Eighteenth-Century Britain*, hg. von Paul-Gabriel Boucé. Manchester, England: Manchester University Press, 1982.

Rabuzzi, Kathryn. *Motherself: A Mythic Analysis of Motherhood.* Bloomington: Indiana University Press, 1988.

Radbill, Samuel. »Children in a World of Violence: A History of Child Abuse.« In *The Battered Child*, hg. von Ray Helfer und Ruth Kempe. Chicago: University of Chicago Press, 1987.

Ranke-Graves, Robert von. *Die weiße Göttin. Sprache des Mythos.* Berlin: Medusa, 1981.

Ransel, David. *Mothers of Misery: Child Abandonment in Russia.* Princeton: Princeton University Press, 1988.

–. »Russia and the USSR.« In *Children in Historical and Comparative Perspective*, hg. von Joseph Hawes und N. Ray Hiner, 471–491. Westport, Conn.: Greenwood, 1985.

Reed, James. *From Private Vice to Public Virtue: The Birth Control Movement and American Society Since 1830.* New York: Basic Books: 1978.

Reik, Theodor. *The Creation of Women.* New York: Braziller, 1960.

Ribble, Margaret. *The Rights of Infants: Early Psychological Needs and Their Satisfactions.* New York: Columbia University Press, 1943.

Rich, Adrienne. *Von Frauen geboren. Mutterschaft als Erfahrung und Institution.* München: Frauenoffensive, 1979.

–. *On Lies, Secrets, and Silence: Selected Prose, 1966–1978.* New York: W.W. Norton, 1979.

Riley, Denise. *War in the Nursery: Theories of the Child and Mother.* London: Virago, 1983.

Roazen, Paul. *Freud and His Followers.* New York: New York University Press, 1984.

Rogers, Katherine. *The Troublesome Helpmate: A History of Misogyny in Literature.* Seattle: University of Washington Press, 1966.

Rohrlich-Leavitt, Ruby. »Women in Transition: Crete and Sumer.« In *Becoming Visible: Women in European History*, hg. von Renate Bridenthal, Claudia Koonz und Susan Stuard. Boston: Houghton Mifflin, 1977.

Rokeah, Zefira E. »Unnatural Child Death Among Christians and Jews in Medieval England.« *Journal of Psychoanalysis* 18, Nr. 2 (1990): 181–226.

Rollin, Betty. »Motherhood: Fad or Myth.« In *Pronatalism: The Myth of*

Mom and Apple Pie, hg. von Ellen Peck und Judith Senderowitz. New York: Thomas Y. Crowell Co., 1974.

Rosaldo, M. Z., und Louise Lamphere, Hgg. *Women, Culture and Society*. San Francisco: Stanford University Press, 1974.

Rose, Lionel. *The Massacre of the Innocents: Infanticide in Britain 1800–1939*. London: Routledge Kegan Paul, 1986.

Rosenberg, Charles, Hg. *The Family in History*. Philadelphia: University of Pennsylvania Press, 1975.

Rosenblum, Robert. *The Romantic Child*. New York: Thames and Hudson, 1988.

Rotberg, Robert, und Theodore Rabb, Hgg. *Art and History: Images and Their Meaning*. Cambridge: Cambridge University Press, 1988.

Rothgeb, Carrie Lee, Hg. *Abstracts of the Standard Edition of the Complete Psychological Works of Sigmund Freud*. Northvale: Jason Anderson, Inc., 1973.

Ruddick, Sara. *Mütterliches Denken. Für eine Politik der Gewaltlosigkeit*. Frankfurt a. M.: Campus, 1993.

Ruether, Rosemary R. *Mary – The Feminine Face of the Church*. Philadelphia: Westminster Press, 1977.

Ruether, Rosemary R., Hg. *Religion and Sexism*. New York: Simon and Schuster, 1974.

Ruether, Rosemary R. *Unsere Wunden heilen – unsere Befreiung feiern. Rituale in der Frauenkirche*. Stuttgart: Kreuz, 1988.

Ruskin, John. »Of Queens' Gardens.« *Works*, 8 (1865): 122.

Rutter, Michael. *Maternal Deprivation Reassessed*. New York: Penguin, 1972.

Rybczynski, Witold. *Wohnen. Zum Verlust der Behaglichkeit*. München: Kindler, 1987.

Rycroft, Charles. *Psychoanalysis and Beyond*. Chicago: University of Chicago Press, 1985.

Sachs, Hannelore. *Die Frau in der Renaissance*. Wien: Schroll, 1971.

Sander, L.W. »Regulation of Exchange in the Infant-Caretaker-System: A Viewpoint on the Ontogeny of ›Structures‹.« In *Communicative Structures and Psychic Structures*, 13–34, hg. von N. Friedman und S. Grant. New York: Plenum Press, 1977.

Sayers, Janet. *Mütterlichkeit in der Psychoanalyse. Helene Deutsch, Karen Horney, Anna Freud, Melanie Klein*. Stuttgart: Kohlhammer, 1994.

Scacheri, Robert. »The Early Birth Control Movement: Role of the Nineteenth-Century American Physician.« *The Pharos* (Spring 1993): 15–20.

Schaffer, H. R., und P. E. Emerson. »The Development of Social Attachments in Infancy.« *Monograph of the Society for Research in Child Development* 29 (1964).

Schaffer, Rudolf. *Mütterliche Fürsorge in den ersten Lebensjahren*. 2. Aufl. Stuttgart: Klett-Cotta, 1982.

Schama, Simon. *Der zaudernde Citoyen. Rückschritt und Fortschritt in der Französischen Revolution.* München: Kindler, 1989.

–.»Domestic Environment in Early Modern England and America.«In *The American Family in Social-Historical Perspective*, hg. von Michael Gordon, 113–136. New York: St. Martin's Press, 1983.

–.»The Domestication of Majesty: Royal Family Portraiture, 1500–1850.« In *Art and History: Images and Their Meaning*, hg. von Robert Rotberg und Theodore Rabb, 155–185. Cambridge: Cambridge University Press, 1988.

–. *Überfluß und schöner Schein. Zur Kultur der Niederlande im Goldenen Zeitalter.* München: Kindler, 1988.

Schatzmann, Morton. *Soul Murder: Persecution in the Family.* Hammondsworth: Penguin Books, 1976.

Schneiderman, Stuart. »Everybody's Mother Is a Woman.« *New York Times Book Review* (21. Januar 1990): 12.

Schnucker, Robert. »Puritan Attitude Toward Childhood Discipline.« In *Women as Mothers in Pre-Industrial England*, hg. von Valerie Fildes. London: Routledge, 1990.

Schotz, Myra G. »The Great Unwritten Story: Mothers and Daughters in Shakespeare.« In *The Lost Tradition: Mothers and Daughters in Literature*, hg. von Cathy Davidson und E. M. Broner, 44–56. New York: Frederick Ungar, 1980.

Schur, Max. *Sigmund Freud – Leben und Sterben.* Frankfurt a. M.: Suhrkamp, 1977.

Segal, Hanna. *Introduction to the Work of Melanie Klein.* New York: Basic Books, 1974.

Shackley, Myra. *Human Sacrifice: In History and Today.* New York: William Morrow and Co., 1980, 1981.

Shahar, Shulamith. *Kindheit im Mittelalter.* Zürich: Artemis, 1991.

–. *Die Frau im Mittelalter.* Frankfurt: Kain, 1988.

Shammas, Carol. »The Domestic Environment in Early Modern England and America.« In *The American Family in Social-Historical Perspective*, 113–136, hg. von Michael Gordon. New York: St. Martin's Press, 1983.

Shorter, Edward. *The Making of the Modern Family.* New York: Basic Books, 1975.

Silverstein, Louise. »Transforming the Debate About Child Care and Maternal Employment.« *American Psychologist* 46, Nr. 10 (1991): 1025–1032.

Simonds, Wendy. *Women and Self-Help Culture: Reading Between the Lines.* New Brunswick: Rutgers University Press, 1992.

Sjoo, Monica, und Barbara Mor. *The Great Cosmic Mother.* San Francisco: Harper and Row, 1987.

Skolnick, Arlene. *Embattled Paradise.* New York: Basic Books, 1991.

Skolnick, Arlene, und Jerome Skolnick, Hgg. *Family in Transition*, 5. Aufl. Boston: Little, Brown, 1986.

Slater, Philip. *The Glory of Hera.* Boston: Beacon Press, 1968.

Smith, Janna M. »Mothers: Tired of Taking the Rap.« *New York Times Magazine* (10. Juni 1990): 32–38.

Smith, Richard. »Kin and Neighbors in a Thirteenth-Century Suffolk Community.« *Journal of Family History* 4 (1979): 219–256.

Smith, Richard. »The Female World of Love and Ritual: Relations Between Women in Nineteenth-Century America.« *Signs* 1 (1975).

Snitow, Ann. »Feminism and Motherhood: An American Reading.« In *Feminist Review*, 40 (1992): 32–51.

Sommerville, C. John. *The Rise and Fall of Childhood.* New York: Vintage, 1982, 1990.

—. *The Discovery of Childhood in Puritan England.* Athens: University of Georgia Press, 1992.

—. »English Puritans and Children: A Socio-Cultural Explanation.« *Journal of Psychology* 5, Nr. 4 (1978): 113–139.

Soren, David, Aicha Ben Abed Ben Khaden und Hedi Slim. *Carthage.* New York: Simon and Schuster, 1990.

Spitz, René A. *Vom Säugling zum Kleinkind. Naturgeschichte der Mutter-Kind-Beziehungen im ersten Lebensjahr.* 10. Aufl. Stuttgart: Klett-Cotta, 1992.

Spock, Benjamin. *Säuglings- und Kinderpflege.* 2 Bde. Berlin: Ullstein, 1993.

Sprengnether, Madelon. *The Spectral Mother: Freud, Feminism and Psychoanalysis.* Ithaca: Cornell University Press, 1990.

Spretnak, Charlene, Hg. *The Politics of Women's Spirituality.* New York: Doubleday, 1982.

Stager, Lawrence, und Samuel Wolff. »Child Sacrifice at Carthage: Religious Rite or Population Control?« *Biblical Archaeology Review*, 10, Nr. 1 (Januar/Februar 1984): 30–51.

Stallybrass, Peter. »Patriarchal Territories: The Body Inclosed.« In *Rewriting the Renaissance: The Discourses of Sexual Differences in Early Modern Europe*, hg. von Margaret Ferguson, Maureen Quilligan und Nancy Vickers, 123–142. Chicago: University of Chicago Press, 1986.

Steiner, George. »Poor Little Lambs.« *The New Yorker* (6. Februar 1989): 103–106.

Steinfels, Peter. »Seen, Heard, Even Warned About.« *New York Times* (27. Dezember 1992), »The Week in Review.«

Stern, Daniel N. *Mutter und Kind. Die erste Beziehung.* 2. Aufl. Stuttgart: Klett-Cotta, 1994.

Sternglanz, Sarah Hall, und Alison Nash. »Ethnological Contributions to the Study of Human Motherhood.« In *The Different Faces of Motherhood*, hg. von Beverly Birns and Dale Hay, 15–43. New York: Plenum Press, 1988.

Still, George. *The History of Paediatrics*. London: Oxford University Press, 1931.

Stiller, Nikki. *Eve's Orphans: Mothers and Daughters in Medieval English Literature*. Westport, Conn.: Greenwood, 1980.

Stoller, Robert. »Primary Femininity.« *Journal of American Psychoanalysis* (Suppl. 1976): 59–78.

Stone, Lawrence. *The Family, Sex and Marriage in England, 1500–1800*. New York: Harper and Row, 1977.

—. »The Rise of the Nuclear Family in Early Modern England.« In *The Family in History*, hg. von Charles E. Rosenberg, 13–15. Philadelphia: University of Pennsylvania Press, 1975.

Stone, L. Joseph, M. T. Smith und L. B. Murphy. *The Complete Infant: Research and Commentary*. New York: Basic Books, 1973.

Stone, Merlin. *When God Was a Woman*. New York: Harcourt Brace, 1976.

Storr, Anthony. *Die schöpferische Einsamkeit. Das Geheimnis der Genies*. Wien: Zsolnay, 1990.

Strasser, Susan. *Never Done: A History of American Housework*. New York: Pantheon, 1982.

Strecker, Edward A. *Their Mother's Sons*. Philadelphia: J. B. Lippincott, 1946.

Strouse, Jean, Hg. *Women and Analysis*. New York: Grossman, 1974.

Stuard, Susan. »The Dominion of Gender: Women's Fortunes in the High Middle Ages.« In *Becoming Visible: Women in European History*, 2. Aufl., hg. von Renate Bridenthal, Claudia Koonz und Susan Stuard, 153–175. Boston: Houghton Mifflin, 1976, 1987.

—. Hg. *Women in Medieval Society*. Philadelphia: University of Pennsylvania Press, 1976.

Suleiman, Susan R. »Writing and Motherhood.« In *The (M)other's Tongue: Essays in Feminist Psychoanalytic Interpretation*. Ithaca: Cornell University Press, 1985.

—. »On Maternal Splitting: Apropos of Mary Gordon's *Men and Angels*.« *Signs*, 14, Nr. 1 (1988): 25–47.

Sullivan, Harry S. *Schizophrenia as a Human Process*. New York: W. W. Norton, 1962.

Sullivan, Harry S. *The Interpersonal Theory of Psychiatry*. New York: W. W. Norton, 1953.

Sunley, Robert. »Early Nineteenth-Century American Literature on Child-Rearing.« In *Childhood in Contemporary Cultures*, hg. von Margaret Mead und Martha Wolfenstein, 150–167. Chicago: University of Chicago Press, 1955.

Sussman, George. *Selling Mother's Milk: The Wet-Nursing Business in France 1715–1914*. Urbana: University of Illinois Press, 1982.

Swigart, Jane. *The Mother in Modern Literature*. Dissertation for the State University of New York at Buffalo, University Microfilms, International, Ann Arbor, 1986.

–. *Von wegen Rabenmütter. Die harte Realität der Mutterliebe.* München: Kindler, 1991.

Taitz, Sonia. *Mothering Heights: Reclaiming Motherhood from the Experts.* New York: William Morrow, 1992.

Tanner, Nancy, und Adrienne Zihlman. »Women in Evolution, Part 1; Innovation and Selection in Human Origins.« *Signs*, 1, Nr. 3 (1981).

Tatar, Maria. *Von Blaubärten und Rotkäppchen. Grimms grausige Märchen.* Salzburg: Resident, 1990.

Thackeray, William. *Jahrmarkt der Eitelkeit. Ein Roman ohne Held.* 2 Bde. Frankfurt a. M.: Insel-TB 485, 1980.

Thomas, Alexander, und Stella Chess. *Temperament and Development.* New York: Brunner/Mazel, 1977.

Thorne, B., und M. Yalom. *Rethinking the Family: Some Feminist Questions.* New York: Longman, 1982.

Tizard, Barbara. »Employed Mothers and the Care of Young Children.« In *Motherhood: Meanings, Practices and Ideologies*, hg. von Ann Phoenix, Anne Woollett und Eva Lloyd, 178–195. London: Sage, 1991.

Tobey, Susan B. *Art of Motherhood.* New York: Abbeville Press, 1991.

Tompkins, Jane. »Sentimental Power: Uncle Tom's Cabin and the Politics of Literary History.« *Glyph* 8 (1981): 79–102.

Traub, James. »Goodby, Dr. Spock.« *Harper's* (März 1986): 57–64.

Travitsky, Betty. »The New Mother of the English Renaissance: Her Writings on Motherhood.« In *The Lost Tradition: Mothers and Daughters in Literature*, hg. von Cathy Davidson und E. M. Broner, 33–44. New York. Frederick Ungar, 1980.

Treblicot, Joyce, Hg. *Mothering: Essays in Feminist Theory.* Lanham, Md.: Rowman and Littlefield, 1983.

Trexler, Richard C. »Infanticide in Florence: New Sciences and First Results.« *History of Childhood Quarterly* 2 (1975): 98–116.

–. »Infanticide in Florence: New Sources and First Results.« *History of Childhood Quarterly* 1 (1973): 98–116.

–. »The Foundlings of Florence, 1395–1450.« *History of Childhood Quarterly* 1 (1973): 259–328.

Trible, Phyllis. *God and the Rhetoric of Sexuality.* Philadelphia: Fortress Press, 1978.

–. »Women in the Old Testament.« In *Interpreters Dictionary of the Bible, Supplementary Volume*, hg. von K. R. Crim. Nashville: Abingdon, 1976.

Troen, Selwyn, und Walter Ackerman. »Israel.« In *Children in Historical and Comparative Perspective*, 333–360, hg. von Joseph M. Hawes und N. Ray Hiner. New York: Greenwood, 1991.

Trumbach, Randolph. *The Rise of Egalitarian Family: Aristocratic Kinship and Domestic Relations in 18th Century England.* New York: Academic Press, 1978.

Tuchman, Barbara. *Der ferne Spiegel. Das dramatische 14. Jh.* Neuaufl. München: dtv 3008, 1994.

Tufte, Virginia, und Barbara Myerhoff, Hgg. *Changing Images of the Family*. New Haven: Yale University Press, 1979.

Turnbull, Colin. *The Forest People*. New York: Simon and Schuster, 1968.

Van Buren, Jane. *The Modernist Madonna: Semiotics of the Maternal Metaphor*. Bloomington: Indiana University Press, 1989.

Veyne, Paul (Hg.). *Geschichte des privaten Lebens. Vom römischen Imperium zum byzantinischen Reich*. Frankfurt a. M.: S. Fischer, 1989.

Walsh, Joan. »Up Front: The Mother Mystique.« *Vogue* (August 1993): 96–102.

Walters, Suzanna Danuta. *Lives Together: Worlds Apart: Mothers and Daughters in Popular Culture*. Berkeley: University of California Press, 1992.

Warner, Marina. *Alone of All Her Sex: The Myth and the Cult of the Virgin Mary*. New York: Knopf, 1976.

–. Op Ed, *New York Times* (12. Mai 1991).

Washington, Valora. »The Black Mother in the United States: History, Theory, Research, and Issues.« In *The Different Faces of Motherhood*, hg. von Beverly Birns und Dale F. Hay, 185–215. New York: Plenum Press, 1988.

Watson, John B. *Psychological Care of Infant and Child*, 9–10. New York: W. W. Norton und Co., 1928.

Watts, Sheldon. *A Social History of Western Europe: 1450–1720*. London: Hutchinson, 1984.

Weiss, Nancy Pottishman. »Mother, the Invention of Necessity: Dr. Benjamin Spock's *Baby and Child Care*.« *American Quarterly* 29 (1977).

–. »The Mother-Child Dyad Revisited: Perceptions of Mothers and Children in Twentieth-Century Child-Rearing Manuals.« *Journal of Social Issues*, 34, Nr. 2 (1978): 29–45.

Welter, Barbara. »The Cult of True Womanhood: 1820–1860.« *American Quarterly* 18 (1966): 151–174.

Wemple, Suzanne. »Sanctity and Power: The Dual Pursuit of Early Medieval Woman.« In *Becoming Visible: Women in European History*, 2. Aufl., hg. von Renate Bridenthal, Claudia Koonz und Susan Stuard, 131–153. Boston: Houghton Mifflin, 1976, 1986.

Wertz, Richard, und Dorothy Wertz. *Lying In: A History of Childbirth in America*. New Haven: Yale University Press, 1977.

West, Anthony. »Mother to Son.« *New York Review of Books*, 31, Nr. 1 (March 1989): 9–11.

Whitehead, Barbara. »Dan Quayle Was Right.« *The Atlantic* 10, Nr. 3 (1993): 47–84.

Wiedemann, Thomas. *Adults and Children in the Roman Empire*. London: Routledge, 1989.

Wiesner, Merry. »Spinning Out Capital: Women's Work in Early Modern Economy.« In *Becoming Visible: Women in European History*, hg. von

Renate Bridenthal, Claudia Koonz und Susan Stuard, 221–249. Boston: Houghton Mifflin, 1987.

Williams, Juanita. *Psychology of Women*. New York: W.W. Norton, 1987.

Wilson, Adrian. »The Ceremony of Childbirth and Its Interpretation.« In *Wet Nursing: A History from Antiquity to the Present*, hg. von Valerie Fildes, 68–108. Urbana: University of Illinois, 1990.

Wilson, Stephen. »The Myth of Motherhood and Myth: The Historical View of European Child-Rearing.« *Social History* 9, Nr. 2: 181–198.

Winnicott, Donald Woods. *Das Baby und seine Mutter.* Stuttgart: Klett-Cotta. 1990.

–. *Vom Spiel zur Kreativität.* 7. Aufl. Stuttgart: Klett-Cotta, 1993.

–. 1945. »Primitive Emotional Development.« In *Through Pediatrics to Psychoanalysis.* New York: Basic Books, 1975.

–. 1948. »Reparation in Respect of Mother's Organized Defense Against Depression.« In *Through Pediatrics to Psychoanalysis.* New York: Basic Books, 1975.

–. »The Capacity to Be Alone.« In *The Maturational Process and the Facilitating Environment.* New York: International Universities Press, 1965.

–. *Reifungsprozesse und fördernde Umwelt.* München: Kindler, 1974.

–. »The Theory of the Parent-Infant Relationship.« *International Journal of Psychoanalysis*, 41 (1960): 585–595.

–. »Transitional Objects and Transitional Phenomena.« *International Journal of Psychoanalysis*, 34: 89–97.

Wolf, E. »On the Developmental Line of Self Object Relations.« In *Advances in Self Psychology*, hg. von A. Goldberg. New York: International Universities Press, 1980.

Wolfenstein, Martha. »Fun Morality: An Analysis of Recent American Child Training Literature.« In *Childhood in Contemporary Cultures*, hg. von Margaret Mead und Martha Wolfenstein, 168–178. Chicago: University of Chicago Press, 1955.

–. »The Emergence of Fun Morality.« *The Journal of Social Issues* 7, Nr. 4 (1951): 15–25.

Wollheim, Richard. »So What Did They Want?« *New York Times Book Review*, 24. Januar 1993, 21.

Woodbridge, Linda. *Women and the English Renaissance: Literature and the Nature of Womankind 1540–1620.* Urbana: University of Illinois Press, 1986.

Wooden, Warren. *Children's Literature of the English Renaissance.* Lexington: University of Kentucky Press, 1986.

Woollett, Anne, und Ann Phoenix. »Afterword: Issues Related to Motherhood.« In *Motherhood: Meanings, Practices and Ideologies*, hg. von Ann Phoenix, Anne Woollett und Eva Lloyd, 216–233. London: Sage, 1991.

Woolf, Virginia. »Professions of Women.« In *Death of the Moth and Other Essays*. New York: Harcourt Brace, 1942.

Wren-Lewis, J. »Love's Coming of Age.« In *Psychoanalysis Observed*, hg. von C. Rycroft. New York: Coward McCann, 1966.

Wylie, Philip. *Generation of Vipers*. New York: Holt, Rinehart and Winston, 1942.

Xenophon. *Anabasis – Zug der Zehntausend*. Griechisch-Deutsch. Zürich: Artemis, 1990.

Young-Bruehl, Elizabeth. »On Feminism and Psychoanalysis: In the Case of Anorexia Nervosa.« *Psychoanalytic Psychology* 10, Nr. 3 (1993): 317–330.

Zahn, R. »Das Kind in der Antiken Kunst.« *Forschungen und Berichte* 12 (1970): 21–31.

Zelitzer, Vivian. *Pricing the Priceless Child: The Changing Social Value of Children*. New York: Basic Books, 1985.

Zimmermann, Bonnie. »The Mother's History' in George Eliot's Life, Literature, and Political Ideology.« In *The Lost Tradition: Mothers and Daughters in Literature*, hg. von Cathy Davidson und E. M. Broner. New York: Frederick Ungar, 1980.

Zuckerman, Michael. »Dr. Spock: The Confidence Man.« In *The Family as History*, hg. von Charles Rosenberg, 179–209. Philadelphia: University of Pennsylvania Press, 1975.

Register

Eltern-Kind-Beziehung 89f.,
139f., 151ff., 155, 160ff., 194–
197, 202, 209, 246–250, 257f.,
329ff., 415
Elternschaft im 20.Jh. 376–399
Emanzipation 340f., 357, 374ff.
Empfängnisverhütung 43, 132,
194, 206, 263, 302, 324ff., 333,
372, 374
Engelmacherin 299, 305f., 332ff.
Engels, Friedrich 66, 80, 151,
288, 354
Entbindung 205, 303f., 327f., 352
England 246ff., 263, 267, 269f.,
302, 304, 307f., 332f., 345f.
Erasmus, Desiderius, genannt
Erasmus von Rotterdam 228,
263
Erbfolge 114f., 131, 200, 213
Erdrich, Louise 428
Erikson, Erik 61
Erstgeburtsrecht 200, 213
Erziehungsmethoden 32f.
Eugenik 345, 368
Euripides 117, 123, 128
Eva 61, 67, 86, 109
Eva-Mythos 118, 164, 175ff.,
181
Evolutionstheorie 317f.
Eyer, Diane 407

Fairbairn, W. R. D. 415
Falwell, Reverend Jerry 422
Familie
– materielle Vergünstigungen 347
– siehe auch Großfamilie und
Kernfamilie
Familiendynamik 19
Familieneinheit 160f., 226ff., 240
Familienideale 190, 216, 225,
282, 371f.
Familienkonstellation nach Freud
357–366
Familienkonzepte 226–236,
340f., 346

Familienleben 153–160, 226,
281f., 289f., 340f., 370f.
Familienplanung 115, 201, 325f.,
347
Familienpolitik 423
Familienporträt 227, 240
Familienserien 22, 422
Familienstrukturen im Mittelal-
ter 149f., 152f.
Familienwerte 225
Farnham, Marynia 401
Farrow, Mia 224
Faschismus 346ff.
Faulkner, William 394
Feminismus 51, 64, 323f., 326,
372–375, 390–394, 399, 421,
423ff.
Feminismus, Anti- 347
Filmer, Sir Robert 229
Filmthemen
– Babyboom 28, 423, 429
– Erotik der Mutter 25
– Frauenrollen 181
– Mutterbilder 380, 397f.
– Schreckensbild Mutter 19,
429
Findelhäuser 165f., 195, 213f.,
220, 235, 272f.
– und Kindersterblichkeit 220f.
Firestone, Shulamith 391
Fitzgerald, F. Scott 337
Fixierung, anale 377
Flaubert, Gustave 25
Fortpflanzung
– Geschichte 44, 51, 122f., 235f.,
317f.
– und Ehe 176f., 228f.
– und Machtwandel der
Geschlechter 73ff., 80ff.,
120–125, 176ff.
– und Sexualität 320ff.
Fournier, Jacques 162f.
Fragonard, Jean-Honoré 293
Fraiberg, Selma 377, 389, 409
Franklin, Benjamin 258